陽殷墟早有大量甲骨文字的出土，堪爲殷商史重要史料，故本書能對殷商時代的經濟生活、奴隸制度、父系社會、親屬關係、神權政制的實質與運用、政權敎權之關係與衝突及敬天尊祖的政治思想，皆有詳明的論述。而坊間諸中國政治思想書册，於此多付闕如，間或有之，亦極爲簡略。人棄我取，彼舍此收，詳人之所省，言人所不言，亦爲與衆不同的一大特色。

四、西周時代爲典型的封建國家，乃中國政治史發展的一個關鍵階段，不可忽視，故本書對這一階段的政治思想詳加擧述與論評。其制度性者，有宗法的政治思想、封建的政治思想、禮治的政治思想及周官的政治思想。個人性者，則有太公姜尙的政治思想、周公姬旦的政治思想、召公姬奭的政治思想及尹吉甫的政治思想。讀此論述，則對封建國家的政制實質與權力運用，當可有明徹的瞭解與認識。而他人所著之中國政治思想史，率皆存而不論，不無遺珠之憾。本書則檢得此遺珠，詳加辨識，揚其光輝，明其價値，不失爲政治思想上，愚者一得之貢獻。

五、本書編制體裁採通史體而分階段。誠然，歷史之爲狀如流水，投刀斷流流不斷。然朝代更迭，政權移轉，固有其明確紀時；至於政治制度的變遷，政治思想的嬗衍，亦可因其性質不同，特徵有別，劃分爲若干階段。本書所劃分的時代階段如次：第一、爲遠古圖騰社會，原始民主政治思想時代。第二、爲殷商氏族社會神權政治思想時代。第三、爲西周宗法社會，封建政治思想時代。第四、爲東周封建解體，百家爭鳴的政治思想時代。第五、秦漢三國爲「王國」(kingdom)而非「帝國」(empire)，地方權力强，君主地位欠穩固，相權重，成篡竊之階，君主是「王」(king)而非「帝」(emperor)，故爲王權政治思想時代。第六、魏晉南北朝之世，土宇分裂，軍人跋扈，夷狄僭竊，篡弒不止，爭鬥搶奪，惟力是視，故爲霸權政治思想時代。第七、自隋唐迄明清，皇帝握有絕對權勢，臣僚奴化，單方效忠，中央集權，國家統一，篡弒非易，故爲專制政治思想時代。這一階段劃分，是否完全正確，可供商榷；然自出心裁，一家之言，他書所不見，不可不視之本書的一大特色。

六、政治思想與政治環境乃是兩個互動（interaction）變數（variable），彼此移動激盪，互爲因果，莫由分離。政治思想的重要功能，可以促進政治環境的變遷；而政治環境亦是促致政治思想形成的要素。英雄固然能以造時勢，時勢亦可以造英雄。故本書在論述個人的政治思想以前，率先擧陳其所處遇的政治形勢、政治制度、學術風氣、時代背景、思想派別等政治環境，因政治思想是環境的產物。政治環境擧述是「大體」觀察（macro-study）；個人思想論列是「細緻」研究（micro-study）。致廣大而不失精微，見樹亦見林，兩不偏失。然觀諸坊間中國政治思想史，率皆以各個人的政治思想爲論述中心與主題，對思想家所處遇的時代背景及政治環境多予忽略，固不無蔽於一偏之失。而本書論列則鉅細兼顧，環境與個人並擧，乃今日所謂之「系統研究法」，似亦爲獨具特色之一。

著者一介書生，淡泊名利，忘情富貴，不求聞達，數十年來獻身於教學相長的教學志業，培育人才，厚植國力，學術報國，著作益世。今年屆耄耋，仍氣不餒，志未衰，一秉精誠，持「活到老，做到老」的信念，本學以養志，勤以養身的原則，孜孜不倦，鍥而不舍，以讀書篇，爬格子爲日常生活，藉以資消遣，慰寂寞，解閒愁，意趣盎然，樂以忘憂，不知老之將至。惟本書體大域廣，頭緒多，內容繁，時間涵蓋上下五千年，論述的思想家前後數百人，學派分儒、釋、道、墨、法、陰陽、縱橫諸家，參考書籍不計其數；記敍評論，研究比較，分析綜合，兼而及之。著者學養有限，未敢自是，則謬誤差錯所在，自所難免。尚望海內外賢達方家，不吝珠玉，惠予指正，不勝感盼之至。

中原學究 張 金 鑑 序於寄寓時年八十六

中華民國七十七年二月二日

中國政治思想史目次

上册 上古至先秦

上册

上古至先秦

第一編　緒　論

第一章　政治思想的性質

第一節　政治思想性質的認識

一、**思想是智力活動獲得的知識**——研究政治思想，應先瞭解何謂思想？思想是如何產生？從學習歷程言之，思想乃是「智力」或「智慧」(Intelligence)活動所獲得的知識。荀子曰：「水火有氣而無生，草木有生而無知，禽獸有生而無義。人有氣、有生、有知，亦且有義，故最爲天下貴也。」❶其實，就今日的科學知識以言之，人有氣、有生、有知、有義，更且有「智」。人的腦筋構造最爲複雜奇妙，爲任何其他動物所不及。智力或智慧乃是獲得知識的力量；乃是認辨事物的機體；乃是創造發明的淵泉。人有智力，遂能發明語言文字而過合群的社會生活。人有智力遂能製造工具、機械，征服自然、利用自然，充實合群的社會生活。

❶《荀子》王制篇。

思想就是智力活動獲得的知識。這種活動就是學習過程。心理學家對此學習歷程的解釋，不一其說。美人桑戴克（Thorndike）將老鼠放於鐵絲籠中作試驗，發現老鼠經多次的「錯誤嘗試」，卒能找到籠門逃走。因之，他認為知識的獲得是智力記憶活動或經驗累積的結果。這知識就是思想。德人考夫克（Koffka）用猴子以竹竿打落蘋果作試驗，發現猴子卒知把兩根短的竹竿接起來，達到打落蘋果的目的。因之，他認為智力的想像與理解的領悟過程是獲得知識的原因。巴夫洛夫（Pavlov）以餵狗吃飯作試驗，每次吃飯以鈴聲為號，經多次以後，祇作鈴聲而不供飯食，狗亦會流口涎欲食。因之，他認為學習乃是「制約反應」（Conditioned Response）過程，或聯想過程。

不過，吾人應知人是萬物之靈，具有最高的智力或智慧，其習得知識，並不似老鼠、猴子、狗那樣簡單。人的學習是運用複雜奇妙的「認知體」（智慧）對外在事物，經由記憶、領悟、聯想作明確的辨識，再進而作分析性、綜合性、創造性的思惟，而產生可靠的知識。思想就已經辨識的事物加以思惟或思考而產生的知識或意識。

二、思想是心理認知形成的意識——心理認知（Cognition）的廣義定義是：「所有高層次的大腦（智力）功能，如記憶、辨識思考、策劃、聯想、領悟、判斷、推理等以文字、語言、符號表達之，與人溝通訊息等密切聯繫的智力功能」❷。認知的狹義定義是「僅指智慧的知覺、意象、記憶、學習、聯想及推理的功能活動而言。」❸皮亞協（Jean Piaget）認為認知活動的結構或機體（Organism）是由智

---

❷ John H. Flavell, *Cognitive Development*, Englewood, Prentice-Hall, 1977, p. 3。

❸ 俞筱鈞《人類智慧探索者——皮亞協》，臺北市，允晨文化公司，民國七一年，頁二六。

力內容、智力功能及認知行為三者結合而成的。

認知活動經過以下的歷程而形成意識（consciousness）。㈠觀念（concept）——外界事物刺激到官能而有感覺（feeling）。中樞神經對此感覺予以辨識，而產生對這一事物的觀念。㈡概念——認知機體對腦海存有的許多雜亂的觀念加以類化或分類而形成對某一類事物的概念（conception）。㈢判斷（judging）——概念是籠統的觀念，對此加以判斷而有較明確的認識與瞭解。㈣思考（thinking）——對亂雜事物尋求其間的關係和因果，或對工作有秩序的安排，謂之思考。㈤推理（reasoning）——由已知的事理推知未知的事理，謂之推理。㈥意識（consciousness）——一個人經由這些的認知歷程而形成的知識、意思、經驗、理則等結合成的自覺的心理意境便是意識。佛家所謂意識，是：「意根對法塵所生之識」。意根是智慧。法塵指世上的一切事物與現象。一個人運用智慧對外在事物與現象予以認知而產生的明確意境和辨識謂之意識。

三、政治事象與政治思想的產生——荀子曰：「人力不若牛，走不若馬，而牛馬為人役者，何也？曰：人能群而牛馬不能群也。」❹人是合群動物，離開人群組織即不能生存。故西諺曰：「任何人離開組織決不能生存，除非他是野獸或神仙。」（Without organization, no one can exist, unless he's a beast or a God.）人們要過合群生活，便必須有規範人群生活的法則與準繩，使能和平相處，如有違犯，將會受到懲罰。這些管理眾人之事的活動就是政治。荀子亦說：「人何以能群？曰分。分何以能

❹《荀子》王制篇。
❺《荀子》王制篇。

行？曰義。分以和之，義以一之，一則力多，力多故能役物。」❺這「分以和之，義以一之」就是政治活動。人必須合群，才能生存。過合群生活就必然有政治活動。所以亞里斯多德（Aristotle）說：「人是政治動物」。

政治活動具有普遍性和必然性，只要有人烟的地方，就有合群生活。過合群生活就必然有政治活動與行爲。時不分古今，地不別中外，時時有政治，處處有政治，俯仰皆是，無孔不入。無論都市或鄉村，無論山地或平原都有調適人群關係的政治活動與行爲。政治之與人生，猶如人影之與人身；不論你喜歡或厭惡，却都不能擺脫掉他。人一出生就須辦戶籍出生登記；死亡要有醫生的死亡證明，並須向鄉、鎭、市公所領取葬埋證。有收入須繳納所得稅，有汽車須領考駕駛執照。經營工商事業，要遵守工商管制法規；航海飛行亦不能不守海上和飛航各種法規。就是人出了家當僧尼或入山林當隱士，亦不能逃出政治管轄的範圍。

人們對纒繞在身邊的政治活動的事實與現象，必不能視之無覩，置若罔聞。於是便會運用其獨有的奇妙資本，所謂智慧者，對這些的政治事實與現象，予以考察、學習與認知。經考察與學習而獲得政治知識；經認知歷程而產生政治意識。有識之士，更會就這種知識與意識，進一步加以思考、判斷與分析，而辨識出政治事象中那些是正當的、有利的、良好的，應予贊成，擁護和支持；那些是不甚妥當的，應加以改善或修正；那些是惡劣的、有害的，應加以廢止或剷除。這些意見和主張，就是政治思想。思想就是就已知的事象加以思考與辨識而產生的意識。政治思想乃是就感受到政治事象，運用智慧予以思考與辨識而產生的意識。思想系統化成爲學說（theory）；對學說有深切的信仰便進而成爲主義。

第二節　政治思想形成的因素

智慧是製造思想的洪爐與機器。但智慧不能憑空製造思想，必須由外在環境提供製造思想的原料。原料就是思想形成的因素或要素。玆將政治思想形成的因素，分爲地理的因素、社會的因素、文化的因素和個人的因素四方面，論說如左：

一、地理的因素——領土爲國家構成的重要要素。若無領土，人民不但無生活資需所自來，且亦無生存上立足的場所。領土情勢或地理的自然環境，對一個國家的盛衰強弱有着極密切的關係。亞里斯多德、布丹（Jean Bodin）、孟德斯鳩（Baron de Montesquieu）對此種關係均曾有明切的論列與解釋。近世復有法人拉傑爾（Freidrich Ratgel）於一八九七年著《地緣政治論》（*Political Geograph*）、美人杭庭頓（Ellsworth Huntington）於一九四五年著《文明的主要淵泉》（*Main Springs of Civilization*）；山坡爾（Ellen C. Semple）於一九一一年著《地理環境影響論》（*Influence of Geographical Environment*）均倡「地理決定論」和「地理必需論」，認爲國家的文化型態、生活方式、政治制度、政治思想等均依地理環境的影響而決定之。卜朗齊（Victor Blanche）甚而說：「給我一張自然環境的地理圖，我便能告訴你說，什麼是國家優越條件，什麼是國家的強弱關鍵，自然環境在歷史上扮演什麼重要角色。這個角色不是偶然的，而是必然的；不是一時代的，而是一切時代的。」❻

❻見 Lucien Febvre, *A Geographical Introduction to History*, 1925, p. 10 所引 Victor Blanche 之言。

古希臘地濱臨河海，且多島嶼，交通方便，遂產生自由的政治思想和民主的政治制度。中國幅員廣大，地多平原，天氣晴朗，使人民的心胸開放，氣度恢宏，所以儒家有天下爲公，世界大同，開放豁達的政治思想。墨子的尙同、兼愛、交利的政治思想，亦是開朗宏偉的。法家的富國强兵，霸天下，成一統的政治思想亦是氣派宏偉廣大的。道家的自由、自在、自得的政治思想，有海濶觀魚躍，天空任鳥飛的開拓心懷。

俄國地處寒帶，氣候嚴寒，人民長期在冰天雪地的環境中生活，脚凍手冷，精神欠舒展，很難享受到日暖風和的快樂，所以失掉溫和順柔的氣質，而養成冷酷無情，心狠手辣的性格。因之，遂易產生極權專制的政治制度，和以仇恨爲出發點，以鬥爭爲手段，以控制爲目的的政治思想。

印度地居熱帶，天氣炎熱，出汗太多，體力難以支持繁重的工作，習性懶惰散漫，缺失志意堅强的奮鬥精神，自由放浪，亦無堅忍的忍耐性，守紀律，尊秩序的思想與觀念亦較薄弱，所以不易建立自治的、民主參與的民主法治制度。甘地的不合作、不抵抗的政治思想的產生，和印度的熱帶氣候，可能有若干的關係。

二、社會的因素——足以影響政治思想形成的社會因素，爲數甚多，不勝枚擧。玆就時勢、政制、經濟、風習、家庭和敎育六者對政治思想形成的影響論述於後：

1.時勢——人民在生存時期，所居處的社會或國家的時局情勢如何，對生活與思想均有直接的影響。若在昇平盛世，生活安定，社會平靜，人民過着安居樂業的生活，政治少政爭，民間無紛亂，對人民的心智刺激與干擾甚輕微稀少，故不致引起分歧雜亂的政治思潮，人民易有政治共識，時局情勢的安定得以維持。故在漢唐昇平之世，政治紛爭既少，政治思想亦較統一。

但在春秋戰國時代，周室不振，王綱墜落，諸侯各自爲政，相互侵奪，戰爭不已，兵連禍結，爭城爭地，殺人盈野，民不聊生，流離失所，民不堪其慘苦。戰爭不息，變亂紛起，對人民的心智刺激與干擾，至爲繁多而深刻。對此亂局如何解決，各人所提意見與主張各有不同，各是己之是，而非人之非，於是引起百家爭鳴的政治思想與學說。因當時之大患在於戰爭，故各家的政治思想，均有反戰止爭的趨向。孔子主張仁政愛民，痛斥亂臣、賊子。孟子說：「不嗜殺人者能一之」；「善戰者服上刑」。墨子的兼愛、非攻亦是反戰思想。道家的崇自然、尙自由、絕聖棄智，在從根本上消弭戰爭。法家雖未明言反戰止亂，但其富國强兵，卻在於以戰止戰，謀求天下一統。

2. 政制——人是政治動物，既不能擺脫政治，便只得在政治制度下度群居協處的政治生活。政制是管理衆人之事的政府與法律的運作體制。政制的運作對人民的生活，有至深且鉅的干涉與影響。人民對此事象不能不作心智上的反應與認知。經由此反應與認知便產生所謂之政治思想。人民對政制反應的思想，雖可分爲反逆型與順從型的兩種。然人多具惰性，畏難更張，政治的安定，多因人民的服從習慣而易於獲致。對政制反應所產生的政治思想，多爲順從型者。中國自隋唐迄明清皆爲專制君主政制，故其政治思想多以尊君爲尙。美國自立國以來，二百年間，皆行民治政制，故民主自由的政治思想在美國有普遍的流行。

3. 經濟——人類運用體力、智力、群力從事生產財富，以供生活之資需，謂之經濟。經濟者致富之道，謀生之術，能以滿足人民的生活需要。經濟生活的情況對人的心智活動有重大的影響。有何種經濟情況就會產生何種政治思想。中國會長期的滯留於農業經濟時代。農業社會以土地爲生活基礎，農民累世不遷其居。爲使耕作勞力的穩定與集中，遂多聚族而居。家庭爲社會結構的基本單位。聚家庭而爲家族，擴大家族爲宗族，拓宗族而爲國家。中國家庭父權至上，君主專制政治，就是父權政治。歷代均以孝道治天下，乃是要百姓以所以事父者事君。因之，中國歷代的政治思想，多帶有倫理觀念。在法制運用上，更表現出家族精神。其明顯者有四：一是無辜者因家族有人犯法而獲罪。二是有罪者因家族關係而免罪或減刑。三是家族的事故，因倫理而重其罰。四是父祖因官高爵顯，不經正常入仕途徑，可以蔭任其子孫。

自產業革命後，英美各國的生產制度由農業經濟時代進入工業經濟時代，工廠林立，都市興起，貿易發達，交通便利，遷徙頻繁，居住不定，商品推銷，到處奔走，過去聚族而居的大家庭制度，不能維持，社會結構以小家庭爲單位，經營事業係自由競爭，謀生皆靠個人努力奮鬥，並無家族維護。因之，英美法德的經濟制度和政治思想均以自由民主的精神爲精髓。亞當斯密（Adam Smith）的《國富論》（*An Inquiry into the Nature and Causes of the Wealth of Nations*, 簡稱 "*Wealth of Nations*"）、洛克(John Locke)的《政府論》(*Two Treaties on Government*)、盧梭(Jean Rousseau)的《民約論》(*Social Contract*) 都是個人自由主義的開山大師，倡自由放任的政治和經濟思想，「政府最好，管理最少」(Government best, government least) 的政治思想，仍在英美普遍流行。

4. 俗習——俗習指風俗與習慣。這是相當長期流行於社會的一般生活方式。這是歷史的遺業，紮根深厚，已具惰性，改變不易，移風易俗乃是極艱鉅的工作。俗習深深薰染於人的心意中，牢不可破，就是有識的政治思想家亦多予以承認、認同和順從，不敢輕於對之提出挑戰。俗習是社會大衆所承認的事象，認爲乃理之當然。衆怒難犯，專欲莫成，若强行改革，必引起反抗。所以義大利的大政治家和政治思想家馬基維利（Niccolo Machiavelli）在所著《君主論》（*The Prince*）中曾說：「奪其政，從其俗。」這是說成功的君主，對被征服的邦國，只可奪其政權，不可改變其俗習。

中國長期的風俗與習慣是蓄長髮，結髮髻。滿清政府入關，統治神州，突然下薙髮令，要人民剃髮留長辮，遂招致漢人的壯烈反抗，而造成「揚州十日」、「嘉定三屠」的大屠殺慘案。旗人雖具政治天才，但卻不懂「奪其政，從其俗」的道理。信風水，護祖墓，是中國人的老俗習。清季推行自强運動，要築鐵路，栽電桿，人民認爲有破風水，挖祖墓的情事，不但在四川引起反對修鐵路大暴亂，就是朝廷大臣亦多交相指斥。俗習的力量既如此的强大，對政治思想的形成，自然會發生相當影響。

5. 家庭——家庭的生活環境對人的行爲模式、人格特性及思想取向的形成，都有强大的影響力量。人在幼年，生活在家庭環境中。幼年的可塑性最大，模仿力亦最强。家庭中的生活習慣，父母的言語行爲，家庭的親友來往，兄弟、姊妹、父母的感情關係等，對人的人生態度、行爲模式、思想信仰、人格特性，都具有塑造的直接功能。一般說來，保守性家庭的子弟多具保守思想；權威性的家庭，子弟多具順從性格；自由生活的家庭，子弟多是自由性格，信仰自由主義的政治思想。

就美國的情形言，共和黨的家庭，其子女多爲共和黨。民主黨的家庭，其子女多爲民主黨。其政治思想亦多認同其所屬政黨的政綱政策。美國家庭中，父母多尊重子女的獨立人格，不加役使，養成其獨立、自立、自強的人格與精神。故美國青年在社會上多有獨立奮鬥的精神和民主自由的政治思想。中國人的家庭較具權威性，對子女管敎甚嚴，對其獨立人格亦不甚尊重，所以中國青年在社會上有守規矩，重秩序的良好表現，但獨立奮鬥的精神和民主自由的思想則嫌不足。子女多以父母爲模範，父母生活敗壞者，很難培養出良好的子女。父母生活健全合理者，其子女亦多爲善良國民。

6.教育——家庭薰陶是非正式的政治社會化。學校教育則是正式的政治社會化。政府訂政策，設學校，有計劃化的推行政治教育以培養公民的政治思想。教育的功能，固然在傳授知識技能培養人民的謀生治事的本領，同時亦可以陶冶其品格，端正其價值觀念，灌輸以政治思想，使之思無邪，行不惡。斯巴達和普魯士採行軍國民敎育，遂養成人民堅毅刻苦性格，勇敢好戰的精神和愛國守法的政治思想。美國採行民主自由的敎育政策，故能使多數國民信持民主法治的政治思想。中國採行三民主義的教育政策所以國民信奉民治、民有、民享的政治思想。共產黨徒推行共產主義的教育政策，痲醉人民的思想，以致不少人信持階級鬥爭和極權控制的政治思想。

三、文化的因素——文化因素足以影響政治思想的形成者，計有歷史背景、價值觀念及學術學說。茲就此分別論述如次：

1.歷史背景——歷史是人類文化活動的結晶與紀錄。歷史的發展遵循着累積進化的法則，推陳出新的，依舊生新的不斷的生長。過去是因，現在是果。因果推移，繼續前進。現在皆含有過去的根源。歷史的現在實是超越時間的，乃是包括過去、現在和未來的「永恒的現在」(eternal present)。現在不是數學上的點，而是綿延累積的空間，卽點、線、面的體積。所謂永恒的現在，或綿延的空間，就是累積進化的生成物或結晶體。要瞭解現在，就不能不研究過去。歷史之爲狀如流水，抽刀斷流流不斷。所以現在的政治制度和政治思想都有過去的淵源。

中國有很長期的專制君主制度。官僚制度是專制君主制度的副產品。二者相互依存，猶如雙生子，同時誕生。因爲中國有長久的官僚制度的歷史背景，所以民國已到了七十年代，而如今的公務人員尚多有官僚作風和思想，媚上欺下，爭奪權位，不知便民，注重行政上形式主義，不講究工作的實際效果，手續煩瑣，牽延時日，官架十足，缺少民主的風度與修養。

國父倡行三民主義，自稱其中有因襲於中國歷史傳統者，其思想中心仍是堯、舜、禹、湯、文、武、周公、孔子一貫道統的繼承。國父主張採行五權憲法。這一政治思想，乃是受了中國歷史上有長期的御史制度和科舉制度的影響。

2.價值觀念——判斷是非善惡的標準，就是價值觀念。這是人群關係和社會生活的行爲規範和道德準繩。維持社會秩序，使人民能以和平相處者，計有三者勢力。一是法律，二是道德，三是宗教。法律是使人趨善避惡的强制力量，如有違犯卽受到法律懲罰。道德雖是自我約束的向善力量，非强制性的，然如有違犯，亦會受到社會的裁制，使之蒙羞受辱，自愧於心。宗教在使人過圓滿的精神生活，要從內心排除邪惡之念而成善良之行。法律懲罰罪犯於事後，道德防範犯罪於事前。宗教消弭罪惡於無形。

中國的價值觀念，以儒家的倫理思想爲精髓。倫是人倫，卽人與人間的正常關係。君臣、父子、夫婦、兄弟、朋友的關係爲五常，用以維持社會的安寧與和諧。理是道理，卽行得通，合於理的人群生活規範和行爲準則。格、致、誠、正、修、齊、治、平的一貫大道，爲經國緯民的綱領。禮、義、廉、恥的四維，忠、孝、仁、愛、信、義、和、平的八德，都是使人趨善避惡的價值觀念。

儒家這種倫理關係的價值觀念，對政治思想和行爲發生以下的影響與效果：㈠政治以教化爲本，統治者的君主和地方官員，具君、親、師的三種地位，要以父母之心愛民，要以師保之任教民，君主的刑罰則處於輔助的地位。㈡推行仁政，親親而仁民，仁民而愛物，泛愛衆而親仁，視民如傷，視民如子，人飢己飢，人溺己溺，男有配，女有歸，鰥、寡、孤、獨、廢疾者皆有所養，一夫不能得其所，王者之恥。㈢實行德治政治，君人者須以身作則，政者正也，君率以正，孰敢不正，其身正，不令而行；其身不正，雖令不從。君子之德風，小人之德草，草上之風必偃。導之以德，齊之以禮，有恥且格。導之以政，齊之以刑，民免而無恥。

3. 學術學說——儒家的政治思想，以「政教合一」爲理論，政治與學術有密切的關係。學術的功能在於促進人民求生圖存所用的知識、能力與思想的生長與進步。政治是人民求生圖存的管理活動，在解決衣、食、住、行、樂、育的民生問題。學術思想的功能，能以提供解決民生問題的指導原則及知識與方法。

一國之內，多數人相信的學術理論或學說流傳風行，便成爲當時的思潮主流，卽所謂社會思想。思想是行爲的源動力，是行爲的指南針。有什麼學術思想或學說，就會產生什麼行爲。學術學說具有很大的社會力量，能以鼓動風潮，造成時勢。達爾文（Charles R. Darwin）著《物種原始》一書，倡物競天擇的「天演論」，認爲動物界的生活，乃是一生存競爭現象，弱肉强食，優勝劣敗，適者生存。這種學說爲西方國家和社會欣然接受，視之爲社會進化的眞理。一般人遂以自由競爭，奮發圖强爲人生目標，因以對外促成帝國主義的政治思想，施行侵略與擴張；欺壓弱小民族，征服他人，建立殖民地；對內採行資本主義的經濟制度，富者益富，貧者益貧，形成貧富懸殊的惡劣現象。這是由於生存競爭的天演論引發出個人自由主義的政治思想，反認爲這惡劣現象，是勢有必至，理所固然。

四、個人的因素——影響政治思想形成的個人因素應推個人的人格（personality）。由一個人的性情、思想、行爲結合成的整體系統謂之人格。人格包括內在的「自我實體」（self-reality）和外在的「角色形像」（roleship）。前者指個人的內在動機、期望、思想、經驗及價值觀念所形成的意識型態。後者指一個人對人、處世及治事的一般態度和作風。有怎樣的人格特性就會產生怎樣的政治思想。

孔子、孟子具有理性型的人格特性，故倡講道德、說仁義的政治思想，要君主行仁政，親親而仁民，仁民而愛物，泛愛衆而親仁，反戰爭，止殺戮。韓非、商鞅具有功利型的人格特性，故主張集勢以勝衆，任法以齊民，因術以御衆的政治思想，以覇術、用兵力侵伐他人的邦國。老子、莊子具自然型的人格特性，故持尙自由，反制作的政治思想，要人返樸歸眞，絕智棄仁，還說聖人不死，大盜不止。墨子具社會型的人格特性，遂倡導兼愛、交利、非攻的政治思想，要救世活人，摩頂放踵而利天下爲之。

第三節　政治思想的重要功能

效用決定存在。一切事物必須具有一定的功能或效用，才能有存在的價值。古今中外的國家，皆有政治思想的存在與流行。自然是因其具有若干的重要政治功能。玆將此等重要功能，論述於後：

一、締造政治制度——管理衆人之事便需要設立管理的機構，即政府以司其事，更要制定法律以規範人群的生活與行爲。政府應如何組織，其權力種類與大小應如何規定，法律如何制定，政府的官員如何選用等問題，政治思想家多會提出主張與意見以爲締造政治制度的指導原則和行爲取向。法人孟德斯鳩（Baron de Montesquieu, 1689-1755）於一七四八年著名著《法意》（*The Spirit of Laws*）。他認爲有權者必濫權，有絕對權力者絕對濫權，防止之道在以權制權。必須用限制政府權力的制度，才能防止濫權，保障人民的自由權利。於是倡「制衡原理」（principle of checks and balance），要建立立法、司法、行政三權分立的政治制度。美國獨立革命成功，制定合衆國的聯邦憲法，即依孟德斯鳩的「制衡原理」締造立法、司法、行政三權分立的政治制度。

國父　孫中山先生鑑於美國三權分立的政府，無能無力，不能成爲爲民服務的萬能政府，認爲應予修正，不可完全仿行。同時，他深知中國政治制度史上有很長期的御史制度和科舉制度，且皆有優異成績的表現，於是倡五權憲法的政治思想。立法、司法、行政、考試、監察五權分工而合作，足以造成爲民服務的萬能政府。國民政府依照這一政治思想的啓示，於民國十七年同時設立立法院、司法院、行政院、考試院、監察院推行政治功能。民國三十五年國民大會制定「中華民國憲法」，亦採行了五權分工而合作的政治制度。

二、推動政治建設——很多的政治建設由於政治思想的推動而得實現。主權在民的政治思想，促成民意代表機關的國會得以成立，使之依民意以立法，政府官吏須依法以行使職權；人民享有選擧權、罷免權可以選擧並罷免不稱職或不符民意的官吏和議員；人民享有創制權和複決權，可以創制人民所需要的法律，並否決人民所不需要的法律。人權保障的政治思想促成司法獨立審判，身體自由令的發布，冤獄賠償法的實行。「天賦人權，一律平等」的政治思想，促成「一人一票，一票一值」的選舉制度，法律之前人人平等；法律之內人人自由，廢除一切特權和尊號。

英國休姆（David Hume）邊沁（Jeremy Bentham）彌勒（John Stuart Mill）倡功利主義的政治思想，認爲政治的作用乃是爲最大多數人謀求最大的幸福，因以促成政府地位的改變，由「守夜警察」（nightwatchman）進爲「社會服務機關」（social service agency）；因以促成政府職能的擴張，政府的職能不僅在於消極的保障自由、人權，維持社會安寧，更須積極的爲人民謀利益，爲社會造幸福。

國父孫中山先生鑑於歐美資本主義經濟制度的流弊，自由競爭的結果，產生貧富懸殊，勞資對立的不良現象，於是在三民主義中提出耕者有其田、平均地權、節制資本的政治主張與號召。國人受這偉大政治思想的啓示，所以我國政府於民國三十八年播遷到臺灣後，乃先後公布「耕者有其田條例」、「平均地權條例」；使地主將土地讓於耕作者之農民，地主則以所收回之資金到都市作工業生產的投資經營，遂得以促進經濟繁榮；非農民不得購買耕地；農民耕地亦限制在三公頃內；將土地漲價徵收增值稅，防止商人坐收漲價之利，而成暴發戶，並藉此杜絕土地投機，擾亂經濟秩序，對國民所得徵收累進稅率的所得稅，使擁鉅資的大資本家不易產生。

三、維持政治安定——當一種政治思想或學說，爲一國的絕大多數人民所接受，並普遍流行，卽成爲政治共識。所謂政治共識就是大多數人對政治問題的共同瞭解與認識。今日的政治學者多稱此共識爲政治文化。比爾（Samuel H. Beer）說，政治文化就是人民對有關政治的價值、信仰、感情的取向與態度。這種取向與態度包含人民要求政府去尋求何種利益與目標，並以何種手段獲得這利益，達到這目標，以及政府的決定是否為人民所接受等等❼。

政治共識或政治文化就是人民對政治事務與問題的共同價值觀念、信仰和態度。換言之，這是人民的政治共信。吾人應知共信立，則互信生；互信生，則團結固。人民能團結自足以維持政治的安定與社會的和平。共信就是人心之所止的志（志之古字作㞢）。共識就是志同。志同則道合。志同道合，人民自然能以協同一致的、分工合作的、步伍整齊的共赴事功，達到政府的目標，獲得自己的利益。政治思想足以維持政治安定，由此足以見其重大功能與力量。

四、促進政治進步——政治思想足以促進政治進步，其理由可作以下的四點說明：㈠進步（progress）和進化（evolution）頗不相同。進化是自然的和平的而緩慢的社會發展；其方向可能是向前向上的，但並無預期的目標。進步則是在人為的設計下或預定的方針下，作有意義有目標的向前推動，朝向一定的方向與鵠的前趨。政治思想足以向政府提供指示與引導，使之採行一定的設計與方案，或推行一定的政治教育與訓練，使朝向一定的方向與目標發展，藉以促進和引導政治的進步。㈡吾人已知一種政治思想或學說若為大衆所接受並普遍流行，即能造成政治共識。共識足以維持社會的團結和政治的安定。團結就是力量，能以群策群力推動社會進步與政治發展。安定中才能進步。政治思想既能促進政治

❼ 參考 Samuel H. Beer & Adam B. Ulam, eds., *Patterns of Government; the Majority Political Systems of Europe*, New York, Random House, 1968, pp. 29-32.

的團結與安定。這些便是政治進步的環境與力量，成爲政治進步的莫大資助。㈢政治思想的功能能以揭櫫政治理想與政治文化。政治文化就是對政治的共同信仰、感情、態度、認知與行爲模式。有怎樣的政治思想和文化就造成怎樣的政治社會。政治的良窳與興衰恒以政治思想是否良好爲轉移。政治思想旣能揭櫫政治理想以爲共同趨赴的鵠的，自足以促進政治行爲的向前努力與進步。㈣政府的政治施設常因受現實環境的限制，只要行得通，辦得到，能應付下去卽可滿意，不求達於更高境地。而政治思想家多不負實際責任，不必遷就現實環境，而處於較高的超脫地位，故常對未達於較高境地的政治施設提出批評與指責，且可提出較爲理想的建議。這些批評與建議對實際政治，猶如陽光、空氣之於植物，能以助其生長與發育。所以政治思想足爲政治進步的動力與資助。

五、鼓動政治風潮——人的思想或意識乃是行爲的動力和塑造器。有怎樣的思想和意識就會有怎樣的行爲或生活。人的行爲和生活的一切取向，皆以其思想與意識爲指南針，爲控制器。有的人淡泊寧靜，視富貴如浮雲；有的人熱衷名位，奔走鑽營，謀求官職，一日無官則皇皇如也。有的人愛財如命，不惜犧牲名節，作貪財圖利的惡劣營求；蓋皆因其思想不同有以致之。

人是有理性、有感情的動物。人爲了實現其理想或信仰，人爲了疏洩或慰藉其感情，就是粉身碎骨，赴湯蹈火，亦在所不辭。思想的力量，可以使「貪夫廉，懦夫有立志」；可以造成「威武不能屈，富貴不能淫，貧賤不能移」的大丈夫。思想可以養成立德、立言、立功的人傑。歷史上有多少殉道、殉國、殉節、成仁、取義的壯烈事蹟。世界有多少救國、救民、爭自由、爭平等、反暴政、反壓迫的革命運動和政治風潮，皆是由於偉大的政治思想力量掀起的、促成的。洛克（John Locke）盧梭（Jean-

J. Rousseau）所倡的「天賦人權，一律平等」的政治思想，鼓動起美國的獨立革命和法國的民權大革命。辛亥革命所以能推翻二千多年的君主政制，建立中華民國，也是政治思想所推動促致成功的。

第四節　政治思想具有的特性

一種政治思想或學說經衆接受並能廣泛流行者，必其本身具有一定的優異特性。這些特性就是一種思想或學說存在、流行和成功的必要因素。這種特性包括系統性、實踐性、時代性、久遠性、空間性和發展性。茲就這些特性分別論說如次：

一、**系統性**——政治思想乃是有關政治的衆多知識、意識的系統化。思想成爲牢不可破的信仰，卽是所謂主義。系統性指一思想或學說的內容理路一貫，條理清晰，系統分明，其間無任何衝突與矛盾，持之有故，言之成理，能自圓其說，無空隙可乘，經得起批評，頂得住挑戰；若付之實施亦經得住考驗。凡一受批評或挑戰卽有被攻破或動搖趨勢者，稱不得是政治思想或學說。系統是指一完整的思想體系，分之而不散亂；合之而成密切和合的整體。

《論語》是孔子群弟子所記其師之善言，並非孔子自己一手所寫成的，編排未必有一貫系統；但究察其思想的實質與內容，則是理路一貫，立論一致，自成系統，並無任何矛盾與衝突的地方。親親而仁民，仁民而愛物，泛愛衆而親仁的仁道哲學，和格、致、誠、正、修、齊、治、平的一貫大道，乃千古難破的系統眞理與思想。

國父　孫中山先生所倡導的三民主義，乃是體系完整，條通而輻湊，系統化的政治思想與學說。分而言之，則民族主義、民權主義和民生主義皆各有其完備性，可以自存而自立，有其自身的價值與功能；決不至於散漫而難以存在。合而言之，民族主義、民權主義、民生主義，則連環而成為一整體。因之，民族主義乃是民權主義和民生主義的民族主義。民權主義乃是民族主義、民生主義的民權主義。民生主義乃是民族主義、民權主義的民生主義。

二、實踐性——一種政治思想或學說固然要有崇高的理想和遠大的目標以為號召，引發人民的趨赴和信仰；同時亦須具有實現理想的途徑和達成目標的方法。否則，祗有理想與目標而無實踐的途徑和方法則流為幻想與空談，不但不能發揮政治功能，且亦失却其存在的理由與價值。既有崇高理想又具實踐途徑；既有遠大目標，復有實行方法，才是完善優良的政治思想或學說。所謂登高必自卑，行遠必自邇，就是這種意思。完善優良的政治思想或學說，應是「致廣大而盡精微，極高明而道中庸」。

國父　孫中山先生的三民主義不僅有民族獨立、民權伸張、民生順遂的崇高理想與目標，更有軍政時期、訓政時期、憲政時期實踐的步驟與方法。實現民族主義要恢復中國固有的倫理道德與智能和民族自信心，更要聯合世界上以平等待我之民族共同奮鬥。實現民權主義要採行五權憲法，推行地方自治及訓練民衆行使選舉、罷免、創制、複決四種民權。實現民生主義要經由耕者有其田，平均地權，節制私人資本，發達國家資本，並要從食、衣、住、行、樂、育上解決民生問題。

三、時代性——需要決定存在。一種政治思想或學說能為人民所接受而流行者，一定是因為這一思想或學說能以適合時代的需要，並能解決當時政治上所發生的一些困難問題。時代性乃指政治思想或學說的適時，或因時制宜，有似孔子所說的「君子而時中」。政治思想家所提的政治思想或學說猶如治病的藥方，藥投症方稱良藥；思想能適時治時病方是好思想，好學說。

春秋戰國時代，百家爭鳴，學術思想大放異彩。雖然各家的思想或學說各異其旨趣，然皆所以謀求解除當時的戰亂，撥亂返治，拯民於水深火熱之中，則是相同的目的。西漢時代災異祥符之說甚為流行，並採行「災異策免三公」的制度，故董仲舒倡「天人感應」之說，對當時的政治制度予以肯定與認同。漢興，戒於秦朝孤立而亡，乃採郡國並行之制，大封王侯，王侯土地廣大，可自置丞相，辟官吏，大有尾大不掉之勢，且有王侯叛亂的危機，故賈誼、鼂錯皆提出彊幹弱枝，集權尊君的政治思想。國父倡導的三民主義不僅是適合中國時代需要，是救國濟世的佳謀良策，亦是符於世界潮流的偉大思想與至理。

四、久遠性——完善良好的政治思想或學說不僅要合乎時代需要，解決當時的政治問題與困難；更要有歷久不渝，久遠流傳的理論基礎。實行思想或學說的實踐方法雖可隨時代而改變，但其立論基準須是高瞻遠矚，眞知灼見，歷久不渝，顚破不拔的至理。這種思想的久遠性在於能符合以下的兩個條件：一是人同此心，心同此理的天理與良知，卽所謂公理。二是口之於味也有同食焉；耳之於聲也有同聽焉，目之於色也，有同美焉的人性或至德。

儒家的倫理思想，所謂的禮、義、廉、恥、忠、孝、仁、愛、信、義、和、平的表現方式，雖歷代各有不同，但其所以維持人群關係、社會秩序、互助合作的精神與理則，則亘古不變，歷久常新。法家思想中「集勢以勝衆」的覇道，「因術以術衆」的詐術雖不足取，但其「任法以齊民」的以法為治的法治精神，卽在今日亦有其存在的價值。

解決民生問題如食、衣、住、行、樂、育的方法固可隨時代變遷而有差異，但「民生順遂」的目的則是永久不變的。地方自治實施的制度，四種政權行使的方法，雖可隨時代的進步而有不同，但「民權伸張」的目的與理想，永久不能放棄。實現民族主義的策略與手段，雖可因勢制宜，隨機應變，但「民族獨立」的目的與理想，乃是長久追求的目標。最完善的政治思想或學說，應是「放之四海而皆準，百世以俟聖人而不惑，質諸鬼神而無疑」的眞理。

五、空間性——法儒孟德斯鳩（Baron de Montesquieu）著《法意》（*The Spirit of Laws*）一書，指出法律的優劣，不可作一概的評論，只要能適合國情的法律就是最好的法律。管子曰：「齊之水道遒躁而復，故其民貪麤而好勇。楚之水淖弱而輕，故其民輕果而賊。越之水濁重而洎，故其民愚疾而垢。秦之水泔冣而稽，淤滯而雜，故其民貪戾罔而好事……，宋之水輕勁而輕，故其民簡易而好正。」❽《淮南子》曰：「韓，晉別國也，地墽民險，而介於大國之間，晉國之故禮未滅，韓國之新法重出；先君之令未收，後君之令又下；新故相反，前後相繆，百官背亂，不知所用，故刑名之法生焉。秦國之俗貪狼，强力寡義而趨利，可威以刑而不可化以善，可勸以賞，而不可厲以名；被險而帶河，四塞以爲固，地利形便，畜積殷富，孝公欲以虎狼之勢而呑諸侯，故商鞅之法生焉。」❾

凡此立論，蓋皆指因地理環境的不同，民族性格的差別則所產生的法制便大異其旨趣。依此以爲推論，則政治思想自亦有其空間性。完善的政治思想或學說，自須對其所處的環境作切實的適應；對其民

❽《管子》水地篇。
❾《淮南子》要略篇。

族性亦須有適當配合。吾人已知寒帶國家，民性冷酷，遂產生極權專斷的政治思想。熱帶國家，民性懶散，遂產生消極性的政治思想。費邊社溫和緩進的政治思想乃是英國紳士型政治文化的產物。帶有激進性、感情性的工團主義的政治思想，乃是法國浪漫型政治文化的產物。美國的政治思想崇尚自由，尊重個人人格，係民主參與的政治文化有以致之。國父的三民主義大部份是中國傳統文化的結晶。

六、發展性——一種政治思想或學說決非一蹴而幾的急就章；亦非偶然的頓悟或靈感；而多是經相當長期的觀察、思考、研究而成的系統知識。人受到政治環境的刺激，乃起而對政治的事實與現象予以觀察體驗，獲得政治的知識與認知進而就此加以深入的分析，理智的判斷與思考，求得問題的癥結及救治的途徑，形成所謂系統化的思想或學說。這乃是博學、審問、愼思、明辨、篤行的實證知識，經由長時的觀察、思考、研究而獲到的成果。

國父孫中山先生憤於滿清政府的腐敗無能，迭受外國侵略，喪權辱國，民生困窮，乃於一八八三年在檀香山組織興中會，號召「反滿復漢」，經五年之研究與思考，於一八八八年乃有三民主義的構思。一九〇五年在東京成立同盟會，揭櫫「驅除韃虜，恢復中華，建立民國，平均地權」的政綱，此即三民主義的雛形。從此仍作不斷的研究與發展，經十九年後，於一九二四年（民國十三年）始有完整的、系統的三民主義的完成。

英儒達爾文（Charles Darwin）倡「天演論」，曾風行一世，亦是多年研究發展的結果。達爾文的祖父是一名生物學家，可稱是家學淵源；他更熟讀拉馬克（Jean de Lamarck）的《動物學》和馬爾薩斯（Thomas R. Malthus）的《人口論》，並從劍橋大學教授施吉威克（Adam Sedgiwiak）習地理學與地質學，遍遊國內外，跋山涉水，觀察生物和動物的生活，並蒐集有關物種進化的化石，且隨時寫成筆記（notes）。於一八三七年，就其所蒐集的資料和筆記開始寫作不朽的著作，經二十一年之久，才完成其鉅著《物種原始》，倡物競天擇，適者生存的自由競爭進化論。此書的英文全名是：*On the Origin of Species by Means of Natural Selection*。

就是已形成的政治思想或學說，因時代變遷，亦要作因應時需的改進與發達。例如初期的民主主義或民主政治思想和今日的已大不相同。由限制的選舉權進而為普遍的選舉權；由間接民權進而為直接民權；政府地位由守夜警察進而為社會服務機關。就是自由經濟制度的資本主義，亦有顯著的修正與發展。初期的資本主義是資本家的資本主義。今日的資本主義已因資本證劵化，證劵大衆化，進而成為人民的資本主義。初期的資本主義不無資本家剝削勞工之嫌。今日的資本主義因工會的組織健全，資金雄厚，力量强大，資本家反而不免受制於勞工。

七、理想性——政治思想的產生，多由於對現實政治有所不滿，提出批評及改進意見，指示較佳的美景與構想以為改進的依據。這種較切實和和平的政治理念率是自由主義者（liberalists）的政治思想，在用和平漸進手段，改進政治現狀。至於激烈派（radicalists）的政治思想家，則率皆提出極遠高的政治理想或全新的政治建設方案或主義，要用激烈手段完全摧毀政治現狀而另建新政治制度與秩序。一種良好的政治既要有理想性，同時亦要有實踐性，所謂「極高明而道中庸」。

第五節　政治思想遭受的批評

凡事有優劣，理有反正，政治思想亦不例外。政治思想雖能以發生若干的正面功能；但同時，亦有其反面的副作用；因而遭受到左列的三點批評：

一、引起政治的混亂——有人指責政治思想祇是不切實際的空談，對政治災害既不能盡挽救的能事，在日常的政治生活中亦不曾發生什麼有益的作用。英國保守派的政治思想家柏克（E. Burke）曾說，國家敗壞的確切病兆，就是人民傾向於政治思考或理論。斯蒂芬（Leolie Stephen）認爲政治思想就是對政治抱怨的產物，就是進行革命的信號。戴寧（Dunning）說，就某種政治制度加以考察而結晶成功的政治哲學，便是這一政治制度的喪鐘。不錯，過分保守的政治思想常阻滯社會的進步；而過分熱心或幻想的激烈政治思想，常會引起政治的混亂或革命。政治思想家對其面臨的政治制度或問題，常有不同看法。或者贊成，或者反對，或者折衷。有人持保守態度，要維護現狀，有人持激烈態度，要摧毀現狀，有人持溫和態度，要用和平方法改良現狀。各是己之是而非人之是，議論紛紜，爭執不已，徒引起政治上及思想上的混亂。

不過，一般說來，政治思想在指示人類前進的正確方向，經由審愼思考，提出向前向上的努力的理想目標。政治思想誠然足以引起革命；但這種革命則多是對人類有益的、有用的。今日我們能享受民主政治的利益，人權得到保障，獲得平等自由的權利；不能不歸功於洛克（John Locke）、盧梭（J. J. Rousseau）等人所倡的「天賦人權，一律平等」的政治思想。國父倡三民主義的政治思想，有助於推倒二千多年的君主政制，而建立民有、民治、民享的民主共和國。

二、不切政治實際——有人批評政治思想一如其他的哲學思考一樣，祇重理想，不切實際，很少有實用價值；且多消極的批評，而少積極的建議；縱使有所建議，每失之陳義過高，難以實行。政治思想家所標揭的常是一種政治幻想或烏托邦（Utopia）或絕對的理想，揆諸實際並不正確，反足引起人民對現實政治的不滿與抱怨對政府失去信心而生疑惑，實具有危險性。政治思想家多不具實際政治經驗，猶如醫生不作病理檢查與病症診斷，便開處方；不但難收藥到病除之效，且會引起不測的危害。

我們承認政治思想所研討的問題是十分繁複駁雜的，幻變無常，觀察不易，有時自難完全正確，自是勢所難免，亦屬情有可原的。況且政治思想祇在說明政治趨向與目標，並不就是絕對的眞理。要把政治理論應用到政治實施上，自當參酌理論，適應事實，而爲適當的處理，固不可過於拘泥，以免行有不達之弊。例如絕對的主權論和國家的平等觀只能視之爲一種「工作假定」或指導原則，不可使此學說趨於不顧實際限制的極端思想。

三、難息政治爭執——有人認爲政治思想對某些政治爭執問題並不能提出正確答案以平息爭論。如果有人堅持個人自由的重要性；但另外的人亦可提出社會秩序與安全亦不可忽視。如果有人指出內閣制是最佳的政治制度；但另外的人亦可舉出總統制的許多優點。各是其是，爭辯不息，難獲定論。政治思想只是爭辯課題，徒費筆墨唇舌，對問題難以提出正確解答，使衆皆贊成或信服，引起爭論，難以平息爭執。則其價值何在，不能不令人懷疑。

自然，政治思想的功能不能像哲學一樣在提出第一原理或最後因。因政治思想乃是智慧認知、理智判斷或感情察覺的結果，很不容易獲致最後的證明，而且他的目的亦不在此。政治思想在溝通社會大衆的意見，以自由討論，相互辯論，彼此協商，而求取共同的認識與瞭解，俾能以協同一致的步調，解決公共問題。全體一致的公意雖難以求得，然只要有多數的意見，在少數服從多數的原則下就可以解決問題。爭執雖不能完全平息，然能藉討論與溝通，求得多數意見卽可息爭止亂。且在此政治思想的討論中，乃所以謀求彼此的尊重與相互的容忍。這是社會和平與安定之所繫，政治進步所自來。政治思想的討論與研究的價值卽在於此，不可以其有爭執而卑視之。

第二章 政治思想的派別

第一節 政治氣質與思想派別

一、**意向論與思想派別**——美國哈佛大學著名校長羅威爾（A. Lawrence Lowell）於一九一三年著《戰時與平時的公共意見》（*Public Opinion in War and Peace*）一書，倡意向理論（Theory of Dispositions）。意向就是一個人對公衆事務、公共政策或政治問題的自然癖好或傾向，亦就是所謂政治態度。普通認爲公共意見就是「人民所具有的共同人格對公衆問題所表示的集體意思」或「人民全體一致的意見」。羅威爾指出所謂「共同人格」乃是一種幻想；所謂「全體一致的意見」，除非在强制權勢的壓迫和控制下，亦是不存在的。

他認爲在民主國家，人民各有其不同的意向，則其所持的政治態度便不相同，因之對接受政治變遷的程度和所信持的政治思想或所採行的政治行爲模式亦就大異其旨趣。他把人的意向或政治態度分爲四大類❶：一是反動派（reactionaries），對政治現狀抱不滿意的態度對未來發展亦持悲觀觀點，而懷念過去，以復古、返原和尊古爲趨赴方向。二是保守派（conservative）對政治現狀表示滿意，並願予以

❶ 張金鑑《政治學概要》，臺北市，三民書局，民國五二年初版，頁二一七。

維持，反對加以改變，認為改變徒滋紛擾；改變後的將來，可能比現在還不如，一動不如一靜，利不百不變法。三是改良派或進步派（liberalists）對政治現狀相當滿意，對未來抱持樂觀的態度，主張以漸近的、和平的方法與步驟改良現狀。四是激進派（radicals），對政治現狀甚為不滿，認為改進亦不會成功，主張以激烈的，甚至以流血革命的手段徹底打破現狀，另建新的社會秩序與政治制度。

二、反動派的政治思想——反動派的政治思想家為數不多。英國的政治家和歷史學家柏克（Edmund Burke, 1729–1797）立論過於保守，具有反動性的政治思想。他生當美國獨立革命和法國民權大革命以後，民主主義的政治制度將建立，民主思想正流行，卻發表急烈的反對主張。他所讚揚和所要維持的政治制度多已被摧毀或瀕於崩潰的邊緣。從他的著作《對法國革命的反省》（*Reflections on the Revolution in France*）、《從新輝格到老輝格的申訴》（*Appeal from the New to the Old Whigs*）中可以看到他的反動色彩的政治思想❷。

他認為人民應敬畏上帝和國王，服從政府與官吏，崇拜教士，尊重貴族，國家應交由地主階級的貴族治理之，因為財產就是安全與安定的保證。以貴族治理國家可以維持政治安定和社會秩序。他對民主主義的政治思想家所說的「治者的權力建立在被治者的同意上」大加駁斥，認為人民負擔義務根本不必得其同意，因為人生來就對已有的政治制度和權力，負有服從與接受的義務。

他認為法國的革命乃是無理性的暴亂行動；「人權宣言」是「無政府主義的文獻，惡政府亦優於無

---

❷ Raymond G. Gettell, *History of Political Thought*, The Century Co., New York, London, 1924, pp. 306–308.

政府」。盧梭的著作，無異是汚穢的昏暗的廢紙。對國民主權說、人民平等論、革命權利說均予以激烈的批評，認爲人是生而不平等的，那些優秀的人就是天然的統治者。他認爲法國民主政治必歸於失敗，且將流爲獨裁政體。對英國淸敎徒的反國敎革命亦大加攻擊；國敎的宗敎制度必須加以尊重與維護。

秦始皇併六國一天下，爲要箝制思想，控制輿論，厲行專制，竟依李斯所言：「今諸生不師今而學古，以非當世，惑亂黔首，是古非今者族，令御史案問諸生，諸生轉相告引，乃自除犯禁者，四百六十餘人，皆坑之於咸陽。」❸這是諸生被誣爲是古非今的反動派而寃死。

王莽篡漢，改國號曰新，設羲和之官，立明堂，開辟雍，並行井田之制，名曰王田。封建制度於春秋戰國時代即告崩潰，土地兼併，自由買賣，至漢世，已形成富者連阡陌，貧者無立錐之地。王莽行井田，勢逆而難行，竟要復之，乃是泥古不化的反動派的政治思想。

北周文帝宇文泰崇儒好古，政治上一切施設均摹擬古制。官制設三太（太師、太傅、太保）三孤（少師、少傅、少保）六卿（天官、地官、春官、夏官、秋官、多官）上大夫、中大夫、下大夫、上士、中士、下士。這是好古不求甚解的反動性的政治思想。

時至一九一六年，歐美民主主義的政治思想和制度已流行在一百年以上，中國的民主共和政體亦已建立近五年，袁世凱不明世界政治潮流的大勢所趨，不顧中國政治發展之所向，竟權慾薰心，倒行逆施，於民國五年一月一日帝制自爲，改爲洪憲元年一月一日。這是自私自大，不明大勢的反動政治思想

❸《史記》卷六，秦始皇本紀。

所造成的惡果。

三、保守派的政治思想——保守派的政治思想家為數不少。玆舉述英國哲學家霍布士（Thomas Hobbes, 1588-1679）和歷史學家梅因（Henry Maine, 1822-1888）二人的政治思想以為代表。

1.霍布士——他有兩本著作，一是一六五〇年出版的《法律要論》（*The Elements of Law*）。一是一六五一年出版的《巨靈》（*Leviathan*）。從這兩本著作中可以顯明的知道他所信持的保守政治思想❹。

霍布士深信無論當時的民權派或保皇派均無能力維持國家的和平與安寧。因為必須有一個絕對優勢的強有力的政府，才能夠消滅一切的反對派，才能達到這種目的。統治者的權力必須是絕對的，始能貫徹命令的執行，維持和平與統一，消除一切反對者。而民黨與王黨都沒有這種力量。霍氏曾任大思想家培根（F. Bacon）的秘書，逃亡到法國時，和大哲學家笛卡兒（Descartes）頗多往還。在其友人圖書室並得讀到歐幾里得（Euclid）的幾何學；因而相信政治亦可簡化為物理學一樣，並可以用數學的方法和定理去證明萬能的或絕對權力的建立不僅是必要的，而且是可能的。

霍氏認為人類的行為與生活，必須由政治組織與力量作強有力的控制，才能和平安寧。否則，必將返回醜惡、痛苦、悲慘的原始自然狀態（state of nature）。他堅持縱使在暴君的暴虐統治下，人民亦沒有反抗或革命的權利，只有上帝可以處罰這暴君。因為人民反抗或革命，就使國家陷於無政府狀

❹ 張金鑑《西洋政治思想史》，臺北市，三民書局，民國五九年，頁二三〇—二三五。

態。惡政府勝於無政府。人民所可具有的自由祇是主權者的君主不加禁止的自由。反抗政府或革命當然是主權者所禁止的。他說，所謂自然權利只包括自保、自存、自衞等權，並不包括反抗權和革命權。

霍布士認爲法律乃是主權者的君主向人民所發布的正式命令。命令和道德、政策顯然不同。祇憑主權者的單獨意思就可制定法律或廢止法律。主權者位居於法律之上，不受法律的拘束。他不承認有所謂自然法則的存在。若使有此，則人人可以憑自己的意思去作解釋，則議論紛紜，莫衷一是。他對於英國各派所擁護的道德、政策、習慣一律予以否認。只有主權者所表示的意思、所頒布的法律才是權威的、有效的。爲要使法律能有效的貫徹執行，對不守法者必須嚴加懲罰。無論法律的好或壞，人民都須遵守。因爲不守法，必使國家陷於混亂；卽使惡法亦勝於無法。

霍氏把政治置之於宗教和道德之上，認爲主權者的君主，無論對政治的或宗教的事務都有最高的管轄權。對當時清教徒的宗教革命運動和天主教徒所提出的要求均加以攻擊，認爲這是對構成國家要素的主權的重大的被壞與威脅。他對天主教提出嚴厲的控訴與指責，以爲那傳統的教條箝制了人民的思想，虛僞的敎義掩蓋有無窮的罪惡。因之，不少人攻擊他是無神論者，並批評他的思想汚染了自由主義。

霍布士所支持的政治制度，當時卻受到很多人的贊成與注意。他的風度和文采，奕奕動人，光耀奪目，吸引有廣大的群衆，非一些普通的政治哲學家所能比擬。雖然有人批評他的政治理論是錯誤的，但其錯誤卻有很大的魔力。廣大的民衆寧願接受其錯誤；大衆反而對宗教革新者的喀爾文（Calvin）予以攻擊，因爲大衆的意向多屬於保守派。

2. 梅因——梅因是歷史學家，亦是法學家；應用比較硏究法和歷史的硏究法，卓著成績，有以下的四種著作：㈠一八六一年著《古代法律》（*Ancient Law*），㈡一八七一年著《鄉村社區論》（*Village Communities*），㈢一八八三年著《早期法律與習慣》（*Early Law and Custom*），㈣一八八四年著《平民政府論》（*Popular Government*）。從這些著作中可以探知其政治思想。茲扼要引述如次❺：

梅因反對所謂自然法的法律理論。因爲自然法不是明白確定的，其意義亦混淆不清，各人可以依自己的意思加以解釋，勢必陷於意見分歧，議論紛紜，各是其是，莫衷一是。這樣必然引起爭論。法國的戰爭和混亂就是因此而引起的。他認爲國家的起源由於人的需要而產生，並非經由契約的制訂而成立的。研究法律與政治須從研究人類學入手。國家是由家族組織逐漸經歷史的衍化而成功的。

梅因受柏克（E. Burke）思想的影響，認爲所有的制度都是生長（by growth）成功的，不是創造（not by creation）成功的；都是被發現（to be found）出來的，不是被製造（not to be made）出來的。一切現在的事物都有其歷史的背景與淵源，着根深長，淵遠流長，基礎久遠深厚。人類的歷史是自然的演化，順之則有功，逆之必失敗。因之，他反對邊沁（Jeremy Bentham）所主張的經由立法促進社會進步。因爲那是對自然演化的干擾和控制，猶如揠苗助長，非徒無益，實又害之。人類社會的進化依循着一條主要路線，那就是以安定的現狀（status）爲基礎，累積前進；因爲只有在安定中才能進步。

梅因反對人民主權說。他指出在各種政治制度中以貴族政體（aristocracy）爲最好，以民主政體（democracy）爲最壞。因爲天之生人，萬有不齊，智慧高低，才能優劣，各不相同。大多數的人是平

❺ Raymond G. Gettell, *History of Political Thought*, The Century Co., New York, London, 1924, pp. 393-395.

庸的，那智慧高、才能强的人只是少數。以天生的才智之士，菁英分子組織政府，統治人民，乃是理所當然。「才能政治」（government by the best）乃是最理想的政制。集才智之士治理國家，則能本眞知灼見，高瞻遠矚，治理國家，必會有優良的政績。而且這少數菁英分子，是有理智的、有節制的，不會盲動妄爲，足以維持國家的安定，人民的安全。若把政治權力交給那大多數平凡的人，那庸俗無能的政府必不能有良好的政績。而且平庸的多數人，是不可靠的，容易感情衝動，易受欺騙與煽動，民主政體極易流爲暴民政治，成爲混亂的無政府狀態。他很推崇英國的元老院，因爲這是英國優良的傳統，應加强其地位與權力。

四、改良派的政治思想——所謂改良派或進步派的政治思想是指對政治現狀並不滿意，主張運用緩進的、和平的方法改進之。英國的費邊社會主義（Fabian Socialism）和工黨政策（policies of the British Labor Party）最足爲這派政治思想的典型代表。玆分別擧述其要旨如後❻：

1. 費邊社會主義——英國費邊社（Fabian Society）成立於一八八四年，代表着社會化的自由主義的進一步的擴張。費邊社的人員對工業社會中所產生的人對人的不人道深感驚訝與不滿。他們乃主張經由國家的立法去改進勞動階級的生活，但須經由一定的步驟，而以和平方法進行之。羅馬名將費邊（Fabian）採用拖延戰術擊敗勁敵漢尼拔（Hannibal），故用其姓以名社。

費邊社成立的初期是由少數菁英分子所組成，其重要人物爲蕭伯納（George Bernard Shaw）、

❻ Lawrence C. Wanlass, *Gettell's History of Political Thought*, Mount Holyoke College, 1978, Fabian Socialism, pp. 347-348; The British Labor Party, pp. 349-352.

威爾斯（G. H. Wells）、威伯（Sidney Webb）、華來士（Graham Wallas）及麥克唐納（Ramsay MacDonald）等人。其後日見擴張，人數日衆。費邊社會主義者認爲自由競爭制度僅使少數人得到了快樂與幸福，而大多數人的利益却因此而被犧牲；所以社會制度應重行改造，務使一般的社會大衆都能得到快樂與幸福。爲達到這一目的，於一八八七年曾發布「費邊社的基本準則」（*The Basis for the Fabian Society*）作爲該社努力的方向與目標。其內容如次：

㈠費邊社係由社會主義者所構成，其目的在使土地與工業資本從個人與階級所有權中解散，轉爲社會所有，用以增進一般的利益，藉以達成社會組織的改造。只有經由這種途徑，國家自然的和獲得的利益，才能平等的由全體人民分享之。

㈡本社爲此而從事於私有土地制度的廢止，並消滅由土地私有制而來的個人分得的地租及因土壤的良好、地位的優越與土地的使用而生的價格付與。

㈢本社要進一步謀求工業資本的社會化，由社會管理工業資本，建立工業資本社區的行政管理制，因爲在過去，生產資本爲資本家所獨佔，工業的發明及剩餘所得轉變爲資本，使資產階級趨於富有，而勞工則必須依靠這富有者藉勞力以謀生。

㈣若使這些措施能付諸實行，卽使無所報酬，則地租和利息均歸爲勞工所有，則依靠勞工而生存的懶惰階級自然趨於消逝；其卽透過自然經濟力量的推移，不必對個人自由造成較目前爲大的干涉，就能使人人得到實際的平等機會與權利。

㈤爲要達到這種目的，本社將從事社會主義思想的傳播，並藉以促進社會及政治的改革，同時推廣在倫理、經濟、政治方面，有關個人與社會間合理關係的知識。

2. 英國工黨政策——英國工黨於一九〇六年成立，乃是由若干從事社會改革運動的團體演變而成。在約半世紀的發展中，工黨由一個人數不多的小團體，卒能成爲英國政治舞臺上兩大政黨之一，且一再掌握政權，大力推行民主社會主義的政治與經濟改革。其努力的目標在實行民主社會主義，反對階級鬪爭及無產階級專政。工黨對工人持高度的崇敬態度，信任工人的能力與品格，反對列寧的革命理論；卽不贊成職業革命家領導工人，不贊成無產階級的暴力革命。

英國工黨另一個顯明特徵，就是宗敎性的人道主義。工黨領袖並任首相的艾德禮（Clement Attlee）所以轉變而信奉社會主義，是因爲他於一九〇五年至一九二二年間均與倫敦貧民窟的窮苦人民有密切的接觸，目覩慘狀，而起悲憫之心，乃採信濟世救人的人道主義。他自己曾宣稱，目覩貧民區生活情況的十分惡劣，以社會工作者服務立場，激發起基督敎的人道思想。深信個人的人格是尊嚴的、平等的、應受到人道的待遇，所以奉行社會主義。

在經濟事務方面，工黨自然自矜自詡的信奉溫和的中間路線，旣反對嚴格控制的共產主義亦不贊成自由放任的資本主義。工黨對重要工業雖採國有化政策，但並未消除私人的自由企業；主張採行高負擔的租稅政策，以累進稅率使富有者多所負擔。國有化政策的實行，對財產的所有者仍予以補償，並不以非法行動使財產所有者受到損害。

工黨所採行的政策自認是「同意的革命」（revolution by consent），而且這是對當代問題的民主答案。工黨政策具有三大特色：一是國家的基本工業實行國有化。二是國民所得的重行分配。三是採行社會化的經濟政策。工業國有化有兩大目的：⑴重要工業爲國家所有，卽可以使之對社會負責，俾全民共享其利，不使被私人操縱與壟斷。如此，則可促成「公道社會」（just society）的實現。⑵工業國有化將可以逐漸消除「不勞而獲」的不公平所得。

累進稅率的重稅政策，一方面足以防止財富過度的集中的貧富懸殊的不良現象；一方面足以提高工人的工資，俾以增進社會福利。國民所得的重新分配，在謀求經濟及社會的平等。爲要防止經濟恐慌、財富浪費與不公平的競爭及對國家資源有效和充分利用，工黨必須採行有計劃的社會及經濟計畫以爲推行。工黨自稱由於他們的政策施行，使英國趨於安定與繁榮。

五、激進派的政治思想——馬克斯（Karl Marx, 1818-1883）所倡的共產主義可爲激進派政治思想的代表。馬克斯猶太人裔嗣，德國人，生性偏激，一生在欠債、生病、不幸中過日子，有一次因付不出房租，被房東的經紀人，把他的妻子和小孩趕出房外，並將衣物抛至街頭，因之嫉世憤俗，持仇恨與報復心理對付國家與社會。

他本想在大學從事學術研究，因其觀念有偏差，不見容於學校當局。被逼出校後，於一八四二年在科隆（Cologne）任萊因報社編輯，因不滿該社股東狹隘的心胸，提出辭呈，往走巴黎。在巴黎曾研究蒲魯東（Proudhon）的無政府主義，因蒲魯東曾說：「財產就是贓物」，因而他主張廢除私有財產制度。因立論不當亦被法國政府驅逐出境。逃至比京，與好友恩格斯（Eriedrick Engels）相識。合作於一八四八年發表「共產主義宣言」（Communist Manifesto）頗具煽惑性；不久轉往倫敦，悉心研究與寫作，於一八七七年寫成《資本論》第一册。那第二册、第三册是馬克斯死後，由恩格斯編輯印行的。玆將馬克斯的立論要旨舉述於後❼：

❼ 張金鑑《西洋政治思想史》，臺北市，三民書局，民國五九年，頁四〇四—四一〇。

馬克斯指出社會問題的解決，必須經由激烈的、毫不留情的階級鬪爭。這種鬪爭發生在兩個對立的階級之間，一個階級是在舊的生產關係下謀利益的，一個階級是要在新的生產關係及擴張的生產力量中，謀求利益的。他認爲在每一個社會中都分爲壓迫者及被壓迫者兩個對立的階級。人類的一部歷史就是這敵對階級鬪爭的紀錄。這種情形在資本主義或資產階級的社會中尤爲眞實。在現代資本主義的全力發展中造出靠血汗工資維持生活的無產階級。資本家需要有一個大的人力儲存市場，俾以低廉工資僱用其所需的人力，就好像麪粉廠廠主買進麥子一樣。資本家貪欲難滿，旨在爭取最多的利潤，不惜對工人施以無情的榨取，遂引起階級的仇恨與問題。富者愈來愈富，貧者愈來愈貧，貧富懸殊，二者的敵對與仇恨愈來愈深，自然引起共產階級的鬪爭與革命。

馬克斯深信無產階級的社會革命是不可避免的，是必然的。但他又說不可因此理由而無所事事的等待。他自負的要以哲學家和先知者的身分，去作傳播、鼓動、倡導、宣傳，以喚起無產階級，促成這一革命的早日來臨。他的著作和理論就是在推動這種的變亂或革命早日到來。這種革命一旦到來，無產階級必然會勝利的達到其所期欲的目的。他並依歷史的唯物辯證法法則保證無產階級的革命成功是確定不移的。他認爲資本主義社會達於成熟階段必然引起無產階級的革命，而歸於崩潰和死亡。

馬克斯認爲現有的國家及其組織乃是資本主義經濟勢力的反映，亦是階級鬪爭所形成的事實之一部份。國家乃是資本家榨取無產階級的有效工具；統治階級爲行使其强制力量，以維持其現有的私有財產制度及關係，於是便有國家的出現。現代的代議制度亦是資本家榨取無產階級的另一種手段。當榨取者與被榨取者形成尖銳對抗時，必產生無產階級的社會革命。革命的結果必然是共產階級的勝利，資產階級被消滅，其所利用的國家亦必隨之消逝。

第二節　政治實質與思想派別

就何謂政治的實質爲標準以爲分類，政治思想的派別可分爲自然主義的政治思想、理性主義的政治思想、權勢主義的政治思想、功利主義的政治思想及民生主義的政治思想。茲依次分別論述之。

一、自然主義的政治思想——道家的老子、莊子卽是自然主義政治思想家的代表。道家崇尚自然，要摒棄政府的干擾，法律的拘束，反樸歸眞，依於自然，過日出而作，日入而息，鑿井而飲，灌田而食，「帝力與我何有哉」的逍遙自在，無拘無束的自由生活。老子說：「道生一，一生二，二生三，三生萬物。」❽道是萬物本源，而道則是以自然爲法則。老子說：「人法地，地法天，天法道，道法自然。」❾

天之道依帝之則，四時運行，周行而不殆；晝夜寒暑，循環往返不息。天何言哉!?天何言哉!?四時行焉，萬物生焉。因之，老子認爲爲政之道，在順乎自然，不要多所作爲，自然和平順遂，各得其所，各適其性，各遂其生。這就是無爲而治。無爲不是不動，乃順乎自然的不勉强，不執着，不固執的自然而然的生活與行爲。這就是無爲而無不爲。現代自由主義的首要人物亞當斯密（Adam Smith）主張自由放任的經濟政策，不可有任何人爲的干涉，因爲有「一隻看不見的手」(invisible hand) 在作自然

❽《道德經》第四二章。
❾同上，第二五章。

的調節，可以順利運行，若有干涉，經濟秩序，必趨於混亂。

老子說：「以無事取天下。吾何以知其然哉？以此：天下多忌諱，而民彌貧；民多利器，國家滋昏；人多技巧，奇物滋起；法令滋彰，盜賊多有。故聖人云：我無爲而民自化，我好靜而民自正；我無事而民自富；我無欲而民自樸。」❿這就是老子反忌諱（指禁令）、反利器、反技巧、反法律、反作爲，而要清心寡欲，返樸歸眞的自然主義的政治思想或哲學。

莊子之學本於老子，故其政府思想與人生觀，仍以返樸歸眞爲指歸，崇尙自然，依於自然。這位自然主義的思想家，要不失其本性，個性得到充分的自由發展，不受任何拘束與限制，反對一切的外來的干擾與壓迫，那些規範人群生活的典章制度和法律及統治人民的政府、權力和官吏，都是他要摧毀和打倒的對象。只有那無政府、無法律、無官吏的原始社會，才是理想的生活環境。他的人生觀，是要過海濶縱魚躍，天高任鳥飛，御風凌空，無涯天邊樂遨遊，無絲毫羈絆，無半點牽掛的，逍遙自在，放浪形骸，葛天氏之民，無懷氏之民的眞人和至人。

莊子說：「若夫乘天地之正，而御六氣之辯（變），以遊無窮者，彼且惡乎待哉！故曰至人無己，神人無功，聖人無名。」⓫觀於此，則知莊子認爲只有至人、神人、聖人才是順乎自然，歸於自然自由人。他說：「古之眞人，不逆寡，不雄成，不謩士，若然者，過而弗悔，當而不自得，登高不慄，入水不濡，入火不熱。是知之能登假於道者若此。古之眞人，其寢不夢，其覺無憂，其食不甘，其息深深，

---

❿同上，第五七章。

⓫《莊子》逍遙遊。

眞人之息以踵，衆人之息以喉，屈服者，其嗌言若哇；其嗜欲深者，其天機淺。古之眞人，不知悅生，不知惡死；其出不訢，其入不距，翛然而往，翛然而來而已矣。不忘其所始，不求其所終。受而喜之，忘而復之。是之謂不以心捐道，不以人助天。是之謂眞人。」⓬他又說：「遊心於淡，合氣於漠，順物自然而無容私焉」；「至人之用心若鏡，不將不迎，應而不藏，故能勝物而不傷。」⓭眞人、至人淡漠自然，不將不迎，無私無欲，渾然忘我。若照盧梭（Jean J. Rousseau）的說法，那是「高貴的野蠻人」。

莊子不但要取消政府、法律、官吏，就是仁義禮樂，知識技巧，都在摒棄之列。他既然要順乎自然，當然要無爲而治，反對一切的人爲制作。所以他說：「及至聖人，蹩躠爲仁，踶跂爲義，而天始疑矣！澶漫爲樂，摘僻爲禮，而天始分矣。故純樸不殘，孰爲犧尊。白玉不毀，孰爲珪璋。道德不廢，安取仁義。性情不離，安用禮樂。五色不亂，孰應文彩。夫殘以爲器，工匠之罪也。毀道德以爲仁義，聖人之過也。」⓮莊子所說的道德，指自然的各得其所。他又說：「聖人不死，大盜不止。雖重聖人而治天下，則是重利盜跖也。……故絕聖棄智，大盜乃止。擿玉毀珠，小盜不起。焚符破璽，而民樸鄙。掊斗折衡，而民不爭……。故曰：大巧若拙。削曾史之行，箝楊墨之口，攘棄仁義，而天下之德始玄同矣。」⓯這是說毀棄天下的人爲的一切制作、仁義、智知，則可以享受玄妙的渾同幸福。

⓬同上，大宗師。
⓭同上，應帝王。
⓮同上，馬蹄篇。
⓯同上，胠篋篇。

二、理性主義的政治思想

——理是條理和義理。條理是各得其所的絜矩之道，各守其分，卽荀子所謂之「分以和之」。理是義理，卽各得其宜的公理與正義，亦就是荀子所說的「義以一之」。「分」與「義」是人類過合群生活和調適人群關係的基本原則。人群關係就是倫理關係或理性法則。《孟子》離婁篇曰：「察以人倫」，倫者序也，序卽秩序或條理。《論語》微子篇曰：「言中倫」，倫是道理或義理。分是人倫，義是義理，依倫理觀念以爲政治國者，謂之理性主義的政治思想。

理性主義的政治思想家，中國可以孔子、孟子爲代表，西方可以柏拉圖(Plato)、亞里斯多德（Aristotle）爲代表。玆分別論述如次：

1.孔子——孔子政治思想的要旨可分爲三端。一曰行仁。孔子以行仁爲職志，認爲人民需要仁，有甚於水火。故曰：「民之於仁也，甚於水火。」⑯樊遲問仁，子曰愛人⑰。故孔子以愛人之心主張親親而仁民，仁民而愛物，泛愛衆而親仁。要推行禮樂，必須以仁爲本，故曰：「人而不仁，如禮何？人而不仁，如樂何？」⑱爲政的人必須時時刻刻保持仁心仁德，故曰：「君子去仁，惡乎成名！君子無終食之間違仁，造次必於是，顚沛必於是。」⑲孔子認爲行仁是不容易達到的政治理想，聖王始能爲之。子貢曰：「如有博施於民，而能濟衆，何如？可謂仁乎？」子曰：「何事於仁，必也聖乎！堯舜其猶病諸！」⑳

---

⑯《論語》衞靈公。
⑰同上，顏淵。
⑱同上，八佾。
⑲同上，里仁。
⑳同上，雍也。

又曰：「如有王者，必世而後仁。」㉑二曰正名。子路曰：「衞君待子爲政，子將奚先？」子曰：「必也正名乎！」㉒孔子所謂正名，就是要人人各守其分，各盡其應盡之責。齊景公問政於孔子，對曰：「君君、臣臣、父父、子子。」公曰：「善哉！信如君不君、臣不臣、父不父、子不子，雖有粟吾得而食諸!?」三曰德治。所謂德治，孔子是要賢德之人爲政，以身作則，表率群倫，自可收風行草偃之效。他說：「爲政以德，譬如北辰，居其所，而衆星拱之」；「道之以德，齊之以禮，有恥且格。」㉓季康子問政於孔子，孔子對曰：「政者正也，子帥以正，孰敢不正。」㉔季康子問政於孔子曰：「如殺無道，以就有道，如何？」孔子對曰：「子爲政，焉用殺！子欲善而民善矣，君子之德風，小人之德草，草上之風必偃。」㉕孔子又說：「其身正，不令而行；其身不正，雖令不從。」㉖

2.孟子——孟子政治思想的要旨，可分三端說明之。一曰行仁義。孟子以人性善，言必稱仁義。因仁義爲人固有的天性，順仁義以爲治，乃是爲政正道。孟子見梁惠王。王曰：「叟，不遠千里而來，亦將有以利吾國乎？」孟子對曰：「王何必曰利，亦有仁義而已矣。」㉗仁義旣是人之本性。行仁義乃是人生正道，不行仁義，乃是大足悲哀的事。他說：「仁，人心也；義，人路也。舍其路而不知由，放其心

㉑同上，子路。
㉒同上，子路。
㉓同上，爲政。
㉔同上，顏淵。
㉕同上，顏淵。
㉖同上，子路。
㉗《孟子》梁惠王篇。

而不求。哀哉」㉘？孟子對行仁義的道理有充分說明。他說：「人皆有所不忍，達之於其所忍，仁也。人皆有所不爲，達之於其所爲，義也。人皆充無欲害人之心，而仁不可勝用也。人皆充無穿窬之心，而義不可勝用也。人皆能充無受爾汝之實，無所往而不爲義也。」㉙孟子又說：「殺一無罪，非仁也；非其有而取之，非義也。居惡在？仁是也。路惡在？義是也。居仁由義，大人之事備矣。」㉚二曰施王政。王政的政治，就是行先王之道。孟子曰：「今有仁心仁聞，而民不被其澤者，不行先王之道也。」㉛先王之道，就是王道。王道在以德化，不以强力制人。孟子曰：「以力假仁者霸，霸必有大國。以德行仁者王；王不待大，湯以七十里，文王以百里。以力服人者，非心服也，力不贍也。以德服人者，衷心悅而誠服也。」㉜三曰止亂爭。孟子生當戰亂之世，諸侯征伐，爭城爭地，殺人盈野，兵連禍結，民不聊生。孟子以不忍人之心，急欲消弭戰爭，拯人民於水火中，故答梁襄王問：「天下烏乎定？」對曰：「定於一！」「孰能一之？」對曰：「不嗜殺人者能一之。」㉝孟子强調止戰爭：一則曰：「仲尼之徒，無道桓文之事。」㉞再則曰：「善戰者服上刑。」㉟三則曰：「吾善爲陣，吾善爲戰，大罪也」㊱。

㉘《孟子》告子篇上。
㉙同上，盡心篇下。
㉚同上，盡心篇上。
㉛同上，離婁篇上。
㉜同上，公孫丑篇上。
㉝同上，梁惠王篇上。
㉞同上，梁惠王篇上。
㉟同上，離婁篇上。
㊱同上，盡心篇下。

3. 柏拉圖（Plato, 427–347 B. C.）——柏拉圖的政治思想可於其所著《理想國》（*Republic*）一書中探知之。其要旨如次㊲：㈠他把人分爲四種：卽氣質人、勇氣人、智慧人和道德人。各人品質不同，所任工作亦異。氣質人宜作工從事生產。勇氣人宜從軍，捍衞國家。只有那智慧高，道德好的人才可以爲政治國。民主政治不但是妄想，亦是一種騙局。㈡他認爲「知識卽道德」。眞理與正義雖在於客觀社會中，但只有那有知識的人才能發現出來。因之，只有有知識的人，才會是有道德的人。只有那有知識、有道德的少數人才有資格治理國家。他的理想國乃是少數才智賢德之士掌握政權的「賢能政治」（government by the best）。換言之，這是「自然的貴族政體」（natural aristocracy）。㈢治國者具有廣大的權力，但這並非特權，亦不准其濫用權力；而是要他們維持正義與公理，爲人民謀幸福，爲國家謀利益。他所主張的是「哲君」（philosopher king）。這是使「理智」與「權力」合一的政治理想。如果治國者只有權力而無理智，就會濫用其權，違背公理與正義。如果治國者只有理智而無權力，亦無法實現公理與正義。哲學家具理智，國王具權力。「哲君」，就是理智與權力集於一人之身。

4. 亞里斯多德（Aristotle, 384–322, B. C.）——亞里斯多德的政治思想見於其所著《政治學》（*Politics*）一書中。立論要旨如次㊳：㈠人是政治動物。爲了延續生命而有男女結合，產生婚姻及家庭制度；爲了維持生活，從事生產而有主奴結合，產生經濟制度及奴隸制度；爲了滿足高級需要乃聯合家族而成立國家。只有在國家生活下，人類才能高居於獸類之上，過高級的合群生活。㈡奴隸制度是有利

㊲ Lawrence Wanlass, *Gettell's History of Political Thought*, Mount Holyoke College, pp. 48–59.

㊳ 前揭書，pp. 60–68.

的、有用的，所以是正當的、自然的。天之生人，無論體力、智慧各有不同。有人生而應該作主人；有人生而應該作奴隸。㈢政府能爲人民謀福利者爲正常政府；政府徇私濫權不顧人民利益者爲敗壞政府。正常政府最高權力屬於一人者爲君主政體；屬於少數人者爲貴族政體；屬於多數人者，爲民主政體。敗壞政府最高權力屬於一人者爲專制政體；屬於少數人者爲寡頭政體；屬於多數人者爲暴民政體。㈣政治制度並無絕對的優或劣，只要能適合其人民性格和國家環境者，就是最好的政治制度。如果有優秀的才德之士執政，君主政體和貴族政體，不失爲良好的政治制度。不過，人都有缺點，當才德之士不易求得時，民主政體亦屬可行。㈤他反對政治的極端化，國家和政府以安定溫和爲要。國家以人口少，面積小爲宜，以便國民能積極的參加政治活動。他心目中的理想國就是希臘的城市國家（city state）。

三、權勢主義的政治思想——權勢主義的政治思想家可以中國的韓非、商鞅及義大利的馬基維利爲代表。玆分別論述之。

1.韓非——韓非政治思想的要旨，其重心在於下列幾點：㈠他認爲政治的本質，就是「集勢以勝衆」，「君也者，勢無敵也」。統治人民在用權勢控制之，鎭壓之。他說：「夫有材而無勢，雖賢不能制不肖。桀爲天子而能制天下，非賢也，勢重也。堯爲匹夫不能正三家，非不肖也，位卑也。」[39]他又說：「善任勢者，國安；不知因其勢者，國危。」[40]㈡他認爲君主之大欲在於「成覇業」，人臣之大欲在於「致富貴」，人民之大欲在於「止戰亂」。要達到這目的便在使嚴刑峻法。他說：「法者憲令著

[39]《韓非子》有度篇。
[40] 同上，姦劫篇。

於官府，刑罰必於人心。賞存乎愼法，而罰加於姦令者也。」㊶這和《商君書》所說的：「立君之道，莫廣於勝法。勝法之要，莫急於去姦。去姦之本，莫深於重刑。」㊷是一致的。㈢君主要鞏固其權位，須能善用心術，才能除弊防姦。他說：「明王不舉不參之事，不食非常之食。遠聽而近視，以審內外之失，省同異之言，以知朋黨之分，偶參伍之驗，以責陳言之實，執後以應前，按法以治衆，衆端以參觀，士無幸賞，賞無踰行。殺必當，罪不赦，則姦邪無所營其私矣」㊸。

2. 商鞅——商鞅的政治思想可從以下各點說明之：㈠商鞅與韓非持同一主張，認爲「君者所以爲君者，勢也」，「君也者，勢無敵也」，「勢者勝衆之資也」。勢就是强行服人的力量與威權。他說：「先王不恃其强，而恃其勢，今夫飛蓬遇飄風而行千里，乘風之勢也。」㊹「權者君之所獨制也。」㊺又說：「民弱國强，國張民弱，故有道之君務在弱民。」㊻㈡人皆趨利避害，迎福拒禍，人君要依民之好惡，厲行賞罰。商鞅說：「夫刑者所以禁邪也，而賞者助禁也。」㊼賞罰雖同爲君之二柄，然商鞅則認爲罰重於賞。他說：「治國刑多而賞少。」㊽又說：「王者刑九賞一，强國刑七賞三，弱國刑五賞

㊶　同上，定法篇。
㊷　《商君書》開塞篇。
㊸　《韓非子》備內篇。
㊹　《商君書》禁使篇。
㊺　同上，修權篇。
㊻　同上，弱民篇。
㊼　同上，算地篇。
㊽　同上，開塞篇。

五。」㊾㈢商鞅相秦，變法改制，旨在富國强兵。其主要措施：一爲「令民爲什伍，而相收司連坐，不告姦者腰斬，告姦者，與斬敵者同賞，匿姦者與降敵者同罰」；一爲「有軍功者各以率受上爵，爲私鬥者，各以輕重受刑大小；僇力本業耕織，致粟帛多者，復其身；事末利及怠而貧者，擧以爲收孥。宗室非有軍功，不得爲屬籍。明尊卑、秩爵，等及各有差次。有功者榮顯，無功者雖富，無所芬華。」㊿㈣商鞅尚法，要依法以爲治，但法由君定，並非今日之民主法治。他說：「法者君臣之所共操也，信者君臣之所共守也，權者君所獨制也。人君失守（法）則危，君臣任私必亂，故立法分明，不以私害法而治。」(51)

3.馬基維利（Niccolo Machiavelli, 1469-1527）——馬基維利的政治思想見於所著的《君王論》（*The Prince*）一書中。立論要旨如次(52)：㈠馬氏是第一位把政治與道德作判然劃分，政治是利益至上，不受道德的拘束，國家與君主應爲自己而存在，自己的利益居於第一重要地位，不可因受對他人義務的拘束而限制自己的自由行動。㈡他認爲政府成功的基本要素爲「力量」與「權術」，所以一個成功有效的統治者，或君王要同時是兇猛的「獅子」和狡猾的「狐狸」。兇猛才能使人畏懼而馴服；狡猾才不會落入他人的陷阱。㈢他以爲一個國家必須繼續不斷的向外擴張，否則，便會趨於滅亡。羅馬帝國的擴張

㊾ 同上，去强篇。
㊿《史記》卷六八。
(51)《商君書》修權篇。
(52) Raymond G. Gettell, *History of Political Thought*, The Century Co., New York, London, 1924, pp. 138-142.

政策值得效法的。擴張與勝利不在於遵守道德的原則，而要靠武力與權術。㈣一個君主要使人民團結，忠實服從，就該不惜使用殘酷的手段鎮壓他們，使之不能亦不敢反抗。殘酷的君主比仁慈的君主好到千百倍。因爲仁慈軟弱的君主必不能維持國家的和平與安寧，會引起流血的叛亂與戰爭，那時生命的死亡將不可勝計。殘酷的君主在平時以極少數的刑殺就可以防止極大的流血叛亂。所以殘酷正是仁慈。㈤他認爲君主寧可以殘酷使人「怕」，不可以仁慈使人「愛」。因爲使人「怕」的權，操在君主的手中。人民「愛」「不愛」之權掌在人民的手中。權操之於民，君主便危險了。

四、功利主義的政治思想——英人邊沁（Jeremy Bentham, 1748-1832）是功利主義者的首要代表，於一七八九年著《立法與道德原理導論》（*An Introduction to the Principles of Morals and Legislation*）一書，闡說其功利主義的政治思想。立論要旨如次[53]：㈠人是自私的，趨利避害的，求快樂避痛苦的。人的行爲是善抑是惡，視其能否增進人群幸福爲指導原則。功利主義不僅在追求個人的幸福，同時亦在追求社會的幸福。所以，政治的目的，就是在爲最大多數人，謀求最大的幸福。㈡他認爲國家的產生既非由於契約，亦非自然生成，乃是因爲國家的功能能爲人民謀求功利，增進幸福。這一目的的達成，既不可經由革命，亦不可坐而等待，要經由國會的立法以爲推動與解決。㈢他認爲權利與義務有不可分離的密切關係。權力所以實現權利，即在對侵害權利者施以懲罰。權力既有保障權利的功用，人民就有服從權力的義務。主權者行使權力應遵守「功利主義」及「利便主義」的原則。只有在這種範圍

[53] 前揭書，pp. 342-346.

內，主權者才能行使其權力。㈣依「為最大多數人謀求最大幸福」的原則，他主張擴大人民參政權，實行民主政治及政治的改革。他反對元老院和國王的存在。他認為最好的政治制度，是一院制的共和國。㈤他對美國、法國的革命表示同意，但卻反對自然權利說。認為那是「修辭學上無意義的字眼」。人的權利係由法律所規定，並非天生而來的。法律的優劣視其能否為最大多數人謀求最大幸福為轉移。

五、民生主義的政治思想——國父 孫中山先生曾說：「民生是歷史的重心」、「民生是社會進化的重心」、「建設之要，首重民生」。民生、或人類求生存乃是社會進化的動力。民生就是「人民的生活，社會的生存，國民的生計，群衆的生命」。所以民生主義的基本涵義是人民、社會、國民、群衆的集體生活與生存，和功利主義有以下的不同：㈠民生主義在從社會的立場解決國計民生問題；功利主義在從個人的觀點謀求大衆幸福。㈡民生主義在經由互助合作的途徑達到目的；功利主義在以個人的「自由競爭」的方法達到目的。㈢民生主義所追求的目的是社會的安和樂利，既富且均；功利主義追求的目的是個人快樂、享受與幸福，可能形成貧富懸殊的不良現象。

民生主義的目的在滿足人民的食、衣、住、行、樂、育的生活需要，卽貴生、保生、安生、樂生、享生、和生、生生的民生順遂。所謂民生順遂，就是使人性得到充分發展與完成。人性包括四方面，一是個性，二是群性，三是理性，四是神性。個性所要求的是自由與平等的人權保障與發展；而這種目的達成，只有在共存共榮，互助合作的群性的規範下，始能成功。人類天生是合群動物，離群索居，必歸於死亡。理性是各守其分，各盡其責，各得其所的分際。個性與群性的發展必須在理性的指導下方能運行。荀子曰：「人何以能群？曰分！分何以能行？曰義。分以和之，義以一之。一則力多，力多故能役物。」[54]神性是殺身成仁，舍身取義，能立不朽之業的聖哲豪傑。爲活世救人而犧牲自己性命者爲神性。怕死是獸性，不怕死是人性。

就客觀事象言，民生的內容包括六大部份：一曰生存（existence），卽個人及群衆的生命維持，食、衣、住、行、樂、育問題的解決。二曰安全（security），卽生命有保障，生活得安全，能免於匱乏之虞，免於恐懼之虞。三曰和平（peace）生命、生活、安全有保障後，更要過和平安寧的生命，四民安堵，閭閻不擾，鷄犬不驚。四曰快樂（happiness），卽能得到精神的和樂、身心的快愉、心理的平衡，手腦並用，德業俱進，心境泰然，喜樂無邊。五曰享受（enjoyment）指生活上的享受，生活品質的提高，行有豪華汽車，居有美麗大厦，食有珍饈美味，穿有綾羅綢緞，間可觀賞音樂戲劇，消遣則有琴棋書畫，遊旅則可名山大川，名勝古蹟。六曰發展（development），卽人民能各依其天質秉賦，盡情的作向前向上的發展，如學問上的精益求精，不斷的深造；事業上日新又新，繼續開展，使人各展其能，各盡其才，各當其用，社會繁榮進步，人民求新求進，向前向上，野無遺才，國皆菁英。

第三節　政府功能與思想派別

人是政治動物。爲要管理衆人之事，遂有國家和政府的組織。但國家和政府的功能應該有多大呢？政治思想家對這一問題的答案並不一致。無政府主義者根本不要國家和政府。共產主義者爲要利用國家

[54] 《荀子》王制篇。

對資產階級作無情的壓迫和報復，要擴大政府權力至極大限度。其間尚有個人自由主義、民主社會主義、國家社會主義及法西斯主義。茲將各派學說分別論述。

一、無政府主義——現代無政府主義者應推英國的葛德文（William Godwin, 1756-1836）開其端。他認爲人之初是一張白紙，純潔善良。但因强制權力和私有財產制度彼此勾結的結果，遂使社會發生流毒與罪惡，使人類蒙受大害。他說國家和政府是具有獸性的機器，人類禍害的源泉。他相信每個人都有能力管理自己，不需要外來的干涉，最好的政府亦是禍害，所以要取消政府。

繼葛德文而起，成爲歐洲無政府主義者的領袖，乃是法國的蒲魯東（Pierre J. Proudhon, 1806-1865），他有兩本著作：一是《何謂財產》，一是《貧困的哲學》。綜觀其立論要旨計有五點：一是反對私有財產制度。二是否認政府與法律。三是攻擊共產主義。四是提倡自由社會。五是指斥宗教控制人的自由思想。

俄國的巴枯寧（Mikhail Bakunin, 1814-1876）亦是一位有名的無政府主義者。巴枯寧所揭櫫的信念，不外四大原則：一是反對私有財產制度。二是反對政府的存在。三是反對宗教的妨碍思想。四是反對强制性的政治干涉。他雖反對私有財產制度，但對馬克斯的共產主義卻大加攻擊。他認爲所謂無產階級專政，乃是運用强制力量保全國家，乃是「以暴易暴」的暴政。

克魯泡特金（Pierr A. Kropotkin, 1842-1921）是俄國另一無政府主義者，所著《互助論》一書，甚爲著名。他指出人類進化的原則，在於互助合作，並非生存競爭，優勝劣敗。克魯泡特金詳舉許多生物學和社會學中的事例，證明眞正能適應環境而生存者，均依賴於互助與合作。弱者以互助合作而能生存；強者鬥爭衝突，反易遭受淘汰。從這一觀點立論，他反對政府與法律的存在，反對私有財產制度，反對宗教制度。認為此三者乃社會進化的重大障碍。

二、個人自由主義——個人主義和自由主義乃是產業革命成功後的產物。其代表人物，應推英國的洛克（John Locke, 1632-1704）、彌勒（John Stuart Mill, 1806-1873）、斯賓塞（Herber Spencer, 1820-1903）、法國的盧梭（Jean J. Rousseau, 1712-1778）、美國的傑弗遜（Thomas Jefferson, 1743-1826）等人。他們認為每個人皆具有與生俱來的自然權利，卽平等、自由、生命、財產權的不被剝奪，不能移轉，國家和政府亦不得加以無理限制或干涉。自由競爭和自己奮鬥，乃是社會進化的原動力。個人對自己的利益瞭解最為清楚，判斷亦較切實，故應讓各人依其自認為是的意見，自行努力追求；個人利益的累積就是社會的利益，民富國自強。國家和政府只是完成個人目的時所使用的工具，個人才是目的。政府的功能只在為個人發展提供適當的環境與利便的條件。

個人自由主義者認為「政府是必要的罪惡」（government is a necessary evil）。那就是說，政府雖可厭惡，具有罪惡，但不要政府亦實在不行。所以說，政府雖不好，卻是必要的。這是個人自由主義者和無政府主義大不相同的地方。因為政府既是必要的罪惡，就要限制它的職權和功能到最少的範圍。所以他們的口號是：「政府最好，管理最少」（Government best, Government least）。政府所應作的事，只限於以下三種：一是抵抗外國侵略，二是維持社會秩序，三是個人不能作的事，或不願作的事，可交由政府辦理。政府的地位猶如「守夜警察」（night watch man）在保障人民的安全與自由。國家主權屬於人民全體，治者的權力，建築在被治者同意上。

三、民主社會主義——個人自由主義雖促進了社會進步，推倒專制君主制，人民得到自由平等權利，充裕了社會財富，提高了生活水準，但其最大缺點是造成財富分配不均，貧富懸殊，階級對立。民主社會主義者卽在於消弭這種流弊。他們主張國家和政府應採取積極行動以和平方法去平均社會財富，消弭社會衝突，改善勞工生活，增進社會幸福。政府不是消極的「守夜警察」，而是積極的「社會服務機關」（social service agency）。政府不僅要維持社會秩序，防止犯罪行爲；更要以有計劃的社會安全立法，勞工立法，累進稅率，重工業公營等手段去平均社會財富，消弭社會衝突及勞資對立，促成既富且均的安和樂利社會的實現。

民主社會主義可分爲若干派別。其主要者有德國的修正主義、費邊社會主義、基爾特社會主義、英國工黨的社會政策及美國民主黨的社會政策。費邊社會主義及英國工黨政策，前節已有論述。玆將其他分論如後：

1.德國修正主義——在十九世紀的後半葉，德國曾發生有力的社會改革運動，而有「社會民主黨」的成立。當時這一政黨爲激烈的馬克斯派所把持。其後漸轉入溫和派的掌握中。其領袖人物爲羅伯特（J. K. Rodbertus）、拉薩爾（F. Lassalle）及伯恩斯坦（E. Bernstein）。他們對馬克斯激烈的共產主義加以修正，主張以溫和的手段，進行社會改革活動。由於他們的努力，德國亦採行若干社會政策，使財富分配趨向平均，社會幸福與安全亦得以增進；勞動階級亦因而爭取到不少權利，生活得以改善，階級鬥爭的危機得以緩和，個人的自由與安全保障亦有進步。

2.基爾特社會主義——基爾特社會主義（guild socialism）乃是費邊社社會改革運動中所產生的一

個支生物。是於二十世紀之初才出現的。基爾特（Guild）一字乃指中古世紀的同業公會。這派的思想，可以柯爾（G. O. H. Cole）和霍伯生（S. O. Hobson）的言論著述爲代表。其立論要旨可分爲以下幾點：一曰政治的分權與分工，基爾特亦可分掌一些政治權力。二曰反對政府的强制干涉與控制。三曰經濟上的復古，使各種同業公會具有像中古世紀的地位與權力。四曰爭取政治上經濟上的自主與自由。五曰主張實行職業代表制取代地區代表制。六曰主張國家主權的多元論，認爲國家、政府和其他經濟團體站在平等的地位，政府干涉乃是最後的手段，非必要時不得行使。

3. 美國民主黨政策——美國民主黨雖未明白宣布是民主社會主義者的政治團體，但在實際的政治和行政上却表現有民主社會主義的色彩。在一九二九年至一九三三年胡佛（Herbert Hoover）當政期間，發生經濟恐慌，百業不振，民主黨總統候選人羅斯福（Franklin D. Roosevelt）於一九三二年遂能以壓倒多數當選。在他當政期間（一九三三—一九四五）大力推行所謂「新政」（New Deal）推行工業復興計劃、農業調整計劃、社會救助及福利政策，並興建大規模的公共工程，很明顯的表現有民主社會主義的色彩。杜魯門（Harry S. Truman）執政（一九四五—一九五三）積極推行所謂「公政」（Fair Deal）。詹森（Lyndon B. Johnson）任總統時（一九六三—一九六九）以實現「大社會」（great society）政策相號召。都經由社會立法、勞動立法、反托辣斯法、公平交易法、累進所得稅率制，並建立全面社會保險制度及社會安全制度，不使財富過度集中，縮短貧富距離，加强工會組織，推行社會福利，改善人民生活。不異是民主社會主義的推行。因之，美國自二十世紀以來，並沒有新的財閥「大王」的出現。

四、國家社會主義——國家社會主義（State Socialism）要求國家作更多事務，負更大的責任，可視之爲民主社會主義的國家功能更擴大。它是由兩條思想路線滙合成功的。一方面有一些經濟學者對亞當斯密的自由放任（laissez faire）學說認爲不當，並强力反對他所說的「私利就等於公利」。且實際上他的學說在社會上造成許多不良現象和罪惡，因之，要求國家採取有效行動，干涉私人事務，控制經濟活動。德國的李斯特（F. List）、英國的約翰彌勒（John Mill）、法國的謝福禮（M. Chevalier）都是這一派思想的代表人物。另一方面，若干社會主義者採社會政策，站在勞動階級的立場發言，要求國家運用强大的力量去抑强扶弱，取富濟貧，改造現時不公道，不公平的不良社會，使之轉變爲公道、公平、平等的富均人和的理想社會。

法國的布朗（L. Blan, 1813–1882）是一位最早的國家社會主義者。他認爲世界的禍害，皆源於過度自由競爭，使弱者陷於悲苦境地。他提倡工資平等，待遇一律，使人人有工作，各盡所能，各取所需。他主張成立社會工場，由工人組成，歸工人管理，所有生產及分配均由工人支配決定之。社會工場須有民主的政府予以大力支持與供應。

德國的羅伯特（J. K. Rodbertus, 1806–1875）是一位法律學家並研究經濟，曾任議員和部長。他的政治思想很受法國無政府主義者蒲魯東的影響；聖西門（Saint Simon）的烏托邦社會主義亦爲他所喜愛。人類社會乃是由分工的需要而組織成功的有機體。但他指責所謂依自然定律的自由發展對社會實是有害的。他認爲國家是歷史的產物，由其構成員的意志、需要、努力而建立起來的，所以國家對社會活動應作有效的指導和有力控制。他主張組織一個社會主義的政黨，以爲解決社會問題的有力工具。他認爲國家應運用其權力調整生產與分配的制度，盡力設法使從事生產的勞動階級得到其應得的公平分配，不可令其繼續受剝削。

德國拉薩爾（Ferdinand Lassalle, 1825-1864）是費希特（Ficht）和黑格爾（Hegel）的信徒，曾加入少年黑格爾主義學派。他是一位有力的煽動家、辯論家和宣傳家。他是德意志社會民主黨的創始者，主張由勞動階級治理國家，人民的經濟生活應置於國家和政府指導與控制下，不可任其作無政府狀態的自由競爭。他認爲國家乃是人類歷史進化的結果；因爲可憐的、無力的個人爲了求生存、爲了自救，才團結起來組織國家，成立政府，只有透過國家和政府的力量，個人才能實現其理想，挽救其命運，所以要加强國家的力量，擴大其功能，增多其活動。

總之，國家社會主義者立論要旨，計有以下諸端：㈠國家是人民求幸福、謀生活的必要手段和工具，並非必要的罪惡。㈡國家的力量須加强，職能應擴大，應增加國家對經濟活動的控制。㈢國家應扮演積極的角色去消除自由競爭的經濟制度下所發生的各種流弊，藉以謀求社會和平，增進人民幸福。㈣國家對人民的經濟生活與活動不可任其自由發展，應對之作合理的、有效的管制。㈤國家和政府是謀生求存的必要工具，其本身是良好，應對之抱信任和樂觀的態度，應加强其責任與職能。

五、法西斯主義——義大利的墨索里尼（Bento Mussolini, 1883-1945）是黑衣社即法西斯黨（Fascist Party）的領袖，於一九三二年撰法西斯主義一文。他認爲國家是一切的中心，無物不在國家之內，在精神方面，國家是靈魂之靈魂，國家是絕對的，個人和團體却是他的附屬品，不能與之相對抗。他提出「個人是爲國家服務的工具」的新觀念，替代「國家是爲個人服務」的舊公式。國家是一「超人」的美滿人格，個人應爲之而犧牲。國家是目的，人民是手段。國家是一個倫理整體，人的精神、道德、生活都自國家得來，且必於國家之中滋長之，滿足之，國家就是一切，無物與國家相反。他對民主政治作無情的攻擊，認爲民主政治是脆弱無力的，足以造成國家社會的混亂而不可收拾。多數作主不能替代整體，一國的最高權力，應交由極少數的菁英分子掌握。他將「人民主權」改爲「國家主權」。他對對外戰爭極爲讚揚，因爲戰爭使人有抉擇生死而發揮理想的機會。他認爲帝國主義者對外擴張，爭取光榮，乃是合理的且符於自然的定律，亦是正當的倫理道德行爲。

德國希特勒（Adolf Hitler, 1889-1945）的法西斯主義首見於一九二〇年二月廿五日向「德意志國家社會主義工人黨」（National Socialist Germany Workers' Party）所提出的「二十點主張」；其後，他著《我之奮鬪》一書，闡說其納粹主義。他對墨索里尼的極權獨裁，固曾羨慕而宗師之，但無論在理論上實踐上都是「青出於藍而勝於藍」，成爲狂妄極權的魔王。

希特勒歌頌國家，國家是神聖的，其權力籠罩一切，故主張國家極權。他認爲德意志民族是世界上最優秀的民族是亞里安人種中天之驕子。對猶太人極端厭惡，且對之施以無情的迫害。他主張「一黨專政」，由他所領導國家社會主義黨獨掌國家的統治權。他以爲在這優秀的民族中有一位最優秀的領袖，可以領導群倫，對所謂「領袖原則」有充分的發揮。對經濟主張保存私有財產制度，但須由國家加以必要的限制與改進，反對共產主義。對於「勞力」，他主張對「勞心」者與「勞力」者應一視同仁，「心工」與「手工」應相提並重。

他對「地緣政治」十分迷信，爲爭取「生存空間」，不惜向外擴張侵略。血緣與地緣爲當時所流行的口號，且爲堅定不移的信仰。希特勒頌揚戰爭，他說：「戰爭是永久的，普遍的，並無所謂開始，亦無所謂和平，戰爭就是生活。戰爭乃是一切事物的起源。」希氏整套的政治思想就是反民主、反自由、反理智，尙侵略，重戰爭，尙極權，行獨裁。

墨、希二位法西斯主義者，就其相同者言，均認爲國家是「超人」，崇高的、偉大的、理性的，故主張國家至上，民族第一；同時頌揚戰爭，崇尙侵略，重視暴力；並主張「一黨專政」，限制人民自由，勵行極權獨裁。二者皆反對共產主義的階級鬪爭及無產階級專政；同時反對資本主義的自由競爭與民主政治，但卻保存私有財產制度。二人不相同之處計有以下三點：㈠希氏先有一套思想，而後成爲運動，故能「青出於藍」，影響較大。墨氏先有行動而後加以理論化，故他常以「實驗主義者」自居。㈡希氏認爲國家祇是工具，而非目的，血緣、種族才是目的。墨氏認爲國家是目的，個人只是達成國家目的所使用的手段；國家的權力是絕對的，個人的權利不能與之對抗。㈢希氏認爲民族高於國家；墨氏則認爲國家高於民族。㈣希氏有所謂「領袖原則」以爲個人獨裁的理論根據；而墨氏則未能建立此種理論。

六、極權共產主義——共產主義者雖認榨取工具的國家終將消逝，但在「無產階級專政」的階段，仍須利用國家對資產階級作無情的報復，要把國家職能擴大至百分之百，把個人的自由縮減到零。廢除私有財產制度，無論生產財、消費財都歸由一黨專政的共黨政權所掌握分配；無論人民的公生活和私生活，都由共產政權加以强制控制；在强力的壓迫下，人民淪爲從事生產的奴隸。這是無政府的另一極端。

極權共產主義者的代表人物，應推馬克斯（Karl Marx, 1818-1883）和恩格斯（F. Engels, 1820-1895）。他二人合撰《神聖家庭》和《共產主義宣言》。馬克斯的著作有《哲學的貧困》（一八四七）、

《政治經濟批判》（一八五九）及《資本論》（一八六七）。共產一詞雖早見於古希臘柏拉圖的著作中，但以後提及者甚少。至於共產主義一詞在一八三〇年以前尚未之見。約在一八三四年至一八三九年間，在巴黎的秘密革命組織中才開始使用共產主義的名詞。在一八四〇年至一八七二年間，共產主義殆專指推翻資本主義制度的社會思想而言。當時幾乎把共產主義和社會主義混爲一談。直至一九一七年蘇俄革命成功，布爾什維克興起，共產主義一詞又復盛行。今日自由世界的習慣，對馬克斯、恩格斯、列寧（Lenin）、史達林（Stalin）的思想統稱共產主義。實則，馬克斯、恩格斯自稱其思想爲「科學的社會主義」。列寧、史達林的思想應稱爲「布爾什維克主義」（Bolshevism）或「蘇維埃主義」（Sovietism）。前者雖主張暴力流血革命及階級鬭爭的理論；而後者更益之以殘酷的手段和嚴密控制的方法。

第三章　政治思想的發展

第一節　政治思想發展的動力

一、**智慧的活動**——荀子曰：「人之所以爲人者，非特以其二足而無毛也，以其有辨也。夫禽獸有父子，而無父子之親；有牝牡而無男女之別。故人道無不有辨。」❶辨是辨識和辨別，即對是非善惡的認知。這即認知機體，所謂智慧的活動。美國著名的人類學家莫爾根（Lewis H. Morgan）於一八七七年著《古代社會》（*Ancient Society*）一書，曾說：「社會進化應從兩方面加以考察：一是生產技術的發明；二是新事實的發現。發明（inventions）和發現（discoveries）乃是促進社會進化的兩大動力。」❷英國著名的人類學家泰萊（Edward B. Tylor）於一八七一年著《原始文化》（*Primitive Culture*）一書，指出「社會進化雖有一定的因果律，但個人的思想與意志對之亦有重大的影響。」❸所謂發明、發現、思想、意志都是智慧認知活動產生的結果。政治思想是社會進化進程中的一部份的事實與現象，故

❶《荀子》非相篇。

❷ Lewis H. Morgan, *Ancient Society*, 1877, 美國哈佛大學於一九六四年加以重印，恩格斯 (F. Engels) 所著的《家庭、私有財產制與國家的起源》(*The Origin of the Family, Private Property and the State*, 1884) 一書，多取材於 Morgan 的這一著作。

❸ Edward B. Tylor, *Primitive Culture*, 1871, 美國哈佛大學於一九五八年重印。

智慧活動是政治思想發展的一種動力。

馬克斯受莫爾根理論的影響而產生唯物史觀。他說：「一切社會裡都存在兩個基本要素，一是生產的物質力量，卽生產力。二是運用生產力所必需的知識，卽生產技術。這二者的有效利用，形成生產關係。生產關係是社會的基層。上層的政治、法律、宗敎意識型態都由基層決定。」❹智慧活動發明技術，發現事實，因而促進社會進化。在進化的過程中，自然有新的政治制度和政治事態的出現。人們對此新政治事象發生反應，予以智慧的認知，遂產生新的政治思想。所以在漁獵經濟時代，祇有雛形的非正式的政治思想。到畜牧經濟時代而有神權性的政治思想。到農業經濟時代而有宗法性的政治思想。農商經濟時代而有尊君的政治思想。到工業經濟時代而有民主自由的政治思想。

二、知識的推進——「聞名爲知，見形爲識。」《法華文句》親身體認的事物爲直接的知識，卽見形之識。由他人的傳述而獲知的事物爲間接的知識，卽聞名之知。知識與學問同其解釋與意義。學之爲言效也，卽親身經驗與力行所獲的直接知識。問是經由他人傳述而聞知的間接知識。知識的獲得要經由聽覺、視覺與觸覺。然此三覺的功能，必須靠識覺的運用，方能形成有意義的知識。識覺就是認知的機體(mechanism)，卽智慧。故知識者乃是智慧運用視覺、聽覺、觸覺對外在事物認知而獲得的辨識或認識。

人皆有求知的本能與慾望。在此本能與慾望推動下，認知機體不斷作認知的活動，使知識日積月

---

❹ 張金鑑《西洋政治思想史》，臺北市，三民書局，民國五九年，頁四〇四。

累，日見豐富，日新又新，益趨精深。知識就是力量，亦是處理事務，解決問題的有效工具；且爲明辨事理的尺度與明鏡。知識愈廣博，人的視線愈擴大，辨識事物愈高明。知識愈精深，人的理解力愈强銳，則辨識愈透闢。所以人的進化歷程由不知而行，到行而後知；由行而後知到知而後行。因知識的擴張與精進，對政治思想亦發生撞擊與推動的影響。政治思想遂由簡單而日趨複雜，由膚淺而日趨精深，由狹小而日趨廣大。

三、經驗的指導——人類得天獨厚，秉持着複雜奇妙的腦神經系統。這腦神經系統既能作百年以上的長期記憶，以此經驗作生活與行爲的指導；且能運用語言作人際溝通，吸取他人的知識與經驗，更能發明文字使人類由野蠻進入文明，把人類在求生存的過程中運用體力、智力、群力所作的努力與成就一一作詳明的紀錄卽所謂歷史。因之，人能成爲集衆智以爲智的偉大人；繼往開來的永生人。前事不忘，後事之師；鑑往可以察來，援古可以御今。歷史者照路的明燈；經驗者行爲的指針。政治思想的形成不是憑空構想，而是以歷史爲背景，經驗爲基礎。政治思想是在舊有的歷史與經驗的基礎上作推陳出新，依舊生新的思考與構想而形成系統。歷史不斷的添加新頁，經驗則日日累積。政治思想便常受歷史的推動與經驗的指導，而作向前向上的發展。

四、環境的影響——政治思想與政治環境有其密切的關係。保守的政治思想旨在維護現時的政治環境。改良的政治思想旨在以溫和的方法改進現時的政治環境。激烈的政治思想旨在摧毀現時的政治環境另建立新政治環境。可以說政治思想是政治環境的產物。柏拉圖的《理想國》是古希臘城市國家的產物。莫爾（Thomas More）的《烏托邦》（*Utopia*）是以英國由農業趨於羊毛生產社會的背景而寫成的。

春秋時代百家爭鳴，無論儒家、法家、墨家、道家的政治思想，都是針對當時爭戰不息，兵連禍結，民不聊生的政治環境所提出的撥亂返治，匡時濟民的政治號召與主張。思想雖不同，但皆受政治環境的影響，則並無二致。

歷史爲狀如流水，川流不息，動進不已。政治環境亦隨歷史的流動而有與時俱進的發展。在中古世紀，教皇與各國國王常起衝突，政治思想分爲兩大派別，一派主張教權至上，一派主張政權至上。到了宗教革命及商業革命成功後，民族統一國家形成，遂有馬基維利（N. Machiavelli）著《君王論》，高唱尊君的政治思想。布丹（Jean Bodin）著《共和六論》倡絕對主權論及君主主權說。因反抗十六、七世紀的專制君主，英國的洛克、法國的盧梭乃倡「天賦人權，一律平等」之說，促進民主革命的興起與成功。產業革命後，因資本主義自由經濟制度的採行，形成貧富懸殊、勞資對立的不良現象，遂有無政府主義、共產主義、社會主義的產生。凡此事實，均所以說明政治思想隨政治環境的變遷與影響而有與時俱進的發展。

第二節　政治思想發展的途徑

政治思想是隨時代的演進及政治環境變遷而有與時俱進的不斷發展。其發展途徑，約可分爲新義的創造、舊義的修正、繼續的研究、前論的批駁和不斷的增益五種。玆分別論述於後：

一、**新義的創造**——許多有關政治思想的著作，皆是個人的或集體的創造，創立新義，言前人之所未言，記前人之所未記。創造的著作，汗牛充棟，不勝枚擧。中國如孔仲尼之《春秋》，孟軻之《孟子》，墨翟之《墨子》，商鞅之《商君書》，王充之《論衡》，賈誼之《新書》，荀況之《荀子》，王通之《中說》，都是個人殫智竭慮的不朽創作。《呂氏春秋》乃呂不韋門下賓客之集體創作。《淮南子》乃是劉安門下賓客之集體創作。英人霍布士之《巨靈論》、洛克之《政府論》、法人布丹之《共和六論》、盧梭之《社會契約論》、義人馬基維利之《君王論》等均爲具有新義的創作。凡此中外著作，雖屬創造，然皆有其歷史背景與淵源，故含有依舊創新的發展性質。例如孔子之《春秋》實乃是對中國自堯、舜、禹、湯、文、武、周公以來的古代文化的綜合研究，融會貫通的鉅著，具有繼往開來的重要地位。他雖自謙曰：「述而不作，信而好古」，實則此書乃是既述又創的典籍，同具發展與創造的雙重意義。

二、舊義的修正——德國羅伯特（Rodbertus）和拉薩爾（Lassalle）所倡的國家社會主義就是對馬克斯的共產主義予以修正，發展成功的。中國的學術思想以孔子的學說爲主流。後人對其學術雖作長久不斷的推崇與研究；但實際上是對孔子之學說作了不少的修正與發展。孔子的思想原爲聖王之道的「內聖外王」之學，孟軻尊仲尼之學，著《孟子》七篇予以闡揚，其道益明。至漢董仲舒之流，竟修正孔子內聖外王之學而爲天人之際的「天人之學」。至宋代程明道、程伊川倡明心見性之理學，孔學又修正爲「心性之學」；至元、明、清三代儒者爲博君歡，竟抑「內聖外王」之學，而爲「尊君化民」之學。

三、繼續的研究——柏拉圖的政治思想見於所著三本著作中：一是《理想國》（*Republic*），二是《政治家》（*Statesman*），三是《法律》（*Laws*）。這三本著作代表着柏氏繼續研究的過程中思想發展的階段與因跡。《理想國》是他早期的著作，十分理想化，認爲治國者應是「哲聖之王」，即集知識（道德）與權力於一身的統治者。因爲有知識便不會濫權，不會錯誤；因爲有權力才能維護正義和實現正義。《政治家》是柏氏中期的著作，因為他遊歷各地且會見若干國王，發現世界上找不到他所期望的「哲君」，乃退而求其次，要有一個大公無私的政治家治國為政，並論述治國為政的道理與方法。《法律》是柏氏晚期的著作。在晚年他承認人類是有缺點的；在有缺點的人類社會中建立完美理想的政治制度是不可能的，所以制定法律規範人類的生活與行為實是必要的。

國父孫中山先生的三民主義，並非一蹴而幾的急就章，乃是經四十年不斷的繼續研究與發展始告成功的。他於一八八三年在檀香山創立興中會，係以「反滿復漢」為號召。經五年之繼續研究與思考，於一八八八年乃有三民主義的構想。一九〇五年在東京組織同盟會，揭櫫「驅逐韃虜，恢復中華，建立民國，平均地權」的四大政綱。從此仍作繼續不斷的研究與發展，經十九年之久，始能於一九二四年有完整的、系統的三民主義的完成。

四、前論的批駁——依黑格爾（Hegel）理性辯證法之說，思想的發展依循正、反、合的歷程前進，後期的思想多為前期思想的否定或批駁。洛克和盧梭的民主自由的政治思想乃是對馬基維利、布丹的君主專制政治思想的批駁。共產主義和社會主義乃是對自由放任主義和資本主義的批駁。法西斯主義乃是對共產主義和資本主義的批駁。國父孫中山先生的民生史觀乃是對馬克斯唯物史觀和階級鬥爭的批駁。

五、不斷的增益——一種學說或著作除原作者的思想外，後人不斷的予人傳解及注疏，就其原意予以闡說宏揚，使原來的學說和思想益趨精當、深邃和充實，亦是思想發展的一條途徑。孔子著《春秋》一書，先有周左丘明作傳解，繼有公羊高、穀梁赤亦為春秋作傳。晉杜預撰《春秋釋例》，唐陸淳撰

《春秋集傳纂例》、《春秋微旨》，宋孫復撰《春秋尊王發微》，宋王哲撰《春秋皇綱論》，宋劉敞撰《春秋權衡》，宋崔子方撰《春秋經解》，宋張大亨撰《春秋通訓》，宋葉夢得撰《春秋傳》、《春秋考》、《春秋讞》，宋李本中撰《春秋集解》，宋呂祖謙撰《春秋左氏傳說》，宋李明復撰《春秋集義》，元俞皐撰《春秋集義大全》，元吳澄撰《春秋纂言》，元趙汸撰《春秋屬辭》，明石光霽撰《春秋鈎元》，明胡廣等奉敕撰《春秋大全》，明湛若水撰《春秋正傳》，明徐學謙撰《春秋憶》，明姜寶撰《春秋事義全考》，明高攀龍撰《春秋孔義》，清王夫之撰《春秋稗疏》，清俞汝言撰《春秋平義》，清毛奇齡撰《春秋毛氏傳》，清方苞撰《春秋通論》。凡此著作，對孔子《春秋》之本義，自多有增益與宏揚。這亦是政治思想發展的另一途徑。

第三節 中國政治思想的發展

一、太古時期原始民主的政治思想——在太古時代，人民過着漁獵生活。漁獵的圖騰獵群爲社會的組織單位。這一組織單位就是一個部落，亦可以說是個遊動國家。禹會諸侯於塗山，執玉帛而至萬國。那時候的一國，可能就是一個部落或圖騰社會（totemic society）。那時尚無正式的政府和法律，大家過着同行獵、同起居的共同生活，既無貧富之分，亦無貴賤之別，能力知識亦相去不遠，人人平等，利害與共，甘苦同嘗，是一種原始的自然的政治狀態。當時的政治制度和政治思想可作以下的說明：㈠過群居生活，自然需要領袖人物以爲領導，俾能作協同一致的行動。馬群、羊群、蜂群都有帶頭者，何況人群？㈡領袖地位的取得，既非憑强制的力量，亦非由於神意的指派，更非用金錢賄買，完全出於大衆的自然擁戴。堯之禪舜，非因堯之私舜，而由於自然法則的天道所使然。舜之禪禹，非因舜之私禹，而由於天道民心之歸禹。禹之所以傳子，非因禹之私其子，而是由於朝覲訟獄者不之益而之啓，曰：「吾君之子也」，謳歌者不謳歌益而謳歌啓，曰：吾君之子也。」㈢人民選擧權的取得，係以其自然人的資格，並不需要任何其他條件，這是人人平等的人權政治思想，和一人一口的推選制度。㈣領袖地位的取得，完全以自己的才能與貢獻，而得到人民的自然擁戴，伏羲氏敎民漁獵，獵取食物以充飢，燧人氏敎民鑽木取火以熟食取暖，有巢氏敎民架木爲巢以避風雨，有熊氏敎民製衣冠以蔽體禦寒，后稷敎民稼穡，生產糧食，不必冒險去漁獵。皆大有功澤於人民，故能爲衆所擁戴。這是選賢與能的自然法則的天道，有其德者居其位。㈤太古時代，圖騰社會的領袖並不脫離生產行列，成爲統治者的特殊階級，仍舊率領大衆從事漁獵與其他生產活動。

二、殷商時代神權的政治思想——考之於甲骨文卜辭的記載，殷商的社會生活，已進入以畜牧經濟爲主的時代，雖亦有農業，但未佔重要地位。自然現象的風、雨、陰、晴、寒、暑、水、旱、霜雪等對其經濟生活有極大的威脅與影響。一場狂風暴雨，可使牛羊損失殆盡。因其知識不足，不知其原因；力量不够阻止其發生。於是不得不懾服於自然威力之下。認爲這可怕的自然現象背後，有一種偉大的神力在操縱着。神權主義的政治思想與政治制度乃因是而產生。

史稱：「殷人尚鬼」、「殷人敬天」。這個天乃指天神。《書經》曰：「先王有服，恪遵天命。……今不承于古，罔知天之斷命，矧曰其克從先王之烈，若顚未之有由蘖天其永命于玆新邑，紹復光王之大業。」（盤庚上）「先王顧諟天之明命，以承上下神祇、社稷宗廟，罔不祇肅。」（太甲上）「古有夏先后，方懋厥德，罔有天災，……於其子孫弗率，皇天降災，假手於我有命。」（伊訓篇）「夫不獲，曰，時子之辜，佑我烈祖，格於皇天。」（說命下）從這些敬天尊祖的記載，即可以說明殷商神權政治思想的流行。在神權政治下，知天通神的巫覡掌有重要的權力。政治上重大決策，則決定於巫覡主持的卜筮。成湯時的伊尹，太甲的阿衡，太戊時的伊陟，祖乙時的巫賢，武丁時的甘盤，都能「格于皇天」。他們都是「絕地通天」的巫覡，在政治上掌有重大的權力。伊尹能放太甲於桐，其權力之大，可想而知。

三、西周時代宗法的政治思想——西周是以土地分配爲基礎的封建國家和宗法社會。農業經濟在當時佔有極重要的地位。天神雖不敢忽視，然人事則同爲人所重視。天子祭天爲統一聯合的象徵；諸侯祭山川，代表控制地方的權力，農奴耕作，貴族控制，土地集中，耕作者與土地發生固着關係，生於斯，耕於斯，死於斯，死徙不出鄉。重秩序，尚習慣，分尊卑，明貴賤，行士卿世襲之制，身分不能流通。藉宗法的政治思想與制度維持秩序與安定。統治者的貴族，憑藉土地，以爲其權力的基礎，藉繁瑣禮儀維護其尊貴的身分。在宗法社會中，行嫡長繼承制，大宗率小宗，以維持土地的集中，藉以鞏固其統治權力及天子、諸侯、公、卿、大夫的貴族地位。殷商的尊祖敬天至西周更加强化，成爲宗法制度。宗法與禮儀的政治功能，在規範天子、諸侯、公、卿、大夫、父子、夫婦、兄弟的政治與倫理關係，並爲祭敬上天、山川及祖宗、宗廟的制度。國家或天下乃宗族的聯合與擴大，宗法與禮儀就是治理國家的工具與法律。

四、東周時代百家爭鳴的政治思想——時至東周，宗法不足以維持社會秩序，等級制度漸趨動搖，禮儀失却其威勢，農業進步，交通利便，不自由的農民可成爲地主，新興的商人亦漸擡頭。王綱不振，境界不正，諸侯相互侵征，爭城爭地，殺人盈野，兵連禍結，民不聊生，先有五霸之亂，後有七雄之爭，政治問題益趨困難與複雜，如何撥亂返治，拯民於水深火熱，於是有識之士，紛紛提解決政爭之道和匡時濟衆的主張，百家爭鳴，異彩齊放。

1. 老莊的無政府主義——老子曰：「絕聖棄智，民利百倍，絕仁棄義，民復慈孝」、「佳兵不祥之器，物或惡之」、「以智治國，國之賊」、「法令滋彰，盜賊多有」。莊子曰：「天無爲以之淸，地無爲以之寧」。他們要無爲而治，返於無名之樸。其政治理想，是「小國寡民」、「隣國相望，鷄犬相聞，老死不相往來」。他們反對一切强制權力，要過自由自在，無拘無束的自然主義的生活。這是「人法地，地法天，天法道，道法自然」反政治、反政府的政治思想。

2. 楊朱的爲我主義——楊朱的政治思想是爲我的個人主義。拔一毛而利天下不爲也。其言曰：「古之人損一毫而利天下不與也；悉天下以奉一身不取也。人人不損一毫，人人不取天下，天下治矣。」「智之所貴，存我爲貴。力之所賤，侵物爲賤。」「名無實，實無名，名者僞而已矣。」「生民之不得休息爲四事故：一爲壽，二爲名，三爲位，四爲貨。有此四者，畏鬼，畏人，畏威，畏刑。此之謂遁人也。不逆命，何羨壽？不矜貴，何羨名？不畏勢，何羨位？不貪富，何羨貨？此之謂順民也。」❺這是清心寡欲，與世無涉，與人無爭，一芥不取，一芥不予的純個人中心的政治思想。

3. 許行、陳仲並耕主義——《孟子》滕文公篇載曰：「有爲神農之言者許行，自楚之滕，踵門而告

---

❺ 所引均見《列子》楊朱篇。

文公曰：遠方之人，聞君行仁政，願受一廛而爲氓。文公與之處，其徒數十人，皆衣褐，捆屨織席以爲食。……許行之言曰：滕君則誠賢君也。雖然，未聞道也。賢者與民並耕而食，饔飧而治。今也，滕有倉廩府庫，則是厲民而以自養。」許行無所事於王，欲君臣並耕而食。陳仲「齊之世家也。兄戴，蓋祿萬鍾。以兄之祿爲不義之祿，而不食也。以兄之室爲不義之室，而不居也。辟兄離母，處於於陵。」陳仲上不臣於王，下不治其家，中不索交諸侯。若許、陳者，乃自耕而食，自織而衣，惡享受，斥驕奢，反不勞而獲的自食其力的個人主義的政治思想。

4 孔丘的正名主義——孔仲尼爲要挽救日趨動搖的宗法制度以安定社會秩序，使政治進入正軌，乃提倡正名主義以治國。《論語》子路篇載：「子路曰：衞君待子爲政，子將奚先？子曰：必也正名乎！子路曰：有是哉，子之迂也！奚其正？子曰：野哉由也！君子於其所不知蓋闕如也。名不正，則言不順。言不順，則事不成。事不成，則禮樂不興。禮樂不興，則刑罰不中。刑罰不中，則民無所措手足」。正名是要維持君臣有義、父子有親、夫婦有別、兄友弟恭、朋友有信的綱常倫理；亦是「導之以德，齊之以禮」的政治思想。

5.孟軻的王政主義——孟軻的政治主張是行王道，施仁政，反對霸道與戰爭。其思想見於《孟子》一書中。孟子的王政以行仁爲本，以不忍人之心，行不忍人之政。他說：「人皆有不忍人之心，先王有不忍人之心，是有不忍人之政，以不忍人之心行不忍人之政，治天下可運諸掌上」（公孫丑上篇）；又說：「堯舜之道，不以仁政不能平治天下。」（離婁上篇）孟子認爲當時戰亂不息，民不聊生，受苛虐之政已久，人民思治心切，若行仁政，天下歸之。他說：「王者之不作，未有甚於此時者也。民之憔悴於虐政，未有甚於此時者也。飢者易爲食，渴者易爲飲。行仁政而王，莫之能禦也。」（公孫丑上篇）孟子要行王道，施仁政，所以要反戰爭，止殺戮。孟子見梁襄王，王卒然問曰：「天下烏乎定？」孟子對曰：「定於一。」「孰能一之？」對曰：「不嗜殺人者能一之。」（梁惠王上篇）孟子反戰，一則曰：「仲尼之徒，無道桓、文之事」（梁惠王上篇）；再則曰：「善戰者服上刑」（離婁上篇）；三則曰：「吾善爲陣，吾善爲戰，大罪也。」（盡心篇下）

6.荀卿的禮治主義——荀卿認爲人性惡，善者僞也，故要行禮治矯治人的惡性。他說：「禮起於何也？曰：人生而有欲，欲而不得，則不能無求，求而無度量分界，則不能不爭，爭則亂，亂則窮。先王惡其亂，故制禮義以分之，以養人之欲，給人之求。使欲必不窮於物，物不必屈於欲。兩者相持而長，禮之所自起也。」（《荀子》禮論篇）他又說：「人之所以爲人者何以也？曰：以其有辨也。夫禽獸有父子，而無父子之親，有牝牡而無男女之別，故人道莫不有辨。辨莫大於分，分莫大於禮，禮莫大於聖王。」（《荀子》非相篇）他認爲禮是治國安邦，規範人群生活的法則。故曰：「國無禮則不正」（《荀子》王霸篇），「禮者治辨之極也，强國之本也，威行之道也，功名之總也，王公由之所以得天下也，不由所以隕社稷也。」（《荀子》議兵篇）

7.墨翟的兼愛主義——墨翟生當戰亂之世，爭城爭地，殺人盈野，民不聊生。他認爲禍亂之起，起於不相愛。故曰：「亂何自起？起不相愛。臣子之不孝君父，所謂亂也。子自愛，不愛父，故虧父而自私；弟自愛，不愛兄，故虧兄而自私；臣自愛，不愛君，故虧君而自私；此所謂亂也。」（《墨子》兼愛上）天下禍亂之源，既起於不相愛，故撥亂返治則在於兼相愛，愛人若愛己，愛無差等，天下可治。故曰：

「若使天下兼相愛，國與國不相攻，家與家不相亂，盜賊無有，君臣父子皆能孝慈，若此則天下治。故聖人以治天下爲事，焉得不禁惡而勸愛。故天下兼相愛則治，交相惡則亂。」（《墨子》兼愛上）墨翟抱愛人濟世大志，奔走不息，「摩頂放踵而利天下爲之」，和楊朱「拔一毛而利天下不爲」正相反。

8. 韓非的法治主義——韓非的政治思想，主張法治，反對人治與德治。他認爲人自有好惡，則私與怨所自生，法者所以「去私塞怨」也。他指出：君主之大欲，在於「成霸業」；人臣之大欲在於「致富貴」；人民之大欲，在於「止爭亂」。要達到這些目的，在於行法治。因爲法是「大定至公之制」，足以「興功除暴」、「齊民使衆」、「定分止爭」及「去私塞怨」。故曰：「治民無常，惟法爲治。」（《韓非子》心度篇）韓非指責儒、道、墨、縱横、工商五家皆有弊害。故曰：「儒以文亂法」、「俠（墨）以武犯禁」、「道家微妙之言，上智難知也」、「縱横家以浮言惑主，以要名利」、「工商之民聚斂倍農，而致尊過農戰之士」。他主張棄儒家所說之仁義。他說：「法之爲道，前苦而後利，仁之爲道，偸樂而後窮。聖人權其輕重，出其大利，故用法而相忍，而棄仁義之相憐。」（《韓非子》六反篇）法既立，君主亦須守法。故曰：「明君使其臣下，不遊意於法之外，不爲惠於法之內，動無非法。」（《韓非子》有度篇）行法不分貴賤，悉依於法。故曰：「故以法治國，擧措而已矣。法不阿貴，繩不撓曲，法之所加，智者弗能辭，勇者弗敢爭；刑過不避大臣，賞善不遺匹夫。」（有度篇）他又說：「國有常法，雖危不亡。」（《韓非子》飾非篇）

五、兩漢時代天人感應的政治思想——在兩漢時代，政治思想的主流，可以說受着天人感應學說的支配。在漢代中、韓、黃、老之術，雖亦有相當的力量與影響，然爲統治階級所利用者，則爲董仲舒大一統之說與天人感應之道。藉天以維持統一與君權，以天爲則，天命爲爲政的準則，政府組織亦取象於天。董氏對策有言曰：「臣謹案《春秋》之中，視前世已行之事，以觀天人相與之際，甚可畏也。國家將有失道之敗，而天乃先出災異譴告之，不知自省；又出怪異以驚懼之，尚不知變，而傷敗乃至。以此見天心之仁愛人君，而欲正其亂也。自非大亡道之世者，天盡欲扶持而全安之。」❻劉向曰：「《易》曰：天垂象，見吉凶。聖人則之。昔者高宗成王感於雊雉暴風之變，修身自改，而享豐昌之福也。迨秦皇卽位，慧星四見，蝗蟲蔽天，多雷夏凍，大人出臨洮，妖孽並見，終不能改。二世立，又重其惡。天變動於上，群臣昏於朝，百姓亂於下，遂不察，是以亡也。」❼漢制，災異策免三公。宰相的職責是：「上佐天子，論道經邦，燮理陰陽，協和萬邦。」故丙吉不問「橫道死」而憂「牛喘」。因「橫道死」，自有主者。「牛喘」，丙吉以爲是因陰陽不調和，乃宰相之責。

六、南北朝時代出世的政治思想——這一時代戰亂至爲劇烈，先有五胡十六國的戰亂，繼有南北朝的對峙。各朝不斷篡弑與爭戰，臣弑其君，子弑其父，骨肉相殘，蕭墻內訌，不可勝計，若涉入政爭漩渦，卽不知命在何時。爲了避亂遠禍，明哲保身，遂產生出世主義的政治思想。這種思想約可分爲三派。一是縱慾派或享樂派，以竹林七賢（晉嵇康、阮籍、山濤、向秀、劉伶、阮咸、王戎）爲代表。他們主張人生爲樂貴及時，今日有酒今日醉，有花堪折直須折。因爲在變亂中，隨時有生命的危險，乃圖逃避現實，不談政治，期以遠禍而全生；因之，而生頹唐放浪的人生觀。一曰清談派，以何晏、王弼、葛洪（《抱朴

❻《漢書》卷五六，董仲舒傳。
❼劉向《說苑》辨物，卷一八。

子》等代表，儒道合一，主張順應自然，無爲而治。《晉書》王弼傳稱：「何晏、王弼等祖述老莊，立論以無爲爲本，無也者，開務成務，無往不有者也。然又主張善爲國者，必先治其身，治其身者，順其所習。」王衍傳稱：「衍口論世事，惟雅詠玄虛而已」；「妙善之言，惟談老莊爲事」。《世說新語》稱「晏喜清談，當時權勢、天下談士多宗尙之」。葛洪更將老莊之學發展爲神仙方外之術。三曰佛法派。佛法在北方魏、齊、周的蠻族固然盛行；卽在南朝，佛法亦甚有勢力。無論南北，寺廟之多，僧尼之衆，均達於龐大數目。南朝的齊高帝、梁武帝，北朝的魏孝文帝、齊文宣帝、周文帝皆曾捨宮苑造佛寺。至於百官與豪族捐建佛寺亦不乏其人。蓋皆欲於痛苦或享樂的生活中求得心安意穩的精神慰藉。

七、唐宋明清時代君權的政治思想——在這一時代中，國家統一，厲行中央集權的政治制度。臣民均成專制君主的奴僕。地方政府的首長派由朝臣出守，不去底缺，中央權重，君主勢强，爲前代所不曾見，所以在此時代並無權臣篡弒之事。在漢代，君臣關係是相對的，君遇臣以禮敬，臣事君以義節。地方權勢頗大，君主地位，不甚鞏固，權臣廢立與篡弒，不一而足。唐宋以後，君臣關係遠非昔比。君權是絕對的，君敎臣死，臣不敢不死，所謂「天子聖明，臣罪當誅」。君主的意志就是法律，不能違抗。唐宋有百官杖罰之制，雖刺史、縣令亦所不免，人格不受尊重。明太祖以金錢撒地，令群臣俯拾，謂之「恩典」。君尊臣卑，亦至於此。韓愈原道曰：「君者出令者也，臣者行君之令而致之民者，民者出粟米麻帛，作器皿，通貨財，以事其上者也。」柳宗元封建論曰：「君長立，刑政生，故近者處而爲群。」蘇洵上樞密院書曰：「天子者，可以生人，可以殺人」何去非曰：「據天下之勢，必有所以制天下之權；蓋權待勢而立，勢待權而固。有是之勢，而其權不足以固之，則其勢日就傾弱，而天下莫能安强。

是以人主之於權也，不可使之一日去己而分於人。凡物之去己者猶可收，分者猶可全也；至於權也，一去不可以復收，一分不可以復全，而其所據之勢隨之，可不愼哉？」❽凡此立論，均所以擁護君權。自宋以後，元、明、淸三代的政治思想家，極少論君道與君權。因君道與君權均已絕對化、神聖化。君主不容許對之有所議論，臣下亦不敢對此有何意見。有之，亦只是尊君而已。這一時期的政治思想多祇涉及政務推行與用人行政而已。

八、國民革命的政治思想——國父硏判古今中外的歷史事跡，認爲政治問題的內容，不外民族、民權、民生三大問題。這三大問題，在中國更趨嚴重。爲救國濟民，於是倡三民主義的政治思想，爲立民國、遂民生、求獨立的準則。基於自由、平等、博愛的基本精神，主張實行民有、民治、民享的政治制度。從此中國的政治學說放出萬丈光芒的異彩，而爲全民所景從。

民國以來，很多學者提倡德先生（Democracy）和賽先生（Science）。前者符於民權主義；後者寓有民生主義。澎湃洶湧的五四運動乃是反帝國主義侵略，爭取國家獨立、平等、自由全民愛國赤忱的表現，亦卽民族主義的實際實行。足證三民主義的政治思想，已爲國民普遍接受。民國三十五年十二月國民大會制定之中華民國憲法，前言卽曰：「中華民國國民大會受全國國民的付託，依據孫中山先生創立中華民國之遺敎，爲鞏固國權、保障民權，奠立社會安全，增進人民福利，制定本憲法，頒行全國，永矢咸遵。」其第一條便是「中華民國基於三民主義，爲民有、民治、民享之民主共和國。」

❽何去非《何博士備論》唐之部。

第四節　西洋政治思想的發展

一、**希臘時代的政治思想**（754 B. C.）——古希臘時代的政治思想可分爲兩派。一是理智派，一是詭辯派。

1. **理智派**——此派可稱之爲倫理派或正統派。代表人物爲蘇格拉底（Socrates）柏拉圖（Plato）及亞里斯多德（Aristotle）。其政治思想的要旨如次：

蘇格拉底（469-399 B. C.）被稱爲西方孔子。他認爲人的天性是以社會和政治的生活爲主，國家並非依人的意志所造成的，乃是依自然的生活需要而產生的。理性爲一切行爲的準則，由理性發展爲道德。道德爲一切權利的淵源，道德爲幸福的標準。只有道德的正常生活才是幸福的、快樂的生活。知識就是道德。最有知識的人也就是最有道德的人。所以他和他的門生柏拉圖都主張道德與權力合一的「哲君」（philosopher king）。

柏拉圖（427-347 B. C.）著《理想國》一書，認爲政治的目的在維持正義。知識就是道德，正直無私的人，卽是有知識有道德的人，主張以哲聖之人爲王。正義以理性爲基礎。國家是適應人的經濟需要而產生。因而主張分工。他把人分爲三大類。一是金質的人，富有理性，卽哲人階級，責在治國，有支配權，可以發布命令與法律。二是銀質的人，富有勇氣，卽軍人階級，責在衞國，維持社會秩序及執行命令與法律。三是銅鐵質的人，富有慾求，卽生產階級，責在生產物品，維持國家及人民的生活及服從命令與法律。

亞里斯多德（384-322 B. C.）在所著《政治學》中，指出國家是自然的創造，人是政治的動物，國家的利益優於個人和家庭的利益。政治的目的在謀求全體人民的幸福。政治社會具有高尚的目的，卽是爲維持道德的生活而存在，不僅在爲維持群衆的生存而存在。國家終究的目的在於實現正義，使人人過合於理性的道德生活。眞正的法律要擺脫情慾，完全理智化。治國之道須符合公道與正義。

2. 詭辯派——這派亦稱爲實際派，其立論和理智派正相反。理智派着眼於政治的應然，卽應如何。詭辯派着眼於政治的實然，卽是如何。這派的人物有布特格拉（Protagoras）、高爾加（Gorgias）、蒲魯德高（Prodicus）等人。他們的政治思想偏向於個人主義，注重實際的政治事實，輕視抽象的道德原理，旨在追求快樂，快樂的生活就是符於道德的正當生活。蒲魯德高說：「人爲萬物的準則，每個人的見解都是對的。」克利克里（Collicles）說：「强權卽公理」，一切法律都是大多數無能的人所制造的，用來壓迫少數有才能、有力量的人。統治者以騙術和詐術去詐騙人，偏說是維持公道與正義。這是最可惡可恥的行爲。其實不公平乃是天道或自然的法則。索謝馬秋（Throsymachus）說，世界上最公道的人最吃虧。公正的人被政府多收稅，忠勤的人在政府得不到優厚的報酬，卽是實例。最大的罪人和壞人偏享受着最大的幸福和報酬。

二、羅馬時代的政治思想（753 B. C. -476 A. D.）——羅馬時代的政治思想可分爲歷史學派和法律學派的兩大系統。前者以鮑里貝士（Polybius）爲代表；後者以西塞羅（Cicero）和孫尼加（Seneca）爲代表。

1. 史學派——鮑里貝士著《羅馬史》，用歷史方法與態度研究政治制度，追問其發生，尋求其演變。他確認在政治發展史中確有政體循環的法則。君主政體腐敗而流爲專制政體。專制再演變而爲貴族政體。貴族政體腐敗而流爲寡頭政體。寡頭政體再演變而爲民主政體。民主政體腐敗而流爲暴民政治。在暴民政治下又醞釀而產生君主政體。他主張採行混合政體，卽是把君主、貴族、民主三種政治混合配置，使之相互牽制。這種調和的政體才是穩定的、良好的。

2.法學派——西塞羅（Cicero, 106–43 B. C.）著《共和國》，說歷史是時代的證人，是眞理的火把，是生命的記憶，是往古的傳達人。國家是有機的生長物。政治制度不是智慧或勞力製造出來的，乃是經由許多時代的累積物；憲法是生長成功的，不是製造出來的。他認爲國家權力的基礎建立在全體人民的同意上。一切的法律都須根據自然的法則與原理；亦就是說法律須符合正義與公道。政府不公正便是罪惡，便是弊害，便不應讓其存在。

孫尼加（Seneca, 4? B. C. –65 A. D.）著《法律論》，認爲人類應順應自然而生活，道德和眞理的標準在於自然中。順乎自然便是善，違反自然便是惡。人類平等，人性本善。政治制度的產生由於人性的敗壞。罪惡發生由於人性敗壞，所以才有法律以拯救之。

三、中古時期的政治思想（476–1492）——中古世紀的學術思想殆全爲經院學派或教父學派所獨佔。因之，當時的政治思想亦只能於這一學派中尋見之。其中值得引述者有敖巴洛士（St. Ambrose）、奧古斯丁（St. Augustine）、阿奎那（St. T. Aquinas）。茲分述如後：

1.敖巴洛士（St. Ambrose, 340–397）以爲支配人類行爲的法律分爲兩種：一是自然法（natural law），一是制定法（positive law）。前者存在於人類的天良或理性中；後者由文書制作規定之。在自然法下，人類一律平等，上帝的法律，就是存在於正直人良心中的天理，而人爲的或制定的法律乃是爲不正直的人而設立的，所以救濟自然法之窮。自由以精神爲標準，只要良心不昧，在眞理前都是自由的。政治是救濟人類罪惡的制度。統治者乃是上帝的代表，人民爲上帝而服從政府。

2. 奧古斯丁（St. Augustine, 354-430）著有《神都論》一書，認爲政府不是自然的制度，是人類罪惡所產生的結果。此人屈服於彼人，一半是懲罰罪惡，一半是救濟罪惡。國家的眞僞以是否合乎正義爲標準。不合乎正義不能認之爲眞正的國家。人類最高的目的是與上帝結合。國家與政治只是達到宗教目的的工具和手段。

3. 阿奎那（St. Aquinas, 1227-1274）的思想認爲應使知識與信仰相調和，使哲學附屬於神學，使之成爲人神一致的哲學。他認爲法律乃是統治者爲共同幸福而發佈的眞理的命令。政治社會起源於自然需要及由於理性的運作，但其最後的權力，則來自於上帝。他認爲統治者權力應定於一，故主張政教合一，以教統政。

四、十六、七世紀的君權政治思想——自一四九二年發現新大陸，荷蘭、西班牙、英國、法國等競相向外謀求發展，求取殖民地，開拓國外貿易，海上交通日趨發達，各國亦建立龐大海軍對向外擴張作有力有效的保護，市場擴大，金融進步，於是繼中古世紀文藝復興、宗教革命，在十六、七世紀而有商業革命的完成，於是有民族統一國家（national state）的出現。伴此民族統一國家而來的便是中央集權的政府及掌握國家主權者的專制君主。此三者乃同時誕生三胞胎。在此時期，政治思想的主流，認爲主權是立國的要素，乃是國家的最高的權力與意志，任何其他權力與意志，不能與之對抗。國家主權屬於君主。君主主權論的政治思想家可以法人布丹、英人培根、荷人葛老秀士、英人霍布士爲代表。

1. 布丹（Jean Bodin, 1530-1569）著《共和六論》，認爲主權乃是國家對人民的最高權力，不受法律的限制。因爲主權的重要功能是制定法律，所以不受法律限制。主權屬於君主。所有人民均須服從與效忠於一個控制全國的主權者的君主。法律是主權者的意志表現，亦就是命令。習慣如有不合主權者的意志時，亦可以法律改變之。因爲沒有任何事物可以違犯主權者的意志而繼續存在。君主如違犯上帝的自然法則，便成爲暴君。但暴君仍然是國家的主權者，合法的統治者。所謂暴君僅是從道德的意義以言之。法律的效力優於道德。握有主權的君主制度乃是最優良的政治制度。

2. 培根（Francis Bacon, 1561-1626）是十六七世紀的一位大思想家，所著有名的《學問大復興》（*Restoration of Great Learning*）推翻中古的三段論法的演澤法而倡客觀的歸納法。他更著有《大西洋城》（*New Atlantic*）、「論國王的偉大」（*Of the True Greatness of Kingdoms and Estates*）、「帝國論」（*Of Empire*）等。當時歐洲的英、法、荷、西等國挾持强力積極向外擴張與侵略，並大力從事商業上的剝削與榨取，弱肉强食，優勝劣敗，平等觀念被打破。因之，他贊成强有力的集權的君主制度及良好安定的國家秩序。

培根贊成採行父權式的君主制度。父親爲一家之主；君主爲一國之主。家事決於父；國事決於君。人民服從君主，猶如子女服從父親一樣，乃是自然的、必然的。父親對子女有絕對控制權；君主對人民的控制權亦是絕對的，人民必須服從，不許反抗。當時有若干法學家主張國會是主權所有者。培根對之作激烈的反對與攻擊，認爲國家主權屬於君主。在哲學和科學方面，培根具有高超的智慧，遠見的頭腦，思路敏銳，高人一籌乃時代的先知先覺者；但在政治思想方面，却具濃厚的保守色彩，輕視自由，注重集權與統治。

3.葛老秀士（Hugo Grotius, 1588-1645）是國際法學之父，於一六二五年著著名的《戰時與平時法》，建立國際往來及戰爭的原則，爲各國所接受。他的主權論接受了布丹的觀念。他認爲主權乃是國家的最高政治權力；掌握此權力者的意志和行爲不被其他任何人所否定，所限制。主權屬於君主，故君主的權力是絕對的。他最關心國家的和平、安定與秩序；極力反對國民主權說。他認爲若使若干人或多數人掌握國家主權，便是戰爭和混亂的禍根。人民對政府須絕對服從，積極擁護，沒有反抗或革命的權利。他的君主主權論爲當時統治君主所歡迎，所接受，並對當時大規模國際會議，卽西發里亞（Westphalia）和平會議的召開給予很大的影響和幫助。

4.霍布士（Thomas Hobbes, 1588-1679）於一六五一年著《巨靈》（*Leviathan*）一書，指出君主政治乃是最優良的政治制度；因爲這種政體既不易流於感情用事，亦不易被內戰所消除。他堅持國家主權乃是最高的、絕對的、不可分割的政治權力，必須屬於一個單位或一人。他最厭惡所謂立憲君主制度，而贊成絕對權力的君主制度。因爲必須如此，才能消弭叛亂及一切反對派，維持國家的和平與統一。他認爲法律乃是主權者對人民所發布的正式命令，具有强制力，和道德顯然不同。祇憑主權者的單獨意志就可制定法律、廢止法律。主權者位於法律之上，不受法律的拘束。他主張縱使在暴君的暴虐統治下，人民亦沒有反抗或革命的權利，因爲惡政府優於無政府；只有上帝才有懲罰暴君的權力。人民所可具有的自由祇是主權者所不加禁止的各種自由。反抗政府的自由，當然是主權者所不允許的。

五、十八世紀以來的民主政治思想——商業革命後，十八世紀繼之而有工業革命的發生。家庭式手工業生產進爲大規模的工廠機器生產，於是所謂第三階級的工商業界人士蔚然興起，成爲社會上的新生勢力。他們爲要推展工商事業主張自由競爭、求新、求變，反對專制君主的壓迫與控制，歡迎民主自由、個人中心的新制度、新秩序；加以亞當斯密（Adam Smith）自由放任的經濟學說的傳播及洛克（Locke）、盧梭（Rousseau）天賦人權，一律平等的政治思想的鼓吹，遂促成一七七六年美國獨立革命，一七八九年法國民權大革命的爆發與成功。從此民主主義的政治思想成爲洶湧澎湃，沛然莫之能禦的時代潮流，流行至今，仍生氣勃發，爲抗拒極權統治的堡壘與勁旅。傳統的民主主義的政治思想家可以洛克、盧梭、孟德斯鳩、傑弗遜等人爲代表人物。

1.洛克（John Locke, 1632-1704）屬英國的「輝格黨」（Whigs）即民黨，主張宗教自由，一六八八年英國反王權的革命中，他是革命的政治理論家，著《政府論》（*Two Treaties on Government*），反對⑴君權神授說，⑵父權政治論，⑶專制君主制度及⑷霍布士的《巨靈》。他指出在自然法則下，人人都是平等的，且享有自然權利，包括生命權、財產權和自由權。他認爲在「自然狀態」（state of nature）中因缺少衆所同意的法律和裁判糾紛的法官，個人無力抵抗不公平的侵害，感受不便與不安，大家乃相互同意，訂立契約，建立政府，使之具有解釋及執行自然法則的權力，切實保障人民的生命權、財產權和自由權。政府的權力是經由契約設定的，是有限制的，並非絕對的。他認爲國家最高權力雖屬於國會，但其權力亦是受限制的。國會背後的全體人民所有的自然權利，不得侵犯。國會如失之專斷，不得人民信任，可以被解散。政府的措施若違犯公道或正義時，人民有反抗的權利，甚而可以起而革命推翻之。

2.盧梭 (Jean J. Rousseau, 1712-1778) 於一七六二年著《社會契約》(*Social Contract*) 一書，開宗明義卽說：「人生而自由」(Man is born free.)。他指出人們在自然狀態中本是自由平等的、自給自足的、自滿自得的。因爲有了人爲的文明，便罪惡叢生。自然狀態中的生活，不是受理智的支配，而是受感情的指導，依自己的興趣與憐憫心以行事。由於分工而產生藝術與科學的進步，於是出現了私有財產制度，造成貧富不均階級，以致失去原有的自由、平等與快樂；且因之需要建立國家與政府。

政治社會的建立是經由大家同意訂立契約而成立的。他說：「我們依契約建立政治社會，是要這社會能以全力保衞與維護成員的生命與財產。藉此大家結合爲一體，遵守契約，就是自己服從自己的意志，仍和過去一樣地自由自在。……。總之，每個人將自己交給大家，但並未交給任何人。每個人都向大家交出相同的權利，同時又從大家手中得回其交出的相等之物，所多得到的則是保全各人之所有的新能力。」❾

盧梭認爲個人意志溶合成爲「人民總意」(general will)，這亦就是人民的「共同利益」(Common weal)，亦卽「人民總利」(general weal)。人民總意由投票方式或民意測驗表出之。如得不到全體一致的意見，則多數人的意見卽可代表人民總意。人民總意的表現就是法律。法律應由人民或

❾ Jean J. Rousseau, *Social Contract*, *Book I*, Chapter 6, 原文轉譯自 L. C. Wanlass, Gettell's *History of Political Thought*, p.254.

其代表的立法機關制定之。人民服從法律，就是服從自己的意志。人民受法律限制，就是自己限制自己，自己並未失去原有的自由。行政機關乃是執行或實現民意的工具。盧梭所稱的法律相當於現時所稱的憲法。政府的權力須依憲法的規定。他認爲良好的政治制度須與其社會及經濟環境相適應，相配合。人民是國家的主權者，爲要防止政府或議會篡竊民權，主權者的人民應定期集會決定是否維持現有的政府和官員。他主張直接民主制，反對間接民主制；認爲後者是政治退化的表現。他反對政黨政治，因爲政黨易於妨害民意的自由表現。治者的權力建立在民意同意上。政府若違犯民意，人民有革命權，可以起而推翻之。

盧梭的政治思想對政治改革與發展曾發生廣大而深遠的實際影響。他所持的天賦人權論、自然權利論、自由平等論、國民主權論、革命權利論、直接民主論都披靡一世，掀起革命風潮。一七七六年美國的獨立革命，一七八九年法國的民權大革命的爆發，無疑的受了盧梭政治學說的宣傳與煽動。當時美法的革命領袖所揭櫫的政治號召，都是以盧梭的政治思想爲理論根據。美國的獨立宣言，法國的人權宣言無異是盧梭政治學說的翻版。迄至今日，民主政治的理論基礎仍係以盧梭的政治思想爲骨幹。

3.孟德斯鳩（Baron de Montesquieu, 1689-1755）於一七四八年著《法意》（*The Spirit of Laws*）。其立論目的在促進現行政治的改革，並非存心攻擊。他所注意的是政府效能和正義與公道，想運用權力制衡原理，保障人民的自由權利。他認爲法律既不存在於自然法則中，亦非主權者所發布的正式命令，而是社會中一般的因果關係，足供制定法律經常適用的原則。最好的政治制度與法律是適於社會，合乎國情。如果政制和法律的社會基礎發生變化，不適合國情時，便會導致革命的爆發。國民道德如不能達於一定水準及無平等精神時，不可能建立起民主政體。統治者若失却溫和的氣質與精神，貴族政體必然失敗。統治者如不珍視榮譽觀念，君主政體必歸於解體。專制政制的基礎不穩固，人民若不存畏懼心理，他的存在便發生問題。革命並無預期正常結果，每視個別情勢而有不同。

孟德斯鳩認爲在政治社會中，人民的權利與自由要得到有效的保障，須依靠確定而客觀的法律，決不可屬望於反覆無常的個人性情。只有政府的權力在有限制的情形下，人民的權利與自由才能得到保障。他相信要防止政府的濫權與專制，就必須採行立法、司法、行政三權分立的政治制度。這三種權力分屬於三個不同的機關獨立行使之，但其彼此之間又須有相互牽制，使之趨於平衡，不許任何一機關有獨斷專行的可能。這就是著名的「制衡原理」(principle of checks and balance)。美國獨立革命成功後，制定聯邦憲法，即是採納孟氏的政治學說而建立立法、司法、行政三權分立政治制度。

4. 傑弗遜（Thomas Jefferson, 1743-1826）是美國獨立革命領袖之一，獨立宣言的起草人，美國第三任總統。他的政治思想很少有自己的創見，多係抄襲洛克和盧梭的學說。他的主要貢獻，在向美國人提供一套適合國情的政治理論。美國憲法採行後，聯邦政府積極推行集權的措施。傑弗遜執政後則盡力推行地方分權與個人自由主義；信持天賦人權，一律平等，人民具有不可剝奪的自然權利，政府係經由社會契約而產生，其責任在保障人民的自由與權利；政府若治理不當，人民有革命權。他不贊成政府握有强大的權能，因爲他怕有强大權力的政府會壓迫人民，妨害其自由與權利。政府的基礎，建築在人民的同意上，偶爾革命是保持國家和政府健康的良藥。他主張每隔十九年便應作一次憲法的修正，以便與變動不居的社會情況相適應。

第四章　中國政治思想的特質

中國政治思想的獨特性質即中國歷代政治理論所保持的共同特性或特徵。這一獨特性可從哲學基礎、中心政務及表達方式三方面論述之。

第一節　中國政治思想的哲學基礎

一、理性主義——理性在自然界爲天理，在人心爲天良或良知。在宇宙萬物自然世界中存在着一定法則。天體運行，日月出沒，四時循環，雨露風霜，草木榮枯，人的生死，皆有其自然的法則，和諧運作，川流不息。《詩經》大雅烝民曰：「天生烝民，有物有則，民之秉彝，好是懿德。」這懿德就是天然的法則。《尚書》一書述及敬天、畏天、不悖於天者不可勝數。故孔子曰：「大哉！堯之爲君也，巍巍乎，唯天爲大，唯堯則之；蕩蕩乎，民無能名焉。巍巍乎，其有成功也；煥乎，其有文章。」❶《老子》曰：「人法地，地法天，天法道，道法自然。」❷自然者，天道也，天理也。《墨子》曰：「天之行廣而無私，其施厚而不德，其明也久而不衰，故聖人法之。」❸《荀子》曰：「禮有三本，天地者，

---

❶《論語》泰伯篇。
❷《老子》第二五章。
❸《墨子》法儀篇。

生之本也；先祖者，類之本也；君師者，治之本也。」❹天理充塞於宇宙間，無往而不在，乃世所公認的公理，卽合乎正義的道德標準與生活準則，亦就是「放諸四海而皆準，百世以俟聖人而不惑，考之三王而不悖，質之鬼神而不疑」的眞理。「萬物一理」，在物爲天理，在人爲天良，亦卽良心。中國歷代的政治思想家殆皆尊天理，重良心；無人敢言背天理，昧良心。合天理與良心以言之，卽「人同此心，心同此理」的理性。理性表現於思想、行爲和生活者，爲和平、中庸、義理與倫理。

1. 和平——「道並行而不悖，萬物並生而無害。」此乃共存共榮的天之和道。天和謂之太和（泰和）。《易經》乾卦曰：「保合大和乃利貞」，大和卽天和或太和。疏曰：「純陽剛暴，若無和順，則物不得利，又失其正。」《中庸》曰：「中也者，天下之大本也；和也者，天下之達道也。致中和，天地位焉，萬物育焉。」❺《老子》曰：「道生一，一生二，二生三，三生萬物。」❻道是視之不見，聽之不聞，觸之不覺的「無」。所謂「無，名天下之始」。無可稱之爲無極。有，生於無，道動生有，故曰道生一，一爲有。所謂「有、名萬物之母」。有、可稱之爲太極。道生一就是無極而太極。太極負陰抱陽，故曰太極生兩儀，亦卽一生二。陰陽調和而爲和氣或和道，是謂二生三。和氣生萬物，故曰三生萬物。諺曰：「和爲貴」、「和氣致祥」、「家和萬事興」。政治的目的就是要達到「政通人和」。《尚書》堯典虞書：「克明俊德，以親九族；九族旣睦，平章百姓；百姓昭昭，協和萬邦。」漢丞相之責在：

---

❹《荀子》禮論篇。
❺《中庸》第一章。
❻《老子》第四二章。

「上佐天子，論道經邦，燮理陰陽，協和萬邦」。禮運大同篇曰：「大道之行也，天下爲公，講信修睦，選賢與能」。修睦在謀求和平。

和者取其所需，讓其所餘，損有餘以補不足，使得其平。不平則鳴，革命之起，多起於爭平等。平則安，安則和。和平的反面是戰爭。中國歷代的政治思想家均以止戰爭，致和平爲目的。和平爲中國人的民族性，亦是中國文化的一大特色。中國的先哲沒人像希特勒、墨索里尼一樣，謳歌戰爭，崇拜戰爭。仲尼之徒無道桓文之事。因桓、文以武力屈人成覇業。孟子曰：「善戰者服上刑」。答梁襄王曰：「天下定於一，不嗜殺人者能一之。」墨子著非攻篇痛斥侵略戰爭，並指出戰爭的結果，無論勝者、敗者均遭受慘重的損害。法家「任法」以爲治，亦在於「去私塞怨」、「定分止爭」。重刑罰的目的，亦謀求社會的安定與和平。孔子「祖述堯舜，憲章文武」，孟子法先王，行王政，均在謀求採行先王的和平王道，反對武鬥的覇道。聖人治國，禮樂並重，禮以定分，樂以致和。今日的民主政治亦係以理性爲基礎，政爭的解決途徑，摒棄暴力與武鬥，而以和平的選舉方法行之；以選票（ballot）替代槍彈（bullet），以數頭（counting heads）替代砍頭（cutting heads）。這種理性化的和平思想爲中國歷代政治思想家論及之。惜均未提出投票的選舉制度。

2. 中庸——中庸之道爲中國文化和思想的一大特色，亦是立身處世，爲政致治的一般指導原則，爲衆所接受，固不以儒者一家之言而抑之。程頤曰：「不偏之謂中，不易之謂庸；中者天下之正道，庸者天下之定理。」❼中庸之道博大精深，極高明而道中庸，各家論政，縱不明言之，其理實合。故曰：

❼ 程頤《中庸》一書篇首序言。

「故君子尊德性而道問學，致廣大而盡精微，極高明而道中庸。」❽中國自堯舜以來，以中庸爲立國精神。《書》曰：「人心惟危，道心惟微，惟精惟一，允執厥中。」❾人心指人欲，人欲恣肆必危。道心指天理，天理高深不易明。節人欲入於天理而得中正經久（庸）的治道。孔子闡中道，加以時義，更見發揚光大，成爲中國學術思想的精蘊，學者多宗之。漢徐幹著《中論》、隋王通（文中子）著《中說》均闡說中庸爲爲治的正道。王通曰：「天下之危與天下安之；天下之失與天下正之。千變萬化，吾常守中焉。其卓然不可動乎！甚感不通乎！此之謂帝制矣。」❿

孔仲尼曰：「君子中庸，小人反中庸。君子之中庸也，君子而時中；小人之中庸也，小人而無忌憚也。」⓫中庸之道與時俱進，適時而得當。中國的政治思想，都是時代的產物，足供時代的需用，均不失爲時中之政論。君子溫和而有節制，小人則肆無忌憚，狂妄放蕩。中國的政治思想多爲執中持平之論，決少過激之言，亦少過於保守流於反動之說。中者中也，猶如射箭而中鵠的。凡能勝任濟事者曰中。歷代政論，皆有其鵠的，並無無的放矢的胡言亂語。不易之謂庸，庸者經久不渝，垂之長遠。歷代政論雖爲適時之論，但亦多能垂之久遠，具顚簸不拔之至理。庸與傭通，卽有用。歷代的政治思想均與國計民生、修身養性、濟世匡時有關，均爲切於世用的照路光炬，不是浮言空談。

❽《中庸》第二七章。
❾《尚書》大禹謨。
❿王通《中說》卷四，周公篇。
⓫《中庸》第二章。

孔仲尼曰：「道之不行也，我知之矣；智者過之，愚者不及也。道之不明也，我知之矣；賢者過之，不肖者不及也。」⓬人生多不得其正，狂者過之，狷者不及。爲治正道在於無過、無不及。中國的政治思想家既不見有狂妄恣肆，失之偏激，「過之」的盲動者；亦無因陋就簡，怠惰陳腐，「不及」的落伍者。

3. 義理——正義（justice）和公道就是義理。義者宜也，正也，事得其宜，行得其正，謂之義理。政治的目的，在維護正義，實現正義。政從正從攴（音僕），小擊之使歸於正。治從水，治理在實現公平，如水之平也。孔子爲政重在先正己而後正人。孔子曰：「其身正不令而行，其身不正，雖令不從。」（《論語》子路篇）孔子答季康子問政曰：「政者正也，子帥以正，孰敢不正。」（《論語》顏淵篇）。孔子、孟子均認爲義或義理爲爲政處世的正當標準。孔子曰：「君子之於天下也，無適也，無莫也，義之與比。」（《論語》里仁篇）孟子曰：「大人者，言不必信，行不必果，惟義是從。」（《孟子》離婁下篇）《荀子》王制篇曰：「人力不若牛，走不若馬，而牛馬爲人役者，何也？曰：人能群而牛馬不能群也。人何以能群？曰：分。分何能行？曰：義。分以和之，義以一之。一則力多，力多故能役物。」守分則人與人能和平相處。行義則人群能過共同生活，團結一致，合作努力。人何以會接受義，以爲共同行爲與生活的規範呢？因爲遵守義理是合乎正義，符於公道。如何才算是正義，才算是公道呢？那就取（taking）予（giving）平衡和權利與義務對等。要有所予，才能有所取。取而不予謂之剝削與榨取。予而不取，謂之施舍或犧牲，均不合於正義與公道。取予平衡就合乎正義與公道。盡義務就要享權利；

⓬《中庸》第四章。

享權利就須盡義務。權利與義務對等，就是合乎正義與公道。君則敬，臣則忠；父慈子孝，兄友弟恭，夫妻互愛，朋友有信，就是合乎正義與公道的人群關係。中國歷代的政治思想家立論雖各異其旨趣，形成不同派別；但各派則均自稱其思想與學說合乎義理；即所謂正義與公道。

4. 倫理——人群的正當關係的法則與規範謂之倫理。倫理乃是人群生活與行爲的道德標準。道是衆人通行的道路；德者得也，即是衆人各得其所，各安其位，各得其所應得的理義與法則。如何維持這正當的道德的倫理關係呢？曰：其理有二：一曰分，二曰義。分使人和平共處，義使人團結一致。義理已經論述。於此申說「分」的意義與功用。《荀子》非相篇曰：「人之所以爲人者何已？非特以其二足而無毛也，以其有辨也。夫禽獸有父子，而無父子之情；有牝牡，而無夫妻之別。故人道莫不有辨。辨莫大於分，分莫大於禮。」荀子要運用禮治使人各守其分，各安其位，以維持倫理關係與道德標準。

子路曰：「衞君待子而爲政，子將奚先？」子曰：「必也正名乎！」⑬孔子處春秋之世，王綱已墜，倫理不正，人倫漸亂，君不君，臣不臣，父不父，子不子，故孔子以正名爲急務。正名就是名實相符，恢復正常的人倫關係。人倫亦曰天倫，乃是合乎天理的正常秩序。故五倫亦稱五常。正名在使居其名者有其實。爲君者盡爲君之道，爲臣者盡爲臣之道；爲父、爲子、爲夫、爲妻、爲官、爲民均須各盡其應盡之責，各享有其應享之利，不殞不越，無過無不及。孔子答齊景公問政曰：「君君、臣臣、父父、子子。」⑭景公深以爲然曰：「善哉！信如君不君，臣不臣，父不父，子不子，雖有粟，豈得而食諸!?」

⑬《論語》子路篇。
⑭《論語》顏淵篇。

文中子遊孔子之廟，出而歌曰：「大哉乎！君君、臣臣、父父、子子、兄兄、弟弟、夫夫、婦婦，孔子之力也。其與太極合德，神道並行乎。」⓯這些就是名正言順，名實不爽的倫常。倫是人倫，常是經久垂遠的正道。進而言之，倫常是君義、臣忠、父慈、子孝、兄友、弟恭、夫婦敬愛、朋友有信的人際關係。五倫、五常是指君臣、父子、兄弟、夫婦、朋友的正常生活與規範。王充《論衡》刺孔篇曰：「五常之道，仁、義、禮、智、信也。」

孔子之道一以貫之，忠恕而已。盡己之謂忠，己欲立而立人，己欲達而達人。推己諒人之謂恕，己所不欲，勿施於人；我不欲人之加諸我者，我亦欲勿加諸人。這亦就是所謂絜矩之道：「是以君子有絜矩之道也。所惡於上，勿以使下；所惡於下，惡以事上；所惡於前，勿以先後；所惡於後，勿以從前；所惡於右，勿以交於左；所惡於左，勿以交於右；此之謂絜矩之道。」⓰凡此倫理皆修己安人，爲政致治的至理與正道。法家施行法治，亦自稱法者「大定至公之制」、「定分止爭」之策。歷代的政治思想家立論設辭雖各有不同，然其目的均在維持人群的良好與適當的關係。辭雖有異，理則無別。

二、人性主義——人爲政治動物。國父曰：「國者人之積，人者心之器，政治者一人群心理活動之現象也。」⓱他又說：「政治是管理衆人之事。」故研究政治不可不知人。知人應從知人性、得民心著手。役牛馬應知牛馬之性情，駛輪船，駕飛機，應知機、船之性能。管理人群心理活動現象的政治，不

⓯《中說》卷第一，王道篇。
⓰《大學》十釋治國平天下。
⓱《孫文學說》。

可不知人性。人生而具天良。天良之靜也曰性；性之動爲心；心性一體。心動而生意與情。意之表現爲仁、義、禮、智、信。情之內容爲喜、怒、哀、懼、愛、惡與欲。此數者政治活動所自起的動力與要素。

中國歷代政治思想家立論，率以人性爲出發點。孔子雖祇說：「性相近也，習相遠也」；「惟上智與下愚不移」（《論語》陽貨篇）。並未明言性善。但大學開審明義，即曰：「大學之道，在明明德」。明德是虛靈不昧的善性與美德。《大學》經一章蓋孔子之言而曾子述之。足見孔子實是性善論者。因之，《中庸》曰：「天命之謂性，率性之謂道，修道之謂教。道也者，不可須臾離也，可離非道也。」⑱性善故率此善性而爲良好的發展，以實現此善性。率性之道在於施教化，使人皆能克己復禮而有道德的生活與行爲。

孟子明言「人性善」，且極爲强調。他說：「無惻隱之心，非人也；無羞惡之心，非人也；無辭讓之心，非人也；無是非之心，非人也。惻隱之心，仁之端也；羞惡之心，義之端也；辭讓之心，禮之端也；是非之心，智之端也。人之有四端也，猶其有四體也。有是四端而自謂不能者，自賊者也。」⑲人若不行仁、義、禮、智，乃是戕賊其本性，非性之不善。孟子强調保持及充養其善性之重要，曰：「凡有四端於我者，知皆擴而充之矣；若火之始然，泉之始達。苟能充之，足以保四海；苟不充之，不足以

---

⑱《中庸》第一章。
⑲《孟子》公孫丑上篇。

事父母。」⑳

告子（名不害）則不贊同性善說，認爲性無分於善惡，可善可惡。告子曰：「性猶湍水也，決諸東方則東流，決諸西方則西流。人性無分於善惡也，猶水之無分於東西也。」㉑漢王充著《論衡》，其本性篇曰：「周人世碩以爲：人性有善有惡，舉人之善性，養而致之則善長；惡性，養而致之則惡長。」（世碩著養性一篇）王充則贊成世子之說，而主張人性善惡混。

荀子認爲人性惡，善者僞也。他說：「今人之性，生而有好利焉，順是，則爭奪生，而辭讓亡焉。生而有疾惡者，順是，故殘賊生，而忠信亡焉。生而有耳目之欲，有好聲色焉，順是，故淫亂生，而禮義文理亡焉。然則從人之性，順人之情，必出於爭奪；及於犯分亂理，而歸於暴，故必將有師法之化，禮善之道，然後出於辭讓，合於文理，故歸於治。由此觀之，然則人之性惡明矣，其善者僞也。」㉒後世學者言性惡者少，多信持性善說。宋明理學，無論程顥、程頤、朱熹、周敦頤、張載、陸九淵、王陽明等，均從心性立論而推言政治。

墨子認爲撥亂返治之道，在於「兼相愛」、「交相利」。而人相愛，自係認爲人皆有愛人的天性。要人交相利，自係認爲人的本性有好利的慾望與需要。韓非子認爲君主之大欲，在於「成霸業」，人臣之大欲，在於「致富貴」，人民之大欲，在於「止戰爭」。欲是慾望，出於人之本性及心理需要。足見

⑳ 同上。
㉑ 告子篇上。
㉒ 《荀子》性惡篇。

韓非論政亦係以人性爲出發點。他認爲嚴刑峻法之行，乃是「刑期於無刑」及「先苦而後利」。他說：「法之爲道，前苦而後利；仁之爲道，偷樂而後窮。聖人權其輕重，出其大利，故用法而相忍，而棄仁義之相憐。」㉓又說：「刑重者民不敢爲非，故無刑矣。而民不敢爲非，是國皆善矣，故不賞而民善。」㉔

爲政之道，不僅要適人性，還須順民心。因爲得其國者，得其民；得其民者，得其心。民猶水也，能載舟亦能覆舟。政治的成敗，以民心向背爲轉移。故民心不可失，民意不可違。孟子曰：「桀紂之失天下也，失其民也。失其民者，失其心也。得天下有道，得其民，斯得天下矣。得其民有道，得其心，斯得民矣。得其心有道，所欲與之聚之，所惡勿施爾也。」㉕管仲和孟子持相同之政見。他說：「政之所興，在順民心；政之所廢，在逆民心。民惡憂勞，我佚樂之；民惡貧賤，我富貴之；民惡危墜，我存安之；民惡滅絕，我生育之。」㉖

合群是人類天性之一，故曰人是合群動物；人若離群而獨自生活，只有歸於死亡。沒有任何人能離開人群而生存，除非他是野獸或神仙。一部歷史，就是人類集群力以爲力，合衆智以爲智，以協同一致的努力，爭求生存，改善生活的奮鬪經過。政治的目的與功能，就是要促使國人以最大的合作群力，謀

㉓《韓非子》六反篇。
㉔畫策篇。
㉕《孟子》離婁篇上。
㉖《管子》卷一，牧民篇，四順。

求最大多數人的最大利益和幸福。儒家的興禮樂、行仁義、崇教化，旨在使人和平敦睦，同居共處，過道德的合理生活。法家嚴法禁，重刑罰，其目的在「興功除暴」、「定分止爭」、「齊民使衆」，維持社會安定，謀求國家富强。墨翟主張「兼相愛」、「交相利」、「非攻」、「志天」，亦是要止戰爭求和平，使衆人「一義」過和諧團結的合群生活。荀子對此，論之尤切。他指出人之所以異於牛馬者曰：「人能群，而牛馬不能群也」；「群則力多，力多則强，强則勝物。」(《荀子》王制篇) 他又說：「君者，善群者也。群道當，則萬物皆得其宜，六畜皆得其長，群生皆得其命。」(王制篇) 君道篇曰：「君者何也？曰：能群也。能群者何也？曰：善生養人者也，善班治人者也，善顯設人者也，善藩飾人者也。」

三、家族主義——國父孫中山先生曰：「中國人最崇拜的是家族主義和宗族主義；所以中國只有家族主義和宗族主義，沒有國族主義。……中國人對於家族和宗族的團結力，非常强大，往往因爲保護宗族起見，寧肯犧牲身家性命。」㉗觀之於中國到處有家廟、祠堂及宗親會的組織遍及全球，可爲佐證。中國歷代的政治制度係以家族、宗族爲基幹；政治思想亦多有帶家族色彩者。《尚書》堯典曰：「克明俊德，以親九族，九族旣睦，平章百姓，百姓昭明，協和萬邦。」九族指宗族，人民以百姓稱之，蓋亦以家族爲爲政之本。《大學》經一章大學之道曰：古之欲明明德於天下者，先治其國；欲治其國者，先齊其家。……家齊而後國治，國治而後天下平。」足見治國的前提在齊家。

㉗ 孫中山《三民主義》民族主義第一講。

殷商時代爲氏族社會（Clanish Society）。氏以示地域的相同，族以言血統的一致。氏族爲永久佔據一定牧場或農地營共同生活的人群組織。這一人群自認源於一共同的男性祖先。氏族人口達於一定限度，卽分裂出新氏族。一個氏族就是一個部落。各部落的酋長或族長共同擁戴的領袖爲帝后或國王。這是以家族和宗族爲構成要素的政治社會或國家。

周代是封建國家，採行宗法制度，以家族分封爲立國建君的基礎。《傳》曰：「昔武王克商，光有天下，其兄弟之國十有五人，姬姓之國者四十人皆擧親也。」㉘這說明國家者乃家族的擴大。宋成公卒子杵立，是謂昭公，將去群公子，樂豫曰：「不可。公族，公室之枝葉也，若去之，則根本無所庇蔭矣。葛藟猶能庇其根本，故君子以爲比，況國君乎?!」㉙由此觀之，足見家族主義在政治地位上的重要。周襄王欲以狄伐鄭，富辰諫曰：「不可！臣聞之，太上以德撫民，其次親親以相及也。昔周公弔二叔之不咸，故封建親戚，以藩屏周。管、蔡、郕、霍、魯、衞、毛、聃、郜、雍、曹、滕、畢、原、酆、郇、文之昭也；晉、應韓，武之穆也；凡、蔣、邢、茅、胙、祭，周公之胤也。召穆公思周德之不類，乃糾合宗族以成周。」㉚這一諫言，旣以嚴夷夏之防，復以言宗族之要。

自漢迄清，歷代君主均以孝道治天下。其主旨在要求人民以其所以事父者事君。父爲一家之主，君爲一國之主。家事決於父，國事決於君。父權至上，君權至尊。君曰君父，民曰子民。國是家的擴大。

㉘《左傳》昭公二八年，魏舒擧賢。
㉙同上，文公七年，樂群諫去群公子。
㉚同上，僖公二四年，富辰諫以狄伐鄭。

君主同時具君、親、師三種地位。君以權力統治人民，親以情感愛護人民，師以教化培育人民。這種政策含有濃厚的家族主義的意義。

家族主義反映於文官制度爲「蔭任」之法。蔭任卽是因父或祖之曾任高級官位，其子孫可以不經由入仕正途如察擧、考試等卽可逕行入仕任官。因受父或祖的庇蔭，而獲此任官特權，故曰蔭任。各代蔭任皆有定制。魏、晉、南北朝之世，以九品中正之制爲入仕正途，槪以身世門第爲主，結果流爲「上品無寒門，下品無世族」。仕途爲門閥所壟斷。南朝的王、謝，北朝的崔、盧，雖朝代更換，猶昂然以門第自豪；卽在政府亦緣門第以定人之品位。

家族主義表現於法制獄訟者有三。一曰無辜者每因家族關係而獲罪。《尙書》湯誓、泰誓有「予則孥戮汝」，「罪人以族」的記載。秦文公定法：「一人犯罪，夷其三族」。商鞅治秦，令民爲什伍，相收司連坐，一家犯，九家中不爲告發者則同其罪。漢初仍行三族之誅。二曰有罪者常以家族原因而減免。自後魏迄滿清，凡非犯極罪謀逆之罪者，罪犯因親老疾廢而獲留養。後魏定法，犯死罪者，而父母、祖父母年老，家又無成丁子孫及周親者，得具狀請免死留養。三曰家族內事故因倫常而重其罰。親屬相姦者，歷代皆加重治罪。漢律之禽獸行，唐律十惡之內亂罪，卽其著例。

四、天人感應——人類生活在自然環境中。自然現象的酷暑嚴寒、狂風暴雨、雷電雪霜、地震山崩、旱澇災荒等對生活構成嚴重的威脅和慘烈的危害。人不解其故，便認爲這可怕的自然現象後，有一偉大而神秘的巨靈操縱着。於是懾服於神威之下，而把自然人格化、神聖化，視自然的天爲皇天、爲天神、爲上帝。且進而生畏天、敬天、順天的觀念，祈求天神庇護與保佑，求其降福免禍。由是而生：

「行善天降之百祥，作不善天降之百殃。」天人感應的政治思想遂由是而興，且歷久而不泯滅。

《尚書》卷四伊訓曰：「古有夏光后，方懋厥德，罔有天災，山川鬼神，亦莫不寧。於其子孫弗率，皇天降災，假手於我有命。」又曰：「上帝不常，作善降之百祥，作不善降之百殃。」《尚書》卷五盤庚上篇：「先王有服，恪謹天命，茲猶不常寧，今不承於古，罔知天之斷命，矧曰其克從先王之烈。」湯放桀，武王伐紂，均自稱是順天應人，弔民伐罪的義師。《尚書》卷六，泰誓上篇曰：「今商王受（紂），弗敬上天，降災下民，沈湎冒色，敢行暴虐……皇天震怒，命我文考，肅將天威，大勳未集，肆予小子發（武王姬發）以爾友邦冡君，觀政於商。」《左傳》昭公四年，「大雨雹，季武子問於申豐曰：雹可禦乎？對曰：聖人在上，無雹；雖有，不爲災。」

殷商尊祖敬天，行神權政治，「絕地通天」、「知天通神」的巫覡，在政治上佔有極重要的地位。巫覡掌卜筮，國之大事，無論祭與戎，咸以卜筮決其疑。周行宗法政治，尊祖敬天之制，仍甚流行，祭祖儀禮，極爲隆盛；天子祭天，諸侯祭山川。漢董仲舒對天人感應的思想與理論有成系統的闡說。劉向亦曰：「《易》曰：天垂象，見吉凶」。（《說苑》辨物，卷十八）

隋王通曰：「昔周制至公之命，故齊桓、管仲不得而背也。晉制至私之命，故苻秦、王猛不得而事也。其應天順命，安國濟民乎！是以武王不敢逆天命，背人而事紂；齊桓不敢逆天命，背人而黜周。故曰：晉之罪也，其王猛之所爲乎！」㉛這亦正是順天應人，天人感應的政治思想。唐陸贄在所撰「論叙

㉛《中說》周公篇。

遷幸之由狀」一文，明天人感應之理曰：「《書》曰：天視自我民視，天聽自我民聽。又曰：德惟一，動罔不吉；德二三，動罔不凶。惟吉凶不僭在人，惟天降災祥在德。又曰：天難忱，命靡常；常厥德，保厥位；厥德靡常，九有以亡。此則天所視聽，皆由於人；天降災祥，皆考其德。」

唐李絳答憲宗得賢興化問曰：「臣聞聖人與天地合德，日月合明；思發於志。故《易》曰：由其言善，千里之外應之，況其邇者乎？先天而天勿違，後天而奉天時；天且不違，而況於人乎!?昔周成王泣啓金縢，皇天爲之反風；宋景公誠發德言，妖星爲之退舍。天人相感，古今同時。」唐韓愈爲潮州刺史，鱷魚爲患，爲祭「鱷魚文」，以祭之，欲以至誠格天而感物。

宋理學家認爲「萬物一體」、「心物一理」，倡「天人合一」之論，殆是「天人感應」說的深化。北宋理學始於周敦頤，著《太極圖說》，有言曰：「無極之眞，二五之精，妙合而凝。乾道成男，坤道成女，二氣交感，化生萬物，萬物生生而變化無窮焉。惟人也，得其秀而最靈。形既生焉，神發知矣，五性感動而善惡分，萬事出矣。聖人定之，以中正仁義而主靜，立人極焉。故聖人與天地合其德，日月合其明，四時合其序，鬼神合其吉凶。君子修之吉，小人悖之凶。」

邵雍之學以心爲體，以人爲本，以爲人之與物，原皆得天地造化於一偏；因人爲萬物之靈，故能體用交而人體之道備。聖人爲人之至，故能心代天意，口代天言，手代天工，身代天事，由偏而全，而成其人之本位。(觀物篇)張載「西銘」曰：「乾稱父，坤稱母，子玆藐焉，乃渾然中處。故天地之塞吾其體；天地之帥吾其性，民吾同胞，物吾與也。」程頤曰：「性卽理也，所謂理性是也。天下之理，原其所自，未有不善。哀樂之未發，何嘗不善？發而中節，則無往而不善，發不中節然後天地之間，只有一個感應而已！更有甚事？」《伊川語錄》朱熹之學在窮理以致其知，反躬以踐其實。他說：「克保其性，而不悖其事，所以順乎天也。」《近思錄》陸九淵說：「萬物森然於方寸之間，滿心而發，充塞宇宙，無非是理」；「宇宙便是吾心，吾心便是宇宙。故曰：法理塞宇宙，所謂道外無事，事外無道。」《象山語錄》

南宋眞德秀向寧宗進奏，力言天人感應之理，期以得天心，收民心。他說：「今日求治之道，莫難於得天心，亦莫難於收人心。然天人非二致也。得人斯得天矣。在易大有：上九，自天佑之，去無不利。孔子曰：天之所助者順也，人之所助者信也。當元祐初，二聖臨朝聽政，四夷稽首聽命。西羌夏人，降附相尋。而黃河北流，有復禹迹之勢，天下曉然，知上意與天合。蘇軾推明其故，以爲此二聖躬信順以先天下之功也。夫無一事不當於天心，乃可言順；夫是是非非之理，本諸天道，而著於人心，不以古今而存亡，不以智愚而增損。上之所爲，一與理合，則不待敎令而自孚。上之所爲，一與理悖，則雖刑僇而不服。然則今日人心之未信也，果安在耶。」㉜

王陽明雖倡致良知及知行合一之理，然對天人感應之說亦並非不相信。他說：「心無體，以天地萬物感應之是非爲體。蓋以心爲明靈者，充塞天地，是爲萬物之主宰；然而天地萬物又絕不可分離。無心則天地萬物失其存在。無天地萬物，則心無所感應。理無心而不立；心無理而不明，故心卽理。」㉝心

㉜眞德秀，召除禮侍上殿奏劄二。

㉝王陽明《傳習錄》。

存於人，理存於天，心即理，便是天人合一。感應萬物而明理，是心物相通，心物一理，自亦含有天人感應的精蘊。

明末清初大儒顧炎武悲亡國之痛，憫世勢之艱，遍遊國內，考察民生疾苦，郡國利病，博學強誌，精研經史，高風亮節，亦有天人感應之言。他說：「彝倫者，天地之常道，如下所謂五行、五事、八政、五紀、皇極、三德、稽疑、庶徵、五福、六極皆在其中，不止孟子言人倫而已。能盡其性，以至能盡人之性，盡物之性，則可以贊天地之化育，而彝倫敘矣。」㉞

滿清中葉道光三十年（一八五〇）至同治四年（一八六五）洪秀全本天主一尊之旨為經，萬民平等精神為緯，起事建「太平天國」，稱眞宰上帝為天父，耶穌為天兄，洪自稱上帝之次子，奉天命以救世，認為天父一源，萬衆一體，以新宗教建立王朝，蓋「神治」的政治思想，政教（宗教）合一，亦不脫天人感應的範疇。

清末民初自稱聖人之康有為因已受到西學東漸的重大影響，竟以科學知識闡說天人感應之旨。他說：「地載神氣，神氣風霆，風霆流形，庶物露生。神者有知之電也，若電能無所不傳也，神氣能無所不感。無物無電，無物無神。夫神者，知氣也，魂知也，精爽也，靈明也，明德也；數者異名而同實，有知覺則有吸攝，磁石猶然，何況於人。不忍者，吸攝之力也。故仁知同藏，而知為先，仁知同用，而仁為貴矣。」㉟

㉞ 顧炎武《日知錄》卷一，彝倫。

㉟ 康有為《大同書》第一章。

第二節　中國政治思想的中心理念

中國歷代政治思想所討論的中心政務有四：一曰民爲政本，二曰政在養民，三曰民族思想，四曰賢才政治。

一、民爲政本——人民爲立國要素之一，國無民不立。故《尚書》，夏書五子之歌曰：「皇祖有訓，民可近，不可下，民惟邦本，本固邦寧。」這種民本思想，爲中國歷代政治思想家所稱述。其主旨是指人民地位的重要，要親民、愛民，視民如傷，視民如子，人饑已饑，人溺已溺，一夫不獲其所，聖人恥之。但民本思想和今日的民主政治尚有很大的差距。民主是指人民爲國家的主人翁，乃國家的主權者，統治者祇是爲民服務的公僕；人民可以行使政權，控制政府，制定法律，自已管理政府，政府須對人民負責；其內容包括民有 (of the people)、民治 (by the people) 和民享 (for the people)。民本思想祇及於「民享」，卽爲民而已。統治者視人民如子女，親之，愛之，敎之，育之，解決其生活，使之有所享受，並不視人民爲成年，並不准其自已作主，管理家務，處理政務，不足以言民有和民治。歷代政治家都不曾採行現代民主政治的選舉、罷免、創制和複決的四種政權。漢代的「鄉擧里選」，僅是由三公、九卿、二千石（郡太守）保擧人才而已；並非民權的行使。

孔子的政治思想以仁爲本，仁者愛人，故主張親親而仁民，仁民而愛物；泛愛衆而親仁。他並不主張人民行使政權，故曰：「民可使由之，不可使知之」（《論語》泰伯篇）。孟子亦祇說：「民爲貴，社稷次之，君爲輕」（《孟子》盡心篇下）。孟子主張行王政，施仁義，亦只是愛民福民之「民享」，未及於

「民有」和「民治」。孟子曰：「賊仁者，謂之賊；賊義者，謂之殘。殘賊之人謂之一夫。聞誅一夫紂矣，未聞弑君也。」（《孟子》梁惠王下）這是孟子認爲桀紂暴君，失其所以爲君之道，被武王征誅之，並未說對暴君人人可得而誅之。這和洛克、盧梭所說人民有革命權，尚不相同。

《尚書》泰誓篇曰：「天視自我民視，天聽自我民聽」。這是假借天意警戒君主，勿輕民意；亦非指君主應對民意直接負責。荀子曰：「天之生民非爲君也；天之立君以爲民也。」（《荀子》大略篇）又說：「君者，舟也；庶人者，水也；水則載舟，水則覆舟。」（《荀子》王制篇）老子曰：「聖人無常心，以百姓爲心」（《老子》第四十九章）。管子曰：「政之所興，在順民心；政之所廢，在逆民心；順之之道，莫如利之；逆之之烈，莫如害之。」（《管子》牧民篇）凡此立論，均民爲邦本的民本思想。

賈誼申論民本思想曰：「聞之於政也，民無不爲本也；國以爲本，君以爲本，吏以爲本。故國以民爲安危，以民爲威侮，吏以民爲貴賤，此之謂民無不爲本也。」㊱董仲舒著《春秋繁露》，論民本曰：「天之生民，非爲王也，而天立王，以爲民也。故其德足以安樂民者，天之子，其惡足以賊害者，天奪之。」㊲王符著《潛夫論》亦持民本思想，他說：「帝以天爲制，天以民爲心；民之所欲，天必從之。」㊳

唐太宗李世民貴爲君主，亦自知民爲本，民可畏。他說：「天子者有道，則人推而爲主；無道則人棄而不用，誠可畏也。」㊴魏徵亦認爲民爲邦本，民可畏。他說：「書曰：撫我則后，虐我則仇；荀卿

㊱ 賈誼《新書》大政篇上。

㊲ 董仲舒《春秋繁露》堯舜不擅移湯武不專殺，第二五。

㊳ 王符《潛夫論》遏利第三。

㊴ 《貞觀政要》政體，第二。

子曰：君舟也，庶人水也；水所以載舟，亦所以覆舟。故孔子曰：魚失水則死，水失魚猶爲水也。故唐虞戰戰慄慄，日愼一日，安可不深思之乎？」❹⓪

蘇軾上神宗書，力言人民的重要性，指出民爲國之根本，人心不可失。他說：「人主之所恃者人心而已。人心之於人主也，如木之有根，燈之有膏，如魚之有水，如農夫之有田，如商賈之有財。木無根則槁，燈無膏則滅，魚無水則死，農夫無田則飢，商賈無財則貧，人主失人心則亡；此必然之理，不可逭之災也。其爲可畏，從古已然。」❹①程明道作縣，凡坐處均書「視民如傷」。朱熹引程伊川之言曰：「伊川曰：爲民立君，所以養之也。養民之道，在愛民力。力足則生養遂；生養遂，則教化行而風俗美。」❹②

明初方孝孺信持民爲邦本，本固邦寧之理，曾說：「天之立君也，非以私一人而富貴之，將使其涵育斯民，俾各得其所也。善於知天者，不敢恃天命之在我，而惟恐不足以承天之命，不敢以天下爲樂，而以天下爲憂，視斯民之未安，猶赤子之在抱。」❹③又說：「故天之立君，所以爲民，非使其民奉乎君也。」❹④劉基亦曾說：「益聞大器非一人之私，大事非獨力所建，是故利不及衆，起天下之爭。」❹⑤這

---

❹⓪《貞觀政要》君臣鑒戒，第六。
❹①蘇軾《蘇文忠公全集》上神宗皇帝書。
❹②朱熹《近思錄》卷八。
❹③方孝孺《遜志齋集》深慮論七。
❹④同上，雜著君職。
❹⑤劉基《郁離子》擬連珠六八首。

乃是君須利民的民本思想。張居正奏皇帝，陳六事疏，論固邦本曰：「臣聞帝王之治，欲攘外者，必先安內，民爲邦本，本固邦寧。自古雖極治之時，不能無夷狄盜賊之患。唯百姓安樂，家給人足，則雖有外患，而邦本深固，自可無虞。」㊻

清黃宗羲持天下爲公之論，亦係以民爲邦本爲出發點。他說：「其所謂法者，一家之法，而非天下之法。是故秦變封建而爲郡縣，以郡縣爲私於我也。漢建庶孽，以其可以屏藩於我也。宋解方鎭之兵，以方鎭之不利於我也。此其法，何曾有一毫爲天下之心哉？而亦可謂之法乎？」㊼又曰：「古者以天下爲主，君爲客，凡君之所畢事而經營者，爲天下也。」㊽王韜立重民之論曰：「天下何以治？得民心而已。天下何以亂？失民心而已。民心之得失，爲在上者使之耳。民心既得雖危而亦安。民心既失，雖盛而亦蹶。欲得民心，是在有維持而聯絡之。」㊾

二、政在養民——《尙書》大禹謨曰：「德惟善政，政在養民。」政治的目的與功能，便在解決食、衣、住、行、樂、育諸民生問題，使家給戶足，安生樂業。論者以爲儒者祇知講道德，說仁義，不注重民生問題；其實儒者何嘗不以民生或養民爲重。冉有曰：「旣庶矣，又何加焉？」孔子曰：「富之！」（《論語》子路篇）富之卽所以養民。孟子主張行王道，要養生送死而無憾。他說：「百畝之田，勿奪其時，數口之家，可以無飢矣。謹庠序之教，申之以孝悌之義，頒白者不負戴於道路矣。七十者衣帛食

㊻ 張居正《張太岳集》陳六事疏。
㊼ 黃宗羲《明夷待訪錄》原法。
㊽ 同上，原君。
㊾ 王韜《弢園老民自傳》重民中。

肉，黎民不飢不寒，然而不王者，未之有也。」㊿荀子著富國篇，認為「足國之道，節用裕民，而善藏其餘。節用以禮，裕民以政。彼裕民故多餘；裕民則民富。」

管子認為養民在足衣食，實倉廩。他說：「凡有地牧民者，務在四時，守在倉廩。國多財則遠者來，地辟舉則民留處。倉廩實則知禮節，衣食足則知榮辱。」㊿①商鞅、韓非之厲行法治，旨在富國強兵，助君主成霸業。國富則民得其養。

賈誼主張博利民，蓋亦所以使民生順遂。他說：「帝嚳曰：德莫高於博愛人，而政莫高於博利人。故政莫大於信，治莫大於仁。」㊿②董仲舒甚重養民之道。他說：「天地之生萬物也，以養人；故其可食者，以養身體，其可威者，以為容服。禮之所為興也。」㊿③劉安曰：「食者民之本也，國之本也；國者君之本也。故人君者，上因天時，下盡地財，中用人力；是以群生遂長，五穀蕃植。」㊿④這是說：「民為邦本，食為民天。」王符論養民之道曰：「是故明王之養民也，憂之勞之，教之誨之，慎微防萌，以斷其邪。故易曰節以制度，不傷財，不害民。」㊿⑤其旨在戒浮侈，尚勤儉，裕財以養民。

貞觀初，唐太宗謂侍臣曰：「為君之道，必須先存百姓；若損百姓，以奉其身，猶割股以啖腹，腹

㊿《孟子》梁惠王上。
㊿①《管子》卷一，牧民。
㊿②《新書》修政語上。
㊿③《春秋繁露》服制度第一四。
㊿④《淮南子》主術訓。
㊿⑤《潛夫論》浮侈第一二。

飽而身斃。」56這是說為政之道，在保全百姓的生存，解決其生活問題。貞觀二年，唐太宗謂侍臣曰：「凡事皆須務本。國以人為本，人以衣食為本。凡營衣食，以不失時為本。」57這是說：「民為邦本，食為民天。」白居易禮部試策對曰：「利用厚生，教之本也。從宜隨俗，政之要也。周禮云：不畜無牲，不田無食，不蠶不帛，不績無衣。蓋勸厚生之道也。」這是勤耕織，增生產以養民的治道。詩人論政，頗中肯綮。

范仲淹認為解決民生問題，端在於修農政。他說：「聖人之德，惟在善政。善政之要，惟在養民。養民之政，必先務農。農政既修，則衣食足。衣食足，則愛膚體。愛膚體，則畏刑罰。畏刑罰，則寇亂不興。」58歐陽修亦以務農為裕民生之本。他說：「夫農，天下之本也。凡為國家，莫不務焉。要在節其用，則易充。勉其力，則不匱。」59王安石認為養民之道，在於「饒之以財，約之以禮，裁之以法。」60

明歸有光認為養民之道，重在薄稅斂，取民無傷，重取於民，則稅源竭，無以為繼，則國計民生兩困而俱傷。他說：「古之為天下者，養民之生。後之為天下者，聽民之自生。夫聽民之自生可也，又從而取之；取之可也，而不求所以為可繼之道，則我之取者無窮，而民之生也日蹶。民蹶，而我之取者將

56《貞觀政要》君道第一。
57 同上，論務農第三〇。
58《范文正公全集》答手詔陳十事。
59《歐陽永叔集》勸農耕。
60《王臨川文集》上仁宗皇帝言事書。

不我應。國計民生，兩困而俱傷。」[61]莊元臣認爲養民不可徒從聚斂，充府庫，應取之於民，用之於民，以裕民生。他說：「人知山海之爲利藪也，而不知其爲盜藪也，人知府庫之爲泉府也，而不知其爲怨府也。故山海之產不入，則攘奪之徒群於下；府庫之藏不出，則刼弑之事，竊發於上。理財者，能入之，能出之，然後可以擅天下之利而無害。」[62]

顧炎武的民生思想有二：一曰取民有制，二曰均富貧。他說：「夫然後知大易之所謂：節以制度，不傷財，不害民。孟子所謂賢君必恭儉禮下，取於民有制者，則信利國之良規。」[63]又說：「民之所不安，以其有貧有富；貧者至於不能自存，而富者常恐人之有求，而多爲吝嗇之計。於是乎有爭心矣。夫子有言，不患寡而患不均；……然後知先王宗法之立，其所以養人之欲，而給人之求，爲周而豫矣。」[64]朱之瑜認爲養民莫若勸農務本，並節富助貧。他說：「凡治國莫若勸農務本。治國之道，因民之所利而利之，豈在博施?!春秋傳曰：小惠未遍，民弗懷也。富民當以禮節之，貧民當以省耕省斂補助之，但要萬民免於饑寒，亦不必多歷年所。」[65]

三、民族大義——今日中國之民族，係指融合漢、滿、蒙、回、藏、苗諸族而成之國族。中國古昔向無民族之稱，而曰種族或族類，所謂「非我族類，其心必異」。族類或民族構成要素有二：一爲客觀

---

[61] 歸有光《震川先生全集》應策制第五問。
[62] 莊元臣《叔苴子》內篇卷二。
[63] 《日知錄》佚之輯補讀隋書。
[64] 同上，庶民安，故財用足。
[65] 朱之瑜《朱舜水文集》卷一五，答野節問。

要素，卽相同的血統、生活、語言、宗教、風俗、習慣等。二爲主觀要素卽民族意識，包括認同感，卽自覺其別於其他族類；優越感，自認爲天之驕子，較他族優異；及生存意志及自衞的力量與精神。漢族亦稱華、夏之族，爲黃、炎子孫，秉賦優秀，歷史悠久，文化高超，自始卽經營中國本土，建立有唐、虞、夏、商、周、秦、漢、魏、晉、宋、齊、梁、陳（南朝）、北齊、隋、唐、梁、周、宋、明諸朝代。滿族卽通古斯族，一稱東胡族，居中國東北邊外，上古時勢力弱小。西周時爲肅愼，入貢中國。戰國時，東胡漸强。其後稱烏桓窺漢。亂晉之鮮卑，唐季之契丹，均東胡族。契丹旣衰，女眞興起，奄有中國北方，屢敗南宋，勢不可侮。歷元至明，滿洲興盛，乘流寇之亂，竟能入侵中國而君臨之。東胡族能建立朝代者有五：卽北魏、北周、遼、金及清。

蒙古族亦稱蒙兀爾族，佔有內外蒙古之地，其强盛始見於近世，其人善騎射，性慓悍，以遊牧民族，四出經營侵略，幾佔全亞洲之地，不但東胡全族之力莫能抵禦，卽神明漢族亦不敵之。且竟侵佔我中國建立元朝。朱元璋起義師，敗元蒙，逐之返回北漠。蒙古曾滅女眞（元滅金），然滿洲勢强，卒能滅蒙古而爲其族人女眞雪亡國之恥。

回族亦曰突厥族，亦稱土耳其族，佔據中國西北邊陲地區。在唐虞之世稱獯鬻，至周而爲玁狁，至漢爲匈奴。匈奴能統一漠中諸部，力强勢盛，成爲漢朝北方的勁敵。歷三國魏晉以至南北朝分峙，匈奴勢力並未衰退。唐代迭征匈奴，且能屢勝，匈奴勢力遂見衰退。但回紇踵興，邊境多起紛擾。唐末藩鎭割據，群賊爭勝，沙陀李存勗竟能僭建後唐。石敬塘之後晉，劉知遠之後漢亦均回族所建立。

藏族卽西藏族，亦稱羌族，又名圖伯特族，居於西藏地區。相傳羌人與苗人同一祖先。舜徙三苗於三危，爲羌人祖先所由自。羌於殷、周兩朝曾爲患。周時羌人亦稱西戎。秦雖屢伐西戎，但不能滅殲之。延至東漢，羌人爲害滋甚。至唐代黨項與吐蕃皆爲害西陲。黨項之子孫，至北宋時，其勢甚盛，居然建號稱邦，定名大夏，但卒爲宋所制服。吐蕃歷宋元以至明淸，盤據西藏一帶。明淸對吐蕃只能因其俗使其人治其地。藏人信奉喇嘛教，政教合一，具有團結藏人的偉大力量。

苗族爲中國最古種類之一，但在今日國族中卻不佔重要地位。苗族族目繁多，或爲黎，或爲猺，或爲獠，或爲倮羅，或爲猓。苗人在古初常與漢族交戰，以戰敗，由中原退至長江以南。中國自堯、舜歷禹屢世征苗，苗人勢力日見衰微。至戰國時，江南各地已少苗患。今日雲南、貴州、廣西部份地區，仍爲苗人生殖老死之鄉。四川一部份，古有蜀族；雲南大部，古有濮族；福建大部，古有閩族；兩廣大部，古有粤族。或已滅跡，或早漢化，已成歷史上之名稱。

漢人即華、夏之族，生活在東亞中部，自覺爲神明貴胄，對其四周的外族均卑視之，南者爲蠻，北者爲狄，西爲戎人，東爲夷族。玆者所言民族思想，係從漢族的立場，指其對外族的態度、意識及認識而言之。依此而論，則漢族的民族思想，要可分爲夷夏之分、不畏强禦、不欺弱小、懷柔遠人及用夏變夷五項目。

1. 夷夏之分——任何民族必須具有自覺其別於其他外族的「認同感」(identification)、「同屬感」(sense of belonging)，亦即「是我族類感」(we-feeling)。這亦就是構成民族主觀要素的「民族意識」。若無這一心理韌帶，民族便失卻其存在的意義。人與人之間的關係，有遠近之別。民族與民族之間的關係，自亦有親疏之分。己族親近，外族疏遠，遂有夷夏之分。所謂「擯諸四夷，不與同中國」、「夷狄之有君，不如諸夏之無也」，卽是嚴夷夏之防的民族思想。

孔子著《春秋》，重尊王攘夷之旨。尊王所以謀諸夏的統一與團結；攘夷所以拒外族的侵略而保持華夏的獨立與自主。孔子曰：「管仲相桓公，霸諸侯，一匡天下，民到於今受其賜。微管仲，吾其披髮左衽矣。」[66]這是稱贊管仲尊王攘夷的豐功偉績，亦所以嚴夷夏之防。《左傳》桓公六年，北狄伏齊，鄭太子忽帥師救齊，大敗戎師。《左傳》閔公元年，狄人伐邢，管敬仲言於齊侯曰：「戎狄豺狼，不可饜也，諸夏親暱，不可棄也。」《左傳》僖公十二年，王(周襄王)以戎難故，討王子帶。王子帶奔齊，齊侯使管夷吾(管仲)平戎於王。《左傳》僖公二十四年，王(周王)將以狄伐鄭，富辰諫曰：「不可。臣聞之，太上以德撫民，其次親親以相及也。」《左傳》成公二年，單襄公奉周定王命辭晉侯獻齊捷曰：「蠻夷戎狄，不式王命，淫湎毀常，王命伐之，則有獻捷。王親受而勞之，所以懲不敬，勸有功也。兄弟甥舅，侵敗王略，王命伐之，告事而已，不獻其功，所以敬親暱，禁淫慝也。」孔子曰：「裔(萊夷)不謀夏，夷不亂華，俘不干盟，兵不偪和。」[67]凡此記載，都是「內諸夏」而「外夷狄」，嚴夷夏之防的民族思想之事實表現。

2.不畏强禦——華夏民族思想要旨之一，便是不畏强禦。黃帝時，「蚩尤最爲强暴，莫能伐」「侵凌諸侯」，榆罔避蚩尤之亂而至涿鹿。蚩尤凶强，黃帝不畏避而戰勝之。苗民爲遠古强族，黃帝所伐之蚩尤卽爲彼族酋長。苗黎之民不服中夏，屢乘機構亂侵擾。舜攝帝位，懲其强亂，竄三苗於三危。夏之

---

[66]《論語》憲問篇。

[67]《左傳》定公一〇年，孔子相夾谷。

世，原居東方濱海地區的九夷，不同於中國，相、少康、槐、芒、泄諸帝先後賓服之。商時外患爲鬼方，卽西藏族之氐羌，武丁經略荆楚進而賓服鬼方。周厲王不道，周勢日衰，夷狄勢强，强族窺伺，周室危殆，周、召立君宣王，命秦仲征西戎，尹吉甫伐玁狁，方叔征荆蠻，召虎平淮夷。這些歷史的事跡，都足以說明華夏之族，不畏强暴，勇毅抵禦，而保獨立與生存。

漢時匈奴勢强，白登之役，高祖被困；文帝時貽書辱呂后，自是屢侵中國，勢不可遏。武帝不畏此强族，奮起抵禦，派兵遣將，大張撻伐，摧敵銳氣，復我國土，邊患得靖。唐代外患至爲劇烈，北有突厥，西有回紇，南有吐蕃。外族肆虐，屢侵中夏，安祿山且以番將叛，逐皇帝，據京師，僭尊號。但我國朝野上下，均不畏懼强敵，咸能忠勇抵禦，奮戰不屈，而卒能恢復國土，保我政權。凡此，皆我不畏强禦之民族思想所表現之英勇事蹟。

宋代外患强敵，西有大夏，北有遼、金；幸能及早降撫西夏。否則，腹背受敵，爲害不堪設想。遼屬契丹，金屬女眞，皆爲塞外遊牧民族，性蠻悍，善騎射，馬隊敏捷，行軍輕便，屢次深入侵佔國土；宋廷雖不畏强禦，不避犧牲，不屈不撓，艱苦作戰，然卒不能逐敵境外，且招靖康之變，徽、欽二帝被俘北狩。南宋雖有岳飛、韓世忠、宗澤諸將用命，興師、獻捷，然仍不能恢復中原。及至蒙古滅金，元兵挾聲震全球威勢，以排山倒海的勁旅，破襄陽、樊城，過夏口，趨蕪湖，據建業，直撲臨安。宋相文天祥誓死抵抗，莫挽危局，終至被執，至死不降。宋兵雖屢戰屢敗，但決不屈膝求和。最後崖山（廣東新會）一役敗績，陸秀夫負宋帝昺蹈海而死，從溺者無算，爲天地留正氣，爲民族顯英靈，光耀史册，千古不泯。但我民族意識並未因此失敗殞滅，暗中滋長，不及百年，朱元璋竟能以匹夫起義師，北伐掃蕩，驅逐元順帝敗返北漠，華夏重光，民族復興。

明代邊患，屢見不鮮。西南吐蕃、諸蠻，南方安南，東方倭寇均屢擾邊境，恣肆侵爭，幸明廷能派兵遣將予以抵禦，使不得逞，且多賓服。北方韃靼及衞拉特皆蒙古族，强悍好戰，常寇北邊，明朝重幣厚聘，尚不能饜其貪慾。至英宗時，衞拉特部酋長額森帥師侵入居庸關，至宣府，侵大同，且欲進窺京師，帝御駕親征，師次河北懷來縣西之土木，帝竟被敵俘北狩。此明代外患之烈者。山海關外的滿族，盤據東北，屢次興兵侵略，欲入關肆虐，明師迭次與之作戰，以摧其鋒，使不得逞。迨至明思宗崇禎十六年，滿洲兵乘流寇之亂，得明將吳三桂之助，竟能入關據京師，竊國建號稱大清。崇禎已自縊殉國，大勢已去，而明將史可法堅守江北揚州等地，且本春秋大義，責滿清之不義，浴血抗清兵，至死不屈，不愧民族英雄，壯烈成仁，梅嶺忠魂，永光青史。南明唐王、魯王、福王、桂王在江南奉明朔，繼續抵抗清兵，不屈不撓，英勇奮戰，最後轉戰雲、貴，決不投降。强敵能敗我之兵，卻不能屈我之志，不畏强禦之民族思想與精神，永不泯滅。清以異族入主中原，驅韃虜，復中華的民族意志，暗中滋長，愈久愈盛，迨至一九一一年我　國父領導之國民革命，卒能以推翻滿清的統治，創建中華民國。

3.不欺弱小——華夏民族特性，崇王道，尚和平，只要人不犯我，我亦決不犯人。不畏强敵，不欺弱小。司馬光曰：「大邦畏其力，小邦懷其德。蓋言諸侯傲狠不賓，則討誅之，從順柔服，則保全之，不避强，不凌弱，此王者之所以爲政於天下也。」[68] 舜既徙三苗於三危，苗已弱小，不足爲患；所以大

[68] 張伯行編刊《司馬溫公文集》言備邊劄子。

禹則安撫之，《尚書》禹貢曰：「三危既宅，三苗丕叙。」湯與文王不但不欺弱小，更能以大事小。孟子對齊宣王曰：「惟仁者爲能以大事小，是故湯事葛，文王事昆夷。」[69]我國歷代君主皆能本此民族思想對邊疆弱小民族不予欺凌，使之各安其生，華夷和平共處。所以我國西南的少數民族，如猺、獠、猓玀、苗人、擺夷等皆能和平生存，以至於今。　國父本中國傳統民族思想與精神，倡民族主義，主弱國內各民族一律平等。對少數弱小民族予以扶助，使能自立自存，與國內其他民族，享受平等待遇。中華民國憲法第二十六條明文規定蒙古、西藏、邊疆地區各民族皆可選舉代表參加國民大會。第六十四條明文規定，蒙古、西藏、邊疆地區各民族皆可選舉立法委員，參加立法院。第一百六十八條規定：「國家對於邊疆地區各民族之地位，應予以合法之保障，並於其地方自治事業，特別予以扶植。」凡此規定，皆是「不欺弱小」、「以大事小」的民族思想與精神的明確表現。

4. 懷柔遠人——華夏的民族思想與精神是敦睦邦交，善處隣國。《尙書》堯典曰：「克明俊德，以親九族；九族既睦，平章百姓；百姓昭明，協和萬邦」；漢朝宰相的職責是：「上佐天子，論道經邦，燮理陰陽，協和萬邦」。足見漢人民族思想、精神與政策是以「協和萬邦」爲目的；祗對强敵的侵擾，作被動的抵抗，並無向人挑釁的領土野心；而滿、蒙、回人卻具窮兵好戰的侵略野心。中國的傳統思想，是反戰爭，斥霸道，在以德服人，懷柔遠人，使近者悅，遠者來；只要能彼此和平相處，以大事小，亦在所不辭。周襄王以狄人助周伐鄭而德之，遂立狄女爲后（《左傳》僖公二十四年），蓋所以示和好於隣邦。

[69]《孟子》梁惠王下篇。

《左傳》襄公四年，山戎國之無極子嘉父使其臣孟樂至晉，因魏莊子納虎豹之皮，以請和諸戎。魏絳言和戎之利，晉悼公悅之，使魏絳盟諸戎，修民事，田以時。迨至漢、唐，中國屢採和親政策，以懷柔匈奴與吐蕃。班超、張騫的通西域，亦是懷柔遠人的善隣政策，並非以力屈人的覇道。中國藩邦的暹邏、安南、緬甸等亦皆以寬柔和平以處之，並無任何壓迫或欺淩。

5. 用夏變夷——所謂「用夏變夷」的民族思想，並非以强制方式迫使夷狄之人接受中國文化；而是由夷狄的自願模仿、學習與薰陶，自然而然的同化於華夏的生活方式、行爲規範和意識型態中；此之謂「夷狄之在中國者則中國之」。華夏民族氣度雍容博大，合萬流而共包。對夷狄之華夏化自會予以歡迎與承認，決不會深拒固絕，拒人於千里之外。猶太人的民族意識至爲强烈，團結亦至爲堅固，極難被他人同化，獨有猶太人之在開封者所謂靑回回者，卻被中國同化。華夏何以有同化夷狄的力量呢？其原因有二，一是華夏之人口多，夷狄之人口少，衆能化寡，乃是自然之理。二是華夏的文化及生活水準，遠較夷狄者優越高超。「水向低處流，人向高處爬。」夷狄之人趨向於高水準的文化與生活，當然如水之就下，有沛然莫之能禦的趨勢。

北魏拓拔氏明明是鮮卑族，却自稱是黃帝之子昌意之後，昌意之七世孫爲舜，亦卽舜之裔嗣。北周宇文氏原爲遼東南單于之後，曾爲鮮卑酋長。鮮卑人稱天子爲宇文，遂以爲姓。北周官制全依《周禮》設三公、三孤、六卿。凡此足證北魏、北周漢化之深。蒙古入主中原，尙能相當尊重中國教育與文化，且統治不久，漢化不甚。滿淸統治中國長達二六七年，不但對中國文化不能摧毀，且滿人幾乎完全漢化，所謂滿洲文化者已成歷史名詞。滿人雖能以武力侵佔我國土，但漢人的文化卻呑食了滿族。用夏變夷，夷狄之在中國者則中國之。

四、賢才政治——一個政府或君主若要有效的維持其政權於不墜，必須具備兩個要件：一是慈惠，仁政愛民，爲人民造幸福，謀利益，解決其生活問題，人民才不會反叛；二是英明，有能力，有智慧，能以選拔賢才，建立有爲的官僚制度，以爲統治工具，而防止政府腐敗無能。所以說爲治在人，得人者昌，失人者亡。爲政以人才爲本。故中國的政治思想家，率皆以任賢才爲爲政的要務。劉安曰：「故堯之治天下也，舜爲司徒，契爲司馬，禹爲司空，稷爲大田師，奚仲爲工。其導萬民也，水處者漁，山處者木，谷處者牧，陸處者農。地宜其事，事宜其械，械宜其用，用宜其人。」⑦⓪足見爲政以用宜其人爲要務。

用人須以賢才爲入選標準。孟子曰：「尊賢使能，俊傑在位，則天下之士，皆悅而願立其朝矣。」⑦①荀子曰：「王者之論，無德不貴，無能不官，無功不賞，無罪不罰。」⑦②墨子曰：「古者聖王甚重尚賢，而任使賢能；不黨父兄，不偏貴富，不嬖顏色；賢者擧而上之，以爲官長；不肖者抑而賤之，以爲徒役。」⑦③爲政以任使賢才爲當務之急，故舜有五臣而天下治，周人亂臣（治亂之臣）十人而四海服。

---

⑦⓪《淮南子》齊俗訓。
⑦①《孟子》公孫丑篇上。
⑦②《荀子》王制篇。
⑦③《墨子》尚賢中篇。

歷代政治思想家論爲政要務在擧用賢才者，爲數甚衆，玆略加引述，以見其主旨。劉向曰：「人君之欲平天下，而垂榮名者，必尊賢而下士。桓公得管仲，九合諸侯，一匡天下；失管仲，任豎刁、易牙，身死不葬，爲天下笑。」⑭王充曰：「六國之時，賢才之臣，入楚楚重，出齊齊輕；爲趙趙完，叛魏魏傷。韓用申不害，行其三符，兵不擾境，蓋十五年。不能用之，又不察其書，兵挫軍破，國併於秦。」⑮王符曰：「是故先王爲官擇人，必得其材，功加於民，德稱其位。」⑯「凡有國之君者，未嘗不欲治也；而治不世見者，所任不賢故也。世未嘗無賢也，而賢不得用者，群臣妒也。」⑰晉傅玄撰《傅子》一書，擧賢篇曰：「賢者，聖人所與共治天下者也。故先王以擧賢爲急；擧賢之本，莫大於正身而一聽。身不正，聽不一，則賢者不至，雖至，不爲之用矣。」葛洪曰：「夫有唐之所以巍巍，重華所以恭己，西伯所以三分，姬發所以革命，漢高所以應天，未有不致群賢爲六翮，託豪傑爲舟楫者也。」⑱

宋范仲淹曰：「王者得賢傑而天下治，失賢傑而天下亂。張良、陳平之徒，秦失之亡；漢得之興。房、杜、魏、褚之徒，隋失之亡，唐得之興。故曰：得士者昌，失士者亡。」⑲王安石曰：「聖人之爲

⑭《說苑》尊賢卷八。
⑮《論衡》效力篇。
⑯《潛夫論》思賢第八。
⑰同上，潛嘆第一〇。
⑱《抱朴子》嘉遁第一。
⑲《范文正公全集》選任賢能論。

國也，必先遴柬其賢能，練覈其名實，然後任使，逸而事以濟矣。故取人之道，世之急務也。」⑧⓪劉基曰：「是故三代之取士也，必學而後入官，必試之事而能，然後用之，不問其系族，惟其賢，不鄙其側陋。」⑧①方孝孺曰：「君人者能正一身，以臨天下，擇世之賢人君子，委之以政，推之以誠，而待之以禮，燭之以明，使邪佞無所進其讒，信之以專，使便嬖不得撓其功。」⑧②

歷代所謂「賢才」，皆重其德行而忽其才藝。因中國長期滯留於農業經濟時代，政務性質較爲簡單，其要不外收租稅、理訟事、施敎化；並無專業行政，才藝不甚需要。因之，所謂賢才政治就是「好人政治」(government by the best)。易言之，好人政治乃是德治主義。孔子曰：「爲政以德，譬如北辰，居其所而衆星拱之。」(《論語》爲政篇) 又曰：「導之以德，齊之以禮，有恥且格。」(《論語》爲政篇) 季康子問政於孔子，孔子對曰：「政者正也，子帥以正，孰敢不正」；「君子之德風，小人之德草，草上之風必偃。」(《論語》顏淵篇) 孔子又說：「其身正，不令而行，其身不正，雖令不從」；「苟正其身矣於從政乎何有？不能正其身，如正人何？」(《論語》子路篇) 孟子曰：「以力假仁者覇，覇必有大國，以德行仁者王，王不待大。」(《孟子》公孫丑上篇)

王符曰：「人君之治，莫大於道，莫盛於德，莫美於敎，莫神於化。」⑧③司馬光曰：「竊以取士之

---

⑧⓪《臨川文集》取材論。
⑧①《郁離子》用人。
⑧②《遜志齋集》深慮論九。
⑧③《潛夫論》德化，第三三。

道，當以德行爲先，其次經術，其次政事。」[84]朱熹曰：「治天下以正風俗得賢才爲本，宜先禮命近備賢儒及百執事，悉心推訪有德業充備足爲師表者；其次有篤志好學材良行修者，延聘敦遣，萃於京師，俾朝夕相與講明正學。」[85]許衡曰：「自古論治道者，必以用人爲先務，用得其人，則其所謂善政者，始可得而行之，以善人行善政，其於爲治者何有!?」[86]

德治思想曾在中國歷代文官選拔制度作實際的應用。漢代行鄉舉里選制以選官，制舉以賢良方正爲最重要；察舉以孝廉得人最盛。是選官以德行爲重。魏、晉行九品中正制，以德充才，盛有鑑別人才能力者，任大小中正之官，以九品衡別人物，悉以德義有無虧缺爲衡量標準。所謂德義者自是屬於德行範疇。隋、唐以後，行科舉制度，人才選拔須經考試。各代考試方法雖不盡同，然考試內容則皆以經義爲主。所謂經義者指《詩》、《書》、《易》、《禮》、《春秋》、《大學》、《中庸》、《論語》、《孟子》諸書之義，即儒家思想的大成。經義者，誠、正、修、齊、治、平的一貫大道；實爲立身處世爲政治國的道德規範。科舉且多試詩賦。蓋以吟詩撰賦有陶冶性情，曠怡胸懷，疏導思路的功能，實大有裨益於德行的進益，仍與德治主義的政治思想兩相吻合。

[84] 清張伯行輯《司馬溫公文集》論舉選狀。
[85] 朱熹《近思錄》卷九。
[86] 清張伯行輯刊《許魯齋集》遺書卷一。

第三節　中國政治思想的表達方式

中國政治思想的特質除其哲學基礎和中心政務有獨特的性質和內容外，至於其表達方式亦和外國者頗有不同。舉其要者有三：一是思想表達的融會化。二是思想表達的泛文化。三是思想表達的制度化。

一、融會化——西洋學者撰寫有很多的書籍專門研討政治的思想與問題，可稱之爲政治學專著或政治思想專書。古希臘柏拉圖的《理想國》、《政治家》、《法律》；亞里斯多德的《政治學》。羅馬時代西塞羅的《共和國》，孫尼加的《法律論》。現代時期洛克的《政府論》，盧梭的《社會契約》，布丹的《共和六論》，馬基維利的《君王論》，霍布士的《巨靈》等即其著例，不勝枚舉。

中國歷代學者的學術著作，汗牛充棟，浩如瀚海，爲極可寶貴的學術資產與文獻，豐富充實，爲任何其他國家所不曾有。但在這無數的著作中，却找不到一本專門研討政治思想與問題的專書。而政治思想與問題則多分別散見於浩如瀚海的經、史、子、集的各種著作中。因爲中華民族的思維方法優於整合與綜合的觀察與研究，所以學術思想最重融會貫通，很少作鑽牛角尖的支離破碎的研究。因之，中國歷代的政治思想都融會滲透於各家的整體思想體系中。所有誠、正、修、齊、治、平的一貫大道，天人感應的哲學問題，宇宙萬物的本體及其演變的形而上學，立身處世的道德標準，人群關係的行爲規範，衣、食、住、行、樂、育的生活法則，亦與政治思想息息相關，水乳交融，難以分解。因之中國的政治思想係於各家整體思想或著作中作融會化的表達。

二、泛文化——一個國家的文化乃是結合很多次級文化系統，如政治系統、經濟系統、教育系統、法制系統、社會系統、宗教系統等而成的整體系統。這些次級文化系統彼此之間，以及其與整體系統之間，皆具有互動互依的密切關係。研究某一次級系統不可專就此一部份而作分離的研究，應就其與其他次級系統及整體系統相關連的地方，作融會貫通的觀察與研究，以免有盲人摸象及坐井觀天的流弊。近世學術研究風氣，流行「科際整合」的研究途徑，避免專就某一學科的知識與範圍祇作封閉的孤立式研究，要就此一學科與其他學科相關連處作開放性及整合性的研究。以此言之，中國政治思想的融會化的表達方式，正合乎近世「科際整合」的研究途徑。

二、泛文化——政治思想集中於一本著作研討者謂之專論化；其廣泛散見於各種不同著作中間而論及者謂之泛文化。中國政治思想的這種散見表達，極爲廣大普遍而繁冗。五經四書均非專論政治思想之書，但其中却對政治思想有不少涉及。《尙書》雖爲古史有關的典、謨、訓、誥、誓、命的文獻，而堯典所謂「克明俊德，以親九族；九族旣睦，平章百姓；百姓昭明，協和萬邦」；夏書，五子之歌，所謂「民可近，不可下；民爲邦本，本固邦寧」等則皆是明顯的政治思想。《春秋》是孔子所撰的魯國史，然其尊王攘夷，寓褒貶，別善惡，明治亂，知興衰，則深具政治意義。二十七史中的詔令、奏議、名臣、鴻儒的言論，亦多有論及政治思想者。

春秋戰國時代諸子百家的著作內容至爲賅博，涉及的學術範圍幾乎無所不包，政治思想當亦多所論及。漢儒賈誼《新書》、董仲舒《春秋繁露》、王充《論衡》、王符《潛夫論》、劉安《淮南子》、揚雄《法言》、劉向《說苑》等書皆爲內容廣博的著作但其中均有政治思想的散見。晉葛洪的《抱朴子》、隋王通的《中說》亦都是這種性質的著作。至於唐宋以後的各家文集，涉及的學術範圍均至爲廣泛，其涉及政治思想者亦復不少。

至於語錄、學案、詩集、文選、對策、制藝亦不無政治思想的散見。他如通書：《文獻通考》、《通典》、《通志》、《續文獻通考》、《續通典》、《續通志》、《清文獻通考》、《清通典》、《清通志》、《清續文獻通考》及政書類書：如《秦會要》、《西漢會要》、《東漢會要》、《唐會要》、《五代會要》、《宋朝事實》、《貞觀政要》、《唐六典》、《太平御覽》、《册府元龜》、《唐律疏議》、《永樂大典》、《清會典》、《大清會典》、《宋會要》等對政治思想的研究，亦具有參考價值，因從政制、法制中亦可以窺及其散見的政治思想。

三、制度化——政治制度和政治思想有着互爲因果的密切關係。學人或有識之士，對其當時親歷親見的政治制度，自會有所觀察與反映，受環境的刺激，而起愛惡與喜厭的思維，遂產生維持現制的保守性的政治思想、和平改良現狀的進步性的政治思想及以强力推翻現制的急激性的政治思想。同時，政治思想的宣導與傳播，可以促進政治當局或社會大衆的支持與接受。執政者受思想的啓廸及社會的壓力，便會依若干政治思想而締造新的政治制度或改進現行的政治制度。政治思想既能滲透、融會於政治制度中，便是政治思想的制度化。

中國政治思想的哲學基礎，有所謂家族主義和德治思想。殷商是氏族社會，氏族族長卽是部落的政治領袖，可稱之爲酋長；族長會議選擧一國元首，稱之爲后或王。周代是宗法社會和封建制度，建國支柱，便是大封同姓的家族政制。自漢迄清，歷代文官選拔，有「蔭任」一途。蔭任，就是父、祖或兄曾居高官顯位，其子孫或兄弟受其庇蔭，卽可不經由入仕正途如科擧考試，而逕行被任用爲官員，這是家族主義政治思想的制度化。

魏晉以九品中正制選拔人才，結果形成「上品無寒門，下品無世族」的門閥壟斷仕途的惡劣現象。降至六朝豪宗大族仍在政治上佔有極重要的地位與勢力，不脫門閥政治的色彩。趙翼曰：「六朝時，賈氏王氏譜學已不可考，其見於《唐書》者：曰過江則爲僑姓，王、謝、袁、蕭爲大；東南則爲吳（地名）姓，朱、張、顧、陸爲大，山東則爲郡姓，王、崔、盧、李、鄭爲大；關中亦號郡姓，韋、裴、柳、薛、楊、杜首之；代北則爲虜姓，元、長孫、宇文、于、陸、源、竇首之。其郡姓中，三世有三公者曰膏粱，有令僕者曰華腴，尙書領軍而上者爲甲首，九卿方伯者爲乙姓，散騎常侍、大中大夫爲丙姓，吏部正員郎爲丁姓。凡得入者，謂之四姓。」⑧⑦俞正燮曰：「自漢至唐，科目多矣，大權美仕，俱在豪族，任豪族而以功臣子弟間之，議選擧者，徒以毛擧細故，而不敢昌言以奪世家豪族之權。」⑧⑧家族政治思想影響於政治制度者，竟若斯之强烈。

家族主義的政治思想亦明顯見之於法治制度。一曰無辜者每因家族關係而犯罪。秦文公定法：「一人犯罪，夷其三族。」商鞅治秦，更民爲什伍，相收連坐，一家犯，九家中不爲告發者則同其罪。漢初，仍行三族之誅。呂后、安帝雖曾下詔廢三族之誅，然謀反大逆者，父母兄弟同產皆棄市。魏律祇不坐出嫁之女。自唐迄清，凡謀反大逆者均不免於夷族毀家。二曰有罪者常以家族原因而獲減免。這種減免不止一端。玆以孝養尊親故爲例而引述一則：自後魏迄於滿清，凡非犯極罪謀逆不赦之罪者，縱犯死

---

⑧⑦ 趙翼《陔餘叢考》卷一七，《新唐書》卷一九九，柳沖傳。

⑧⑨ 兪正燮《癸巳類稿》三。

罪，往往因親老疾廢而獲留養。三曰家族內之事故，因倫常而重其罰。近親通姻，於古爲厲禁。近親相姦者，歷代皆加重治罪。漢律之禽獸行，卽其著例。明律，凡烝父妾，收兄弟之妻爲妻，悉送京師嚴加鞫治。不孝入十惡不赦之例。依唐律，詛罵、奉養闕、匿不舉哀，皆以不孝治罪。

德治主義的政治思想制度化之事例，實現於歷代文官選拔的應用上。漢制，經由鄉舉里選制選拔人才，其入選科目有賢良方正、孝廉、孝悌力田，皆以德行良好爲入選條件；卽所謂茂才(秀才)之入選，亦是重德不重才；其內容分行義、有道、淳厚質直、仁賢諸目。魏、晉、南北朝採九品中正制以選官。於州、郡、縣各設大小中正之官，以德充才盛，有鑑別人才能力者任之。就人品的高下分爲九等，其有言行修著者升進之，或以五升四，或以六升五，其有道義虧缺則降下之，或自五退六，自六退七；蓋因吏部不能審定人才士庶，故由中正銓第等級，憑之授官。隋唐至清均以科舉取士，以考試方法銓定應試者的才能，似有重才之含義；但考試內容以五經四書爲準，且試詩賦。這些經義全是儒家思想的講道德、說仁義、尚王道、行仁政，仍逃不出德治主義政治思想的範圍。

第五章　中國政治思想史的研究途徑

第一節　研究的旨趣

一、**鈎玄提要**——歷代的思想家和政治家政治思想的論說與著作，散見於經、史、子、集、詔令奏議、語錄學案、詩集文選、典章制度、通書、政書、類書中，汗牛充棟，浩如瀚海，數量繁多，不克數計，內容豐富，包羅萬象，爲任何其他國家所不曾見。任何人卒一生全力以讀之，不能畢其事。政治思想的典籍與文獻，既已如此繁複，何需再對之作硏究，另寫一書以爲增益!?泰山既已高矣，巍矣，再於其上多添一把土，或加一石子，實乏增益的價值與意義。

論者不察，知其一，不知其二。殊不知，這些浩繁的典籍與文獻，猶如無盡藏的地下礦產，數量雖多，必須加以開發與挖掘，取而出之，方可成爲有用的物品，對大衆的生活始有所裨益。這些典籍與文獻，猶如珍貴的黃金礦沙，必須予以提鍊，篩淘，去其雜質，取其精純，方能成爲價值高昂的純金。這些的典籍與文獻亦猶如無價之寶的鑽石礦石，必須加以選擇和琢磨，始能成爲一克拉值千金的名貴飾品。我國既有如此衆多寶貴的政治思想的典籍與文獻，不可任其棄置，實應加以發掘、提鍊、琢磨，取其菁華，去其雜蕪，鈎其玄要，明其底蘊，而成爲簡練精純的政治思想明亮的結晶體系。明乎此，則政治思想史的研究，實有其必要，並非徒勞無益的笨舉。

不過，對這些政治思想的典籍與文獻要作鈎玄提要的研究，必須具有相當高水準的學術修養方能成功。這種學養包括學術的洞察力、判斷力、分析力和綜合力；換言之，就是要有博學、審問、愼思、明辨的功夫。否則，去金留砂，買櫝還珠，則徒勞無功。具體言之，以下的學術修養，是不可缺少的：㈠社會學的修養。社會學研究的對象是社會現象，包括社會結構、人群關係、生活規範的性質與功能的探討及社會發展與變遷的因素與其法則的研究。政治是社會現象的部份，故研究政治思想，須從社會學的觀點去作瞭解。㈡心理學的修養。國者人之積，人者心之器。政治及政治思想乃是人群心理活動的現象與成果。心理學在研究人的行爲動機、過程及目的；即瞭解心意如何影響行爲。政治思想就是人的心意或意識活動的一種。故研究政治思想不可不有心理學的修養。㈢政治學的修養。政治學在研究國家和政府的權力分配與行使，政治行爲的動機、模式、目的與影響及政治思想對政治環境的關係與影響。政治思想涉及政治權力、政治行爲及政治環境。政治思想乃是政治學的一部份。政治思想的研究須從政治學的觀點作通盤的觀察與瞭解。㈣歷史學的修養。政治思想史是一種專史，故研究者應有歷史學的修養。清章學誠著《文史通義》一書，對治史者應有的修養，論述至爲恰當，具獨特見解。一曰史德，就是心術要端正。劉歆批評《春秋左氏傳》曰「是非不謬於聖人」，乃是由於左丘明心術端正。對過去人和事與思想要毫不偏私，褒貶善惡，務求公正客觀。二曰史學，即對歷史要多讀、多看、多問，廣博蒐集資料，精細分析與研究，博而約之，既博通，又專精。三曰史識，即對事象的敏銳的觀察力和洞察力，能識底蘊，知癥結，探知因果關係，而作正確的判斷與透闢的認識。四曰史才，即能把雜亂的史料作有條不紊的整理，使系統分明，條理井然，體系完整，組織合理，對枯燥的史迹，能寫出簡潔生動，文采奕突的文章。

二、爬梳條理——中國歷代的政治思想散見浩繁的典籍與文獻中，散漫不定，雜亂無章，猶如亂絲一團，剪不斷，理還亂；猶如殘磚破瓦，雜石碎礫，到處堆積，無路可通。若任此寶貴的歷史資產，散置廢棄，不但是中國文化上的一大損失，且今日亦汗顏愧對先賢先哲的心智貢獻。因之，吾人對此應作一番的研究與整理，使亂絲成爲一條條的絲縷，可供織造衣帛之用；就亂堆的瓦礫石塊加以選擇、分類、排列使之成爲有用的建造房屋橋樑的資材。這種就舊史作整理爬梳的工夫，在見其條理與系統，提綱挈領，綱擧目張，以便世人的閱讀與認知，不但有其必要，亦爲吾人應承擔的一種責任。若要作好這種的整理和爬梳工作，應遵循左列的科學方法與程序：

1. 資料的蒐集——若研究神學與玄學，則無需蒐集資料，祇憑思維與推理，所謂明心見性，便可有所成就；至於科學（包括社會科學與自然科學）便不能不蒐集資料。因爲科學在實事求是，就事論事，即所謂格物致知，便不能不以事實資料爲依據，不能憑空構想或臆度。蒐集資料要可分爲兩類：一是過去典籍中舊資料，其方法可用抄錄、剪裁、影印及記憶。二是現在可取的新資料。其蒐集的方法計有以下三種：㈠當抄錄或閱讀舊資料時，常會引起新的感想與領悟。對此新意或隨感便當立刻記錄下來，以備應用。㈡對當今中國政治思想史有研究的學者專家登門訪問，徵詢其意見，索取其資料，凡有所收穫，便當記錄起來，以爲研究上的資助。㈢對現行的有關中國政治思想史的著作，加以蒐集與瀏覽。其中有可取的見解與資料，便當摘錄之，以爲研究上的參考。

2. 資料的分類——就蒐集到的資料，予以審別鑑定，去蕪存菁，辨僞識眞，加以純化與澄清，然後再作分類工作。所謂分類就是併同區異；把有相同之點的資料歸併在一起；其不同者則分開另列一起。所蒐集的資料應分別記錄在不同的卡片上，一片記一事，以便分類。分類可按研究上的需要，作時代別的分類，個人別的分類，性質別的分類，學派別的分類。

3. 內容的比較——分類是對資料的初步認知所作的併同區異的處理；而比較則是對資料的內容作進一步的研究與瞭解，就若干類事理分辨其性質的異同及評估其價值的高下。比較的方法約可分爲四種。一是時間性的比較，如漢、唐宰相制度的比較；兩漢政治思想與六朝政治思想的比較。二是空間性的比較，如中、美人事制度的比較，英、美國會制度的比較。三是個人性的比較，如荀子、孟子政治思想的比較，孫中山民生史觀與馬克斯唯物史觀的比較。四是學派性的比較，如儒家、法家政治思想的比較。

4. 事理的分析——就資料所含蘊的事理作鞭闢入裡的研究，明其底蘊，識其精微，辨其關係是謂事理的分析。事理分析的要旨，計有三端。一是因果法則的探討。因果關係並非單軌式的，而是多元性的。有的是一因生一果，如種瓜得瓜，種豆得豆，愛人者人恒愛之，貨悖而入者亦悖而出之。有的是一因生數果，如王者行仁政，則可收到政權鞏固、社會安定、人民安樂諸效果。有的是數因生一果，一個政權的敗亡，決非由於一個原因，乃是諸多因素促成之。二是關係法則的探討。因果法則具有先因後果的時間性，而關係法則則是指在同時空間，若干有關因素互動影響而言，具有空間性，如近朱者赤，近墨者黑；蓬生麻中不扶自直。如水能載舟，亦可覆舟；如儒法兩派的相互批評與影響。三是演進法則的探討。歷史的演進，有如植物的生長，由種籽的發芽、生枝、長葉、成幹、開花、結果，乃是累積進化的，依舊生新，推陳出新，累積無止境，進化無盡期，一層接一層，一層高一層，不但有柏克森（Bergson）所謂的綿延（duration），更有達爾文（Darwin）所謂的競擇（selection）。

5.綜合的編排——蒐集到的繁多資料，經過分類、比較、分析等整理與研究工夫後，卽可尋求到若干的條貫，爬梳出若干理路。然後再就這些的條貫與理路加以辨識，瞭解其重要程度的深淺與價值的高低，作順序的和合理的排列，使之成爲一定關聯的系統，就是從亂雜中求出條理，從紛繁中找出法則。再進而就這些條理、法則、系統加以判斷與思考，依其合理秩序、和邏輯規範作綜合的編排，使成爲一完整的學術體系。所謂完整體系，應具備以下的特色：㈠各次級系統之間有相互依存的一致關係。㈡各次級系統與整體系統之間有不可分離的密切關聯。㈢各次級系統之間及各次級系統與整體系統之間有邏輯上的合理關係，配合周密，無牴觸，無衝突。㈣一切立論皆言之成理，持之有故，能自圓其說，不易攻破。

三、活化陳跡——歷史的事跡祇是死的資料，無甚意義和功能，必須經由現代人的閱讀與解釋，使之活化，才會發生作用，對時人才有「學以致用」的效能。歷史的性質，誠如義大利哲學家克洛塞（Benedetto Croce）所說「一切眞實的歷史皆是現代的歷史」。一般人都以爲過去的事蹟便是歷史，殊不知過去事實與經過須經過今我的意識與思考作用，始能湧現於現在，而發生存在的意義。所謂歷史的現在，實是超越時間的，包括過去、現在和未來的「永續的現在」（eternal present）❶。卡威爾頓

---

❶ Benedetto Croce, *The Philosophy of Benedetto Croce*, Chapter XI, p. 190.

（Wildon Carr）亦解釋「現在」不是數學的點，而是綿延的空間。

梁啓超說：「凡史迹皆人類過去活動之殭迹也。史家能事乃在將殭迹變爲活化；因其結果推得其情態，使過去時代之現在相，再現於今日也。」❷研究歷史的目的，就是在對過去的事實，經由今人的智慧加以解釋與評價，供現代人的借鑑與參考，所謂鑑往以察來，援古以御今。事實的歷史只是一部，而對此事實作解釋與評價的歷史則無窮。孔子所著《春秋》，祇有一部，而解釋《春秋》的著作除《公羊》、《穀梁》、《左氏》三傳外，尚有他種不計其數。這種解釋把陳跡活化，對時人成爲有意義的新產品。歷史陳迹自身不會講話不能表達意思，必須經由今之活人作代言人予以活化，使死的事實，成爲活的劇本在舞臺上表演，以供衆人觀賞。

四、事例新解——研究歷史的任務之一，在於就過去的事例予以新解釋，給以新意義，以增益今人的領悟與瞭解。這種任務，可從三點加以說明。一是過去的事例本有重要意義，但未爲人所注意，未經解釋，而今之研究者加以發掘予以新解，所謂「發潛闡幽」。史稱諸葛亮嘗自校簿書。人皆以爲此乃小事，未加注意。豈不知這却是孔明所以僅成爲一個失敗的政治家的重要原因。他身爲首相，又兼大軍統帥，必須實行分級授權，分層負責，俾能有精力，思考要政，並藉以培養幹部，分擔責任，然竟察察爲明，事必躬親，以致「食少事繁」，年僅五十四歲而卒於軍中。二是對過去的事例雖有解釋，但欠中肯，今之研究者應加以補正。武王滅紂，大封同姓與勳戚，論者以爲其意義在屏藩王室。實則，封建制

❷ 梁啓超《中國歷史研究法》臺灣中華書局，民國五九年三月，臺七版，頁一——二。

度乃是對土地作有效保衞及使用的政治經濟完整體系，其功用極爲宏大；不可僅以屏藩王室而等閒視之。三是對過去的事例雖有解釋，但失之錯誤，應重作解釋，予以糾正。論者認爲王安石行新政旨在聚斂。實則他的新政乃是救衰起敝的富國强兵政策，論者認爲他的失敗由於用人不當及操之過急，實則其失敗原因在於神宗未能大力支持到底。秦始皇廢封建行郡縣，論者認爲是專制者厲行集權，倒行逆施的結果。殊不知，封建制度在春秋戰國時代已大遭破壞，早已瀕於動搖，郡縣亦相繼興起。秦始皇順此大勢，作順水推舟的措施。猶如孕婦懷胎，將屆臨盆，他只是一個催生接生產婆而已。

五、思想評價——研究歷史的另一任務，就是要對過去的制度與思想重新評估其價值。所謂價值，約可分爲三種。一是當時的價值。葉公語孔子曰：「吾黨有直躬者，其父攘羊，而子證之。」孔子曰：「吾黨之直者異於是，父爲子隱，子爲父隱，直在其中矣。」❸論者批評孔子缺乏法律觀念。應知孔子生當宗法社會，以「禮」治國。禮治所以維持倫常關係。孔子之言具有禮治的時代價值。不可以今日的法治觀念批評古代的禮治思想。神權思想在今日已無甚價值，但在殷商時代卻具有極大的政治和社會功能與價值。二是後世的價值。清初的明代遺臣和士大夫，不少人抱持「反淸復明」的政治思想。這種思想在當時並未發生重大作用，卽無時代價值。但到淸季，這種思想卻復見生動活躍，促成辛亥革命的成功。三是永久的價值。中國政治思想史上的民爲邦本，本固邦寧的民本思想，德惟善政，政在養民的民生思想，皆具有歷久不渝，萬古長新的永久價值。

---

❸《論語》子路篇第十三。

六、今人借鑑——歷史是時代的證人，是前進的火炬，是指路的明燈，是辨醜姸的鏡子，讀史的功用，至爲宏大。簡言之，讀史的功能有三：㈠明治亂，知興衰——四千年的歷史，經歷無數的朝代興亡戰爭的勝敗，一治一亂，分久必合，合久必分。這些的變遷與演進，自必有其變遷的因果，推演的法則，卽「勢有必至」之勢，「理有固然」之理。讀史在明治亂之因，知興衰之理，對過去的制度與思想，擇其善者而取之，其不善者而改之。歷代的考試制度和御史制度，堪稱良制善政，故我國採五權憲法，分設考試院與監察院，獨立行使考試權與監察權。女后禍國、宦官專權、權臣篡弒等敗壞國事的秕政，應予廢棄與防避。㈡明是非，別善惡——人要過群居協處的政治生活，自必須有共同的生活規範與行爲法則。這些就是衆所公認的判斷是非善惡的客觀標準。依「天地之大德曰生」、「生生不息之謂易」的哲學以言之，凡合乎理性、人性、生道、和道、中道、正道的制度、思想與行爲皆屬善美；否則，背悖理性、違反人性、害生、失和、不中、不正的制度、思想與行爲皆屬醜惡。㈢前車覆，後車鑑——人的記憶力最長，且能發明文字，記載過去的活動與成就。因之，人能集衆智以爲智，合群力以爲力，成爲知廣識博的巨人，繼往開來的永生。經驗之可貴，卽在於此。前事不忘，後事之師，鑑往可以察來，援古可以御今，前車之覆，後車之鑑。讀史之益，在於接受歷史的敎訓與經驗，不再蹈前人失敗的覆轍。

七、增益史識——中國四千餘年的活動與事象，內容繁多，無所不包；性質複雜，無奇不有；利害衝突，意見紛歧，盤根錯節，其亂如麻。對這些事件與問題能作順利妥善的處理，確極爲艱鉅而困難，猶如燙手的山芋。但歷代的明君賢相及才德之士，多能運用高度的智慧與精妙的技巧而作合理的解決。其中足爲吾人爲政治事的參考與仿行者自屬不少。三人行，必有可師焉。何況無數先賢先哲，足爲吾人師法者，自不可勝計。至於歷代聖賢豪傑、忠臣義士、學術大師、孝子貞婦等嘉言懿行，可爲吾人立身處世的楷模、陶冶性情、砥礪品德者，亦多至罄竹難書。見賢思齊，力爭上游，裨益殊多。讀歷史，識往事，不僅能以增益智能，且足爲立身處世，敦品勵學的資助，功效實大，價值匪淺。

第二節　研究的態度

一、**重客觀**——研究歷史須抱持公正客觀的態度，完全要就事論事，實事求是，有一分證據講一分的話，不可誇大，不可曲解，尤不可依個人的主觀好惡以爲選材與論斷；此即頭腦冷靜，張開眼睛，面對事實的科學方法。孔子所謂「毋必、毋意、毋固、毋我」；荀子所謂「無所私，無所蔽」；培根（F. Bacon）所謂「去穴洞像、去劇院像、去市場像、去種族像」，皆在去主觀好惡，而求客觀的確實。《春秋》一書爲孔子的不朽名著，漢儒稱之爲「微言大義，撥亂反正；」宋儒稱之爲「寓褒貶，別善惡，明治亂，知興衰。」而梁啓超卻指責其「爲親賢諱」未能以董狐之筆，秉筆直書，具有主觀目的，而「以史就我」。雖賢如孔子，尚未能作到態度的完全客觀。他說：「孔子作《春秋》別有目的，而所記史事，不過借作手段，此無疑也。坐是之故，《春秋》在他方面有何價值，此屬別一問題，若作史而宗之，則乖莫甚焉。例如二百四十年中，魯君之見弒者四（穆公、閔公、子般、子惡），見戕於外者一（桓公），而《春秋》不見其文，孔子之徒，猶云「魯之君臣未嘗相弒」。又如狄滅衞，此何等大事，因掩齊桓公之恥，則削而不書。晉侯傳見周天子，此何等大惡，因不願暴晉文公之惡，則書而變其文，而曰「天子狩於河陽」❹。

❹《中國歷史研究法》三一—三二頁。

魯昭公娶於吳，吳、魯爲同姓之國，依宗法社會的禮教，這是失禮敗德之事。陳司敗問：昭公知禮乎？孔子曰：知禮。孔子退。揖巫馬期而進之曰：吾聞君子不黨，君子亦黨乎？「君娶於吳爲同姓，謂之吳孟子，君而知禮，孰不知禮？巫馬期以告。子曰：丘也幸，苟有過，人必知之。」❺孔子生於宗法社會，倫理至上，尊君爲重，爲君諱，隱國醜，亦屬情有可原，且聞過而自以爲幸，仍不失君子之風。

二、反教條——治史的惡劣態度就是信持教條或成見偏見以選史材，作評論。這種態度完全違反科學方法與客觀精神，應加反對，予以摒棄。一個人先有成見、偏見或信持某種主義即所謂教條者，便依此爲標準對史事作畸形偏頗的蒐集，作牽强附會的曲解。心術不正，立論悖謬，不足取也。共產主義者强調人類的一部歷史就是階級鬥爭的記載，一切事實都是矛盾的結合，就是君臣、父子、夫婦、兄弟、朋友的倫常關係，亦不例外；一切的典章制度、學術思想都要爲無產階級的利益而服務。這種刻板機械的立論和生吞活剝的套說，是戴着紅色眼鏡去觀察歷史事實，那能見及眞相；不論何人何事都被他戴上一頂早已做好的紅帽子。

至於那虔誠熱心的宗教家，治史亦常陷於神學觀的教條主義。回教徒可能以《可蘭經》去解釋歷史。天主教徒和基督教徒亦可能以所謂《聖經》的舊約和新約去觀察史事、論斷史事。就是中國的儒者，因受了孔子著《春秋》，具有其目的影響，不能抱「爲學問而學問」的客觀態度，治史不免帶有「明道」「說教」的主觀目的。司馬光的《資治通鑑》，自然是一部價值極高的歷史鉅著。但他治史的目的，在

❺《論語》述而篇第七。

爲皇帝提供教材，啓示皇帝使之知道何者爲爲政治民的正道；對於民間疾苦、社會生活、國家現勢等則均少有系統的敍述與描寫。

就是賢如孟子，論史亦未能十分公正客觀。《書》曰：「甲子昧爽，受（紂）率其旅若林（衆多），會于牧野，罔有敵于我師，前徒倒戈，攻于後以北，血統漂杵。」❻縱然紂軍有倒戈者，然仍有大血戰，並非不血刃而有天下。觀於管叔、蔡叔、霍叔擁戴紂之子武庚以殷叛，足證商受勢力亦非弱者，牧野血戰，當屬可信。孟子卻說：「盡信書，則不如無書，吾於武成取二、三策而已矣。仁人無敵於天下，以至仁伐不仁，而何至血之漂杵也。」❼孟子爲周人，遂稱武王爲至仁之師，商受爲不仁之師，且不信周書所記載之事，不無主觀之失。況孟子亦曾說：「紂之不善未若是之甚也！」

三、戒附會——牽强湊合謂之附會。自己有一種思想，勉强引古人之言或史事以爲重，卽是附會。兩種事物本是兩回事或並無關係，乃勉强找一似是而非的理由，而說二者是一物或有關係，亦是附會。周厲王使衞巫監謗，防民之口，激起民怨，起而逐之，出奔彘，國無主，周公、召公二相共理國政，號曰共和。《竹書紀年》則稱厲王奔彘，於是諸侯奉共國（河南輝縣）伯（爵位）和（名）以攝政行事，故曰共和。而附會者竟說中國早在西周之世，卽已採行過民主共和政治。

中國自《尚書》《夏書》「民爲邦本，本固邦寧」記載以來，歷代的政治思想家多持民本主義的主張。因之，附會者便說中國自夏以來，就有民主政治的思想。實則，民本與民主，大不相同，固不可混

---

❻《尚書》周書，武成第五。
❼《孟子》盡心下篇。

爲一談。民本僅是親民、愛民、視民如子，視民如傷，並不讓人民當家作主，掌理國政。民主則是人民爲國家主人，可以行使選擧、罷免、創制、複決四種政權，能以組織政府，制定法律，處理國政。治史在重事實，說實話，不可牽强湊合，以假亂眞。

四、避誇大——誇訓大言，亦作誕，卽妄爲不實以欺人之言。文學家常用誇大之詞以引起他人注意，或激動情感。如形容女人的美麗，便說是「閉月羞花，落雁沉魚」。如斥責重稅聚歛，便說：「竭澤而漁，焚林而佃」。治史必須保持歷史原來的眞面目，淡妝濃抹都不宜。孔子誠然是位聰明正直，溫、良、恭、儉、讓的正人君子；但孔子家語和其他緯書竟把孔子描寫成神話中的人物。說孔子與顏淵同在泰山頂上，遙望吳國城門中的人，顏子看得模糊，而孔子却見得淸楚。這便是誇大之詞，難以令人信以爲眞。

《尙書》堯典曰：「瞽子（舜），父頑、母嚚、象（舜弟）傲，克諧以孝」，故孔子曰：「舜其至孝矣，五十而慕。」❽但以後編「二十四孝」者竟說大舜孝行感天，天賜神象，助舜耕田。這便是誇大之詞，難以取信於人。《左傳》襄公二十三年載：杞梁從齊侯襲莒而死，齊侯歸，遇杞梁妻於郊，使弔之。辭曰：有先人之敝廬在，妾不得與郊弔。齊侯弔諸其室。漢劉向撰《古列女傳》則云：杞梁死，其妻內外無五屬之親，旣無所歸，乃枕其夫之屍，哭於城下，內誠動人，道路過者莫不爲之揮涕，十日而城爲之崩，旣葬，赴淄水死。此則較《左傳》所記，多所誇大了。其後《稗史》說部更有言曰：萬喜良

---

❽《孟子》告子下篇。

應徵築長城死，其妻孟梁女萬里尋夫，哭倒長城。誇大空誕，孰能信之!?

五、忌武斷——憑一己之見以論斷事理，謂之武斷。治史自不能無所論斷，但論斷必須根據事實與證據。若祇憑自己的臆度或祇依一鱗半爪的資料，卽輕率作論斷便是武斷，爲治學與治史的大忌。因一燕不能成春，故孤證不取。孔子曰：「夏禮吾能言之，杞不足徵也。殷禮吾能言之，宋不足徵也。文獻不足故也。足，則吾能徵之矣。」❾孔子論事治史要根據足够的文獻，卽事實資料。這是客觀態度和科學方法，值得讚佩。

誠然，歷史的資料多所散佚，蒐集充足，自屬不易。但不可以此爲藉口，便可任意臆度與武斷；君子於其所不知，蓋闕如也。知之爲知之，不知爲不知，是知也。對史事固不可作草率的武斷；就是評論時事亦須持就事論事的謹愼而客觀的態度。齊大夫陳賈曰：「周公使管叔監殷，管叔以殷叛。知而使之，是不仁也；不知而使之，是不智也。仁、智，周公未之盡也。」❿論周公仁不仁，智不智，應就其一生言行以爲據，若僅就此事以爲評定，則失之武斷。孟子認爲這只是周公一時之過；且過則改之，古之君子也。從前曾有某君對我言曰：「汪精衞乃一位了不起的偉大人物」。我問：「何以見得」？他答：「若非汪在南京成立所謂維新政府，日本鬼子不知要更多殺多少中國人。」其實，汪成立傀儡性的僞政府後，日本軍閥仍繼續攻打我們，並未停止殺戮。某君之言，不符事實，誠臆度與武斷之論。論斷事理必須持謹嚴態度，切忌輕率與武斷。

---

❾《論語》八佾篇第三。

❿《孟子》公孫丑下篇。

第三節 編撰的體裁

一、通史體裁與階段劃分

——編撰史書，在時序上的處理方法，大致不外兩種：一是通史體，即打破朝代興亡的時序而作貫通的敍述。一是斷代體，即依據各朝代而作分期的記載。《史記》為前者的代表；《漢書》為後者的代表。《漢書》而後，所謂正史者皆採斷代體。劉知幾對斷代體頗為推崇。他說：「如《漢書》者，究西都之首末，窮劉氏之廢興，包擧一代，撰成一書，言皆精練，事甚該密，故學者尋討，易為其功，自爾迄今，未改斯道。」⑪

鄭樵則甚為推崇通史體，力譽《史記》而抑《漢書》。他說：「司馬氏世司典籍，工於制作，故能上稽仲尼之意，會《詩》、《書》、《左傳》、《國語》、《世本》、《戰國策》、《楚漢春秋》之言，通黃帝至秦漢之世，勒成一書，分為五體：本紀紀年，世家傳代，表以正曆，書以類事，傳以著人，使百代而下，史官不能易其法，學者不能舍其書，六經而後，惟有此作。……不幸班固非其人，遂失會通之言。自其斷漢為書，是致周、秦不相因，古今成間隔，前王不列於後王，後事不接於前事，郡縣各為區域而昧變革之源，禮樂自為更張，遂成殊俗之政，會通之道，自此失矣。」⑫章學誠亦贊同鄭樵的主張。他說：「通史之修，其便有六：一曰免重複，二曰均類因，三曰便銓配，四曰平是非，五曰去牴

---

⑪ 劉知幾《史通》六家篇。
⑫ 鄭樵《通志》總序。
⑬ 章學誠《文史通義》釋通篇。

悟，六曰詳鄰事；其長有二：一曰具剪裁，二曰立家法。」⑬

史之爲狀如流水，抽刀斷流流不斷；史之爲性如植物的生長，由發芽、生根、出莖、生枝、長葉、開花、結果，密結連接，難以分割。故斷代體的研究，實不如貫通體的優越。是以本書的編撰體裁，不以一姓興亡時限爲政治思想史演變劃分階段的標準，而會通各朝代而成一貫的時序，以思想演變的本身標幟或特徵爲記述的階段。朝代興亡雖可藉以定時間經過的次序與位置，然若純依朝代論述政治思想的起訖，實莫由貫通古今，明瞭全部思想發展與演變原委及其因果與趨勢。歷史上，有時法統或朝代未改，而政治思想却發生劇烈的變化，如姬周的法統或朝代延續八百多年未更革，然西周的宗法政治思想，和東周的百家爭鳴的政治思想則大不相同。有時法統或朝代雖已更替，而政治思想却無甚差異，例如南朝的宋、齊、梁、陳，北朝的魏、周、齊，雖朝代迭有更替，而其政治思想，則皆爲佛、道思想所籠罩，並無重大不同。

中國歷代的政治思想，自堯、舜、禹、湯、文、武、周公、孔子以至孫中山，一脈相承，薪火相傳，格物、致知、誠意、正心、修身、齊家、治國、平天下之一貫大道，一氣呵成，一志貫通，如長江大河，一瀉萬里。至於民爲邦本的民本思想、政在養民的民生思想、嚴分夷夏的民族思想、選賢與能的德治思想以及理性主義、人性主義、倫理主義、天人合一的政治思想，均能打破朝代界限，貫通古今，歷久不渝，萬古長新，構成中國四千餘年學術文化的中心道統與江河主流。故思想史的貫通研究，實有其必要與理由。

史之爲狀，雖如流水，抽刀難斷。然若長江、大河，淵遠流長，蜿蜒萬里。這長遠水道若依其地形與水勢，仍可分爲若干段落。卽以黃河爲例以言之。黃河自青海起源，南流經古星宿海，東流瀦爲札淩、鄂淩，東北行入甘肅，納大夏、洮、湼、大通、祖厲諸水，水流始大，是謂黃河上游，流經高原，水勢湍急，不足以言水利。自蘭州東北流出長城，北行經賀蘭山入綏遠折東流，復南流入長城成一大曲，曰河套，饒灌溉之利，所謂「黃河百害，惟富一套」，因水勢迂濶，可供利用。黃河續東南行，經晉、陝二省入河南，穿壺口、龍門二山納汾、涑、渭諸水，始由高地入平原，乃黃河中游，無利亦無害。黃河至潼關，阻於秦嶺，折向東流，納洛、沁諸水，陡落平原，東北行經河北、山東，至利津縣入海，是謂黃河下游，每年泛濫成災，損失慘重，亦可稱之爲「黃禍」。

執是以言之，中國政治思想之通史，亦可按其思想的特徵劃分爲若干階段。殷商爲氏族社會，尊祖、敬天、尙鬼爲神權政治思想時代。武王滅紂，大封同姓與勳舊，劃界封疆，立國建侯，故西周爲封建政治思想時代。春秋戰國時代，封建制度瀕於動搖與破壞，戰爭不息，兵連禍結，民不聊生，群賢並起，各提撥亂反治的學說，是謂百家爭鳴的政治思想時代。西漢之世，道、儒、陰陽三家思想互爲消長；東漢緯書、讖書紛紛出現，天人感應之說盛行。卽中興漢室的漢光武亦深信讖驗之論。魏晉南北朝時代，神州分裂，强權恣橫，政治混亂，翻雲覆雨，人幾不知命在何時，遂尙清談，講佛法，縱享樂。這是出世主義的政治思想時代。自隋唐迄明清，君權强大而鞏固，採有效的中央集權制度，官僚制度亦趨於奴化，君敎臣死，臣不敢不死。這是君主專制的政治思想時代。

二、時代思潮與個人思想——過去的史書多犯一重大毛病，那就是重個人記載，而忽略社會的描述。本紀猶如皇室的家譜和皇帝起居注。世家無異勳臣、貴戚、豪宗的生平敍述。列傳則是以個人爲中心的傳記文學。至於文化系統、社會生活、民生疾苦、典章制度等的論述多嫌不足。甚至今日研究中國政治思想史者亦均以個人的政治思想為主題，很少論及時代思潮者，可謂美中不足。

究竟是英雄造時勢呢？還是時勢造英雄呢？究竟是現實環境決定意識形態呢？還是意識形態決定現實環境呢？其實二者均非獨立變數，而是互為影響的互依變數，很難劃清界線。這亦如色生情呢？抑是情生色呢？同樣不易辨識出來。見獵心喜，見財起意，則是情由色起。食色性也，饑則求食，慾則求偶，則是色由情生。何自有情因色有，何緣造色為情生，如環情色成千古，艷艷熒熒畫不成。劉邦以匹夫滅强秦，成帝業，乃是英雄造時勢。但秦始皇行暴政，六國的孤臣孽子揭竿而起，共逐秦鹿的混亂局勢，實促成劉邦的成功；這乃時勢造英雄。

個人的政治思想多受時代思潮的影響與支配。同時個人的政治思想亦能以影響時代思潮。故研究個人的政治思想亦須瞭解時代思潮，二者應一併瞭解，以免失之一偏。本書的編撰，係採時代思潮與個人思想，同擧並列的態度以期周全。例如在春秋戰國時代，學術文化大放異彩，百家爭鳴，於是儒家、法家、道家、墨家均分別提出撥亂反治的政治思想。各個人的思想雖各有不同，但卻均有其共同之點，構成所謂時代思潮。那就是共同要求國家的統一與和平及聖王明君的出現。儒家要以講道德、說仁義、行王政，出現聖王以達到這一目的。法家要以戰止戰，由一個强有力的霸主，統一天下。墨家主張兼愛、交利、非攻，由天子以一天下之義。道家所希求的是無拘束、無强權、無政府、無法律，自由自在，和平安靜的快樂社會，不僅反戰非攻，更要清心寡欲，返樸歸眞，實現和諧無間，毫無分歧的大自然社會。

三、政治制度與政治思想——本書的編撰體裁，於擧述個人政治思想的同時，一併扼要論列其當時的政治制度。因二者相互影響，互爲因果，知其一應知其二。政治制度是政治思想產生淵源、環境與溫床。有政治制度的刺激，遂促進政治思想的產生。春秋戰國時代，百家爭鳴的政治思想乃是由於當時戰爭不息，兵連禍結，民不聊生，紀綱墜亂的政治環境所促成。在隋唐迄明清的專制君主政治制度的壓制下，不易有民主自由政治思想的出現。

政治制度乃是政治權力者經由强制性的法律與命令，規定人民應盡的義務和應享的權利及人群關係與生活的法則。任何制度都難以達到盡善盡美的理想境界。政治制度亦不例外，有利亦有弊，是優劣互見的。有些人在現行的政治制度下獲得利益，感到方便與滿意，便產生擁護現制、維持現狀的保守性政治思想。有些人對現行的政治制度認爲有好亦有壞，應經由和平的漸進的方法與途徑予以改良或革新，於是產生進步性的政治思想。有些人懷念過去或在前期的舊政治制度下享有利益，於是起懷古之幽思，重溫舊夢，因之產生復古的或反動性的政治思想。有些人對現行的政治制度深惡痛絕，去之而後快，主張以激烈的手段或革命的方法，予以摧毁，另建新的政治制度與秩序，是謂激進性的政治思想。

政治思想的重要功能之一，就是能促成新的政治制度的締造。因爲思想是行爲的原動力，有怎樣的思想就會產生怎樣的行爲與制度。孟德斯鳩的「制衡原理」促成美國立法、司法、行政三權分立政治制度的產生。馬基維利的《君王論》，對促成義大利的獨立與統一不無貢獻。洛克的《政府論》、盧梭的《社會契約》是現代民主政治制度誕生的重大思想動力。秦始皇所以能廢封建，行郡縣，中央集權，一統天下，孔子的聖王思想，孟子「不嗜殺人者能一之」的仁君聖王政治思想，韓非、商鞅的霸主思想，墨子以天子以一天下之義的天子思想，都對統一有相當的助力。

第二編　上古時期（自西元前？—前一一二三）

——自遠古至殷商

第六章　圖騰社會的政治思想

第一節　自然狀態的蠡測

人類當太古洪荒之世，穴居野處，茹毛飲血，逐水草而居，以狩獵山林的鳥獸，河川的魚蝦及採集植物菓實以維生，無政府，無法律，無文字，史家稱之爲原始社會（primitive society），亦曰自然狀態（state of nature）。因文獻不足徵，自然狀態的實況如何，不得而知。而史家和學者，對此作推測的論述者，不乏其人。荀子、管仲、韓非、墨子、霍布士（Hobbes）對此則作惡劣觀。老子、莊子、盧梭（Rousseau）對此則作美好觀。而著者則不同意這兩種看法，而本較客觀而態度作平實觀。

一、自然狀態的惡劣觀——持此論者，認爲在自然狀態中，人爲求生存，爭食物，人與人爭，群與群鬬，爭亂不息，乃是一人吃人的惡劣狀態。荀子倡人性惡，認爲自然狀態乃是惡劣的。他說：「禮起於何也？曰：人生而有欲，欲而不得，則不能無求，求而無度量分界，則不能無爭；爭則亂，亂則窮。先王惡其亂也，故制禮義以分之，以養人之欲，給人之求，使欲必不窮於物，物必不屈於欲；兩者相持

而長，是禮之所自起也。」❶

管子亦認爲自然狀態是十分惡劣的。他說：「古者未有君臣上下之別，未有夫婦妃匹之合，獸處群居，以力相征，於是智者詐愚，强者凌弱，老幼孤弱，不得其所，故智者假衆力以禁强虐，而暴人止，爲民興利除害，正民之德，而民師之。上下設，民生體，而國都立矣。」❷

韓非亦信持自然狀態的惡劣觀。他說：「上古之世，人民少而禽獸衆。人民不勝禽獸蟲蛇。有聖人作，構木爲巢，以避群害，而民悅之，使王天下，號之曰有巢氏。民食果蓏蜯蛤，腥臊惡臭，而傷害腹胃，民多疾病，有聖人作，鑽燧取火，以化腥臊，而民悅之，使王天下，號之曰燧人氏。」❸

墨子認爲自然狀態十分惡劣，殆與禽獸無異。他說：「古者民始生，未有刑政之時。蓋其語人異義，是以一人則一義，二人則二義，十人則十義，其所謂義者亦滋衆。是以人是其義，以非人之義，故交相非也。是以內有父子兄弟作怨惡，離散不能相和合。天下之百姓，皆以水火毒藥相虧害。至有餘力，不能以相勞。腐朽餘財，不以相分。隱匿良道，不以相教。天下之亂，若禽獸然。」❹

英人霍布士（Thomas Hobbes）於一六五一年著《巨靈論》（*Leviathan*），認爲最初的人類，生活於自然狀態中。那時的社會情形，乃是孤苦、荒凉、貧困、惡劣、危險、野蠻、短命的。人人都抱自

---

❶《荀子》禮論篇。
❷《管子》君臣篇下。
❸《韓非子》五蠹篇。
❹《墨子》尙同篇上。

私主義，只求維持自己的生存。因爲人人平等，便產生了種種困難和危險。人的體力相似，能力相若。你不能殺我而自肥，我亦不能制你而從我，於是人類陷於不斷的鬪爭、抵抗、格殺的痛苦和紛擾中。這時並無任何道德標準和法律觀念。人與人之間，只有「力量」與「欺詐」的橫行與作祟❺。

二、自然狀態的美好觀——持此論者，認爲人類在自然狀態中，既無政府的壓迫，亦無法律的管束，人人自由，逍遙自在，生活美好，快樂無邊。老子的思想以道爲本。老子曰：「有物混成，先天地生，寂兮寥兮，獨立而不改，周流而不殆。可以爲天下母，吾不知其名，字之曰道。」❻老子所謂道，就是自然。他說：「人法地，地法天，天法道，道法自然。」❼老子是自然主義者，反政府，反法律，反對一切的人爲制作，要過自由自在，無拘無束的自然狀態的生活。所以他說：「智慧出，有大僞」❽；「絕聖去智，民利百倍」；「絕巧去利，盜賊無有」❾。因之，老子敎人淸靜無爲，去私去欲，無知無識，返於自然的純潔敦樸，天眞無邪，過「帝力於我何有哉」的自然生活。在他的心目中，原始的自然狀態，乃是合乎天道的，純樸天眞，無拘無束，素潔淸白，逍遙自在，乃是理想的、美滿的幸福社會。

莊子之學本於老子，崇尚自然，乃是個人自由主義者，主張無爲而治，返樸歸眞，反對一切的人爲制作和强制權力，要過純樸自然的生活。他認爲人類在自然狀態下，自給自足，自得自滿，十分快樂。

---

❺ 張金鑑《西洋政治思想史》，臺北市，三民書局，民國五九年四月初版，頁二三一—二三二。
❻ 《道德經》（老子）第二五章。
❼ 同上，第二五章。
❽ 同上，第一八章。
❾ 同上，第一九章。

他說：「古之人在混芒之中，與一世而得淡漠。當是時也，陰陽和靜，鬼神不擾，四時得節，萬物不傷，群生不夭，人雖有知，無所用之，此之謂至一。當是時也，莫之爲而常自然。逮德下衰，及燧人、伏羲，始爲天下，故順而不一，德又下衰。及神農、黃帝，始爲天下，是故安而不順，德又下衰。及唐、虞，始爲天下，興治化之流，澆淳散樸，離道以善，險德以行，然後去性而從於心。心與心識，知而不足以定天下，然後附之以文，益之以博。文滅質，博溺心，然後民始惑亂，無以反其性情，而復其初。」⑩足見莊子的理想而美好的社會，乃是燧人、伏羲以前的自然狀態。

法國的盧梭（Jean J. Rousseau）於一七六二年著《社會契約》（*Social Contract*）一書，認爲人類在原始的自然狀態中，是自由平等的，自給自足的，長歌漫舞，不受拘束，無憂無慮，十分快樂。後來因爲有了人爲的制作與文明，便罪惡叢生。在自然狀態中，人的行爲不受理性支配，而受感情的指導。依自己的興趣和憐憫心情以行事。因爲以後有了藝術、科學的產生和進步，遂出現了私有財產制度，造成貧富不均的不平等階級，以致失去了原有的自由、平等與快樂⑪。盧梭的人生理想，是要返回自然狀態的社會中，人人過「高尚野蠻人」（noble savage）的生活。

三、自然狀態的平實觀——前所引述的自然狀態的惡劣觀和美好觀，均有所偏蔽，且彼均係臆度之詞，並無事實根據，難以憑信。近世不少社會人類學家（social anthropologists）就非洲、澳洲、孟加拉、馬德拉斯（Madras）、錫蘭島、婆羅洲、格林蘭島、夏威夷島、塔斯馬尼亞島（Tasmania）等地

---

⑩《莊子》繕性篇。

⑪張金鑑《西洋政治思想史》頁二六九。

的草莽土人的原始生活，作實際的考察與調查，以瞭解所謂自然狀態的實況。根據這些人類學家的考察報告或著作，對自然狀態的生活，可得到較爲平實的認識。

原始人群以知識不足，技術不高，祇能靠漁獵與採集以獲取食物，維持生活。食物並不很充足與美好。架木爲巢，崖穴而居，未必能完全防避風雨霜雪的侵襲；其居室並不華麗堅固。至於衣着亦甚簡陋，或用樹葉或靠獸皮，以遮羞護體，亦不足以言彰身與美好。草莽初民的物質生活雖頗低劣，然因其慾望不高，又無外界聲色貨利的引誘，持「知足常樂」的心情，精神却是快愉的。

物質生活享受的高低和心情狀態是否快愉並不一定成正比例，亦非百分之百相關函數。鄉村農民的生活，日出而作，日入而息，鑿井而飮，耕田而食，胼手胝足，辛苦工作，物質享受並不高，但心情却是十分快樂的。至於都市的富翁，食則山珍海饈，住則高樓華厦，衣則綺羅錦帛，行則汽車代步，物質享受，至爲豪華高級，但其心情與精神並不一定快樂；因爲可能有妻妾吵鬧，外遇糾紛；可能子女不肖，滋事涉訟，至於財務經營亦可能有不少風險，縱使有私人保鏢，仍會時時提心吊膽，怕惡人綁架勒索。物質生活享受高者，心情未必快樂。草莽初民生活，物質方面雖不很好，但心情並不一定痛苦。

臺灣蘭嶼雅美族山胞的生活就是擺在面前的實例。政府雖給他們建造了國民住宅，但他們却不肯住入，反以穴居野處爲快樂；他們不肯用抽水馬桶，寧願在原野大便，自覺舒服暢快。他們赤身露體或僅穿丁字褲，並不覺得羞恥或痛苦，仍然自得其樂。著者曾於一九七一年夏參觀美國賓州(Pennsylvania)蘭開斯特市（Lancaster）。市郊耶穌使者會所經營有「天堂農莊」（paradise farm）。農莊附近住有荷蘭人一支族的「阿密希族人」（amish people），約近萬人，自成村落，以農業爲生，十分保守，仍過中古世紀的農村生活，不用自來水和電燈，仍飲用井水，點燃油燈，兒童讀書，仍是一間房子的私塾。交通工具仍是牛車、馬車，不用汽車。男子婚後卽留鬚，女子嫁後卽包頭，不與外間人來往。他們認爲那現代化的生活，是瀆犯上帝的，都是罪惡。這些人的物質享受並不高，但其精神和心情，則是平安的、幸福的、喜樂的。舉述這兩個事例，足證草莽初民，物質生活雖低劣，精神並不痛苦，心情亦頗快愉。

人是天生的合群動物。所以，荀子曰：「人力不若牛，走不若馬，而牛馬爲人役者，何也？曰：人能群，而牛馬不能群也。」⑫人群組織必有其共同生活的規則和行爲規範，才能和平相處，維持其團結與安定。故荀子曰：「人何以能群？曰分。分何以能行？曰義。分以和之，義以一之。一則力多，力多故能役物。」⑬原始社會的草莽初民，不論稱之曰種族，或部落或圖騰獵群，必然是人群組織，營團體生活。一個單獨的自然人，若離群索居，必不能生存，只有歸於死亡的一途。人類的歷史就是以群智、群力、群策共同適應自然，利用自然，征服自然，藉以維持、充實和改善群衆生活的奮鬬經過。原始的種族或隊群，必有其群居協處的習慣與規範，藉以維持其團結與和平。所以同種族間或同隊群間，並不會發生強凌弱，衆暴寡，人相食的戰亂。那些自然狀態惡劣觀的臆度之言，實難憑信。

原始的草莽時代，地廣人稀，逐草水而居，遊動不定，就是與異種族或異隊群之間，亦未必經常處於戰爭狀態。且草莽社會，有同族不婚的禁忌，必須與異族通婚。則有「秦晉之好」的異種族或異隊群

⑫《荀子》王制篇。
⑬同上。

間亦可能免去戰爭。縱使異族之間發生戰爭，亦是偶然的事件。太古之世，中國有三大種族：一是伏羲氏的鳳族（伏羲風姓，古時風與鳳同一字），包括許多氏族，如女媧氏、葛天氏、無懷氏等均風姓⓮。有苗、三苗、黎、夷均鳳族嗣裔。蚩尤爲苗族一酋長。南方貴州高原的苗族，南嶺、山地的傜族，至今仍奉祀伏羲、女媧爲祖神⓯。二是神農氏的姜族，姜從羊，係以羊爲種族的標幟，卽炎帝之族。神農八傳至榆罔，被黃帝戰敗於阪泉。三是黃帝有熊氏的種族，以熊爲族之標幟，唐堯、虞舜皆黃帝後裔。黃帝旣敗榆罔於阪泉，繼敗蚩尤於涿鹿。阪泉、涿鹿之役都是異族間的戰爭，並非同族之相殘。至於舜竄三苗，夏服九夷，亦是對異族的軍事行動。由是觀之，足見初民社會，同族間很少戰爭；異族間的戰役亦非經常發生的。所以持自然狀態惡劣者，認爲初民處於人與人戰的戰爭不息的狀況下，全出於臆度與遐想，不足取信。

第二節　圖騰社會的特徵

一、新的發現——在十九世紀中末葉，社會人類學家經對初民社會作實際的考察、調查與研究而有異彩特放的大貢獻和新發現。對這一新發現的重要著作，應推莫爾根（Lewis M. Morgan）的《古代社會》（*Ancient Society, 1877*），泰萊（Edward B. Tylor）的《原始文化》（*Primitive Culture, 1871*），梅因（Henry Maine）的《古代法律》（*Ancient Law, Its Connection with the Early History*

⓮ 馬驌《繹史》卷三。
⓯ 凌純聲《邊疆文化論集》第一册，中國邊疆民族，第五頁，民國四二年出版。

of Society and Its Relation to Modern Ideas, 1861）及甄克斯（Edward Jenks）的《政治簡史》（*Short History of Politics, 1900*）⑯。

依他們的發現，認定人類最初的社會組織形態不是以血緣爲維繫因素的家族或氏族，而是以「圖騰」（totem）爲結合基礎的圖騰社會（totemic society）。圖騰組合，「係以同一自然物體如動物或植物爲共同標幟的人群組織」。這一人群之間的成員不得相互通婚。圖騰組合的成員資格依世襲法決定之，多係以母系爲準；有時新生嬰兒由圖騰組合中的老人或哲人（wiseman）分派於某一特定圖騰組合⑰。

二、漁獵經濟——依社會人類學家的發現，各地原始社會的生活狀態多相去不遠。人類在長程進化的出發點上，必位於同一水平線上。依此言之，中國最早的社會組織當亦是以漁獵經濟爲生活基礎的圖騰社會。縱使史家贊揚三皇五帝的制作爲神明無比，推崇唐虞揖讓爲太平盛世。然依人類進化的階段及法則以衡察之，當知多爲後人稱贊與假託之詞。就殷墟（河南安陽）出土的甲骨文卜辭所記載，殷商始進入畜牧經濟與銅器時代，則前此之世，當係以漁獵採集爲生，逐水草而居，茹毛飲血，穴居野處，知有母而不知有父的圖騰社會。《易經》繫辭傳稱：「古者包犧氏之王天下也，仰則觀象於天，俯則觀法於地，觀鳥獸之文，與地之宜。……作結繩而爲罔罟，以漁以佃。」莊周曰：「古者禽獸多而人民少，於

---

⑯ Edward Jenks 的 *Short History of Politics* 一書，又名 *Nation and State*，早經嚴復譯曰《社會通詮》，由上海商務印書館出版，嚴譯文字典雅深奧晦澀難懂。著者於二二年以通俗簡明文字譯曰《政治簡史》，亦由上海商務印書館出版。到臺灣後，該館已無此書，余手中亦無存本，可算絕版。五二年吾子張潤書在史坦佛（Stanford）大學，胡佛圖書館發現此書將全書影印寄回，交臺灣商務印書館，於五四年一一月重行印行。

⑰ 張金鑑譯 E. Jenks 著《政治簡史》，頁一一。

是民皆巢居以避之。晝拾橡栗，暮栖木上，故命之曰有巢氏之民。」⑱韓非曰：「上古之世，民食果蓏蚌蛤，腥臊惡臭，而傷腹胃，民多疾病，有聖人作，鑽燧取火，以化腥臊，而民悅之，使王天下，號曰燧人氏。」⑲墨翟曰：「古之民就阜陵而居，穴而住，……衣皮，帶茭，素食而分處。」⑳即在黃帝、堯、舜、禹時代，仍未脫離採集經濟，依漁獵以維持生活。《管子》五行篇曰：「黃帝鑽燧生火以熟葷臊，民食之無腸胃之病。」《吳越春秋》曰：「堯遭洪水，人民泛濫，逐高而居，堯聘契使民山居，隨地造區。」《孟子》滕文公上篇曰：「當堯之時，水逆行，氾濫於中國。蛇龍居之，民無所定，上者為巢，下者為營窟。」《史記》夏本紀曰：「當堯之時，洪水滔滔，浩浩懷山襄陵。」《尚書》虞書載：「禹曰：洪水滔天，浩浩懷山襄陵，下民昏墊(困溺)，予乘四載，隨山刊木，曁益奏庶鮮食，予決九川，距四海，濬畎澮距川。」㉑太康遊樂無度，在河洛狩獵，往往三月不返，人民埋怨，四夷背叛。太康失國，有窮后羿入據斟鄩(夏之國都)自立為王。后羿為無道之君，以暴易暴，沈溺於獵，不修民事，致為奸臣寒浞所殺。凡此史事，足見夏代仍未脫漁獵經濟。

三、圖騰標幟——考之各國原始社會，初民皆崇拜一自然物體，如動物或植物以為人群組織維繫鞹帶及團結標幟。人類學家通稱這一物體曰圖騰。中國的古代社會當亦不會例外。初民崇拜圖騰的原因和

⑱《莊子》盜跖篇。
⑲《韓非子》五蠹篇。
⑳《墨子》辭過篇。
㉑《尚書》虞書，益稷第五。

目的，要不外三種：一是認爲這圖騰乃是他們的共同祖先，他們是由這一圖騰演變而成。二是認爲這一圖騰乃是他們的保護者，可以保佑他們的種族强大興盛。三是認爲崇拜這一圖騰足以獲得充足的食物；圖騰是所需食物的供應者。因此，圖騰成爲人群組織或種族的團結標幟。初民「斷髮文身」，紋身之圖率爲其族的圖騰。今日各國皆有國旗，美國民主黨以驢爲象徵，共和黨以象爲象徵，美國加州以熊爲州徵。可能是上古初民圖騰崇拜的遺風。

中國古代的種族的姓氏，多以自然物體或動物爲代表。伏羲爲風姓（同鳳）；神農爲姜姓，從羊；黃帝爲有熊氏。《國語》帝王世紀稱黃帝之族有蟜氏，神農爲神龍氏。譙周《古史考》稱少典之族爲有熊氏。《史記》稱蚩尤之先族爲窮蟬氏及牛蟜氏。《詩經》大雅稱后稷之族有駘氏。《左傳》卷五，昭公十七年載曰：「郯子來朝，公與之宴。昭公問焉：少皥氏以鳥名官，何故也。郯子曰：吾祖也，我知之。昔者黃帝氏以雲紀，故爲雲師而雲名。炎帝氏以火紀，故爲火師而火名。共工氏以水紀，故爲水師而水名。太皥氏以龍紀，故爲龍師而龍名。我高祖少皥摰之立也，鳳鳥適至，故紀以鳥，爲鳥師而鳥名。」依據這些記載，足以證明，中國古代社會，亦以圖騰爲種族團結的標幟。

四、草莽婚姻——人類的婚姻制度經由若干階段的演進，始成爲今日文明的一妻一夫制。最早的是亂婚，人盡可妻，人盡可夫，甚而兄弟、姊妹、母子亦可通婚，毫無羞恥，若禽獸然。《列子》湯問篇曰：「男女雜游，且無君主，其民聚生群處，無親戚兄弟夫婦男女之別，無上下長幼之道。」《呂氏春秋》恃君篇曰：「太古之民，獸居群處，未有夫婦匹配之合，知有母不知有父。」這是亂婚和族內婚的記載。但在這種亂婚和族內婚的情形下發生了「生殖不繁」、嬰兒畸形等毛病。於是謀求改進，由亂婚進爲群婚，亦卽所謂等輩婚。

在群婚制下，遵行以下的重要規範。第一、是同圖騰不通婚，卽蛇不婚蛇，牛不婚牛。同圖騰通婚懸爲厲禁。姬周一代嚴行「同姓不婚」的禮制。殆「同圖騰不婚」的遺風。第二、某一圖騰隊群限定與另一特定的異圖騰通婚。如牛圖騰限與馬圖騰通婚。後世所謂結「秦晉之好」，和「齊魯結袂」，殆異圖騰通婚的遺緒。第三、圖騰隊群在儀節式的集會中（跳舞大會）由隊群中的老人，決定屆成年的男女青年的輩分。兩個圖騰中相同輩的男女爲通婚對象，例如牛圖騰某一輩的兄弟，與馬圖騰相當輩姊妹可結爲夫妻。牛隊諸兄弟是馬隊諸姊妹的共同丈夫，故稱之爲群婚或等輩婚。堯以二女娥皇、女英嫁舜，周代行「媵妾之制」，蓋群婚的顯例與遺跡。上一輩的牛隊諸兄弟娶馬隊諸姊妹爲妻。下一輩的牛隊諸兄弟仍娶下一輩的馬氏諸姊妹爲妻。故今日子媳稱夫之母爲姑。女婿稱妻之父爲舅，自稱爲甥。在衆夫衆妻的婚姻下，交媾進行必有其一定的規範，決不會如禽獸然的亂交。第一、男女雙方必須同意，方可交媾，不能强姦。第二、交媾時第三者不得在場，以顧羞恥。第三、可以交媾的夫妻可能有固定的分配；若男女數目相等，則一女配一男，是一夫一妻；若男少女多，則一夫可二妻；若男多女少，則一女可二夫。名爲群婚實際上並非亂婚，男女仍是固定夫妻關係。由亂婚到等輩婚或群婚，乃是人類文明一大邁進。

《孟子》萬章篇載：「父母使舜完廩捐階，瞽叟焚廩，使浚井。出，從而揜之。象曰：謨蓋都君，咸我績。牛羊，父母；倉廩父母，干戈，朕。二嫂，使治朕棲。象住入舜宮，舜在牀琴。象曰：鬱陶思君爾！忸怩。」講道德，說仁義的孟軻，把象寫如姦嫂未遂犯，想係就等輩婚加以塗改了。依等輩婚制，舜、象二兄弟是娥皇女英二姊妹的共夫。故《楚辭》天問篇曰：「眩弟並淫，危害厥兄。」殷世有所謂

「衆祖」、「衆父」的稱謂，這分明是前代等輩婚的遺跡。

周代禮俗有媵妾隨嫁之制，似爲姊妹以兄弟爲共夫等輩婚的改良。同姓不婚，秦晉締婚，齊魯結袂，蓋亦古代「同圖騰不婚」，「而與特定異圖騰通婚」的遺俗。周世婚俗重輩行（《禮記》大傳曰：其夫屬乎父道者，妻皆母道也。其父屬於子道者，妻皆婦道也。謂弟之妻「婦者」，是父可謂之母乎？名者，人治之大者也，可不愼乎！）、別夫婦（《孟子》滕文公上篇曰：聖人有憂之，使契爲司徒，教以人倫，父子有親，君臣有義，夫婦有別，長幼有序，朋友有信。）、隔嫂叔（《禮記》奔喪，嫂叔不通問，嫂叔不撫，嫂叔無服，均推而遠之也。）皆等輩婚改良後，所以防範從前的弊端。

五、國家雛形——圖騰社會乃國家的雛形或胚胎。因其民居住的流動性很大，故可名之曰「遊動國家」(moving state)。這種原始國家雖不可以現代國家的標準衡量之，然亦具備土地（漁獵的地區）、人民（圖騰群的隊員）、組織（人群的生活規範）三大要素；且中國的史籍亦逕以國家名之。《文獻通考》封建考曰：「禹平水土，會諸侯於塗山，執玉帛而至者萬國，成湯受命，能存者三千餘國。」殷商已進入氏族社會，氏族人數較圖騰獵群人數多，範圍大，故國數減少。《荀子》富國篇曰：「古者有萬國，今有數十。」這原始國家政治權力的分配，普遍而平等，並無階級及貧富之分。這遊動國家中，雖有隊長、老人、哲人等領導人物，但皆出於自然擁戴或依循自然的法則。當時人民的經濟生產技術低劣，並無多餘的財富，人人是一清二白的「窮光旦」。有人說，原始社會實行共妻、共產，實在說乃是無產可共。依《文獻通考》戶口考，禹時人口總數計一三、五五三、九二三名，分爲萬國，一國平均才千三百人，溯而上之，人益少，國益多，一國人口，不過三、五百人，不過包括十數個圖騰獵群而已。

原始社會所以稱之爲遊動國家，基於兩種理由：㈠因當時是採集經濟和漁獵經濟時代，在狹小地區難以供養較多人口；同時虎豹野獸爲患，人口不敢分散，只有結隊行獵，於是便在廣大的漁獵場上、採集場上，遊動尋食。今日食於此，明日遊於彼，周而復始，流動不居，在一定的地區謀生度日，遊息既久，這一地區便成一國或若干圖騰獵群共有領土。領土中的中心地點或阜陵林泉所在的利便處，便成爲國都。但國都的地點亦常移動。因古時交通未便，遊動的區域難以太大。夏初，國之分佈，有窮國在德縣，附近有鬲國；寒國在濰縣，斟灌在壽光，斟尋亦在濰縣，有仍在濟寧，過國在掖縣，均在山東省。㈡原始國家的人民，既無固定的財產，又乏積蓄的財富，對其所居的土地亦未經人力加以改良，對之並無留戀難舍的感情，若遇外族的侵略，無財一身輕，不必堅苦守衞或抵抗，便擧族他去，亦無重大困難。國之大事在衞與養。從養與衞的需要，圖騰社會自然成爲遊動國家。

第三節 圖騰社會的政治活動

圖騰社會是由衆多人民結合成的人群組織。這一組織在以集體努力，從事漁獵與採集的經濟活動，以維持其共同的生存和生活。政治是管理衆人之事。圖騰社會既有衆人，又有衆人集體活動的事務，自然產生「管理衆人之事」的政治。圖騰社會的政治，要不外分工、集會、宗教、執事、攻守、禁忌及巫醫。

一、分工——圖騰隊群是一人群組織。組織是部份與整體的一致關係。這種關係是由分工與合作的兩種政治活動而形成的。組織本於分工而來的。圖騰社會的人群組織中，自不免有下列的分工：㈠年齡上的分工——圖騰隊群人數衆多，其中自然有老年人和壯年人區分。壯年身强力大，動作敏捷，行走快速，由他們擔任勞力生產工作，爬高跳澗、攀岸登山的活動及冒險犯難的戰鬥任務，自屬合適相宜。老年人身弱力衰，自然難以勝任壯年人所從事的事務。但他們的經驗豐富，記憶着很多的故事。前事不忘，後事之師。老年人對壯年人的工作與活動可以提供有用的指導與啓示，以助其成功。㈡性別上的分工——人類天然的有男女之分。男女的生理和心理是有區別的。男子體力强性情剛，膽量大，宜於從事狩獵、戰鬥、艱苦的活動。女子體弱、性柔、膽小，適於照顧嬰孩、看守、保管及從事不甚危險，不太笨重的工作。㈢特長上的分工——圖騰社會的人民，知識技術雖相差不甚遠，然天資秉賦卻有不同。所謂天之生人萬有不齊。因之，依各人特長使之擔任合適的不同工作。視力强者使任眺望警戒。聽覺敏者使任聞風聽訊。善走者使任長跑遠行。膽大者使之冒險犯難。力强者使之負重擧堅。

二、集會——圖騰社會的人民，過着群居協處的生活，所以經常不斷擧行大規模的集會。在這種集會中有很多的神秘性繁瑣儀節，多是秘密性，不向外人公開。這些集會的任務，要不外下列幾種：㈠慶祝戰爭的勝利及狩獵的豐富和喜出望外的收穫。所以會中有聲徹雲霄的高歌長嘯；有歡天喜地，如醉如狂的手舞足蹈。㈡弔祭陣亡、病逝、遇難的群隊夥伴，故會中亦有低聲哀吟和飮泣哀痛之聲。㈢老人講述本隊群的歷史、傳統、故事及光榮事蹟，藉以加强其認同感、優越感及團結精神。當老人述及重大光榮事件，隊員並常以唱歌、跳舞表演之。㈣本隊群中已屆成熟的青年男女在會中擧行入隊儀，並由老人或隊長敎以各種儀節、禁忌及其他秘密。入隊儀式中自然要長歌漫舞。㈤在集會中決定青年男女的輩分，並被分配於某一圖騰隊群內；同時作陰莖割包皮及紋身的皮肉痛苦儀式；身上所紋繪者率爲其所崇拜的圖騰，以爲隊群的標幟並便識別。今日的文明人雖早已無紋身的陋俗，但機關職員證章、識別證及運動員衣服上的標幟與符號，即是其替代品。

三、宗教——宗教在人群社會中，佔有重大的勢力與影響。原始的圖騰社會，當亦有宗教觀念。不過宗教觀念的發展，可分爲三個階段。第一階段爲拜物教。人類崇拜其身外的物體，如禽獸、樹木、水、火等。古代的波斯和印度有拜火教，唐時傳入中國，曰祆教，即爲一例。拜物教是泛神論，認爲物皆有神或妖。第二階段是尊祖教。當父系社會確定後，人群崇拜其共同男性的祖先。老人在原始社會具有重要的地位與權威。縱使其死後，子孫仍認爲有靈，能以庇佑子孫。第三階段是上帝教。上帝乃造物的主宰，是「天」與「人」的混合想像。一方面不同於「人」，而遠超越人的德能；一方面又與人有相似的性格，是神的人格化。圖騰社會的宗教屬於第一階段。吾人認爲恐怖和危險的事件或現象，圖騰初民卻認爲是怪異的、驚奇的。如有人被吹落的樹枝打傷，便以爲樹妖作怪；如有人落水溺死，便認爲是水妖作怪。物物可能發生怪異的現象，於是便認爲物物有妖怪而拜祭之，禱求免降災害。這是拜物教產生的原因。初民只有妖的觀念，尙無神的觀念。妖是奇怪而性惡的東西，能降災、散病、耗人血、致人死。神是善良的助人爲善，並處罰惡人和壞人。圖騰初民常見其同儕中之特別聰明及特別强烈者常以殘酷的手段表現其力量與威勢。因而轉嫁這種特性於物妖身上。《尙書》舜典曰：「望於山川，徧群神。」漢孔安國傳曰：「九州名山大川，五岳四瀆之屬，皆一時望祭之。」殆拜物教的明證。中國今日的宗教，雜然流行，拜物教、尊祖教、上帝教同時存在。豈「道並行而不悖」的宏旨麼？令人費解。

四、執事——圖騰社會古籍稱之爲國。一國包括不少的圖騰隊群。因之，圖騰社會不僅有分工，而且要分職。擔任管理衆人之事的諸執事，計有下列幾種：㈠圖騰社會的領袖。凡營合群生活的動物，皆有其領頭者，如馬群、羊群、蜂群、蟻群、雁群皆然。人群組織當亦不會例外。圖騰社會的領袖，便是國君，如伏義、神農、黃帝、堯、舜、禹均屬之。㈡各圖騰隊群的隊長。這種的隊長至以後的氏族社會，演變爲酋長。堯舜時代的四岳、十二牧便是。古籍稱之爲諸侯。《尙書》舜典：「帝曰：咨汝二十有二人。」孔安國傳曰：「禹、垂、伯夷、益、夔、龍六人，新命有職，四岳、十二牧，凡二十二人。」無論國君、諸侯、四岳、十二牧等的產生，皆因其才智能力超群，大有功德於萬民，出於人民的自然擁戴。㈢圖騰社會及各圖騰隊群的長老。在古代社會中，老人佔着重要的地位。其中之有特別智能者，可使之擔任一定工作。初民由生食至於熟食，是劃時代的大進步。熟食由於火的發明與使用，故長老多任掌火之官。父字象手持火之狀；叟字原爲叜，乃是在石臼或石崖之下掌火之人。老人以記憶久，經驗多，可使之掌曆時。《尙書》堯典曰：「乃命羲、和，欽若昊天，歷象日月星辰，敬授人時。」孔安國傳曰：「羲氏、和氏，世掌天地四時之官。」長老的地位可能多由世襲。《尙書》夏書胤征曰：「羲、和湎淫廢時亂日，胤往征之。」孔安國傳曰：「羲氏、和氏，世掌天地四時之官，自唐、虞至三代，世職不絕，承太康之後，沈湎於酒，過差非度，廢天時，亂甲乙，胤國之君，奉命往征之。」㈣擔任戰鬥的武士。在圖騰社會時代本族難免無內征，對外國(種族)亦會有國際戰爭。因之，必須選拔身强、力壯、機敏、勇敢的青年爲武士，以供作戰而求勝任。㈤依各人的特長使擔特定的任務。流共工於幽洲，放驩兜於崇山，胤征羲、和，皆是內戰。竄三苗於三危卽爲外戰。㈥依各人的特長使擔任特定任務。如禹平水土，皐陶爲士，契作司徒，后稷播百穀，卽爲明顯例證。

五、攻守——古代圖騰國家的戰爭，勢所不免。或爲內爭，或爲外戰。黃帝戰榆罔，敗蚩尤，逐粥葷，均爲漢族對外族的戰爭。舜竄三苗於三危是對外戰爭；流共工，放驩兜，征羲、和均爲內爭。夏服九夷，乃對外族的戰役。有扈不服禹之傳子，啓親征之，戰於甘；乃作甘誓。太康失德，有窮后羿，因民勿忍，距於河；寒浞殺羿，均屬內戰。戰爭既不能免，則交戰者的雙方，自必研究如何採用有效的進攻及防守戰術，以求克敵致勝。黃帝戰蚩尤，三戰而後得志。相傳蚩尤能召風雨，並散霧氣，這是高明而神化的攻守戰術，故黃帝未能一擧而殲之。迨黃帝發明出指南車、弓箭術，能在風雨霧中不迷失及遠射敵人的攻守戰術，始能戰勝而得其志。國之大事，在祀與戎，自古已然。故戰爭上攻擊上與防守上戰術的研究與使用，乃是古代圖騰國家的一大政務。

六、禁忌——圖騰社會雖無成文的正式法律，但有所謂禁忌（taboo），可稱之爲草莽法律。禁忌皆爲否定性或消極性的，在規定人們不得作什麼，或不得如何去作。這種禁忌的產生，率與原始的拜物教有關聯。信持拜物教者認爲物物皆有妖或神。禁忌的起源與危險或不幸事件有關。如果有一人走一條小路被大風吹落的樹枝擊傷或打死，便認定是因他的行動激怒了「樹神」或「樹妖」所致；於是此路便成禁路，以後不得行走。如果有人行走獨木小橋時，不愼失足落水溺死，便認定是因激怒「水神」或「水妖」所致；或認爲「水神」或「水妖」因饑餓，食人以飽腹；於是便由聰明的老人或巫祝主張投人於水，以滿足「水神」或「水妖」的需要，可保平安。降至戰國，西門豹爲鄴令，仍有河伯娶婦，投女子入河的陋習。幸令明察，投巫於河，以革其俗。草莽初民，禁忌頗多。如某種話語不得講，某些果實和肉類不准吃，某種人與某種人不可見面或交談，便是其擧例。

七、**巫醫**——《論語》子路篇曰：「人而無恒，不可以作巫醫。」集注曰：「巫，所以交鬼神；醫，所以致生死。」《說文》巫部曰：「祝也，女能事無形以舞降神者也。」上古之世，巫醫不分。黃帝時，巫彭作醫。《呂氏春秋》包躬篇曰：「巫彭作醫，巫咸作筮。」在圖騰社會，人民認爲物物有神或妖，故崇拜自然而有拜物教。人民雖虔誠拜敬物神或物妖，然仍不免於激怒他們而遭災傷禍害。於是思用「巫術」(magic) 以鎭服之、驅逐之。「巫術」指以虛構的超自然力量表達所期欲的願望，如降妖逐怪以祛疾病，保平安。這是原始初民的一種信仰。信仰就能產生力量。所以「巫術」亦常能表現力量，達到人民所期欲的願望或效果。巫術以唸咒、喊叫、舞蹈、作法等方法治病、祛邪和降妖。

醫是治療人體疾病的工夫與方法。圖騰社會除用「巫術」逐妖、去邪外，亦用以治病，同時另有「醫術」者專以治療人體疾病。神農嘗味草木，宣藥療病，拯夭傷之命，爲中國最早的「醫術」，後人托其名著《本草》一書，爲中醫、中藥的重要著作。今日中醫治病用藥，其淵源可能溯及神農。黃帝時，除巫彭作醫外，更有岐伯、雷公均爲專治人體疾病的名醫。黃帝本人亦精「醫術」，故人托稱《內經》、《素問》二古醫書名著爲黃帝所作。

第四節　圖騰社會的政治思想

一、**辨識萬物的思想**——草莽初民生於自然環境中。這環境乃是他們的立足場所，生存空間；且其生活資需，亦從自然環境中獲取之。因之，他們必須辨識環境、適應環境乃能生存。草莽初民對具體事物，容易認知，對抽象觀念難以瞭解。伏羲是當時思敏智高的傑出人物，乃能「仰則觀象於天，俯則觀法於地，觀鳥獸之文與地之宜，近取諸身，遠取諸物，於是始作八卦，以通神明之德，以類萬物之情。」㉒八卦是由⚊和⚋兩個符號配合而成。⚊代表陽、男、通；⚋代表陰、女、阻。⚊不斷，故示通達；⚋不連接，故示阻逆。八卦的卦象、卦名以及所代表的自然物體，如左圖所示㉓：

卦名	乾	坎	艮	震	巽	離	坤	兌
八卦	☰	☵	☶	☳	☴	☲	☷	☱
物名	天	水	山	雷	風	火	地	澤

伏羲以極敏銳的觀察力和分析與綜合的思考能力，把宇宙萬物，分爲八種。所謂卦者掛也；指以這八個文字或符號掛蓋萬物。掛的另一意義，就是十個符號掛於各種事物之上，以作識別與辨認。如路口掛⚊的符號，則表示這路可通行；若掛⚋符號，則表示這路不通。其他八個符號亦具指示與說明的意義。這十個符號乃是中國最早的文字。字數雖不多，其功用已甚廣大。這十個符號對管理衆人之事大有用處與幫助，故可視之爲政治思想。

印度哲學家認爲地(土)、水、火、風(氣)是構成宇宙萬物的四大要素。古希臘的哲學家對構成萬物的要素，各有不同的看法。泰利斯（Thales）以爲是水（water），安納克孟斯（Anaximenes）以爲是氣（air），赫拉克萊特斯（Heraclitus）以爲是火，德謨克瑞特（Democritus）以爲是原子（atom）；畢達哥拉斯（Pythagoras）以爲是「式」（forms）和「數」（numbers）。他說：「一切的事物皆是式

㉒《周易》繫辭。

㉓張其昀《中華五千年史》第一册，遠古史第六頁，中國文化大學出版部，民國七〇年七月七版。

與數。」(All things are forms and numbers.) 柏拉圖 (Plato) 以爲是「意念」(ideas) ㉔。而中國太古的大思想家伏羲則認爲構成一切宇宙萬物的基本要素不外陰(⚋)與陽(⚊)。這和現代的科學知識正不謀而合，堪稱神奇。

《周易》繫辭曰：「易有太極。」伏羲的陰、陽八卦經文王重之而爲六十四卦，曰周易。(伏羲並未言及太極，何以《易》繫辭竟突然曰：「易有太極」!? 其實伏羲所說的陰陽就是太極。觀之太極圖爲☯，卽是負陰而抱陽。且易字就是上爲日，卽陽；下爲月(⺝)非勿，卽爲陰。易字本身就是負陰抱陽的太極。《易》繫辭說：「易有太極」，並非臆度之辭。宋儒周敦頤著《太極圖說》，稱無極而太極。蓋受老子《道德經》：「道可道，非常道；名可名，非常名。無、名萬物之始；有、名萬物之母」㉕的影響。太極分兩儀(陰陽)，兩儀分四象，四象生八卦，八卦定君臣。故陰與陽(⚋與⚊)乃是宇宙萬物之母，卽根源。

《尚書》洪範篇認爲構成宇宙萬物的元素，是金、木、水、火、土，卽五行，並以這五種元素的特性，代表五種行爲。降及姬周便有陰陽五行學說的產生。《尚書》洪範篇曰：「天乃錫禹洪範九疇，彝倫攸敍。初一曰五行。」五行一曰水，二曰火，三曰木，四曰金，五曰土。水曰潤下，下行行爲。火曰炎上，上行行爲。木曰曲直，可以揉曲直，卽伸縮的行爲。金曰從革，卽斷割的行爲。土爰稼穡，種曰稼，斂曰穡，卽生產的行爲。

二、天時曆數的思想——遠古初民生活在自然環境中，爲了求生存，養民生，不但要察地理，識萬

㉔ 張金鑑《行政學典範》(重訂版)，中國行政學會，民國七二年，頁一七九。
㉕ 《道德經》第一章。

物，更要觀天象，順四時。伏羲畫卦，兌上離下，成澤中有火之象，取義爲革；而後人作傳，以爲天地革而四時成，爲天時曆數思想的開端。神農分八節以始農功，爲天時曆數思想的一大進步。黃帝正閏餘，定調曆及曆象之道，天時曆數思想又告提昇。唐堯設羲、和二官，專掌曆象天時。《尚書》堯典曰：「乃命羲和欽若昊天，曆象日月星辰，敬授人時。」堯又命羲仲、羲叔、和仲、和叔四人釐訂春、夏、秋、冬四節。堯曰：「咨汝羲曁和，朞三百有六旬有六日以閏月定四時成歲」㉖。孔安國傳曰：「匝四時曰朞，一歲十二月，月三十日，正三百六十日，除小月六爲六日，是爲一歲。」堯授舜曰：「天之曆數在爾躬。」於是舜乃「在璿璣玉衡，以齊七政。」孔安國傳曰：在，察也；璿，美玉。璣衡，王者正天文之器可運轉者也。七政，日、月、五星各異政。舜察天文，齊七政，以審已當天心與否。《春秋》緯稱：「唐堯卽位，命羲和立渾儀。」璿璣與玉衡乃渾天儀最早的名稱。

易有三：卽《連山》《歸藏》與《周易》。《周禮》春官太卜曰：「掌三易之法，一曰《連山》，二曰《歸藏》，三曰《周易》。」鄭玄《易贊》及《易論》釋曰：「《連山》者，象山之出雲，連連不斷。《歸藏》者，萬物莫不歸於其中。《周易》者，言易道周普，無所不備。」實則，易之發展可分爲四個階段：第一階段是伏羲之易，以陰、陽八卦，爲辨識宇宙萬物的十大基本範疇，乃物象之學。第二階段是夏之《連山》，殷之《歸藏》，研定曆數，計年月節季，明日月星辰，且以甲乙、子丑明年日，乃天文之學。第三階段爲文王之易，文王重八卦爲六十四卦，每卦又分六爻，用於卜筮，就卦象爻辭以

㉖《尚書》堯典第一。

占判吉凶禍福。第四階段爲孔子之易，孔子作十翼，闡釋宇宙萬物變化的法則及天時、人文社會相互關聯與推演的理義。天時曆數對於人群生活有極大的關係與影響故爲爲政治民不可不有的政治知識與思想

三、依循天道的思想——萬物一體，人我難分。故宋儒張橫渠曰：「民吾同胞，物吾與也。」人是自然的一部份，人類在自然環境中生活，必須依循自然的法則，才能生存。自然法則就是天道；天道不可違，順天者存，逆天者亡。天道在天爲天理，在人爲良心。人同此心，心同此理，故心卽理，理卽心。易言之，人心卽天理，天理卽人心。天理與人心不可分，人心卽天心。故《尙書》臯陶謨曰：「天聰明，自我民聰明，天明畏，自我民明畏」；大禹謨曰：「罔違道以干百姓之譽。」不僅此處所擧的天與道，是指自然法則的天道；就是《尙書》堯典、舜典、大禹謨、臯陶謨、益稷、禹貢諸篇所述及天，均應以「天道」視之，不可以視之爲天神。因就宗敎發展史觀之，初民的宗敎是崇拜自然的拜物敎，再經過尊祖敎，始能進入天神觀念的上帝敎。

有巢氏、燧人氏、伏羲氏、神農氏、有熊氏不僅才智出衆，能力超群，且有劃時代的發明，大有功德於人民，故被衆自然擁戴爲國君。這乃是理之當然，依循自然法則的天道以行事。堯舜揖讓，舜之讓禹，乃是因舜與禹皆有德、有才又有功，澤及萬民，爲衆所擁戴而使然，亦是依循自然法則的天道，理所當然的政事。故孔子曰：「大哉！堯之爲君也！巍巍乎，唯天爲大，唯堯則之！蕩蕩乎，民無能名焉！巍巍乎，其有成功也。煥乎，其有文章。」㉗孔子所指的天，自然是天道，不是天神；因「子不語

㉗《論語》泰伯篇。

怪、力、亂、神」。

堯知子丹朱不肖，不足以授天下，乃禪讓於舜。授舜則天下得其利，授丹朱則天下病。堯不能私其子而病天下，故卒授舜以天下。這是依循天下爲公，大公無私的天道，卽自然法則。《孟子》萬章篇載：「萬章曰：堯以天下與舜，有諸？孟子曰：否！天子不能以天下與人。然則舜之有天下也，孰與之？曰：天與之。」孟子所謂「天」者，當非指「天神」，而是指「有其德者居其位」，「天下爲公」的「天道」。禹傳啓而開家天下之局，非有私於其子；乃因「天下朝覲者不之益而之啓；謳歌者不謳歌益而謳歌啓。」傳子所以順民心，民心卽天意。傳子亦是依天道以爲國。

湯放桀，武王伐紂，均自稱是「順天應人」之師，替天行道，而申天討。順天與應人是一件事，因爲民心就是天意。齊宣王問曰：「湯放桀，武王伐紂，有諸？」孟子對曰：「於傳有之。」曰：「臣弒其君，可乎？」曰：「賊仁者，謂之賊；賊義者，謂之殘。殘賊之人謂之一夫。聞誅一夫紂矣，未聞弒君也。」㉘這是依循自然法則的天道以興師討罪，不可謂之弒君。因桀、紂已失其所以爲君之天道。《尚書》泰誓篇一則曰：「商罪貫盈，天命誅之，予弗順天，厥罪惟鈞」；再則曰：「惟天惠民，惟闢奉天」；惠民是天道，言君天下者當守天道以惠愛人民；三則曰：「今商王受，狎侮五常，荒怠弗敬，自絕於天，結怨於民」；可見民與天是一體。民心就是天道。

上古之世，尚無選擧制度，人才的任用，蓋依賢者在位，能者在職的自然法則的天道，經由推擧方

㉘《孟子》梁惠王下篇。

式以行之；亦就是自然的擁戴，既不憑藉强權，亦不訴諸暴力，更無金錢的作祟。堯求能治水者，四岳皆曰鯀可。堯求遜位，四岳又皆擧舜。是鯀與舜的起用，皆依循民心天意以行之。昔高陽氏有才子八人，天下謂之八凱。高辛氏有才子八人，天下謂之八元。世濟其美，堯未能用，而舜擧八凱主后土，擧八元布五敎。這都是順乎自然的天道。

四、崇拜自然的思想——遠古初民的宗教觀念仍滯留在拜物敎的階級，認爲物物皆有妖怪或聖靈；對之或具神秘感，或生恐懼心，或起敬畏念，因而崇拜之，藉以求福吉，避災禍。初民社會所崇拜的圖騰（totem）就是一自然物體。至於天、地、日、月、星、辰、山、川、風、雨等均爲其所崇拜的對象。伏羲所畫的八卦是天、水、山、雷、風、火、地、澤均是自然物體，亦是初民所敬畏的對象。《禮記》祭法曰：「有虞氏禘黃帝而郊嚳，祖顓頊而宗堯。」禘、郊、祖、宗皆爲大祭之禮。禘與郊所以祭天。《尚書》舜典曰：「正月上日，受終於文祖。」馬融解曰：「文祖，天也。天有文，萬物之祖，故曰文祖。」舜典又曰：「肆類於上帝，禋于六宗，望於山川，徧於群神。」孔安國傳曰：堯不聽舜讓，使之攝位，舜察天文，考其七政（日、月、五星），而當天心，故行其事。肆，遂也；類謂攝位事類，遂以攝告天及五帝。」馬融曰：「上帝，天之最尊也。誠意以享謂之禋。宗，尊也，所尊祭者。其祀有六：謂四時、寒、暑、日、月、星、水旱。九州名山大川，五岳四瀆之屬，皆一時望祭之。群神，謂丘陵墳衍，皆祭之。」

遠古之世，穴居野處，故有社祭，拜敬土地。《禮記》郊特牲曰：社所以神地之道也，地載萬物，天垂象，取材於地，取法於天，是以尊天而親地也。故敎民美報焉。家主中霤，而國主社，示本也。」

中霤爲家中后土之神。遠古之民，掘地而居，開中取明，雨水霤入，故曰中霤。中霤在家，社則在國。二者皆是土地神祇。《禮記》祭法曰：「共工氏之覇九州也，其子曰后土，能平九州，故祀以爲社。」后土名句龍，爲上古之社神。《禮記》祭法曰：「山林川谷，丘陵，能出雲，爲風雨，見怪物，皆曰神，有天下者，祭百神。」

遠古之世有所謂行「封禪」，亦是崇拜自然的政治思想。於泰山上築土爲壇以祭天，報天之功，曰「封」。泰山下小山上除地，報地之功，曰「禪」。伏羲封泰山，禪云云；黃帝封泰山，禪亭亭；顓頊封泰山，禪云云；帝嚳封泰山，禪云云；堯封泰山，禪云云；舜封泰山，禪云云㉙。《史記》封禪書，司馬遷自序曰：「受命而王，封禪之符罕用。用則萬靈罔不禋祀，追本諸神名山大川禮，作封禪書第六。」依是以言之，封禪不僅以祭天地，更以祭名山大川諸神祇。仍不失拜物敎的宗敎意義。

五、平治水土的思想——水誠然是人生必需品，人若無水便不能生存。但水能生人，亦能害人。若洪水泛濫，人則無以爲生。吾國先哲，遠在唐虞之世，卽有治水的思想與能力。孟子曰：「當堯之時，水逆行，氾濫於中國，蛇龍居之，民無所定，下者爲巢，上者爲營窟。書曰：洚水警余。洚水者，洪水也，使禹治之。禹掘地而注之海，驅蛇龍而之菹。水由地中行，江、淮、河、漢是也。險阻既遠，鳥獸之害人者消，然後人得平土而居之。」㉚

《尚書》堯典曰：「帝曰：湯湯洪水方割（割，害也），蕩蕩懷山襄陵，浩浩滔天，下民其咨，有能

㉙《管子》封禪篇。
㉚《孟子》滕文公下篇。

俾乂（乂，治也）。」四岳擧鯀。鯀治水爲堤防，而不疏導，歷九年水患如故。舜攝國政，殛鯀而用禹。禹治水重疏導，隨山刊木，奠高山大川，勞心焦思，水乘舟，陸乘車，泥乘橇，山乘撵，身執耒臿以爲民先，高高下下，疏川導滯，過家門而不入，歷十三年，不以爲瘁。導河自積石經壺口，闢龍門，鑿砥柱，自孟津而北疏爲九河，入於海。導淮自桐柏，東會於泗、沂而入於海。導江自岷山，東別爲沱，過九江，至於東陵，北會於滙，東爲東江入於海。

土地固然是人民立足之所，亦生活資需所自出，國無土地不能立國；其重要性不可否認。然土地必須予以平治，始能供人民的利用。否則，土地荒蕪，草木叢生，蛇龍居之，猛獸惡禽，毒物爬蟲，以爲淵藪，反足爲人民的大患。故禹於疏濬洪水入海後，乃進而平治土地，劃分中國爲冀、袞、青、徐、揚、荆、豫、梁、雍九州，人民乃得平土而居之。據《尙書》禹貢篇所記，禹敷土，隨山刊木，奠高山大川，並辨別土壤的性質與優劣，定其物產的地宜，且別其等第和貢物的種類與多寡。冀州土白壤，田中中，賦上上。兗州土黑墳，田中下，賦爲貞；貞者正也。靑州土白墳，田上下，賦中上。徐州土埴墳（土黏曰埴），田上中，賦中中。揚州土塗泥，田下下，賦下上。荆州土塗泥，田下中，賦上下。豫州土墳壚（疏也），田中上，賦上中。梁州土青黎，田下上，賦下中。雍州土黃壤，田上上，賦中下。

第七章　氏族社會的政治思想

——殷商時代（西元前一七六六——前一一二三）

第一節　氏族社會的特徵

一、**畜牧經濟**——圖騰獵群的地區化便成爲部落式的氏族社會（clannish society）。氏族社會乃是由原始社會過渡到封建社會的津梁。中國在夏以前爲原始社會，周代爲封建社會，其過渡津梁即是以畜牧生產技術爲主的殷商時代。據羅振玉所著《殷墟書契考釋》（民國二年）一書所記，甲骨文的卜辭中有很多有關畜牧的記載；後世所謂六畜的馬、牛、羊、鷄、犬、豕，當時已成爲家畜禽獸；加以「殷人伏象」共有七畜。甲骨文中的「爲」字，就是一人在象背上手持刀，以示出外工作。郭沫若所撰「卜辭中之古代社會」（民國十九年）一文，指出：「在殷商時代，漁獵確已成爲遊樂的行事，生產狀況已超過了漁獵時代，而以畜牧爲主要的生產事業。」

人類的歷史由漁獵時代進入畜牧時代，乃是生產技術上一大躍進或革命。這種新技能的發明和發現，可能由於以下的兩個原因：㈠在長期的漁獵生產的生活中，自覺使用人力以爲獵獲，不但力量不够，且危險性亦頗大。若能有眼明、牙利、走快的獸類以助獵，則獵獲必多，危險亦可減少。犬性善良，易於馴服，且可供驅逐，遂知馴犬以助獵。由馴犬的經驗，更進而懂得馴牛、馬、羊等畜牲。㈡漁獵的技術日趨進步與改良，獵獲增多，食用不完，乃將多餘的禽獸留養下來，以備他日獵獲不足時，取而殺食之。而獵獲不足時却甚少，以致留養的禽獸爲時頗久。時間久，竟發現有小動物出生了。喜出望外，恍然大悟，人何必冒險吃苦去打獵呢!?留養禽獸使之自行生育，豈不更安全、更方便麼?於是舍漁獵而事畜牧。

史稱「殷人伏象」驅象作工與作戰。《管子》曰：「殷人之王，服牛馬以爲民利，而天下化之。」《論語》曰：「行夏之時，乘殷之輅，服周之冕。」❶輅，大車。契孫相土以馬駕車。相土之玄孫王亥以牛駕車。王亥爲古代的名王。卜辭中見祭王亥用牲，用牛多至百隻。足見殷早能畜養牛馬。爲進入畜牧明證。卜辭中卜風雨、卜年者不少，似與農業有相當關係。《尚書》盤庚篇曰：「若農服田力稼，乃亦有秋。」殷商雖以畜牧爲主，然亦有粗糙的農業。畜牧仍然要逐水草，選牧場而作遊動生活。初期農業亦屬遊農，燒地而換種。殷商所以屢次遷都，除避水患外，亦是適應經濟上的需要。《史記》稱：「由契至湯，凡八遷其處。」❷王靜安就此加以考證曰：「一遷由商至潘，二遷於砥石，三遷復於商，四遷於泰山下，五遷再歸商，六遷於殷，七遷再復於商，八遷於亳。」❸依據《史記》殷本紀及《竹書紀年》，自成湯而後，仲丁遷於囂，河亶甲居相，祖乙由相遷於耿，四傳至南庚遷奄，盤庚復由耿遷於亳。自湯至盤庚凡二十遷，不可考者四。盤庚後武丁立，殷復去亳，後遷於相，再遷至沬。太丁立，由

❶《論語》衛靈公篇。
❷《史記》殷本紀。
❸王靜安《三代地理小記》。

沫復遷相，帝乙立，由相復於沫，帝辛（紂）繼之仍都沫，更名朝歌。

二、甲骨文字——有無文字為文明與野蠻的分界線。黃帝時，雖史稱蒼頡造字，但其字不傳，無可稽考。到了殷商時代，安陽殷墟大量甲骨文出土，字數多，應用廣，可知中國已進步到有文字的文明時代。依董作賓撰《甲骨年表》（民國十九年）一書所載，清光緒二十五年（一八九九）山東濰縣范商買得甲骨文若干片獻於端方。次年收買百餘片售於王懿榮。濰縣趙商買得數百片亦售於王。范趙前後共得三千餘片售於劉鶚。劉復自王子手中購得百餘片，共得一〇、五一八片。劉鶚因能著《鐵雲藏龜》（光緒二九年）。羅振玉前後得五千餘片，著有《殷墟書契前編》（民國二年）、《殷墟書契後編》（民國五年）及《殷墟書契考釋》（民國二年）。加拿大人明義士得二、三六九片，著《殷墟卜辭》（民國五年）。日本人林泰輔得一、〇二三片，著《龜骨甲骨文字》（民國十年）。其餘王國維等有關甲骨文的著作尚多。自民國十七年至二十六年中央研究院派李濟、董作賓等至安陽縣西北小屯村一帶（殷墟所在地），作有計劃的挖掘，收獲甚富。

三、父系社會——因畜牧經濟的發達，由群婚制進步為一夫多妻制，正娶為妻，由異族刼擄而來的女子，以為奴或妾；由女性中心的母系社會進為男性中心的父系社會。氏族社會的聯繫紐帶不是圖騰而是地區（氏）與血統（族）。氏字原指山崖下一塊平地，氏族是圖騰的地區化。族原於姓，衆多的同姓為族。姓從女生，指血統所自出。《左傳》隱公八年載：「天子建德，因生賜以姓，胙之土而命之氏。」這是對氏與姓（族）的明確解釋。氏族（Clan）就是生活在同一地區且共同擁戴一男性祖先的人群組織。這種組織非在永久婚姻的男性中心父系社會不能存在。殷商時代的王位繼承制度，採兄終弟及制，無弟始傳子，這是父系社會的明證。據王國維《殷商制度論》所考，在殷商二十九帝中，其直接傳子者亦達十四人，將及半數。當時妻的地位，不甚重要，常刼掠異族女子以為妻、妾、奴隸。甲骨文中的女字，象人長跪，妻、妾等字亦從長跪式的女子。可見當時父權或父系制度已經確立。

四、奴隸制度——在圖騰社會，人權平等，並無壓迫者和被壓迫者的區分，卽無階級的歧異，更無奴隸制度的存在。在畜牧經濟的社會中，却產生了奴隸制度。其原因有二：第一、家畜的飼養，芻料的種植與收割，皆需要不少的工人；至於財富大小的計算，亦率以擁有勞働力的多少為衡量。於是不同的種族或宗族間便發生勞働力搶略的戰爭，被刼掠來的異族人便被夷為奴隸，使之任勞作。第二、畜牧經濟時代，各家、各族擁有動產和不動產，其所累積的財產，各有多寡的不同，於是有貧富階級的產生。富有者常以其財產為榨取他人的工具。於是雖在同族中，亦有被夷為奴隸者。殷商的敵族，有土方、呂方、羌方、井方、洗方、人方、馬方、羊方、苴方、林方、二封方、三封方、盂方、下勹、龔方、玁狁。對外作戰的人數，一次有三千五千以上者。戰爭勝利品的俘虜，或被殺或夷為奴隸。據卜辭所記，俘虜被殺，一次有至二千人以上者。卜辭中有奚、奴、僕等字均為奴隸。《尚書》湯誓曰：「朕不食言，爾不從誓言，予則孥戮汝，罔有攸赦。」《論語》曰：「比干諫而死，箕子為之奴。」可為殷商有奴隸制度的證明。

五、親屬關係——夏以前的原始社會曾行亂婚與等輩婚（群婚）制，親屬關係混淆不清。周代是宗法社會，親屬關係有嚴格而明確的規定。殷商氏族社會居於這兩個時代之間，其親屬關係既非前期的混淆不清，亦不如周代的嚴格而明確。殷商親屬關係有以下三個特點：㈠衆父衆祖❹—殷商既已採行一夫多妻的永久婚姻制，成爲父系社會，所以親屬世代上下關係頗爲明確，故父、祖、曾祖、高祖、子、孫等稱呼及高妣(高祖母)、妣(祖母)、母的稱呼都很明白，但同一祖輩的男子或同一父輩的男子、同一妣輩(祖母)的女子或同一母輩的女子，卻沒有分別的稱呼。多數的祖輩稱曰衆祖，多數的父輩稱曰衆父。即令有分別，亦祇不過以一、二、三、四數字以示次序。至周代則有孟、仲、叔、季的區別。這可能是前代等輩婚的遺跡。㈡兄終弟及—周代嚴行嫡長繼承制；殷商時代不但未確立嫡長繼承制，就是父死子繼制亦未完全遵行；而採兄終弟及制，無弟始傳子或姪。湯傳子太丁，太丁傳弟外丙，外丙傳弟仲壬。仲壬傳於太丁之子太甲。太甲傳子沃丁。沃丁傳弟太庚，太庚傳子小甲。小甲傳弟雍己。雍己傳弟太戊。太戊傳子仲丁。仲丁傳弟外壬。外壬傳弟河亶甲。河亶甲傳子祖乙。祖乙傳子祖辛。祖辛傳弟沃甲。沃甲傳祖辛之子祖丁。祖丁傳沃甲之子南庚。南庚傳祖丁之子陽甲。陽甲傳弟盤庚。盤庚傳弟小辛。小辛傳弟小乙。小乙傳子武丁。武丁傳子祖庚。祖庚傳弟祖甲。祖甲傳子廩辛。廩辛傳弟庚丁。庚丁傳子武乙。武乙傳子太丁。太丁傳子帝乙。帝乙傳子受辛❺。㈢母妣特祭❻—殷商的親屬關係母不隨父受祭，妣(祖母)不隨祖父受祭而是母、妣單獨的受祭。到了周代則是母隨父受祭；妣隨祖受祭，是妻隨夫貴，女子已成男子的隨祭者，地位已降。而殷商的母妣特祭，表示女子與母族尚未完全脫離關係，可能是過

---

❹ 羅振玉《殷墟書契後編》上，頁四、二〇、二六。
❺ 司馬遷《史記》殷本紀。
❻ 羅振玉《殷墟書契後編》卷一，頁二七、二八、二九、三三、三六。

去母系社會的遺跡。

第二節　部落國家的組織

一、國家構成的基礎——氏族社會中人群組織的基本單位是氏族。氏族係由同一男性祖先的後裔所構成，包括同一祖先的若干代子孫或家族。氏族人口數量達於一定限度時，便又分裂爲新氏族。氏族同時又是人群共同謀生的結合。在畜牧經濟時代，牛羊等畜牲的牧養，雖仍須逐水草而飼養之，但各氏族自有其一定或全族共有的牧畜場，土地範圍不似先前的漫無限制，且家畜的圍欄、芻料、皮革等財產不易搬動，而牧場亦經過相當人工的改良，自必留戀難舍，於是每一氏族或部別，皆有其聚住的村落。氏是地區觀念，族是血統觀念。合氏與族而言，謂之部落。所謂氏族社會，亦就是部落國家。因此，部落乃是構成國家的基本單位。國家權力所及，只能直接達於氏族的族長。若干氏族聯合成宗族。同宗族的人們皆相信源於同一男性祖先。氏族是事實上同血族，宗族不過是想像上的同血統。聯合若干宗族或部落成爲一個國家，故可稱之爲部落國家。氏族的領袖是族長，掌族政之畜牧、祭祖等事。畜牧最重經驗，故族長多是各族中年紀最長的男性尊親，多係由世襲而產生。宗族的領袖是酋長或宗長，掌戰爭與對外事務，須勇敢堅强，智高思敏，善於辭令，機警靈活，多由氏族長聯合推選之。國家須有天子或元首，依神權或天意而建立之。殷商的天子謂之后。

二、政權行使的方式——殷商時代是聯合若干宗族與氏族而成立的部落國家。《左傳》稱：「昔武王克商，成王定之，選建明德以藩屏周。故周公相王室以尹天下，於周爲睦，分魯公以大路大旂，夏后氏之璜，封父之繁弱，殷民六族（殷之遺民凡六族：條氏、徐氏、蕭氏、索氏、長勺氏、尾勺氏）使帥其宗氏（使六族之長各帥其同族之衆）輯其分族，將其類醜（醜，衆也）以法則周公」；「因商奄之民，命以伯禽，而封於少皡之墟，分康叔以大路少帛，綪茷，旃旌，大呂，殷氏七族（陶氏、施氏、繁氏、錡氏、樊氏、饑氏、終葵氏）分畛土略。……命以康誥，而封於殷墟，皆啓以殷政，疆以周索（法周）。《史記》殷本紀曰：「契爲子姓，其後分封，以國爲姓，有殷氏、來氏、宋氏、空桐氏、稚氏、北殷氏、目夷氏」。司馬貞索隱曰：「北殷氏本作髦氏，又有時氏、蕭氏、黎氏。」合此三處記載，殷商之國，至少是由二十二個部落或宗族結合而成功的。

殷商之世已有歸藏易。周易之成，亦不免有因襲於殷易者。從易經爻辭以觀之，亦略可窺見殷商政權行使的方式。大有卦曰：「公用亨於天子」（九三），益卦曰：「王用亨於帝」（六二）豫卦繫辭曰：「利建侯行師」，蠱卦上九曰：「不事王侯，高尚其志。」晉卦象辭曰：「康侯用錫馬蕃庶，晝夜三接」。王公或大君是氏族族長，掌族政之畜牧與祭享，故師卦上六爻曰：「大君有命，開國成家」，家人卦九五爻曰：「王假有家」，萃卦象辭曰：「王假有廟」。

部落國家在經濟上既有貧富的差異，在政權的分配上行使上亦是不平等的，非普遍的。那戰敗者或從異族刼掠來的俘虜，自然處於被壓迫、被統治的奴隸地位；就是同族的人因財富的不足或缺乏，亦常被剝奪其政治權力。這一時代，因人口已增多，團體已擴大，事實上亦難以使人人有參政的權力與機會。且畜牧的經營與戰爭的指揮，均需要權力的集中與決策的統一，國家的政權或統治權，便落入少數人手中。氏族的族長掌一族的族政。合若干氏族爲宗族。宗族長爲部落的酋長或領袖，掌戰爭與對外，由氏族族長共同選擧之。合若干部落爲國家。國家的首長爲天子或君后，掌全國的宗教與政治，由衆酋長或神意以產生之。各酋長的行事亦受天子或君后的指導與監督。國家、宗族、氏族中均有巫覡，司祭祀，掌卜筮，權力甚大，國之大事祭與戎及政事均依卜筮占判吉凶，而定行止，蓋今日所謂「決策」(Policy Making)作用。故殷商政治具有濃厚的神權思想。

第三節　神權主義的政治制度

一、神權與族長政制的含義——殷商爲部落國家時代。這時的政治制度，乃是神權與族長共主國政的神權與酋長共治政制。往昔治史者，多以爲神權政治或酋長政治乃是人類最早的政治制度。殊不知，神權思想，必待人類知識達於一定程度時，始能產生。酋長政制的運用，必須經濟組織達於一定條件時，才能出現。近世文化人類學家考察研究得到的結果，證明人類最早的政治社會形態，乃是漁獵式的遊動國家。當時的政治體制是自然主義的天道政制。部落國家的經濟基礎係以畜牧爲主，而輔之以簡陋粗糙的農業。在這經濟狀態的國家，必然產生神權主義的政治制度。

畜牧事業的成敗盛衰與天時氣候有密切的關係。天時氣候適宜，牛羊鷄豚的繁殖，能以子孫倍增；若遭惡劣天時氣候，不但家畜生殖不繁，甚而一次病疫，可使成群的家畜，一時死亡殆盡。這成敗盛衰的關鍵，吉凶禍福的根源，究竟在那裡呢？當時的人們，因知識不足，自然無從瞭解。同時因生產技術及設備的簡陋，對於自然發生的恐怖和喜悅現象，亦無法控制或適應。結果，只有聽天由命的接受及屈服於自然現象和勢力的支配下。在可憐的聽天由命的生活中，便產生敬天、畏天、順天的思想。所謂天或命，就是一不可知、不可抗的神秘威力。畜牧生產的成敗，人生幸福的有無，人們認爲皆操縱在這神秘威力的手中，於是懾服於這神威之下，畏之，敬之，跪伏在其面前，祈禱神威的庇佑，賜福免禍，神權思想便因之產生。基於這種思想，對神威發生信仰，由信仰而生力量。神威的力量能以支配人群社會生活與思想，神權主義的政治制度便應運而興。

部落國家的經濟組織是以牧場爲中心，氏族乃是部落國家中社會結構的基幹。一氏族佔據一組牧場以爲其生活的憑藉。所謂氏族的含義包括地域與血統兩種因素。氏以示地域的相同，族以示血統的一致。氏族爲永久佔據一定牧場或農場營共同生活的人群組織。這一人群自認皆源於一共同的男性祖先。那血統不同的外族或「生人」被視爲敵人，從外族擄掠來的人被夷爲奴隸，並非具有平等地位的氏族構成員。若欲維持這一組織的存在與成功，自需有一致的行動和共同的紀律。但獲致這種條件的前提又必賴於共同信服的、擁有命令權力的領袖。

畜牧經濟的生產技術多半靠經驗，氏族社會的行爲準則，大部份依循於習慣。氏族的族長是富於經驗和熟於習慣的人。族長以血統的維繫及與族人有共同生活的關係，不但具有權威，且爲族人所信服，於是氏族族長自然成爲這一人群組織的政治領袖。族長對於族人，不但當其生活在世時，有很大的權力，卽使他死後，仍有遺威、遺德、遺愛在人間，使族人對之仍有強烈的敬畏信念；且更禱求這去世的領袖繼續給予庇佑與保護。所以，部落國家的神權政治，實係由兩大宗教觀念或兩種神秘力量所支持。一是可恐怖的自然的神秘力量，因而產生敬天的宗教。一是可敬愛的去世的族長的神秘力量，因而產生尊祖的宗教。殷人「尊祖敬天」，實有其客觀的要求和自然的趨勢，乃是事有必至，理有固然，並非偶然發生的事件。

部落國家是由若干氏族聯合組織成功的。這些氏族爲了採取一致行動，營共同生活，並加强團結，聯合爲宗族，並擁戴一共同領袖，這領袖便是部落國家的宗族首長或酋長。甄克斯（E. Jenks）說：「在部落國家或畜牧經濟的社會中，總有一種領袖以爲其宗族的代表。愛爾蘭人稱之爲壘（Ri），威爾斯人稱之爲本（pen），蘇格蘭人稱之爲媽媽爺（mamaen）。條頓的神寧（cyning）和坡深（pathans）人的汗（khan）都是異名同實的宗族領袖或酋長。酋長多是世襲的，以有此特權的世系或氏族最長的男子擔任之。」❼酋長掌宗族的牧政與祭祀。各宗族爲了以聯合的力量與行動，抵抗外來的侵略，便結合起來成立國家。國家的元首爲君后，或由世襲或經推選產生，其重要責任與地位乃是政治與軍事領袖，多由勇敢善戰或力量最强的宗族中的人充任之。

在畜牧時代，戰爭已較往昔頻仍而劇烈。因戰爭日趨重要，戰士漸成特殊階級，幾乎成爲專任職業。戰爭在當時所以漸趨重要的原因，計有兩端：一因在畜牧經濟時代，勞動力成爲生產上的重要因素，奴隸或勞力掠奪成爲風氣，遂致戰爭多有。二因牧場經過人工改良，且建造有牛棚、羊欄，不易搬遷，遇有外族侵略，必竭全力以作保衛戰；已非漁獵時代因無土地留戀及無財產牽累可以自由移動者可比，自不得不盡力作守衛牧場及財物的抵禦戰爭。

---

❼ 張金鑑譯 Edward Jenks 著《政治簡史》（*Short History of Politics*），臺灣商務印書館，民國五四年臺一版，頁一四。

二、神權與族長政制的實際——畜牧事業的成敗既與天時氣候等自然現象有密切關係。而當時人類的知能對這自然現象既不能瞭解，亦無法控制，於是懾服歸依於「天威」與「神力」之下，於是產生神權思想。《禮記》表記曰：「殷人尊神，率民以事神，先鬼而後禮。」尊神所以敬天，先鬼所以尊祖。《尚書》湯誓篇：一則曰：「有夏多罪，天命殛之」；再則曰：「夏氏有罪，余畏上帝，不敢不正。」是成湯伐夏自謂是依天意以行事。

《尚書》太甲篇曰：「皇天眷佑有商，俾嗣王克終厥德，實萬世無疆之休。」《尚書》洪範篇曰：「惟天陰隲下民」；「帝乃震怒，不畀洪範九疇。」凡此記述皆表現神權思想及神權所發生的重大政治力量。從殷墟甲骨文卜辭中的記載，足以證明殷商時代祭天地山川方位的禮儀佔有重要的地位。卜辭中有尞（）從木在火上，說文曰：「尞，柴火也」即以柴火祭天。有貍（）象掘地，或象牢牛或承於地中。《周禮》大宗伯篇曰：「以貍沈祭山林川澤。」有沈（）象沈牛於水中，殆爲貍沈的沈字。

殷商的神權主義係由兩大因素所構成：一是自然的天神，二是祖先鬼靈。故殷商敬天與尊祖。《尚書》盤庚篇曰：「茲予大享於先王，爾祖其從與享之，作福作災，予亦不敢動用非德」。《詩經》商頌亦多言享祭祖先的事。那篇曰：「自古在昔，先民有作，溫恭朝夕，執事有恪，顧予烝嘗，湯孫之將」；烈祖篇曰：「嗟嗟烈祖，有秩斯祜，申錫無疆，及爾斯所」。足見他們認爲死去的祖先仍具有作威福降吉凶的偉大威力。甲骨文卜辭中亦有不少關於祭祖及祭祖儀禮的記載。其中祭字、祀字、烝字、福字很多。這些字都含有敬祭祖先的意義。

在殷商時代的社會人心既受神權思想的支配，於是產生主持卜筮，絕地通天的巫覡或僧侶。在組織上部落的族長、宗長和國家的君后，雖都是畜政、祭祀，政治和軍事領袖，但實際上，他們的意思與行動，須以巫覡的卜筮爲依歸，故實質上「王權」對「神權」尙居於附從的地位。政治和軍事的「作決權」（Policy and Decision Making）雖分屬於族長、宗長、君后、巫覡及庶人。但在政權行使上，君后、貴族、庶人各佔一權，而巫覡或僧侶却佔卜與筮二權。凡名上有巫的及能格於皇天者都是巫覡。《尙書》君奭篇曰：「在大戊時，則有若伊陟、臣扈格於上帝，巫咸乂王家，在祖乙時，則有若巫賢」。

巫覡在作決上佔有二權，《尙書》洪範篇有明白的記述。文曰：「汝（指君王、后）則有大疑，謀及乃心，謀及卿士，謀及庶人，謀及卜筮。汝則從，龜（卜）從，筮從，卿士從，庶民從，是之謂大同，身其康疆，子孫其逢吉。汝則從，龜從，筮從，卿士逆，庶民逆，吉。卿士從，龜從，筮從，汝則逆，庶民逆，吉。庶民從，龜從，筮從，汝則逆，卿士逆，吉。汝則從，龜從，筮逆，卿士逆，庶民逆，作內吉，作外凶。龜、筮共違於人，用靜吉，用作凶。」事情的吉凶既以龜（卜）筮的從逆爲轉移，則巫覡大可操縱和左右國家君后與卿士及庶民間，其權力自可以上挾君后，下制臣民。

人事發生疑難時，則「擇建立卜筮人」，以視龜筮的從違而解決之。至於天時氣候問題無可如何時，便以「庶徵休咎」以警惕之。庶徵指自然現象。其意義與影響如何，亦只有巫覡才能作解釋與禳解。這又是神權政治實際運用的另一方法。洪範八疇曰庶徵：「曰雨、曰暘、曰燠、曰寒、曰風、曰時。五者來備，各以其敍，庶草蕃廡。」言五者依時而至，則草木暢茂，生植豐盛。「一、極備凶，一、極無凶」。五者中一種至而過甚則凶；一種不至亦凶。「曰休徵：曰肅，時雨若」，言君行休美，則時雨順至。「曰乂，時暘若」，乂爲刈之本字，芟草之意，卽治理；言政治昌明，則天時晴順。「曰晢，時燠若」，言君明，則天氣和暖。「曰謀，時風若」，善謀慮，則風調順。「曰咎徵：曰狂，恒雨若。曰僭，恒暘若。曰豫，恒燠若。曰急，恒寒若。曰蒙，恒風若」。咎徵言行爲不當，則惡象出現。行狂妄，則有雨災。行僭越，則有旱災。行豫逸，則有熱災。行急躁，則有寒災。行蒙昧，則有雨災。

休徵與咎徵的應驗，不僅用以使執政者警惕，同時亦適於全體國民。那就說，一切人等須順天時以行事才能感受休福；否則，則將遭致咎疾。故洪範又說：「王省惟歲（王總攝百揆萬機，卽如歲括四時，全年惟謹）、卿士惟月（卿士各有所掌，如月之有別，宜各盡其責）、師尹惟日（群吏分職，有日之歲月，宜日日執事）、歲、月、日、時無易，百穀用成，乂用明，俊民用章，家用平康（各級執事守時盡職，如四時順常，則百穀生長，政治修明，百姓章明，各家平寧）。日月歲時既易，百穀用不成，乂用昏不明，俊民用微，家用不寧（各執事易忽其職，則百穀無收成，政治趨混亂，民不安，家不寧）、庶民惟星，星有好風，星有好雨（言人民的形象如衆星，星有好風好雨的不同性格，民行可招風亦可招雨，星以人民的好惡爲好惡）。」

三、教權與政權衝突的事例——殷商時代名曰「巫」及能「格於皇天」者皆是主持卜筮的僧侶，卽掌握教權者。《史記》殷本紀稱：「太戊立，伊陟爲相。亳有祥（妖異），桑穀共生於朝，一暮大拱。帝太戊懼，問於伊陟（乃伊尹之子）。伊陟曰：「臣聞妖不勝德，帝之政其有闕與！帝其修德！太戊從之，而祥（妖）桑枯死而去」。伊陟能釋妖祥，巫人之職。又稱：「伊陟贊言於巫咸，巫咸治王家，有成，作咸乂。太戊贊伊陟於廟，言弗臣，作原命。」《尚書》君奭篇曰：「我聞在昔，成湯既受命，時則有若伊尹格於皇天；在太甲，時則有若保衡；在太戊，時則有若伊陟、臣扈，格於上帝；巫咸乂王家；在祖乙，時則有若巫賢（巫賢乃巫咸之子）；在武丁，時則有甘盤；率惟有陳，保乂（治）有，殷故殷禮陟配天，多歷年所。」這是說自伊尹至甘盤六巫佐殷，能升殷禮以配天。天指皇天，卽天神。主持卜筮的巫相，固然權重勢强，然宗長、國君主持政治軍事，權勢亦頗有力量。神權與政權遂形成對峙與抗衡的形勢。因之，殷商時代，王權與巫相每致發生衝突與爭鬥。雙方衝突的結果，至殷末王權卒能獲得勝利。周代乘其勢，遂能成立封建國家，採行宗法式貴族政治制度。伊尹放太甲於桐，便是神權與政權衝突的明顯事例。這一事件，竹書紀年，稱伊尹爲篡，文曰：「仲壬崩，伊尹放太甲於桐，乃自立也。伊尹卽位於太甲七年。太甲潛出自桐，殺伊尹，乃立其子伊陟、伊奮，復其父之田宅，中分之」。

孟子則認爲伊尹非篡，因爲太甲無道，顚覆湯之典刑，已失其爲君之道，猶如湯放桀，武王伐紂，不可以篡逆視之。孟子曰：「伊尹相湯，以王於天下，湯崩，太丁未立，外丙二年，仲壬四年，太甲顚覆湯之典刑，伊尹放之於桐。三年，太甲悔過，自怨自艾，於桐處仁遷義，三年，以聽伊尹之訓己也，復歸於亳。周公之不有天下，猶益之於夏，伊尹之於殷也。」❽這是說，伊尹並未擁據殷之天下，故不可以篡奪視之。

其實，這兩種不同的看法，都不無討論的餘地。如認爲伊尹是篡位，那太甲復位，何以復用伊尹的二子，仍任叛逆者的職位繼續爲「巫相」。足見巫覡的敎權乃是世襲的，伊尹的子孫六代爲「巫相」，可爲證明。如說非篡，而以湯放桀、武王伐紂比擬之，亦不恰當。因湯於桀，武王於紂，皆爲敵國的首

❽《孟子》萬章篇上。

領，而伊尹卻是太甲的臣屬。臣放君，豈非簒麼？於是又解釋曰：「有伊尹之志則可，無伊尹之志則簒也」。這亦失之牽强。實則，這是教權與政權的衝突，只可以政爭或政潮視之。

伊尹放太甲於桐，是神權壓倒政權；然政權壓制神權亦不乏其事例。《史記》殷本紀曰：「太戊贊伊陟於廟，言弗臣，伊陟讓，作原命，殷復興，諸侯歸之，故稱中宗。」君后在宗廟，竟敢正式宣布巫相伊陟弗臣，迫之讓位，是政權壓倒神權的一個事例。殷本紀又稱：「武丁卽位，思復興殷，而未得其佐，三年不言政事，決定於冢帝，以觀國風。武丁夜夢得聖人名說。以夢所見視群臣，百吏皆非也。於是乃使百工營求於野。是時說爲胥靡築於傅險。見於武丁。武丁曰：是也。得而與之語，果聖人也。舉以爲相，殷國大治。」由此記載以觀之，武丁在位三年，巫相把持，不得親政，乃託言夢得聖人，以非巫覡的傅說爲相而國治。這又是政權壓制神權的一次勝利。殷本紀又說：「武乙無道，爲偶人，謂之天神，與之博，令人爲行，天神不勝，乃僇辱之，爲革囊盛血，仰而射之，命曰射天。」武乙竟如此侮辱天神，其無視於神權，可想而知，是政權强於神權的一種證明。《尙書》牧誓篇曰：「今商王受，惟婦言是用，昏棄厥肆祀，弗答。」這是說，殷紂王昏亂拋棄其所陳祭祀，不復當享鬼神。由此可見政權恣肆，神權被藐視，其勢趨於衰落難振。

第四節　尊祖敬天的政治思想

一、尊祖的政治思想——

《禮記》表記曰：「殷人尊神，率民以事神，先鬼而後禮。」人死爲鬼。先鬼者謂尊崇死去的祖先。殷商時代以氏族爲國家構成的基礎。氏族是衆所公認源於一共同男性祖先的人群組織。因之，祖先是維繫這一人群組織的團結紐帶與標幟，亦是這一人群組織共同崇拜的對象。祖先在世時，領導子孫從衆，立德建業，大有功德於其人群組織，爲衆所擁戴與敬仰。迨其死去，其子孫仍認爲其英靈不滅，崇敬如昔，祈求其繼續庇佑，降福吉，免災殃。由思想而生信仰，由信仰而生虔誠的崇拜。因此，氏族社會的宗教觀念，便由拜物教進步爲尊祖教。由信仰而生力量，於是尊祖的信仰遂能產生影響人群生活與行爲的力量。這種力量便形成尊祖的政治思想。

《尚書》伊訓篇曰：「先王肇修人紀，從諫弗咈，先民時若。」這是說成湯創業，始立人群的行爲綱紀，從諫如流，先哲之言，不可違悖，訓戒後人崇敬先祖，奉爲模範。伊尹戒太甲曰：「爾惟德，罔小，萬邦惟慶；爾惟不德，罔大，墜厥宗」❾伊尹勉訓太甲，若能修德爲政，不失之細小，則萬邦歡慶。若不修德向善，不求宏大，必墜失宗廟，有虧祖德，不可不加戒懼。《尚書》太甲上篇載：「王惟庸，罔念聞。伊尹乃言曰：先王昧爽丕顯，坐以待旦，旁求俊彥，啓廸後人。無越厥命以自覆。愼乃儉德，惟懷永圖。」太甲不聽伊尹訓戒，仍不改其非，吾行吾素。伊尹乃又訓戒曰：「先王勵精圖治，勤政修德，坐以待旦，廣求賢才，啓廸後人。汝切不可敗壞祖德，自取滅亡；應勤愼修儉德，以謀求長治久安。」

盤庚曰：「古我先王曁乃祖乃父，胥及逸勤，予敢動用非罰。世選爾勞，不掩爾善，茲予大享於先王，爾祖其從與享之」❿。這是盤庚對群臣的講話，說：「我的先王我祖與父和群臣共理國政，同甘苦，

---

❾《尚書》伊訓篇。
❿《尚書》盤庚上篇。

共勞逸，爲子孫所當效法的善行美德，我豈敢輕用刑罰以懲群臣。我當世世數計你們功勞，不掩蓋你們的善德嘉行。現在我錄記世代功臣，配食於宗廟，以受祭享。重祖德，享功臣，祭宗廟，實是尊祖敬宗的政治思想」。

盤庚遷都，宣告於民曰：「殷降大虐，先王不懷，厥攸作，視民利用遷；汝曷弗念我古后之聞，承汝俾汝，惟喜康共，非汝有咎，比於罰。」⓫他的意思是說，天降大災於殷，先王遂想不留居故都而要遷徙。遷都的目的，在爲人民謀福利。你們應知我先王亦嘗遷徙。今我法先王而遷徙，完全爲要使你們安好喜悅，並非因你們有罪咎，以遷徙爲處罰。君主行事，時時以法先王，修祖德爲號召；尊祖敬宗的政治思想佔有極重要的地位。

武丁夢得聖人傅說，求得於巖野，使爲相，與語曰：「俾率先王，廸我高后，以康兆民。」⓬這是武丁要求傅說常常匡扶他，使之修先王的德行，行祖先的政治，俾萬民能以安寧康樂。傅說對武丁曰：「惟學遜志，務時敏，厥修乃來。允懷於玆，道積於厥躬。惟斆學半，念終始典於學，厥德修罔覺。監於先王成憲，其永無愆。」⓭這是傅說教武丁，惟有勤學進修，才能順利達成志向，且須敏勉以進之，德業自會到來。爲學要始終不輟，若半途而廢，德業必不能修進而有所明覺。要以先王及祖宗的典章法度爲借鑑，便不致發生過錯。所謂學仍須以先祖爲法度，尊祖敬宗之旨，十分强烈。

⓫《尚書》盤庚中篇。
⓬《尚書》說命上篇。
⓭《尚書》說命中篇。

殷商時代不但有强烈的尊祖敬宗的政治思想，且更有繁多而隆重的奉祀先王祖宗的禮儀。甲骨文卜辭中有很多字象持酒肉向前的形狀，無疑的是進行享祭的含義。春、夏、秋、冬四季皆有祭祖禮儀，烝字就是多祭禮。今日流行的福字，在殷商則是祭祖禮儀的一種。殷商的銅器最爲著名而精美，但多爲祭祀的器用，如鼎、彝、甗、爵等便是。在抗戰期間，在著者祖籍安陽縣西北小屯村附近司空村掘出一三尺多高的大銅鼎，上鑄有「司后戊」三字，司同祠，后卽君王，戊是君王的名字。

二、敬天的政治思想——殷商時代，生活的憑藉和生產的技術係以畜牧經濟爲主題。畜牧經濟的成敗與天時氣候有密切的關係。風雨陰晴、雷電風霜、晝夜寒暑等自然現象和生老病死、壽夭吉凶等人事現象，對生活幸福與經濟生產都有重大的影響。天時順，氣候好，則牛馬鷄豚等牲畜可以生殖滋繁，財富增多，人生愉快。否則，一次颱風，一場洪水，可能使家畜冲失漂流殆盡。一旦獸疫發生，一夜之間，家畜可能全部死亡。人會突然生病或死亡，甚至被雷殛，遭溺斃；至於酷暑嚴寒亦都能造成重大災害。當時人民對這些可恐怖、可驚奇的現象，既無知識瞭解其因由，更無能力加以控制；因而認爲這些現象與事態的背後，必有一神秘而偉大的力量在操縱着，於是慴服於神威之下祈求其庇佑；且把這力量人格化、神秘化，認爲那是超人而又似人的天神。因而產生敬天、畏天、順天的神權政治思想。

成湯伐夏，自認是順天應人的義師。他說：「非台小子，敢行稱亂，有夏多罪，天命殛之」；「夏氏有罪，予畏上帝，不敢不正。」⑭湯之左相仲虺作誥曰：「嗚呼，惟天生民有欲，無主乃亂。惟天生

⑭《尚書》湯誓篇。

聰明時乂，有夏昏德，民墜塗炭，天乃錫王勇智，表正萬邦，纘禹舊服，玆率厥典，奉若天命；夏王有罪，矯誣上天，以布命於下，帝用不臧，式商受命，用爽厥師。」⓯這是說：夏桀昏亂無道，陷人民於水深火熱中，智勇兼具的成湯，奉天承運，弔民伐罪，替天行道，而申天討。

成湯既克夏桀，復歸於亳，乃作湯誥，曉喩萬民。湯誥有曰：「惟皇天上帝，降衷於下民。若有恒性，克綏厥猷惟后。夏王滅德作威，以敷於爾萬方百姓。爾萬方百姓，罹其凶害，弗忍荼毒，並告無辜於上下神祇，天道福善禍淫，降災於夏，以彰厥罪。肆台小子，將天命明威，不敢赦，敢用玄牡，敢上告於上天神后，請罪有夏。聿求元聖與之戮力，以與有衆請命，上天孚佑下民，罪人黜伏。天命弗僭，賁若草木，兆民允殖，俾予一人，寧爾邦家」⓰。

成湯這一宣誥完全是敬天、順天、畏天的政治思想；其要旨是說：今皇天上帝，降賜大福大善於萬民。順人常恒，安立天之道理與功德，乃是我爲君的天職。夏桀失德作威，虐待萬方百姓，罹受凶害，無辜的萬民不能忍受乃上訴叫苦於上下神靈。皇天本福善禍淫之道，乃降災於夏，以明其罪。我乃奉天命，行天威以征誅之；並昭告上天神后，向桀興師問罪，萬民無罪，何竟殘虐之!?遂邀同大聖伊尹共同努力爲民請命而征服之。上天孚佑下民，罪人夏桀乃被黜伏。天道福善禍淫，決無爽差，天命除惡，草木暢茂，萬民歡樂。天使我成湯一人安輯邦國萬民。

成湯既沒，太甲卽立元年，伊尹作伊訓，明言祖德與天神的重要以訓太甲。伊訓有言曰：「嗚呼，

⓯《尙書》仲虺之誥篇。

⓰《尙書》湯誥篇。

古有夏先后，方懋厥德，罔有天災；山川鬼神，亦莫不寧，曁鳥獸魚鼈咸若。於其子孫弗率，皇天降災，假手於我有命，造攻自鳴條，朕哉自亳。惟我商王，布昭聖武，以寬代虐，兆民咸懷。今王嗣厥德，罔不在初，立愛惟親，立敬惟長，始於家邦，終於四海。」⑰這是伊尹擧夏代的史例以訓誡太甲。其意是說：夏朝的先王（指禹以下，少康以上諸賢王）能修明德，行善政，天不降災害，山川鬼神皆安寧，鳥獸魚鼈亦都順適。迨至其子孫夏桀，不遵行祖德善政，天乃降災於桀，假手於我成湯以行天討。始自鳴條伐桀，克夏後復歸於亳（商都）修德行善，明布聖武之政，以寬仁之德政，替代夏桀暴虐之政。今汝太甲嗣位雖續修其德，但爲善政須有始有終，不可有始無終。力行愛敬之道，應自家開始，而終及於四海。

伊訓又曰：「惟上帝不常，作善降之百祥，作不善降之百殃。爾惟德，罔小，萬邦惟慶；爾爲不德，罔大，墜厥宗。」⑱這是說：上帝是否庇佑下民，視善惡之所在爲定奪，並不常保一家。對行善者賜以百福；對作惡者降以百殃。汝（太甲）能修大德則萬邦歡慶；汝若失德不小，必墜失宗廟社稷。

伊尹既還政於太甲，將告老歸邑，乃作「咸有一德」，陳德言以戒太甲。言曰：「嗚呼，天難諶，命靡常；常厥德，保厥位，厥德匪常，九有以亡」；「非天私我有商，惟天佑於一德。非商求於下民，惟民歸於一德。德惟一，動罔不吉；德二三，動罔不凶；惟吉凶不僭，在人；惟天降災祥，在德。」⑲

---

⑰《尚書》伊訓篇。
⑱ 同上。
⑲《尚書》咸有一德篇。

這是說：上天既不常佑一家，故朝廷的命運亦是不確定的。常行德政，可保王位，不修德政，天下必亡。上天並不私愛我們商朝；天所佑者是一心一意行德政者。能一心一意行德政，則無往而不利；若三心二意不專心行德政，必處處不吉。吉凶絲毫不爽，端視人的行爲是否行善立德。上天降災或賜福，全看人在作惡或是行善德。

西伯姬昌已以兵力戡定黎國，兵力逼近殷畿。紂之賢臣祖伊恐懼奔告紂王曰：「天既訖我殷命，格人元龜，罔敢知吉。非先王不相我後人，惟王淫戲用自絕。故天棄我，不有康食；不虞天性，不廸率典。今我民罔弗欲喪。」曰：『天曷不降威，大命不摯，今王其如台。』王曰：「嗚呼！我生不有命在天。」⑳祖伊對紂王所說的是：殷朝的天命將完畢。無論人事與龜卜皆不吉利。並非先王不幫助後人，實因你荒淫無道，自絕於先王。所以上天亦因之棄我殷，宗廟不能安食於天下。你不度天性，不循常法。今民莫不欲王之亡，且曰：「天何不怯快降威力而罪誅之。」紂聽了，不思改過，反說我生而自有天命在，民言豈能損害我耶!?執迷不悟，有過不改，故其敗亡不能避免。

---

⑳《尚書》西伯戡黎篇。

第三編　封建時期（西元前一一二二—前七七一）

——西周時代

第八章　西周封建性的政治思想

——武王至幽王（西元前一一二二—前七七一）

第一節　由氏族社會到封建國家

一、滅紂的策略——孟子曰：「由湯至武丁，賢聖之君六七作，天下歸殷久矣，久則難變也。紂之去武丁未久也，其故家遺俗流風善政猶有存者。」❶孟子認爲商殷統治天下有六百多年，名君賢相輩出，善政美俗猶存，且武丁爲名君，紂去武丁不遠，況「紂之不善未若斯之甚也」；其滅紂代殷，不是件容易的事，因「久則難變也」。商殷有六百年的天下，根深蒂固，摧毀非易。《尚書》武成篇曰：「受（紂）率其師若林，會於牧野，罔有敵於我師（周師）前徒倒戈，血流漂杵。」可見牧野之役，乃是一場激烈的血戰。周文武所以卒能敗紂而代殷者，因其採行左列政略與戰略：

❶《孟子》公孫丑上篇。

1.鞏固後方——安內始能攘外，欲向前進取必先鞏固後方。在無後顧之憂的情形下，方能進攻順利。文王「三分天下有其二，以服事殷」，就是要先鞏固後方後，才起兵攻殷，這就是先為不可勝，而待敵之可勝。鞏固後方實際措施，就是「征伐四國」。四國者：一曰密，在甘肅靈臺縣西，先平密則無後顧之憂；二曰黎，在山西黎城縣東北，戡黎（《尚書》，西伯戡黎）以便撫殷都之背；三曰邘，在河南沁陽縣西北，征邘所以控制黃河渡口的孟津；四曰崇，在陝西鄠縣東，伐崇所以開東征之路。史稱：「文王伐崇，三駕不下，歸而修德，然後服之」❷。

2.假借天命——《禮記》表記曰：「殷人尊神，率民以事神。」殷商時代，神權思想甚為流行。殷人深信天命之說。武王伐紂，宣稱周師是順天應人的義師，殷人天命已盡，天降新命於周；周師必勝，殷朝必亡。這是攻心戰術，在於瓦解敵人的人心士氣。武王一則曰：「今商王受，弗敬上天，災降下民。……皇天震怒，命我文考，肅將天威，大勳未集。肆予小子發，以爾友邦冢君，觀政於商，惟受罔有悛心，乃夷居弗事上帝神祇，遺厥先宗廟弗祀。」❸再則曰：「受罪浮於夏桀，剝喪元良，賊虐諫輔。……天其以予乂（治也），朕夢協朕卜，襲衣於休祥，戎商必克。」❹三則曰：「今商王受，狎侮五常，荒怠弗敬，自絕於天，結怨於民。……上帝弗順，祝降時喪，爾其孜孜，奉予一人，恭行天討」❺。

❷見劉廙上書諫曹公親征蜀，載《兩漢三國文彙》第一七〇五頁。
❸《尚書》泰誓上篇。
❹《尚書》泰誓中篇。
❺《尚書》泰誓下篇。

3. 政治分化——殷紂王剛愎自用，有過不改，拒聽忠諫，比干諫而死，箕子爲之奴，則群臣必有離心離德者，故武王曰：「受有臣億萬，惟億萬心，予有臣三千，惟一心。受罪貫盈，天命誅之，予弗順天，厥罪惟鈞。」❻又曰：「受有億兆夷人，離心離德，予有亂（治）臣十人，同心同德，雖有周（至也）親，不如仁人。」❼於是周文王武王先後向殷臣進行政治分化，使其朝政趨於分歧混亂。姬氏父子早已懂得「七分政治，三分軍事」的戰略與政略。殷臣辛甲諫紂不聽，憤而去殷至周，文王親迎之，以爲公卿❽，殷朝的內史向摯、太史屠，忝先後棄殷奔周❾。殷朝重臣都投奔姬周，微子去之，亦可能由於周人的分化。大臣被殺或逃去。武王見政治分化，已見功效，始決定與兵伐紂。

4. 矜匹聖族——殷人始祖契，母曰簡狄，有娀氏之女，爲帝嚳次妃，三人同浴，見玄鳥（燕子）墜其卵，簡狄取呑之，因孕生契❿。《詩經》商頌玄鳥篇曰：「天命玄鳥，降而生商，宅殷土芒芒。」卽指此而言，故殷人自信其爲天命聖族。周族若爲一凡族，欲代殷而有天下，自不易爲殷人所接受。於是周人亦自矜誇爲天命聖族，有取而代殷的天定資格；且同爲帝嚳之嗣裔，契與后稷又同爲虞舜同朝功臣，殷、周乃是同祖同族的兄弟之邦，殷人對周人應視若同胞，予以歡迎，不必排拒。周人的始祖爲后稷，名棄，母有邰氏女曰姜嫄，爲帝嚳元妃。姜嫄出野，見巨人跡，心忻然，踐之，而動如孕者，居期而生

---

❻《尙書》泰誓篇上。
❼《尙書》泰誓篇中。
❽《中華五千年史》第二册西周史，中國文化大學出版部，民國七一年七版，頁一三。
❾章嶔《中華通史》第一册。臺灣商務印書館，民國六一年，頁二二九。
❿《史記》卷三，殷本紀。

子，以爲不祥，棄之隘巷，牛馬過者，皆避而不踐，徙置之林中，適會山林多人，遷之，而棄渠中，水上飛鳥，以其翼覆薦之。姜嫄以爲神，遂收養長之。初欲棄之，因名曰棄⓫。

5. 聯軍作戰——武王伐紂，並非僅用周邦一邦的軍隊作戰，而是聯合友邦軍隊聯合作戰。故曰：「大會諸侯於孟津」。諸侯指友邦軍隊的邦君。《尙書》泰誓上篇，一則曰：「嗟我友邦冢君，越我御事庶士，明聽誓；」再則曰：「肆予小子發，以爾友邦冢君，觀政於商。」《尙書》牧誓篇曰：「嗟我友邦冢君，御事、司徒、司馬、司空、千夫長、百夫長及庸、蜀、羌、髳、微、盧、彭、濮人，稱爾戈，比爾干，立爾矛，予其誓。」《尙書》武成篇曰：「嗚呼，群后！惟先王建邦啓土，公劉克篤先烈，至於大王，肇基王迹。」所謂友邦冢君及群后，皆指參加聯合作戰的友邦邦君。參加牧野作戰的友軍的確數不得而知。牧誓中所指出者有八個：一曰庸，今湖北省竹山縣。二曰蜀，今四川省成都一帶。三曰羌，分佈於甘肅省高原一帶。四曰髳，今雲南省大姚縣，五曰微，今四川省巴縣。六曰盧，今湖北省南漳縣，七曰彭，今四川省彭縣，八曰濮，今湖南省常德縣⓬。

6. 閃戰總攻——牧野之戰是一場激烈的商周大決戰。周武王採閃電總攻戰術，遂能收到速戰速決的效果。《詩經》大雅大明篇詠牧野戰役曰：「牧野洋洋，檀車煌煌，駟騵彭彭。惟師尙父，時維鷹揚，涼彼武王，肆伐大商。」洋洋言牧野的廣大。煌煌指戰車的鮮明。牧誓稱「戎車三百輛，虎賁三千人。」彭彭言戰馬的雄壯。涼彼武王，指統帥的英明。尙父是太公望（姓呂）是作戰的總司令。鷹揚言軍旗的飄

⓫ 同上，卷四，周本紀。
⓬ 參見《中華五千年史》第二册，西周史，頁一七。

揚。因軍旗上畫有鷹。

二、農業的經營——夏以前爲漁獵經濟時代。殷商爲畜牧經濟時代。姬周爲農業經濟時代。農業進步，畜牧落伍。故周能挾持其經濟優勢以克殷。周始祖后稷好耕農，相地之宜，宜穀者稼穡焉。稷三傳至公劉。雖在夷狄之間，仍修后稷之業，務耕種，行地宜。《詩經》大雅公劉篇曰：「乃積乃倉，乃裹餱糧，於橐於囊，思輯用光」；「度其隰原，徹田爲糧；」足見農產之盛，糧之足。公劉數傳至古公亶父，修后稷與公劉之業，積德行義，國人皆戴之。亶父雖賢戎狄侵迫，乃避而去邠至岐。亶父有三子，長太伯，次仲雍，少季歷。季歷有子名昌。太伯、仲雍知亶父欲立季歷以傳昌，二人逃往荊蠻，文身斷髮。季歷立，是謂公季，修古公遺道，篤於行義，諸侯順之。季歷卒，子昌立是謂西伯，遵后稷公劉之業，行古公、公季之法，諸侯歸之。西伯卒子發立，是謂武王。武王伐紂滅殷⑬。

三、氏族的控制——殷商爲氏族社會。若干氏族合組爲宗族，卽部落國家或族國。殷紂的政權雖被周師摧毀，然氏族和宗族的勢力仍然存在，若不對之作有效控制，則後患堪虞。於是武王因殷之遺民，封紂子祿父（名武庚）使主之。慮其有變，乃命弟管叔鮮、蔡叔度、霍叔處，共監臨之是謂三監。武王卒，子成王立，周公旦攝政。管叔、蔡叔生疑，以其將不利於成王，遂挾武庚以殷叛，蓋殷之遺民猶不服於周室。武王滅紂，封殷臣微子啓於宋，使續殷後，得仍用其先王的禮樂；微子受封不受爵，以示不爲周臣，在周爲客。封康叔封於殷都朝歌（河南淇縣）因殷餘民以治之，國號曰衞。周公旦慮康叔封年少，使

---

⑬參見《史記》卷四，周本紀。

求殷之賢人君子，問其先殷之所以興亡之道，並勉其務以德愛民。凡此均所以謀有效控制殷代的氏族。

武王滅紂後，如何控制殷之氏族，左傳亦有明白記載。文曰：「子魚曰：以先王觀之，則尙德也。昔武王克商，選建明德，以藩屏之，故周公相王室以尹天下，於周爲睦。分魯公（伯禽）以大輅，大旂。夏后氏之璜。封父之繁弱。殷世六族（條氏、徐氏、蕭氏、索氏、長勺氏、尾勺氏）使帥其宗氏，輯其分族，將其類醜，以法則周公，用卽命於周。……殷氏七族（陶氏、施氏、繁氏、錡氏、樊氏、饑氏、終葵氏），封畛土略，自武父以南，及圃田之北境，取於有閻之土，以共王職，……命以康誥，而封於殷墟，皆啓以殷政，疆以周索（法）。……懷姓九宗（唐堯之餘民）職官五政，命以唐誥，而封於夏墟，啓以夏政，疆以戎索」⓮。

周興，初次分封諸侯，可分爲三類：第一類，旨在安輯殷民，如封武庚，封微子，安輯殷民七族六族便是；並在其附近設邶、鄘、衞三國，以爲監視，防其反叛。第二類，旨在興廢國，繼絕祀，封神農之後於焦（河南陝縣），封黃帝之後於祝（山東肥城縣），封帝堯之後於薊（河北薊縣），封帝舜之後於陳（河南淮陽縣），封大禹之後於杞（河南杞縣），所以示行仁義，揚先王，負繼往開來的大責重任。第三類旨在封開國功臣，並移民實邊，封太公姜尙於齊，封周公姬旦於魯，封召公姬奭於燕。

四、歷史的遺跡——歷史乃是一生態系統（ecological system），是有生命的，有生機的，如植物的生長，如生理的發展，循累積進化的法則以前進，依舊生新，推陳出新，一層接一層，連續不斷；

⓮《左傳》定公四年。

一層高一層，累積晉升。所以一切的現在都有歷史的淵源。故周雖新建，仍有陳跡。周代的歷史遺跡，可從左列四點，予以說明：

1.尊祖敬天——殷人尊祖敬天，周代承襲之，無所更易，天子祭天，諸侯祭山川。武王伐紂，自稱是順天應人的義師，《尚書》泰誓、牧誓再四言及敬畏天命，以申天討。從《尚書》大誥、康誥、召誥、洛誥的陳辭以觀之，皆存戒慎恐懼之心，時時危悚，「如臨深淵，如履薄冰」，敬畏天命。周代是宗法社會，自然以尊祖爲第一要義，以維持其宗法禮儀於不墜。《尚書》金縢篇稱，武王有疾，周公乃祭告太王、王季、文王，祝求三王庇佑，以自己代武王之疾。皆尊祖信念的事實表現。

惟殷商重神權，掌卜筮的巫覡地位甚爲崇高，足以與掌政權的君后抗衡；但至周代，雖承襲於殷人的尊祖敬天，但掌卜祝的巫覡權勢，則大爲低落。殷商的巫掌相權；而周官太祝掌六祝之辭，以福祥；太卜掌三兆、三易、三夢之法，爲卜筮之長，均屬宗伯，秩祿僅列下大夫。周分輯殷民七族六族外，還將殷商巫祝卜史，隨彝器典册，一併分配。故曰：「土田陪敦，祝宗卜史，備物典籍，官司彝器。」殷商巫祝卜史隨氏族而分配於諸侯卿大夫的家族。故《左傳》多有關「家巫」的記述。衞靈公將赴召陵之會，以祝鮀有才辯，欲使之從。子魚（祝鮀之字）辭曰：「且夫祝，社稷之常隸也（掌社稷祭祀，尋常隸賤之事），社稷不動，祝不出境。」⑮爲諸侯有巫祝的明證。然巫祝已失卻其在殷商時的重要性。觀於以下二例，可以知之：㈠齊侯疥，期而不瘳。諸侯之賓問疾者多在。梁丘據與裔欵言於公：「吾事鬼神豐，於先君

⑮《左傳》定公四年。

「姑尤以西，有加焉，今吾君疾病，爲諸侯憂，是祝史之罪也。……公欲誅於祝史。……」晏嬰諫曰：其爲人也多矣。雖其善祝，豈能勝億兆人之詛。君若欲誅於祝史，修德而後可。」⑯㈡齊有彗星，齊侯使禳之。晏子曰：「……君無穢德，又何禳焉？若德之穢，禳之何損（難滅於災）？祝史之爲，無能補也。」⑰

2. 立賢制度——嫡長繼承制是姬周建立的新制度，且爲封建國家與宗法制度的重要支柱，然其先世及其建國之初，頗有立賢的傾向，不一定由嫡長子繼承。依《史記》周本紀的記載，古公亶父有子三人，長太伯，次虞仲（仲雍），三季歷，古公不傳長與次而却傳於季歷。文王有子十人，長子爲伯邑考，而傳於次子發爲武王。武王疾，欲傳位於弟旦（周公），旦不肯，周公輔成王，攝國政，實則君王。伯禽封於魯，魯姬姓，乃周族。而魯國的王位繼承制，可能受東方殷制影響，爲一子一弟相傳。伯禽傳子酋爲考公。考公傳弟熙爲煬公。煬公傳子宰爲幽公。幽公弟濆立爲魏公。魏公傳子擢爲厲公。厲公弟具立爲獻公。獻公傳子濞爲眞公。眞公傳弟敖爲武公。武公傳子戲爲懿公。懿公傳弟稱爲孝公。孝公子弗涅立爲惠公。惠公長庶子息立爲隱公。隱公弟子允立爲桓公。桓公傳子同爲莊公。莊公病，而問繼於弟叔牙。叔牙曰：「一繼一及，魯之常也。」⑱一繼者傳子，一及者弟及。

3. 世婚制度——在夏以前的圖騰社會，嚴守同圖騰不婚，而與特定的異圖騰通婚。周制同姓不婚，

⑯《左傳》昭公二〇年。
⑰《左傳》昭公二〇年。
⑱《史記》卷三三，魯世家。

曲禮曰：「取妻不取同姓，買妾不知其姓則卜之。」周則齊魯世婚，無疑的乃是圖騰社會婚制的遺跡。圖騰社會行群婚制，卽等輩婚制，卽由圖騰的某一輩的弟兄，娶乙圖騰的相當輩分的姊妹爲妻。姜（齊）姬（魯）兩姓世婚，殆亦群婚制的遺跡。《詩》云：「豈伊異人，昆弟甥舅」。所謂甥舅的關係，是指㈠母之兄弟爲舅，㈡妻之父爲舅，㈢女之夫爲甥，夫之父爲舅，夫之母爲姑。曲禮稱「叔嫂不通問」；俗稱「人差禮不差，小姨子不到姊夫家」；均所以防止群婚制下的流弊。

具體言之，凡姬姓甲代的男子，皆可以娶姜姓甲代女子爲妻。姬姓乙代的男子又皆可娶姜姓乙代的女子爲妻。凡姬姓甲代的女子皆可嫁姜姓甲代男子爲妻，乙代的女子皆可嫁姜姓的乙代的男子爲妻。自姬姓乙代的男子看來，其母之兄弟卽爲其妻之父，故稱舅。自姜姓乙代的女子看來，其夫之父卽爲其母之兄弟故稱翁或舅；其夫之母卽其姑。這就是所謂中表婚（cross marriage）。因此，在周代就有甥舅之國。

4. 妣母特祭——殷商時代，妣母特祭不祔於祖與父，可能係前期母系社會的遺跡。姬周行宗法制度，妣與母皆祔祭於祖與父。《詩經》國風采蘋篇，鄭玄箋曰：古者婦人先嫁三月，祖廟未毀，教於公宮，可以承先祖共祭祀。婦女既嫁，則爲妣者祔祭於祖，爲母者祔祭於父，妣與母不獨立特祭。但周族始祖后稷之母姜嫄却不祔祭於后稷之父，而爲特祭於姜嫄。《史記》周本紀稱姜嫄爲帝嚳之元妃，則帝嚳爲周族的始祖。依周制，姜嫄應祔祭於帝嚳。然不此之爲，而特祭姜嫄，殊不可解。究係殷商妣母特祭的翻版呢？抑係母系社會的遺跡呢？因姜嫄特祭，《詩經》大雅生民篇曰：「厥初生民，時維姜嫄」。這是說姜嫄爲周族的始祖。依宗法之制，大宗之始應爲一男性祖先。而姜嫄却是女性。問題何在，當不外前述之兩個答案。

五、封建的需要——姬周是農業經濟的產物。農業經營以土地爲基礎，無土地無以事耕種，致生產，故土地佔着極爲重要的地位。周朝爲對土地作最有效的保衞及最佳的生產利用，乃採行封建制度。封建，就是劃分土地，封固疆界，設定邦國，建立邦君；使此邦君憑藉土地，以大領主的資格，保衞其管轄的區域，並督率區域的人民，從事農業生產。依《禮記》王制篇所載：「王者之制祿爵，公、侯、伯、子、男，凡五等。天子之田方千里，公、侯田方百里，伯七十里，子、男五十里，不能五十里者，不合於天子，附於諸侯曰附庸」。諸侯等級的高低以所管轄土地的大小爲標準。

諸侯除領有廣大土地，以爲行使其統治權的憑藉外，更分配給一定數目的人民，各在諸侯的督率下從事生產。這些人民或爲殷商遺民，或爲周族同族，或其親族。這些從事耕種的人民與其土地有固着的關係，生於斯，長於斯，耕於斯，老於斯，死於斯，死徙不出鄉。周採兵農合一制度，人民平時從事耕作，戰時則執干戈，保衞疆土。以田養民，計田出兵，國養民而不養兵，以民爲兵而不病國。民於平時不失業，可以樂其生；國在戰時則有兵，衞國不患無力。

論及封建制度者，計有兩說：一是柳宗元的封建論，認爲封建之興，非聖人之意，乃勢所必至。一是廖偁的封建論，認爲封建之興乃聖人之意，武王、周公的創制。柳宗元說：「諸侯歸殷者三千焉。資以黜夏，湯不得而廢。歸周者八百焉，資以勝殷，武王不得而易。」[19]這是說，周勝殷，是依仗着殷氏

---

[19] 柳宗元《封建論》（《柳河東集》卷三。

族八百的力量。對這現實的勢力，不能不予以承認而分封之。這是「勢有必至，理有固然」，非武王周公的意志所可造成。而廖偁以爲封建前世所未有，聰明睿智的聖人，乃是典章制度的創造者。封建制度實是偉大思想家武王周公殫思竭慮的傑作。

實則二說各有所偏，知其一，不知其二，難爲定論。殷商之世，已有很多合若干氏族而成的宗族，佔據一定地區而成部落國家，儼然諸侯。這些諸侯具有相當的獨立性，殷商的中央對之，並無有力控制。武王滅紂，這些部落諸侯，並未因之消滅，故周不得不因其勢而分封。武庚之封，微子之封，殷六族七族之封，卽爲明顯的事例。柳宗元的論說，並非全無根據。但周除分封殷遺民外，更分封同姓諸侯，先王之後及功臣勳戚爲諸侯，並使之犬牙相錯，相互牽制；且使諸侯合於天子，而成全國統一的局勢，則是武王周公的創作。廖偁認爲封建乃聖人之意，亦非全無道理。人固然可以因利乘便，順勢之所趨而成事；但人能弘道，亦能以依己意造成風潮，改變時勢而創建豐功與偉業。

第二節　封建制度的建立與實質

一、封建制度的建立——殷商的氏族部落國家，至周代則演變爲封建國家。周所以能代殷而崛然興起，一則由於殷朝制度本身發生問題；一則由於周族經濟勢力的優越。殷朝末期，紂王受辛剛愎自用，好大喜功，厲行專權集勢，各氏族部落的生活趨於腐化，團結精神，戰鬥意志，漸見鬆弛。部落酋長旣有反抗叛變的企圖，人民憔悴於虐政又懷「余及汝偕亡」的怨恨；周族乃得乘機而入，取而代之。《詩經》大雅蕩篇曰：「咨汝殷商，曾是彊禦，曾是掊克，曾是在位，曾是在服。……而秉義類，彊禦多懟，流言以對，寇攘式內。……汝炰烋於中國，斂怨以爲德，不明爾德，時無背無側。……天不湎爾以酒，不義從式，既愆爾止，靡明靡晦，式號式呼，俾晝作夜。……匪上帝不時，殷不用舊，雖無老成人，尚有典刑，曾是莫聽，大命以傾」。

《尚書》周書牧誓篇曰：「今商王受，惟婦言是用，昏棄厥肆祀弗答，昏棄厥遺王父母弟不廸；乃惟四方之多罪逋逃，是崇是長，是信是使，是以爲大夫卿士，俾暴虐于百姓，以姦宄于商邑。今予發，惟恭行天討。」《淮南子》曰：「文王之世，紂爲天子，賦斂無度，殺無止，康梁（酖樂）流湎，宮中成市，作爲炮烙之刑，刳諫者，剔孕婦，天下同心而苦之。」⑳《史記》商本紀亦云：「紂以酒爲池，縣肉爲林，使男女倮，相逐其間，爲長夜之歌」。

詩、書、子史所述的事例，也許不是殷紂王一人的敗德亂行，可能是殷末年一般的政治昏亂與腐敗現象。至於醢九侯，脯鄂侯，囚文王，奴箕子，殺比干，想係各氏族族長或部落酋長，反對紂王專權集勢，所招致來的慘禍。

殷人是畜牧民族。周人是農業民族。從生產技術論，農業優於畜牧。殷朝政治制度本身已經瘟敗，周人經濟力量又佔優勢，故能代殷而有天下。周人始祖后稷曾爲唐堯農師，其事雖不可稽，然篤公劉，古公亶父經營農業的事蹟，《史記》周本紀既有記載，《詩經》亦有贊頌。大雅公劉篇曰：「篤公劉，匪居匪康，廼埸廼疆，廼積廼倉，乃裹餱糧，于橐于囊，思輯用光，弓矢斯張，干戈戚揚，爰方啓行。」

⑳《太平御覽》卷八四所引。

這時不但農產品的糧食豐富，就是武備亦相當可觀。

古公亶父遠承公劉遺業，努力開拓，農業發展益見發達。《詩經》大雅緜篇曰：「古公亶父，來朝走馬，率西水滸，至於岐下；爰及姜女，聿來胥宇，周原膴膴，菫荼如飴，爰始爰謀，爰契我龜，曰止曰時，築室於茲。」古公亶父為避狄難，遷至岐下周原，土地肥沃，生產豐盛，地利適宜，可以築室定居，安居樂業。古公傳子季歷，是謂王季，其勢力益強，仍要繼續向東方發展，致常與殷人發生衝突。

《竹書紀年》載：「武乙三十四年，周王季歷來朝，王賜地三十里，玉十瑴，馬八匹；三十五年，周王季伐西落鬼戎，俘二十翟王。太丁二年，周人伐燕京之戎；四年，周人伐余無之戎，克之，周王季命為殷牧師。帝乙二年，周人伐商。」周族農業的發達，從《詩經》：豳風七月，小雅楚茨、南山、大田，周頌思文、臣工、噫嘻、豐年、載芟、良耜諸篇的記載中，便可以窺見其盛況。《尚書》洪範篇有：「農用八政」、「土爰稼穡」、「稼穡作甘」、「五穀用成」；金縢篇有：「凡大木所偃盡起而築之，歲則大熟」；康誥篇有：「乃別播敷，造民大譽」；酒誥篇有：「妹（地名，殷紂京都，應為沫）土嗣爾股肱，純其藝黍稷，奔走事厥考厥長，肇牽車牛，遠服賈用，孝養厥父母」等文字，亦可為農事興盛的證明。

文王時代，周人的土地更見拓張，勢力更為強大，《詩經》大雅皇矣篇曰：「密人不恭，敢距大邦，侵阮徂共。王赫斯怒，爰整其旅，以按徂旅，以篤於周祜，以對於天下；依其在京，侵自阮疆，陟我高岡，無矢我陵」；「與爾臨衝，以伐崇墉，……崇墉仡仡，是伐是肆，是絕是忽。」觀此記載，文王侵滅了密、阮、徂、共、崇五國。大雅文王有聲篇曰：「文王受命，有此武功，既伐於崇，作邑於豐」。這是武王讚頌文王滅五國的武功，願繼父志以竟全功。

文王既滅其鄰邦，無後顧之憂，武王乃率兵東出伐殷，於孟津渡河，諸侯叛殷會周者八百。殷周兩國大軍，在牧野會戰，殷軍大敗，紂王登鹿臺自焚死，殷遂亡。周代殷而興，爲中國政治發展史上一大進步與改革，由畜牧經濟進爲農業經濟，由以血緣結合的氏族社會進爲以土地爲基礎，武力爲結合的封建社會。由神權政治的部落國家，進爲貴族統治的封建國家。周人既是農業民族。農業的命脈在於土地。所以周人於平定天下後，不能不有嚴密的制度，對土地作有效的保衞，控制與利用。於是周人以戰勝者和征服者的資格和姿態，把天下土地劃分爲若干大小不同區域，分封其同姓、勳戚、功臣及歸附的異族爲諸侯，分爲公、侯、伯、子、男五等，分別管轄一定的區域以土地爲憑藉以爲政治控制及經濟剝削的工具。這是封建國家的實質及其產生的眞正原因。

周室官方所宣布的封建理由，有以下二說：㈠昔周公弔二叔之不咸，故封建親戚。……召穆公思周德之不類，故糾合宗族於成周，而作詩曰：「常棣之華，鄂不韡韡，凡今之人，莫如兄弟。……兄弟鬩於牆，外禦其侮。」㉑㈡昔武王克殷，成王靖四方，康王息民，並建母弟，以蕃屏周。亦曰：「吾無專饗文武之功，且爲後人之迷敗傾覆，而溺入於難，則振救之」㉒。

㉑《左傳》僖公二四年。
㉒《左傳》昭公二六年。

西周實行封建，不止一次。先後封建的諸侯，可分爲兩大類：一是姬姓的同姓諸侯，一是非姬姓的異姓諸侯。荀子稱：「周兼併天下，分封七十一國，同姓者五十三國。」㉓《史記》漢興以來諸侯年表稱，同姓諸侯五十五國。成鱄曰：「昔武王克商，光有天下，其兄弟之國，十有五人，姬姓之國者，四十人，皆擧親也。」㉔據富辰所說，同姓諸侯，有魯、管、蔡、燕、衞、曹、滕、郕、霍、毛、冉、郜、雍、畢、鄧、郇、酆、邘、晉、應、韓、凡、蔣、邢、茅、胙、祭共二十七國㉕。馬端臨《文獻通考》封建考根據《左傳》所集姬姓之國，尚有鄭、東虢、西虢、隨、芮、賈、單、息、滑、虞、周、甘、頓、巴、唐、召、尹、北燕、胡、劉、耿、魏、溫、焦、揚凡二十五國。兩共計五十二國。

依《文獻通考》封建考所述，周封異姓計七十八國，分爲三類：一爲封前代帝王的後裔，武王時封神農、黃帝、堯、舜、禹之後；成王時又封湯之後。二爲封周室勳功之臣，如姜尙以勳功封於齊。三爲封殷朝的原有部落族長，如微子之封於宋。異姓諸侯之國，爲宋、箕、齊、許、紀、州、申、秦、穀、葛、徐、梁、麋、郯、邳、黃、陳、杞、樾、鄫、沈、楚、荆、夔、薛、郳、小郳、郟、宿、須句、任、顓臾、莒、祝、鄧、舒、舒鳩、蓼、六、偪陽、鄅、夷、羅、都、譚、弦、宗、棻、杜、賴、鍾吾、蘇、戴、鄖、貳、軫、絞、牟、遂、權、陽、共、冀、道、柏、厲、項、英氏、江、巢、庸、崇、舒、蓼、郜鑄、亳、房及桐。

㉓《荀子》儒效篇。
㉔《左傳》昭公二八年。
㉕《左傳》僖公二四年。

玆將周代諸侯始封的受封及封國所在地，加以查考，擧述如次㉖：

甲、同姓諸侯凡五十二國：

1管—周文王子管叔鮮封於管，地在河南鄭縣。

2蔡—周文王子蔡叔度封於蔡，地在河南上蔡縣。

3衞—周文王子康叔封於衞，地在河南淇縣，即殷都沬，紂王改名朝歌，使康叔因殷地而治之。

4毛—毛亦爲文王子之封地，地在河南宜陽縣。《左傳》僖公二十四年載：「魯、衞、毛、聃，文之昭也」。

5雍—成王封文王子於雍，是謂伯雍，地在河南沁陽縣北，接修武縣界。

6原—周封文王之子於原，地在河南濟源縣西北，周有原莊公。《左傳》僖公二十四年載：「畢、原、酆、郇，文之昭也」。

7邘—武王之子邘叔封於邘，地在河南沁陽縣，縣西北有邘城。邘叔後以于爲姓，《左傳》僖公二十四年載：「邘、晉、應、韓，武之穆也」。

8應—武王第四子封於應，地在河南葉縣。葉縣有故應城，其子孫以國爲姓。漢有應曜，曜之八代孫應劭爲漢之大儒。

9韓—武王之子封於韓，先在山西韓城，後遷陽翟，爲河南禹縣。其後，韓爲晉穆公少子封地，戰

㉖參考臺灣中華書局民國六九年出版最新增訂本《辭海》，有關各條文。

國時爲七雄之一。

10凡—周公第二子封於凡，曰凡伯，在河南輝縣西南。《左傳》隱公三年載：「天子使凡伯來聘」。

11蔣—《唐書》世系表載：「周公第二子伯齡封於蔣」，河南固始縣西北之蔣鄉，卽爲古蔣國。

12胙—胙爲周公子之封地，地在河南延津縣西北。《左傳》僖公二十四年載：「凡、蔣、邢、茅、胙、祭，周公之胤也」。胙國後世設胙城，有「胙城縣志」可證，因地近黃河，一夜之間爲大風沙所埋沒。

13祭—周公子之封地，地在河南鄭縣東北。《左傳》隱公元年載：「祭伯來聘」。鄭國有祭衆、祭足。

14鄭—周宣王之弟桓公友封地，本爲鎬京畿內之地，平王東遷，鄭國移於潁河之西，今河南新鄭縣。

15東虢—武王之弟封於虢，地在成皐，今河南滎澤縣，爲鄭國所滅。

16西虢—武王封弟虢仲爲虢公；封地原在陝西寶鷄縣曰西虢，平王東遷，移於上陽，地在河南陝縣東，春秋時滅於晉。

17賈—周康王封唐叔虞少子公明於此爲賈伯。地在河南潁川縣。

18周—殷時，古公亶父自邠遷岐，國號周；文王都豐邑，武王滅殷，遷都鎬高。平王東遷洛，今河南洛陽縣。

19頓—頓爲子爵，今河南項城縣北有南頓城，卽頓國故址。《左傳》僖公二十三年載：「楚取焦夷，城頓而還」。

20召—召公奭所封之地，亦作邵。召與邵春秋時本爲一姓，後分爲二。南召地在河南汝南縣，北召在河南安陽縣。

21滑—周封滑伯於滑，地在河南偃師縣。偃師縣南之緱氏城卽爲滑國故址，今稱緱氏鎭。

22南燕—周封黃帝之後於燕，是謂南燕，地在河南汲縣。

23胡—周封舜裔胡公滿曰胡子，地在河南淮陽縣。

24劉—成王封王季之後於劉邑，原爲周畿境內大邑；平王東遷，隨之東移，地在河南偃師西南。《左傳》隱公十一年載：「王取鄔、劉、蔿、邘之田於鄭」。

25溫—周司寇蘇忿生之封地，忿生乃顓頊之後，地在河南溫縣西南。

26焦—周封神農之後於焦，河南陝縣東北百步焦城，卽焦國故址。

27息—河南息縣爲息國故址。《左傳》隱公十一年載：「息侯伐鄭」，息滅於楚。息侯娶於陳，嬀姓，貌美，是謂陳嬀息夫人，爲楚王所俘，思故國，懷舊主，三年不言不笑，世稱其貞固節操。

28魯—武王封弟周公旦於魯，地在山東曲阜縣。成王時周公爲冢宰，留京輔政，封旦之子伯禽就國。

29燕—召公奭封於燕，地在河北大興縣。

30曹—文王子曹叔振鐸封於曹，地在山東荷澤縣。

31滕—文王子叔繡封於滕，地在山東滕縣。
32郕—文王第五子叔武封於郕，地在山東寧陽縣。《左傳》隱公十年載：「郕人侵衞，故衞師入郕」；《左傳》文公十年載「郕伯來奔」。
33霍—文王子霍叔處封於霍，地在山西霍縣。
34冉—文王子季載封於冉，亦作聃，地在四川開縣；今日開縣姓冉者甚多。
35郜—文王第十一子聃季之弟封於郜，地在山東城武縣。《左傳》隱公十年載：「公敗宋師於管，取郜。」
36畢—文王子畢公高封於畢，成王時爲司馬，地在陝西長安縣西，後人有畢萬，爲晉大夫，封於魏，魏惠王避秦遷於汴，改國號曰梁。
37酆—文王第十七子封於酆，原爲文王之都，地在陝西鄠縣。《左傳》僖公二十四年載：「畢、原、酆、郇，文之昭也。」
38郇—郇與荀同。文王子封於郇，地在山西新城縣。《左傳》桓公九年載：「荀侯、賈伯伐曲沃。」
39晉—成王封弟叔虞於唐，地在太原之北，至子燮父由唐遷於晉，地在太原。晉原爲大夏之墟，堯所都之平陽，其國號曰唐，燮父嗣叔虞，改國號曰晉。
40邢—周公旦第四子之封地爲邢，地在河北邢臺縣。《左傳》僖公二十四年載：「凡、蔣、茅、胙、祭，周公之胤也。」邢滅於衞。
41茅—周公旦之子封地，地在山東金鄉縣西北。

42隨—隨國故址在湖北隨縣。隨滅於楚。《左傳》桓公六年載：「楚武王侵隨」。
43芮—芮國故址在陝西朝邑縣南。《左傳》桓公四年載：「芮伯萬之母芮姜，惡芮伯之多寵人，故逐之出居於魏。」
44單—周成王封蔑於單，地在山東單縣，宓子賤、巫馬期均爲單宰。
45虞—周公封泰伯之曾孫用章之弟虞於夏墟是謂西吳，後改稱虞，地在山西平陸縣。
46甘—周封殷武丁之臣甘盤於甘，地在陝西鄠縣西南。
47巴—周封東樓公之後於巴，子爵，地在四川巴縣。
48尹—周封少昊之裔於尹城，子爵，地在河北清河縣。
49耿—耿爲殷朝帝乙之都，在山西河津縣。
50魏—魏之始祖畢公高封於畢，晉封高裔畢萬於魏，魏爲戰國七雄之一。畢萬生子魏犨。犨裔避秦徙都於開封，改國號曰梁。魏原封地，在山西夏縣。
51吳—周封仲雍之曾孫於吳，地在江蘇無錫縣。
52楊—周伯僑封於楊，亦作揚，晉爲羊舌氏之食邑，地在山西洪洞縣東南，滅於晉。《左傳》襄公二十九年載：「虞、虢、焦、滑、揚、韓、魏，皆姬姓也。」
乙、異姓諸侯—凡七十八國
1宋—周封殷紂王之庶兄微子啓於宋，地在河南商邱縣。
2箕—武王封殷臣箕子於箕，地在河南登封縣。

3許—文王封四岳之裔文叔於許，地在河南許昌縣。春秋時爲鄭所逼，遷於葉，卽河南葉縣。

4申—周封伯夷之後於申，地在河南南陽縣北，滅於楚。

5穀—周封穀伯綏之後於穀，河南陝縣東峭之東有穀縣城，卽穀國故址。

6葛—《尚書》仲虺之誥稱：「葛伯仇餉」；《孟子》滕文公篇曰：「湯居亳與葛爲鄰」。足見葛爲古國，周封其裔，地在河南上蔡縣。

7黃—周封陸終之後於黃，《左傳》桓公八年載：「楚子合諸侯於沈鹿，黃、隨不會。」地在潢川縣西，滅於楚。

8陳—周封虞舜之裔，先在虞城，後遷於陳，地在河南淮陽縣，嬀姓，爲楚所滅。

9杞—周封夏禹之後於杞，卽今河南杞縣。

10鄫—周封夏禹之後於鄫，地在河南柘城縣。《左傳》襄公元年載：「東諸侯之師次於鄫」；《左傳》僖公十四年載：「季姬及鄫子遇於防」。

11江—周封伯益之後於江，地在河南息縣西南，滅於楚。《左傳》僖公二年載：「江人……黃人盟於貫。」

12沈—沈爲周文王子聃季之食邑。周復封四國臺駘之後於沈，地在河南汝南縣境，汝南縣北有沈亭，卽沈國故址。《左傳》昭公元年載：「沈姒蓐黃」；《左傳》文公三年載：「晉侯伐沈，沈潰。」

13道—道國在河南羅山縣東北，滅於楚。《左傳》僖公五年載：「江、黃、道、柏，方睦於齊。」

14鄧—鄧為曼姓，原為商之侯國，周封其裔於鄧，地在河南鄧縣。《左傳》桓公七年載：「鄧侯吾離來朝」。

15蓼—周封皋陶之後於蓼，地在固始縣北有蓼城崗，卽蓼國故址。《左傳》文公五年載：「楚子燮滅蓼」。臧文仲聞蓼與六被滅，曰：「皋陶、庭堅不祀，忽諸？」

16夷—周封黃帝之臣夷牟於夷，地在河南開封。開封東門曰夷門，卽夷國故址。侯嬴為夷門監者。

17弦—弦國在河南潢川縣西南，當地有弦城，卽弦國故址。弦被楚滅。

18賴—賴國故址在河南汝南縣境。《左傳》昭公四年載「楚滅賴」。

19戴—河南封邱縣有戴城，卽戴國故址。《左傳》隱公十年載：「鄭人伐取戴。」一說，戴國在河南考城縣，為宋所滅。

20共—周封共工之後於共，地在河南輝縣。《左傳》隱公元年載：「太叔出奔共。」太叔卽鄭莊公之弟公叔段。

21柏—河南西平縣西有柏亭，卽柏國故址。《左傳》僖公五年載：「江、黃、道、柏，方睦於齊。」柏滅於楚。

22項—項國故址在河南項城縣東北，為齊所滅。春秋有項橐，孔子師之。

23亳—亳原為湯之故都，地在河南商邱縣。湯故都之民服文王者分宅之，為之立監。

24蘇—周封殷臣有蘇氏之後於蘇，地在河南臨漳縣。

25齊—周封佐國功臣姜尚於齊，地在山東臨淄縣。

26紀—周封炎帝之後於紀，地在山東壽光縣。《左傳》隱公元年載：「紀人伐夷」。紀爲齊所滅。
27州—州國亦姜姓，爲淳于氏之後，地在山東安邱縣。《左傳》桓公五年載：「州公如曹」。
28秦—周封伯益之後於秦，地在甘肅天水縣。
29徐—伯益佐禹有功，周封其裔若木於徐，地在安徽泗縣。
30梁—周封秦仲少子康於梁山，是謂梁伯。地在陝西韓城縣。魏武公之子徙汴，改魏曰梁。
31麇—周封工尹麇之後於麇，蜀之南郡有麇亭，即麇國故址。
32䢵—亦作鄖，地在湖北安陸縣。《左傳》宣公四年載：「若敖娶於鄖」；昭公十年載：「鄖人軍於蒲騷」。
33郯—周封少昊之後於郯，地在山東郯城縣。《左傳》宣公四年載：「公及齊侯平莒於郯」。
34樾—《淮南子》人間篇稱：「武王蔭暍人於樾下」。樾爲暍人之封地，地在何處，今無可考。
35楚—楚國芊姓。周封熊繹於丹陽，國號楚，地在湖北秭歸縣。
36荊—楚之舊國曰荊，地在湖北秭歸縣。
37夔—楚、荊、徐均爲芊姓之國。周封熊摯之後於夔，地在湖北秭歸縣。
38薛—周封黃帝之後奚仲於薛，地在山東滕縣，後徙於江蘇邳縣，爲仲虺所居之地。
39邾—周封顓頊之後於邾，地在山東鄒縣。邾失國後，子孫去邾之阝(邑)姓朱。
40郳—夷父顏有功於周，封於郳，地在山東嶧縣滕縣之間。《左傳》莊公五年載：「秋，郳、黎、來，來朝。」

41小邾—夷父顏之子友亦封於郳稱小邾。滕繹二縣之間有郳城，卽小邾國故址。齊桓公稱霸，友之嗣裔黎、來附齊，齊封爲小邾子。

42宿—武王封伏羲之後於宿，使主太昊與齊水之祀。山東平度縣無鹽城，卽宿國故址。《左傳》隱公元年載：「及宋人盟於宿。」

43須句—句亦作朐。周封太昊之後於須句，先在山東壽張縣朐城，後遷東平縣東南須句。《左傳》僖公二十一年載：「邾滅須句，其君奔魯。」

44任—周封太昊之後於任，地在山東濟寧縣。

45顓臾—周封太昊之後於顓臾，地在山東費縣東北。《左傳》僖公二十一年載：「任、宿、須句、顓臾，風姓也。」

46舒—周封黃帝之後於舒，地在安徽廬江縣西，《左傳》僖公三年載：「徐人取舒」。

47舒鳩—安徽舒城縣境有舒鳩城，卽舒鳩國故址。《左傳》襄公二十四年載：「舒鳩人叛楚」。

48六—周封皋陶之後於六，地在安徽六安縣。《左傳》文公五年載：「楚人滅六」。

49偪陽—周封祝融之孫陸終第四子求言之後於偪陽,地在山東繹縣境內。《左傳》襄公十年載：「晉荀偃、士匄請代偪陽。」

50鄅—周封顓頊之後於鄅，地在山東臨沂縣。《左傳》昭公十八年載：「鄅人籍稻」。

51羅—周封祝融之後熊氏於羅，地在湖北宜城縣，滅於楚。《左傳》桓公十二年載：「楚人分涉於彭，羅人欲伐之。」

52都—《孟子》萬章篇載：「謨蓋都君，咸我績」，今人有都姓，封地無可考。
53譚—周封盤瓠之後於譚，地在山東歷城縣，縣境內有古譚城，卽譚國故址。《左傳》莊公十年載：「齊師滅譚，譚子奔莒。」
54宗—周封大夫宗伯之後於宗，地無可考。齊有宗樓，衞有宗魯。
55棻—棻亦作采。周封黃帝子夷鼓之後於棻。地無可考。
56杜—周成王封帝堯之裔孫劉累之後唐杜氏於杜是謂杜伯。地在陝西長安縣東。
57鍾吾—周封鍾吾子之後爲鍾吾子，地在江蘇宿遷縣西北。
58鄖國故址在湖北安陸縣境，滅於楚。《左傳》哀公十二年載：「衞侯會吳於鄖」。
59貳—貳爲周之小國，地在湖北隨縣南，滅於楚。
60軫—軫與貳皆周之小國，地在湖北秭歸縣東，滅於楚。
61絞—《左傳》稱絞國在隨之南，卽湖北隨縣南。
62牟—周封祝融之後於牟，地在山東蓬萊縣東南。《左傳》桓公十五年載：「邾人、牟人、葛人來朝」。
63遂—遂國在山東寧陽縣西北遂城。《左傳》莊公十三年載：「齊人滅遂」。
64權—周封商武丁之後於權，地在湖北當陽縣。《左傳》莊公八年載：「楚武克權，使鬥緡尹權。」
65陽—陽國在山東臨淄縣附近。《左傳》閔公二年載：「齊人遷之」。周景王封少子於陽樊，乃畿內之邑，有人誤以陽樊爲陽國。

66冀—冀國在山西河津縣北，滅於晉。《左傳》僖公二年載：「冀爲不道。」晉大夫芮冀食采於冀，其子孫以冀爲姓。

67厲—厲國在湖北隨縣北之厲鄉。

68巢—周封有巢氏之後於巢，地在安徽巢縣東巢湖之濱。

69庸—庸國在湖北竹山縣，滅於楚。《左傳》宣公十二年載：「庸可幾乎」？

70邿—邿爲魯附庸之國。《左傳》襄公十三年載：「夏，取邿。」地在山東濟寧縣東南。

71房—舜封丹朱子爲房侯，周因之而封其裔，地在湖北襄陽縣北。

72桐—周封黃帝時桐君之裔於桐，地在安徽桐城縣，河南禹縣亦爲桐，伊尹放太甲於桐，即此地。

73莒—周封少昊之後玆輿於莒，地在山東莒縣。

74祝—周封帝堯之後於祝，地在山東長清縣。

75舒蓼—《春秋穀梁傳》作舒鄝，亦作舒康，地在安徽盧江縣。《左傳》宣公八年載：「楚人滅舒蓼」。

76崇—舜封鯀於崇，殷時有崇侯虎之崇國，地在陝西鄠縣東，文王滅崇，因其地仍封其後。

77英氏—封地無可考。

78邿鑄—此亦爲魯之附庸國，地在山東平陰縣西。《左傳》襄公十八年載：「魏絳、欒盈以下軍克邿鑄」。

封建制度的成立，不外征服異族和移民墾殖兩種方式。前者係以武力奪取他族的土地佔爲己有；後者係以勞力開拓無主土地以供已用。征服是對外族的呑併，奪其土地，奴其人民，在鞭策下強制其勞作。周滅殷後，殷民被夷爲奴隸，故曰：「庶殷」、「蠢殷」、「戍殷」、「頑民」；直在戰國時還以宋人（殷民）代表蠢民。《莊子》有：「宋人資章甫而適越」，《孟子》有「宋人有揠苗助長者」的說法，都是譏宋人是愚笨的。征服異族除用武力外，亦用政治手段的撫輯方式，使異族俯首效命。周封箕子於宋及安輯「殷七族」、「殷六族」，便是其實例。《尙書》多方篇說：「今我曷敢多誥，我惟大降爾四國民命，爾曷不忱裕之于爾多方？爾曷不夾乂（治）我周王享天之命？今爾尙宅爾宅，畋爾田，爾曷不惠王熙天之命？」這是輯撫的文誥，就是政治的宣傳與訓誡。

移殖是本族運用自己的人力與群力向外的發展與擴張。不管是征服或拓殖得來的土地。都要分配給自己的諸侯帶領一定數額的農民和奴隸去耕作。這些諸侯不論是親族、勳臣、戚族、或歸附的酋長，都要經過天子的封地，賜爵的儀命，才取得正式的地位。

二、封建國家的實質——封建國家所賴以支持的有力柱石，就是土地分封制度。封建制度實在說，就是一種土地分配、保衞及利用體系。是具有經濟優勢及軍事力量的支配者或征服者，把他們所能控制的土地，分封於各個諸侯，督率其人民和奴隸從事耕種。若純由奴隸耕種謂之奴隸生產制。若以自由的人民耕種，謂之勞動服役者，以籍而不稅的方式，把公田所生產的產品作爲貴族或領主的收益。土地屬於國有，貴族分領各有定制，收益分配亦有規定，封建社會所行使是共同體農業生產猶如今日共產國家的「集體農場」；耕作者在一定的區域內營固着性的生活，若離開所指定的土地，便有被殺或餓死的危險，故曰「老死不相往來」、「死徙不出鄉」。

周室分封諸侯按其封土的大小，分爲公、侯、伯、子、男五等，係固定的制度（郭沫若的「周金中的社會史觀」，以爲諸侯皆可稱王，公、侯、伯、子、男無定稱，周金中無男爵。傅斯年「論所謂五等爵」，以爲公乃有土者的泛稱，並非班爵之制，均非定論。）《孟子》萬章篇曰：「天子一位，公一位，侯一位，伯一位，子男同一位，凡五等。」《禮記》王制篇曰：「王者之制爵祿，公、侯、伯、子、男五等。」依《春秋左氏傳》所記，周、宋等稱公，齊、晉、衞、蔡、陳等稱侯，曹、鄭、秦等稱伯，楚、莒、吳、杞等子，許國稱男，可爲明證。惟爵可升降，杞本侯，莊公二十七年黜爲伯，僖公時再黜爲子。許穆公本男爵，因死於軍中加等葬以侯禮。又在喪中，王曰小童，公侯曰子，天子三公及王者之後可稱公。這是定制中的變例，不能說五等爵非定制。

諸侯封地的大小，《禮記》王制篇曰：「天子之地方千里，公、侯皆方百里，伯七十里，子、男五十里，不能五十里者，不合於天子，附於諸侯曰附庸。」（《孟子》萬章篇所述諸侯封地之大小，與王制篇所記者相同）《周禮》卷十，大司徒之職曰：「然則百物阜安，乃建王國焉，其畿方千里，而樹封之。凡建邦國，以土圭土其地而制其域。諸公之地，封疆方五百里，其食者半。諸侯之地，封疆方四百里，其食者者參之一。諸伯之地，封疆方三百里，其食者參之一。諸子之地，封疆方二百里，其食者四之一。諸男之地，封疆方百里，其食者四之一」。

《周禮》之制不同於《禮記》王制和《孟子》所述者。二說頗有差異，二者孰是，聚訟紛紜。平心而論，二者可能均爲設想或設法之辭。惟王制與《孟子》爲戰國時著作，所指或係西周的封疆，且時間相去不遠，所論較屬可信。《周禮》舊傳爲周公所作。若然，何以孔子、孟子均未見其說，故舊時傳說實實不足相信。《周禮》所言或係春秋戰國時諸侯的國境。蓋有周八百年間，諸侯國土的演變趨勢，因土地開拓與相互吞併的結果，莫不由狹小而日趨廣大。西周諸侯共計一三〇國，至戰國末年經吞併僅存燕、趙、韓、魏、齊、楚、秦七國。

封建國土雖有定制，然其大小廣袤，亦常隨客觀環境的限制和社會情勢的需要而有制宜應變的措施。《春秋穀梁傳》說：「古者天子封諸侯，其地足以容其民，其民足以滿城而自守也。」（襄二十九年）這是說封建應顧到人口的數量，過多過少都不相宜。《孟子》曰：「天子之地方千里，不千里不足以待諸侯。諸侯之地方百里，不百里不足以守宗廟之典籍。」這是就國用的立場以論封疆的大小。《呂氏春秋》曰：「王者之封建也，彌近彌大，彌遠彌小，海上有十里之諸侯。」㉗《管子》曰：「天子之制，地方千里。齊諸侯方百里，負海，子七十里，男五十里。」㉘《孟子》曰：「周公之封於魯，為方百里也，地非不足也，而儉於百里；太公之封齊也，亦為方百里也，地非不足也，而儉於百里。」㉙這是說限於封建制度的形勢，有欲大不能，欲小不可之勢。

封建國家的土地，在名義上雖是國有或公有，然在實際上則是為天子和諸侯所私有。故曰：「普天之下，莫非王土，率土之濱，莫非王臣。」（《詩經》小雅）「天子經略，諸侯正封，古之制也。封略之內，何非君土，食土之毛，誰非君臣。」（《左傳》昭公七年）諸侯對其封地有完全所有權或支配權，可分其土地

㉗《呂氏春秋》（呂覽）愼勢篇。
㉘《管子》事語篇。
㉙《孟子》告子篇。

的部份給與其國的卿、大夫以爲采地。在理論上，采地所以供宗廟祭祀，亦稱湯沐邑，故是終身的、世襲的。《左傳》曰：「天子建國，諸侯建家。」(桓公二年) 晏子老辭邑。景公曰：「自吾先君定公至今，用世多矣。齊大夫未有辭邑者也。今夫子獨辭，是毀國之故，棄寡人也。不可。」㉚

除采邑外尚有祿田，其面積，依《禮記》王制篇和《孟子》萬章篇所述者可以知之。孟子曰：「大國地方百里，君十卿祿，卿祿四大夫，大夫倍上士，上士倍中士，中士倍下士，下士與庶人在官者同祿，祿足以代其耕也。次國地方七十里，君十卿祿，卿祿三大夫，大夫倍上士，上士倍中士，中士倍下士，下士與庶人在官者同祿，祿足以代其耕也。小國地方五十里，君十卿祿，卿祿二大夫，大夫倍上士，上士倍中士，中士倍下士，下士與庶人在官者同祿，祿足以代其耕也。」孟子又說：「耕者之所獲，一夫百畝，百畝之糞，上農夫食九人，上次食八人，中食七人，中次食六人，下食五人，庶人在官者其祿以爲差。」(均見萬章篇)

《禮記》王制篇曰：「制農田百畝，百畝之分，上農夫食九人，中食七人，下次食六人，下農夫食五人，庶人在官者，其祿以爲差。諸侯之下士視上農夫，中士倍下士，上士倍中士，下大夫倍上士，上國君十卿祿，卿四大夫祿。次國之卿三大夫祿，君十卿祿。小國之卿倍大夫祿，君十卿祿。」

依前述的標準以爲計算，下士受祿田百畝，中士二百畝，上士四百畝，大夫八百畝，小國卿一千六百畝，君一萬六千畝。次國卿二千四百畝，君二萬四千畝。大國卿三千二百畝，君三萬二千畝。這些雖

㉚《晏子春秋》卷六。

是祿田，因卿、大夫、士的地位是終身的、世襲的，故土地的所有權和使用權，亦是終身的、世襲的。采邑與祿田皆是官田，農民或奴隸無條件的即無報償的代爲耕作，土地的收益全爲貴族的諸侯、卿、大夫、士所有。不過，貴族却負責保護農民和奴隸的生命安全，並維持其最低限度的生活。

諸侯的封疆除采邑與祿田外，其餘的土地爲公田，由諸侯授給農民或奴隸耕作之，而抽收其什一之貢賦或地租。農民或奴隸所領受的土地，祇有使用權而無所有權；他們是佃戶而非地主。人民年壯而受田，至老而歸田。《春秋穀梁傳》曰：「男子二十而冠，冠而列丈夫。」(文公十二年)《墨子》曰：「丈夫年二十，毋敢不處家。」(節用篇) 依此則二十而壯，故班固曰：「民年二十授田」(《漢書》卷二十四)。但韋昭曰：「年三十者受田百畝，二十者五十畝。」(《國語》魯語，韋註) 或係根據《禮記》：「三十曰壯，有室」、「三十有室，始治男子之事」(內則篇) 之說而來。歸田年齡，班固、韋昭皆稱爲六十歲(《漢書》卷二十四、《國語》魯語，韋註)。每夫受田的畝數，管子、荀卿、孟軻皆以爲百畝，當較可信。《管子》曰：「一農之量，壤百畝也。」(臣乘馬篇)《荀子》曰：「百畝一守，百業無所移之也。」(王西伯篇)《孟子》曰：「百畝之田，勿奪其時，八口之家可以無饑矣。」(梁惠王篇)「周人百畝而徹」、「八家皆私百畝，同養公田。」(滕文公篇)「耕者之所穫，一夫百畝。」(萬章篇)《周禮》亦稱百畝，但萊田除外，與各家說法，亦不相衝突。「夫」與「家」在當時是可以通用的。因在共同體的農業生產下，從前與氏族相對抗的家族已成爲有力的社會單位。農業的經營，即靠這個別的家族。封建國家權力所及者是家長，不是個人。夫爲成年而有家室的人，就是家長。婦女並無獨立人格，所以一夫代表一家，爲受田及耕作的基本單位。

封建國家的分封是由上而下的，較之部落國家已大爲統一化、集權化。但其建國基礎是土地，而土地無法集中管理，所以封建國家與秦漢以後的統一國家相比較，仍然是分權的、分峙的和離心的。封建國家至多是聯邦國，並非單一國；甚而可視之爲「邦聯」(confederation)。封建國家所賴以維持其統一的工具是宗法組織、階級服從和地權歸公。換言之，是靠倫理的禮儀，社會的拘束，經濟的榨取，爲彼此間協力維繫的紐帶，並非統御性的政治指揮。天子與諸侯的關係甚是鬆弛，彼此的來往有下列幾種：㈠貢賦——諸侯依規定的種類與數量向天子貢獻其地產。傳曰：「古者諸侯時獻於天子以其國之所有」(《春秋》穀梁傳，桓公十五年)。楚王亦自認「貢之不入，寡君之罪也」(《左傳》僖公十五年)。貢有定量，故子產爭之曰：「昔天子班貢，輕重以列，周之制也。卑而貢重者甸服也。鄭伯男也，而使從公侯之貢，懼弗給也」(《左傳》昭公十三年)。㈡力役——諸侯向天子除貢獻地產外，還須出人力。這力役的用途有四：一爲王室築城。昔成王合諸侯城成周以爲東都(《左傳》昭公三十二年)。二爲王室戍衞。「王以戎難，告於齊，齊徵諸侯而戍周」(《左傳》成公元年)。三爲平王室之亂。「王使人來告兵敗，襄王時因王子帶亂奔鄭，使人告於魯、晉」(《左傳》成公元年)。四爲王討諸侯。「宋公不共王職，鄭伯以卿士討之」。㈢巡狩——天子適諸侯曰巡狩，巡狩者巡視其所守也。其目的在考察民俗與政治，並藉以維持禮儀的統一。《禮記》王制篇曰：「天子五年一巡狩，歲二月東巡狩至於岱宗，柴而望祭山川，覲諸侯，問百年就見之；命大師陳詩以觀民風；命市納賈，以觀民之所好惡，志淫好辟。命典禮守時月日，同禮樂制度衣冠正之。山川神祇有不舉者爲不敬。不敬者君則削其地；宗廟不順者爲不孝，不孝者君黜其爵。變禮易樂者爲不從，不從者君流。革制度衣服者爲叛，叛則君討。有功德於民者加地進律」。《孟子》曰：「入其疆，土地辟，田野治，養老尊賢，俊傑在位，則有慶，慶以地。入其疆，土地荒蕪，遺老失賢，掊克在位，則有讓」（告子下篇）。㈣述職——諸侯之天子為述職。述職的方式分為朝與聘。諸侯親之天子曰朝。傳曰：「公朝於王所」（《左傳》僖公二十八年）即是一例。使卿、大夫代往曰聘。觀於「穆叔如周聘」（《左傳》襄公二十四年）、「齊侯使仲孫湫聘於周」（《左傳》僖公十三年）等記載可知。朝聘亦有定制，違者有罰。《孟子》曰：「一不朝，貶其爵；再不朝，削其地；三不朝，則大師移之」（告子下篇）。

天子雖是各國諸侯所共戴的元首，但這元首祇是徒有其名的虛君地位（nominal head），並不擔當全國的實際政治責任。至於政權的掌握者乃是各國的諸侯；那就是說，各國的政治大權實操於封建領主之手。天子是「不能為非」（can do no wrong）或「一無能為」（can do nothing）的名義元首。諸侯是「統而治之」的政權所有者；卿、大夫是治權的行使者，掌國之行政大權。士是處理瑣細事務的吏職。名義元首的天子和政權所有者的公、侯、伯、子、男及治權行使者的卿、大夫、士構成封建國家的統治階級，亦即貴族階級。貴族的權力雖很大，而其人數並不多；而廣大數量的被統治階級，包括庶民與奴隸，並無參政權力，更不足以言人格獨立與人權自由的保障。

奴隸身屬於貴族，為主人所有，身體不自由，生命欠保障，貴族負責維持其基本生活，他們便須完全受其役使，或盡力耕作，或操作雜役。奴隸最大的來源是戰敗的俘虜。周金文中有「孚人萬三千八百十一人」（小盂鼎文）的記載。《逸周書》述武王定天下俘獲三十餘萬人（世俘解）。《左傳》中關於俘虜的文字更多。隱公六年載：「鄭伯侵陳，大獲」。隱公十年載：「鄭伯克戴，取三師」。莊公六年載：「晉人歸衞俘於魯」。另外，有以罪夷為奴隸者，盟質被沒為奴隸者，但數量不大。奴隸有奴籍，奴之子孫仍為奴。

庶人中最大數量爲農民。在理論上，彼等雖是自由人，但實際上因耕作及經濟關係，不但職業難以變更，身分不能流通，就是居住，遷徙、來往亦很少自由。庶民可分國人與野人，國人居於城中，野人則散佈在城外小邑。野人附屬於領有封邑的貴族，在指定的土地上耕作，不得隨意遷徙。野人所受於貴族的剝削，有以下幾種：㈠代耕－貴族的采田食邑，乃是其私田，由農民無報償的爲之耕作，所謂「籍而不稅」。宣王不籍千里，虢公強諫（《國語》周語）；孔子亦說：「先王制土，籍田以力」。㈡貢賦－農民所受一夫百畝之地乃是公田，其地產之什一貢於公家。代耕所入爲貴族私有；貢賦所入歸邦國公用。《孟子》曰：「野九一而助，國中什一使自賦」（滕文公篇）。可見代耕的助法（籍而不稅）與抽稅的貢法，乃是同時並行的制度。《孟子》又說：「雨我公田，遂及我私，惟助惟有公田」（滕文公篇）。可見貴族於的采地、食邑或圭田，卽孟子所說的公田，是行助法；農夫所受百畝之田（指係邦國公有），卽孟子所說的私田，是行貢法。貴族的私田（采地食邑）多在中央地位，農夫所受的百畝之田，就在其周圍。這或許是孟子所說的井田制度的由來。井田制度的性質，應作助貢並行耕作方式觀，決非整齊劃一，豆腐乾的方格圖。㈢獻納－農民對貴族須獻納各種實物。衹就《詩經》豳風七月篇所記，就有獻裳、獻裘、獻獵獲、獻時鮮、獻酒、獻水等物品。㈣力役－除代耕外，農民尚須服力役。力役有下列幾種：一是築都邑。《左傳》莊公二十八年載「多築郿」；二十九年載：「多築微」。二是築城垣。《左傳》隱公七年載：「夏城中丘，城郎」。三是築宮室。《詩經》豳風七月篇曰：「嗟我農夫，我稼既同，上入執宮功，晝而於茅，霄而於索綯，亟其乘屋」。四是築臺池。孟子引《詩經》曰：「經始靈臺，經之營之，庶民攻之，不日成之。經始勿亟，庶民子來」（梁惠王上篇）。五是築道路。《晏氏春秋》稱：「齊景公爲鄒之長塗。」六是兵役軍賦。國人的身份高於野人，他們除繳納賦稅外，也有服兵役的義務，《詩經》小雅載：「天子命我，戍彼朔方，彼其之子，不與我戍甲。」《詩經》大雅載：「糾糾武夫，公侯干城」。《詩經》小雅載：「城彼朔方，薄伐西戎」。執干戈以衞社稷的主力，便是國人階層。野人則只能充任軍旅中雜役的任務。由此觀之，封建國家的政治軍事大權完全掌握在貴族階級的手中，庶民既無政權，亦不能行使治權。不過，由於國人階層是封建國家政權的基礎，許多重要的政治措施，仍不能不考慮國人的意向。尤其國人在君位繼承、政變發生之際所具有的決定性力量，是《左傳》中屢載的史實。

第三節　封建的宗法與貴族統治

一、宗法的政治組織——封建國家的基礎建築在土地分封與農民的固着耕作上。於是產生貴族與農民的對立狀態。封建國家統治權的有效行使和成功運用，一方面要維持貴族間穩定關係，一方面要促成農民對貴族的馴順服從。要完成這一目標的實際方法，是先以土地分封，使貴族爲土地的領主；繼以宗法的組織，等級服從的禮制和刑罰的恐嚇與鎮壓使農民俯首聽命。諸侯同時掌握政治權、經濟權和軍事權；乃能以三位一體的統治大權，作有效的控制。這三者乃是封建國家的政治骨幹，亦是宗法與貴族統治的主要因素。

宗法政治組織的實際是嫡長繼承制和政治倫常化爲支持柱石。英儒梅因（H. S. Maine）在其名著《古代法律》（*Ancient Law*）一書中指出：「凡繼承制度與政治有最大關聯者，就是嫡長繼承制。」實則，這嫡長繼承制與封建政治實結有不解之緣，因封建制度以列爵封土爲基礎。統治權的行使以土地與農民領有爲憑藉。天子除在名義上領有全國土地外，實際上更掌治面積廣大的王畿。公、侯、伯、子、男諸諸侯自天子領得一定的封地。卿、大夫、士更自諸侯領得采邑或圭田。各貴族便憑藉這土地的經濟力量，以地主的資格强制其農民與奴隸在各人的領土上，營「死徙不出鄉」的固着生活，受「封建徭役式」的經濟與勞力的剝削。農民或奴隸若離開其附着的土地，卽喪失其生活保障，而有餓死或被處死的危險。諸侯與卿、大夫若失掉或減少其領有的土地，亦將失去或降削其政治憑藉而動搖其統治地位。貴族爲鞏固其統治權力，必須保持土地領主的資格。嫡長繼承制，卽所以防止諸侯封地的分散，使貴族領主的資格得維持於不墜。封建的貴族統治亦賴以安定與穩固。

宗法與貴族統治另一支持柱石，便是政治內容的倫常化。這就是說，國家乃是家庭的擴大，政治秩序乃是家族關係的推廣。宗法的家族組織，是以父系、父治、父權爲基礎。父系是以男性親屬爲同族爲內屬；女性親屬爲異族，爲外屬。崔適所說：「人姓父之姓，而不姓母之姓。由父之父遽推之，百世皆吾祖也。由母之母而推之，三世而外有不知誰何者也。」㉛這可爲父系社會的明白解釋。父治者是說族之權力操之於始祖的嫡長系統。《儀禮》喪服傳曰：「父，至尊也。」這一命題可爲父治一辭的定義。父權是說，一切權利由父系親屬繼承之。子孫的地位優先於兄弟，《春秋公羊傳》所謂「夫家尊尊先立孫」，卽是此意。

父旣是宗法社會的重心，則推家及國，資於事父者以事君，則「君，至尊也」。宗法爲男子一統主義，以妻附於夫，故「夫，至尊也」。宗法社會以大宗率小宗、小宗率群弟。所以兄弟關係亦甚爲重

㉛ 崔適《東壁遺書》五服異同考。

要。《儀禮》喪服傳曰：「父子，一體也。兄弟，一體也。夫婦，一體也。」臣對君爲「尊尊」，子對父爲「親親」，尊男卑女爲「男女有別」。比三者爲宗法社會的倫常。故《禮記》曲禮篇曰：「尊尊也，親親也，男女有別也，此不可與人變革者也。」這種倫常推而應用於政治上，則爲貴賤有等，尊卑有體，長幼有序的等級與名分，儼然有秩序，上下不可侵犯。政治家族化，天子是天下的大宗，在使同姓從宗祖，合族屬，而以君統之，故曰宗周。異姓的國家曰甥舅，同姓的國家曰伯叔，乃家族本位的政治系統。所謂「天子」者，乃混合「天下國之本，國之本在家」兩觀念而成。《易經》家人卦曰：「正家而天下定」；《大學》第一章曰：「欲治其國者，先齊其家，」《孟子》曰：「天下之本在國，國之本在家。」這些都足以說明周代政治內容倫常化，國家的性質是家族的擴大。

二、等級服從的禮制——封建社會乃是不平等的等級社會。各等級的身分乃是固定的，不能流通或轉變。天子、諸侯、卿大夫的地位均由世襲；且採行嫡長繼承制，維持等級制度的不亂與永續。就是農、工、商、賈亦世守其業不能轉變。爲維持封建統治，自必須保持這等級的尊卑區別及其身分的固定。政治上、社會上不但有不平等的等級身分存在，而等級間更有嚴格的上下服從的禮制。《漢書》貨殖傳曰：「昔先王之制，自天子、公侯、卿、大夫、士至於皂隸、抱關、擊柝者，其爵祿俸養、宮室、車服、棺椁、祭祀、死喪之制，各有差品，小不得僭大賤不得踰貴。」師服曰：「吾聞國家之立也，本大而末小，是以能固。故天子建國，諸侯立家，卿置側室，大夫有貳宗，士有隸子弟，庶人工商各有分親，皆有等衰，是以民服事其上而下無覬覦。」㉜楚芋尹無宇曰：「天有十日，人有十等，下所以事上，上

㉜《左傳》桓公二年。

所以共神也。故王臣公，公臣大夫，大夫臣士，士臣皂，皂臣輿，輿臣隸，隸臣僚，僚臣僕，僕臣臺。」㉝《左傳》宣公十二年載：「君子小人，物有服章，貴有常尊，賤有等威。」由這些記載以觀之，封建社會確有貴賤等級的劃分和下以事上，上以使下的服從關係。

等級身分是固定的、世襲的，不能流通或轉變。故《國語》齊語曰：「士之子恒爲士，工之子恒爲工，商之子恒爲商，農之子恒爲農。」《左傳》襄公九年載：「其卿讓於善，其大夫不失守，其士競於教，其庶人力於農穡，商工皂隸不知遷業。」爲維持等級服從的統治關係，不但要造成尊卑貴賤的固定等級，同時更制定明尊卑別貴賤的服章儀禮，使等級制度更明顯化，服從關係更深刻化。周內史過曰：「古者先王既有天下，又崇立上帝神明而敬事之，於是乎有朝日夕月以教民事君。諸侯春秋受職於王，以臨其民。大夫日恪位箸，以儆其官。庶人工商各守其業，以供其上。猶恐其有墜失世，故爲車服旗章以旌之，爲班爵貴賤以列之，爲令聞嘉譽以聲之」。

這就是「名位不同，禮亦異數」。周制定有繁瑣的儀禮，藉以維持等級身分的固定，並利便上下的服從。《禮記》曲禮篇對此等禮儀曾有明白記載。就宗廟言，天子七廟，諸侯五廟，卿大夫三廟，士一廟，庶人無廟而有寢。就祭品言，天子以犧牛，諸侯以肥牛，大夫以索牛，士以羊豕。就服章言，天子玄冠，朱組纓，衣章龍騶，射節貍虞。諸侯緇衣，冠素纓，衣章黼，射節狸首。卿大夫玄冠綦組纓，衣章黻，射節采蘋。士無冠而玄衣纁裳，射節采蘩。就儀容言，天子穆穆，諸侯皇皇，卿大夫濟濟，士蹌

㉝ 同上，昭公七年。

蹌，庶人僬僬。就死亡言，天子曰崩，諸侯曰薨，卿大夫曰卒，士曰不祿，庶人曰死。就堂高言，天子九尺，諸侯七尺，大夫五尺，士三尺。就妻稱謂言，天子之妻曰后，諸侯者曰夫人，大夫者曰孺人，士者曰婦人，庶人曰妻。

三、刑罰的威嚇鎭壓——禮制是維持貴族間的安定與團結；刑罰乃是威嚇和鎭壓庶人的工具。故曰：「刑不上大夫，禮不下庶人；」「禮以別貴族，刑以治庶人」。刑罰的作用雖是消極性的，然亦是政治上所必需，可以補禮治的不足，並以濟禮制之窮。曹劌曰：「夫禮所以整民也；故會以訓上下之則，制財用之節；朝以正班節之義，帥長幼之序。征伐以討其不然」（《左傳》莊公二十三年）筮史曰：「禮以行義，刑以守信，兵以正邪」（《左傳》僖公二十八年）。可見兵刑在於助禮制的推行。一般言之，禮以範貴族，刑以治庶人。不過事實上亦有特殊情形與例外。三監以殷叛，周公東征，武庚、管叔鮮同被誅。管叔武王弟，未死於戰爭，是被刑戮。《左傳》稱：「晉人執虞公」（僖公五年），「晉放其大夫胥申子衞」（宣公元年），「楚人殺夏徵舒」（宣公十三年）。這是貴族受兵刑裁制的事例。

封建國家的刑罰是由貴族掠奪奴隸及被征服的庶人時，所用的兵，轉變而來；故在運用上採威嚇主義，常不免失之殘酷。《尚書》呂刑篇曰：「罰刑非死，人極於病」；「士制百姓於刑之中，以敎祇德」。周代有五刑，即墨、劓、宮、刖、大辟。前四種身體刑，實含有恐嚇的意義。死刑的執行有五種方式，均甚殘酷，均在於達到恐嚇與鎭壓的目的。殘酷的死刑，計有以下幾種：㈠烹刑。《左傳》稱：楚白公爲亂，其徒微之生問白公之死焉。乞曰：此事也，克則爲卿，不克則烹，何害，固其所也。乃烹石乞。㈡梟首。《左傳》稱：叔孫昭子殺豎牛，授其首於寧風棘上。㈢肆刑。既殺其人，復陳尸於肆。《左傳》

稱：尸崔杼於市。㈣醢刑。既殺其人，復臠割其尸，如宋醢南宮萬猛獲便是。㈤轘刑亦稱磔刑，即車裂其肢體以致死。齊轘高渠彌即是一例。

爲使刑罰充分發揮其威嚇鎭壓的效用，除刑之殘酷暴虐外，更保持刑罰的秘密性，不使庶民知其所犯罪行的懲罰的輕重，貴族藉此「不測之術，」使人民不得不懾服於其淫威之下。所謂秘密刑，運用的要素有二。第一、刑罰的處置，並無一定的客觀條文或標準，祇憑主持刑罰者的主觀意思決定之。叔向曰：「先王議事以制，不爲刑辟，」即是指有人犯罪時，由貴族議定其應處的刑罰，並無固定的法條以資應用。《尚書》堯典雖曰：「鞭作官刑，朴作敎刑，金作贖刑。」泰誓亦曰：「踰牆垣，竊牛，誕臣，妾，汝則有常刑。」但這些都是概括的規定，其中大有出入與伸縮的餘地，可由主觀以爲決定。第二、法律條文不向庶民公布，處罰者是否依法以行事，受刑罰者無從知辨之。所以鄭子產鑄刑書時，晉貴族叔向便致書大加反對。他說：「民知有辟，則不忌於上，並存爭心，以徵於書，而徼幸以成之，弗可爲矣。今吾子制三辟，鑄刑書，將以靖民，不亦難乎!?民知爭端矣，將棄禮而徵於書。錐刀之末，將盡爭之。亂獄滋豐，賄賂並行，終子之世，鄭其敗乎。」（《左傳》昭公六年）晉趙鞅鑄刑鼎，著范宣子所爲之刑書，孔子亦痛加批評曰：「晉國將守唐叔之所受法度，以經緯其民，卿大夫以序守之，民是以能尊其貴，貴是以能守業。貴賤不愆，所謂度也。棄其度也而爲刑書，民在鼎矣!何以尊貴？貴何業之守，貴賤無序，何以爲國」（《左傳》昭公二十九年）。

第四節　個人的政治思想

一、太公姜尚的政治思想

1.生平的事蹟——呂尚是神農的後裔，居於呂，今河南南陽縣，姓姜，氏呂。姜尚的先人是四岳，佐禹平治水土有功。姜尚名望，字尚父，在文王、武王時爲太師，簡稱「師尙父」㉞。姜尚爲齊國的始祖，故稱太公。當殷末世，姜尚曾在朝歌（河南淇縣）屠牛。殷紂無道，姜尚去殷至周，隱居業漁。文王獵於渭濱，相晤大悅，載與俱歸，立爲太師。時姜尚已八十歲。司馬遷稱：「天下三分，其二歸周者，太公之謀計居多。」武王娶姜尚之女曰邑姜，故周與齊爲甥舅之國。周公東征勝利後，姜尚以功臣封於齊。武王伐紂，牧野戰役是周師勝利的大決戰。這一戰役，武王是統帥，姜尚是作戰的總司令，功勳彪炳，無可比擬。明儒朱之瑜（舜水）謂姜尚際遇之隆曰：「作聖以德，其次以才，然亦有時與命焉。」㉟一這是說姜尚八十歲高齡始遇文王；假使他只活八十歲以下的中壽，則不過朝歌一屠夫，渭濱一釣叟，一生莫莫無聞，何能施展其佐周建國的經綸。而他却能活過八十多歲，且於八十遇文王，際遇之隆，殆亦命也。

2.思想的要旨——姜尚的政治思想散見於其所著《六韜》（後人追述之書）及《大戴禮》、陸賈《新語》、劉向《說苑》諸書中。扼要言其主旨，計有以下五點：㈠行仁道。他說：「道者萬世之寶也」，「道之所生，天下歸之」，「仁之所生，天下歸之」。立國政治在於行仁道。這就是《書經》所謂「恃德者

㉞《國語》周語。
㉟朱之瑜題太公望像，見《朱舜水全集》，頁二七九。

昌，恃力者亡。」㊱仁是二人並行的道理，乃人群關係的基本規範。仁心仁術乃治國安民的至道。以不忍人之心行不忍人之政，便是行仁道。㈡愛人民。仁者愛人。行仁道，重在愛人民。姜尚說：「善為國者，遇民如父母之愛子，兄之愛弟，聞其饑寒為之哀，見其勞苦為之悲。」這是引伸人倫思想以治國，即國家乃是家庭的擴大，這是宗法社會的中心觀念。他甚而說：「愛其人者，兼其屋上之烏」。這是推己及人恕道思想的擴大。愛人民更要愛人民所愛的事物。易言之，民之所愛者愛之，所惡者惡之。這和管仲所說的「政之所興，在順民心」，有很相似的地方。㈢用賢才。相傳文王向太公問國事。姜尚對曰：「立國有三策，敬天、勤民、親賢」。敬畏天命是當時的傳統政治思想。勤民是要人民勤勞耕種紡織，以裕民生。親賢是要賢者在位，能者在職。武王問於太公曰：「舉賢而或以危者，何也？」姜尚曰：「舉賢而不能用，是有舉賢之名，而不得舉賢之實」。《書》云「去邪無疑，勿賢勿貳。」㊲這就是要疑人不用，用人不疑。既得賢才便當因才而授職，專以其任責其成；如魏文侯之用樂羊子，雖謗書盈筴，而卒不為所動。㈣尚公正。姜尚曾說：「賢君之治國也，其自奉薄，不以私善害公法，賞賜不加於無功，刑罰不施於無罪」。他又說：「天下者非一人之天下，乃天下人之天下也。」這是「大道之行，天下為公」的精神。為政者要公忠體國，以天下人的利益為利益，躬自薄而厚施於人，不可自私自利，貪圖自己一人的享受，不假公濟私，不以私害公。行法要公正，要客觀，不可憑主觀好惡，感情用事。賞必當其功，罰必當其罪。㈤守敬慎。姜尚曰：「敬勝怠者吉，怠勝敬者滅；義勝欲者昌，欲勝義者亡。」

㊱ 見《史記》卷六八，商君列傳，趙良引語。
㊲ 此是《尚書》逸文，見《戰國策》卷一九，引《尚書》之文。

敬是敬業精神，專心一意的努力所承擔的任務，勤勉從事不可怠忽。義是義理，即克己復禮的理性，凡事要訴之於義理。欲是情慾，不節則流於貪恣，縱欲必致慾火焚身。節欲以行義理，乃治平的正道。

二、周公姬旦的政治思想

1.生平的事蹟——周公姓姬名旦，文王之子，武王之弟，成王之叔，在文王諸子中，多藝多才，助武王興師、滅紂乃是佐治定國的大功臣。武王崩，子誦立，是爲成王。姬旦於文王時受封邑於周城（陝西岐山縣）故稱周公。成王年幼，周公攝政輔之。周公的三哥管叔鮮、五弟蔡叔度、七弟霍叔處疑忌之，放出流言，說周公將不利於孺子（成王）。周公乃營建東都洛陽而避居之，並作鴟鴞之詩（見《詩經》豳風篇、詩分四節）以貽成王。王悟其非，而迎歸周公，三叔恐懼，三叔挾持紂王子武庚一起叛亂。成王命周公帥師東征，周師勝利，武庚與管叔同被殺，蔡叔被逐放，霍叔被貶爲庶。周公勝武還朝，改訂周官制，制禮作樂，周代文物燦然大備。堪稱一代的偉大政治家。周公受封於魯，地在今山東曲阜縣。周公於成王時爲冢宰，留京輔政，其子伯禽受封就國。

2.政治的地位——周公姬旦相父文王治岐，行仁政；助兄武王滅殷興周，輔姪成王平三監的叛亂，建立周代的典章制度，勳功高，貢獻鉅，周代群臣，無人能及之；在政治上佔最重要的地位。孔子對之推崇備至，嘗說：「久矣吾不復夢見周公。」孟子曰：「周公相武王誅紂（牧野）；伐奄三年（東征），討其君；驅飛廉於海嵎而戮之；滅國者五十，驅虎豹犀象而遠之，天下大悅。」㊳呂不韋曰：「文王造之而

㊳《孟子》滕文公下篇。

未逐，武王逐之而未成，周公旦抱少主而成之。」❸❾馬驌曰：「周家之業，文王經之，武王定之，成王成之，而先後輔翼之則周公也」❹⓪。

3. 政治的思想——明儒周洪謨著《殷民叛周論》，指出《尙書》中大誥、康誥、酒誥、梓材、召誥、洛誥、多士、多方八篇，都因殷人不肯服從，周公諄諄告誡而作❹❶。從這些文篇中，可以見及周公的政治思想。扼要引述於左：

㈠大誥中的安民與重農——武王崩，三監及淮夷叛，周公相成王，將黜殷，作大誥。誥有文曰：「予曷敢不於前寧人，攸受休畢」。這是說：天欲安民，我何敢不繼承文王安民的美德，而竟其全功。又曰：「予永念曰：天惟喪殷，若穡夫，予曷敢不終朕畝」。這是說：我嘗認爲殷所喪亡，因於不重稼穡，不肯除草養田，今我有前車之鑑，何敢不重農事，善爲耕種田畝。

㈡康誥中的明德與愼刑——成王既伐管叔、蔡叔，以殷餘民封康叔，作康誥。誥中有文曰：「惟乃丕顯考文王，克明德愼罰，不敢侮鰥寡，庸庸祗祗，威威顯文，用肇造我區夏越，我一二邦以修。」這是說：其父文王能修明德，愼用刑罰，不欺侮鰥寡，故能奠定諸夏的地區，一二邦國，得以修治。又曰：「嗚呼，封！敬明乃罰。人有小罪非眚，乃惟終。……乃惟眚災適爾，既道極厥辜，時乃不可殺」。周公誡康叔曰：封（康叔曰封）呀！罰人要敬愼，要淸明，小罪無災害，不可常用刑罰，汝當終身行之。

---

❸❾《呂氏春秋》下賢篇。
❹⓪ 馬驌《繹史》卷二二，周公攝政。
❹❶ 周洪謨，殷人叛周論，載於《明文彙》，中華叢書，民國四七年，頁一四〇。

若有罪災及汝，亦當盡聽訟的道理，明其究竟，其可宥者盡量宥之，不可輕易殺人。又曰：「嗚呼，封！有敘，時乃大明服。」政教推行，要依理而行，循序以進，則政治昌明，人民信服。

㈢梓材中的用賢與勤勞——康叔封封於衞，周公告誡以爲政治民的道理猶如梓人（木工）的製材，乃作梓材。王曰（周公代成王發言）：「封！以厥庶民，暨厥臣，達大家。」乃是說：爲政應當用庶民的賢良人和任用賢臣及通達的卿大夫，以治理國家。又曰：「亦厥君先敬勞，肆徂厥敬勞。」這是治國者要以身作則，爲民表率。要使庶民肯敬事而勤勞；爲君者必先敬事與勤勞。誥文又曰：「若稽田，既勤敷菑，惟其陳修，爲厥疆畎。」這是說：爲政猶如農夫的耕田，必須勤勞耕作使其修治，則畔强田豐，而後有良好的成功與收穫。又曰：「若作梓材，既勤樸斲，惟其塗丹雘」。爲政如木工的製造器材，既要勤勞雕鑿，又當塗以油漆。這是說爲政既要樸實富厚，亦要有文教的華美。

㈣酒誥中的勿逸與戒酒——殷紂因嗜酒色，廢弛政事而亡國，周公乃作酒誥，告誡康叔封，勿逸豫，須戒酒。誥文曰：「惟御事厥棐有恭，不敢自暇自逸。」治事要恭謹以赴之，決不可怠惰寬暇，自貪逸豫。又曰：「罔敢湎於酒，不惟不敢，亦不暇。」邦國君臣和庶民皆要戒酒，不但不敢沉湎於酒，且因忙於工作，自亦無閒暇飲酒以自逸。

㈤召誥中的愼始與敬天——武王既克殷，遷九鼎於洛陽，欲以爲東都，使成王居，先遣召公奭往居之，以卜其吉，乃作召誥。誥有文曰：「王乃初服，嗚呼，若生子，罔不在厥初生。……知今我初服，宅新邑，肆惟王其疾敬德。」言周王新政開始，初行治民的敎化猶如人子的初出生，要善爲敎養之。敎子初生，方能有成；爲政亦然，不可不愼其始。……天既已知我王行新政開始，居於新邑洛陽，吾王惟當急行其敬事的美德，不可懈怠疏忽。又曰：「王其德之用，祈天永命。……欲王以小民受天永命。」言吾王當行德政，祈求上天永久保佑周朝的天命，政權永不墜落。又曰：「其作大邑，其自時配皇天，毖祀於上下，其自時中乂。」今爲大邑於中土，是大邑配皇天而爲治理。爲治當恭謹奉祀上下天地，自可順時而達於治平。

㈥洛誥中的防微與尊禮——召公先居洛，周公後至經營東都，遣使以所卜的吉兆告知成王，作洛誥。誥有文曰：「孺子其朋，孺子其朋，其往。」孺子是年幼的成王，說從今以後，愼勿結合朋黨。朋黨足以敗壞政事，一開始就要戒絕，勿令其若火的始燃，始燃雖微，然星星之火可以燎原，卒至不可收拾。戒黨要防微以杜漸。誥又曰：「四方迪亂，未定於宗禮，未克敉公功。」今四方的不易治，實由於未能切實的遵行禮治。禮治不彰，便難以達到大治與成功。

㈦多士中的服從與安居——東都既成，遷徙殷頑民近至王畿而教誨之。因作多士篇。篇中有文曰：「自成湯至於帝乙，罔不明德恤祀。……予惟率肆矜爾，非予罪，惟天命。王曰，告爾多士，今予惟不爾殺，予惟時命有申。爾乃尙有爾土，爾乃尙寧幹止。」周公曰：你們殷朝自成湯至帝乙，都用明德，奉祭祀。我今循殷故事，憐憫你們。我遷徙你們，並非我的罪過，我乃遵天命以行事。今我及時宣示王命，決不殺戮你們，只是遷徙至此而教誨之。你們要多多服從，尙可還回本土；你們要安寧的居住於此地，以安其生。

㈧多方中的從周與效命——周公東征勝利後，作多方篇以告誡管、蔡、殷、奄四國人民。篇文有曰：「非天庸釋有殷，乃惟爾辟，以爾多方，大淫圖天之命，屑有辭。……我惟大降爾四國民命。爾曷不夾介我周王，享天之命。今尙宅爾宅，畋爾田。……爾乃惟逸惟頗，大遠王命，則惟爾多方探天之威，我則致天之罰，離逖爾土。」這是說：殷紂用四國的力量作了很多的罪惡的事情，反而巧爲說辭強作辯護，所以上天拋棄殷朝。今我依天意誅討你們四國的暴君。你們現在都須接受我周朝的治理，好好的安其居，種其田，以共享天命。倘敢妄自怠逸，圖謀不軌，激怒天威，我就要把你們遷徙流放到遙遠的地方。

㈨無逸中的戒怠與勤政——周公恐成王壯年後有所淫逸荒廢政事，乃作無逸篇（《尙書》，卷十七）以告誡之。首言：「厥父母勤勞稼穡，厥子乃不知稼穡之艱難，乃逸乃諺，既誕。」爲子者豈可不知父子勤勞稼穡的艱苦，而自流於安逸享樂，妄言妄行麼!? 次擧殷商賢王，敬畏天命，不敢荒寧，享國長久；反之，則不能久於其位。中宗享國七十五年，高宗享國五十九年，祖甲享國三十三年，因皆是賢君。至於其逸樂君王，均享國三、四年而已，最多亦才十年。次則警告成王曰：「嗚呼！繼自今嗣王，則其無淫於觀、於逸、於遊、於田，以萬民惟正之供。」一意在敎成王不可沉湎於觀賞、遊樂及田獵；當自正其身，勤政愛民。

㈩立政中的得人與督政——周公既還政於成王，恐其怠忽政事，乃作立政篇（《尙書》卷二十一），告之以爲政治國的要道。文有言曰：「用咸戒於王曰：王左右常伯、常任、準人、綴衣、虎賁。知恤鮮哉。」常伯指三公，常任指六卿，準人指執法的法官，綴衣指掌服用的侍臣，虎賁指軍士。這五種官吏是王左右的近臣，必須任用賢能，使事得人。這五者是立政的根本，但知其道理者卻很少，必須勉之。又曰：「繼自今我其立政、立事、準人、牧夫，我其克灼知厥若，丕乃俾亂。」一意指成王今後用賢能的大臣以立政，任盡職的百官以治事，用公正的法官以平法，用才德牧民之官以治民。爲王者要以眞知灼見，瞭知臣下的治事情況，加以督察，使之盡心治事，莫不勝任。又曰：「文王罔攸兼於庶言、庶獄、庶愼，惟有司之牧夫。」意在敎成王效法文王爲政的法則。文王不察察爲明，不事必躬親，不管衆言的毀譽，不管決訟斷獄的事務，亦不管細小謹愼的事情，端在勤於求賢才，用賢才，使之分擔治國牧民的任務。

三、召公姬奭的政治思想

1. 生平的事蹟——召公是佐周定國的重臣，曹植曰：「二虢佐文，旦奭翼武。」㊷這是說：文王左右有虢仲、虢叔；武王左右有周公姬旦，召公姬奭。召公奭是文王的庶子，食邑於召（今陝西扶風縣東），故曰召公。武王克殷，封召公於燕（河南郾城縣），東征勝利後，燕地拓至河北北部。召公諡曰康，稱召康公。文王爲西伯時命召公奭治南國，宣敎化，勤政愛民，德澤廣被。人民感念之，對召公曾休息於其下的一株棠梨樹，相戒不得砍伐；所謂甘棠遺愛。詩經有蔽芾甘棠三篇，就是詠念召公的。武王繼位爲西伯時，太公、周公、召公、畢公共輔武王，牧野戰役，周公執大鉞，召公執小鉞。周師勝利，召公奉命釋放箕子的囚獄。成王時，召公至洛陽卜居吉，周公營建東都；周復建西都鎬京，周公、召公分治東西，陝州以東，周公治之；陝州以西，召公治之。周公爲太師，召公爲太保，相成王。召公不悅，欲赴燕就國，周公作君奭篇（《尚書》卷十）以勸慰之，辭意懇切眞誠，情至意盡，召公乃留京與周公共輔國政。召公治理西疆，和西方邊疆民族接觸較多，曾至西旅（羌藏）和貢獒（犬戎），因作旅獒篇（《尚書》卷七）

㊷ 曹植，任城王誄，載於《兩漢三國文彙》，中華叢書，民國四七年，頁二一八六。

以訓成王。召公爲四朝元老（文王、武王、成王、康王）。周公去世，召公爲冢宰，佐康王，至康王二十四年（西元前一〇五一）去世，壽高約一百十歲㊸。

2.政治的思想——召公姬奭的政治思想，可從其所作旅獒篇見及之。撮其要旨如次：㈠愼德敬人——旅獒有文曰：「明王愼德，四夷咸服，無有遠邇，畢獻方物。……盛德不狎侮。狎侮君子，罔以盡人心；狎侮小人，罔以盡其力。」這是說，君王若能愼言行，行德政，則四方夷狄皆會賓服，進貢所產的物品。君王要敬愛他人，切不可侮慢他。若侮慢官人，他們便不盡心任事；若侮慢庶民，他們便不努力工作。㈡勿玩物喪志——文曰：「玩人喪德，玩物喪志。志以道寧，言以道接。犬馬非其土性不畜；珍禽奇獸，不育於國。」意謂戲弄人，是敗壞道德的行爲。玩愛器物，足以喪失志氣。無論存於心的志，發於氣的言，均須以勤道愼德爲根本。不養畜非本地所生的犬馬。珍禽奇獸不可在國內養畜，因其是無用之物。㈢講求實用——文曰：「不作無益害有益，功乃成；不貴異物賤用物，民乃足。」意謂成王不可作無效益、不切實用的事，妨礙到有效益切實用的事，事業才能成功。要不以奇異的器物爲貴重而卑視有用的器物，人民才能安居樂業。㈣懷遠安近——文又曰：「不寶遠物，則遠人格；所寶惟賢，則邇人安。」意謂不要侵奪遠方人的器物，不以這些器物爲寶貴。則足以懷柔遠人；他們自然肯來歸順。在國內要以賢人爲寶而尊敬之、任使之，則本國的人民便可以過安和的生活。㈤貫徹始終——文曰：「爲山九仞，功虧一簣。」這是說：作事要貫徹始終，堅持到底，以達於成。切不可像築山那樣，已經築了

㊸ 見張政烺，奭字說，中央研究院《歷史語言研究所集刊》第三本，民國三七年出版。

七丈二尺（二仭八尺）之高，而只差一簣土就停止了。這是功敗垂成，切要戒之。聖人作事，乾乾不息，愼終如始。㈥君子愼微——凡事皆由微而漸，由小而大。所以就是微小的事物，輕細末節，亦都要注意，不可疏忽。勿以善小而不爲；勿以惡小而爲之。若不愼微，則積小惡而成大惡，久棄小善，終必敗大德。故文曰：「不矜細行，終累大德」。

四、尹吉甫的政治思想

1. 生平的事蹟——尹吉甫是周史官史佚之裔。史佚亦稱尹逸，是周初的史官，其地位僅次於三公，當時與太公、周公、召公並稱四輔，博學多聞，善於應對。尹氏世爲卿士，食采於尹（今河南新安縣東南），遂以爲姓。周厲王、幽王失德，引起爭亂，周道中衰。周宣王中興，親平陳宋，北伐玁狁，至於太原；方叔南征平淮夷，尹吉甫皆與其役。《詩經》小雅六月篇曰：「薄伐玁狁，至於太原，文武吉甫，萬邦爲憲」，可見尹吉甫是允文允武的全才。武能却敵，文能明憲（禮法）。他且長於詩歌。《詩經》大雅崧高篇是尹吉甫所作美宣王之詩。詩中有言曰：「吉甫作誦，其詩孔碩，其風肆好，以贈申伯。」可見他儼然自居爲大詩人。尹吉甫隨軍出征，並非大將，因宣王和方叔才是主帥，不過他亦帥領其封地的民軍以參戰。因尹吉甫爲世襲的史官，掌禮儀、祭祀與歌誦，是乃文職。

2. 政治的思想——尹吉甫的政治思想，可於其所作的詩篇中見及之。今人李敎授辰冬著《詩經通釋》一書，認爲《詩經》中的全部詩篇，皆尹吉甫一人的手筆。這雖言之過甚，難以盡信，但詩經中不少的詩篇確是尹吉甫所作。如大雅中的烝民、韓奕、江漢、小雅中的六月皆明言是尹吉甫所作美宣王的詩誦。至於六月篇中所引鹿鳴、四牡、皇皇者華、常棣、伐木、天保、采薇、出車、杕杜、魚麗、南陔、白華、華黍、由庚、南有佳魚、崇丘、南山有臺、由儀、蓼蕭、湛露、菁菁者莪諸篇，當亦是尹吉甫的手筆，因作者皆喜歡引用自己的著作。依據這些詩篇的主要內容，略述尹氏的政治思想於後：

㈠明明德——烝民曰：「天生烝民，有物有則，民之秉彝，好是懿德。」尹氏是性善論者，認為人生而秉賦有自然的理性法則，即所謂合乎仁義禮智的明德。人當盡力發揮這天賦的明德以盡人之性而及於盡物之性；期以贊天地之化育，與天地參。

㈡重威儀——烝民曰：「令儀令色，小心翼翼，古訓是式，威儀是力。」君子不重則不威，人當小心謹愼的存恭敬之心，正其威儀，爲民表率；遵守古之禮法，內正其心意，外重其威儀，因誠於衷，形於外；重威儀所以誠其心意。

㈢尙和樂——鹿鳴曰：「鼓瑟鼓琴，和樂且湛，我有旨酒，以燕樂嘉賓之心。」古者禮樂並重，樂以和衆。和則安樂。爲政須安和群臣的心志。能安和其心志，群臣始肯盡力供職，以成政事，因人和則政通。

㈣辨公私——四牡曰：「豈不懷歸，王事靡盬，不遑啓處。」我何嘗沒有私情和私事。我亦很想回家孝父母，慰妻子，辦私事。但因公家的公事尙未辦理結實妥當。我怎可以私害公！所以，我只得努力從公，不可怠惰安居休息。

㈤主忠信——皇皇者華曰：「載馳載驅，周爰咨諏。載馳載驅，周爰咨謀；載馳載驅，周爰咨度；載馳載驅，周爰咨詢。」這是君遣使臣的詩，使光華君命。周是忠信。持忠信以訪問曰諏。持忠信以慮事曰謀。持忠信以守禮曰度。持忠信訪親戚曰詢。言忠信，行篤敬，雖蠻貊之邦行矣。

㈥合兄弟——常棣曰：「兄弟鬩於牆，外禦其侮」；「凡今之人，莫如兄弟」；「兄弟既具，和樂且孺」。人間的親情，兄弟甚爲敦厚密切。兄弟之間有時雖亦有衝突，但遇有外來的侵侮，必合力以抵禦之。兄弟和合相處，則是快樂無比的生活。

㈦敦朋友——伐木曰：「自天子至於庶人，未有不須友以成者，親親以睦，友賢不棄，不遺故舊，則民德歸厚矣」。《詩》曰：「出自幽谷，遷於喬木，嚶其鳴矣，求其友聲」。這是說，人雖自卑位升至高官，仍不可忘卻其舊友。

㈧保天祿——天保曰：「君能下下以成其政，臣能歸美以報其上」，則可以保天之福祿。《詩》曰：「天保定爾，俾爾戩穀，罄無不宜，受天百祿。」這是說，天使你受福祿的群臣，皆能盡心稱職，一切的事物，都作得盡得其宜，則可保持天受的福祿。

㈨樂與賢——人君治國應樂得賢德君子與之共立於朝，和樂相處，同理政事，以達於治平。君樂與賢臣，賢臣亦樂與報君。上下和樂，同心協力以治國，國家必然昇平隆盛。《詩》曰：「南有嘉魚，烝然罩罩，君子有酒，嘉賓式燕以樂。」意謂南河有好魚，願誠心以罩得之。喻天下有賢者，人君恒心誠意求得之，共立於朝以治事，並以酒與賢者共飲而和樂之。得賢才用而樂之，則可以鞏固國家根本與基礎，永保政權的持續。《詩》曰：「南山有臺，北山有萊，樂只君子，邦國之基；樂只君子，萬壽無期。」

㈩育良才——良才半由先天遺傳，半由後天培育。君主或政府欲得賢良人才以治國，必須先作培養良才的努力，始能求得所需的賢德才智的良士。蓋必先耕耘，始有收穫；必先有製作，始有器用。詩曰：「菁菁者莪，在彼中阿，既見君子，樂且有儀。」意謂茂盛的蘿蒿，生在大山陵的上邊。喻言人才的培育，猶如植物的種植。君主或政府要盡力養育人才，使之蔚成國用。既見到培育成功的君子良材，當見而起用之，心既喜樂之，更以禮儀接待之。

第五節　制度性的政治思想

一、封建的政治思想——封建制度的含義與實質前已作詳明論述；至於封建制度所涵蓄的政治思想，扼要申說如次：

1.人口移殖的政治思想——周人原所佔據的地區爲中國西北一帶，如陝、甘、晉等地。殷人統治的區域多在山東、河南、河北一帶。牧野一役，殷被周滅。其後，管叔鮮、蔡叔度、霍叔處挾紂王子武庚叛，周公東征，平定了四國的叛亂。殷朝所控制的土地，全爲周人所有。周人對新獲的廣大土地，便採行人口移殖政策謀作有效控制。使周人的人口自西北出潼關向東方移殖，使周人滲雜於殷人之中以爲監視。周公並作大誥、康誥、梓材、酒誥、召誥、洛誥、多士、多方懇切宣撫和威嚇殷人，使之稱順與服從，並傳播周人文教以同化之。

2.地權統治的政治思想——封建就是劃界封疆，建國立君的政治制度。周政府要統治人民，決不是空口講白話能辦得到的。統治者必須握有統治的實力，才能成功。這實力就是以土地領主的經濟力量爲憑藉。《禮記》王制篇曰：「天子之田方千里，公侯田方百里，伯七十里，子男五十里，不及五十里者，不合於天子，附於諸侯曰附庸。」這些土地爲天子、諸侯所擁有，而是大地主，土地收益的全部或一部歸其所有與支配，遂能依恃這經濟力量，統治人民，治理邦國。

3.助徹並行的政治思想——周人爲農業民族，以農業立國之本，土地爲農業生產的基礎。封建就是對土地作有效利用與保衞的制度。其實施的要旨如次：㈠固着的農民——《春秋穀梁傳》曰：「古者天子封諸侯，其地足以容其民，其民足以滿城而自守」44。邦國建立的要素有二：一是土地，二是人民。有土地而無人民耕作，土地流爲荒蕪的廢物。有人民而無土地，則人民無立足之所，無生活之資，莫由生活。所以封建的實行，乃以人口移殖配合之。一定面積的封疆必分配給一定數量的人民。地足以養其民，民足以耕其地。人民從事耕作，悉爲農民。農民與其所耕作的土地，成固着的關係。農民生於此地，長於此地，耕於此地，食於此地，死於此地，世代相守，死徙不出鄉。如此，則土地不會有勞力缺乏之虞，地有人耕，不致流於荒蕪或廢棄。農民因長久耕作這一土地，對之發生愛戀之心，與珍視之意，自會盡力保護之，努力耕作之，農業生產效益，自會提高。㈡公田的助法——諸侯對其封地有完全的所有權和支配權，故曰：「普天之下，莫非王土，率土之濱，莫非王臣」。諸侯自留一部份土地爲王畿或王田，以其收益供自己、邦國及祭祀的使用。對其卿、大夫依定制各分封給一部份的土地，以爲食邑或采田，亦曰圭田。王畿和采地皆爲公田，行助法，藉（借）人民的勞力以耕作之；其收益全歸諸侯和卿大夫所有。助法亦稱籍法，所謂籍而不稅。《詩經》周頌載芟篇序曰：「載芟，春籍田而祈社稷也」；箋云：「籍田，甸師氏所掌，王載耒耜所耕之田，天子千畝，諸侯百畝，籍之言借也，藉民力治之，故曰籍田。」采地是卿大夫所封之食邑。采，官也，因官食地，故曰采邑。卿、大夫有圭田，《孟子》滕文公篇曰：

44《春秋穀梁傳》襄公二九年。

「卿以下必有圭田」。圭爲白玉，指其潔白，謂潔其粢器以供祭祀之用。藉與助都是借民力耕作公田。《孟子》曰：「詩云，雨我公田，遂及我私。惟助爲有公田，由此觀之，雖周亦助也。」《孟子》又曰：「殷人七十而助」（均滕文公篇）。是殷已行助法，周人因之。㈢私田的徹法——諸侯的封地，除公田外，其餘的土地，分配給人民耕作，謂之私田。周制，一夫授田百畝。《管子》臣乘馬篇曰：「一農之量，壤百畝也。」《國語》魯語曰：「年三十者受田百畝，二十者五十畝」。《荀子》王霸篇曰：「百畝一守，事業窮，無所移之也。」《孟子》萬章篇曰：「耕者之所獲，一夫百畝。」諸侯對農夫所耕的私田，抽取什一之稅曰徹法。《孟子》滕文公篇曰：「周人百畝而徹。」農夫耕百畝而取十畝之收益以爲稅謂之徹法。《論語》顏淵篇曰：「曷徹乎？」周法什一而稅謂之徹。徹猶言去也，斂也，言取去或稅斂。《春秋穀梁傳》宣公十五年載：「初稅畝者，非宣公之去公田，而履畝十取一也。」何休疏曰：「宣公無恩信於民，民不肯盡力治公田，故公家履踐案行之，擇其善畝穀最好者稅取之，故曰履畝。」人皆重私而輕公，善治私田，而不肯盡力治公田，乃是人情之常，亦是助法的通病。自魯宣公開始稅畝後，他國自必多仿行之，卒至助法廢而盡行徹法。

4.兵農合一的政治思想——周代一夫百畝授田制，可以均貧富。孔子曰：「不患寡而患不均，不患貧而患不安。蓋均無貧，和無寡，安無傾。」（《論語》季氏篇）同時，授田亦所以通兵制。平時農耕於野，增加生產。戰時徵兵於農，執干戈以衞社稷，乃「寓兵於農」、「兵農合一」的政治思想。國養民不養兵，政府無過重的軍費負擔。徵兵於民，軍旅不虞兵源的匱乏。現代國家的徵兵制，於周代早已行之，不失爲軍事上的良好制度。孫詒讓《周禮正義》序曰：「劃井而居，乘車以戰，裂土而分封，計夫而授田」，依授田之夫而徵兵，籍確而徵實，兵役無所逃避，徵調不生困難。兵農合一，兵額補充，全出於受田的農家，由家出兵，積兵而成軍旅。五家爲比，出兵五人，五人爲伍，伍有長，下士任之。五比爲閭，閭出二十五人，五伍爲兩，兩有司馬，中士任之。四閭爲旅，旅出百人，四兩爲卒，卒有長，上士任之。五旅爲黨，黨出五百人，五卒爲旅，旅有師，下大夫任之。五黨爲州，州出二千五百人，五旅爲師，師有帥，中大夫任之。五州爲鄉，鄉出萬二千五百人，五師爲軍，軍有帥，卿任之。

二、禮治的政治思想——

殷朝爲神權政治，依神意以治國。周代爲宗法政治，依禮儀以治國。依荀子之言，「禮有三本，天地者，生之本也；先祖者，類之本也；君師者，治之本也。」（《荀子》禮論篇）周行禮治，故敬天地，重人之生；尊先祖，愼終而追遠；嚴君師，維持貴賤的政治秩序。玆將禮治的起源，禮治的意義，禮治的內涵及禮治的功能，分別論說如左：

1. 禮治的起源——禮治的適用對象是人群社會。禮治的起源在於適應人性的需要和調節人情的平衡與和順。司馬遷曰：「緣人情而制禮，依人性而作儀。……禮者人道之極也。」（《史記》，禮書）荀子對禮治的起源，有很明切的解釋。他說：「人生而有欲，欲而不得，則不能無求，求而無度量分界，則不能不爭，爭則亂，亂則窮。先王惡其亂也，故制禮以分，以養人之欲，給人之求。使欲必不窮乎物，物不必屈於欲，兩者相持而長，是禮之所起也。」（《荀子》禮論篇）禮治起源，由於人有欲又有爭。禮所以養人之欲，息人之爭。禮是人群生活的規範。禮者理也，依理而制禮。禮是規範人群生活的工具與手段。禮在於使人過合群的合理生活。《荀子》曰：「人力不若牛，走不若馬，而牛馬爲用，何也？曰人能群，而牛馬不能群也。人何以能群？曰分，分何以能行。曰義，故義以分則和，和則一，一則力多，力多則强，强則勝物。」(《荀子》王制篇) 禮之起，起於人的合群天性。合群必須人人各守其分，各盡其責，己所不欲不施於人，人不犯我，我不侵人，才能和平相處，群居協處，合渺小的個人，成偉大的合群鉅人。群人力强，故能勝物。禮以定分，分定則不爭。義以行分。義是義理。禮是義理的表現。遵於義，依於理，則能和平一致，而過互助合作，團結無間的生活。人之所以異於禽獸者，因其能過合群生活。

2. 禮治的意義——周代的禮，猶如今日的法。法包括成文的制定法和不成文的習慣法。周代的禮亦包括兩大部份：一是周公所制作的新的典章制度。一是由於歷史的傳統，傳遞下來仍為時人所接受而奉行的風俗習慣。人類的歷史文化乃是生態系統，依舊生新，推陳出新，是有機的生長物，不能作截然的階段劃分。所以周公制禮的創作，亦不能完全擺脫歷史的因襲。故孔子曰：「周監於二代，郁郁乎文哉，吾從周」(《論語》八佾篇)。所謂二代就是「殷因於夏禮，周因於殷禮」。《禮記》檀弓篇曰：「先王之制禮也，過之者，俯而就之，不至者，跂而及之。」周公制禮，就夏殷之禮加以損益修正，使成為及於中道，合乎時宜的新禮。周代的禮制有不少是接受了殷代的傳統，如敬天、尊祖便是殷人的傳統。封建制度在殷代已萌芽，周則予以制度化與統一化；殷人之裔的宋國仍採行殷禮。至文物器用，周人自然亦不能完全排除殷朝者。故孔子曰：「行夏之時，乘殷之輅，服周之冕，樂則韶舞」(《論語》衞靈公篇)。

禮在周時，是為政施治的制度，故曰禮治。《淮南子》泰族訓曰：「而制度可以為萬民儀。」儀訓義，訓準。萬民儀就是人民向善的準則。法或典皆為制，度是尺度或標準。禮是政治、經濟、社會、文化運作的規範與模式。禮乃是人群關係的規則，定分止爭的工具，齊民使衆的手段，判斷是非善惡的標準，社會生活的規範，興利除弊的方法，立身處世的準繩，為政施治的尺度。政府的一切措施，人民的生活行爲悉準於禮，謂之禮治。禮治的達道有五：卽仁、義、理、智、信。其所以行之者一曰誠。本誠心以行禮治，要作到嚴、平、公、明。嚴守禮儀，不折扣，不通融。平正行事，不偏不倚。大公無私，不以私而害公。明辨事理，勿枉勿縱。

3. 禮治的內涵——禮治的內涵頗爲賅博，所有有關政治、經濟、社會、文化諸方面的運作規範，均屬於禮治的範圍。錢穆曰：「宗法偏屬於倫理，封建偏屬於政治，井田偏屬於經濟。此三者融凝於一體，然後始成爲治道。治道卽人道，亦卽天道也，而中國古人則祇稱之曰禮。」㊺司馬光曰：「天子之職，莫大於禮，禮莫大於分，分莫大於名。何謂禮？紀綱是也。何謂分？君臣是也。何謂名？公、卿、侯、大夫是也。夫以四海之廣，兆民之衆，受制於一人，雖有絕倫之力，高世之智，莫不奔走而服役者，豈非以禮爲之紀綱哉！是故天子統三公，三公率諸侯，諸侯制卿大夫，卿大夫治士庶人，貴以臨賤，賤以承貴。上之使下猶心腹之運手足，根本之制枝葉；下之事上，猶手足之衞心腹，枝葉之庇根本；然後能上下相保而國家治安。」㊻這是說：禮治的內涵，包括紀綱與名分。紀綱是上統下，下從上層級節制的政治統率系統，政治權力集中於系統的最高最上層的統治者，權力的行使，由上而下，由內及外，形成指臂運如的首尾呼應的完整體制。名分是君君、臣臣、父父、子子、夫夫、婦婦、兄兄、弟弟、朋朋、友友的倫理關係，各盡其責，各守其分，互不侵越的絜矩之道；亦就孔子所說的正名主義。

㊺ 錢穆，周公與中國文化，載於《中國學術史論集》第一册，中華叢書，民國四五年。
㊻ 《資治通鑑》周紀一，威烈王二三年，中華叢書，李宗侗《資治通鑑今註》第一册，民國四五年，頁一。

4. 禮治的功能——依禮以為治，則紀綱貫徹而修明；名正而言順，分定而不爭，可以置社稷於衽席之安，立國家於磐石之固，功能宏偉，無可比擬。《禮記》曲禮上篇論禮治的功能，至為明確。文曰：「夫禮者，所以定親疏，決嫌疑，別同異，明是非。道德仁義，非禮不成；教訓正俗，非禮不備；分爭辯訟，非禮不決；君臣上下，父子兄弟，非禮不定；宦學師事，非禮不親；班朝治軍，涖官行法，非禮威嚴不行；禱祠祭祀，供給鬼神，非禮不誠不莊。」由此觀之，禮治的功能，無所不至，足為一切為政施治的行為準則，凡事非禮莫辦。

三、宗法的政治思想——周代政治制度，由三大柱石所構成：一曰封建，二曰禮治，三曰宗法。前二者所含的政治思想，已經論述，茲進而研討宗法的政治思想。這種思想的內容與含義，可從宗法的意義、嫡長繼承制、大宗率小宗、政治倫理化及等級的服從五點申論如次：

1. 宗法的意義——宗是宗族，卽同一血統的人群。法是法則或規範，乃人群生活的準則。宗法，就是尊祖敬宗，敦親睦族的政治與社會制度。其產生的根源，由於人類皆有愛親悅族的天性和「是我族類感」（we-feeling）的認同感（sense of belonging）。宗法制度運用的規範係以倫理道德為基礎。王國維寫有殷周制度論一文。其文有言曰：「周之所以綱紀天下，其旨在納上下於道德，而合天子、諸侯、卿大夫、士及庶民以成一道德的團體。古之所謂國家者，非徒政治之樞機，亦道德之樞機」㊼。

2. 嫡長繼承制——周代宗法制度的重要措施，就是嫡長繼承制。這種制度的重要目的有二：一是維

㊼王國維《觀堂集林》卷一〇，殷周制度論，民國十六年。

持土地的集中。周代諸侯的權力基礎建築在土地上。諸侯以大土地領主資格督率其群臣，統治其人民。若採行衆子繼承制，則封土分散，地狹人少，其政權的憑藉，大爲削弱，地權統治權便失却依恃，則其諸侯的地位必趨於動搖，甚至於瓦解。採嫡長繼承制，嫡長子祇有一人，以一人繼承諸侯的權位，土地得保持其原有面積，不會減少，諸侯的地權基礎亦不會削弱，諸侯的地位，仍可繼續保持，不會發生危機。二是定分以止爭。諸侯的子嗣常有多人，若不確定何人有繼承權，則諸兄弟，必起爭亂。兄弟鬩墻，必造成國家的混亂及政治的不安。採嫡繼承制，有繼承權者，祇嫡長子一人，分旣定，則諸弟兄無從爭奪，足以消弭政治上的紛爭與混亂。

自禹傳位於子啓，開家天下的政局，歷代君位傳續均採世襲制，卽君位傳遞於開國帝王的子孫。殷商曾行兄終弟及制。周立國採宗法制度，君位傳續行「嫡長繼承制，有嫡立長，無嫡始傳庶，無庶則立嗣，由近親的旁系姪及姪孫入嗣。何以要傳子而不傳弟呢？因父子情親，兄弟情疏。以國家大器傳之於子，心甘情願，足以慰傳位者的私情。父死子繼，情理甚順；且父子情深，子不會因急於得君位而弒父。兄弟情疏，若傳弟，弟可能因急於得君位而弒兄。隋文帝楊堅廢太子勇而立次子廣，後堅欲復立勇，勇竟被廣殺害。漢景帝曾有意順母意，傳位於弟梁孝王。大臣袁盎等力加反對，諫曰：「方今漢家法周，周道不得立弟，當立子。」且證之史實，立弟每起禍亂。宋宣公死，不立子而立弟（宋行殷法），弟受國。弟死後返之於兄之子，弟之子爭之，遂刺殺兄子。吳王諸樊欲傳位於幼弟季札，因而引起公子光刺殺王僚。元武宗傳位於弟，因而引起以後阿速吉八之被廢及明宗被弒等禍亂。

傳子何以要傳於嫡長子呢？因君王后妃不止一人，所生子嗣甚多，則諸子爭奪必引起手足相殘的禍亂；就中確立一人，則名分已定，不容爭奪。所謂「萬人逐兔，一人獲之，貪者悉止」。就諸子中確立一人繼承，若無客觀標準，仍然引起爭執。「嫡」與「長」乃是明顯的客觀標準，且只有一人，自不容爭辯。名分既定，則足以防篡奪而弭臣子的爭亂。「立嫡以長不以賢，立庶以貴不以長」、「王后無嫡，則擇立長，年均以德，德均以卜」。這是嫡長繼承制的基本法則。

嫡長繼承制乃是定分止爭的良好制度；若廢嫡立庶每引起王室或國家的禍亂。周幽王寵褒姒，廢后及太子宜臼，以姒爲后，立姒子伯服爲太子，宜臼奔申，幽王因而伐申，申侯怒，引兵擊王師，犬戎應之，幽王被犬戎害死。晉獻公寵驪姬，廢太子申生而立驪姬之子奚齊。申生自殺，賢子重耳、夷吾皆出奔避難。里克、丕鄭以重耳賢，欲納之返，乃起兵殺奚齊。荀息立奚齊之子卓子，未幾，卓子亦爲里克所殺。迨夷吾自秦返，卽位是謂惠公。周之敗，晉之亂，皆因廢嫡立庶所引起。

3.大宗率小宗——在宗法制度下，自天子、公、侯、伯、子、男、卿、大夫、士諸貴族構成一大家族的系統。在這大家族系統中，構成員的地位，視其與宗主的親疏遠近的血統關係而定之。封建制度以分封同血統的同姓爲主體。天子分封公、侯、伯、子、男爲五等諸侯。諸侯則封其卿、大夫、士。這貴族的權位傳遞採嫡長繼承制。這嫡長繼承的系統爲「百世不遷」的大宗。至於嫡長子的母弟及庶子因血統繼承而形成的系統則爲「五世而遷」的小宗。大宗率小宗。

天子、諸侯、卿、大夫均由嫡長子繼承其政治地位。這一嫡長子系統奉其始祖爲宗主，世代相傳，永相繼續，雖百世不遷變其系統，是謂大宗。天子、諸侯、卿、大夫的他衆子均不能繼承其父官位，但可獲得采地或食邑以爲生活及祭祀的資需，謂之小宗。小宗奉其高祖、曾祖、祖父或父爲始祖，但五世則遷其宗，並非百世不遷，對大宗而言則爲庶宗。公、侯、伯、子、男諸侯對天子爲小宗，但在本邦國則爲大宗。宗主對宗內的人有重大的管轄權，視其罪過的大小，可予以懲罰、逐放可殺戮。宗主在其宗內，猶如諸侯在其邦國之內。

4. 政治倫理化——周封同姓五十二國，封異姓七十八國。周制同姓不婚，旣以避「生殖不繁」，而與異姓通婚，復藉以廣親族的聯繫。秦晉通婚，齊魯結袂，卽是顯例。成王母親爲姜姓，太公姜尙是成王的外祖父。因之，天子之國的周國對同姓之國爲兄弟之國；對異姓之國爲甥舅之國。天子對諸侯，同姓爲伯姪、叔姪或兄弟；對異姓爲姻親、爲甥舅。由此錯綜繁雜的血統關係，全國形成一個親族家族相互聯合的政治聯係的羅網。這血統的大聯合就是政治倫理化的完整組織。

天下和邦國乃是家族組織的擴大。家事決於父，父爲一家之主，國事決於君，君爲一國之主。所以宗法政治就是父權政治。父對家中子女有完全的控制權。君對國內的臣民有完全的統治權。臣民應移其所以事父者事其君。地方政府的首長爲人民的父母官。國君兼具君、親、師的三種地位。君權可以命令臣民，臣民對君主有服從的義務。臣民事君如事其父，君對其臣民應愛之如父親之愛子女，以不忍人之心行不忍人之政，人饑己饑，人溺己溺。人君應以身作則，表率臣民，而收風行草偃之效。其身不正，如正人何!?其身正不令而行，其身不正，雖令不從。君主敎化臣民，應施之以庠序之敎，申之以倫理之義，期以達到君則義臣則忠、父則慈子則孝、兄則友弟則恭、夫婦有別、朋友有信、長幼有序的目的。周公宗祀文王，尊之爲周朝受天命的始祖。這表明文王與武王父子相傳，故宗祀文王，明示以孝治天下的至意。以孝治國是父權政治，就是政治倫理化的宗法。

5. 等級的服從——在宗法社會中，全國的人口，被劃分爲若干尊卑貴賤的不同的等級。人口先分別爲兩大類：一類是尊貴的貴族。一類是卑賤的黎民。貴族分爲天子、公、侯、伯、子、男、卿、大夫、士九等。黎民分爲黎、庶、皂、輿、隸、僚、僕、臺八等。《左傳》昭公七年載：「楚芋尹無宇曰：天有十日，民有十等。」《漢書》貨殖傳曰：「昔先王之制，自天子、公、侯、卿、大夫、士、至於皂隸、抱關、擊柝者，其爵祿奉養、宮室、車服、棺槨、祭祀、死喪之制，各有差品，小不得僭大，賤不得踰貴。」這些等級是固定的，貴者常尊，賤者常卑。周採世卿制祿之制，貴賤身分或等級由於世襲，身分不能流通。「公之子恒爲公，士之子恒爲士」四民不遷其業。等級和階級並不相同。等級是法定的身分，在封建的宗法社會中，是不能改變的，不能流通的。階級指職業不同或經濟地位的高低，由於經濟的變遷，階級得以改變或流通。藍領階級可能變爲白領階級。勞動階級可能變爲資產階級。

爲要維持貴賤等級的固定及表明貴賤尊卑的差異，周代訂有繁瑣儀禮以爲應用，無論稱謂、服飾、車輿、祭祀、宮室、冠帶、棺槨、爵祿、死喪等皆依等級的高下的不同而有明顯的區異規定，藉以强化等級觀念，不得變亂或侵越。尊卑等級之間有上臣下的從屬關係，上對下有役使的權利，下對上有服事的義務。故楚芋尹無宇曰：「天有十日，民有十等，下所以事上，上所以共神也。故王臣公，公臣大夫，大夫臣士，士臣皂，皂臣輿，輿臣隸，隸臣僚，僚臣僕，僕臣臺。」（《左傳》昭公七年）師服亦曰：「天子建國，諸侯立家，卿置側室，大夫有貳宗，士有隸子弟，庶人工商各有分親，皆有等衰，是以民服事其上而下無覬覦」（《左傳》桓公二年）。

四、周官的政治思想——漢改周官曰周禮，述周朝官制至爲詳備、完整、瑣細，和周制多不相符。

孔子所謂吾學周禮，自非劉氏改名的《周禮》；孟子論周代班爵祿之制，同於《禮記》的王制，而不同於《周禮》。且《尚書》，《春秋》及周代各家著作中，均不見《周禮》中所述的天官、地官、春官、夏官、秋官、冬官的名稱。則《周禮》的內容，並非周代官制。論者認爲《周禮》一書，乃劉向、劉歆父子所僞造，實不無理由，故不予採用。茲根據《尚書》周官篇，略論其政治思想如次：

1.官制的梗要——周公東征平四國叛亂及滅淮夷後，成王接政治事，還歸西都酆鎬（陝西鄠東縣）作周官言周家設官分職及用人的治制。言曰：「明王立政，不惟其官，惟其人。」指爲政施治，不在多設官員，惟在用得其人。「立太師、太傅，太保，茲惟三公，論道經邦，燮理陰陽。官不必備，惟其人。」太師乃天子所師法，太傅所以相扶天子，太保在保安天子。三公之官，不必備員，必待有德義的賢才，始使居之。「少師、少傅、少保曰三孤，貳公弘化，寅亮天地，弼予一人。」孤意爲特指卑於公，尊於卿，輔佐三公，弘揚政教，敬信天地，以輔弼天子的治道。

「冢宰掌邦治，統百官，均四海」。冢宰爲六卿之首，亦稱太宰，主管一國的政事，統率百官，使四海之庶政，均達治平與均和。「司徒掌邦教，敷五典，擾萬民」。司徒掌國之教化，敷施五常之教，使父義、母慈、兄友、弟恭、子孝。擾指安也，使百姓安和協睦。「宗伯掌邦禮，治神人，和上下」。宗伯是宗廟的長官，掌國之禮儀與祭祀，管理天地、神祇、人鬼的有關禮治的事務及國之吉、凶、賓、軍、嘉五禮，以和協上下尊卑的秩序。「司馬掌邦政，統六師，平邦國」。司馬是掌戎馬的軍事領袖，統帥六軍，消弭國內叛亂及平定外國的侵凌。「司寇掌邦禁，詰姦慝，刑暴亂」。司寇是司法的長官，執行邦國的禁令，懲治盜賊，對作奸犯科，暴亂者施以刑罰，維持國家的安寧與秩序。「司空掌邦土，居四民，時地利」。司空是邦國的地政及生產事業的主管長官。其任務在使士、農、工、商的四民，皆能安居樂業，努力生產；順天時，盡地利，使五穀豐登，百業興隆。「六卿分職，各率其屬，以倡九牧，阜成兆民」。六卿各自督率其所屬的官員及大夫、士各治理其所分擔職務，以倡導九州的牧民爲政的官員，效忠勤，盡職責，使物阜民豐，民生順遂，樂兆民，致治平。

2.為政的準則——依《尚書》周官篇所記，爲政的準則，計有以下十一點：㈠發布政令前，必須作審愼周詳的考慮，求其完善，不可草率；令既出，必須貫徹執行，使其完全實現，獲致實效；不可二三其令或朝令夕改，以免紛亂。故曰：「凡我有官君子，欽乃攸司，愼乃出令，令出惟行，弗惟反。」㈡爲政須公平誠信，切不可以私害公，人民才會信服順從。爲政議事須以古先聖王的訓敎義理及典章制度爲借鏡與準則；好古敏以求之，則政通人和，不致流於迷亂。故曰：「學古入官，議事以制，政乃不迷。」㈢爲政施治，應以古之典章及故事爲師法，鑑往以策來，援古以御今，脚踏實地，追求實效；不可逞利口，施巧辯，致政事紛亂。故曰；「其爾典常作之師，無以利口亂厥官。」㈣爲政若猶豫不決，疑慮不定，必敗壞政治謀略；要當機立斷，臨事果決。施治切不可怠忽，業精於勤荒於怠。若不好學勤習，猶如面牆而立，臨事必煩亂，難成事。故曰：「蓄疑敗謀，怠忽荒政。不學面牆，蒞事惟煩。」㈤凡居官任職的卿士，須有堅毅遠大的志向，才能建立崇高的功勳；須有自強不息的勤奮精神，才能成就廣大的事業。凡作事要果敢有判斷，才不會發生以後的艱難。故曰：「戒爾卿士，功崇惟志，業廣惟勤。惟克果斷，乃罔後艱。」㈥在位不驕傲，則以後自可有值得矜驕的事功。使用俸祿不流於奢侈，則可期富裕。不驕不侈，始可成功立業。其生活驕侈者，必歸於敗亡。故曰：「位不期驕，祿不期侈。」㈦爲人作事，均須以立德爲本，言行恭謹，生活儉僕，一切作爲直道而行，不作欺詐姦僞，則心安理得，精神逸愉；每日休閒平靜，心情泰然，自得其樂；若行爲虛假欺詐，則心情勞苦，每日笨拙無能，難以成事。故曰：「恭儉惟德，無載爾僞。作德，心逸日休；作爲心勞日拙。」㈧人當居高貴地位，受上寵愛的時候，應戒愼恐懼，自作警惕，想到危險的時候和可畏懼的事，當可免除禍害。若放浪恣肆，狂妄無忌，無所畏懼，將必陷於可怕的刑罰中。故曰：「居寵思危，罔不惟危，弗畏入畏。」㈨推崇賢德的君子，對才能俊傑之士，予以謙讓，則可百官和諧。若不能博致和諧，政務必趨於敗壞混亂。㈩爲政之道，首重得人。得人者昌，失人者亡。執政者若祇能把自己個人的事情，作得妥當，尙不能算是有才能，有作爲；更須能舉用賢能之士，使賢者在位，能者在職，事得其人，人當其用；人能盡其才，事能成其功，才算是有才能、有作爲。若執政者舉用不得其人，就是自己的無能，不勝其任。故曰：「舉能其官，惟爾之能。稱匪其人，惟爾不任」。⑪《書》曰：「王曰：嗚呼！三事暨大夫，敬爾有官，亂（治也）爾有政，以佑乃辟，永康兆民，萬邦惟無斁。」（周官篇）成王慨嘆以誡群臣曰：自公、卿、大夫以下的各級官員，都要督率所屬的僚屬皆能本敬業樂群的精神，以盡忠職守，把所有的政務都治理得完善，輔助君王爲政施治，使億兆人民皆永享康樂安和的幸福，天下萬邦皆不厭我周德，怡然歸服，而達於四海昇平，長治久安的境地。

第四編　先秦時期（西元前七七〇——前二四七）

——春秋及戰國之世

第九章　先秦政治思想的時代背景

第一節　封建制度瓦解的原因

東周可謂之封建制度瓦解時期。自平王至赧王爲東周共計五三〇年。東周復可稱爲先秦時代，其間又可爲兩個時期，自平王至元王爲春秋時期（西元前七七〇至前四六九）爲期三〇二年。自貞定王至赧王爲戰國時期（西元前四九六至前二四七）共二二二年。周亡後三十五年（西元前二二一）至秦滅齊，秦一天下，凡二四八年。西周時期，封建制度完整而有力，能以維持政治的安定。至春秋之世，王綱不振，周室衰落，封建制度漸趨動搖與瓦解。其所以致此的重要原因，計有左列諸端：

一、民心背棄——孟子曰：「桀紂之失天下也，失其民也。失其民者，失其心也。得天下有道，得其民，斯得天下矣。得其民有道，得其心，斯得民矣。得其心有道，所欲與之聚之，所惡勿施爾也。」❶

❶《孟子》離婁上篇

管子亦曰：「政之所興，在順民心；政之所廢，在逆民心。」❷政權的興廢以民心的向背爲轉移。西周厲王時，諸侯漸大，王不知警惕，反而用好利之徒榮夷公爲卿士，聚稅斂，不聽諫諍，肆行不道，諸侯漸失朝貢，民心不悅，紛起怨謗之言。厲王怒，使衛巫監謗者，以告則殺之。國人莫敢言，道路側目。召虎諫之曰：「夫民慮之於心，宣之以口，成而行之。若壅其口，其與幾何？」王不聽，國人莫敢出言。如是者三年，民卒不能忍，乃群起而襲王，王出奔彘（山西霍縣）。這是周天子在厲王時已大失民心。

周幽王廢嫡立庶，致招申侯之討，犬戎之亂，且死於亂。時人指幽王爲亡國四君之一：「桀奔南巢，紂踣於京（殷墟），厲流於彘，幽滅於戲（驪山下）。」❸天子如此，自遭受人民的背棄。觀於《詩經》傷時的詩篇，可見民心背棄周室的心情。《詩經》大雅桑柔詩曰：「自西徂東，靡所定處」；指東遷後，政治動亂不安，人民流離失所。大雅雲漢詩曰：「周餘黎民，靡有孑遺。」指人民喪亡過多，生存者無幾。小雅苕之華詩曰：「知我如此，不如無生。」這是說：人民的生活痛苦已極爲難受，早知如此，還不如不生到這世界來。民心似已有「余及女偕亡」的心情怨恨，西周的封建政權怎能不漸趨動搖與瓦解。

二、**宗法失效**——支持封建國家的一大重要柱石，就是宗法制度。而宗法制度的要素有三：一曰嫡長繼承，二曰同姓不婚，三曰政治倫理化。在春秋時代，此三者均失其效用。宗法敗壞，柱石傾倒，封

❷《管子》牧民篇。
❸《國語》魯語上，頁一二八。

建制度自必因之而趨於動搖與瓦解。

1. 廢嫡立庶的事例。周幽王寵褒姒，廢申后及太子宜臼，而立褒姒為后，立姒子伯服為太子。宜臼奔申，幽王求之而申不予，王起兵伐申，申侯怒，與師迎擊之，而犬戎出兵應之，周師大敗，幽王為犬戎所害，死於驪山下（陝西臨潼縣東南）。天子既廢嫡立庶於先，開其例；諸侯自可起而效尤。晉獻公烝齊姜生秦穆公夫人及太子申生，又娶二女於戎，大戎狐姬生重耳，小戎子生夷吾。伐驪戎，以驪姬歸，生奚齊，其娣生卓子。驪姬欲立其子奚齊。獻公遂偪死申生。重耳、夷吾皆出奔。獻公死，奚齊立，里克丕鄭殺奚齊於喪次。荀息立卓子，未幾，又為里克所殺；立夷吾，是謂惠公。惠公死，子圉立，是謂懷公。重耳返國，殺懷公，自立為晉文公。是乃因廢嫡長而引起的禍亂。周惠王寵王子帶欲立之，而廢太子鄭，事不果。王子帶怨不得立，竟召戎師以伐周，大敗周師，王出奔於汜（鄭地）。這亦是欲廢嫡長而生的大禍。魯「三桓」之亂，乃由於「無嫡嗣」所引起。

2. 同姓竟婚的事例。宗法制度禁同姓相婚，其消極的作用在防止「其殖不繁」。同姓不婚的同時而採「世婚」，如秦晉締婚，齊魯結袂便是。其積極的意義，在建立甥舅之國，而便作政治的聯合。但降至東周，同姓不婚的宗法則失其效力。《左傳》昭公二年載：「晉韓宣子聘魯，觀書於太史氏，見《易象》與《春秋》曰：《周禮》盡在魯矣。吾今乃知周公之德，與周所以王也。」殊不知「周禮盡在魯矣」的魯昭公就是不遵守「同姓不婚」宗法的不知禮的人，大悖祖宗周公之禮的非禮者。且為此事亦評及於孔子。《論語》述而篇載：陳司敗問，昭公知禮乎？孔子曰：知禮。孔子退。揖巫馬期而進之曰：吾聞君子不黨，君子亦黨乎？君取於吳為同姓，謂之吳孟子，君而知禮，孰不知禮？巫馬期以告。子曰：丘也幸，苟有過，人必知之。孔子隱君過，情有可原。而昭公娶同姓，實非禮。魯哀公立妾爲夫人，亦悖禮治與宗法。

春秋時代貴族不但不守「同姓不婚」的宗法，亦且多不遵「世婚」之制而娶於他族。甚至華夏之君娶夷狄之女者，爲數亦不少。周天子襄王娶狄女爲后曰狄后，亦稱隗后。晉獻公既娶大戎之女曰狐姬，又娶小戎之女曰小戎子；更娶驪戎之女曰驪姬。晉文公爲五霸，乃春秋英明覇主之一，於流亡居狄時，狄人贈以二女，名叔隗與季隗。文公自娶季隗，以叔隗妻趙衰，生盾。狄、戎與華夏混血而婚，何足以言宗法與禮治。宗法與禮治已遭破壞或失效，封建制度自不能不趨於動搖與瓦解。

3.倫常悖亂的事例。封建制度的推行，在於政治倫理化。國爲家的擴大，以孝道治天下；要人民以其所以事父者資以事其君。家事決於父，國事決於君，形成父權政治。用倫理觀念維持政治的安定，期以達成君則敬，臣則忠，父則慈，子則孝，兄則友，弟則恭，夫婦有別，朋友有信，長幼有序的治平之治。但降至東周，則倫常悖亂，而流於君不君，臣不臣，父不父，子不子，兄不兄，弟不弟，夫亂妻淫，朋友不信，長幼無序的混亂局面。

倫常悖亂，臣弒其君者，不乏事例。《左傳》襄公二十五年，齊棠公之妻曰棠姜，棠公死，崔杼往弔，見棠姜美而娶之；而齊莊公與私通，崔杼弒之。太史書曰：「崔子弒其君」，崔子殺之，其弟繼書之，死者二人，其弟又書，乃舍之。南史氏聞太史盡死，執簡以往。聞既書矣，乃還。這就是文天祥正氣歌中所謂「在齊太史簡」。《左傳》宣公二年，晉靈公不君，厚斂以雕牆，從臺上彈人，而觀其避丸者。趙盾爲正卿輒諫，公欲殺之，盾奔未出國境。盾之庶弟攻靈公於桃園弒之；盾返，迎立晉成公。太史董狐書曰：「趙盾弒其君」。趙盾曰，不然！太史對曰：子爲正卿，亡不越境，返不討賊，非子而誰？孔子曰：董狐，古之良史也。亦卽文天祥正氣歌中所謂「在晉董狐筆」。《左傳》隱公四年，衞桓公在位之十六年，公之庶弟州吁弒桓公而自立。《左傳》宣公四年，鄭靈公解楚人所獻黿而賜食諸大夫，公子宋與子家，以未嘗異味，竟共謀而弒靈公。周桓王八年魯公子翬弒其君隱公。

父不慈，晉獻公寵驪姬而偪死太子申生；周幽王寵褒姒，偪太子宜臼出奔。子不孝，王子帶以父惠王未立已，竟召狄兵入寇周室，王師敗，王奔於汜；宜臼怨父，竟引舅父申侯之師迎擊其父周幽王，犬戎應之，王死難。兄弟相殘殺者，事例亦不少。鄭莊公伐弟公叔段於鄢，段出奔於共。齊襄公及弟小白與公子糾相互爭戰。齊桓公卒，五子爭立。魯慶父、叔牙、季友所謂「三桓」之亂，及晉君奚齊、卓子、夷吾的被殺，都是兄弟鬩牆，手足相殘，還談什麼兄則友，弟則恭!?馬驌曰：「然則周之衰也，不在諸侯之不睦，而在大臣之不和。不在大臣之不和，而在骨肉之相殘也。」❹

春秋時代，不僅骨肉相殘，且有逆倫敗德的禽獸行。晉獻公烝於齊姜，生秦穆公夫人及太子申生（《左傳》莊公二十八年）。齊姜乃晉武公之妾，武公爲獻公之父。《左傳》僖公二十四年載「甘昭公通於隗氏，王替隗氏」。甘昭公卽周惠王之子王子帶，食邑於甘。隗氏卽惠王所立的狄后。襄王知之，遂廢狄后。襄王名鄭，惠王之子。兄姦其妹者有齊襄公。魯桓公娶齊女曰文姜。公偕文姜如齊，齊侯（襄公）通焉。文姜爲齊侯之妹，留齊不歸。齊侯並使力士彭生擊桓公，公薨於車中（《左傳》桓公十八年）。弟淫其嫂者有魯慶父。魯桓公被殺於齊，子同立，是謂莊公。莊公有弟三人，慶父、叔牙、季友，皆桓公子故稱三

❹ 馬驌《繹史》卷六三，王臣亂亡，頁六。

桓。莊公娶齊桓公女曰哀姜，無子，慶父與哀姜姦媾；哀姜之姊曰叔姜生子啓方。莊公沒，季友殺叔牙而立莊公子般。慶父使人殺般而立啓方，是謂閔公；季友奔陳。人倫大變，禮治不行，宗法失效；封建制度焉能不日趨動搖與瓦解!?

三、王綱墜落——周武王以兵力滅紂，周公東征平四國之亂，而一天下，以戰勝者和征服者的雄威與强勢大封諸侯，制禮作樂，訂立典章制度，威重、望高、力强，故能綱紀天下，統合諸侯，天子至尊，四海歸順，萬邦咸服。迨至厲王，不修君德，防民之口，民怨鼎沸，被逐出奔，天子威嚴大受損害。宣王中興，亦難復舊日威勢。幽王廢嫡立庶，引起申侯的迎擊，犬戎的入寇，王死於難。天子已非至尊。幽王死，晉文侯與鄭武公迎太子宜臼立之，曰平王，遷於東都。宜臼東奔，居母申侯家。申在河南南陽縣北二十里故申城。所謂東遷，實是由南陽至洛陽北上，並非由鎬京至東都。自己無力，由他人迎立，實屬可憐。觀於《尚書》文侯之命篇可以見之。晉文侯「定天子」有功，平王命之爲方伯，作文侯之命。文曰：「惟祖惟父，其伊恤朕躬」，「卽我御事，罔或耆壽俊在厥服，予則罔克」。惟祖惟父，指當時的同姓諸侯。伊恤朕躬，是說他們憂念體恤關懷我。我之遇難治事，都因沒有耆宿重臣及俊傑之士幫助我，我亦德薄才淺不能成事。

顧炎武曰：「傳曰平王東遷，蓋周之臣子，美其名也。綜其實，不然。凡言遷者，自彼而之此之辭，盤庚遷於殷是也。幽王之亡，宗廟社稷，以及典章文物，蕩然皆盡。鎬京之地，已爲狄之所居。平王乃自申北保於洛。天子之國，與諸侯無異。而又有携王與之頡頏，並爲人主者二十年。其得存周之禮幸矣。而望其中興哉？」❺西周封建，厲幽傷之，元氣大喪，平王非有爲之天子，東周復興，實屬無望。

晉杜預曰：「若平王能祈天永命，紹開中興，……則西周之美可尋，文武之迹不墜。」❻孔子亦曰：「如有用我者，吾其爲東周乎！」可見孔子亦希望東周能復興周道。而平王不此之圖，竟欲奪鄭伯政而分於虢公，鄭伯怨王，王曰無之，王子狐爲質於鄭，鄭公子忽爲質於周。鄭祭足帥師奪周邑溫之田，周鄭交惡（《左傳》隱公三年）。天子與諸侯互不相信，竟然互爲人質，成何體統！鄭居然用兵奪周之田，已目無天子了！周桓王十三年（西元前七〇七）以蔡、衛、陳三國之師伐鄭，鄭莊公以兵抗王師，王師大敗，鄭大夫祝聃射王中肩（《左傳》桓公五年）。天子威嚴何在!?周惠王四年，周室有王子頹之亂，鄭、虢共平周室之亂。諸侯已不尊天子，天子應該立德修政，自立自强，恢復聲望。天子不作此想，周襄王十五年（西元前六三七），王居然不顧同姓之國的親情，而以狄師伐鄭（《左傳》僖公二十四年）。親疏不分，重夷狄而輕諸夏，西周封建，焉得不趨於瓦解。次年，王子帶召引狄人侵周，王奔汜。夷狄之人豺狼成性，襄王引狼伐鄭，今自食其惡果。周景王廿五年（西元前五二〇）王子朝作亂。敬王元年（西元前五一九）尹氏立王子朝；次年晉人納王於成周，王子朝奔楚。

周天子既無實力統合諸侯，而又與諸侯作戰，且不能勝，竟至於引非我族類的狄人，侵伐同姓諸侯。加以王室又常起內訌，既敗於狄人，又不得不求救於諸侯。天子不尊，綱紀大亂，王威不振，封建制度的紐帶既斷裂，禮法亦遭破壞，天子無以統諸侯，諸侯足以凌天子，西周王制，名存而實亡。

---

❺ 顧炎武《日知錄》卷二，文侯之命條，頁四九五。
❻ 杜預《春秋左氏傳》序，見《兩晉南北朝文彙》，中華叢書，民國四五年，頁五六一。

四、土地拓併——諸侯的統治權力以封土為基礎。統治權力的大小，視其土地的多寡為轉移。土地對諸侯的重要與價值，十分切要。周自立國以後，農業生產的技術，日趨進步與提昇，由淺耕而深耕，由人耕而獸耕，由耒耜木耕而犁鍬鐵耕，而擴散耕而集約耕，益以施肥與灌溉，農地生產大為增加，土地價值更為提高與珍貴。於是諸侯對拓殖和吞併土地的慾望趨於炙熱與高漲。邦國境內，荒蕪的處女地施以墾拓，轉作耕種；鄰國的土地或加蠶食，或肆鯨吞。各國諸侯皆以拓疆界，併土地為當務之急。

諸侯拓疆併土，在邊疆地區者，發展較為容易。所以秦、楚、齊、晉在疆界開展上都有顯著的成就。秦併西戎，益國十二（《史記》卷五，秦本紀）。楚併南方夷越，闢地千里（《史記》卷四十，楚世家）。齊則征服淮夷，成為大國（《史記》卷三十二、齊太公世家）。晉滅霍、滅魏、滅耿，而成其強（《史記》卷三十九，晉世家）。至於地處中原的諸侯，前後左右皆有隣國，難以開拓疆土，數傳之後，中原諸侯的土地，相形見絀，遠不及邊區諸侯者。他們自然亦希望增加土地，充實國力，以免遭邊疆諸侯侵略與壓迫；遂亦相互攻戰，爭城爭地。邊疆諸侯見到中原諸侯相互攻戰，於是他們亦向中原進攻，以圖乘機吞併土地。周莊王七年（西元前六九〇）齊國滅紀。周僖王三年（西元前六七九）楚滅鄧；周定王六年（西元前六〇一）楚又滅舒、滅蓼；周敬王四十二年（西元前四七八）楚又滅陳。元王三年（西元前四七三）越滅吳。在強凌弱，衆暴寡的情形下，小國多被吞併，大國的土地便大量增加。所以鄭子產告晉人曰：「昔天子之地一圻（千方里），列國一同（方百里），自是以衰（大國七十里，小國五十里）。今大國多數圻，若無侵小，何以至焉。」（《左傳》襄公二十五年）。土地兼併，以致「經界不正，穀祿不平」，封建疆界，大受破壞。諸侯地廣則權力因以擴大，本弱幹張，尾大不掉，諸侯足以凌天子，周室權勢低落，一蹶不振。

大國諸侯因土地拓併，人口因之得以增多。地廣人衆，生產數量得以提高。物阜民豐，政府稅收得以增加，財政寬裕，府庫充實，遂因軍需糧餉不虞匱乏，乃進而擴編軍隊。周制，大國（公）三軍，次國（侯、伯）二軍，小國（子、男）一軍。晉爲侯國，晉文公蒐於被廬，竟作三軍（《左傳》僖公二十七年）；次年又作三行以禦狄，蓋避免與天子六軍的同制，實則是六軍（《左傳》僖公二十八年）。晉敗齊師於鞌後，遂建六軍（《左傳》成公三年）。諸侯軍制匹於天子，天子力難以敵。西周封建定制自必趨於動搖與瓦解。

五、等級變動——西周封建制度，嚴分等級，尊卑貴賤的等級是固定的，身分不能流通，公之子恒爲公，士之子恒爲士，世守其業，不能變動。採世卿制祿之制，官位由世襲，食祿有定制。但降至春秋時代，這種制度漸趨動搖與瓦解。身分等級發生了相當大的變動。其變動的情形，可分爲左列三種：

1. 大夫掌握國政——依封建制度，公、侯、伯、子、男的諸侯是主權者，是政權的掌握者，是統治階級，權大而位尊。卿、大夫、士祗是治權的行使者，秉承諸侯處理政務，乃是治事階級，位低而權小。但到了春秋時代，或由諸侯的腐化，或由諸侯的無能，或由於諸侯親屬的內訌與鬥爭，卿大夫乃能乘機而起，攫得大權，掌握國政，所謂「陪臣執國命」、「政在大夫」。晉爲春秋大國，世卿之族凡十一，興衰不一，至昭公時併爲六族，政出多門，晉室遂弱。六卿相互侵併，其後成爲趙、魏、韓三家。三家中趙地爲最廣。至幽公時，晉室所保有的土地僅絳與曲沃，餘地均入於三家。田敬仲自陳奔齊，爲工正，五傳至田乞（僖子）事齊景公爲大夫，行小惠，得民心，田氏益强，乞竟能廢齊國相所立者而另迎立悼公。齊公族雖衆，崔、慶敗，欒、鮑衰，高、國落，故聲望群集於田氏。乞子田常專齊政仍如故。常與闞止爭相權，以事殺闞止，弒簡公而立平公。常子田盤（襄子）仍專齊政，使其兄弟宗人盡爲齊都邑大夫。盤子白（莊子）繼父執政，專用師於外，晉、魯均受其兵。白子田和（太公）約鄭伐衛。齊康公憤田氏專政而無力去之，乃耽於酒色而不聽政，田和竟遷之海上，使食一城之地。周安王十三年（西元前三八九）和請於周室，得列爲諸侯。工正（田完）之裔可升爲諸侯。諸侯之後淪爲平民。等級制度遂無法維持。

2.貴族淪爲黎庶——在西周封建制度，尊卑貴賤的等級作嚴格的劃分，整齊分明，不得紊亂。但降至春秋時代，由於戰爭的侵併，政治的爭奪及經濟的變遷，等級劃分陷於混亂。貴族淪爲黎庶者，不乏其例。封建制度下，有大宗與小宗的區別。嫡長系統爲大宗，百世不遷，當可長保其貴族地位。衆子系統爲小宗，五世則遷；數世之後，因土地的一分再分，小宗系統的子嗣因土地短少，必難以維持其貴族地位，而降爲黎庶。叔向曰：「民聞吾命，如逃寇仇。欒、郤、胥、原、狐、續、慶、伯，降在皁隸，政在家門，民無依。」（《左傳》昭公三年）八姓皆是晉之大族，今均降爲賤役。政在大夫，百姓無所依恃。叔向又曰：「晉之公族盡矣。肸聞之，公室將卑，其宗族枝葉先落，則公從之。肸之宗十一族，唯羊舌氏而已」（《左傳》昭公三年）。叔向羊舌氏，肸乃其名。其先祖同出一公，凡十一族。今十族盡卑滅，僅存叔向羊舌氏一族。貴族卑降的事實，由此足以見之。

3.平民升爲卿士——西周助、徹二法並行。魯宣公初稅畝，其他各國踵而行之，至春秋時代，助耕之法廢，全行稅畝的徹法，農民不但有土地的使用權，進而有所有權，公田全廢而開阡陌，農民成爲地主，土地可以買賣。因之，平民亦可成爲大地主。地主富有資財，可以研究學問，交結王侯而躋身於士大夫之列。加以因戰爭頻仍，交通利便。農業生產技術進步，農產品除農家自行消費者外，多有剩餘，須予出售，於是由自然經濟進爲交換經濟，商賈階級因以興起。鄭弦高以一販賣牛羊之商人，而能退秦師以存鄭。孔子弟子端木子貢善貨殖，「結駟連騎，束帛之幣，以聘享於諸侯，所至國君莫不分庭與之抗禮。」(7) 寧戚販牛而爲齊相；百里奚五羊皮，而秉秦之國鈞。裴豹，隸也，著在丹書，焚書，即可儕於齊民。孔子爲宋貴族之裔，而在魯固爲一平民，自稱「吾少也賤」，但又可升爲魯大夫司寇。

六、蠻狄侵擾——周桓王十三年（西元前七〇七）王伐鄭，王師敗，鄭祝聃射王中肩，從此王命不行於中國。桓王十六年（西元前七〇四）楚子熊通又僭稱王號，於是開百濮（雲南省境），楚勢大盛。楚原居荊蠻之地，其先祖娶鬼方女，羌族。故楚爲蠻夷的混血統，不同於華夏。百餘年後，熊通之裔熊渠，甚得江漢民心，於周夷王時（西元前八九四—八八五）興師伐庸至於鄂。熊渠且曰：「我蠻夷也，不與中國之謚號。」入春秋時代，楚盡滅其附近小國，如隨、江、六、舒、蓼、息等，其勢益盛。齊桓公入其境不敢討，僅責其包茅之貢不入。周襄王十四年（西元前六三八）楚敗宋於泓。周頃王元年（西元前六一八）楚興師侵鄭。楚穆王商臣，蠭目豺聲，侵擾華夏之心益熾，鄭、陳、蔡、宋皆爲所服。周定王元年（西元前六〇六）楚莊王伐陸渾之戎，遂至於洛，觀兵於周郊。蠻楚肆虐，侵凌中夏，且「不與中國之謚號」，則西周典章制度，遭蠻楚破壞者，自屬不少。

華夏周圍的異族，南方曰蠻，北方曰狄，西方曰戎，東方曰夷。蠻楚侵擾已如前述。秦霸西戎，晉既和戎，又娶於戎，戎患非烈。西周宣王時已命方叔平淮夷，夷於春秋時未爲大患。獨北狄的侵擾頗

---

(7)《史記》卷一二九，貨殖列傳。

多。周惠王十三年至十八年，狄人侵溫，而周王不救；狄人滅衛侵邢，齊桓公合諸侯之師以救之，狄人敗北。周襄王十五年（西元前六三七）王竟命狄人伐鄭，親疏不分，引外族伐同姓，天子望之不似人君，王綱焉能不墜落，王制何能不瓦解。夷狄豺狼成性，貪得不饜。次年王子帶便率帥狄兵入寇王室。晉文公歿，子驩立是爲襄公，狄人乘機伐晉，侵齊及於箕（山西太谷縣東），晉襄公出師擊敗狄人，時在周襄王之二十一年（西元前六三一）。

第二節　春秋時代的政治形勢

一、春秋時代的五霸——春秋時代的五霸，有四種不同的說法：㈠《荀子》王霸篇以齊桓公、晉文公、楚莊王、吳王闔廬及越王句踐爲五霸。㈡《孟子》告子下篇，以齊桓公、晉文公、秦穆公、宋襄公及楚莊王爲五霸。㈢《白虎通》，以齊桓公、晉文公、秦穆公、楚莊王及吳王闔廬爲五霸。㈣《漢書》諸侯王表，以齊桓公、晉文公、秦穆公、宋襄公及吳王夫差爲五霸。據《白虎通》所作對霸的解釋，是：「霸者伯也，行方伯之職，會諸侯，朝天子不失人臣之意。故聖人與之，非明王之法不張。霸猶迫也，把也；迫脅諸侯，把持王政。」左傳成公二年載：「五伯之霸也」；疏曰：「天子衰，諸侯興，故曰霸。霸，把也，言把持王者之政教。」五霸雖有四說，惟近世通行的說法，則是《孟子》告子下篇所說的春秋五霸。五霸亦曰五伯。伯者言爲諸侯之長也。

周平王東遷，王室衰弱，諸侯勢强，王綱不振；相互征伐，强凌弱，衆暴寡，春秋之世，滅國五十三。齊、晉、秦、楚始大，會諸侯，立盟誓，於是政由方伯。春秋時代，最初稱霸者爲齊桓公。桓公名小白，襄公之弟，周莊王五十一年（西元前七二四），以襄公無道，出奔於莒，迨襄公被弒乃返國即位。桓公以鮑叔牙薦任管仲爲相，尊周室，攘夷狄，九合諸侯，一匡天下，爲五霸之首。管仲死，桓公用豎刁、易牙、開方等，皆非公正忠貞之輩，桓公亦怠於政事。桓公卒，諸子爭立，國事以亂，霸業遂衰。

齊霸既衰，宋襄公踵起。襄公乃宋桓公之子，名茲父，好言仁義，以庶兄目夷爲相，繼齊桓爲諸侯盟主。惟圖霸未成，與楚人戰於泓，被傷而卒。茲父誤釋仁義，「不重傷，不擒二毛」，世人譏之爲婦人之仁。會有晉文公起而興霸，華夏諸侯勢振，得與蠻楚爭衡。晉自獻公世，即闢土拓疆，稱雄一時。文公乃獻公之次子，名重耳，太子申生之弟。獻公娶驪戎之女曰驪姬，生奚齊。公寵驪姬，欲立其子，廢太子申生。太子自縊死。重耳出奔狄。獻公卒，重耳以秦穆公之援，返國即位，是爲文公。文公任用狐偃、趙穿諸賢臣，平狄亂，納周襄王於成周，救宋破楚，會諸侯，尊王室，其霸業足可匹美於齊桓公。惟自文公之子襄公卒後，晉累世多事亂，而楚國勃興。楚莊王乃穆王之子，名侶，有雄才，始即位三年，不出號令，日夜宴安逸樂，並出令國中曰：有敢諫者，死。蘇從先後冒死入諫，於是任用蘇從、伍舉等賢才，勵精圖治，國勢大振；遂能滅庸、克宋、伐陳、圍鄭，與晉爭霸。起兵伐陸渾之戎，觀兵於周郊，問鼎之輕重。周定王使王孫滿勞師，楚師乃退。楚莊王卒，國勢漸衰。

秦穆公乃成公之弟，名任好，繼成公即位，任用由余、百里奚、蹇叔、丕豹、公孫支諸賢才，修明政治，澤惠人民，敗晉惠公，助晉文公返國。晉文公歿後，晉襄公曾大敗秦師於殽函，傷亡慘重，遂不敢東出寇中原。周襄王時，秦伐西戎，敗之，拓地千里，益國十二，襄王命爲伯，遂霸西戎。惟終春秋之世，秦尚未能得志於中原。

春秋時代的五霸，近世論者雖宗孟子之說，以齊桓公、宋襄公、晉文公、楚莊王、秦穆公五人以當之；然宋襄公國勢強盛不足，且以婦人之仁，爲楚所敗，圖霸未成，不足以當五霸之一。而吳王闔廬大敗楚師於柏舉，楚王出奔，幾瀕於滅亡；吳王威震江南，固一世之雄。論者遂有退宋襄公而以吳王闔廬當五霸之一者。秦穆公雖霸西戎，然卒未能東出，威臨中夏，拘於一隅，不足以當霸主。而越王句踐既能滅吳，復能北上渡淮，會齊、晉等諸侯於徐州，中原諸侯賓服，周元王且賜胙命爲伯，不愧爲霸主之一。故論者有退宋襄公、秦穆公而易以吳王闔廬、越王句踐爲五霸。五霸霸主名稱所以紛紜而無定論者，不爲無因。

二、霸政的要旨——春秋時代的政治特性，可以霸政一詞概括之。霸政的性質與要旨，可從左列四端說明之：

1.尊崇王室——周轍東，王綱墜，周室力弱，諸侯勢強，封建制度趨於動搖，和平秩序漸難維持，邦國相互爭伐，戰火勢成燎原。幸而諸侯會盟，共戴盟主。而盟主則上尊王室，下約諸侯。霸主尙肯尊重周天子，衆諸侯亦不敢侵凌，各邦既可共同對王室作名義上、形式上的尊崇，使中國得以保持表面上的統一。霸政的主旨在維持各邦的勢力均衡及和平秩序與統一。當時，統一秩序，瀕臨破壞，華夏文化有被傾蕩顚覆的危險。霸主起而以尊王爲號召，卽欲以維持周朝制度和傳統於不墜。故曹冏論霸政的意義曰：「王綱弛而復張，諸侯振而復肅。」❽

❽ 曹冏，六代論，見《兩漢三國文彙》，中華叢書，民國四五年，頁一一二。

《左傳》僖公四年載：齊桓公以諸侯之師侵蔡，遂伐楚，責楚「爾貢包茅不入，寡人是徵；昭王南征而不復，寡人是問。」《左傳》僖公九年載：「王使宰孔，賜齊侯胙」；「齊侯下拜受胙」。《左傳》僖公十二年載：戎人侵周，齊桓公使管夷吾（仲）平戎，王以上卿之禮饗夷吾，管仲辭，不敢忘職。周襄王元年桓公會周、魯、宋、衛、鄭、許、曹諸國於葵邱，所以修好諸侯，共尊王室。周惠王二十五年桓公謀安王室會周、宋、魯、衛、許、曹、陳於洮。周襄王十六年王子帶引狄師侵周，襄王出奔於汜，晉文公出師勤王，敗狄師，納王於洛，取帶殺之（《左傳》僖公二十五年）。周襄王時，晉楚之師大戰於城濮，楚師敗績，晉文公獻俘於周王，遂會齊、宋、魯、蔡、鄭、衛、莒七國於踐土，王子虎亦臨盟。周元王四年，越王句踐滅吳後，渡淮北上與齊晉諸侯會盟於徐州，致貢於周室，王使賜以胙。凡此記叙，皆霸主尊崇王室的事實證明。

2. 攘擊夷狄——華夏諸國，地處中原，開化頗早，生活水準亦高。至春秋時代，中國的經濟發展已經過漁獵、畜牧、初級農業、高級農業而躋於農工商的混合經濟階段。物阜民豐，財富充裕，生活繁榮。而南蠻、北狄、東夷、西戎的諸外族的經濟狀況，仍滯留在遊牧時代，生活貧困，文化低落，知識不足，性情悍强。這些貧困野蠻的外族，自然垂涎中國的富庶，而啓覬覦之心，乃採侵略行爲。幸而有這些霸主力强勢盛，能對這些外族，施以抵禦與攘擊。否則，華夏文化，將遭蠻族的摧毁與蹂躪，爲害之烈，不堪設想。故孔子曰：「管仲相桓公九合諸侯，一匡天下，民到於今受其賜，微管仲，吾其披髮左衽矣。」（《論語》憲問篇）

夏曾佑曰：「自禹以來，歷千餘年，由萬國而減至數十。然亦卒以此故，諸夏諸國以兼併而力厚，足以南拒百蠻，北捍胡人。凡夷狄之錯居內地者，悉芟薙之，此諸大國之力也。」❾所謂大國，自然是指主盟的覇主國家。《左傳》桓公七年載：北戎伐齊，鄭太子忽帥師救齊，大敗戎師。《左傳》閔公元年載：狄人伐邢，管敬仲言於齊侯（桓公）曰：戎狄豺狼，不可饜也；諸夏親暱，不可棄也，……請救邢以從簡書。《左傳》閔公二年載：晉侯使太子申生伐東山皐落氏。皐落氏乃赤狄的別種。《左傳》僖公二年載：虢公敗戎於桑田。《左傳》僖公十一年載：王以戎難故，討王子帶，王子帶奔齊。齊侯使管夷吾平戎於王。《左傳》宣公十五年載：晉人滅潞；潞乃狄之別種。周襄王四年，淮夷爲杞患，齊桓公會諸侯於二鹹，平淮夷之侵。周襄王七年，淮夷侵鄫，齊桓公會諸侯於四淮，平淮夷之亂。秦穆公伐西戎，滅國十二，闢地千里。凡這些記載與事實，皆是華夏諸侯，攘擊夷狄戎蠻，保衞中國文化的義勇功績，值得稱許。

3. 防止內亂——諸侯會盟主旨之一，在於止內亂。凡某國有內亂，或非法的政權，同盟諸國互不承認，並出兵助之，以平內亂。周惠王二年，莊王嬖姬桃所生之子頽作亂，謀召燕衛師伐惠王，王奔溫。四年鄭、虢二國共出師伐殺王子頽，復惠王返於洛京。周襄王早死，後母惠后生子叔帶。襄王三年，叔帶與戎謀伐王，王欲誅叔帶，帶奔齊，桓公使管仲平戎於王。十二年叔帶返周。十六年叔帶引戎翟伐周，襄王出奔於汜。十七年王告急於晉，晉文公出師逐戎翟，納王於洛京。周景王愛王子朝，二十三年王崩，國人立王之長子猛，子朝殺猛而自立。晉侯攻子朝，而立王子丐爲敬王。敬王元年晉欲敬王入周，子朝拒之，不得入。四年晉侯會諸侯之師納敬王於成周，子朝奔楚。這三件史事雖皆爲勤王之役，

---

❾ 夏曾佑《中國古代史》，上海商務印書舘，民國二三年，頁三五。

然亦所以止內亂而安周室。齊桓公曾囑宋襄公立鄭姬所生子昭繼位。桓公沒，諸子爭位。易牙與寺人貂殺群吏而立衛姬所生子無虧。昭出奔宋。宋襄公乃約曹、衛、邾以伐齊納昭，桓公衆子不服，與宋戰，宋勝，卒得立昭，是爲齊孝公。這是盟主平內亂的又一事例。

4. 集體安全——凡諸侯之與盟會者，相約互不侵犯。盟國之間，發生爭端，得請盟主公斷以止爭；遇有外寇，同盟之國，出兵相救；遇有饑荒，同盟國亦有救濟之義務。宋居中夏門戶之地，楚人圖宋最急切。在晉文公前，宋本與楚善，至文公時，宋棄楚而就晉。楚乃聯合陳、蔡之師以圍宋，宋告急於晉，晉合曹衛之師以救宋。晉楚會戰於城濮，楚師大敗，中原諸侯始得保全而免於楚禍。山戎伐燕，燕向齊告急，齊桓公出兵救燕，遂伐山戎。戎敗，使燕君復修召之政，納貢於周。狄人滅衛，繼而又侵邢，齊桓公合諸侯之師以救邢。楚北上攻鄭，齊又汲汲以救鄭。凡此事例，皆盟國遇外寇，同盟之國出兵相救的履行盟約的行動表現。春秋之世，諸侯會盟，猶如今日國際間的集體安全制度。

第三節　春秋時代霸政的評論

一、霸政的貢獻——春秋時代的霸政，仍不免於戰爭與兼併，自非政治的完善境界。然戰爭足以促進全國交通與運輸的利便；兼併足以使大國的形成，而爲大一統的胚胎與醞釀；且促進華夷的接觸與交往，用夏變夷，收到相當功效。凡此對促進中國文化的發展及政治的進步，均不無貢獻。茲就此論述如次：

1. 大一統的醞釀——歷史的齒輪，永遠遵循累積進化的法則，不斷的作向前向上的發展。中國政治的演進途徑，由圖騰社會的漁獵隊群，進爲氏族社會的部落國家；由部落國家進爲封建社會的聯合國家。所謂聯合國家就是衆星拱月式的邦聯（conferderation）或聯合國（united nation）。依政治發展的合理途徑以言之，這聯合國家自當進步爲大一統的單一國家。春秋時代的霸政便是大一統國家的醞釀。戰爭促進全國交通運輸的發達，奠立全國各地經濟上相互依存的基礎。兼併足以產生大國，成爲促成大統一的有力動力。

梁啓超曰：「霸政爲中國春秋時特產，求諸他國史蹟無有也。卽中國前乎此，後乎此，亦無有也。然春秋三百年中，霸政全盛，亦不過百年耳。」❿梁氏認爲無兼併則無霸政。兼併盛，而霸政不得不起。其言曰：「霸政驟起，兼併之鋒，爲之一頓。小國既稍得蘇息，大國亦有所嚴憚於外，而惕厲以修治於內。在此小康均勢機局之下，各國人民，各本其良能，順應所遇，徐徐爲內部的發育。而復有會盟、聘享、徵發、征伐諸役，使各國互生繁複之交際，以擴其聰智，而融其感情，且常有公約之規律，公守之禮俗，以整齊其國紀而畫一其民志。夫是以行之數百年，而文化之銳進，乃爲前此數千年後此數千年所莫能儗也。」⓫霸政促成國紀的整一，民志的畫一，各國交際的繁複，感情的融會，公約的規律，禮俗的公守，均爲促成統一國家出現的必要條件與有力因素。

春秋之世，秦併西戎，滅國十二，闢地千里；晉拓北疆，同化夷狄，懷柔遠人。江南的楚、吳、越迭興，或觀兵於周疆，或會盟於徐州，華夏文化得以南移，由黃河流域擴及長江流城。擴大疆土，融會

❿ 梁啓超《春秋載記》，頁一七。
⓫ 同書，頁二三。

文化，交通頻繁，感情交流，民志溝通，均爲春秋時代的常事與衆事，對促成中國的統一，民族的整合，均發揮重大的力量與功用。

柳詒徵曰：「春秋諸侯併呑小國，大抵以其國境爲縣。縣境遠懸，則特使大夫守之，其職重於內地的大夫，故亦稱爲守。而楚國的屬縣，則特設縣尹或縣公以治之。因滅國而特置縣，因置縣而特命官；封建之制，遂漸變爲郡縣之制；此政治變遷之至大者。」⑫封建廢，郡縣行，則中央集權的大統一國家便隨之而誕生。

2.用夏變夷的效果——照一般的說法，華夏之族居中原地區，居其周圍者皆爲異族，南蠻、北狄、東夷、西戎。其實，這四種名稱的任何一種都可以指稱全部異族，不必强作地區上的區別。例如陸渾之戎則處河南伊川，接近洛陽，雖處中原，仍爲異族。晉獻公娶於驪戎曰驪姬，是異族居於北方者亦稱戎。「舜……東夷之人也，文王……西夷之人也。」⑬所以華夏與蠻夷等異族的分別，不在於所居處的地區，而在於文化高低的不同。華夏的經濟進步，文化高超，生產技術早已脫離漁獵與畜牧，而升高至農工商時代，文物制度燦然大備，學術思想亦深邃明著，極高明而道中庸。蠻夷異族的生活仍滯留在遊牧時代，文化水準亦頗低下。晉江統著徙戎論則說：「夫蠻夷戎狄，居處崎嶇川谷阻險之地。」⑭他並指出：「春秋時代之山戎，居於燕山山地；赤狄居於太行山地，陸渾之戎（姜戎）居於伏牛山地」以

⑫ 柳詒徵《中國文化史》上册，正中書局，民國二七年，頁二七一、二七二。
⑬ 《孟子》離婁篇下。
⑭ 晉，江統徙戎論，《兩晉南北朝文彙》，中華叢書，民國四九年，頁五四。

爲證。實則這亦是以偏概全，難作定論。秦穆公霸西戎，滅戎人之國十二，闢地千里。這千里之區，自然不全是崎嶇的山地。公劉相土地之宜，立國於邠，居戎狄之間。邠爲原隰之野，宜於農業耕種，當係平原。

中國對異族並無深拒固絕的成見。《尚書》堯典卽稱：「百姓昭明，協和萬邦。」《左傳》襄公四年載：晉魏絳力稱和戎之利曰：「以德綏戎，師徒不勤，兵甲不頓」、「鑒於后羿，而用德度，遠至邇安。」懷柔遠人，不欺弱小，爲我對異族的一貫政策。孔子修《春秋》以國家文化之文野，爲華夏與夷狄的區別。異族的生活程度及文化提高，能用夏禮者，卽可同化於華人。所謂「夷狄進於中國則中國之」；「諸夏用夷禮則夷之，夷狄用夏禮則華夏之」。春秋之世，夷夏交往至繁，華戎亦多，用夏變夷，以華化戎，實有明著的效果。

周襄王娶狄女爲隗后，狄人，隗姓。晉文公出亡居狄，狄人贈以二女，叔隗、季隗。文公娶季隗，以叔隗妻趙衰，生趙盾；以後的趙氏則皆狄華的混血兒。後漢有名臣曰隗囂，葢狄人後裔。晉獻公五年（西元前六七二）伐驪戎，克之，娶驪姬立爲夫人，生奚齊；又娶驪姬之姊，生卓子（《左傳》僖公四年）。晉獻公又娶二女於戎，大戎狐姬，生重耳；小戎子生夷吾（《左傳》莊公二十八年）。狐子爲晉世卿之族，狐偃、狐突等爲晉之功臣。馬驌曰：「狄自春秋以來，世爲中國患。一盛於莊、閔之際，而齊桓公救邢、衞以攘之。再盛於僖、文之際，而晉襄公取箕以創之。中國之有霸，狄所憚也。」⑮通婚與戰爭，是用夏變

⑮　馬驌《繹史》卷五八，晉滅赤狄。

夷的兩種有效途徑。

楚人爲荊蠻。楚酋熊渠自稱「我蠻夷也，不與中國之號諡。」周宣王時，召虎定江漢，申伯宅南國，皆與伐荊楚有關。《詩經》小雅，采芑詩所謂「蠢爾蠻楚，大邦爲讐」，卽指楚稱王略地之事。所謂「戎狄是膺，荊舒是懲」，卽指楚爲被懲罰的對象。中國視楚爲野蠻的異族。惟楚莊王稱霸，威及中原，屢與諸夏諸侯交戰、會盟、往還，其被華化的程度，至爲深厚。

楚莊王使大夫士亹傅太子，問於楚賢大夫申叔時。叔時曰：「誦詩以輔相之，威儀以先後之，體貌以左右之，明行以宣翼之，制節義以動行之，恭敬以臨監之，勤勉以勸之，孝順以納之，忠信以發之，德音以揚之。教備而不從者，非人也，其可興乎？」⑯這些內容，殆全是華夏的文教宗旨。周敬王四年，王子朝作亂，晉侯納王於成周，王子朝奉周之典籍奔楚（《左傳》昭公二十六年）。是華夏文化南下而入楚，楚自將華化。

梁啓超曰：「楚自武、文、成、莊以來，以銳意北嚮爭中原，故力革蠻俗，求自躋於上國。春秋中葉，既甚彬彬矣。然後出其所新獲之文明，被諸所滅之國（楚附近諸小蠻國），廣納而治化之。緣地運民情之異宜，卒乃孕育一新文明統系，與北方舊系文化相對峙，相淬勵，而益駢進於高明。微楚之力，何以及此？楚子囊頌共主之言曰：赫赫楚國，而君臨之，撫有蠻夷，奄征南海，以屬諸夏。」（《左傳》襄公十三年）言舉蠻夷以屬諸夏也。楚於是有大功於中國⑰。

---

⑯《國語》楚語上，見《國語韋氏解》下册，頁三七九。

⑰梁啓超《春秋載記》，頁八。

吳越並稱，遠在海濱，民俗低劣，斷髮文身，楚與吳、越皆以蠻夷自居。《史記》吳太伯世家載：「吳太伯作吳五世，而武王克殷，封其後爲二：其一虞，在中國；其一吳，在夷蠻。十二世而晉滅中國之虞。虞滅之二世，而夷蠻之吳興。」《左傳》昭公三十年載：「吳、周之胄裔也，棄在海濱，不與姬通，而今始大，比於諸華。」是指夷蠻之吳，其時已與諸華同化。《史記》越王句踐世家載：「越王句踐，其先之苗裔，而夏后帝少康之庶子也。封於會稽，以奉守禹之祀。文身斷髮，披草萊而邑焉。」《史記》吳太伯世家亦稱：「太伯、仲雍二人，奔荊蠻，斷髮文身。」范蠡曰：「吳越二邦，同氣共俗。」（《越絕書》卷七）共俗葢指斷髮文身爲其特徵，乃野蠻人的風習。梁啓超曰：「越句踐可以語於霸矣。夫霸者興滅繼絕，掩暴字小。自晉霸之墜，中原不聞此久矣。句踐率天下宗周，返諸國侵地；以視楚靈、齊景、吳夫差，何其遠也！其有後於中國，迄漢不斬，宜矣。」於此可見蠻越因霸亦同化於中國。

二、霸政的缺失——春秋霸政，雖有尊王攘夷，興滅繼絕及華化蠻夷戎狄的貢獻與效果，然究其實質則會盟不信，惟力是視，利而無義，不無值得批評的瑕疵。玆略論如次：

1. 會盟不信——無論國與國之間，或人與人之間聚會盟、簽條約或共發誓言，都必須有互信爲基礎，誠實爲條件，方能彼此遵守，發生效力，維持長久。互信之立起於共信。共信不立，互信不生。共信就是會盟諸侯間所共同信持的政治目標與理想。這卽是衆所共同趨赴的鵠的；亦就是所謂志，志者「心之所止」也。志同始能道合。志同道合，才能互助合作，和平相處。

但是，春秋會盟諸侯間，大家並無此等共信。既無共信，當不能產生互信。互不相信，焉能維持長期信守和誠心遵行。所謂會盟者僅是在當時短暫情勢下，一種權宜之計，圖一時的苟安。會盟不但無共同的理想與信念，且皆懷本位主義，各抱自私心意，玩弄手段，爾詐我虞，各懷鬼胎，互不信任，傾軋捭闔，不遺餘力，那能維持和平與安定。春秋三百年，時在戰亂中，霸政實未能止亂息爭。孔子曰：「晉文公譎而不正，齊桓公正而不譎。」（《論語》憲問篇）孔子之言，只能算是一種比較的評論，只是說齊桓比晉文較正直一點。桓公殺公子糾而即位，晉文借外力殺懷公而返國，骨肉相殘，人倫破壞，得國均不正。實則春秋五霸皆是「譎而不正」，以詭詐欺壓手段與伎倆，强握其霸權。

《左傳》隱公三年載：周鄭交質。君子曰：「信不由中(衷)，質無益也。明恕而行，要之以禮，雖無有質，誰能間之?」依此言之，盟不由衷，會無益也。霸主不行恕道，己所不欲而施之於人，損人以利己，假盟以濟私，其能久乎!?周之禮治，已遭破壞，諸侯之間失却要約與拘束，綱紀廢弛，焉得不流於戰亂!?

2. 惟力是視——霸政的形成，是因霸主具有强大的兵力，與會諸侯以國力薄弱，不能與爭衡，只得暫屈從盟主而依附之，以求一時的保全，並非心悅而誠服，自然不會眞誠擁戴與服從。霸政乃是强力把持的均勢制衡。一旦勢移景遷，與盟小國可能棄舊盟而另依附新霸主，於是形成霸主與霸主爭霸的戰爭。秦晉之戰、晉楚之爭、吳越楚之征伐，均是爭霸的鬥爭。霸政不是久安局面，反爲戰爭厲階。

孟子曰：「以力假仁者霸，霸必有大國。以德行仁者王，王不待大，湯以七十里，文王以百里。以力服人者，非心服也，力不贍也。以德服人者，衷心悅而誠服也，如七十子之服孔子也。」⑱仲尼之

⑱《孟子》公孫丑上篇。

徒，無道桓、文之事，蓋以其恃力而不重德，非爲政施治的正道。齊人伐燕，取之。孟子曰：「天下固畏齊之強也，今又倍地，而不行仁政，是動天下之兵也。」❶❾這是說恃力逞強的霸政，足以引起天下的大兵亂。以力服人，人不心服。心有不服自會引起背離或反抗，甚而借外援以爲抗爭。以力制人者，人亦必謀求增益兵力，以爲抵抗，力以相爭，必引起相互殘殺的混戰。戰爭不息，兵連禍結，爭城爭地，殺人盈野，民不聊生，陷黎庶於水深火熱中。

3.利而忘義——霸政會盟是與會諸侯一時利害相同而簽立的盟誓，以利勢以約束，並無道義基礎團結自難鞏固。歐陽修著朋黨論一文，曾說：「小人無朋，惟君子則有之。其故何哉？小人所好者，利祿也；所貪者貨財也。當其同利之時，暫相黨引以爲朋者，僞也。及見其利則爭先，或利盡而交疏，則反相賊害。雖其兄弟親戚亦不能相保。故謂小人無朋，其暫爲朋者僞也。君子則不然，所守者道義，所行者忠信，所惜爲名節，以之修身，則同道而相益；以之事國，則同心而共濟；始終如一，此君子之朋也。」歐陽氏的立論，正可用以解釋霸政會盟，何以未能維持長久，蓋因係勢利的集聚而非道義的結合。

《荀子》王制篇指出，人之所以異於牛馬者，在於人能群，而牛馬不能群。人何以能群？曰分。分何能行？曰義。分者各守其分，各盡其責，不殞不越，人不侵我，我不犯人，忠恕而行，己所不欲，勿施於人；這亦就是《大學》一書所謂治國平天下的「絜矩之道」。義者宜也，卽一切行爲與措施合乎公道與正義，卽英文的 justice。具體言之，義就是「取」（taking）、「予」（giving）平衡和「權」

---

❶❾《孟子》梁惠王下篇。

(right)、「責」(obligation)稱適。必須有所予，才能有所取；必須盡義務，才能享權利。予多少才可取多少。取予無偏頗，各得其平，平則和，不平則鳴。盡多少義務才能享多少權利，事相稱適，適得其中，中者天下之定理，各得其宜，任何人不吃虧，任何人不佔便宜。分與義是合群與團結的必要條件，因分以和之，義以一之。霸政會盟缺少這兩個基本條件遂不能保持和平與協一。

第四節　戰國時代形成的因素

——自貞定王至赧王（西元前四六八—前二四七）

春秋時代，王綱雖不振，然霸主挾天子以令諸侯，尊王而宗周，天子威儀尚未全失。降至戰國時代，諸侯坐大，目無天子，王已非王，天子淪爲小國君侯。春秋雖有很多諸夏諸侯的內訌，然仍有不少攘夷的義戰。迨及戰國之世，戰爭頻繁，干戈不息，幾全爲華夏諸侯，自相殘賊，全無兄弟伯叔甥舅情誼，攘夷之役則不多見。春秋末年，始有世卿專政，封建貴族仍具相當地位與勢力；而戰國開布衣卿相之局，平民階級崛然興起，世卿制祿的封建貴族，盡趨式微。何以由春秋之霸政，降爲戰國的軍國戰亂時代。其形成的重要因素可得而言者，計有左列諸端：

一、**農業的進步**——春秋之世，農業耕作已甚完備；戰國時代，農業生產技術更有長足進步。因之農業品生產數量大爲增加，農民消費不完，而有多餘的農產品，乃以出售，以交換其他生活用品。於是由自給自足的地方經濟，進爲相互依存全國性的國民經濟。戰國之世，爭城爭地的大戰，即是受國民經濟勢力的推動，向全國統一挺進過程中發酵與釀造而激起的驚濤駭浪。

農業生產技術的進步，由於以下兩大原因：㈠鐵製農器的使用——春秋時代已能鑄製鐵器。商朝爲銅器精製時代。至於周代，冶鑄方術趨於昌明，鐵器使用趨於普遍。《左傳》昭公六年載：鄭人鑄刑書，注曰：子產爲政，鑄刑書於鼎，以爲國法。《左傳》昭公二十九年載：遂賦晉一鼓鐵（鼓爐以鑄鐵，即以扇吹爐）以鑄刑鼎，以著范宣子所爲刑書焉。是春秋時晉、鄭已有冶鐵鑄器的技術。迨至戰國，遂可使用鐵器，深耕易耨，增加生產。《孟子》滕文公篇載：孟子曰：許子以釜甑爨，以鐵耕乎？曰：然。自爲之歟？曰：以粟易之。㈡水利灌溉的增進——春秋之世已有水利灌溉，迨至戰國則更見增設與完備。西門豹引漳水灌溉魏之河內，沃野千百。鄭國渠足以灌溉秦韓農地，收皆畝鍾，關中盡成沃野，不虞凶年。《前漢書》溝洫志曰：「自是以後，滎陽下引河東南爲鴻溝，以通宋、鄭、陳、蔡、曹、衞，與濟、汝、淮、泗會。於楚，西方則通渠漢川雲夢之際。東方則通渠江、淮之間。於吳則通渠三江五湖。於齊則通淄濟之間。於蜀則郡守李冰鑿離堆，避沫水之害，穿二江成都中。此渠皆可行舟，有餘則用溉，百姓饗其利。至於它，往往引其水用溉田，溝渠甚多，然莫足數也。」

二、工商的發達——《周禮》考工記爲戰國時齊人所作，所記當時工藝計三十種之多，有攻木、攻金、攻皮、設色、刮磨、摶埴等術。分工多、定名密、度數精、雕刻美，在在可徵。足見當時工藝已甚進步。春秋時，兵器、禮器多用銅；至戰國則有冶鐵術，鐵製武器應用漸廣，實是工業發展史上一大躍進。《史記》貨殖列傳稱：「邯鄲郭縱以鐵冶成業，與王者埒富。蜀卓氏之先，趙人也，用鐵冶富。宛（河南南陽）孔氏之先，梁人也，用鐵冶爲業。」郭、卓、孔皆戰國時人。足見其時冶鐵工業已盛。

戰國之世，商業亦大有進展，躋於富裕繁榮。呂不韋陽翟大賈貿易於韓、趙、秦、魏間，致鉅富，揮霍千金，竟能暗移秦祚，且貴爲秦相。端木子貢，孔子弟子「鬻財於曹魯之間，家累千金，結駟連騎，束帛之幣，以聘享諸侯。所之國君，無不與之分庭抗禮。使夫子名布揚於天下者，子貢先後之也。」[20]范蠡之陶（山東定陶縣）爲朱公，以爲陶天下之中，諸侯四通，貨物所交易也，乃治產，積居與時逐（逐時而居貨）而不責於人。十九年之中，三致千金，子孫修業而息（生息），遂至巨萬。」[21]白圭「周人也，樂觀時變，故人棄而我取，人取而我與，趨時若猛獸鷙鳥之發。故曰：吾治生產，猶伊尹、呂尙之謀，孫吳用兵，商鞅行法是也。」[22]

三、都市的興起——春秋時的都會，僅是政治中心，範圍不甚廣大，人口不甚衆多稠密。及至戰國之世，都會的性質便大爲改變。隨工商事業的發達與繁榮，人口多向都會集中；都市亦因之成爲工商交易的場所。於是純政治性的都會進而成爲政治、經濟、文化的中心。大都市乃隨工商事業的發展，蔚然興起，人口衆，範圍大，工商薈萃，經濟繁榮，規模擴張。當時齊國的臨淄、趙國的邯鄲、魏國的大梁（開封）、周室的洛陽、秦國的咸陽、楚國的郢城（湖北江陵）都是國都而兼工商、交易、經濟、文化中心。齊都臨淄最爲富盛。城郭周長五十里，居民七萬戶，途車轂擊，踵接肩摩。齊宣王招致天下文學遊說之士數百人，聚居稷門之外，厚其待遇，任其議論，稱爲稷下先生；爲當時最爲盛達的文化重鎭。

蘇秦對臨淄的描述有言曰：「臨淄之中七萬戶，臣竊度之，下戶三男子，三七二十一萬，不待發於

[20]《史記》貨殖列傳。
[21] 同上。
[22] 同上。

遠縣，而臨淄之卒，固已二十一萬矣。臨淄甚富而實，其民無不吹竽、鼓瑟、彈琴、鬪雞、走犬、六博、蹋鞠者。臨淄之途，車轂擊，人肩摩，連衽成幃，擧袂成幕，揮汗成雨，家殷而富，志高氣揚。」㉓因工商發達，交通頻繁，都市興起，吸收外方貨財，互通有無，相互依存，於是全國各地在經濟上成爲互生互動的、不可分割的聯立體。故荀卿曰：「流通財物粟米，四海之內若一家。」戰國時代者，大一統中國誕生之前奏與孕胎。

四、士庶的崛興——春秋末季，世卿執國政，政在大夫，至於士子與平民能躍登政壇者，尙所未見。迨至戰國時代，因農業進步，富農日見衆多。富農既有餘資，又有閒暇，乃得讀書求學，增益知識；加以私人講學之風甚盛，求學亦不乏良師，因之士庶階級崛然興起。由於工商發達，商賈之徒，家累千金，交接貴胄，通於王侯，廣遊通都大邑，知能學識趨於上游。這些富裕而自由的平民，乃是社會菁英，積極而活躍，求仕干祿的意志亦頗强烈。學而優則仕，知識卽力量，平民階級（包括士人及工商業者）登上政治舞臺，具有有力的憑藉與資力，自然輕而易擧，不患執政無門。蘇秦無「負郭二頃田」而佩六國相印。張儀「窮而無行」，范睢「無以自資」均取得秦國宰相。蓋皆憑其才辯、運其智慧、用其知識，游說國君，獵致富貴。布衣卿相之局既成，世卿制祿的世襲貴族，遂被掃蕩淨盡。

戰國國君多係以卿大夫身分簒弑或簒竊諸侯而攫獲權位，得國實不正。他們雖敢甘冒不韙，奪取君位，但又時常害怕新興士子及社會菁英，仿其舊法，師其故技，起而爭奪；同時又要遏抑原有世宗大

㉓《戰國策》齊策一，第八，《四部備要》史部，八，中華書局（蘇秦爲趙合從說齊宣王語），頁八。

族，防其死灰復燃。於是乃思以禮賢好士的美名，羅致新興士子與菁英，予以官位，使參國政，並藉此削弱世宗大族的力量。魏文侯以禮賢好士著名，崇事田子方、段干木、卜子夏；重用李克、吳起、西門豹、樂羊，皆所以起新秀而抑宗族。

新起士子和社會菁英，握得權柄，必與貴戚世臣難相容；而新秀自亦恃其得君侯的言聽計從，力圖排除原有的舊勢力以爲快。在新舊相爭下，新秀固亦有失敗者，如吳起被害於楚，商鞅被殺於秦；然新起菁英接踵游說，施展才辯，爭取高位，多能得志，舊時宗族世臣却無法阻抑之；舊勢衰，新秀起，平民階級勃然興盛，莫之能禦。戰國君侯爭城爭野，力圖拓疆土，勝敵國，遂急於求才能之士以强國，而衆士亦競往歸之。士子進身有階，新秀蔚然興起。魏文侯、齊宣王、梁惠王均是禮賢好士的君侯。齊孟嘗君、趙平原君、魏信陵君、楚春申君，皆以善養士著稱，門下食客，數以千計，人才濟濟，群賢畢至。這亦士庶崛起的一大原因。

第五節　戰國時代的政治特徵

張蔭麟說：「春秋時代的歷史，大體上好比安流的平川，上邊的舟楫，默運潛移，遠看彷彿靜止。戰國時代的歷史，好比奔流的湍瀨，順流的舟楫，揚帆張駛，頃刻之間，已過了峯嶺千里。論世變的劇繁，戰國的十年，可以抵得過春秋的一世紀。」㉔張其昀曰：「春秋時，尊禮重信，七國則決不言禮與

㉔ 張蔭麟《中國上古史綱》，民國四二年，華岡書城本，頁一一〇。

信。春秋時猶宗周王，七國則決不言王。上無天子，下無方伯，强者勝弱，衆者暴寡，巧謀並行，攻戰不休。在政治上，許多宗法封建的諸侯邦國，變成了中央集權的統一國家。在經濟社會上，則自貴族私有的井田制度，變成後代農工商兵的自由平民。法治替代了禮治，布衣卿相之局漸開其端，戰爭益形頻繁。」㉕由此觀之，足見春秋與戰國兩時代，其政治性質、軍事情勢、社會經濟，均大有其區異。玆將戰國時代的政治特徵，略論於後：

一、**大戰頻繁**——韓、趙、魏三家分晉，周威烈王低頭承認事實，封爲諸侯。田氏篡齊而鵲巢鳩佔，周安王亦列爵封侯，封建制度，乃告崩潰。戰國時代，各國力圖爭土拓疆，競求富强，軍事第一，大戰頻繁。秦用客卿，變法圖强，採行軍國主義，擴軍練武，國富兵强，肆意侵略，吞併六國。春秋諸國，大國三軍，兵力不過十萬。戰國諸國，大量擴軍，不加限制，兵力之衆大爲可觀。各國交戰，規模龐大，動輒數十萬兵。蘇秦說燕文侯、趙肅侯、魏宣王、齊宣王，皆言帶甲兵數十萬。張儀說楚王曰：秦虎賁之士百餘萬。《史記》六國年表載：秦昭王十四年，白起擊伊闕，斬首二十四萬。四十七年白起破趙長平，殺卒四十五萬。陣亡之兵既如此之衆，則參戰之兵必更爲龐大。爭城爭地，殺人盈野，戰事慘苦，爲害至劇。孟子稱此戰亂曰：「爭地以戰，殺人盈野；爭城以戰，殺人盈城。」（《孟子》離婁上篇）

戰國之世，戰爭多，用兵衆，規模大，兵器良，戰費鉅；如何訓練士卒作戰的技能，如何指揮作戰，如何調度兵員，如何研究戰略，如何運用戰術，都須有精湛的研究、良好的經驗及精巧的技巧，方

㉕ 張其昀《中國五千年史》，民國六九年，中國文化學院出版部第六冊，頁一，總頁一一五七。

能克敵致果，戰無不勝，攻無不克。於是知兵善戰的將才輩出，其著爲吳起、孫臏、龐涓、廉頗、李牧、白起、王翦。兵家作戰自能變化莫測，運用之妙存於一心；春秋時以卿士將兵，自不能望其項背。春秋之世已有聯盟之戰與謀略之戰。及戰國時代，由聯盟之戰發展爲合縱連橫之戰，軍事兼及外交。由謀略之戰發展爲陰謀、賄賂、離間、情報、挾持、刺客等詭秘之戰。更益以遊士、說客翱翔於俎樽之間，婦女嬖臣活動於廷闈之中，遂使戰場上之武力與坫壇間之詭謀戰發生連帶關係；蓋已竭盡戰爭錯綜複雜之能事㉖。

春秋之世，諸侯拓疆併土，弱小國家皆爲秦、楚、晉、齊等大國所呑滅。春秋滅國最多者當推楚國，濱臨長江的諸小國全爲楚所呑併；卽漢水之陽的姬姓之國，亦盡爲楚滅。至春秋末年，小國尚能自存者，實不多見。戰國之世，則是强大國間的敵對。强大之國對强大之國，勢均力敵，彼滅此，或此滅彼，均非易事；於是乃急思以兵力戰勝對方。但對方亦非弱者，力足禦敵；勢必至酣戰不休。六國間的攻戰，猶如虎豹間搏鬥，互不相下，酣戰乃趨於兵連禍結，長期不止。其能勝一國者，亦不會以此爲滿足，爲止境，必思進一步更勝其他國家，必至敵盡爲所滅而後已。這是秦滅六國的長期戰爭。

二、詭秘殘暴——春秋霸主，實際上雖是自私居心，然表面上仍揭尊王宗周之幟；事實上雖盟而不信，然口頭上仍以禮法信義爲號召。迨至戰國時代，各國君侯均務求富强，志在克敵，只顧目的，不擇手段，目無天子，禮法信義都置之高閣。詭秘以爲智，爾詐我虞，勾心鬥角，言而無信，行不厭詐。欺

㉖《中國歷代戰爭史》，三軍大學編著，黎明文化事業公司，民國六五年，第二册，頁九五。

騙以爲信，言不由衷，自欺欺人，以背信爲信，以破諾爲諾，句句是謊話，事事是陷阱。詭秘欺詐以爲尙，人言不信，人而不人矣。以刑戮爲利器，以殺伐爲正當，强凌弱，衆暴寡，殺人無算，血流漂杵，尸骨堆山，殘暴不仁，民不堪命，陷於水深火熱之中，民之憔悴於虐政者，慘苦已極。各國將相惟利祿之是求，貪權爭位，無所不用其極，朝秦暮楚，敵我不分，誰給高官厚祿，誰便是君父，寡廉鮮恥，不忠不義，德之不修，道之不講，未有甚於此時者。

商鞅相秦，變法圖富强，列仁義爲「六蝨」之一，棄之如敝屣；重刑罰，尙殺戮，以之爲治國之正道。孟子見梁惠王，王曰：「叟！不遠千里而來，亦將有以利吾國乎？」足見當時的國君只知貪圖利益，謀求富强，卑視仁義爲無物。孟子雖訓責之曰：「王何必曰利，亦有仁義而已矣。」對這尙殺戮，嗜戰爭的庸王俗君講仁義，有似對牛彈琴。戰國君侯既不恤民命，從事戰爭，勞民傷財；又無忍人仁心，屠殺敵人，死亡枕藉；至於坑無抗抵力的降卒數十萬，不以爲殘暴。戰國之世，誠如孟子所說：「仁義充塞，則率獸食人，人將相食。」

三、布衣卿相——等級制度是支持封建國家的一根柱石。貴族與人民各劃分爲若干尊卑貴賤的等級，下以事上，上以使下，等級不得逾越，官位世襲，身分不能流通。至春秋時代，等級制度已有動搖趨勢。孔子以平民而爲魯司寇；寧戚販牛而爲齊宰相；裵豹，隸也，焚丹書卽可躋於平民。貴族亦有淪爲黎庶者。但這只是偶發事件，爲數頗少。降至戰國時代，開布衣卿相之局，等級制度，瀕於全然崩潰。

戰國國君，急謀富國强兵，克敵致勝，銳意羅致俊傑才智之士，以爲國用，共成大事。但世臣宗族多因生活腐化，志氣不振；思想陳舊，又受着傳統的拘束與拖累，不足以應付新局勢，解決新問題，自非各國君侯延攬與羅致的對象。這時適有新秀的士子和商賈蔚然興起，具有新思想、新作風，才辯過人，智高識廣，活躍而有朝氣，能有新構想、新作爲足以適應新環境，解決新問題，遂成爲各國君侯羅致人才的對象。而這些新起之秀，社會菁英，亦熱中權位，貪圖高官厚祿，於是競相奔趨於王庭，逞其才辯，展其計謀，用其機智，以求入仕與干祿。君侯有所需，新秀有所求，需求相應，互爲吸引，一拍卽合。布衣卿相之局乃時代推移的自然產物，非一人之力所能造成。時勢造英雄，英雄造時勢，風雲際會，機緣湊合，莫之然而然。

齊景公任司馬穰苴爲將，扞燕晉之師。穰苴自稱：「臣素卑賤，君擢之於閭伍之中，加之大夫之上。」蘇秦窮困，遭妻嫂白眼，而竟能榮顯爲合從長。秦自稱：「使我有負郭二頃田，豈能佩六國相印耶!?」張儀「貧而無行」，且被疑爲盜竊；范睢「家貧無以自資」；二人皆能躍爲秦相。呂不韋不過一陽翟（河南禹縣）商人，竟能暗移秦祚，貴爲宰相，且被始皇尊爲仲父。白起、王翦得爲秦將立戰功，非以貴胄，而由技能。李斯上蔡郡小吏，居然貴爲秦相，而能殺太子扶蘇，立二世爲帝。凡此史實，皆布衣將相著名事例。

四、楚材晉用——戰國君侯，志在富國强兵，克敵致勝，求才若渴，只要是茂才卓異之士，出類拔萃之徒，能以輔政佐治，躋邦國於富强者，皆爲羅致與擢用的對象，既不問其是否世家貴胄，亦不管其是本國人，抑是外國籍。於是楚材可以晉用，客卿足以興邦。吳起衞國人，先爲魯將而攻齊，大破之；繼事魏文侯爲將，擊秦拔五城，任西河守，以拒秦、韓；後爲楚悼王相，南平百越，北倂陳、蔡，西伐秦。張儀、范睢皆魏人，皆爲秦相。蘇秦，周人而爲合從長，率六國之師以禦秦。足見在戰國之世，邦君任用賢才，不以國籍爲拘束。

秦用客卿而致富强，覇西戎，滅六國，成帝業。李斯諫秦嬴政除逐客令，力陳客卿對秦國的豐功偉業，客不負於秦，何可逐之！李斯曰：「昔穆公求士，西取由余於戎（西戎），東得百里奚於宛（河南南陽），迎蹇叔於宋，求丕豹、公孫支於晉。此五子者，不產於秦，而穆公用之，併國十二，遂覇西戎。孝公用商鞅之法，移風易俗，民以殷盛，國以富强，百姓樂用，諸侯親服，獲楚、魏之師，擧地千里，至今治强。惠王用張儀之計，拔三川之地，西併巴蜀，北收上郡，南取漢中，包九夷，制鄢郢，東據成皋之險，割膏沃之壤，遂散六國之從，使之西面事秦，功施到今。昭王得范睢，廢穰侯，逐華陽，强公室，杜私門，蠶食諸侯，使秦成帝業。此四君者，皆以客之功。由此觀之，客何負於秦哉!?向使四君卻客而不內，疏士而不用，是使國無富强之實，而秦無强大之名也。」㉗

五、合縱連橫——秦孝公重用商鞅，變法創制，國富兵盛，一躍而爲强國。昔日只有晉可與秦抗衡。今韓、趙、魏三家分晉，力量分散，不足以抗秦。齊偏處東海，難以遠拒秦。燕爲弱小邦國，更不足以言禦强秦。而秦則虎視眈眈，有呑併六國的力量與野心。六國必須結成聯合陣線，協力抵禦，方能集體生存，此之謂合縱以擯秦。秦要出關滅六國，圖統一，必須遠交近攻，對六國個別擊破，使之不能聯合，勢必得西向依附大國，而求苟安，此之謂連橫以事秦。南北曰縱，合南北六國以抗秦，謂之合縱。東西曰横，順連六國以事秦，謂之連横。縱横捭闔，就是戰國後期，政治、外交與軍事的交相運

㉗ 李斯，諫逐客書，見《古文觀止》秦文。

用。

蘇秦主張合縱，即合衆弱以抗一强。張儀主張連横，即散縱而分攻衆弱。蘇張爲縱横家的典型代表，最爲著名。其游說之辭至爲美妙而動人，頗有說服力。蘇氏的說辭，在能瞭解地理形勢及各國政治與軍事關係，並適應客觀需要，迎合六國君侯的心理，乃能成就合縱的策略，集分散力量而成聯合力量，積個弱而爲群强，以集體抵禦，替代個別作戰，改變六國的劣勢而成爲軍事的優勢，使秦不敢出兵東侵。《史記》稱：「乃投縱約於秦，秦兵不敢闚函谷關十五年。」㉘

合縱之約僅是消極性質，衹在於抗秦，並無積極的攻擊思想。攻擊才是最好的防禦。衹爲防禦而防禦，則防禦必難久固而不破。且六國之間，利害並不完全一致，縱約亦無實際的拘束力。於是張儀乃得乘機而起，操三寸不爛之舌，妙語蓮花，游說各國，施操縱之術，用離間之計，破合縱之約，借群羊攻猛虎之喩以懼六國。六國懼猛虎，而競相事秦。六國力分勢弱，自不足以禦强秦。戰國之世，或分、或合，戰爭不息，最後，卒使秦滅六國，成帝業，一天下。

第六節　戰國時代的政治分期

錢穆曰：「晚周先秦之際，三家分晉，田氏簒齊，爲一變。徐州相王，五國繼之，爲再變。齊、秦分帝，逮乎一統，爲三變。此言夫其世局也。」㉙自周貞定王元年至秦始皇元年（西元前四六八—二四六）爲

㉘《史記》蘇秦列傳。

㉙錢穆《先秦諸子繫年考辨》，頁二一四。

戰國時代，凡二三二年。就其政治形勢，其間概可分爲四個時期如左：

一、文獻缺略的時期——自周貞定王元年至威烈王二十二年，凡六十五年（西元前四六八—四〇四）爲文獻缺略時期。周貞定王元年，魯哀公出奔，二年卒於有山氏，爲春秋之世終。周威烈王二十二年（西元前四〇四），王命晉大夫魏斯、趙籍、韓虔爲諸侯。安王十六年（西元前三八六），王命齊大夫田和爲諸侯。周顯王三十五年（西元前三三四），六國以次稱王。自春秋之終至此時，文獻缺佚，治史者爲之茫昧。

二、七雄並立的時期——自威烈王二十三年至顯王三十四年（西元前四〇三—三三五）。自三家分晉，田氏篡齊，四國新建，越衰於南，而燕強於北，秦益盛，楚未衰。燕、趙、韓、魏、楚、齊、秦並峙對立，是謂七雄，互相競爭，各不相下，是謂戰國。

三、合縱連橫的時期——周顯王三十五年至赧王五十五年（西元前三三四—二六〇）。顯王三十五年蘇秦倡合縱以禦秦之策，並爲六國相，秦兵不敢闚函谷十五年。張儀相秦惠文王，倡連橫之說，思分散六國的合縱。秦昭襄王三十七年（西元前二七〇）范雎入秦，獻遠交近攻之策，秦先後出兵侵伐六國。

四、秦滅六國的時期——周赧王五十六年至秦始皇二十六年（西元前二五九—二二一）。赧王五十六年秦滅西周，周先六國而亡。秦莊襄王元年（西元前二四九），東周亦被秦滅。秦始皇立（西元前二四六）採連橫策略，個別擊破六國。自十七年（西元前二三〇）滅韓，至二十六年以次滅趙、燕、魏、楚及齊。六國滅，中國一，中國的歷史遂由封建國家進爲大一統國家時代。

第十章　先秦政治思想的一般觀察

第一節　先秦政治思想與起的原因

春秋戰國之世（東周）爲中國學術思想史上最光輝燦爛的一頁，亦卽空前絕後（至今）的創造時期和黃金時代。前無古人，後無來者的大思想家，脫穎而出，蔚然輿起，創新學，建新說，群英競起，百家爭鳴，議論蓬勃，立意新奇，互爲爭辯，思潮洶湧，拓學術的新園地，建思想的大寶庫，千秋志業，亘古不滅。爲天地立心、爲生民立命、爲萬世開太平的微言大義，經史子集，沛然湧現，萬流奔放，百花競開，聚知識之寶藏，立照路之明燈，製智慧之指針，眞知灼見，濟世渡人，澤及萬民，功垂百世。這一蓬勃生動、洶湧奔騰的新時代、新潮流，並非偶然的突發事件，實有其「勢有必至」的時代背景與歷史勢力，及「理有固然」的客觀需要及促成的因由。玆將春秋戰國之世，創造性政治思想興起的原因，論述如左：

一、戰亂世局的刺激——春秋之世，五強爭霸；戰國之世，七國爭雄。干戈不息，戰亂頻仍，兵連禍結，民不聊生，陷於水深火熱之中。爭城以戰，殺人盈城；爭地以戰，殺人盈野；五百年長期戰亂，人民憔悴於虐政，未有甚於此時者。封建制度趨於瓦解，宗法失效，禮治不行，人倫大變，臣弒其君，子弒其父，骨肉相殘，兄弟鬩墻，誓約屢爽，人言不信，爾詐我虞，詭秘是競；貴族式微，平民崛起，世卿制祿則遭廢棄，布衣卿相代之而興。這種空前的社會劇變，對衆人的思想與精神，構成驚人的撞擊與震撼。

生產技術進步，農業發展迅速，井田廢，阡陌開，助法被棄，徹法全行，農地形同私有。私有則可買賣，買賣流爲土地兼併，於是人民產生貧富的區別。貧者窮無立錐之地，富者連阡陌，不勞而獲。因農業生產的進步，農產品的數量大爲增加，消費不完，則將剩餘者出售，於是由自給自足的地方經濟，進爲相互交換的國民經濟。因之，商賈階級應運而生，貿遷有無，買賤賣貴，市利百倍，致鉅富，擁雄資，上可交接王侯，下則剝削小民。這種亘古未有的社會經濟突變，使人的生活、習慣與行爲都難作迅速而有效的適應，於是形成文化失調和人心的恐慌與不安。

政治環境刺激政治思想的產生；政治思想促進政治環境的變遷。二者互爲因果，彼此推移。就政治環境刺激政治思想的產生言，有怎樣的政治環境就會產生怎樣的政治思想；所謂環境決定思想。西周時代，政治環境較爲安定與單純，故當時的政治思想亦較爲單純而少變異與爭論，政治思想家亦寥寥可數。其可得而言者，祇太公姜尙、周公姬旦、召公姬奭和尹吉甫四人而已。至於春秋及戰國時代，戰亂頻仍，民生困苦，社會結構瓦解，經濟發展快速，政治環境至爲複雜、變亂、紛擾。這種繁亂、劇變的政治環境，對人們的心智狀態與活動，發生震撼性的刺激與困擾。人們受此刺激與困擾，造成心理上、精神上的緊張與不安。爲要消解這些的緊張與不安，乃經由心智的辨識、思考、推理、分析、比較、綜合等活動過程，殫精竭慮，深思精辨，而締造出應付環境，解決問題的新構想、新策略，使心理與精神趨於平靜與鬆弛。這便是環境決定思想產生的原因和歷程。

那些先得人心之所同的先知者，以天下爲自任的政治家，悲天憫人的仁人，愛國救民的志士，智高識遠的賢哲，因受混亂世局及惡劣環境的强烈刺激與衝擊，情有不忍，心有不安，乃各就所知，各本所見，勞心焦思，殫精竭慮，紛紛提出撥亂反治的構想，止亂息爭的新說，濟世活民的偉論，修齊治平的方略，長治久安的政策。衆說紛陳，群言盈庭，如泉之湧流，如雲之出岫。學說競妍，議論紛騰，於是形成百家爭鳴，光芒萬丈，登峯造極的學術思想的新潮流、新境界。至於逞才辯，說諸侯，干富貴的辯士，亦巧言惑衆，邪論要寵。餵食諸侯，寄人籬下的食客，而議論風生，陳新說，逞巧思。這些辯士與食客，對當時的學術思想亦添加不少聲色，對時代的新思潮不無推波助瀾的功用，益增波濤洶湧的壯觀。

二、知識分子的崛起

——春秋戰國之世，封建制度趨於破壞，等級制度不能維持，布衣卿相之局，替代了世卿制祿。士庶平民既有干祿入仕的機會，且有躍居要津，貴爲卿相的可能。他們自然不甘自暴自棄，便要力爭上游，自立自强，以求干祿致富貴。要達到這種目的，首在充實自己，提昇智能。所以這些士庶平民便競相勤讀書，求學問，益智能。適逢這一時期，官學已無力，欲振不能，而私人講學之風大盛。孔子有教無類，只要自行束脩以上，來者不拒，皆樂於向之傳道、授業、解惑，以盡師道。墨子更積極的、主動的收生徒，施教育。職是之故，知識分子於是應運而生，沛然興起，莫之能禦。這些知識分子，具有新人格、新知識、新思想，生活方式革新，不受傳統拘束；行爲模式新鑄，自由開放，具有突破性與創造性，對新學術思潮的興起，是一支强大的生力軍。

春秋戰國時代，井田廢，阡陌開；助法止，徹法行。土地因之可以私有。因土地私有而生土地兼併。因土地兼併，而有富農的出現與貧農的產生。富農擁有餘資，可以供應子弟就學讀書，求取知識。富農子弟不必從事耕作，遂有餘暇的時間與精力去就學讀書。五霸七雄之世，農業進步，工商發達，都市興起，人口集中，於是促成新的工商階級的產生。商賈之徒，貿遷有無，市利百倍，致成鉅富，端木子貢、呂不韋、陶朱公卽其著者。其以工業致富者亦不乏其人。《史記》貨殖列傳稱：「猗頓魯之窮士，適西河，大畜牛羊於猗氏之南，十年之間，其息不可計貲，擬於王公，馳名天下」；「邯鄲郭縱，以鐵冶成業，與王者埒富」、「巴蜀寡婦清，其先得丹穴，而擅其利，數世家亦不貲」；「蜀卓氏之先，趙人也，用鐵冶富秦。富至僮千人，田池射獵之樂，擬於人君」；「宛孔氏之先，梁人也，用鐵冶爲業，大鼓鑄，家致富數千金，連車騎，游諸侯」。新興的商工階級，家累千金，富擬於諸侯，自然有充裕的資金，供應其子弟，遊都邑，就名師，攻學問，求知識。就學學子，既爲數甚衆，知識分子自會成爲濟濟多士，蔚爲士林的社會新起的菁英階級。這些新起的知識分子，遂能以促進學術的進步與思想的發展。

三、私人講學的效果——在西周封建制度下，教育受政府控制，由所謂「王官」主持，只教導公、侯、卿、大夫的子弟，知識爲貴族階級所壟斷；私人教師極少，一般平民都沒有接受教育的機會，永爲愚民，無法上進。迨至春秋之世，孔子始開私人講學的風氣。從學者三千弟子，「受業身通者，七十有七人，皆異能之士也。德行：顏淵、閔子騫、冉伯牛、仲弓。政事：冉有、季路。言語：宰我、子貢。文學：子游、子夏。師也（子張）僻，參也（曾子）魯，柴也愚，由（子路）也喭，回（顏淵）也屢空，賜（子貢）不受命，而貨殖焉，億則屢中。」❶

❶《史記》卷六七，仲尼弟子列傳。

孔子施教授徒，具有以下的特色：㈠有教無類——打破官學把持教育，貴族壟斷知識的局面，而採「有教無類」的政策，學門敞開，不論貧富，貴族平民，只要「自行束脩以上」來者不拒，一概施教。這很合乎今日教育普及，機會均等的高遠理想。㈡因材施教——孔子所使用的教學方法，是因材施教，因人制宜，藉以適應各人的不同性格與情勢需要，教學效率，可以達到最高程度。孔子對不同的弟子所提出的同一問題，卻作不同的答覆，便是因材施教的明證。孟懿子問孝，子曰：「無違。」孟武伯問孝，子曰：「父母唯其疾之憂。」子游問孝，子曰：「今之孝者，是謂能養。至於犬馬皆能有養，不敬，何以別乎？」子夏問孝，子曰：「色難。有事，弟子服其勞；有酒食，先生饌，曾是以爲孝乎。」❷㈢通才教育——孔子施教的內容，是「六藝」，即禮、樂、射、御、書、數。陳槃則說六藝就是《詩》、《書》、《易》、《禮》、《樂》及《春秋》❸。教育的內容，不管是「六藝」或「六經」，皆旨在培養博學多能的通才；不是精研一技的專才或匠人。通才是學養淵博，智高識廣的博通鴻儒。通才是經國濟世，表率人群的領袖人物。通才是識大體、顧大局，善與人交，和衆善群執中博正，雍容大雅的君子。㈣道德教育——孔子認爲道德教育比知識教育更爲重要。要使人成爲克己復禮的仁人。要使人成爲恭、寬、信、敏、惠的君子。要使人成爲言忠信，行篤敬的良士。要他的弟子都能「入則孝，出則悌，謹而信，

❷ 均見《論語》爲政篇。

❸ 陳槃「春秋時代的教育」一文，載《中央研究院歷史語言研究所集刊》，第四五本（六三年），頁七六七—七七七，稱六藝就是六經，即《詩》、《書》、《易》、《禮》、《樂》及《春秋》。陳東原著《中國古代教育》一書（上海商務，民國二〇年）認爲孔子的教育只有詩、書、禮、樂四藝（頁九二），禮、樂、射、御、書、數之說見《周禮》地官，保氏。《史記》伯夷傳亦稱：「夫學者載籍極博，猶考信於六藝。」

汎愛衆，而親仁，行有餘力，則以學文。」（《論語》學而篇）道德生活才是快樂的生活。道德行爲才是快樂的行爲。這和古希臘斯多亞派（Stoic School）所信持的「正當的生活才是快樂的生活」（Happy life is a good life）正不謀而合。㈤人文教育——孔子的教育的宗旨是修己以安人；就是以人爲本，先養成個人的完美人格，以完人之善性，再進而成人之美，建立安和幸福的人群社會。孔子之道一以貫之，忠恕而已。盡己之謂忠，推己及人之謂恕。己欲達而達人，己欲立而立人，己所不欲，勿施於人。

墨子的私人教育，用力至勤，效果亦廣，殆可與孔子匹美。《呂氏春秋》曰：「孔墨弟子，充滿天下。」❹他對學生的教學熱心，有似宗教性的狂熱。例如禽子「事墨子三年，手足胼胝，面目黎黑，役身給使，不敢問欲。」❺墨子的弟子，形成一個親切的團體，產生相當的力量。墨子死後，他的弟子更發展爲鉅子的制度，好像西方的宗教組織，亦有似漢代的遊俠❻。《墨子》公輸篇記墨子對楚王曰：「臣之弟子禽滑釐等三百人。」這是墨子自言在宋弟子的約數；至於衞、齊、魯、楚、越等國皆有其弟子，人數若干，則不可考。孟子聲嘶力竭的罵墨子爲禽獸，且指其學爲邪說、淫辭、異端，可能因見墨子之徒甚衆，「楊、墨之言盈天下」而生恐懼之心，至於急不擇言。

《韓非子》顯學篇曰：「自墨子之死也，有相里氏之墨，有相夫氏之墨，有鄧陵氏之墨。故孔墨之後，儒分爲八，墨離爲三，取舍相反不同，而皆自謂眞。」墨分爲三，乃因地理上之不同而別之，並非

---

❹《呂氏春秋》（四部備要本）孟夏記第四，卷三，尊師，頁四〇。
❺《墨子》（國學基本叢書本）備梯篇，卷一四，頁三三五。
❻胡美琦《中國教育史》頁六八。

學術上的區異。五侯齊人，爲東方相里氏之墨；苦獲、己齒、鄧陵子皆楚人，爲南方鄧陵氏之墨；秦之墨，爲西方相夫氏之墨。此外，宋、衞亦多墨子之徒，高石子仕於衞，爲中原之墨。孫詒讓著《墨子傳授考》，對墨子弟子的傳授系次，舉述甚詳。惠施、公孫龍墨子弟子之最著者，宏揚墨子名學，所謂「別墨」。宋鈃、尹文亦墨子之名弟子，宏揚墨子兼愛、非攻之教。墨子弟子之衆多，由是足以見之。

孟子雖亦私人講學，收徒施教，但其事不若孔、墨的盛達。孟子的著名弟子是公孫丑、萬章、告不害等。「孔子既歿，子夏居西河教授，爲魏文侯師。」❼子夏的門弟子甚衆，其卓著有段干木、田子方、吳起、禽滑釐、公羊高、穀梁赤、李克(悝)、曾宗、文子、子弓等人。中原名士，多出於子夏之門。儒學大師荀子亦私人講學；但他的兩名傑出弟子韓非與李斯却是法學鉅子；這可能是因爲荀子主張人性惡及「禮者，治辨之極也，强國之本也，威行之道也，功名之總也。」❽鬼谷子，周末高士，弟子百餘人，惟張儀、蘇秦不慕神仙，從學縱橫之術❾。從孔子、墨子、孟子、卜子夏、荀子、鬼谷子諸人的事蹟中觀之，足見春秋、戰國之世，私人講學風氣的盛達。講學風氣既盛，對學術思想的創新及促進，自有極大的資助與推動力量。

四、養士風氣的影響——戰國諸侯爲謀富國强兵，克敵致勝，嘗不惜耗費鉅貲，招賢納士，崇其禮敬，豐其供養，厚其待遇，期以提高本國的國際地位及國君個人的聲譽，並使各賢士暢抒高見，議論國

---

❼《史記》卷六七，仲尼弟子列傳。
❽《荀子》議兵篇。
❾《辭海》，中華書局，六九年增訂本，下册，頁四九六六。

是，聽取嘉猷良策，以爲富國、圖強、致勝的輔弼與資助。魏文侯禮敬賢士，師事卜子夏，受其經藝；賓禮段干木，過其閭，未嘗不軾也❿。魏成子爲相，以食祿千鐘，什九在外，什一在內，是以東得卜子夏、段干木、田子方，此三人者，君皆師之⓫。齊宣王喜文學游說之士，騶衍、淳于髡、田駢、愼到、環淵之徒七十六人，皆賜列第，爲上大夫，不治事而議論，是以齊稷下學士復興，且數百千人；齊有稷門，立舘其下，以待游士。⓬史稱：「梁惠王數敗於軍旅，卑禮厚幣，以招賢者，鄒衍、淳于髡、孟軻皆至。」⓭

戰國諸侯固有求賢養士之風；就是國內封君或公子亦多招賢之風，其盛不亞於諸侯。齊相田嬰封於薛，有子名文，代父立於薛，是爲孟嘗君。孟嘗君在薛，招致諸侯賓客及亡人；有罪者皆歸之。孟嘗君舍棄家業而厚遇之。以致傾天下之士，食客數千人，無分貴賤，皆與文等。孟嘗君賓客無所擇，皆善遇之，人人各以爲孟嘗君親己，均願效命盡忠。孟嘗君入秦，秦昭王欲以爲相，又慮孟嘗君賢而又齊族，必先齊而後秦，秦其危殆，於是囚孟嘗君欲謀殺之。幸其門客中有善盜者，偷竊白狐裘獻秦王幸姬，又得釋。夜逃至函谷關，關吏非至天明不放關。其門客中有能爲鷄鳴者，關吏聞鷄鳴以爲天明，乃放行⓮。

---

❿《史記》卷四四，魏世家。
⓫同上。
⓬《史記》卷四六，田敬仲完世家。
⓭《史記》卷四四，魏世家。
⓮《史記》卷七五，孟嘗君列傳。

平原君趙勝，是趙國的諸公子。諸公子中勝最賢，喜賓客。賓客至者約數千人，並曾殺美妾以悅士，士益歸之。平原君歷相趙惠文王、孝成王，三去三復位。當秦伐趙，圍邯鄲。趙使平原君求救合縱於楚，約與門下食客有勇力文武備具者二十人偕往。祇得十九人，毛遂自薦，平原君允之。至楚，平原君與楚王言合縱之利害，自日出而言之，日中尙不能決。十九人無能爲力，毛遂拔劍歷階而上，楚王叱之，遂按劍而前曰：「白起小豎子耳，率數萬之衆，興師以與楚戰，一戰而擧鄢郢，再戰而燒夷陵，三戰而辱王之先人，此百世之怨，而趙之所羞，而王弗知惡焉。合縱者爲楚，非爲趙也。吾君在前，叱者何也！」楚王曰：「唯唯，誠若先生之言，謹奉社稷以從。」毛遂曰：「從定乎？」楚王曰：「定矣。」⑮

信陵君魏公子，名無忌，魏昭王少子。昭王逝世，子安釐王卽位，封之爲信陵君。公子爲人仁而下士，士以此，方數千里爭往歸之，致食客三千人。當是時，各國諸侯，以公子賢而多客，不敢加兵謀魏者十餘年⑯。

春申君楚國人，姓黃名歇，游學博聞，事楚頃襄王，善言辯，奉命使秦，巧言說秦王勿會韓魏伐楚，改採親楚政策，並說秦王遣人質楚太子。太子完返楚三月，頃襄王卒，完立是爲考烈王。元年以黃歇爲相。是時齊孟嘗君、趙平原君、魏信陵君，方爭禮賢下士，招致賓客，以相傾奪，輔國持權。春申君亦競相招賢納士，以謀自固。相楚八年，爲楚北伐滅魯，以荀卿爲蘭陵令，楚因以復强。平原君使人

---

⑮《史記》卷七六，平原君列傳。

⑯《史記》卷七七，信陵君列傳。

入於春申君，春申君客之於上舍。趙使欲誇耀於楚，爲瑇瑁簪刀劍，室以玉珠飾之。春申君客三千餘人，其上客皆躡珠履，以見趙使。趙使大慚⑰。

秦莊襄王逝世，太子嬴政卽位，尊呂不韋爲相國，號稱仲父。不韋家僮萬人。當是時，魏信陵君、楚春申君、趙平原君、齊孟嘗君，皆禮賢士，喜賓客，競相傾奪。呂不韋以秦之强，羞不如之。乃亦招致賢士，厚禮遇之，至食客三千人。當時諸侯多辯士，如荀卿之徒，著書布天下。呂不韋乃使其客，人人著所聞，集論以爲八覽、六論、十二紀，二十餘萬言，以爲備天地萬物古今之事，號曰《呂氏春秋》，布之於咸陽市門，懸千金其上，延諸侯游士賓客，有能增損一字者，予千金⑱。

諸侯魏文侯、齊宣王、梁惠王，封君孟嘗君、平原君、信陵君、春申君及秦相呂不韋皆招賢納士，廣收賓客，多者至數千人，任其議論，各抒所見以至於質疑辯難，相互討論，彼此溝通，大足以啓發思想，創立新說，學術思想，飛騰猛晉，燦然大放光彩，在中國文化發展史，永留光輝燦爛的不朽事蹟。百家爭鳴，學術創新，招賢納士之影響，實至深且鉅。

五、書籍流傳的功用——殷商已有完好的文字，以鋒利的刀刃刻辭於甲骨上以爲記載。然而甲骨爲占卜用具，並非典籍素材，故未見書籍流傳。迨至周代，製書的技術、工具、材料大有改進，故有書籍的製成與流傳。製書材料有二：一是竹片或木片，二是縑帛，卽白色的絲織品。製書的工具有刀、筆、墨、漆。刀用以削製竹片或木片。筆、墨、漆用以記書文字。司馬遷稱孔子作《春秋》「筆則筆，削則

---

⑰《史記》卷七八，春申君列傳。
⑱《史記》卷八五，呂不韋列傳。

削，子夏之徒不能贊一辭。」⑲書用筆，削用刀。削是用刀削去竹簡上的錯字。許愼《說文解字》曰：「墨，書墨也。」段玉裁注聿字曰：聿，所以書之器也。楚謂之聿，吳謂之不聿，燕謂弗，秦謂之筆。筆墨周已有之，非自蒙恬始。蒙恬可能對筆墨有改良之功。著於竹片、木片者謂之書，使用油漆。著於縑帛者使用墨汁。周代文字使用大篆與小篆，書寫亦較前容易。

《中庸》曰：「文武之道，布在方策。」方策就是長方形的竹片或木片。這是說文王、武王所講的道理，都記在長方形竹片上。策是長狹的竹片，曰簡。其上有文字曰書簡。周代已有書簡；漢代書簡仍甚流行。把許多書簡用繩索串起來，其狀如册，故書有分篇分册之稱。孔子讀《易》翻動串在一起書簡竹片次數太多了，以致「韋篇三絕」。書寫在絲織品上的文字記載曰「帛書」或「縑書」。書寫在帛或縑上的文書，典藏時就把他捲起來，故書的單位，則以「卷」名之。

書籍製造既趨容易，則書籍製造必多，流傳亦廣。有較多的書籍供人閱讀與研究，自足以促進學術思想的進步與發展。故梁啓超曰：「戰國時代，書籍傳寫方法，似甚發達，故『蘇秦發書，陳篋數十』（《戰國策》秦策文），『墨子南遊，載書甚多』（《墨子》貴義篇）。可見書籍已甚流行，私人藏儲，頗便且富。既研究有資，且相觀而善，足以促成學術勃興的機運。」⑳

⑲《史記》卷四七，孔子世家。
⑳梁啓超《先秦政治思想史》，臺灣中華書局，六九年十版，頁六三。

第二節　先秦政治思想的各個學派

一、學派的名稱——春秋戰國之世，學術思想極爲發達，百家爭鳴，諸說紛陳。各作家參舊說，創新義，自成一家之言，自己並未標幟是什麼學派。後人研究諸子之學，就其思想內容，學說性質，分門別類，併同區異，就各類分別予以名稱，而曰何種學派，以便研究。諸子分爲學派並賦予名稱，實自西漢始。班固著《漢書》，第三十卷曰：「諸子十家，其可觀者，九家而已。」他所謂十家者就是十個學派。

一曰儒家學派。講道德，說仁義，尙理性，重人倫，助君主行教化，克己復禮，修己以爲人。這一學派的代表人物，應推孔仲尼、孟軻、荀卿、孔伋、曾參、卜子夏等。二曰道家學派。崇尙自然，重自由，反對一切强力控制及人爲制作，無爲而治，淸靜寡欲，返樸歸眞；過無憂無欲，無拘無束的自然生活。這一學派的代表人物，應推老聃（老子）、莊周、列禦寇、黔婁、楊朱等。三曰法家學派。無教化，去仁義，重權勢，嚴刑罰，任法以爲治，强力以制民。這學派的代表人物，應推管仲、申不害、愼到、韓非、商鞅、李克、李斯等。四曰墨家學派。倡兼相愛，交相利之說，尙儉節，反攻戰，志天尙同，非樂、廢禮、薄葬。這一學派的代表人物，應推墨翟、鄧陵、田俅、禽滑釐、尹文、宋牼等。五曰陰陽家學派。順應天地陰陽之變化，曆象日月星辰，敬授民時。這一學派的代表人物，應推鄒衍、鄒奭、馮促、周伯等。六曰名家學派。重名實，正名位，講邏輯，嚴理則，避免知識的乖誤，力謀認識的正確。這一學派的代表人物，應推鄧析、公孫龍、惠施等。七曰縱橫家學派。善言辯，重計謀，游說諸侯，干求富貴。這一學派的代表人物，應推蘇秦、張儀、范睢、鄒陽、龐煖等。八曰農家學派。播百穀、植桑廡，勤耕作，足民食。這一學派的代表人物，應推許行、陳仲、陳相等。九曰雜家學派。立論內容，較爲龐雜，有欠精純，兼儒、墨、名、法之義，故曰雜家。旣謂之雜，何可稱家，然在當時蓋承儒、墨、名、法四家競爭之餘，而欲加以調停，意在自成一家，尉繚、尸佼、呂不韋、由余、伍子胥可爲雜家學派的代表人物。十曰小說家，街談巷語，道聽塗說，不足以成家。

二、學派的淵源——水有源，源富者，水流始長。樹有根，根深者，樹長始大。學有師，學有師承，學始豐厚。九流之學派，自當有其師承。班固《漢書》藝文志曾分別擧列九個學派的淵源。一曰、儒家者流，蓋出於古司徒之官。二曰、道家者流，蓋出於古之史官。三曰、墨家者流，蓋出於古時清廟之守。四曰、法家者流，蓋出於古之理官。五曰、陰陽家者流，蓋出於古羲和之官。六曰、名家者流，蓋出於古之禮官。七曰、縱橫家者流，蓋出於行人之官。八曰、農家者流，蓋出於古者農稷之官。九曰、雜家者流，蓋出於古代之議官。至於小說家者流，僅出古之稗官，不足以自成一家；所謂稗官野史，街談巷論，道聽塗說，多係無根乏據之言，何能與儒、法、道、墨、名等家並立列論。

但胡適不贊同班固之說，著有「諸子不出於王官論。」㉑他認爲「諸子之學，皆起於救世之弊，應時而興。」㉒他本《淮南子》要旨以爲說，指出：㈠劉歆以前之論周末諸子學派者，皆無出於王官之說。㈡九流無出於王官之理。㈢藝文志所分九流，乃漢儒陋說，未得諸家派別之實。㈣章太炎先生之說，亦不能成立。誠然，任何政治思想或學說的產生都是受社會環境之刺激及時代需要的誘引的反應與

㉑《胡適文存》，臺北市，遠東圖書公司，民國四二年，集一，卷二。
㉒胡適的「諸子不出於王官論」，本《淮南子》要略以立說。

調整而來；在前節百家思想興起的原因中已有論及，胡適之說，自不無一部份理由。而且班固對這一道理亦曾提及說：「王道既微，諸侯力政，時君世主好惡殊方，是以九家之術蠭然而作。」

沈剛伯著「從古代禮刑運用探討法家的來歷」及「法家的淵源、演變及其影響」二文，認爲「班志所謂諸子出於王官的話，若只是用來說法家，倒似乎並非全無道理。」㉓這是他「有一分證據說一分話」的治學嚴謹態度，其意是贊成班固的論點。蔣伯潛在所著《諸子學纂要》中，亦說：「我們說諸子之學濫觴於王官，是因王官保存着許多學術底資料。」我們應知，假使諸子之學前無所依據與師承，後不能適應時代環境與社會需要，就不會產生百家爭鳴，諸說紛陳的學術高潮與盛況。任何學說都有其歷史淵源和時代背景與需要。若說諸子之學有其淵源，自爲顚破不拔的至理。但是限定某一學派一定出於某一王官，則不免失之拘泥。

三、學派出現的先後——歷史之爲狀如流水，投刀斷流流不斷。學術文化的發展，如生物的生長，生機緊相連，欲辨先後難以辨。故對先秦諸子學派產生的先後，劃一明確界限，實不可能。不過從大體觀察，尙有可得而言者。就政治思想最爲豐富的儒、道、墨、法四家產生先後以論之，則儒家出現爲時最早。道家次之。繼之者爲墨家。法家的形成則爲最晚。

西周之世，教育掌於官府，資以爲教者，乃是《詩》、《書》、《禮》、《樂》。《詩》由太師主之，《書》藏於史官，宗伯掌《禮》，司禮管《樂》。學術思想趨於統一，私家著述，亦屬少見。平王

㉓ 沈剛伯「從古代禮刑運用探討法家的來歷」，《大陸雜誌》卷四七，期二；「法家的淵源、演變及其影響」，《自由中國》一七卷，七期。

東遷，王綱不振，官守失司，私人講學風氣，乃隨之勃然興起；各家著述亦相繼殺青。當春秋初期，諸經傳授，尙未大明，《詩》，《書》，《易》，《禮》，《樂》之遺，授受何人，莫由考索。所幸至聖孔子承受西周文化、學術、敎育的傳統，加以整理與闡揚，讀《易》至韋編三絕，刪《詩》、《書》，正《禮》《樂》，著《春秋》，儒學系統燦然大備。在諸子學派中，儒家出現最早。

管仲相桓公，九合諸侯，一匡天下，尊王攘夷，勳功彪炳。孔子稱贊曰：「微管仲吾其披髮左衽矣」；「如其仁，如其仁。」惟《管子》一書，內容駁雜，立論欠單純。故《管子》一書，有列入道家者者，亦有列入法家者。其時雖隱然有道法之義，但與儒家並無衝突，亦未見相互排斥。道家宗師爲老子。老子姓老名聃，一說老子姓李名耳。史稱孔子曾問禮於老子。老子當係與孔子同時。但對道家思想作玄妙精深闡述的《道德經》，則較晚出。所以說，道家學說的彰明與形成，當在儒家之後。

孔子歿後，世道大變，世局益亂，百家爭鳴，學派紛陳。各派間的競爭排斥，十分激烈。所以班固說：「仲尼沒而微言絕；七十子喪而大義乖。」墨翟宋國大夫，善守禦，尙節用，倡兼相愛，交相利之說，非攻戰，志天，尙同；生徒衆多，學說大興。繼儒、道之後，蔚成一家。墨家興，儒、道、墨三家的競爭與衝突，至爲劇烈。據蔡元培（孑民）的考證，楊朱就是「拔一毛而利天下不爲也」的道家莊子㉔。大概因爲道墨兩家對儒學攻訕太甚，所以孟子慷慨陳詞，大罵楊朱（莊子）和墨翟。孟子曰：「楊氏爲我，是無君也；墨氏兼愛，是無父也。無父無君是禽獸也」；「我欲正人心，息邪說，拒詖行，

㉔ 見《古史辨》，臺灣，明倫書局，第六册，頁三七一。

放淫辭，以承王聖者。豈好辯焉？予不得已也。拒楊墨者聖人之徒也。」㉕

管仲、李克、愼到、申不害雖皆被列爲法家。然因其或以事功著，或以道未行；其時尚不能認爲法家學術已成系統而告形成。法家學說的大昌明與大推行，則在於商鞅、韓非、李斯之時。韓非有永垂不朽的著作。商鞅相秦，能使秦國富兵強，使之威行天下，勳功輝煌；而《商君書》一書亦爲法家名著，流傳至今。李斯雖無名著，而厲行法治，使秦始皇一天下，成帝業，可稱法家鉅子。這三位法家皆生當秦滅六國之際，爲戰國的末期。是法家學派眞正的完成與出現，是在儒、道、墨三家之後，乃最後晚出的先秦諸子學派。

第三節　各個學派思想的評估

一、當時各家所作的評估

1.儒家所作的評估——孔子曰：「道之以政，齊之以刑，民免而無恥。」（《論語》爲政篇）這是孔子評估法家爲政，以法禁（政）領導人民，用刑罰齊一人民，人民只求苟免於法禁與刑罰而無羞愧之心，非爲治的正道。孟子批評楊朱（道家）和墨家說：「楊氏爲我是無父也，墨氏兼愛是無君也，無父無君，是禽獸也。」（《孟子》滕文公下篇）這是孟子批評楊、墨不講究君臣父子人倫之道，有類於禽獸。孟子批評公孫衍和張儀，乃妾婦之道，以恭順爲正，不得稱之爲大丈夫。《孟子》滕文公下篇載：「景春曰：

㉕《孟子》滕文公下篇。

公孫衍、張儀，豈不誠大丈夫哉?!一怒而諸侯懼，安居而天下熄。孟子曰：是焉得爲大丈夫乎?!子未學禮乎?丈夫之冠也，父命之；女子之嫁也，母命之。往送之門，戒之曰：往之汝家，必敬必戒，無違夫子。以順爲正者，妾婦之道也。……富貴不能淫，貧賤不能移，威武不能屈，此之謂大丈夫」。縱橫家逢迎諸侯，曲節以干求富貴，以恭順爲正，乃是妾婦人之道，豈能當大丈夫之稱?!

荀子曰：「墨子蔽於用而不知文，宋子蔽於欲而不知得，愼子蔽於法而不知賢，申子蔽於勢而不知知，惠子蔽於辭而不知實，莊子蔽於天而不知人。」（《荀子》解蔽篇）荀子對各家的評估是說：墨子（翟）只知講究實用功利，却不知禮樂文節的重要；宋子（鈃）只知教人寡欲不貪，却不知人生而有貪得的本能與衝動，如食色名利等的追求不能避免；愼子（到）只知崇尚法治而不知求賢才以治國的重要，因徒法不足自行。法治與人治實不可偏廢，申子（不害）只知尚勢，卽集勢以勝衆，而不知知識與才能的重要，以勢服人者非心服也；不知知識和才能的力量更能使人信服；惠子（施）只知從文辭上或名實上講究道理，而不知從實際的事物上認識其實體與眞相；莊子（周）只知順應自然的天，無爲而治，而不知人能利用自然，征服自然。

2. 道家所作的評估——老子崇尚自然，主張無爲而治，要廢棄一切的人爲制作。他認爲儒家講仁義、施教化、重人倫、尙禮樂等行徑，都是「庸人自擾」，而是禍亂之源。故曰：「大道廢，有仁義；智慧出，有大僞；六親不和有孝慈，國家昏亂有忠臣。」（《老子》第十八章）他又說：「法令滋彰，盜賊多有。」（《老子》第五十七章）莊子師承老子，亦以儒家重仁義，尊禮樂，爲疑惑與分亂的由來，主張廢棄之。他說：「及至聖人，蹩躠爲仁，踶跂爲義，而天下始疑矣。澶漫爲樂，摘僻爲禮，而天下始分矣。」（《莊子》馬蹄篇）他又說：「聖人不死，大盜不止。……故絕聖棄知，大盜乃止，擿玉毀珠，小盜不起；焚符破璽，而民樸鄙；剖斗折衡，而民不爭。故曰：大巧若拙。削曾（參）史（鰌）之行，錯楊（朱）墨（翟）之口，攘棄仁義，而天下之德始玄同矣。」（《莊子》胠篋篇）

老、莊除對儒家思想作徹底的摒棄外，莊子在所著天下篇中對其他各家亦均有所評估；其總評論各家的思想，皆是一偏之見，不够通博，未能見及全般事理。他說：「天下多得一察焉以自好。譬如耳目鼻口，皆有所明，不能相通。猶百家衆技也，皆有所長，時有所用。雖然，不該不徧，一曲之士也。」他所謂「判天地之美，析萬物之理，察古人之全，寡能備於天地之美，稱神明之容。」蓋指道家思想能備天地之美，包容神明，明析萬物之理，察知古人之全。

《莊子》天下篇對墨翟、禽滑釐、相里勤、苦獲、已齒、鄧陵、惠施、宋鈃、尹文、彭蒙、田駢、愼到、關尹、老聃、惠施等人的思想及行爲皆有詳明的評估。因文辭繁多，限於篇幅，不便一一引述。讀者若欲作進一步的瞭解，不妨參閱天下篇原文。

3. 墨家所作的評估——《淮南子》要略篇稱：「墨子學儒之業，受孔子之術，以其禮煩擾而不悅，厚葬靡財而貧民，久喪傷生而害事，故背周道而用夏政。」由此可以推知，墨子對儒家的批評，嫌其繁文瑣節，禮儀衆多而拘嚴，故不喜悅而棄之。墨子是實用主義者，講究實利，義者利也。厚葬與久喪，皆違背實用主義，傷財害事，毫無効用，故力加排斥。墨子認爲儒家的厚葬久喪，非仁、非義亦非孝。他說：「厚葬久喪，實不可富貧衆寡，定危止亂，此非仁、非義、非孝之事也。」（《墨子》節葬下篇）儒家禮樂並重，墨子旣嫌棄禮之繁瑣，又指斥樂之浪費。墨子引《尙書》指出樂之非。湯刑曰：「其恒舞於宮，是謂巫風，刑。」太誓曰：「嗚呼！舞佯佯，黃言孔彰，上帝弗常，九有以亡，上帝不順，降之百殃。」他在非樂篇中痛切斥責作樂的損及生產，勞民傷財，使民貧困，毫無可取。

4. 法家所作的評估——韓非曰：「墨子之說，傳先王之道，論聖人之言，以宣告人。若辯其辭，則恐人懷其文忘其直，以文害用也。此與楚鬻珠，秦伯嫁女同類。故其言多不辯。」㉖韓非批評墨子所立的言論與道理，多不易辨解。讀其文，則喜愛其文辭，而不得其實意，是以文害用，猶如楚人賣珠，而買珠者却愛珠盒之美，而退回珠子。秦伯嫁女，晉人卻愛媵妾而不愛秦公主。這是說，墨子的學說，舍貴取賤，不得其要，其言多不得其解，多有値得辯論者。

司馬遷引述韓非對儒、墨兩家評估之言曰：「韓非疾治國不務修明其法制，執勢以御其臣下，富國强兵，而以求人任賢，反舉浮淫之蠹而加之於功實之上；以爲儒者用文亂法，而俠者（墨家）以武犯禁。」韓非認爲治國要道，在修明法制，執權勢以控制臣民。不此之圖，反而以浮淫之蠹病者置之於有功實者之上。儒家尊崇文禮以亂法制；俠者（墨家）尙豪俠，路見不平，拔刀相助，乃是以武力違犯禁令，皆不足取。

二、後世學者所作的評估

1. 司馬談所作的評估——太史公司馬遷在《史記》自序（《史記》卷一百三十）引其父談論六家要旨，對陰陽、墨、法、名、儒、道六家學說和思想的利弊得失，均有簡要而切實的評估。司馬談曰：「天下

㉖《韓非子》外儲說左上，卷一一，第三二。

一致而百慮，同歸而殊途。夫陰陽、儒、墨、名、法、道德，此務爲治者也。直所從言之異路，有省不省耳。」係言六家的目的，皆在謀求國家的治平，不過立言各有不同；且其觀察（省）亦各異其趣。

他說：「嘗竊陰陽之術大祥，而衆忌諱，使人拘而多畏。然其序四時之大順，不可失也。」這是說：陰陽家在預知吉凶，忌諱多，使人受拘束而多畏懼，是其缺失。然其天時曆數，四時運行之理，則是不可忽失的大道。

「儒者博而寡要，勞而少功，是以其事難盡從。然其序君臣父子之禮，列夫婦長幼之別，不可易也。」這是說：儒家太注重繁文瑣節，廣博不切肯綮，徒勞而少功，故不能盡從其事。但其重人倫，序君臣父子上下之禮，列夫婦有別，長幼有序的道理，則爲歷久不渝的至理名言。

「墨者儉而難遵，是以其事徧循。然其彊本節用，不可廢也。」這是說：墨家苦行救世，儉苛難行，所以墨家的主張，不能完全遵循；但他們所說要勤儉，求實用，戒浪費，以彊固國家根本，乃是不可廢棄的。

「法家嚴而少恩。然其正君臣上下之分，不可改也。」這是說：法家行事，重在嚴刑峻法，不講仁政愛民的恩德，是其缺失。然法家講究綜名覈實，因任督責的道理及正君臣上下不可侵犯的分際，則是不可改變的正理。

「名家使人儉而善失眞，然其正名實不可不察也。」這是說：名家只知用簡單（儉）的邏輯理則，以究研事物之理，以衡鑑其知識的是否正確；重文理的法則，而疏忽了事物實際眞相，則是其缺失；然名家重視名與實的相符與一致，有如孔子的「正名」和法家的「綜名覈實」，實有至理存在，不可不加以究察。

「道家使人精神專一，動合無形，贍足萬物。其爲術也，因陰陽之大順，採儒墨之善，撮名法之要，與時遷移，應物變化，立俗施事，無所不宜，指約而易操，事少而功多。」這是說：道家能使人精神集中，爲政重合於無形，而能贍足萬物。道家吸收了陰陽、儒、墨、名、法之長，隨時代而進步，適應事物的變化，因應民俗而施政，萬事皆得其宜；簡要而易操作，費事少而功效多。

劉漢滅秦而立國。西漢初期，政府因鑑於楚漢之爭的戰亂，秦皇暴政的干擾，人民陷於疲累不堪的苦境中，乃採清靜無爲，與民休養生息的政策，於是黃老之術大行。司馬談生當其時，受到時代環境的影響，是以獨尊道家的學術，極言其利，而不言其弊。誠然，政治思想乃是時代環境的產物。

2. 司馬遷所作的評估——在《史記》一書的列傳中，可以看到他對諸子各家的評估：

⑴對儒家的評估——「詩有之，高山仰止，景行行止。雖不能至，然心嚮往之。余讀孔氏書，想見其爲人。適魯，觀仲尼廟堂，車服禮器，諸生以時習禮其家。天下君王至於賢人衆矣，當時則榮，歿則已焉。孔子布衣傳十餘世，學者宗之。自天子王侯，中國言六藝者，折中於夫子，可謂至聖矣。」（《史記》卷四十七，孔子世家）司馬遷生當漢武帝罷黜百家，獨尊儒學之世，在御制政策籠罩下，自然要對孔子作盡善盡美的讚譽，那能有一字的貶抑。

對孟軻只有客觀的敘述，而無主觀的評估；但在敘述中則表現贊揚的至意。他說：「孟子受業子思之門人，道既通，游事齊宣王，……所如皆不合，退而與萬章之徒，序詩書，述孔子之意，作《孟子》七篇。」（《史記》卷七十四）

司馬遷論荀卿曰：「荀卿嫉濁世之政，亡國亂君相屬，不遂大道，而營於巫祝，信機祥，鄙儒小拘，如莊周等又滑稽亂俗，於是推儒、墨、道德之行事，興壞序列，著數萬言而卒。」（《史記》卷七十四）觀於此，荀子非純儒者，不僅兼墨、道（《老子道德經》）；著者認其更兼法；因他曾說：「禮者，威行之道也」（《荀子》議兵篇）；又主張人性惡，及「人生而有欲」，所以教出法家鉅子韓非與李斯。

(2)對道家的評估——司馬遷對道家的評估曰：「老子所貴道虛無，因應變化於無爲，故著書辭，稱微妙難識。莊子散道德，放論要，亦歸之自然。」（《史記》卷六十三）這是對老、莊僅序其旨要，未有所褒貶。因其父崇信道家，故不便多所置喙。

(3)對法家的評估——司馬遷曰：「申子（不害）卑卑，施之於名實。韓子（非）引繩墨，切事情，明是非，其極礉少恩。皆原於道德之意。而老子深遠矣。」㉗這是說申不害自己卑勉，施行法治以綜覈名實爲要，乃君主御下的方術；故曰申不害因術。韓非爲政，嚴法禁，重刑罰，刻薄寡恩，失之偏激，不足取。而老子之道則深且遠。推崇老子，可謂不違於其父之道。

司馬遷評論商鞅曰：「商君天資刻薄人也。跡其欲干孝公以帝王術，挾持浮說，非其質也。且所因由嬖臣及得用刑公子虔，欺魏將卬，不師趙良之言，亦足發明商君之少恩矣。余嘗讀商君開塞、耕戰書，與其人行事相類，卒受惡名於秦，有以也夫。」（《史記》卷六十八）這是說商鞅刻薄寡恩，立言行事均失之嚴苛。其留惡名於世，自然是事有必至，理所當然。

㉗《史記》卷六三，老、莊、申、韓列傳。

(4)對墨家的評估——墨翟之學，爲當時顯學；學徒頗衆，影響廣大。孟子亦說：「聖王不作，諸侯放恣，處士橫議，楊朱、墨翟之言盈天下；天下之言，不歸楊，則歸墨。」㉘而《史記》卻未爲墨翟立傳，僅在孟子、荀卿列傳末，附言曰：「墨翟宋之大夫，善守禦，爲節用，或曰並孔子時，或曰在其後。」（《史記》卷七十四）司馬遷也許受孟子所說：「楊氏爲我，是無父也；墨氏兼愛，是無君也。無父無君，是禽獸也」（《孟子》滕文公下篇）的影響，而惡其人，不願爲之立傳。或許墨子主張薄葬、短喪、廢禮，大背當時正受獨尊的儒學，而不敢爲之立傳。

(5)對陰陽家的評估——司馬遷稱陰陽家鄒衍之術，怪迂而閎大。文曰：「鄒衍睹有國者益淫奢，不能尚德。乃深觀陰陽消息，而作怪迂之變，終始大聖之篇，十餘萬言。其語閎大不經，必先驗小物，推而大之，至於無垠。先序今以上至黃帝，學者所共，術大並世盛衰。」（《史記》卷七十四）鄒衍雖被評爲怪迂不經，然稱其術閎大，終始大聖之篇，頗具推崇之意。《史記》並盛稱鄒衍游諸侯，普受重大尊崇與禮敬。「其與仲尼菜色陳蔡，孟子困於齊梁同乎哉!?」（《史記》卷七十四）

(6)對縱橫家的評估——司馬遷曰：「蘇秦兄弟三人，以游說諸侯以顯名。其術長於權變。而蘇秦被反間以死，天下共笑之，諱學其術。然世言蘇秦多異。異時事，有類之者皆附之蘇秦。夫蘇秦起閭閻，連六國從親，此其智有過人智。吾故列其行事，次其時序，勿令獨蒙惡聲也。」（《史記》卷六十九）蘇秦智謀過人，能合縱以擯秦，遷頗稱譽之。其非蘇秦之事，亦附之於蘇秦，遷亦認爲不當，故詳擧秦之事

㉘《孟子》滕文公下篇。

跡，不使獨受惡名；足見遷對秦頗具同情心。

司馬遷曰：「夫張儀之行事，甚於蘇秦。然世惡蘇秦者，以其先死。而儀振暴其短，以扶其說，成其衡道（連橫）。要之，此二人眞傾危之士哉。」（《史記》卷七十）蘇秦、張儀皆是憑其權變之才，巧辯之詞，能以傾安扶危的人士。二人之行事均不足取，而世人惡秦甚於惡儀者，因秦先死，儀遂能暴秦之短，而揚己之長，有以致之。

3.班固所作的評估——班固著《漢書》。於《漢書》藝文志（《漢書》卷三十）中對春秋戰國時代的諸子各學派皆有所評估，論其優劣得失。玆扼要引述於次：

(1)儒家——儒家「助人君順陰陽，明敎化者也。游文於六經之中，留意於仁義之際，祖述堯舜，憲章文武，宗師仲尼，以重其言，於道最爲高。……然惑者既失精微；而辟者又隨時抑揚，違離道本。苟以譁衆取寵，後進循之。是以五經乖析，儒學寖衰，此辟儒之患。」所謂順陰陽，並非陰陽家之理。因漢時信行「天人感應」之說，宰相的職責，在「上佐天子，論道經邦，燮理陰陽。……」故災異災免三公。儒家研六經，揚仁義，祖述堯舜，憲章文武，其道爲最高，而惑者與辟儒（偏鄙之士）失精微，亂抑揚，譁衆取寵，經義乖析，儒家漸失其眞，而趨衰退。

(2)道家——道家「歷記成敗存亡禍福古今之道；然後知秉要執本，清虛以自守，卑弱以自持，此君人南面之術，合於堯之克讓，易之謙謙，一謙而四益，此其所長也。及放者爲之，則欲絕去禮樂，兼棄仁義；曰獨任清虛，可以爲治。」漢代曾崇尙黃老之術，故司馬談父子對道家多瑜揚之辭，而少貶抑之論。班固可能亦受此影響，推崇道家，秉要執本，清虛自守，卑弱自持，爲人君南面治人之術，且合於堯之讓德，《易》之謙謙受益。惟道家之放浪者，要絕棄禮樂與仁義，獨任淸虛以爲治，則非班固所贊成。

(3)陰陽家——陰陽家「敬順昊天，歷象日月星辰，敬授民時，此其所長。及拘者爲之，則牽於禁忌，泥於小數，舍人事，而任鬼神。」班固認爲陰陽家的長處，是順應天時，據日月星辰之理，以訂曆書，使人民依以行農事，便生活。但其缺失，則在於禁忌太多，致人多所牽憚，怯於作爲，舍棄人事，而崇信鬼神。

(4)法家——法家「信賞必罰，以輔禮制。《易》曰：先王以明賞飭法，此其所長也。及刻者爲之，則無教化，去仁愛，專任刑法，而欲以致治；至於殘害至親，傷恩薄厚。」班固以爲法家的長處，在於信賞必罰，以輔禮制，合乎《易經》所謂明賞罰，整飭法治。而其短處，則在於苛刻嚴峻，以至於無教化，去仁愛，專恃刑法以治國，甚至於以薄爲厚，不講恩義，殘害至親。

(5)墨家——墨家「貴儉，養三老五更，是以兼愛；選士大射，是以上賢；宗祀嚴父，是以尙鬼；順四時而行，是以非命；以孝視天下是以尙同，是其所長也。及蔽者爲之，見儉之利，因以非禮；推兼愛之意，而不知別親疏。」班固指出墨家的長處，在於崇尙節儉，推行兼愛，奉養年老更事致仕者；重選士與大射之禮，主張選賢任能；祀嚴父，故明鬼；順四時而行事，自力更生，反對定命論；以孝視天下，要統一義利，乃有尙同之論。但其偏蔽之處，在於只知節用儉省，遂非厚葬久喪之禮，更主張廢棄禮樂；且愛無差等，不分親疏遠近。

(6)名家——班固曰：「古者名位不同，禮亦異數。孔子曰：必也正名乎！名不正，則言不順，言不順，則事不成。此其所長也。及警者爲之，則苟鉤鈲析亂而已。」名家在求名實相符，因實以定名，依名以責實，有似今之邏輯學；而班固比之於孔子的正名，似是而實非。至於以謷者，即訐發人之陰私者，以名偏失的名家，亦屬不適。所謂苟鉤鈲析亂，意義亦欠明確。

(7)縱橫家——班固曰：「孔子曰：誦《詩》三百，使於四方，不能專對，雖多亦奚以爲！又曰：使乎！使乎！言其當權事制宜，受命而不受辭，此其所長也。及邪人爲之，則尚詐諼，而棄其信。」孔子謂能誦《詩》三百篇，但出外爲使者使於四方，不能達於辭，成其事，誦詩雖多，亦無所用。達於辭，成其事，乃使者（外交家）的長處。但邪人而任使者，則以欺詐爲能事，不以背信義，食諾言爲羞恥；蓋指斥蘇秦、張儀之流。

(8)農家——農家「播百穀，勸耕桑，以足衣食。故八政，一曰食，二曰貨；孔子所重民食此其所長。及鄙者爲之，以爲無所事聖王，欲使君臣並耕，悖上下之序。」班固認爲農家重視農事，勤勞耕作，播百穀，植桑麻，亦耕亦織，足食足衣，以裕民生，是其所長。但偏鄙的農家，不識經濟上的分工，竟主張人民不必奉養君主，要君臣並耕而食，悖亂上下秩序，則是其缺失。

(9)雜家——雜家「兼儒墨，合名法，知國體之有此，見王治之無不貫，此其所長也。及盪者爲之，則漫羨而無所歸心。」治國之道，不止一端，儒、墨、名、法之言，皆有其可以爲爲治之資者。王者之治，於百家之道，無不貫綜而用之。這是雜家的長處。但若漫放者爲之，則散雜漫衍，而無歸心，則散錢滿地，而欠少繩索以貫串之。

4. 張金鑑所作的評估——著者就研究的心得及經驗的體察，願對先秦時代諸子百家的學派，略抒所見，以爲評估，學列於後：

⑴儒家——儒家學說具有以下的優點：㈠儒家是理性主義者，認爲人是理性動物，秉賦着善良合理的天性。要興禮樂，施教化，去明明德，率性修道，使人誠意、正心、修身、齊家，希聖希賢，俾能資以促成治國、平天下的大任，以止於至善。儒家的目的在藉教化，發揮人與生俱來的仁義禮智的德性，養成其完整人格，使成爲志於道、據於德、依於仁、游於藝的完人。這亦就是要完成和實現人的理性，以盡其性。能盡其性，則能盡人之性；能盡人之性，則能盡物之性；能盡物之性，則可以贊天地之化育。這種理性哲學具普遍性和永久性，「放之四海而皆準，百世以俟聖人而不惑」，歷久不渝，萬古長新。㈡儒家的職志以行仁爲本，仁者愛人，汎愛衆，而親仁，人饑己饑，人溺己溺，己欲達而達人，己欲立而立人，己所不欲，勿施於人，以不忍人之心行不忍人之政，修己以安人。仁的特性爲生。因仁字原本指植物的種籽，桃仁、杏仁等而言，仁籽的獨特性能是生。天地之大德曰生，萬物資生，生生不息之謂易。儒家學說是以仁爲本的民生哲學，是社會進化的重心，乃亘古不滅的眞理。㈢孔子爲政必先正名。正名就是要維持「君君、臣臣、父父、子子」的人倫關係。天下之達道五，所以行之者三，君臣也，父子也，夫婦也，昆弟也，朋友之交也。「五者天下之達道也。知、仁、勇三者，天下之達德也。」（《中庸》第二十章）孟子施敎，在敎以人倫，父子有親，夫婦有別，長幼有序，朋友有信。荀子以爲人之所以爲人者，在於人能群，而牛馬不能群。人何以能群，曰分。分何以能行，曰義。分以和之，義以一之。儒家思想在建立共存共榮的人群關係及和諧一致社會體制。這是人群生活和人類生存，至道極則，不可更易。

儒家學說雖善，然仍不免於以下的缺失：㈠儒家只看到人的理性面，但却忽略人的非理性面，如情與慾便是。人同時具有感情（emotion）和慾望（want or desire）。感情固然可以生愛，但感情衝動時亦能作出作奸犯科的罪行。人的慾壑難滿，有人爲了滿足其慾望，貪得無厭，損人利己。這些人，不是「道之以德，齊之以禮」可使之就範，過安分守己的生活。仁義道德失其效用，儒者對這些人，如何處置呢？所以自漢武帝獨尊儒術以來，歷代仍皆不能廢刑獄制度。信義行於君子，刑罰施於小人，即在西周，禮與刑並行不悖，相得益彰。儒者亦不免蔽於一偏。㈡儒家的講道德，說仁義都是規範性的（normative），即教人應如何（what it should be），而未切實的考察實際的情形是如何（what it is）。瞭解客觀情勢和病症後，才能提出對症下藥的方劑，而收藥到病除之效。儒家的主觀構想，多於客觀考察。不作病理檢查即開處方，不但無效，可能有害。㈢仁義與道德只能視之爲人類在求生圖存的進程中的一種生活規則，求生存才是目的。仁義與道德只是達到求生目的時的手段。誠所謂「信如君不君，臣不臣，父不父，子不子，雖有粟豈得而食諸？」不守仁義道德，雖有飯亦吃不成。但沒飯吃，要教人白白守仁義道德，亦是不可能的。《管子》牧民篇曰：「倉廩實，則知禮節；衣食足，則知榮辱。」不無道理。法家譏刺儒家，只講仁義道德，猶如畫餅充饑，如兒童之戲，以塵爲炊，不爲無因。孔子雖亦說，既庶矣，富之；足食、足兵、民信之。孟子雖亦要制民之產，五畝之宅，樹之以桑，人民不饑不寒；仰足以事父母，俯足以畜妻子。但這種論說，在其學說中佔的分量太少，比重太輕。儒家所重者在君子憂道不憂貧；士志於道，而恥惡衣惡食者，未足與議也；回也，在陋巷，一簞食，一瓢飲，人不堪其憂，回也不改其樂。人不可只過安貧樂道的道德生活，更要過豐衣美食的富裕生活。㈣儒家的學說對維持安定，促進人群和諧及使人向善修好，皆有重大的貢獻，功效至爲偉大。但對於促進社會進步，推動經濟發展及提高人民的物質生活水準，均嫌力量不足。

(2)道家——道家要超脫惡劣的社會環境，而歸依於自然狀態的原始社會，過無法律、無政府、無干涉的自由平等生活，掬水而飲，拾菓而食，自給自足，無憂無慮；淡泊名利，摒棄富貴，不忮不求，純樸天眞，渾然忘我。這種學說是匹夫獨善其身的修持，以之修身養性，大有幫助；人皆能有如此的修養，亦足以杜禍亂之源，維持社會的安寧與個人的快樂，實不失爲安心養性的至道，値得稱許。

道家學說有以下的缺失：㈠時光不會倒流。歷史齒輪，永遠向前進展，水已東流，那能更西流。人類的社會由野蠻進入文明，乃是求生圖存的必然途徑；今欲返樸歸眞，依於自然，乃是由文明退回野蠻，違犯社會進化的原則。㈡離群不能生存。人是合群動物，離群索居，必歸於死亡。合群才能生，團結就是力量。道家的個人主義的自由社會，猶如《魯賓遜漂流記》中的孤島，只是夢幻境界，不是眞實事實。㈢制作都有效益。人類在求生存的進程中，爲要解決困難，改進生活乃運用智力、體力與群力而有不斷的制作、創造與發明。一切的文物、器用、知識、典章、制度等，對人生幸福，社會利益，皆有裨益，竟欲盡摒棄之，無異去利而就害。道家只見制作的缺失，而不知其效益，是蔽於一偏之見。㈣無爲焉能有成。天地萬物賴人力以成之，方能有助於人的生活。所謂「爲者常成，行者常至。」而道家却主張無爲，是要人永遠滯留在原始社會，過野蠻生活。無爲是懶惰哲學，使人日趨頹廢與墮落。

(3)墨家——墨家學說的優劣得失，可作以下的評估：㈠兼愛交利，眞知灼見。墨子認爲天下之亂，起於自愛而不愛人；只圖自私自利，而不知相互之利，於是損人利己，愛己害人，以致爭亂生，戰鬪起，民無寧日，天下大亂。止亂息爭之道，在於兼相愛，交相利，一針見血，眞知灼見，頗具永久價值。㈡反戰非攻，仁者之心。墨子生當亂世，親覩殺人盈城盈野的慘禍；無論戰勝戰敗，雙方所遭受的生命財產損失皆不可勝計。墨子本救世濟衆，悲天憫人之心，乃大聲疾呼，反戰非攻，其志可嘉，其心可敬。㈢天子一天下之義，似欠民主。墨子認爲天下之亂，起於思想混亂，卽一人一義，十人十義，各是己之義，而非人之義。要息爭亂，在於建立共識，統一思想。墨子所謂一天下之義者，乃是一同於天子之義；天子所是者是之，天子所非者非之；與今日以民意爲依歸的民主思想，大相逕庭。㈣墨子著尚賢篇，主張重用賢才，使治國家，這和儒家的德治政治，無大區異。人才主義的思想與理論，十分正當與正確；但未提出培育人才及選拔的方法與途徑，乃是美中不足。㈤薄葬短喪，尚可商榷。墨子是實用主義，尚節用，反浪費；對儒家的厚葬久喪，大加反對，認爲是勞民、傷財、害事。其實，儒、墨兩家的主張皆失之執一不合權變之道。葬之厚薄，喪之短長，應視兩種情形爲轉移，不可執一不變。一是視子孫的經濟擔負能力爲轉移；富者厚葬無礙，貧者薄葬亦可。二是視子孫是否心安爲轉移；薄葬心安，則薄葬；必厚葬始心安，則厚葬。㈥非樂之論，並不正確。墨子認爲演奏音樂，廢業失時，損耗金錢，流於怠惰，違犯實用與節用的原則，故反對音樂。殊不知音樂亦有不少效用，不必非樂。音樂可以消解疲勞，恢復體力；可以陶冶性情，消弭暴戾之氣；欣賞音樂是一種享受和快樂。㈦墨子認爲宿命論，使人意志消沉，趨於怠惰，不求上進，因倡非命說，鼓勵人民力求上進，積極努力，用意至佳，值得贊揚。在兩千多年前，墨子就已提出人定勝天及自己的命運掌握在自己的手中，眞不愧是先知先覺的哲人。

(4)法家——法家學說以集勢、任法、因術爲主旨。㈠集勢以勝衆是以力服人的覇道，非爲治的上上策；然對秉性不良，作奸犯科，與暴作亂者，難以理服，只得以力制之。㈡任法以齊民，因法是爲政治事的標準，定分止爭的工具，齊民使衆的方法，與功制暴的手段，善爲運用，足收統治之效。㈢因術以御下，旨在杜邪防弊，使臣下效力盡忠，不殞不越，亦是治人者不可缺少的一種治術。

法家學說應加批評的，有下列四點：㈠以法爲治的法治，誠優於以意爲治的人治。但法治之法，應以理性爲基礎，民意爲依歸，利民爲目的。而法家所謂之法，乃君主一人的意志，以鞏固君權，控制人民爲目的，乃是君主專制，並非人民自治。㈡人有善有惡，行仁義以揚善，重刑罰以制惡。二者並行不悖，乃爲治的正道。而法家則要盡棄仁義，專恃刑罰，知其一，不知其二，其道左矣。㈢法家重權勢，行霸道，以力服人，人心不服，必起反抗。以力制人，人亦以力抗之，力以相爭，戰亂以起。㈣統治者憑權勢，藉心術控制人民，而謀求一人的利益，必結民怨失民心；則欲以鞏固權位者，權位反而趨於危險。

⑸陰陽家——《易》曰：「一陰一陽之謂道」，《老子》曰：「萬物負陰而抱陽」，堯典曰：「乃命羲和，欽若昊天，曆象日月星辰，敬授人時」，皆有關於陰陽的起源。陰陽家優長有用之處有三：㈠陰陽家研究天地運行，四時變遷，晝夜寒炎，氣象節日，歲月曆律，可以指示人民適時勤耕種，植桑麻，而得到春耕、夏耘、秋收、冬藏的效益，足衣食增生產；適應寒暑，依時作息，避災害，減損失。㈡陰陽家把陰陽消息與天人感應相結合，指出作善降之百祥，作不善降之百殃。蓋謂上天能干預人事，人的行爲亦能感應上天；自然界的祥瑞和災異乃是上天表示對人的行爲善惡所作的獎勵與懲罰。漢儒董仲舒對賢良策，對此理言之甚詳切。漢制災異策免三公，乃是天人感應說的實際應用。這種說法對君臣

上下和人民的行爲具有警惕作用，可以勸戒衆人，諸善奉行，衆惡莫作。㈢《尙書》洪範篇首言五行休咎。五行者金、木、水、火、土，乃宇宙萬物構成的基本元素。陰陽家宗之，進而研究五行生尅，配合宇宙變化之理。五行亦指五種行爲與性質，即順陰陽天地自然之理行事，順之則休，逆之則咎。其意蓋在於徵人事得失，並非用以推測禍福，預爲避趨。五行變化之理，所以示人審愼行事，期作最佳的抉擇，便能成事，用意亦至善。

陰陽家的學說以後則流衍出以下的弊端：㈠使人多所忌諱，受到拘束，而生畏懼禍害怯懦心理，遇事躊躇不前，遏抑勇往進取的積極精神，削弱社會進步的推動動力。㈡陰陽消息、天體運行、四時變化、天文曆象、五行生尅等不僅是深奧的哲理，且亦具若干的科學精神，確有存在的需要與價値，但流衍所趨，到了後世，竟流入迷信之途，如卜筮、星占、六壬、遁甲、堪輿、乩童、巫婆、陰陽生等均陰陽學說的支衍，非徒無益，實多弊害。

⑹名家——辯論名實問題，提出正名爲儒、墨、法三家所共重。孔子爲政，必先正名，因爲「名不正，則言不順；言不順，則事不成；事不成，則禮樂不興。」（《論語》子路篇）荀子主張正名，在防止名、實混亂，是非不明。他說：「今聖王沒，名守慢，奇辭起，名實亂，是非之形不明。」（《荀子》正名篇）韓非認爲君主統御臣下的要術，在綜名以核實，因任而督責，信其賞，必其罰，士無幸實，賞無踰行。墨子認爲名辯之學，在於「明是非之分，審治亂之紀，辨同異之處，察名實之理，處利害，決嫌疑。」（《墨子》小取篇）

惟諸子九流所指的名家與名學，乃專就惠施的「卵有毛」、「鷄三足」，公孫龍的「白馬非馬」、

「堅白異同」等說而言之。其術在辨名推理，一曰辯學，西人名之爲邏輯學（logic），普通稱之曰論理學，乃是以思想爲研究對象的科學（science）。一是研究思想本質的原理與標準，使人的思想和知識達於正確無誤的程度，卽使思想和知識無任何錯誤。二是思想表達方法的研究，卽思維術，亦就是推理方法，如博學、審問、愼思、明辨的思想歷程。孔子所說的毋意、毋必、毋固、毋我；荀子所說的無所私、無所蔽，培根所說的打破偶像，都是良好的思維術，可以藉此謀求思想的正確、知識的無誤。亞里斯多德的三段論法（大前提、小前提和結論）、因明學的三支法（宗、因、喩）都是演繹的思維術；較此更爲進步的思維術則有歸納法和科學方法。近世更有形式論理學和實驗論理學。前者不問思想內容如何，只要合乎程式，便認爲正確。後者在指示人應如何進行思考與推理，明辨是非，尋求眞理，由假設而求證試驗、分析、比較而後作結論，使思想與知識正確無誤。名家的學說足以發揮論理學的功用，在學術上具有很高的價值。

名家學說的流弊，計有以下三點：㈠墨子所論名守慢，奇辭起，便是名家的弊端。名家設辭立論，多失之玄奧，晦隱難明，使人難以瞭解，且易引起疑惑及思想混亂。如白馬非馬，天與地卑，山與澤平等命題便是。爲學施敎，貴在使人易知、易懂、易解、易行，方能收到良好效果。今設辭深奧難解，晦暗不明，反失卻爲學施敎的意義，自非得策。㈡辨名推理的目的在謀求思想與知識的正確；然而名家每只從文辭上的正確及程式上的符合，幾流爲文字遊戲，語意詮釋，反與實際事物及思想內容不甚符合，無異買櫝還珠。㈢名學的目的，在謀求思想及知識的正確及建立辨識事物的標準與法則，以一天下之義，使人信服；奈因設奇辭，立玄語，以致引起疑惑，爭辯紛起，實有悖名學的主旨。

⑺縱橫家——縱橫家旣乏思想體系，又無理論基礎，自學術觀點言，實不足以與儒、道、墨、法、名、陰陽並列爲一家。但他們洞察國際形勢，深悉地理環境並瞭解各國政治情況，及高層人事關係，乃憑三寸不爛之舌，游說諸侯，逞巧辯，運機智，迎合君侯心理，適應各國需要，曉以利害，動以感情，激以憤慨，譽以美名，遂能說服對方，納其計謀，游說者因以達成其預期的目的，造成時勢，博致富貴，實有大過人之處。蘇秦受到妻嫂之卑視，張儀被疑爲盜竊，皆貧鄙之士，然能自立自强，奮發向上，刻苦努力，專心向學，悉力進修，卒成爲智高識廣，學驗俱富，超群出衆的人傑，躍登政治舞臺，以布衣貴爲卿相，縱橫捭闔，翻雲覆雨，叱咤風雲，在國際政治上扮演突出的要角，誠曠代卓絕的英豪。

孔子、孟子、墨子存濟世救民之心，抱撥亂返治之志，遊說諸侯，大公無私，直道而行，講道德，說仁義，崇博愛，尙互利，不顧個人利害，堅守立場，不羅義以求仕，所至皆不合，乃退而教授生徒，著書立說，誠大聖賢之胸懷，政治家之風度。生前雖未顯貴，却贏得身後千秋萬世美名。而縱橫家則反是，遊說諸侯，志在于求富貴，自私自利，不恤民艱，支持戰爭，玩謀術，逞機心，施計巧，生前倖致卿相，顯赫一時，然卑鄙小人，無恥政客的惡名，永不能洗刷。縱橫家行事，不講信義，不守諾言，只講目的，不擇手段，無計不施，無詐不行，行賄賂，造謠言，施間諜，用反間，獻女色，阿權貴，手段卑鄙，行爲骯髒，斯文掃地，雖位居顯要，實爲世人所不齒。

⑻農家——農業生產爲生活資需所由來，乃維生及立國的根本。經濟發展由漁獵歷畜牧而至於農業。農業生產是人類文化已達於高級的境地。姬發能以興周滅殷，乃因其挾持農業經濟的優勢，而凌駕

乎殷朝畜牧經濟之上。農業是經濟發展的基礎，卽使在高度工商業發達的國家，亦不能廢棄農業而不顧。農家者流，重視農業生產，深知維生及立國之本，可謂恰中肯綮的正論。人民必須致力農業生產，播百穀，植桑麻，努力耕作，勤事紡織，才能足衣足食，而無凍餒之虞。農家者流，有鑑於此，積極主張，重農事，勤耕織，誠屬顚撲不破的學說，至足贊許。

但許行、陳仲、陳相諸人，挾農家之言，而倡君民並耕之說，大昧於經濟生產上的分工原理，實屬不當。人的先天秉賦萬有不齊，後天成就，各有不同。所以人皆有所長，亦各有所短，人皆用其長，卽可以補其所短，在分工合作，彼此互助的情形下，則人人皆能展其所長，而不屈於所短，而成爲全能的長才。或勞心，或勞力，或植桑麻，或播百穀，或養蠶，或織布，或縫衣，人若盡其所長，生產效率至爲高强。各人的生產成果，互爲交換，便可以滿足生活上的各種需要，而成其高級的生活享受。近代著名的經濟學家英人亞當斯密（Adam Smith）著《國富論》（*Wealth of Nations*）一書，書中以製造針爲實驗，證明多人分工以製針，較之一人單獨以製針，效果高達數十倍。一種製作尙須分工，多種製作，何可舍棄多人分工，而一人單獨製作。君主與群臣管理衆人之事，使人各得其所，各安其生，工作的艱難，費力之鉅大，遠超出從事耕種的農夫，不可視之爲不勞而獲者。勞心勞力，皆屬重要，各有貢獻。君民並耕而食，是不智之論，是退化之說。只有那草莽的野蠻人才不知分工的利益。「自耕而食，自織而食，鑿井而飮，灌田而食，帝力於我何有哉」的社會，乃是不可能的理想國或烏托邦（utopia），亦卽所謂「烏何有之鄕」。

(9) 雜家——事有優劣，理有反正，任何學說或理論都難達於盡善盡美的理想境界。雜家不固執一己之見，以虛懷若谷的態度，容納儒、道、墨、法諸家之言，滙集一起，成為複合性的學說，深符於「道並行而不悖，萬物並生而無害」的原則，實屬可取。學者多不能忘我，常存門戶之見，堅持己之是，而非人之是，每形成學派的對峙，而爭論不息。雜家能持開放態度，大量包容，胸襟宏大，亦屬可佩。

治國之道，不止一端，條條大道通羅馬，不可拘泥於一途。儒家重正名、施教化、講道德、說仁義，使人人向善，發展其固有理性，自屬治國之正道。但暴戾成性，作奸犯科，不守道德，不講仁義，不受教化者亦大有人在。對此不肖之徒，法家重法治、尚刑罰，亦不無需要。因信義行於君子，刑戮施於小人。道家的無為而治，清心寡欲，返樸歸眞，尚柔抑剛，反對一切制作，雖失之陳義過高，決難實行；然持之以修心養性，獨善其身，與世無爭，亦是從根杜絕亂源的一種方法。墨家深察禍亂之源，起於人自愛而不愛人，人自利而不利人，於是倡兼相愛，交相利之說以杜亂源，不失為眞知灼見。世無萬應靈丹；世有百病，自須用百藥以分治之，而收對症下藥，藥到病除的功效。雜家容存百家之說，亦猶百藥也，以之作對症下藥之用，亦可分治世之各種病症，不可視為無用。

惟雜家的缺失，在於博而寡約，雜而不純，貪多務廣，融化非易，欲百廢俱舉者，反陷於一事莫成。為學之道，在於既學且思。因學而不思則罔，思而不學則殆。雜家兼容並包，廣為蒐集各家之言，可謂學習甚勤，但未就諸家悉心研究，融會貫通，自成一家之言，實乃學而不思，其結果則是徒勞無功。至於憑空思索，不致力學習，必至危殆落空。雜家可謂勤學矣，但未之思也。雜家若能既學且思，則對學術上的貢獻將未可限量。

第四節　儒道墨法的共同思想

儒、道、墨、法四家學說的主旨，固然大有區異，各有其獨特的理論體系，但四家處於同一時代，面對相同政治問題與環境，故大異中亦有其小同。四家共同的政治思想計有四點：一曰統一的追求，二曰明君的期求，三曰戰爭的消弭，四曰人文的發揮。玆就此分別論述於後：

一、統一的追求——堯典曰：「克明俊德，以親九族；九族既睦，平章百姓；百姓昭明，協和萬邦。」《大學》曰：「致知在格物。物格而後知至，知至而後意誠，意誠而後心正，心正而後身修，身修而後家齊，家齊而後國治，國治而後天下平。」㉙《禮記》禮運篇曰：「大道之行，天下爲公。……是謂大同。」天下一統的大同觀念，在中國政治思想上佔重要地位。周室東遷，天子失統緒，諸侯紛爭，天下分裂，戰爭不息，人民憔悴於虐政，先秦諸子，目覩時艱，身歷戰亂，故皆追求政治上的統一，而謀致天下太平。

孔子著《春秋》，尊王攘夷，而亂臣賊子懼。尊王就是要周天子能重振綱紀，統約諸侯，以維持天下的統一。孔子曰：「天下有道，禮樂征伐自天子出，天下無道，禮樂征伐自諸侯出。」㉚《春秋》隱公元年「春王正月」，《公羊傳》曰：「何言乎王正月，大一統也。」齊襄王問天下惡乎定，孟子對曰：「定於一。」㉛就是指天下一統。不過孟子所追求的統一，和孔子的思想，尚不相同。孔子生當

㉙《大學》第一章，大學之道。
㉚《論語》季氏篇。
㉛《孟子》梁惠王上篇。

春秋之世，諸侯尚知「挾天子以令諸侯」，天子尚有重振綱紀的可能，故孔子所追求的統一，是天下一統於周天子。孟子生當戰國之世，陪臣執國命，政在大夫，周天子的振作已屬無望。孟子所希望的統一，是諸侯能行王政以一天下。當時魏齊最强，故告魏(梁)惠王曰：「百里而王，仁者無敵於天下」；告齊宣王曰：「保民而王，莫之能禦。」荀子曰：「權出一者强，權出二者弱。」㉜又曰：「隆一而治，二而亂，自古及今，未有二隆爭重而能長久者。」㉝足見荀子亦以統一爲政治理想。

道家崇尚自然，無爲而治。道家所追求的理想社會是自然而然不經任何人爲而出現渾一的自然狀態。故老子曰：「昔之得一者，天得一以淸，地得一以寧，神得一以靈，谷得一以盈，萬物得一以生，侯王得一以爲天下貞。」㉞足見所希望者乃是侯王歸一，使天下統一而貞固。老子曰：「道生一，一生二，二生三，三生萬物。」㉟老子以道爲宇宙萬物的本體。道的本性是渾然一體的一。道家要人無知無欲，返樸歸眞，就是回歸於原始的渾然一體的道。

墨子認爲天下之亂，起於思想的不統一。他說：「古者民始生，未有刑政之時。蓋其語人異義，是以一人則一義，二人則二義，十人則十義。其人玆衆，其所謂義者亦滋衆。是以人是其義，以非人之義，故交相非也。……天下之亂，若禽獸然。夫明乎天下之所以亂者，生於無政長。是故選天下之賢

㉜《荀子》議兵篇。
㉝《荀子》致仕篇。
㉞《老子》第三九章。
㉟《老子》第四二章。

者，立以爲天子。」[36]天子立，「天子唯能壹同天下之義，是以天下治矣。」[37]墨子所謂義猶如荀子所謂之禮，法家之法，都是統一天下的工具。因「義者正也。」[38]

儒家以「仁」以一天下；道家以「道」以一天下；墨家以「義」以一天下；法家以「法」以一天下。因爲「法者所以一民使天下也」[39]，「法者天下之儀也，所以決疑而一是非也。」[40]愼到曰：「法雖不善，猶愈於無法，所以一人心也。」[40]申不害曰：「君必明法正義，若懸權衡，以稱輕重，所以一群臣也」。管子對天下一統的要求，强調曰：「使天下兩天子，天下不可理也。一國而兩君，一國不可理也。一家而兩父，一家不可理也。」[41]戰國之世，天下分崩離析，周天子名存實亡，所以先秦諸子都希望有德者或有力者，起而撥亂反治，統一天下。

二、明君的期望——先秦諸子雖多有「民爲邦本」的民本思想；但無民主思想，使人民參與國政，自行制訂法律與政策以治國；更未發明選舉制度，以選票替代槍彈（ballot instead of bullet），依「多數統治」（majority rule）以維持國家統一。他們維持天下一統的有效方法，在於有一聖王以王

---

[36]《墨子》尙同篇上。
[37]同上。
[38]《墨子》天志篇下。
[39]《管子》任法篇。
[40]《管子》禁藏篇。
[40]《愼子》威德篇。
[41]《管子》覇言篇。

道統一天下或一霸主以强勢統一天下。他們雖皆期求明君的出現；但儒、道、墨、法四家所期求的明君，無論在性質上、條件上各有不同。

儒家所期求的明君是格物、致知、誠意、正心、修身、齊家的完人才能以治國平天下。孔子「祖述堯舜，憲章文武」的聖王行王道，施仁政以德化民。他稱堯曰：「唯天爲大，唯堯則之，蕩蕩乎民無能名焉。」㊷其稱舜則曰：「無爲而治者，其舜也與。夫何爲哉，恭己正南面而已矣。」㊸孔子曰：「舜其大知也與！舜好問而好察邇言，隱惡而揚善，執其兩端，用其中於民。」㊹孔子曰：「文武之政布在方策，其人存則其政擧，其人亡，則其政息。」㊺這是孔子希望有明君出，能以行文武之政。

孟子所期求的明君乃是以「不忍人之心，行不忍人之政」、「不嗜殺人者」的仁人。梁襄王問曰：「天下惡乎定？」孟子對曰：「定於一。」王曰：「孰能一之？」對曰：「不嗜殺人者能一之」㊻孟子心目中的明君，是行仁政的王者。他曰：「行仁政而王，莫之能禦也。」㊼孟子又曰：「以德行仁者王，王不待大，湯以七十里，文王以百里。」㊽齊宣王問：「王政可得聞與？」孟子擧文王治岐之政績以對㊾。

㊷《論語》泰伯篇。
㊸《論語》衛靈公篇。
㊹《中庸》第六章。
㊺《中庸》第二〇章。
㊻《孟子》梁惠王上篇。
㊼《孟子》公孫丑上篇。
㊽《孟子》公孫丑上篇。
㊾《孟子》梁惠王下篇。

孟子勸梁惠王施仁政於民，「仁者無敵。」㊿仁君要能誅暴救民，故孟子稱贊文王、武王一怒而安天下之，並推崇湯放桀，武王伐紂。孟子曰：「諸侯有行文王之政者，七年之內，必爲政於天下。」[51]又曰：「堯、舜之道，不以仁政，不能平治天下。」[52]從這些記載，足見所期求的明君是以仁心行仁政者的王者，成湯、文王、武王便是。

老子所期求的明君，是無爲而治，垂躬而天下平的至德眞人，不擾民，無制作，去知去欲，無仁無義，使天下趨於和平、自由、安靜的自然狀態。他說：「治國若烹小鮮（小魚，烹小魚不可翻動），以道（自然）蒞天下，其鬼不神（鬼不神，言鬼不靈，不能作祟）；非其鬼不神，其神亦不傷人（鬼神皆不傷人）；非其神不傷神，聖人（明君）亦不傷人。夫兩不相傷，故德交歸矣。」[53]兩不相傷，指鬼、神、聖人皆不傷人民。如此，則人人各得（德）其所，天下無事，共享昇平之樂。

墨子所期求的明君是能以賢德君子爲師表受其敎化並肯舉用天下以行仁義著聲名的人才，以治天下，建立蓋世的功名；且舉出舜、禹、湯、武四位王者爲榜樣。他說：「舜染於許由、伯陽，禹染於皐陶、伯益，湯染於伊尹、仲虺，武王染於太公、周公，此四王者，所染當，故王天下，立爲天子，功名蓋天地，擧天下之仁義顯人，必稱此四王者。」[54]孔子所期求的明君，是堯、舜、文、武；孟子所期求

㊿《孟子》梁惠王上篇。
[51]《孟子》離婁上篇。
[52]同上。
[53]《老子》第六〇章。
[54]《墨子》所染篇。

的明君，是成湯、文王、武王；而墨子何以獨加禹王？因墨子是苦行救世主義者，摩頂放踵而利天下爲之。禹平治水土，歷盡艱難辛苦，三過家門而不入，亦是苦行救世者，故墨子效法之，推許之。

《墨子》尙同上篇稱：「天子之所是，皆是之；天子之所非，皆非之。」這樣，那天子豈不成爲專制君主麼？不然。墨子曰：「天下之百姓，皆上同於天子，而不上同於天，則災猶未去也」[55]。這是說君民若不上同於天，仍不能除去災害。墨子認爲天子爲治，應以天爲法度。他說：「天之行廣而無私，其施厚而不德，其明久而不衰，故聖王法之。旣以天爲法，動作有爲，必度於天，天之所欲則爲之，天所不欲則止。」[56]民所欲者天欲之，這天子間接受民意控制，不致流於專制。

法家所期求的明君，與儒、道、墨三家者，大異其旨趣。後者所期求的是以德行仁者的王道聖君。法家生當戰國之世，深知周天子已是扶不起的「阿斗」，聖王無望；其所期求者是以力假人者的霸主；掌權勢統治人民，用心術控制臣下，以武力統一天下。管子曰：「凡人君之所以爲君者，勢也。」[57]又曰：「人主之所以制臣下者，威勢也。」[58]又曰：「臣下不敢欺主者，非愛主也，以畏主之威勢也。百民之爭用，非以愛主也，以畏君之法令也。」[59]商君曰：「權者，君之所獨制也。」[60]又曰：「獨斷於

[55] 《墨子》尙同上篇。
[56] 《墨子》法儀篇。
[57] 《管子》法法篇。
[58] 《管子》明法篇。
[59] 同上。
[60] 《商君書》修權篇。

君則威。」[61]由此觀之，法家所期求的明君，是掌握有絕對的優勢力量及獨斷的權力，能以有效控制人民，使之不敢反抗的專制統治者。

三、戰爭的消弭——先秦諸子生當戰亂之世，干戈相尋，兵連禍結，親歷「爭城以戰，殺人盈城；爭地以戰，殺人盈野」的慘狀，生命財產的損失，不可估計；所以他們多持反戰非攻的思想，主張消弭戰爭。衞靈公問陣（兵陣）於孔子，孔子對曰：「俎豆之事，則嘗聞之矣，軍旅之事，未之學也。」明日遂行[62]。孔子習禮，而厭軍旅，從靈公之問，知其好戰，遂立卽離去。季康子問政於孔子曰：「如殺無道，以就有道，何如？」孔子對曰：「子爲政，焉用殺？」[63]孔子惡殺，自然要消弭大殺的戰爭。

孟子反戰惡殺，一如孔子。孟子答梁襄王：「孰能一之？」曰：「不嗜殺人者能一之。」[64]惡殺，當然反戰。他又說：「仲尼之徒，無道桓、文之事。」[65]因齊桓公、晉文公皆是以兵力，經戰爭而成霸主，孟子以自己是仲尼之徒，故不屑稱道「以力假仁」的好戰者。孟子一則曰：「善戰者，服上刑。」[66]再則曰：「我善爲陣，我善爲戰，大罪也。」[67]足見孟子反戰的思想，至爲明顯；反戰態度，十分强

---

[61] 同上。
[62]《論語》衞靈公篇。
[63]《論語》顏淵篇。
[64]《孟子》梁惠王上篇。
[65]《孟子》同上。
[66]《孟子》離婁上篇。
[67]《孟子》盡心下篇。

烈。

道家崇尚自然與自由，乃是無政府主義者，反對任何的強制性的干擾，重柔弱，惡剛強，所以反對逞強施暴的戰爭。老子曰：「以道佐人主者，不以兵強天下。其事好還（用兵遭報復）。師之所處，荊棘生焉。」❻❽軍隊所到的地方，耕植廢弛，遍地荒蕪，荊棘叢生。他又說：「夫佳兵者不祥之器，物或惡之，故有道者不處。」❻❾精佳兵器是不祥之物，人皆惡之，所以有道者不使用兵器。老子又說：「強梁者不得其死」❼⓿；「堅強者，死之徒。」❼❶老子的這些立論，充分表現要消弭戰爭及反對暴力的嚴正思想。

墨子是實利主義者，主張兼相愛，交相利，認爲戰爭不但沒有任何實用價值，而且造成慘重的災害，戰爭殺人衆，損失多，廢耕植，土地荒蕪，使人民陷於饑寒交迫中，慘無人道；大大違犯兼相愛，交相利的宗旨。他並指出天之所欲者，是要人民兼相愛，交相利，今竟相互侵殺，亦大違天意。他認爲戰爭的結果，無論勝者敗者，均蒙受慘重損失，一無是處。墨子在其著作中，有非攻論上、中、下三篇詳論戰爭之害，力申非攻之理，乃是一強烈的反戰主義者。

法家的政治思想與儒、道、墨三家者，大不相同。儒、道、墨均主張「反戰愛民」，而法家獨主張

---

❻❽《老子》第三〇章。
❻❾《老子》第三一章。
❼⓿《老子》第四二章。
❼❶《老子》第七六章。

「尚戰勇民」。商鞅相秦變法，令民爲什伍，而相收司連坐，行之十年，家給戶足，山無盜賊，民勇於公戰，怯於私鬥。商鞅曰：「民勇者戰勝，民不勇者戰敗；能壹民於戰者民勇，不能壹民於戰者，民不勇。聖王見王之致於兵也，故舉國而責之於兵。」⑫這尚戰勇民的政策，在於强兵。兵强使敵人不敢侵略本國，且可制服外國。故韓非曰：「力多則人朝，力寡則朝於人。」⑬法家的尚戰，在於以戰止戰；亦猶其重刑然，重刑期於無刑，刑是手段，並非目的。尚戰期以止亂，戰是手段，並非目的。從這一角度觀之，法家的目的仍在於止戰，最後達於「令行於天下」。商鞅曰：「所謂壹賞者，利祿官爵，專出於兵，無有異施者也。夫固知、愚、貴、賤、勇、怯、賢、不肖者皆盡胸臆之知，竭其股肱之力，出死而爲上用也。天下豪傑賢良，從之如流水。是故兵無敵，而令行於天下。」⑭

四、人文的發揮——在漁獵時代的原始社會中，人是自然的奴隸，受自然力的控制。在畜牧時代，天時影響於生活者，至深且切，而形成神權政治，人成爲天神的奴隸，受天神的控制。西周封建社會，行宗法之治，受宗法勢力支配，人成了宗法的奴隸，受宗法控制。到了先秦時代(春秋戰國之世)，人文思想勃然興起，人有了「自我的醒覺」，要從宗法的束縛中解放出來，重視人的價值與尊嚴，人要自己努力，自我成就，人的命運掌握在自己的手中；自己的吉凶禍福是由自己的行爲所決定。先秦諸子都明顯的表現出，他們多信持這人文思想，並加以發揮。

---

⑫《商君書》國策篇。
⑬《韓非子》顯學篇。
⑭《商君書》賞罰篇。

子路問鬼神，子曰：「未能事人，焉能事鬼!?」曰：「敢問死。」子曰：「未知生，焉知死。」[75]可見孔子所注重的是人生問題，並非鬼神與死亡問題。故孔教是「人生哲學」，不是「宗教」。孔子最重視人自己的努力與學習。他說：「人能弘道，非道弘人。」[76]道要人去弘揚發揮；道不能自己去幫助人；換言之，道路是自己走出來的。孔子曰：「性相近也，習相遠也。」[77]這是說，人的先天秉性，皆是相近似的，由於各人的努力與學習情形大小不同，其成就便相去很遠了。孔子教人：「不怨天，不尤人，下學而上達。」[78]人的成就全靠自己，不必怨天，不要尤人。孔子一生以行仁爲本。孔子之道一以貫之；忠恕而已[79]。盡己之謂忠，所以成己。恕不傷人，所以成人。成己智也，成人仁也。孔子曰：「夫仁者，己欲立而立人，己欲達而達人。」[80]曾子亦曰：「士不可以不弘毅，任重而道遠，仁以爲己任，不亦重乎！死而後已，不亦遠乎！」[81]孔子爲政必先正名[82]。正名在達到君君、臣臣、父父、子子的境地，就是要人各盡其爲人之道，君則敬，臣則忠，父則慈，子則孝，兄則友，弟則恭，夫婦有別，長幼有序，朋友有信的完人。聖人者，人倫之至也。孔子本「有教無類」之旨，教其弟子能盡己行仁，

---

[75]《論語》先進篇。
[76]《論語》衞靈公篇。
[77]《論語》陽貨篇。
[78]《論語》憲問篇。
[79]《論語》里仁篇。
[80]《論語》雍也篇。
[81]《論語》泰伯篇。
[82]《論語》子路篇。

「入則孝，出則弟，謹而信，汎愛衆，而親仁。行有餘力，則以學文。」83觀於這些記載，孔子對人文思想實有重大的發揮與貢獻。

孟子言人性善，認爲人皆有惻隱之心、羞惡之心、恭敬之心、是非之心；此四心者，乃仁、義、禮、智之端84。人若能修持這四種善心，卽可成就仁義禮智四種美德。所以他說：「人皆可以爲堯舜。」85孟子復贊同成覸所謂「彼，丈夫也；我，丈夫也。吾何畏彼哉？」顏淵所謂「舜何人也？予何人也？有爲者亦若是。」86孟子對個人的重要性和人格價值的尊重與信任，是如此的堅定。他認爲只要人肯作自我的努力，就會有一定的成就。他說：「有天爵者，有人爵者。仁義忠信，樂善不倦，此天爵也；公卿大夫，此人爵也。古之人，修其天爵，而人爵從之。」87孟子鼓勵士子，要自尊自重，修己以安人，窮不失義，達不離道。「得志，澤加於民；不得志，修身見於世。窮則獨善其身，達則兼善天下。」88孟子承受孔子，孔子一生以行仁爲本，孟子師之。他說：「人皆有所不忍，達之於其所忍，仁也；人皆有所不爲，達之於其所爲，義也。」89人更當本行仁之志，作「推恩」之事，老吾老以及人之

---

83 《論語》學而篇。
84 《孟子》告子上篇。
85 《孟子》告子下篇。
86 《孟子》滕文公上篇。
87 《孟子》告子上篇。
88 《孟子》盡心上篇。
89 《孟子》盡心下篇。

老，幼吾幼以及人之幼，刑於寡妻，至於兄弟，以御於家邦。推恩足以保四海，不推恩無以保妻子⑩。孟子對人以爲本的人文思想，有如此的重要發揮和創見。先秦時代，人文思想燦然可觀。

道家反對一切強制性的干擾，在外界要摒棄仁義禮樂，絕聖去智，反政府，反法律，反人爲制作；但道家仍尊重個人的人格價值，要個人清靜安適，去知去欲，過自由與自然的生活，存其德全其才，達於生活上、生命上自然、純樸、圓融的最高境界。生命的意義在順應自然，復其根，返其眞，以與天地並生，萬物爲一，如初生下的赤裸裸的嬰孩。老子曰：「聖人後其身而身先，外其身而身存。非以其無私耶？故能成其私。」⑪這是說：把自己的私欲私利，放其後邊，自身反得在先。把身外的功名富貴等都拋棄掉，自己生命反得保全。這是因爲無私才能成其身（私人的生命）。莊子認爲宇宙萬物的本源，皆出於道，道法自然，道就順乎自然。他所謂天人、神人、至人和聖人均不離於自然的道。他說：「不離於宗（道），謂之天人。不離於精，謂之神人。不離於眞，謂之至人。以天爲宗，以德爲本，以道爲門，兆於變化，謂之聖人。」⑫譯爲語體，就是不離開道的宗本者是天人。不離開道的精微者是神人。不背離道的眞實者是至人。那以自然爲宗主，以純德（自得其所的德）爲根本，以道體爲門戶，超出窮通死生的變化是聖人。足見道家是人以爲本，要人自我修持，去私寡欲，歸依於純樸無邪，圓融無礙的自然境界。這亦可視之爲自我覺醒的人文思想。

⑩《孟子》梁惠王上篇。
⑪《老子》第七章。
⑫《莊子》天下篇。

墨子認爲天下的亂源，起於人的自私自利。自愛而不愛人，自利而不利人，天下是以爭亂。因之，他教人推己之心以愛人，推利己之心以利人，倡兼相愛，交相利之說，以濟世止亂。他說：「若使天下兼相愛，國與國不相攻，家與家不相亂，盜賊無有，君臣父子皆能孝慈，若此則天下治。」[93]這是要人自行奮勉，擴充個人的小我，而成就社會的大我；人不可囿於一人的私利，應顧及社會的公利。墨子的政治思想頗具積極的意義，既要人擴私愛爲博愛，卑私利重公利，更反對宿命論，要人積極努力，自行創業興利，頗具振儒、破迷及怯怠的重大功用。他斥責宿命論者爲「不仁」[94]，爲「暴人之道」[95]。他若信有命論，人必流於怠惰，自暴自棄，廢業失時，而亂天下。他說：「若信有命而致行之，則必怠於聽獄治政矣，卿大夫必怠乎治官府矣，農夫必怠乎耕稼樹藝矣，婦人必怠乎紡績織紝矣，則我以爲天下必亂矣。」[96]他指出吉凶治亂皆由於人爲，非由於有命。他說：「此世不渝而民不改，上變政而民易教。其在湯武則治，其在桀紂則亂，安危治亂，在上之發政也，則豈謂有命哉。」這種尙人爲，反有命的奮發努力的積極精神，深符人文主義的思想。

孔孟認爲人是理性動物，人性善，故施教化，養其善性，使知理守分。法家認爲人生而「有欲」、「好利」，人性惡。欲則求，求則爭，爭求無度，自趨於亂，故採嚴刑峻法以止其亂。政治家治國，率

[93]《墨子》兼愛上篇。
[94]同上。
[95]同上。
[96]《墨子》非命下篇。

依其所信持的人性論爲爲治施政的基礎。管子曰：「夫凡人之情，見利莫能勿就；見害莫能勿避。」⑨⑦所以管仲爲政，首在順民心以利民，並適其欲，養其生，使之知榮辱，知禮節。他說：「政之所興，在順民心；政之所廢，在逆民心。」⑨⑧順之之道，莫如利之；逆之之烈，莫如害之。又說：「倉廩實則知禮節；衣食足則知榮辱。」人既趨利避害，故賞以爵祿，利以誘之，懲以刑罰，害使避之，民自效命盡忠，不能犯禁。他說：「明主之道，立民所欲，以求其功，故爲爵祿以勸之；立民所惡，以禁其邪，故爲刑罰以畏之。」⑨⑨商鞅與韓非皆認爲人是趨利避害的動物，故主張人君握賞罰二柄，以制臣民。商鞅曰：「是以明君之使其臣也，用必出於其勞，賞必加其功。功賞明則民競於功。爲國而能使其民盡力以競於功，則兵必强矣。」⑩⓪韓非認爲人君的大欲在「成霸業」，人臣的大欲在「致富貴」，人民的大欲在「止爭亂」。他說：「好利惡害，夫人之所有也。賞厚而信，人輕敵矣。刑重而必，人不比矣。」⑩①不比是不朋比爲奸。適應人的好利惡害的天性，人主運刑、德（賞）二柄，使人趨利以興功，避害不犯禁，則可成霸業，致富貴，止爭亂。他說：「人主之所導制臣下者，二柄而已矣。二柄刑德（賞）也。殺戮之謂刑，慶賞之謂德。爲臣民者畏誅罰而利慶賞，故人主必須自操刑德二柄。」⑩②順應人性以

---

⑨⑦《管子》禁藏篇。
⑨⑧《管子》牧民篇。
⑨⑨《管子》明法篇。
⑩⓪《商君書》錯法篇。
⑩①《韓非子》六反篇。
⑩②《韓非子》二柄篇。

為治，適欲求，輿以利，畏以害，亦人文思想的運用。

第五節　其他學派的思想要旨

一、名家的思想要旨——名家所習者為名學。名學為辨析名理之學，在研究如何使事物的名實相符，謀求知識與認識的正確，建立公認的是非善惡標準；其精義在「是非隨名實，賞罰隨是非」。名學在西洋曰邏輯學（Logic），在印度曰因名學，國父稱曰：理則學；今日流行的名稱為論理學。荀子、墨子的著作中，雖有不少文字，討論到名學，但名家的代表人物，則推惠施、公孫龍。

名學興於先秦時代，一度曾呈蓬勃聲勢，在九流十家中與儒、道、墨、法並稱當時的五大顯學。可惜名學繼起無人，未能流傳至今，實中國學術史上一大憾事。熊十力曰：「惠施巍然鉅子，其以天才之科學家，而精哲學，善言名理，誠曠代之孤雄，戰國時學人蓋罕能識之者，獨莊子與之為友。惠子猛於求知，篤於愛智，其學是向大自然裡，努力追求，並非不根於實測而徒為詭辯者。」[103]

《莊子》天下篇稱：「惠施多方，其書五車。」莊子引惠施歷物之意曰：「至大無外，謂之大一；至小無內，謂之小一。無厚，不可積也，其大千里。天與地卑，山與澤平，日方中方睨，物方生方死。」莊子並舉惠施所言之二十一事，以為名辯之例：(1)卵有毛，(2)雞三足，(3)郢有天下，(4)犬可以為羊，(5)馬有卵，(6)丁子有尾，(7)火不熱，(8)山出口，(9)輪不蹍地，(10)目不見，(11)指不至，至不絕，(12)龜長於

[103] 熊十力《原儒》上卷，頁二七。

蛇，⒀矩不方，規不可以爲圓，⒁鑿不圍枘，⒂飛鳥之影，未嘗動也，⒃鏃矢之疾，而有不行不止之時，⒄狗非犬，⒅黃馬驪牛三，⒆白狗黑，⒇孤駒未嘗有母，(21)一尺之棰，日取其半，萬世不竭。

公孫龍的名學其要者，有三：一曰白馬非馬。因：「馬者，所以命形也。白者，所以命色也。命色者非命形也。故曰：白馬非馬。」二曰堅白論。感官所接觸的事物，同時不能兼具。以石言之，視不得其所堅而得其所白。撫不得其所白而得其所堅。堅白不能同時攝，必須以認知機體（心識）貫聯之，始能並擧而不遺。「堅白不相盈」故爲離。《莊子》秋水篇曰：「公孫龍離堅白」。堅與白各爲獨立本體或屬性，二者乃分離的事物。三曰名實論。公孫龍曰：「至矣哉，古之明王，審其名實，愼其所謂。」（《公孫龍子》名實論）這和孔子的正名，墨子的「以名擧實」（《墨子》小取篇），莊子的「名者，實之賓也」（《莊子》逍遙遊）都有相同的意義。名實必相應，而後名之用顯。正名必先正實，正實始能定名。

二、陰陽家的思想要旨——陰陽家研究天時曆數及陰陽五行變化之理。其歷史淵源甚早。《尚書》堯典曰：「乃命羲和，欽若昊天，曆象日月星辰，敬授人時。」伏羲劃八卦，以一陰（--）一陽（—）爲起點。《易經》繫辭傳上曰：「一陰一陽之謂道」；說卦傳曰：「立天之道，曰陰曰陽；立地之道，曰柔曰剛。」陰陽家以齊人鄒衍（騶衍）爲宗師。他精研陰陽消息的消長與變化，著「大曆」二篇，爲陰陽家的權威著作，卽當時所謂「談天衍」。

鄒衍精陰陽哲學，具宏論雄辯之才，轟動四方，煊赫一時，到處受到各國諸侯的歡迎。《史記》卷七十四孟軻、荀卿列傳曰：「是以鄒子（衍）重於齊。適梁，梁惠王郊迎，執賓主之禮。適趙，平原君側行襒席。如燕昭王擁彗先驅，請列弟子之座而受業，築碣石宮，身親往師之，作主運（《鄒子書》有主運篇）。其游諸侯見重如此。豈與仲尼菜色陳蔡，孟軻困於齊梁同乎哉？」

鄒衍的思想要義有二：一曰陰陽論。二曰五行論。陰陽論的主旨是說：天地開闢，由於陰陽和合。因觀察宇宙萬物的變化而起陰陽觀念，認爲晝夜寒暑、日月星辰、四時運行，以及雌雄男女，皆係陰陽二氣的和合與變化而成。蓋亦卽《易經》繫辭傳所謂：「易有太極，是生兩儀，兩儀生四象，四象生八卦。」八卦是涵蓋宇宙萬物的自然現象。漢董仲舒著《春秋繁露》一書，對陰陽論更多所發揮，以道德釋陰陽，陽尊陰卑，陽爲善，陰爲惡。仁、愛、生爲陽，而陰則反之。

《尚書》洪範篇首言五行。五行者：金、木、水、火、土也。這是構成宇宙萬物五種元素。五行代表五種行爲和性質，故曰：水曰潤下，火曰炎上，木曰曲直，金曰從革，土爰稼穡。五行亦代表五種味道。潤下作鹹，炎上作苦，曲直作酸，從革作辛，稼穡作甘。宇宙萬物的變化，就是這五種物質或力量不停的循環運動。運動方向和性質有二：一是消極性，卽五行相尅；一是積極性的五行相生。就相尅言，水尅火，火尅金，金尅木，木尅土，土尅水。就相生言，水生木，木生火，火生土，土生金，金生水。

三、縱橫家的思想要旨——南北曰縱，東西曰橫。戰國時代縱橫家的名稱，乃是合縱與連橫的簡稱。合縱與連橫的解釋，有三說：一說：「以六國抗秦爲合縱；以秦制六國爲連橫。」另一說是：「聯六國以拒秦爲合縱；說六國以事秦爲連橫。」再一說是：「合衆弱以抗一强，謂之合縱；散合縱以事一强，謂之連橫。」對主其說者，率呼爲縱人或橫人。當時，蘇秦主合縱，張儀主連橫，爲東西對峙的兩大政治思想和外交政策。

縱橫家並無思想體系和理論基礎，祇不過憑藉其豐富的政治知識，運用其高度機智及能言善辯的技巧，游說諸侯，干求富貴，以遂私慾。他們游說諸侯，係以利害爲立論中心。利足以動諸侯的貪心和私慾，使之起而從其志；害足以使諸侯畏懼，引起其避禍害，趨利益的心願，因而聽其言。縱橫家游說諸侯，運用的技巧與策略，不外：悅之以譽、示之以誠、明之以勢、誘之以利、脅之以害，激之以言及力排異議❿❹。玆就此分別舉例以說明之：

⑴悅之以譽——蘇秦說齊湣王，盛誇齊之富强；並說：「夫以大王之賢，與齊之强，天下莫能當」，譽齊王之賢過於五霸之首的齊桓公❿❺。

⑵示之以誠——蘇秦欲借楚王之力完成合縱計畫，說楚威王，一再稱「效愚忠」，「爲大夫計」，使楚王爲之動容，而生相見恨晚之慨。

⑶明之以勢——蘇秦說趙肅侯，根據地理險要，合韓、魏等國之力，結攻守同盟，協力以禦秦，秦必不敢出兵伐趙。

⑷誘之以利——蘇秦說楚威王曰：「大王誠能用余之愚計，則韓、魏、齊、趙、燕、衞之妙音美人必充後宮；趙、代之橐駝良馬，必實外廐，故縱合則楚王。」

⑸脅之以害——蘇秦說韓宣惠王曰：「大王事秦，秦必求宜陽、成皐。今玆效之，明年又求割地。與之卽無地以給之；不與則棄前功，而更受其禍。」這是脅之以害，說其從合縱。

---

❿❹　陳新銓「蘇秦合縱策略之研究及評估」，見《政治評論》月刊，第二三卷，第一期，頁二六—二八。

❿❺　帛書《戰國策》，河洛出版社，民國六六年，頁四五。

(6)激之以言——蘇秦說韓宣惠王曰：「今大王西面而事秦，何以異於牛後乎？夫以大王之賢，挾强韓之兵，而有牛後之名，臣竊爲大王羞之！」韓王便忿然作色，攘臂按劍，仰天而太息，曰：「寡人雖不肖，必不能事秦。」

(7)力排異議——六國畏秦之强，多有說事秦之利者，諸侯無不疑慮徬徨。蘇秦力排異議，而陳合縱之利曰：「臣竊以天下地圖案之，諸侯之地，五倍於秦；料諸侯之卒，十倍於秦，六國並力爲一，西面而攻秦，秦必破矣。」

張儀主張連橫的主旨，一方面說秦王採遠交近攻的政策，對六國個別攻擊，以圖藉蠶食而達鯨吞的目的。一方面說六國西面以事秦，强調秦國的强大，以群羊鬥一虎，必不能勝爲理由，解散六國的合縱。蘇秦爲六國之利而合縱。張儀爲秦國之利而連橫。二人的目的雖相反，但所採用的游說技巧與策略，並無不同。二人皆是逞辯才，善說辭，以利害動諸侯之心，藉言辭悅諸侯之情；其動機全在博取個人的利祿，既無濟世救民的職志，亦無悲天憫人的善心。

四、農家的思想要旨——農家的思想，重在播百穀，勤耕織，自耕而食，自織而衣，足食足衣，自食其力，自力更生，反對君主與百官的不耕不織，錦衣美食，而謀求經濟上的平等。農家的代表的人物，爲許行、陳相、陳仲。其言行可於《孟子》滕文公上下篇窺見之。孟子曰：「有爲神農之言者許行」。自楚到滕，而見滕文曰：「遠方之人，聞君行仁政，願受一廛而爲氓」，即願爲滕國的百姓。文公與之處，許行徒衆十人，皆衣粗布之衣，編鞋織席以爲食。

有陳相者，見許行而大悅，盡棄所學而從之。陳相見孟子述許行之言曰：「滕君誠賢君也，雖然，未聞道也。賢者與民並耕而食，饔飧而治。今也，滕有倉廩府庫，是則厲民而以自餐也。惡得賢！」孟子駁許行「賢君與民並耕」之說為不合理，因他不知經濟上分工的效用。孟子曰：「許子何為紛紛然與百工交易？何許子之不憚煩？」孟子認為「百工之事，固不可耕且為也。」

陳仲是齊國的貴族，「身織屨，妻辟纑」。其兄戴，居高位，「食祿萬鍾」。陳仲「以兄之祿為不義之祿，而不食也。以兄之室為不義之室，而不居也。」仲母殺其兄之鵝而食之。兄告以乃自己的鵝。仲出而嘔吐之。孟子曰：「若仲子者，蚓而後充其操者也。」孟子認為陳仲的言行，並不能算廉正；除非他成為蚯蚓，才能說他的言行是眞正廉正的。

五、雜家的思想要旨——雜家係綜合儒、道、墨、法的思想而立滙合包容之說。雜家雖無自己的獨特創見，但雍容大度，兼顧並包，恢宏的學術研究精神，實有足多者。今日存見的雜家代表著作，只有《呂氏春秋》一種。這書是呂不韋門下客多人的集體著作，並非出於呂氏一人的手筆。其書賅博偉麗，彙儒墨之旨，合名法之言而成書，乃是一有意義的綜合性思想系統，不失為一傳世鉅著。

雜家的思想要義，《呂氏春秋》明言曰：「物固莫不有長，莫不有短。人亦然。故善學者，假人之長以補其短」；又曰：「老聃貴柔，孔子貴仁，墨翟貴廉，關尹貴清，子列子貴虛，陳駢（田駢）貴齊，楊朱貴己，孫臏貴勢，王廖貴先，兒良貴後。此十人者，皆天下之豪士也。」[106] 這書就是假長補短，折衷群言，滙合各家學說，以儒家為主體，採取各家的優點，去其短失，而成的雜家著作。

---

[106] 《呂氏春秋》卷五，愼勢篇。

第十一章　儒家孔子的政治思想

第一節　生平事略

一、**身世**——孔子是殷人微子之後❶。周武王滅殷，封紂王之子武庚於宋（河南商丘縣），武庚叛，被誅；仍以其地封微子，爵爲宋公，以奉湯祀。宋襄公生子何，字弗父，何讓弟厲公。何生子周，字宋父。周生勝，字世父。勝生正，字考父。考父生嘉，字孔父。微子姓子，至五世別爲公族，以賜地爲姓，始姓孔。嘉生子木，字金父。子木生睪夷，字祁父。睪夷生防叔，因畏華氏之逼而奔魯（山東曲阜縣）。防叔生伯夏。伯夏生紇，字叔梁。《史記》稱「紇與顏氏野合而生孔子。」《孔子家語》稱：叔梁紇娶魯之施氏，生九女。其妾生子孟皮，病足。紇乃從父命，求婚於顏氏徵在。云野合者，謂未依禮儀行婚禮。當時紇老顏少，非若男壯女初笄之隆重婚禮，禮屬粗俗故曰野合。《史記》卷四十七，孔子世家，正義作解釋曰：男六十四歲陽道絕，女子四十九陰道絕，凡過此時爲婚者，皆曰野合。

叔梁紇爲郰（一作陬）大夫，孔武有力，作戰忠勇，見稱於世。據傳叔梁紇婚顏女時已七十歲，顏氏初笄（十五歲）。顏氏以其夫年大，恐難生育，祈禱於尼山而生孔子。孔子姓子，氏孔，名丘字仲尼，魯

---

❶《孔子家語》，《史記》卷四七，孔子世家。

國人，先世為宋國人。孔子二十四歲，母顏氏卒，與其父合葬於魯之防山，地在曲阜縣東。後世，此一墳地被稱為啓聖林。

二、生卒——孔子生於魯襄公二十二年（周靈王二十一年西元前五五一年）十一月庚子日，地在魯之陬邑昌平鄉闕里。陬邑原為叔梁紇所治之地。十一月庚子日換算為國曆是九月二十八日；經政府定此日為孔子誕辰，亦卽偉大的教師節。其實這一日應定名為聖誕節，因孔子為至聖先師。孔子卒於魯哀公十六年（周貞定王四年，西元前四七九年）四月十一日己丑，享壽七十三歲❷。孔子歿後六年，越王句踐滅吳王夫差；再過四年（西元前四六九年）春秋時代卽告結束。孔子誕生早釋迦牟尼七年，早蘇格拉底八十二年，早耶穌基督五五一年。

孔子歿，弟子皆服喪三年。三年心喪畢，相訣而去；哭則各盡哀，或復留。唯子貢廬於冢上，凡六年，然後去。弟子及魯人往從冢而家者，百有餘室，因命名孔里。魯世世相傳以歲時奉祀孔子冢，而諸儒亦講禮鄉飲大射於孔子冢，冢大一頃❸。

三、傳略——孔子少孤，三歲喪父，由賢母教養。八歲為兒嬉戲，常陳俎豆，設禮容。故孔子曰：「俎豆之事，則嘗聞之矣。」（《論語》衛靈公篇）孔子「入太廟每事問」，旨在習禮。二十歲（魯昭公十年，西元前五三二年）子孔鯉生，約在此時為委吏及乘田吏。前者主委積倉庫事；後者主苑囿及六畜芻牧事。故《孟子》萬章篇曰：「孔子嘗為委吏矣，曰：會計當而已矣。嘗為乘田矣，曰：牛羊茁壯而已矣。」孔

❷ 參見芮逸夫《世本記》孔子生卒年月日說質疑。
❸ 《史記》卷四七，孔子世家。

子自稱：「吾少也賤，故多能鄙事。」（《論語》子罕篇）鄙事蓋指會計與牧畜而言。二十七歲時，郯國國君郯子朝於魯，孔子向之學禮，問古官制之要。三十歲而立，所謂立者指於學確有所成與得，於道確有所見與知。琴張卽琴牢，字子張，從孔子求學，此爲教授生徒的開端。不久，孟懿子與魯人南宮敬叔亦就學於孔子。

魯昭公二十五年（西元前五一七年）孔子三十五歲，三桓作亂，發動政變，攻昭公，公敗，奔往齊國；眼見魯患不已，乃往齊國，未嘗不想得一從政機會，展其政治抱負。齊景公問政，孔子告以「君君、臣臣、父父、子子。」宣公雖表贊同，但不能用，孔子遂去齊返魯。三十七歲返魯，至魯定公九年，約十年間是孔子教學的最盛時期，子路、曾皙、閔子騫、原思、冉求、顏淵、公西華等都是這一時期的學生。魯定公五年（西元前五〇五年），孔子四十七歲，陽貨得到公山不狃的鼓勵，開始叛亂，欲去三桓而代之。陽貨欲拉攏孔子出而相助，以資號召，孔子婉言拒之。《論語》載：「陽貨欲見孔子，孔子不見，歸孔子豚。孔子時其亡也，而往拜之，遇諸途。謂孔子曰：來，予與爾言。曰：懷其寶而迷其邦，可謂仁乎？曰：不可。好從事而亟失時，而謂智乎？曰：不可。日月逝矣，歲不我與。孔子曰：吾將仕矣。」（《論語》陽貨篇）孔子不想見陽貨，而陽貨却贈一個烤熟的小猪以爲禮。孔子欲等陽貨不在家時，去拜訪一下；不期在途中遇見陽貨。陽貨却向孔子說，有才能不救國家迷亂，能算仁麽？屢失報國的機會，能算智麽？歲月過得很快，不能再等了。孔子婉拒曰：我想總有入仕的機會。

陽貨失敗，三桓經此巨變，不敢恢復舊日恣肆跋扈，定公乃思於此時勵精圖治，樹立新的形象。九年（西元前五〇一年）任孔子爲中都宰，時孔子年五十一歲，甚具政績，西方諸侯，多取法之；不久，升爲司寇。

自魯定公九年至定公十二年，孔子五十一歲至五十四歲，即由中都宰升任大司寇攝相事，是他政治生涯史上最順利而適意的一段，無論對內對外，文事武備，皆有所施展，表現卓越的政治才能與氣魄。定公十年，齊使使告魯爲好會，會於夾谷（山東萊蕪縣南）。孔子以爲有文事者必有武備，請公具左右司馬，孔子隨公赴會。會盟禮畢，齊景公竟奏夷樂使萊人鼓噪而進，欲刼定公。孔子歷階登進，舉袂而言曰：「兩君修好，何可用夷!?」景公慚怍，退卻萊人。齊景公又使優倡侏儒爲戲而前，孔子歷階登進。斥曰：「匹夫而熒惑諸侯者，罪當誅。」景公懼，撤優倡。自愧非義失禮，得罪魯公，乃歸還所侵魯之鄆、汶陽、龜陰之田以謝過。孔子正義凜然，不畏强禦，誠「威武不能屈」的大丈夫。

魯大夫少正卯心逆而險，行僻而堅，言僞而辯，記醜而博，順非而澤，亂國之政事，孔子爲相，誅之。孔子爲相，魯國大治，齊人懼之；於是選國中女子好者八十人，皆衣文衣而舞康樂，文馬三十駟，遺魯君，陳女樂，定公受之，游觀終日，怠於政事。爲祭祀又不依禮分膰俎（祭肉）於大夫。孔子知事不可爲，乃去魯適衞。定公十四年春，孔子赴衞，路過匡蒲，匡人誤認爲陽貨，欲拘之，被困於匡，孔子曰：「文王既沒，文不在斯乎?天之未喪斯文也，匡人其如予何!?」時在魯哀公元年（西元前四九六年），孔子五十六歲。孔子在衞，因衞既有蒯聵之亂，靈公又寵信南子，好女色，且向孔子問軍旅之事。孔子答曰：「俎豆之事，則嘗聞之矣，軍旅之事，未之學也。」孔子知靈公非明君，乃於哀公二年離去，於去時還慨嘆曰：「魯衞之政兄弟也」。蓋指二國之君皆受女色的累害。

魯哀公三年孔子赴陳過宋，與弟子習禮大樹下。宋司馬桓魋欲殺孔子，拔其樹以嚇之。弟子懼，孔子曰：「天生德於予，桓魋其如予何!?」孔子在陳三年，無上下之交，未能參與政事。陳湣公十三年（魯哀公六年）吳伐陳，楚救陳，楚欲聘孔子，陳蔡大夫阻之，發徒役，圍孔子於野，以致絕糧。孔子答子路曰：「君子固窮，小人窮斯濫矣！」孔子由陳至蔡，蔡已附楚，遷於州來。蔡故地由葉公管理。葉公問政於孔子，孔子對曰：「近者悅，遠者來。」楚遠離中原，非禮義之邦，不便久留，乃復至衞，時孔子六十三歲。

孔子至衞，衞靈公去世已四年，衞出公在位。子路問曰：「衞君待子爲政，子將奚先？」孔子對曰：「必也正名乎！」因出公之父蒯聵尙在，子不應竟高踞君位，子不子，故孔子以正名爲要。孔子居衞五年，弟子子貢、冉有、子路已先後返魯任官職，且均有良好政績的表現。孔子在衞卓著聲譽，魯國當政的權臣季康子於哀公十一年遣人請孔子返回魯國，孔子去國十四年，此時六十八歲。季康子問政於孔子，子曰：「政者，正也；子帥以正，孰敢不正!?」又曰：「子爲政，焉用殺!?」季康子患盜，問於孔子，孔子對曰：「苟子之不欲，雖賞之不竊。」

孔子返魯終未得用，孔子亦未求仕，弟子益衆，與弟子講學，從事著作，並與當局及弟子論政，留下不少著名政論。孔子的晚年生活尙稱愉快適意。《史記》孔子世家載：「孔子返魯，弟子稍益進焉。故孔子不仕，退而修詩、書、禮、樂，弟子彌衆，至自遠方，莫不受業焉。」哀公十二年孔子子孔鯉卒。哀公十四年孔子七十一歲，西狩獲麟，顏回卒，宰我死於齊田常之亂。哀公十六年，孔子七十三歲，四月己丑日，孔子卒。

四、自述——孔子曾作自述曰：「吾十有五而志於學，三十而立，四十而不惑，五十而知天命，六十而耳順，七十而從心所欲不踰矩。」❹孔子少時即好學，且多才多藝，年十五乃篤志於學，學如何做人、處世及治學的道理。孔子時代的學是禮、樂、射、御、書、數。其志於學的對象，就是這六藝。

三十而立者，謂卓然自立，而能有所建樹。立者指學確有所得，於道確有所知，能立得住，拿得定，自有立場，自有主意，不與世浮沉，不同流合汚。三十歲孔子開始收琴張爲弟子。魯大夫孟釐子稱孔子爲聖人之後的達者，囑其子趨往就學，即在此時。孔子少好禮樂，三十四歲時，偕弟子南宮敬叔適周，問禮於老子，問樂於萇弘。三十五寓居齊國，與齊景公論政，與晏嬰交遊，雖未仕，頗具政治影響。三十七歲自齊返魯，教授生徒，受業者甚衆。

孔子四十歲已有有條理、有系統、一貫的學術思想，知其然，更知其所以然，洞察事理精蘊，燦然大明，已達於「知者不惑」高超境地。孔子曰：「知者不惑，仁者不憂，勇者不懼。」❺子貢曰：「夫子自道也」，足見孔子已到了「知者不惑」的程度。「子絕四，毋意，毋必，毋固，毋我。」❻

五十而知天命。知天命不是聽天由命的宿命論或定命論，而是天人合一的哲學思想，即人的生命與天命相互感應與相通。《尚書》泰誓曰：「民之所欲，天必從之；」「天視自我民視，天聽自我民聽」。《尚書》湯誥曰：「上帝不常，作善降之百祥；作不善降之百殃。」「湯、武革命，順乎天而應乎人。」孔子於「不惑」後，更進而研究宇宙萬物及人生的根本問題，至五十歲得《易經》的啓示，而豁然貫通

❹《論語》爲政篇。
❺《論語》子罕篇。
❻《論語》子罕篇。

天道，卽所謂知天命。孔子曰：「加我數年，五十以學易，可以無大過矣。」❼《易經》乾卦文言曰：「知進退存亡而不失其正者，其唯聖人乎。」孔子此時達於聖人之境界。

孔子五十一歲爲中都宰，五十三歲爲司空，五十四歲升大司寇，五十五歲攝行魯相，至六十歲而耳順。丁福保曰：「而耳順者，謂聲入心通，所無違逆。所以《聖》字從耳呈聲，聖哲之聖，其義爲通，卽所謂通人。蓋萬物皆呈其情，莫逆於耳，無所不通也。」❽不自私，不用智，物來順應，廓然大公，可謂之耳順。

七十而從心所欲，不踰矩。從內心欲願而表現的生活、言語及行爲皆自然而然的合乎法度與道理。蓋因內心已洞察事理，意誠、心正、身修，一切言行，自然從容中道，卽恰到好處，不思而得，不勉而中。這種境界，就是「夫子時然後言，人不厭其言；樂然後笑，人不厭其笑；義然後取，人不厭其取。」（《論語》憲問篇）這亦就是莊子所說的：「得於心而應於手。」唐君毅稱此爲「超選擇」的境地。他說：「至此境地，則人於價值的選擇，已達至精至粹之境，而更無待於選擇。人生之一切選擇之最後目標，亦終將求選擇此一超選擇之境界。」❾

五、著述——孔子曰：「述而不作，信而好古，竊比於我老彭。」（《論語》述而篇）信而好古是對古代的歷史、文化、典章、制度極有興趣。老彭是商朝賢大夫。孔子雖謙曰「述而不作；」其實是以述爲

❼《論語》述而篇。

❽丁福保《說文解字詁林》第九册，頁五三五三。

❾唐君毅《哲學概論》，頁一二〇一—一二〇二。

作，即述而作之，乃是根據舊有史料加以整理。在整理中就有創造與發明，所謂「溫故而知新」。中國文化精髓所寄託的五經，皆是孔子述而作之的創作。玆略述如次：

1.詩經——《史記》孔子世家稱：「古者詩三千餘篇，及至孔子，去其重(複)，取其施於禮義，上採契、后稷，中述殷商之盛，至幽、厲亡缺，故曰關雎之亂，以為風始；文王為大雅始，三百五篇，孔子皆弦歌之，以求合韶武雅頌之音，禮樂自此可得而述。」由三千餘篇刪訂為三百五篇，非有高明的選擇與判斷智慧與能力必不能作到。

2.書經——《書經》一曰《尚書》，為中國古代史，內容有典、謨、訓、誥、誓、命六種文獻。《史記》孔子世家曰：「孔子序書傳，上起唐虞之際，下至秦穆編次為事」。《漢書》藝文志曰：「書之所起遠矣，至孔纂焉，上斷於堯，下迄於秦，凡百篇，而為之序，言其作意。」觀於此，《尚書》係孔子編纂，殆無可疑。中國遠古史起自伏羲，而孔子纂《書經》，僅始於唐堯，將三皇五帝的神話，全都刪去，誠所謂「信而好古」，即古之可信者好之，獨具治史的卓見特識。

3.易經——相傳伏羲畫八卦，為《易經》之始，文王重之，成六十四卦，作卦辭，一曰彖辭。彖即判斷之意，如「乾：元、亨、利、貞」。一卦六爻，六十四卦共三八四爻，周公作爻辭，一曰象辭，象即現象，如「初九，潛龍勿用」。孔子作彖傳，即對卦辭的註解；又作象傳，乃爻辭的註解。又作繫辭，乃系統的解釋。彖辭、爻辭、繫辭各分上下。孔子更作文言，申說義理；說卦、序卦及雜卦，共稱十翼。王國維說：「易之卦辭、爻辭，周初作；十翼相傳為孔子作，至少亦七十子後學所述也。」⑩

⑩ 王國維《古史新證》第一章，北平來薰閣影印，民國二四年。

梁啓超曰：「《易經》成爲系統哲學，自孔子始。」⓫

4.禮記——此書爲孔子所口授。孔子歿後，其弟子七十二子之徒，筆而書之。周代的遺制，先哲的格言，多記載於此書中。禮是人在生活所當遵守的禮節和道理。相傳書中之禮運篇乃子游所述；樂記篇爲子貢所述；中庸乃孔伋所述；大學乃曾子所述。

5.春秋——《史記》孔子世家曰：「孔子因史記(史所記述)作《春秋》。上自隱公，下訖哀公十四年，十二公據魯，親周，故殷。約其文辭而指博。故吳楚之君自稱王，而《春秋》貶之曰子。踐土之會實召周天子，而《春秋》諱之曰天子狩於河陽。推此類以繩當世。……《春秋》之義行，則天下亂臣賊子懼。」孟子曰：「世衰道微，邪說暴行有作，臣弒其君者有之，子弒其父者有之，孔子懼，作《春秋》。」⓬孔子曰：「知我者，其唯《春秋》乎；罪我者，其唯《春秋》乎。」⓭孟子又曰：「王者之迹熄，而詩亡；詩亡然後春秋作。晉之《乘》，楚之《檮杌》，魯之《春秋》，一也。其事則齊桓、晉文，其文則史。」孔子曰：「其義，則丘竊之。」⓮觀於此，則知《春秋》事、文、義兼備，乃作史的正常法則。

6.論語——《論語》是孔子弟子記述孔子的言行而成的書篇。《漢書》藝文志曰：「《論語》者，孔子應答弟子，時人及弟子相與言而接聞於夫子之語也。當時弟子之各有所記，夫子既卒，門人相與輯

⓫ 梁啓超《孔子》，中華書局，民國四五年，頁二七。
⓬ 《孟子》滕文公下篇。
⓭ 《孟子》同上。
⓮ 《孟子》離婁下篇。

而論纂，故謂之《論語》。」《隋書》經籍志曰：「孔子講於洙泗之上，門徒三千，達者七十；其與夫子應答及私相講肄，言合於道，或書之於紳，或事之無厭，仲尼既歿，遂輯而論之，謂之《論語》。」在戰國時尚無《論語》之名。王充《論衡》正說篇曰：「孔子孫孔安國以教魯人扶卿，官至荆州刺史，始曰《論語》。」是《論語》之名，西漢末期始見。而趙岐著《孟子題解》，則說漢文帝時已立論語博士，不知孰是。《論語》論及範圍甚廣，關於個人修養、社會倫理、政治思想、哲學義理等皆有所涉及。其所述的理論，多具有普遍性與永久性，乃「放之四海而皆準，百世以俟聖人而不惑」的至理；對立身、處世、治學、爲政等多有正確的指引與啓廸。

六、後裔——孔子娶宋亓官氏，生子，魯昭公餽贈鯉，因名鯉，字伯魚，《論語》載：「陳亢問於伯魚曰：子亦異聞乎？」伯魚秉庭訓學詩習禮。伯魚生子孔伋，字子思，嘗困於宋，作《中庸》四十七篇以傳於孟軻⑮。宋徽宗追封子思沂水侯。六代孫孔箕爲魏文侯相。自子思至孔安國凡十二世。《史記》孔子世家皆舉列其名字、年齡及官職。安國爲漢代大儒，武帝時博士、諫議大夫、臨淮太守，受《詩》於申公，受《尚書》於伏生，曾作《書傳》《論語訓解》；司馬遷從之受業。自漢以來，孔子後裔代有封號。唐開元中封文宣公。宋仁宗至和二年（西元一〇五五）改封衍聖公。國民政府改衍聖公爲大成至聖先師奉祀官。孔子七十七代孫奉祀官孔德成任考試院院長。

第二節　思想淵源

⑮ 李翱《復性書》上篇，中華叢書，民國四六年，頁一〇八。

孔子的思想博大精深，達於「致廣大而盡精微，極高明而道中庸」的境界，不有深遠的淵源與師承，焉能致此!?因根不深者，樹雖大；源不遠者，流不長。玆將孔子思想的淵源與師承，略述於次：

一、古代典籍的參考——孔子曰：「我非生而知之者，好古敏以求之也」；「述而不作，信而好古，竊比於我老彭。」（《論語》述而篇）孔子曰：「十室之邑，必有忠信如丘者焉，不如丘之好學也。」（《論語》公冶長篇）；又曰：「學如不及，猶恐失之。」（《論語》泰伯篇）孔子既如此的好古與好學，則對古時（孔子以前）的典籍，必然勤加蒐集與研究，以為其思考的資助及著作的參考。「學而不思則罔，思而不學則殆。」學是從文字上、經驗上、問答上求取知識與學問。但學來這些東西僅是供研究的資料，以為思考與推理的資助；若祇學而不思必然徒勞無功（罔）。若不作學的努力，去蒐集研究資料，只憑空構想，必流於空疏的危險（殆）。孔子的思想不是憑空構想，而是根據資料與整理分析，而求出的新知識與學問，是既學且思的新產品。

孔子所蒐集參考的古代典籍，就是他所說的「志」。仲尼曰：「志有之，言以足志，文以足言。不言，誰知其志，言之無文，行之不遠。」⑯「志」就是古代典籍。志有之，是孔子引述古典籍的說辭，可見對古之典籍，有相當熟悉。

《左傳》載：「仲虺之志云：亂者取之，亡國侮之。」仲虺是商朝左相，與伊尹共事成湯弔民伐罪，以滅夏桀。仲虺之志卽仲虺所作或有關仲虺之典籍。《國語》載：「禮志有之云：將有請於人，必先

---

⑯《左傳》襄公二五年。

有入焉。欲人之愛己也，必先愛人；欲人之從己也，必有從人。」⑰這些典籍，當亦經孔子所參考。伏羲畫八卦，文王爲六十四卦，文王作彖辭。每卦六爻，共三百八十四爻，周公作爻辭。孔子喜讀《易經》，至於韋編三絕。孔子詳讀三聖之易，多所領悟，遂續之而作易之十翼。詩原有三千餘篇，經過孔子選擇與判斷，刪去二千七百餘篇，僅存三百篇。中國古史多自伏羲始，歷三皇五帝至於唐堯以後。孔子作書傳，始自唐堯，以前的神話史不足憑信，全行刪去。所舉述的這些志、《詩》、《書》、《易》，都是孔子所參考過的古代典籍。

二、文武之政的考察——孔子曰：「周監於二代，郁郁乎文哉！吾從周。」（《論語》八佾篇）孔子以爲周朝察擇夏商二代的典制加以損益而建立改進的新典制。周朝新的典章制度文物是文彩光輝而盛達的，所以他要遵從周制。足見他對周朝的尊崇與贊許。八佾篇又載：衞國大夫公孫朝問於子貢曰：「仲尼焉學？」子貢曰：「文武之道，未墜於地。在人，賢者識其大者，不賢者識其小者，莫不有文武之道。」

孔子學習文武之道，是有依據與憑藉的。《中庸》載：哀公問政。子曰：「文武之政，布在方策。其人存，則其政擧，其人亡，則其政息。」（《中庸》第二十章）《儀禮》聘禮篇稱：「百名以上書於策，不及百名書於方。」較長的文字，寫在竹片上，竹片可以貫串而成册。册字是竹策串在一起的象形。較少的文字書寫在木版上。版爲方形，故稱方。布在方策是指文武之政都有文字記載於方與册上，文獻足

⑰《國語》卷一〇，晉語四。

徵，可供孔子的學習與參考。

孔子研究了這些典册，深切瞭解周朝的典章制度文物乃是就堯、舜、禹、湯以來的文化加以損益，再經由文、武、周公的創造而建立起來的，完備切實而優美，所以他說：「郁郁乎文哉！吾從周」；又述其志趣曰：「如有用我者，吾其爲東周乎。」（《論語》陽貨篇）那就是說：我若得其位，行其道，遂其志，我定要把周的典章制度文物振興起來，在東土予以施行，建立一個新的東周時代。

三、周公制作的研究——中國的道統，自堯舜禹湯而文武周公以至孔子，一脈相傳。孔子對以前的聖王先哲，皆所師承。故「祖述堯舜，憲章文武」，對周公的制作尤所推崇與贊賞。周公助父兄與周滅紂，制禮作樂，行封建，立宗法，建井田，制訂建國綱紀，經緯萬端，奠立姬周八百年的基業，實爲建國佐治的第一勳臣。周公之子伯禽封於魯，「周禮盡在魯矣」。《左傳》襄公二十七年吳季札到魯國聘問，請觀周禮，得見四代之樂，嘆爲觀止。《左傳》昭公二年晉韓宣子到魯國聘問，參觀太史氏所典掌的書籍，得見《易象》與魯國《春秋》，因而贊嘆曰：「周禮盡在魯矣。」孔子生長在魯國，故對周公制禮作樂的精義，知之切而愛之深。

《史記》魯世家載：「周公戒伯禽曰：我文王之子，武王之弟，成王之叔父，我於天下，亦不賤矣；然我一沐三握髮，一飯三吐哺，起以待士，猶恐失天下之賢人。子之魯，愼無以國驕人。」足見周公爲政，重在任賢才，戒驕慢。孔子平生治學，最尊崇周公。所以孔子一則曰：「如有周公之才之美，使驕且吝，其餘不足觀也已。」（《論語》泰伯篇）這是極力推崇周公有才有德。再則曰：「甚矣，吾衰也。久矣，吾不復夢見周公。」（《論語》述而篇）

《淮南子》有云：「孔子修成康之道，述周公之訓，以教七十子，使服其衣冠修其篇籍，故儒者之學生焉。」⑱足見孔子不但自己尊崇周公，且以周公的教訓，教導其學生。孔子弟子弘揚孔子之教，形成儒學。《荀子》儒效篇引述孔子之言，更足以印證孔子對周公的尊崇與贊揚。孔子曰：「周公其盛乎！身貴而愈恭，家富而愈儉，勝敵而益戒（備）。」唐韓愈作原道一文，稱：堯、舜、禹、湯、文、武、周公、孔子、孟軻九人，爲中國道統之所寄託。這是說孔子師承周公，並繼其道統。

四、問官制於郯子——《左傳》昭公十七年載：「郯子來朝，公與之宴。昭子問焉。曰：少皞氏鳥名官，何故也？對曰：吾祖也，我知之。昔者黃帝氏以雲紀。……仲尼聞之，見於郯子而學焉。既而告人曰：吾聞之，天子失官，學在四夷，猶信。」郯國在山東郯城，子爵，故稱郯子。當昭公宴郯子時，座中有叔孫昭之子名門之者向郯子問古官制。郯子答述甚詳（全文見《左傳》）。孔子聞之，便專訪郯子，向他問學古代官制。

五、問禮於老子——老子略先於孔子，爲周室守藏史，博覽典籍，深明周禮，孔子適周嘗問禮於老子。《史記》卷四十七孔子世家載：「魯南宮敬叔言於魯君曰：請與孔子適周。魯君與之一乘車，兩馬，一豎子，俱適周問禮，蓋見老子云。」《史記》老莊申韓列傳稱：孔子適周，將問禮於老子。老子曰：「子所言者，其人與骨皆已朽矣，獨其言在耳。且君子得其時則駕，不得其時，則蓬累而行。吾聞之，良賈深藏若虛；君子盛德，容貌若愚。去子之驕氣與多欲，態色與淫氣，是皆無益子身。吾所以

⑱《淮南子》卷二一，要略。

告子者，如是而已。」

孔子辭去，對弟子曰：「鳥吾知其能飛，魚吾知其能游，獸吾知其能走。走者可以為網，游者可以為綸，飛者可以為矰。至於龍，吾不能知其乘風雲而上天。吾今日見老子，其猶龍耶!?」這是孔子贊佩之詞，譬之為龍，言其道高深而不可測。孔子問禮於老子，載於《史記》，《禮記》曾子問篇亦稱：「孔子嘗從老子助葬，日有食之。」查魯昭公二十四年夏五月乙未朔，有日食，足為佐證⑲。

六、問樂於萇弘——孔子適周，問禮於老子，同時又到周大夫萇弘處問樂。《禮記》樂記篇曰：「子曰：唯丘之聞諸萇弘，亦若君子之言是也。」《史記》卷二十七天官書，太史公曰：「昔之傳天數者，高辛氏前重黎，於唐虞羲和，有夏昆吾，殷商巫咸，周室史佚、萇弘。」武王時史佚為太史，亦曰尹佚，其後裔有尹吉甫。史佚為周初四聖之一。萇弘與史佚並稱，可想見其地位的崇高。他是周朝史官，明天文與樂理，且工異術。

七、學鼓琴於師襄——魯有師襄，晉有師曠。師本為樂人之稱，以官為姓。孔子二十七歲，從師襄學鼓琴。《史記》卷四十七，孔子世家稱：「孔子學鼓琴於襄子，十日不進。師襄子曰：可以益矣。孔子曰：丘已習其曲矣，未得其數也。有閒曰：已習其數，可以益矣。孔子曰：丘未得其志也。有閒曰：有所穆然深思焉，有所怡然高望而遠眺焉。曰：丘得其為人，黯然而黑，頎然而長，眼如望羊(陽)，心如王四國，非文王其誰能為此也？師襄子避席再拜曰：師蓋云文王操也。」

---

⑲ 錢穆《先秦諸子繫年》，香港大學出版社，頁五。

八、春秋時人的影響——

子路曰：「桓公殺公子糾，召忽死之，管仲不死，曰：未仁乎？子曰：桓公九合諸侯，不以兵車，管仲之力也，如其仁，如其仁！」（《論語》憲問篇）公子糾爲桓公兄長，兄弟二人爭取君位，管仲、召忽同輔助公子糾。公子糾敗，召忽死難，忠於其主，管仲未死，子路疑其未仁。孔子答以管仲相桓公九合諸侯，功在國家，澤被萬民，可算得是仁，是仁。蓋成大功者不拘小節；爲主死難，僅是小忠，若管仲的成大功，立大業，乃是大忠，不以小忠害大忠，可稱之爲仁。子貢曰：「管仲非仁者歟？桓公殺公子糾，不能死，又相之。」子曰：「管仲相桓公，霸諸侯，一匡天下，民到於今受其賜。微管仲，吾其被髮左衽矣。」（《論語》憲問篇）

孔子著《春秋》，持尊王攘夷大義。管仲相桓公能守尊王攘夷的宗旨，故對之深加贊揚。桓公管仲的勳功完成，時間較早，孔子春秋尊王攘夷大義，可能受有管仲的影響。但孔子又說：「管仲之器小哉。」（《論語》八佾篇）這大概因爲孔子《春秋》責備賢者，認爲管仲未能相桓公更進一步佐天子，重振周室，作到「天下有道，禮樂征伐自天子出」的境地。司馬遷對此解釋說：「管仲，世所謂賢臣，然夫子小之，豈以爲周道衰微，桓公既賢，而不勉之至王，乃稱霸哉。」[20]

子產鄭國大夫，名公孫僑，字子產，博學多聞，爲政寬猛並濟。自鄭簡公時當國，歷定公、獻公、聲公。子產內以禮法馭强宗，外以言詞折强國，鄭得以不被兵革者數十年。子產卒，孔子爲之出涕，且贊許之詞亦甚多。「子謂子產有君子之道四焉：其行己也恭，其事上也敬，其養民也惠，其使民也義。」

---

⑳《史記》卷六二，管晏列傳。

(《論語》公冶長篇)孔子又說:「爲命,裨諶草創之,世叔討論之,行人子羽修飾之,東里子產潤色之。」(《論語》憲問篇)故晉叔向曰:「子產有辭,諸侯賴之。」(《左傳》襄公三十一年)晉平公聞子產曰:「博物,君子也。」(《左傳》昭公元年)《禮記》仲尼燕居篇載:「子曰:子產猶衆人之母也。」

蘧伯玉名瑗,衞國賢大夫。《史記》卷六十七,仲尼弟子列傳稱:「孔子所嚴事,於衞,蘧伯玉。」《史記》孔子世家稱:「孔子在衞主蘧伯玉家。」孔子住於蘧家,可知孔蘧二者交誼甚篤。蘧伯玉使人於孔子,孔子與之坐而問焉。曰:「夫子(指伯玉)何爲?」對曰:「夫子欲寡其過而未能也。」使者出。子曰:「使乎!使乎!」(《論語》憲問篇)孔子善稱使者,亦間接知伯玉之賢。伯玉「欲寡過」,誠君子的品德。孔子稱伯玉爲夫子,足見對其推崇之至。莊周亦稱:「蘧伯玉行年五十,而知四十九年之非。」(《莊子》則陽篇)

衞賢大夫史鰌字子魚,亦曰史魚,以薦蘧伯玉未得用,乃尸諫衞靈公。漢劉向曰:「衞靈公之時,蘧伯玉賢而不用,彌子瑕不肖而任事。衞大夫史鰌患之,屢諫衞靈公而不聽。史鰌病且死,謂其子曰:其我卽死,治喪於北堂。吾不能進蘧伯玉而退彌子瑕,是不能正君也。生不能正君者,死不當成禮,置尸北堂,於我足矣。」㉑孔子稱贊曰:「直哉史魚。」《論語》衞靈公篇載:「孔子曰:直哉史魚!邦有道如矢,邦無道如矢。君子哉蘧伯玉!邦有道則仕,邦無道,則可卷而懷之。」

令尹子文楚國賢相,姓鬭名穀於菟,字子文,爲令尹,自毀其家以紓楚國之難。子張問曰:「令尹

㉑ 劉向《新序》卷一,雜事,世界書局本,頁二。

子文，三仕爲令尹，無喜色；三已之，無慍色。舊令尹之政，必以告新令尹。何如？」孔子曰：「忠也」。曰：「仁矣乎？」子曰：「未知，焉得仁？」（《論語》公治長篇）釋之者曰：「令尹子文進無喜色，退無慍色，公家之事，知無不爲，忠臣之至也。子玉之敗，子文之擧；擧以敗國，不可謂智也。」㉒子玉卽楚成得臣，城濮之役爲帥，敗於晉文公而自殺。

孔子推崇贊許的魯國賢人，有柳下惠、臧武仲、孟公綽、卞莊子及冉有。《論語》微子章載：「柳下惠爲士，三黜。人曰：子未可以去乎？曰：直道而仕人，無往而不三黜；枉道而仕人，何必去父母之邦。」眞是賢達的君子，孔子賢之。

《論語》衞靈公載：「子曰：臧文仲其竊位者歟？知柳下惠之賢而不能與立之。」這是孔子《春秋》責備賢者，臧文仲旣知柳下惠之賢，而不能擧用之，豈非居其位而未盡其職麼？臧文仲爲魯之功臣，《左傳》僖公二十一年諫焚巫尫，諫備郲國，均立有嘉言；惟《左傳》文公二年秋，大事於太廟，非禮也。臧氏雖立功、立言，但德不修，故孔子譏之。

《論語》憲問篇，子路問成人。孔子答曰：「若臧武仲之知，公綽之不欲，卞莊之勇，冉有之藝，文之以禮樂，亦可以爲成人矣。」這是說：一個完善的理想人物，要有像臧武仲的知與智，孟公綽的澹淡無欲，卞莊的勇敢（卞莊曾有刺虎故事），冉有的文藝，再加有禮樂的文采。

㉒劉寶楠《論語正義》第六，中華叢書本，頁二七一。

第三節　人格表現

一、溫良恭儉讓的完人——孔子道貫古今，萬世師表，具有完善人格，高超品德，超群軼衆，千古一人。大哉孔子，巍巍乎民莫能名焉。孔子高弟端木子貢親炙師澤，親觀聖人的善言德行，而稱之曰：「夫子溫良恭儉讓以得之。」《論語》學而篇載：「子禽問於子貢曰：夫子至於是邦也，必聞其政，求之與？抑與之與？子貢曰：夫子溫良恭儉讓以得之，夫子之求之也，其諸異乎人之求之與。」子禽是齊國人，名陳亢。他問孔子到齊國，必與聞其國政，是求而得之呢？抑是國君自願使之與聞國政呢？子貢答以夫子之求，和他人的求完全不同，而是由於其溫良恭儉讓的盛德自然而然引得的與聞國政。

具有溫良恭儉讓五種盛德，可稱之爲品高德純的完人。孔子者君子儒的完人。何謂君子？《禮記》曲禮篇曰：「博聞彊識而讓，敦善行而不怠，謂之君子。」就博聞彊記言乃是儒者；就善行不怠言，乃是仁人。惟儒者有君子儒和小人儒之分。子謂子夏曰：「女（汝）爲君子儒，無爲小人儒。」（《論語》雍也篇）君子儒能大而可大受，所謂「古之學者爲人」，卽修己以安人，爲學係以經國濟民爲職志，卽以天下爲己任。小人儒但知爲卑近的事務，眼光短淺，所謂「今之學者爲己」，修己未必安人。竹添光鴻曰「君子儒者，大儒也，通儒也。小人儒者，愚儒也，鄙儒也，得一隅而遺其全，守一節而棄其大者也。」㉓溫良恭儉讓是君子儒的表現。溫訓和《詩經》秦風小戎曰：「言念君子，溫其如玉」，言君子之性

㉓ 竹添光鴻《論語會箋》，廣文書局，上冊，卷六，頁一六。

情和平。子夏曰：「君子有三變，望之儼然，卽之也溫，聽其言也厲。」（《論語》子張篇）君子之德心氣和平，平易近人，和藹可親，故卽之也溫。

良者善也，指天命之謂性的本然之善，卽虛靈不昧的明德。這就是人性善的善性，卽誠摰純潔的同情性或惻隱之心，乃是仁道的出發點。孔子的善良是眞誠的，自然的，出於本然的善，毫無造作與虛僞。基於自己的善性，認爲人人都是善良的人，故與人爲善；卽以善良之心對待善良之人，認爲人人可以爲善。孔子曰：「晏平仲善與人交，久而敬之。」（《論語》公冶長篇）善以待人，才能維持長久的友好關係。孔子答季康子問政曰：「子欲善，而民善矣。」（《論語》顏淵篇）這亦就是「善政得民心」。所以，以善待人者，人亦善待之。

《尚書》洪範篇曰：「貌曰恭」，疏曰：「恭爲儼恪」，儼訓嚴肅，恪訓祇敬，故恭者乃肅敬之意。《禮記》曲禮篇曰：「君子恭敬撙節退讓以明禮。」在貌爲恭，在心爲敬，通而言之，恭敬爲一。對人之貌端肅者爲恭，對事之心專一者爲敬。恭則不侮，恭近於禮遠恥辱也。敬人者人恒敬之。敬是對他人人格的尊重。相互尊重人格，便可和平相處，各安其生，故曰：「恭而後安」。

《說文》曰：「儉約也」，段玉裁注曰：「儉者，不敢放侈之意。」《顏氏家訓》治家曰：「儉者，省約爲禮之謂。」儉約是受一定的約束。儉節是受一定的節度。約者約之以禮。節者節之以禮。孔子少而好禮，長而習禮，是以最爲知禮與守禮。故其一切的生活與言行，皆能不失之於放肆或侈奢，皆能受禮的約束與節制，無殞無越，不放不侈，發而皆中節，行而皆適度，從容中道，自然合禮，卽所謂「從心所欲不踰矩」和「克己復禮」。克己就是寡欲而不貪得；亦就是守禮安分，知足常樂，儉以足用。

《左傳》稱：「讓，禮之主也；」（襄公十三年）又曰：「讓，德之主也。」（昭公十年）孔子是知禮、守禮、有德的君子，人格表現，自然有讓的精神。讓的涵義有下列幾種，而孔子皆當之無愧：㈠《呂氏春秋》行論曰：「堯以天下讓舜」，卽以己之所有推以予人。孔子誨人不倦，卽是以己之所有以與人。㈡《禮記》曲禮曰：「退讓以明禮」，卽應受而推之曰讓。孔子實是「仁者不憂，智者不惑，勇者不懼」的聖哲，應受之而無愧。孔子却說：「君子道者三，我無能焉。」（《論語》憲問篇）這正是應受而推之的讓。㈢《尙書》堯典曰：「允恭克讓」，卽推賢尙善曰讓。孔子推崇的賢人不勝枚擧，堯、舜、禹、湯、文武、周公卽其例也。孔子行仁，敎善行而不怠，與人爲善，足稱尙善。㈣陸賈《新語》道術篇曰：「厚人自薄曰讓」。孔子嚴以律己，薄以責人，可謂讓矣。㈤《玉篇》曰：「讓，謙也。」孔子謙沖爲懷，謙謙君子，卑以爲禮，順守謙沖，不居崇極。

二、不憂不惑不懼的聖人——孔子曰：「君子道者三，我無能焉。仁者不憂，知者不惑，勇者不懼。」子貢曰：夫子自道也。」（《論語》憲問篇）子貢深知其師具有知仁勇的完整人格，故說那是夫子自謂之辭，居之無遜色。仁者明理知道而無私，敎善行而不怠，若大禹治水，三過家門而不入，故能不憂。知者具眞知灼見，高瞻遠矚，洞明事理，燭察萬物，透徹清淨，故能不惑。勇者具浩然正氣，配義與道，「自反而縮（理直），雖千萬人吾往矣」，故能不懼。哀公問政，子曰：「好學近乎知，力行近乎仁，知恥近乎勇。知斯三者，則知所以修身；知所以修身，則知所以治人；知所以治人，則知所以治天下國家矣。」（《中庸》第二十章）有知、仁、勇三達德者方能成爲治國平天下的明君。孔子是「未王而王」的王者，故具有仁者不憂，知者不惑，勇者不懼的完整人格。不憂、不惑、不懼是元、亨、利、貞的乾乾不息的君子之德，爐火純青，一塵不染，無往不利，較之孟子的「富貴不能淫，貧賤不能移，威武不能屈」的大丈夫則提昇至更高超的境界。智、仁、勇三達德具備者，人倫之至的聖人。

仁的本義原指植物的種籽，如桃仁、杏仁、麥仁等。仁的特性是生之道。仁的功用是促成人與人的和平相處，並行不悖，因仁從二人，乃建立和諧團結人群關係的正當法則。仁者生之至道，群之正則。曾子述孔子之意曰：「士不可以不弘毅，任重而道遠。仁以為己任，不亦重乎！死而後已，不亦遠乎。」（《論語》泰伯篇）孔子一生以行仁為目的，所以他答子貢曰：「己欲立而立人，已欲達而達人，能近取譬，可謂仁之方也與。」（《論語》雍也篇）孔子曰：「志士仁人，無求生以害仁，有殺身以成仁」，生死置之度外，故曰，仁者不憂。

孔子曰：「我非生而知之者，好古敏以求之也。」（《論語》述而篇）又曰：「三人行，必有我師焉。」（述而篇）孔子讀易，至於韋編三絕。猶曰：「加我數年，五十以學易，可以無大過矣。」（述而篇）又說：「默而識之，學而不厭，誨人不倦」（述而篇）。孔子曰：「知之者，不如好之者；好之者不如樂之者。」（《論語》雍也篇）《論語》公冶長篇載：「子曰：十室之邑，必有忠信如丘者焉，不如丘之好學也。」孔子為人，「發憤忘食，樂以忘憂，不知老之將至。」（述而篇）孔子好學求知，有如此的狂熱慾望，故博古通今，廣識多聞，而有「致廣而盡精微」的知識。知識是辨識事理的智能，能以辨認是非，識別善惡。故曰：知者不惑。

孔子求知謹嚴而虛心。故他說：「知之為知之，不知為不知，是知也。」（《論語》為政篇）荀子對此作解釋曰：「知之曰知之，不知曰不知；內不自以誣，外不自以欺。」㉔內不自誣，是不以無為有，不以非為是。外不自欺，是不行詐於人，即大學所謂「誠其意者，毋自欺也。」這種的求知的精神，是科學家的態度，亦是哲學家的態度。科學家治學切實而準確，一是一，二是二，黑是黑，白是白，是就是是，非就是非，決不模稜兩可，決不含混籠統。哲學是愛智之學，一切事理要追根到底，明其究竟，獲致眞知灼見。孔子求知兼具科學家、哲學家的態度，故能以明眞相，識眞理，故曰知者不惑。

孔子曰：「仁者必有勇，勇者不必有仁」（《論語》子罕篇）。所以孔子之勇，是志士仁人之勇，是見義勇為之勇，是理直氣壯之勇；不是匹夫之勇，不是血氣之勇，不是自反不縮之勇。從孔子所說的「志士仁人無求生以害人，有殺身以成仁」（《論語》衛靈公篇）、「見義不為，無勇也」（《論語》為政篇）、「自反而縮（理直），雖千萬人吾往矣」，可以知之。孟子曰：「志士不忘在溝壑，勇士不忘喪其元」（《孟子》滕文公下篇），亦同於孔子的仁人之勇。仁者之勇是「殺身成仁、舍身取義」，是獻身殉道的決心與意志。孔子反對匹夫之勇、血氣之勇和不義之勇，故曰：「暴虎馮河，死而無悔者，吾不與焉。必也，臨事而懼，好謀而成者也。」（《論語》述而篇）

孔子六十歲（魯哀公三年）赴陳過宋，與弟子習禮大樹下，宋司馬桓魋欲殺孔子，拔其樹以恐嚇之。弟子懼，孔子曰：「天生德於予，桓魋其如予何!?」從容不迫，臨危如常。這是仁者之勇，故不懼。

周敬王二十年即魯定公十年（西元前五〇〇），魯齊兩國會於夾谷（山東萊蕪縣南）。時孔子攝魯相與會。

㉔《荀子集解》儒效篇，第八，頁八九。

齊侯以孔子「知禮而無勇，」奏夷樂，使萊（夷人）人鼓噪而進，欲刼魯定公。孔子歷階而上，舉袂而責齊侯曰：「兩君合好，何可用夷；夷不亂華，俘（夷爲齊俘）不干盟，兵不偪好，於神爲不祥。用夷非齊君之所以命諸侯也。」齊景公慚，退却萊人。齊侯又使優倡侏儒趨前爲戲。孔子歷階登進而斥之曰：匹夫而熒惑諸侯者，罪當誅。齊侯懼，撤優倡。將盟，齊人加載於書曰：「齊師出境（卽齊有出兵征伐之事），而不以甲車三百乘從我者，有如此盟（卽受禍）。」孔子使大夫玆無還（人名）揖而對曰：「不返我汶陽之田，亦如之。」盟事既成，齊人歸鄆、讙、龜陰三邑之田（見《左傳》定公十年，《史記》孔子世家）。孔子臨大節而不可奪，威武不能屈，强敵之下，不辱君命而揚魯威，誠仁者之大勇。

三、立德立功立言的超人——叔孫豹曰：「太上有立德，其次有立功，其次有立言，雖久不廢，此之謂不朽。」（《左傳》襄公二十四年）孔子便是立德、立功、立言的不朽者。就立德言，孔子德充義沛，德配天地，義昭日月，人倫之至者。三不朽之德有一與之，便是人傑。三者兼具，誠超凡入聖的超人。就立德言，孔子之德如左：

1.修己養性之德——德者得也，孔子溫良恭儉讓以得之。六十而耳順，不逆不將，廓然大公，物來順應。達巷黨人稱孔子之德曰：「大哉孔子，博學而無所成名。」（《論語》子罕篇）這就是大哉孔子，巍巍乎，民莫能名焉。「子之燕居，申申如也，夭夭如也。」（《論語》述而篇）此言孔子的日常生活，有悠然自適，從容不迫的氣象。孔子的修養，蘊於裏發於外，則溫和而嚴正。故曰：「子溫而厲，威而不猛，恭而安。」（《論語》述而篇）子夏曰：「君子有三變，望之儼然，卽之也溫，聽其言也厲。」（《論語》子張篇）君子蓋指孔子。孔子爲人修己而自安，求諸己而不責於人，所以他一則曰：「君子求諸己，小人求諸人」，（衞靈公篇）「不患人之不己知，患其不能也」（憲問篇）。再則曰：「君子病無能焉，不病人之不己知也」（衞靈公篇），「不患無位，患所以立；不患莫己知，求爲可知也」（里仁篇）。孔子處危厄，不失其德，子畏於匡，而曰：「天之未喪斯文也，匡人其如予何」（子罕篇），「桓魋以死威脅孔子，子曰：「天生德於予，桓魋其如予何」（子罕篇），在陳絕糧，而曰：「君子固窮，小人窮斯濫矣。」（衞靈公篇）

2.為政安人之德——孔子爲仁人，其爲政在修己以安人，自然是行仁。他說：能行恭、寬、信、敏、惠於天下者可謂仁矣。恭則不侮，寬則得衆，信則人任焉，敏則有功，惠則足以使人（《論語》陽貨篇），又說：「己欲立而立人，己欲達而達人，能近取譬，可謂仁之方也矣」；（《論語》雍也篇）又曰：「修己以安人，修己以安百姓。」（《論語》憲問篇）孔子之立德，在修己則是格物、致知、誠意、正心、修身；在安人則是齊家、治國、平天下。修己所以成己，安人所以成物。安人的最後目的要作到大道之行，天下爲公以至於大同。仲尼之徒無道桓文之事，因桓文以力假人乃是霸道。孔子爲政以德化民，人皆心悅誠服。所以他說：「爲政以德，譬如北辰，居其所而衆星拱之」；「道之以德，齊之以禮，有恥且格。」（均《論語》爲政篇）爲政者要自修其德，表率人民。季康子問政，孔子對曰：「政者正也，子帥以正，孰敢不正」又曰：「子爲政，焉用殺，子欲善而民善矣。君子之德風，小人之德草，草上之風必偃。」（《論語》顏淵篇）。孔子又說：「其身正，不令而行；其身不正，雖令不從。」（《論語》子路篇）

3.詩書執禮之德——孔子修詩書，訂禮樂，贊易而作春秋，是謂六經，孔子習焉，察知其書而具其德，故曰孔子有詩書執禮之德。孔子曰：「入其國，其敎可知也。其爲人也，溫柔敦厚，詩敎也；疏通知遠，書敎也。廣博易良，樂敎也；絜靜精微，易敎也；恭儉莊敬，禮敎也；屬辭比事，春秋敎也。」

（《禮記》經解篇）孔子精硏六禮，故具有所謂經敎之德。溫柔敦厚而不愚，乃智者；疏通知遠而不誣，乃誠者；廣博易良而不奢乃儉者。絜靜精微而不賊，乃廉者；恭儉莊敬而不煩乃知禮者；屬辭比事而不亂，乃義者。

就立功言，孔子一生栖栖皇皇，周遊列國，在得志行道，實現其政治理想。在魯國歷仕中都宰、大司寇、攝相位，功在國家，澤被兆民。定公九年爲中都宰，乃父母之官，仁政愛民，一年四方皆則之。次年爲司空，掌山澤之利；旋任大司寇，攝魯相，誅聞人少正卯，肅政風，振人心，魯因以大治，立殊勳，功莫大焉。定公十年，魯齊會於夾谷，齊景公以爲孔子知禮而無勇。先則奏夷狄之樂，使萊人（夷）鼓噪而進，意欲刼持魯公。孔子急登階擧袂而責景公曰：夷不亂華，俘（指萊人）不干盟，今竟用夷，豈齊君之所以命諸侯乎!?齊侯慚，退却萊人。繼又使優倡趨前爲戲。孔子又登階斥曰：匹夫而熒惑諸侯者，罪當誅。齊侯懼，遂撤優倡。盟旣成，齊人於盟書加載曰齊出師伐國，不出甲車三百乘相從者，有如此盟（卽加禍）。孔子亦使大夫於盟書加載曰：不返我汶陽之田，亦如此盟。齊卒歸還所侵鄆、讙、龜陰之田。三邑皆屬汶陽。孔子必在强敵威脅下，不畏强禦，挺身以禮斥責齊君，使之退夷人，撤優倡，並於盟書加載强詞以爲對抗，使齊歸還侵地。不辱君命，折服强敵，收復失地，揚國威於盟壇，勳功彪炳，績垂不朽，永光史册。

就立言，孔子刪《詩》、《書》、訂《禮》、《樂》、釋《易經》，著《春秋》，昌明六藝，流傳後世，爲中國學術思想的精髓，功業至鉅偉，影響最深遠。《史記》孔子世家曰：「孔子之去魯，凡十四歲而返乎魯，弟子稍益進焉。……故孔子不仕，退而修《詩》、《書》、《禮》、《樂》，弟子彌衆，自遠方來，莫不受業焉；」又云：「周室微而禮樂廢，詩書缺，追迹三代之禮，序書傳，上紀唐、虞之際，下至秦繆，編次其事；」此係指著《春秋》。

《史記》稱孔子刪修《詩經》曰：「古者詩三千餘篇。及至孔子，去其重，取其施於禮義。上采契、后稷，中述殷周之盛，至幽厲之缺。始於衽席，故曰關雎之亂，以爲風始；鹿鳴爲小雅始；文王爲大雅始，清廟爲頌始，三百五篇。」（孔子世家）孔子曰：「詩三百，一言以蔽之曰：思無邪。」（《論語》爲政篇）又曰：「不學詩，無以言」（季氏篇）；「詩可以興，可以觀，可以群，可以怨；邇之事父，遠之事君；多識於鳥獸草木之名。」（陽貨篇）

班固《漢書》藝文志曰：「書之所起遠矣，至孔子纂焉，上斷於堯，下迄於秦，凡百篇；而爲之序，言其作意。」孔子「信而好古」，「好古敏以求之也」，故修書經始自唐堯，堯以前的神話史不足憑信，遂一概刪去。孔安國曰：「先君孔子，生於周末。覩史籍之煩文，懼覽之不一，遂乃定禮樂，明舊章，刪詩爲三百篇；約史記而修春秋，讚易道以黜八索，述職方以除九丘，討論墳典，斷自唐虞以下訖於周，芟夷煩亂，翦截浮辭，擧其宏綱，振其機要，足以垂世立教，典、謨、訓、誥、誓、命之文，凡百篇。所以恢弘至道，示人主以軌範也。」㉕

班固曰：「孔子晚而好易，讀之韋編三絕而爲之傳。易十二篇，蓋經二傳十，傳卽易之十翼。」（《漢書》藝文志）易始於伏羲畫八卦。文王重之，成六十四卦，作象辭，象係判斷之意，如乾卦：元、

㉕ 孔安國《尚書孔傳》序言。

亨、利、貞。每卦六爻，共三百八十四爻，周公作爻辭，一曰象辭，即說明卦之現象，如乾卦初爻曰：潛龍勿用。孔子作十翼，即所謂易傳，在傳授或闡明經義。十翼包象傳上下，彖傳上下，繫辭上下，文言，說卦，序卦及雜卦。易始於陰（--）、陽（一），一陰一陽之謂道，道者，宇宙萬物（包括自然、社會與人事）變化之原理與法則。柳詒徵曰：「孔子於易，由陰陽奇偶之對待，闡明太極之一元。謂神無方，易無體，而道在陰陽之對待。其於形而上之原理，與老子所見正等。易之神妙，正賴孔子之發明。」㉖

《禮記》一書爲孔子口述之義理，乃所以教授弟子者。孔子歿，其弟子七十二之徒所記述，相傳禮運篇爲子游所記，樂記篇爲子貢所記，大學篇爲曾子所記，中庸篇爲孔伋所記。

魯哀公十四年（西元前四八一）魯西狩獲麟，孔子作《春秋》，書成於哀公十六年卒。孔子曰：「君子疾沒世而名不稱焉。吾道不行矣，吾何以自見於後世哉」（《論語》衞靈公篇），乃因魯之《史記》而作《春秋》以明其志。孔子作《春秋》，尊王攘夷，寓褒貶，別善惡，因而亂臣賊子懼。故孔子曰：「知我者，其惟春秋乎!?罪我者，其惟春秋乎!?」（《孟子》滕文公下篇）。孟子曰：「王者之迹熄，而詩亡。詩亡，然後春秋作。其事則齊桓、晉文；其文則史。」孔子曰：「其義，則丘竊取之。」（《孟子》離婁下篇）《史記》太史公自序曰：「春秋善善惡惡。」董仲舒《春秋繁露》玉杯篇：「人受命於天，有茂善惡惡之性。」

㉖ 柳詒徵《中國文化史》上册，正中書局，頁三〇八。

第四節　學術地位

一、**繼往開來的學術主流**——中國的學術有如長江大河，波濤洶湧，浩浩蕩蕩，一瀉千里，永遠流變不息。這雄壯宏偉的長江、大河，則是以孔學爲其淵源與主流。就像一株茂盛高大的菓樹，有根、榦、枝、葉與花菓，而生長孔學的土地上。在二三千年的孔學流變過程中，雖亦有陰陽家、道家、法家、墨家、佛家，以及近代西洋哲學與科學滲透或附麗於孔學或儒學中以爲表達，但這些僅是支流旁記，不足於影響其主流的方向或學說的特質。

孔子集中國上古時期的文化與學術的大成而修刪《詩》、《書》，訂制《禮樂》，釋《易經》著《春秋》，而爲六經，奠立中國學術的深厚基業。以後二千多年的學術卽依此基業以爲發展與生長。故孔子在中國學術發展史上實居於繼往開來的樞軸地位。張其昀曰：「孔子學說是中國政治哲學的本原。自春秋時代以迄於今，二千五百年間，孔子之道是中國思想的大動脈，循此而鎔鑄我立國的主義，指示民治的理想，統一國民的精神意志，培養國民的建國能力。歷覽前史，凡可稱爲創業垂統，繼往開來的大人物，大事業，大著作，莫不以孔學爲其最大的原動力。」㉗柳詒徵曰：「孔子者，中國文化之中心也。無孔子則無中國文化。自孔以後，數千年之文化，賴孔子而傳；自孔子以後，數千年之文化，賴孔子以興。」㉘

先秦九流十家，儒家產生最早，孔子成六經建立完整的理論及思想體系。孔子口授弟子，七十二子

㉗　張其昀《中華五千年史》，中國文化大學出版，民國七一年一月七版，第四冊，春秋史，頁一。
㉘　柳詒徵《中國文化史》，正中書局，民國四三年，上册，頁三〇〇。

之徒記述之，曾子作《大學》，孔伋作《中庸》，子游記《禮運》，子貢寫《樂記》。《後漢書》徐昉傳稱：「詩書禮樂定自孔子，發明章句，始於子夏。」子夏作章句，六經之義，燦然大明。其後荀子、孟子著書立說，闡揚儒學，故儒學在先秦時代爲顯學之最盛者。且流傳後世，歷增華實，學者習之，士子學之，師長敎之，政府翼之，益見發揚廣大，傳至國父孫中山先生吸收自堯舜禹湯文武周公孔子儒學精神而成三民主義，以爲立國規模與施政依據。

二、開山垂統的思想核心——儒學是中國的正統思想；而儒學則是以孔子的學說爲其精髓與核心。儒學中的格、致、誠、正、修、齊、治、平的一貫大道及忠孝仁愛信義和平的倫理思想是爲政治民的指針及人群生活的準則，源印於人心流傳於社會，歷二千五百多年，經久不渝，萬古長新。這種歷史悠久的傳統思想，係孔子開山創基，而垂其統緒於不朽。

《大學》曰：「自天子以至於庶人，壹是皆以修身爲本」。修身乃是格物、致知、誠意、正心的收穫。修身亦就是率循天命之性及修治率性之道的敎化。修身就是接受敎化，陶治其善性，養成健全的人格。修身卽所以成己，己立己達。有了旣立且達的人格，便是內聖。修己以安人。有了己修的健全人格才能以去作立人達人安人功夫。能使人人安其生，樂其業，便是外王。故孔子曰：「其身正不令而行，其身不正，雖令不從。」（《論語》子路篇）

孔子曰：「君子篤於親，則民興於仁。」（《論語》泰伯篇）又曰：「書云：孝乎，惟孝友於兄弟。施於有政，是亦爲政，奚其爲爲政」（《論語》爲政篇）。又曰：「弟子入則孝，出則悌，孝悌也者，其爲人之本與」（《論語》學而篇）。孝悌爲齊家的基本要素。孝則知敬長上，悌則知和兄弟。父慈子孝，兄友弟恭，則一家和樂。諺曰：「家和萬事興。」子篤於親，則民興於仁。故曰：「家齊而後國治。」

治國的大道有四：一曰：「敬事而信，節用而愛人，使民以時」（《論語》學而篇）。二曰：「能行五者，恭、寬、信、敏、惠於天下，可謂仁矣。恭則不侮，寬則得衆，信則人任焉，敏則有功，惠則足以使人也。」（《論語》陽貨篇）三曰：「庶之，富之，教之。子適衞，冉有僕，子曰：庶矣哉。曰：既庶矣，又何加焉？曰富之。曰：既富矣，又何加焉？曰教之。」（《論語》陽貨篇）四曰：「足食、足兵、民信之矣。」（《論語》顏淵篇）

中國的政治理想是以王道行王政，故曰平天下，而不曰治天下。平天下之道有二：一曰愛，二曰公。《禮記》禮運篇曰：「以天下爲一家，中國爲一人。」《尚書》洪範篇曰：「天子作民父母，以爲天下王。」天下是一個大家庭，天子要以父母愛子女之心而愛天下之民，使人人得其所，安其生，享其福。《禮記》禮運篇曰：「大道之行也，天下爲公，選賢與能，講信修睦。……是故謀才而不興，盜竊亂賊而不作，外戶不閉，是謂大同」。平天下在達於四海一家，世界大同的境界。

就倫理思想言，孔子之道，一以貫之，忠恕而已（《論語》里仁篇）。《尚書》伊訓篇曰：「爲下克忠，傳曰：事上竭誠也。盡己之謂忠，卽盡己之忠心以行事。推己及之謂恕。孔子曰：「其恕乎，己所不欲，勿施於人。」（《論語》衞靈公篇）《大學》所謂「絜矩之道」（十釋治國平天下）亦推己及人之恕道。至於孔子所倡忠、孝、仁、愛、信、義、和、平的八德目皆是經國濟民，修己安人的正道，歷萬世而不渝。

三、學誨不倦厭的萬世師表——西周之世，教育掌於「王官」，只有貴族子弟始能受教育。受教育是貴族的特權，知識亦爲貴族階級所壟斷；一般平民成爲無知無識的奴才。迨至春秋之世，孔子首開私人講學之風。這是中國學術發達史上一種革命性的突破。孔子教學，採「有教無類」（《論語》衞靈公篇）政策，即不分貴賤、貧富、賢愚皆樂於教育之；且來者不拒。子曰：「自行束脩以上，吾未嘗無誨也。」（《論語》述而篇）這一「機會均等」的教育政策，始自孔子，迄今二千五百年，仍爲全世界所共同信持的最適當的教育政策。孔子之教，萬世師之，信不虛也。孔子的「有教無類」，亦就是全國國民不分種族、地區、男女、老幼、貧富、貴族、賢愚、職業等一視同仁，無歧視、無特權，一律平等的全民教育。這是教育制度最高理想，孔子實乃首創其旨的聖哲。

孔子適衞，衞國儀邑的封人，即封疆之官員，請見孔子。他說：「君子之至於斯也，吾未嘗不得見也。」他一眼看到孔子是賢君子，故想見孔子。見後，出而語孔子弟子曰：「二三子何患於喪乎？天下之無道也，久矣，天將以夫子爲木鐸。」（《論語》八佾篇）儀封人是位有洞察力的高人，他告訴孔子弟子，不要以孔子喪失魯國官位爲憂患。天下混亂已久，天將以你們的老師爲天下的木鐸，以警世、醒人、施教。《禮記》明堂位曰：「振木鐸於朝，天子之政也。」是謂天子將發令，振木鐸以警衆。孔子有永恒的道德精神和智、仁、勇的完整人格，遂能奉承天命爲救世濟衆的天下木鐸。孔子之教不僅感動了當時的人心，且徹通了後世的人心。孔子以六經垂教後代於無窮，木鐸之教，誠萬世師表。

孔子三十歲，開始講學，收徒施教，爲期五年，受教者甚衆，教澤廣被。三十五歲時，魯國發生內亂，隨昭公流亡至齊國，若干弟子隨之前往。齊景公對孔子甚爲敬仰。孔子五十一歲爲中都宰，政教修明，人民愛戴，社會安寧。魯定公十年孔子五十二歲爲大司寇，攝魯相，從定公與夾谷之會，有傑出的忠勇機智表現，獲得外交上的重大成功。孔子五十四歲開始周遊列國，考察各國政治及民情，弟子多人隨行，無異是一所流動大學，隨地施教，爲時凡十四年。六十八歲返回魯國，來受教弟子，爲數益增，且不少人來自遠方，教學功效，更見宏大。受教者前後凡三千餘人，身通六藝者七十二人。孔子年七十三歲逝世，一生從事教育志業，澤被當時，教垂萬世。

孔子的學養，是「致廣大而盡精微，極高明而道中庸。」孔子何以能躋於如此超絕的學術境界。因爲他：「默而識之，學而不厭，誨人不倦」；「我非生而知之者，好古敏以求之也」；「子所雅言，詩書、執禮」，「三人行，必有我師焉」；「多聞，擇其善者而從之，多見而識之」（均見《論語》述而篇）；「君子博學於文，約之以禮」（《論語》雍也篇）；「學如不足，猶恐失之」（《論語》泰伯篇）。因爲他曾問禮於老子，問官制於郯子，問樂於萇弘，學琴於師襄。因爲他「祖述堯舜，憲章文武」（《中庸》）。因爲他：刪《詩》《書》，訂《禮》《樂》，釋《周易》，著《春秋》。所以達巷黨人曰：「大哉孔子，博學而無所成名。」（《論語》子罕篇）這是說孔子的學養廣大博通，偉大之至，民無能名焉。孔子不是只知一技一藝的名家或專才，而是博學多能的通儒。

孔子是博通鴻儒，故能對弟子施行通才教育。教材分爲兩種：一是六藝，一是六經。六藝是禮、樂、射、御、書、數，乃是生活教育，教以灑掃、應對、進退、周旋的禮儀及孝弟忠信仁愛的德行。六經是詩、書、易、禮、樂、春秋，內容賅博精深，教以格物、致知、誠意、正心、修身、齊家、治國、平天下的正理與大道。通才不是僅通一技一藝的專家，而是知識豐厚，學養深邃，思想通達，胸懷開朗，識大體，顧大局，足以爲民表率，領導群倫的鴻儒。《論語》稱：「子以四教：文、行、忠、信」

（述而篇）。文是淵博豐厚的學問。行是完美無缺的德行。忠是爲政治事的才能。信是交人處世的法則。孔子三千弟子中，身通經藝者七十二人，其中傑出者十人，卽所謂四科十哲。孔子曰：「從我於陳蔡者，皆不及門也（今皆不在門下）。德行：顏淵、閔子騫、冉伯牛、仲弓。言語：宰我、子貢。政事：冉有、季路。文學：子游、子夏。」（《論語》先進篇）近世英、美各國科技發達，教育尙分工，養成無數「知偏不知全，見樹不見林」的專家，而生支離分歧的流弊；於是有識之士，乃高唱要實行通才教育。其實，這在二千五百年前，孔子早見及之，且經予採行。

孔子所使用的教學方法，是「因材而施敎」。這是現代教育家所共認的最好教學方法。因材施敎，首在瞭解的個性。孔子做到了這一要求。他曰：「柴也愚，參也魯，師也辟，由也喭。」（《論語》先進篇）柴是高柴字子羔，性愚直。參是曾參卽曾子，性魯鈍。師是顓孫師，字子張。由是仲由，字子路，性喭俗。孔子曰：「師也過，商也不及。」（先進篇）商也，指卜商，字子夏。季康子問：仲由可使從政也與？子曰：由也果，於從政乎何有！曰：賜也可使從政也與？子曰：賜也達，於從政乎何有！曰：求也可使從政也與？子曰：求也藝，於從政乎何有（《論語》雍也篇）。這是孔子認爲仲由子路果決，端木賜子貢通達，冉有字子求，多才藝，使之從政，皆能勝任，有何難哉。孔子知道：「孝哉閔子騫」，「賢哉回也，不遷怒，不貳過。」（《論語》先進篇）

孔子爲要因材施敎，除知道弟子的個性外，還要進而瞭解其旨趣。顏淵、季路侍。子曰：盍各言爾志？子路曰：願車馬，衣輕裘，與朋友共，敝之而無憾。顏淵曰：願無伐善，無施勞（《論語》公治長篇）子路、曾晳、冉有、公孫華侍坐。子曰：「如或知爾，則何以哉？」子路率爾對曰：「千乘之國，攝於大國之間，加之以軍旅，因之以饑饉，由也爲之，比及三年，可使有勇，且知方也。」夫子哂之（微笑）。冉有對曰：「方六七十里，如（或）五六十里，求也爲之，比及三年，可使足民，如其禮樂，以俟君子。」公孫華對曰：「非曰能之，願學焉。宗廟之事，如會同（會諸侯）、端章甫（正衣冠），願爲小相焉。」曾皙對曰：「莫（暮）春者，春服既成，冠者（成人）五六人，童子六七人，浴乎沂（沂河），風乎舞雩，詠而歸。」夫子喟然嘆曰：「吾與點也（曾皙名點）」（《論語》先進篇）。

孔子既瞭解弟子的個性與旨趣，遂能因材而施教。故對不同的弟子雖提出同一問題，孔子對他們所作的答案就各異其內容。孟懿子問孝，子曰：「無違」；「生，事之以禮。死，葬之以禮，祭之以禮。」孟武子問孝，子曰：「父母唯其疾之憂」。子游問孝，子曰：「今之孝者，是謂能養。至於犬馬，皆能有養。不敬，何以別乎？」子夏問孝，子曰：「色難。有事，弟子服其勞；有酒食，先生饌；曾是以爲孝乎？」（均見《論語》爲政篇）樊遲問仁，子曰：「愛人」（《論語》顏淵篇）。子貢問仁，子曰：「夫仁者，己欲立而立人，己欲達而達人」（《論語》雍也篇）。顏淵問仁，子曰：「克己復禮爲仁」；司馬牛問仁，子曰：「仁者，其言也訒（不輕於出言）」；仲弓問仁，子曰：「出門如見大賓，使民如承大祭。己所不欲，勿施於人。在邦無怨，在家無怨」（均見《論語》顏淵篇）。樊遲問仁，子曰：「居處恭，執事敬，與人忠。雖之夷狄，不可棄也」（《論語》子路篇）。孔子之教，歷代不絕。明世宗爲之立神位，題曰至聖先師。清追謚爲大成至聖先師。所謂萬世師表，決非過譽之辭。

四、內聖外王的未王而王——孔子曰：「周監於二代，郁郁乎文哉！吾從周」（《論語》八佾篇）。周滅殷，武王、周公、就夏商二代的制度加以損益與改進，而建立新的禮樂制度，文物美盛，燦然可觀，至爲孔子所傾慕贊賞，故曰「吾從周」。迨周轍東，王綱墜，「天下有道，禮樂征伐自天子出」的盛世已成過去。諸侯爭霸，干戈不息，爭城以戰，殺人盈城；爭地以戰，殺人盈野，民不聊生，骨肉流離，人民陷於水深火熱，憔悴於虐政久矣。霸王挾天子以令諸侯，不但「禮樂征伐自諸侯出」，且有「政在大夫」、「陪臣執國命」的趨勢。

孔子聖明天縱，睿智軼衆，秉賦着與生俱來的善性與仁心，覩此慘狀，怵然驚心，油然而生「悲天憫人」、「普救衆生」的宏願，要澄清天下，撥亂返治，挽狂瀾於旣倒，扶大厦於將傾，在東土另建新邦，躋於文武周公隆盛之治，復興「郁郁乎文哉」的周室典章制度與文物，故孔子喟然慨嘆曰：「如有用我者，吾其爲東周乎」（《論語》陽貨篇）。孔子此言，不是只徒救偏補弊的豪語，而是繼文武周公而興起，作新王於天下，另闢一個新時代的壯志。顏淵問爲邦，子曰：「行夏之時，乘殷之輅，服周之冕；樂則韶舞；放鄭聲，遠佞人」（《論語》衞靈公篇）。韶爲舜樂，武爲武王之樂。足見孔子「爲東周」的建政藍本，是融會夏、商、周之制及韶、武之樂而成的完美新制。

孔子遍遊華夏之邦，歷十四年，深深察知不但世無可致之於堯舜的明主，而且情勢異常惡劣，敗壞不堪已極，天下滔滔皆是也，到了不堪救藥的地步。失望之餘，乃曰：「莫我知也夫！不怨天，不尤人，下學而上達，知我者，其天乎！」（憲問篇）。又曰：「吾欲無言」。孔子雖失望，但未絕望。故曰：「天何言哉？四時行焉，萬物育焉。」返魯，重執舊業，敎授生徒，傳道授業而解惑。孔子以未償救世拯民，撥亂反治的壯志，未遂「爲東周」開新邦的宏願，心實不甘，且「君子疾沒世而名不稱焉」，乃著《春秋》，述微言大義，傳儒家之新學，寓褒貶，別善惡，明治亂，識興衰。春秋作而亂臣賊子懼。

故孔子曰：「知我者其爲春秋乎！罪我者其爲春秋乎！」

孔子以「內聖外王」之資，匹夫而有聖人之德，應居王者之位。但以時亂世衰，應王而未王。孔子著《春秋》，「爲東周」開新王，立千秋萬世不朽之業，應王未王，未王而王矣！天爵既修，人爵從之。《春秋》公羊高傳，隱公元年注曰：「唯王者然後改元立號。春秋託新王，受命於魯，故因以錄即立，明王者當繼天，奉元，養成萬物。」《淮南子》主術訓曰：「孔子之通，知過於萇弘，勇服於孟賁，足躡郊菟，力招城關，能亦多矣。然而勇力不聞，技巧不知，專行孝道，以成素王，事亦鮮矣。」《淮南子》氾論訓曰：「夫殷變夏，周變殷，春秋變周。」徐幹《中論》貴驗篇曰：「仲尼爲匹夫而稱素王」。孔子有王者之道與德，應王而未王，未王而王故曰素王。孔子應王而未王，致戰國之世而有三百年之戰亂，慘絕人寰。秦始皇雖滅六國，一天下，但秦政權實是暴戾統治，僅十五年而滅矣。漢興，知馬上得天下，不能以馬上治之，乃定朝儀，立禮制。至漢武帝，黜百家，獨尊儒術。漢人王孔子於春秋，亦不啻王孔子於百代。唐追封孔子爲文宣王。宋加諡爲元聖文宣王。元加號爲大成至聖文宣王。

第五節　政治思想

孔子學究天人，道冠古今，通古今之變，超百家之言，致廣大而盡精微。其學術思想，賅博精邃，涵蓋至廣：舉凡哲學思想、社會思想、人倫思想、文化思想、政治思想、教育思想、經濟思想等，均有所論述，且極具創意與卓見。就中之政治思想亦係經周思熟慮，博學、審問、愼思、明辨而成的系統學說。其內容包括人文思想、仁政思想、守義思想，德治思想、君子思想、正名思想、時中思想及養民思想。茲就此分別論述於後：

一、人文思想──《尚書》五子之歌曰：「民惟邦本，本固邦寧。」人人健全，本自鞏固。本固，國家自然安寧。人文思想在依人以爲本的哲學，研究如何使人成爲文明人，由野蠻社會升入文明社會，由低級文化進入高級文化，實現人之所以異於禽獸者，人之所以爲人者，萬物之靈的完美人（perfect person）。人文思想係依「天命之謂性，率性之謂道，修道之謂敎」（《中庸》第一章）之理，率性、修道、施敎使人盡其性、盡人性、盡物性，贊天地之化育，以與天地參。先總統　蔣公中正曾說：「生命的目的，在增進人類全體的生活；生命的意義，在創造宇宙繼起的生命。」亦是人文思想的旨趣。人文思想的要旨在充實生命，發揮人性及增進生活。吳經熊說：「人文主義的文化，就像一株有生氣的大樹，以天命爲根，以人性爲苗，以道爲樹幹，而以文化敎育爲其枝葉花朶。至於他的菓實，在個人方面，是成就一個完美的人格，而在人群方面，則是治國平天下，由小康而漸進於大同。」㉙孔子人文思想的內涵，可從左列幾點論述之：

1. 個性人的實踐──在漁獵時代，人是自然的奴隸；在畜牧時代，人懾服於神權之下；在西周時代，人爲宗法所拘束。到了春秋時代，孔子首創人文思想，人始有「自我」（ego）的醒覺，而知自己有獨立的人格，在人群社會中佔着重要的地位，必須自尊自重；同時亦尊人重人。國之本在家，家之本在身。故《大學》曰：「自天子以至庶人，壹是皆以修身爲本，其本亂而末治者否矣。」㉚個人的地位既

㉙ 吳經熊「孔子思想與中華文化」，載《中央月刊》卷六，期三，民國六三年一月。
㉚ 《大學》經一章。

如此重要，所以每個人都不可自暴自棄，要努力前進，力爭上游，發展自己，成全自己，俾能對國家社會多所貢獻。故孔子曰：「人能弘道，非道弘人。」（《論語》衞靈公篇）孔子之道一以貫之，「忠恕而已」（里仁篇）。忠是成己，竭己力以治事。恕是尊人，己所不欲，勿施於人。孔子曰：「天行健，君子自强不息。」（《易》乾卦）這都在勉勵個人努力上進，俾能有所成就。「士志於道，而恥惡衣惡食者，未足與議也」，「君子憂道不憂貧」，「士而懷居，不足以爲士矣。」凡此，皆孔子戒人不可貪圖衣食居住的享受，而應自奮自發，自立自强，盡其所以爲人之道。曾子受孔子之教，亦曰：「士不可以不弘毅，任重而道遠，仁以爲己任，不亦重乎！死而後已，不亦遠乎！」（泰伯篇）子貢曰：「紂之不善，不如是之甚也，是以君子惡居下流，天下之惡皆歸焉。」（子張篇）這是要各個人力爭上游，勿自甘墮落。

2. 智性人的實踐——荀子曰：「人有氣、有生，有知，亦且有義，故最天下貴也。」㉛余更益之曰：人有氣、有生、有知、有義更有智。智是智慧。人的腦筋構造最爲複雜奇妙，爲任何其他動物所不及，能以創造發明，立典章，制制度，造文字，求知識。智慧（intelligence）是獲得知識的機體（organism）與力量（power）。人皆當運用這優異的先天秉賦，努力求學，去獲得豐富高超的知識。孔子對求學極爲重視，勉勵人好學以求知。而且孔子自己亦非常好學，熱心求知。子曰：「學而時習之，不亦悅乎。」（學而篇）不但要學，且要時時溫習之。子曰：「溫故而知新，可爲師矣。」（爲政篇）「學如不及猶恐失之。」（泰伯篇）「默而識之，學而不厭，誨人不倦」（述而篇）「多聞擇其善者而從之，多見而識

㉛《荀子》王制篇。

之。」（述而篇）孔子好學自言曰：「十室之邑必有忠信如丘也，不如丘之好學也」（公冶長篇）。「我非生而知之，好古敏以求之也。」（述而篇）「吾十有五而志於學」（爲政篇）。「其爲人也，發憤忘食，樂以忘憂，不知老之將至。」（述而篇）

求學必須有良好的方法，才能事半功倍，而有良好的成績。孔子指出最好的求學方法是旣學且思。他說：「學而不思則罔，思而不學則殆。」（爲政篇）這是說：只知苦苦學習而不去思考，便會失之雜亂，缺乏條理，徒勞而無功，難有心得，若知思考，而不去努力學習，則是很危險的事情。爲學要旣學且思才能成功。爲學要經過博學、審問、愼思、明辨的歷程，方能求得眞知識。求學要抱客觀態度，持冷靜頭腦，方不致錯誤與迷惑，《論語》載：「子絕四：毋意，毋必，毋固，毋我。」（子罕篇）毋意是不猜測，不臆度。毋必是不武斷，無成見。毋固，無偏見，不執着。毋我是無私心，不主觀。除去這四種障碍，爲學必達，求道必明。荀子所說的「無所蔽」，英人培根（*F. Bacon*）所說的打倒四種偶像：種族的偶像，洞穴的偶像，市場的偶像及劇院的偶像，亦都是說：治學要頭腦冷靜，態度客觀。

孔子教學的教材是禮、樂、射、御、書、數的六藝和詩、書、禮、樂、易、春秋的六經。教學分爲四科，卽文學、德行、政事和言語（見先進篇）。而述而篇稱：「子以四教：文、行、忠、信」，似有分歧，其實一致。文卽文學，行卽德行；忠指竭志盡力以致事，卽政事。人言爲信，卽言語。孔子教學的目的除傳授知識外，更重要者在使人懂得立身、處世及如何做人的道理。陳亢問於伯魚曰：「子亦有異聞乎？」對曰：未也。嘗獨立，鯉趨而過庭。曰：學詩乎？對曰：未也。不學詩，無以言。鯉退而學詩。他日，又獨立，鯉趨而過庭。曰學禮乎？對曰：未也。不學禮，無以立。鯉退而學禮。」（《論語》季氏篇）

學詩能以言，學禮能以立，都是如何做人的道理。子曰：「小子何莫學夫詩！詩可興，可以觀，可以群，可以怨，邇之事父，遠之事君，多識於鳥獸草木之名。」（陽貨篇）興是激發心志，觀是識時政得失，群是人和合相處，怨是抒洩憂怨，近則可事親，遠則可事君。這些都是立身、處世和做人的至道。

3. 理性人的實踐——「人之所以爲人者，何已也。曰：以其有辨也。辨莫大分，分莫大於禮。」[32] 辨是辨別是非善惡的能力。禮者依於理性的節度。理是衡量是非善惡的標準。辨乃存於人心中的良知。理是存於宇宙間的天理。天地之大德曰生，生生不息之謂易，道並行而不悖，萬物並生而無害。理是生生之道。辨是善性之源。人的行爲與生活符於生之理者爲善爲是。悖於生之理爲惡爲非。合於良知者爲善爲是。背於良知者爲惡爲非。合乎理性與良知的生活，就是道德生活。合乎理性與良知的行爲就是道德行爲。

子曰：「道之以德，齊之以禮，有恥且格」（《論語》爲政篇）。道是衆人共行之通。德者得也，衆人各得其所，各守其分。禮依理而制作，爲衆人所當遵循的生活法則。依此以爲政則皆知恥，而有善行。孔子曰：「志於道，據於德」（述而篇）。道是人倫生活共行之路。德是各得其宜的人倫關係。《中庸》曰：「天下之達道五，所以行之者三。曰：君臣也，父子也，夫婦也，昆弟也，朋友之交也，五者天下之達道也。知、仁、勇，三者，天下之達德也」（第二十章）。志者，心之所止也。據者，行之執守也。孔子志於道，是要建立人倫生活上共行的合理道路，據於德，是在遵守人倫關係上的合理分際。孔子

---

[32] 《荀子》非相篇。

曰：「吾道一以貫之。」曾子曰：「夫子之道，忠恕而已矣。」（《論語》里仁篇）盡己之謂忠，各盡其責，各守其分；君君、臣臣、父父、子子是也。恕者，己所不欲，勿施於人，即大學所謂絜矩之道：「所惡於上，毋以使下；所惡於下，毋以事上；所惡於前，毋以先後；所惡於後，毋以從前；所惡於右，毋以交於左；所惡於左，毋以交於右。」理性人的實踐，就是要人過道德的生活，行道德的行爲。

4. 群性人的實踐——人是合群動物。人若離開人群社會只有歸於死亡的一途。人何以能合群？因爲人能言語，藉言語溝通意見，謀求「思想一致」(meeting minds) 採取共同行動。荀子曰：人何以能群？曰：分。分何以能行？曰：義。分以和之，義以一之（《荀子》王制篇）。和則能和平相處，一則能團結一致。和與一乃是合群的必要條件。子路曰：「衛君待子爲政，子將奚先？」子曰：「必也正名乎！」（《論語》子路篇）正名就是確定名分，亦就是君君、臣臣、父父、子子、夫夫、婦婦彼此相處的分際。

孔子曰：「道之以德，齊之以禮，有恥且格。」（《論語》爲政篇）禮依理而產生，乃是人群生活共守的規範和行爲法則。當時的禮，猶如今日的法，乃是齊民使衆的工具。故《禮記》曲禮篇曰：「分爭辨訟，非禮不決。」齊民就是人民受禮儀的約束，可以使步伍整齊，行動一致，團結和諧，群居協處。禮的功用在和衆，使之合群。但只知爲和而和不以禮節之亦不可行也。故孔子曰：「禮之用，和爲貴。先王之道斯爲美，小大由之。知和而和，不以禮節之，亦不可行之。」（學而篇）依禮以齊民以和群，才是爲治的正道。孔子曰：「上好禮，則民易使也」（憲問篇），足見禮是齊民使衆的有效憑藉。

5. 神性人的實踐——神性人是超群軼衆的偉大人物，乃是人的個性、智性、理性、群性綜合的最高成就與表現。怕死是人性的低級表現，不怕死乃是人性的最高表現。這就是「至誠如神」的人的神性表現。聰明正直之謂神。人倫之至的人極之謂神。孔子曰：「志士仁人，無求生以害仁，有殺身以成仁」（《論語》衞靈公篇）。仁人志士爲要救世濟衆，愛國家，忠職守，殉道、殉國、殉節，不計利害，不畏犧牲，殺身以成仁，舍身以取義，垂典型，立楷模，身雖死，而名垂不朽，萬古流芳，則成神人矣。岳飛、文天祥、顏杲卿、張巡、鐵鉉、方孝孺、史可法等殆皆孔子所謂殺身以成仁的志士仁人。

二、仁德思想——仁爲孔子學說中的中心思想，佔着首要的地位。在《論語》一書，對仁字的論述多達一〇五次。仁之涵義，至大至精，至深至博，整言之諸德統攝而貫徹，分言之衆善奉行而會通。玆將孔子仁政思想的要義論述於左：

1.孔子倡仁的原因——周前古籍記載很少述及仁義者；卽《詩經》雅頌稱周先王之德者，亦未論及仁字。至孔子始大倡仁學，《論語》中提及仁字爲次最多。孔子何以要提倡仁學呢？究其原因計有下列三點：㈠孔子爲殷人，殷爲周滅，難免有故國之思，亡國之痛。殷商滅亡，紂王的暴政實爲促成敗亡的重要因素。《史記》殷本紀稱：「帝乙崩，子辛立，天下謂之紂。」按諡法，殘忍捐義曰紂。紂王專橫，殘暴不仁，醢九侯，脯鄂侯，枉殺忠良，濫用非刑。孔子曰：「殷有三仁焉：微子去之，箕子爲之奴，比干諫而死」（《論語》微子篇）。殷之亡，亡於不仁，若紂王行仁政，殷或可不亡。孔子有感於斯，乃倡導仁德思想。㈡孔子生當亂世，干戈不息，民不聊生，爭城以戰，殺人盈城，爭地以戰，殺人盈野，臣弒其君者有之，子弒其父者有之；骨肉流離，國破家亡，戰爭所造成的生命財產損失，不可估計。孔子覩此慘狀，怵然驚心，認爲禍亂之源，起於各國諸侯與貴族缺乏仁心行仁政。孔子於是大聲疾呼，倡導仁政，期以濟世救民。㈢孔子認爲「周監於二代，郁郁乎文哉；」孔子「祖述堯舜，憲章文武；」他尤爲佩服「周公之才之美，」且嘆曰：「久矣，吾不復夢見周公。」則文武周公制禮作樂所建立的周代典章制度，自然是十分完備優異的，何以周室東遷，竟至禮樂崩壞，綱紀墜落，以至於天下大亂。孔子乃深深體會到「徒法不足自行」。善法要善人行之，才能有善果。當時之亂，非由於制度的不善，而起於當政者並無仁心行仁政，於是倡仁德思想，行仁政，以挽救日趨敗壞的世道人心。

2. 仁的本體是什麽——所謂本者如木之有根，水之有源，而未及其用也。所謂體者指渾然一物，指其全德，而不及分工。仁乃心之全德，心爲載仁之具。心卽理也。因天命之謂性的天性人心皆源天，故心性之理，卽天地之理。天地之大德曰生，生生不息之謂易，道並行而不悖，萬物並生而無害。天地以生物爲心者也，而人物之生又各秉賦於天地生物之心以爲心者也。心之仁德的本體卽是生物之心。仁字原指桃仁、杏仁的種籽而言。仁籽的特性爲生。故仁的本體蘊藏着無限的生機，無窮的生命。仁之靜爲天理，仁之動爲生生。生有一定的生之理，卽生的法則，必依此理以生，方能不罔其生。故孔子之曰人之生也直，罔之生也幸而免。生亦必有其生機。生機是生的原動力。有這動力的推動，則可以廣被衆人與萬物之生。《易經》繫辭曰：夫乾其靜也專，其動也直，是以大生焉。夫坤其靜也翕，其動也闢，是以廣生焉。乾爲天，坤爲地。是天地爲生之理所佈護，爲生生之機所經綸。人秉此生之理，生之機而成爲心所載之仁德，故仁的本體是生，無間於天地人物之間。因天地萬物爲一體，天地萬物爲一理，天地萬物爲一心。

3. 仁的整體性涵義——仁的本體是生。仁之靜爲寂然無聲無色的生之理，猶如《大學》所說的明德。仁之動，則生機勃然，生意油然，猶如《大學》所謂的明明德。仁之行在於生民，猶如《大學》所說的在親民，在止於至善。仁存於心者爲理；施諸身者爲德，行於事者善。理乃生之理，德乃生之機與生之意，善乃合乎天地生生之德的生民濟世的行爲與事功。仁之體是肫肫其仁的誠；仁之用是同情心或惻隱之心的發揮。「惻隱之心，仁之端也」。惻隱心的發揮就是行仁。行仁的效果，達到救人救世的目的。乍見孺子將入於井，由於內心的肫仁之誠的推動，而生惻隱之心。由惻隱之心的發揮，而伸雙手救起孺子。「誠者（肫仁之誠）物之終始；不誠無物。是故君子誠之爲貴（誠之就是行仁）。「誠者，非自成而已也，所以成物也。成己仁也；成物，知也；性之德也，合內外之道也。」[33]所謂整體者就仁之體與用，兼賅而言之；整體者指仁之存於心、施諸身、措之於萬事萬物而言之。就仁的整體性涵義言，仁是完整美好的道德人格，即人倫之至者（人極）的道德標準與修養；仁是內聖外王的一貫道術。格物、致知、誠意、正心、修身是內聖功夫；齊家、治國、平天下是外王事功。孔子曰：「夫仁者，己欲立而立人，己欲達而達人」（雍也篇）。己立、己達是內聖；立人、達人是外王。孔子曰：「若聖與仁，則吾豈敢；抑爲之不厭，誨人不倦，則可謂云爾已矣」（述而篇）。爲之不倦是成己，乃內聖功夫；誨人不倦是外王行爲。孔子曰：「仁者，人也，親親爲大。」[34]這是說：仁是人之所以爲人的道理。人爲萬物之靈，有最高的智慧、有理性、有群性、有成仁、取義的神性。

4.行仁的途徑——孔子一生以教仁、行仁爲職志。行仁的途徑，不止一端。行仁的目的在拯民於水火之中，置之於衽席之安，使人民能維其生、安其生、樂其生、遂其生。孔子曰：「君子務本，本立而道

[33]《中庸》第二五章。
[34]《中庸》第二〇章。

生；孝弟也者，其爲仁之本與」（學而篇）。仁者人也，親親爲大。行仁應從孝弟作起。由孝弟而推至泛愛衆，而親仁。故孔子曰：「弟子入則孝，出則弟，謹而信，泛愛衆，而親仁，行有餘力，則以學文」（學而篇）。孔子曰：「道千乘之國，敬事而信，節用而愛人，使民以時」（學而篇）。仁者，愛人。愛人要裕民生，節用以減輕人民負擔，使民以時，不妨害人民生產，都是在裕民生。行仁在於好好人，惡惡人。孔子曰「唯仁者，能好人，能惡人」（里仁篇）。行仁在於己立立人，己達達人。孔子曰：「夫仁者，己欲立而立人，己欲達而達人」（雍也篇）。顏淵問仁，子曰：「克己復禮爲仁」（顏淵篇）。行仁要克制自己的私欲，而歸於天地自然之理，卽天地有生之德的天理。孔子曰：「仁者必有勇，勇者不必有仁」（憲問篇）。又曰：「當仁不讓於師」（衞靈公篇）。士尙志，士人以仁爲己任，任重而道遠，死而後已，故勇往以行仁，見義勇爲，不計利害生死。樊遲問仁，子曰：「愛人」（顏淵篇）。愛人的極致，就是殺身以成仁。孔子曰：「志士仁人，無求生以害人，有殺身以成仁」（衞靈公篇）。

行仁的途徑由孝弟起卽自親親起，經仁民而至於愛物，由格物致知而及於治國、平天下，由己立而至於立人。子張問仁，子曰：能行五者於天下，爲仁矣。請問之。曰：「恭、寬、信、敏、惠。恭則不侮，寬則得衆，信則人任焉，敏則有功，惠則足以使民也」（陽貨篇）。行仁的功用，在仁濟天下，澤被萬民，一夫不得其所，仁者之恥。「子路問桓公殺公子糾，召忽死之，管仲不死，未仁乎？孔子曰：管仲九合諸侯不以兵車，管仲之力也。如其仁，如其仁」（憲問篇）。子貢曰：「管仲非仁者與？桓公殺公子糾，不能死，又相之。」孔子曰：「管仲相桓公，覇諸侯，一匡天下，民到於今受其賜；微管仲，吾其被髮左衽矣。豈若匹夫匹婦之爲諒也，自經於溝瀆，而莫之知也。」（憲問篇）孟子曰：「仲尼無道桓文之事」，何以孔子此處卻盛稱其仁。蓋因子路、子貢所問者，在於管仲未爲其主公子糾之死而死爲不仁。其所問者乃匹夫匹婦的小仁、小信；而孔子所以盛贊管仲之仁者，因其功蓋天下，澤被萬民，且尊王攘夷，不使華夏文化爲夷狄所侵滅，乃是大仁、大信，故以稱贊之。

儒家的行仁，是「親親而仁民，仁民而愛物。」（《孟子》盡心上篇）物且愛之，是乃天地萬物一體之仁。物尚愛之，豈可因其爲夷狄之人而不愛之麽？孔子雖主張尊王攘夷，但同時主張用夏變夷，夷狄之在中國則中國之。吳、越、秦、楚原皆蠻夷之人，華夏化後，則夷狄華夏一視同仁。文王西夷之人，舜東夷之人，均可爲中國的聖王。修身以道，修道以仁。修道之謂教。孔子以教化行仁，教所及，不限於華夏，兼及於夷狄。孔子欲居九夷，或曰陋，如之何！子曰：「君子居之，何陋之有。」（子罕篇）這是欲行仁於九夷的明證。樊遲問仁。子曰：「居處恭，執事敬，與人忠，雖之夷狄，不可棄也。」（子路篇）孔子曰：「言忠信，行篤敬，雖蠻貊之邦行矣。」（衞靈公篇）由此可知，孔子施教行仁，兼及於夷狄蠻貊的人民。

5.存仁的功夫——天理與人欲並存。秉賦於天的仁心是天理，即虛靈不昧的明德，亦就是良知或良心。飲食男女，是存於自身的人欲；聲色貨利是外在的人欲誘惑。人若不力謀克制人欲，則明德的仁心可能蒙塵而被汚染，或遭受侵誘而受損傷，甚而至於喪失。存仁的工夫就是去明其明德，不使之蒙塵或受害。如何去明其明德，保存天賦的仁心呢？存仁的工夫，宜從左列五端入手與進行：

㈠戒愼恐懼，存其仁心——人欲可畏，不戢則恣肆；外誘惡劣，不防則受侵。所以人人須隨時提高警覺，戒愼恐懼，嚴加惕勵，以防止明德的仁心，受到汚染、或侵害。故孔子曰：「君子去仁，惡乎成名？君子無終食之間違仁，造次必於是，顚沛必於是」（里仁篇）。又曰：「回人之爲人也，擇乎中庸，得一善，則拳拳服膺，而弗失之矣。」（《中庸》第八章）顏回不遷怒，不貳過，遂能存其明德的仁心，而受孔子的贊譽。孔子曰：「回也，其心三月不違仁，其餘（其他弟子），則日月至焉而已矣。」（雍也篇）顏回戒愼恐懼工夫，故能保持長期不違仁。

㈡克己復禮，復其仁心——明德的仁心若被人欲所侵害蒙蔽，必失其善良本性，而造生惡劣的行爲。存仁的工夫，在於克制人欲。顏淵問仁，孔子曰：「克己復禮爲仁，一日克己復禮，天下歸仁矣，爲仁由己，而由人乎哉。」（顏淵篇）克己就是克制自己的人欲，不使恣肆。復禮就是恢復得自於天的天理，即仁心。因人欲不去，天理不行。人欲雜於天理間，一念之理，常有一念之欲以間之。故存仁在克制人欲而存天理。理欲的交戰，理勝則仁存，欲勝則仁亡。

㈢修身養性，明其仁心——孟軻曰：「存其心，養其性，所以事天也。」（《孟子》盡心上篇）事天卽所以保存得自天的天理。修身養性，就是明明德的功夫。明德功夫的致力，在於格物、致知、誠意、正心與修身。康誥曰：「克明德」，太甲曰：「顧斯天之明命」，堯典曰：「克明峻德」皆自明也（《大學》第十章）。這都是要人自己去彰明天賦的明德或仁心。明明德須「先致其知。致知在格物，物格而後知至。知至而後意誠，意誠而後心正，心正而後身修」（《大學》第一章）。王陽明以「爲善去惡是格物」，卽革除物欲。致知是致良知，革除物欲後，良知自明。朱熹認爲「格物致知」，就是「至事物以窮究事物之理，至其極處無不到也」。事物之理窮究到極處，則仁心自明。理既明，良知見，則心意趨於誠正而無邪妄，保持肫肫之仁的誠。心意無邪妄，則性情便能各得其宜。心意性情各得其正與宜，則身得以修治。身修則明德已明，進而可以齊家、治國、平天下。

㈣好學親賢，收其仁心——孟軻曰：「仁，人心也；義，人路也。舍其路而弗由；放其心不知求；哀哉！人有鷄犬放而知求之；有放心而不知求。學問之道無他，求其放心而已矣。」㉟放心就是秉賦於天理的仁心，被人欲所蒙蔽，被外在惡劣環境所侵害，而流於恣肆邪妄，致失卻虛靈不昧的明德。求學致知所以窮究事物之理。事物之理既明，則能明心見性，而收回所喪失的明德。收放心內以明理見性，返求諸身而自反省之；外則廣求他山之助，以爲砥礪而復其仁心或明德。子貢問仁。子曰：「工欲善其事，必先利其器，居是邦也，事其大夫之賢者，友其士之仁者。」（衞靈公篇）近朱者赤，近墨者黑，環境薰染，影響至大，故事賢友仁，可以防止仁心的流放。子夏曰：「博學而篤志，切問而近思，仁在其中矣」（子張篇）。這就是孟子所說：「學問之道無他，求其放心而已矣」。曾子曰：「君子以文會友，以友輔仁。」（顏淵篇）這就親賢以求仁與存仁。

㈤依循於禮，範其仁心——《尙書》畢命篇曰：「雖收放心，閑之惟難」。仁心雖已收存，然閑範之，仍屬困難。所以行仁必須依循一定的規範，方能得其善與正。否則，心雖仁，其行亦可能流於偏邪。行仁所應依循的規範，就是禮。禮係依理而制定。依循於禮，可避免偏邪。宋襄公「不重傷，不擒二毛」之仁，婦人「溺愛子女」之仁，假託僞善的「鄉愿」之仁；倡言「殺富濟貧」，强盜之仁，都是背悖禮制，傷仁害理的邪行。行仁須依循於禮，以範仁心。顏淵問仁，子曰：「克己復禮爲仁。一日克

㉟《孟子》告子上篇。

己復禮，天下歸仁矣。爲仁由己，而由人乎哉？」顏淵曰：「請問其目。」子曰：「非禮勿視，非禮勿聽，非禮勿言，非禮勿動」（顏淵篇）。可知仁之用，不能悖於禮。孔子曰：「恭而無禮則勞，愼而無禮則葸，勇而無禮則亂，直而無禮則絞」（泰伯篇）。恭、愼、勇、直雖爲善德，不依於禮，亦有弊害。若徒有內在仁心，不依禮而實踐，反而產生負作用，而違悖仁德。孔子曰：「人而不仁如禮何？人而不仁如樂何？」（八佾篇）是言有仁心仁德者，才能遵循禮樂。足見仁與禮相輔而成；踐禮所以培養仁心，規範仁心。而仁心仁德藉禮制得以表現出來。

6.仁民的仁政——孔子仁民的思想源於「天地之大德曰生」的生民的仁心。孔子由內聖的仁心，發爲外王的仁政，修己以安人，修己以安百姓，老者安之，少者懷之，朋友信之。這亦猶如孟子所說的「以不忍人之心行不忍人之政」，人饑己饑，人溺己溺，澤被萬民，一夫不得其所，聖人恥之。孔子生當亂世，要撥亂返治，澄淸天下，救人民於水火之中，而置之於衽席之安。由據亂世而昇進於「昇平世」；在昇平世推行理想的政治建設，而躋於「太平世」。

昇平世乃是小康之治，太平世則是大同之治。《禮記》中的禮運篇，是孔子弟子言偃（字子游）依孔子之意所作的記敍，對小康之治和大同之治的情形，均有明白的記載。孔子論小康之治曰：「今大道旣隱，天下爲家，各親其親，各子其子，貨力爲己，大人世及以爲禮，城郭溝池以爲固，禮義以爲紀，以正君臣，以篤父子，以睦兄弟，以和夫婦，以設制度，以立田里，以賢勇知，以功爲己，故謀用是作，而兵禍由此起。」孔子由仁心而仁民，由仁民而仁政。仁政的極致，就是大同之治。孔子述大同之治曰：「大道之行也，天下爲公，選賢與能，講信修睦。故人不獨親其親，不獨子其子，使老有所終，壯有所用，幼有所長，矜寡孤獨廢疾者皆有所養；男有分，女有歸；貨惡其棄於地也，不必藏於己；力惡其不出於身也，不必爲己。是故謀閉而不興，盜竊亂賊而不作，故外戶而不閉，是謂大同。」

三、守義思想——孟子曰：「仁，人心也；義，人路也。」(告子上篇)仁內，義外。仁是蘊於內的愛人之意與生民之心。義是由於內在仁心的推動而產生於外的正當行徑。韓愈曰：「博愛之謂仁，行而宜之之謂義。」(原道)論者以爲孟子仁義並重，孔子則以仁學爲中心，對於義則不甚重視。其實，《論語》一書中提及仁字固然很多，然論述義字者亦復不少。儒家思想以仁義爲要旨。孔子爲儒學的宗師，那會重仁而輕義。孔子、孟子同爲講道德，說仁義的聖哲。

孔子曰：「君子喻於義，小人喻於利。」(述而篇)一般言之，君子爲有才識而行善的人，小人爲見識短淺不知義理的人。《禮記》曲禮曰：「博聞强識，敦善而不怠，謂之君子。」《禮記》檀弓篇曰：「君子愛人以德，小人愛人以姑息。」《大學》曰：「小人閒居爲不善。」孔子曰：「小人哉，樊須也。」(子路篇)不過，在孔子時，小人係指一般位卑的人或細民。君子指有才德而在位的人。君子喻於義者，蓋言在位者，凡事要措置宜之，計公義與公益，名正言順。小人只知謀求自己的私利，而不顧公誼與正義。這亦正是《大學》所謂：「國不以利爲利，以義爲利也。」(《大學》第十章)在位的君子代表國家，應以義爲利。

孔子曰：「君子之於天下也，無適也，無莫也，義之與比。」(里仁篇)在位者的君子處理天下的事務，不可存一定可以或一定不可以的固定成見，只在看其是否得宜，是否合於義理爲判斷。孔子曰：「君子義以爲質，禮以行之，遜以出之，信以成之，君子哉。」(衞靈公篇)這是說：在位者應以守義爲一切行事的根本，用禮以實踐義，用謙以表達義，用信以完成義。這才稱得起是在位的眞君子。

孔子曾說，當仁不讓，見義勇爲。可見勇敢的行爲，必須以合乎仁與義，才是得其宜的正當行爲。否則，只知勇敢，而不顧其是否合乎正義，是否適宜，必至引起禍亂或盜賊。孔子曰：「君子義以爲上，君子有勇而無義則亂，小人有勇而無義則盜。」（陽貨篇）孔子曰：「見義不爲，非勇也。」（爲政篇）見到合乎正義的事，或是應當做的事，便當挺身而起，勇往以赴之，以底於成；若見義而不爲，那是無正義感的卑鄙人，談不上所謂勇敢。子路曰：「君子之仕也，行其義也。」（微子篇）這是子路對隱士「以杖荷蓧」的「丈人」所說的話。子路認爲有才德的出來爲國家做事，那不是不應該的，曾說：「不仕無義」；君子出而爲政，在維持長幼之節，君臣之義，乃是實現正義，端正人倫。

樊遲問知。子曰：「務民之義，敬鬼神而遠之，可謂知矣。」（雍也篇）知者不惑。知者要專心盡力，作對人民所當作的事。敬鬼神而遠離之，不要被鬼神之事所迷惑，才算是知者。孔子所要致力的，是對現在的社會謀求改善，對現實的人民生活，謀求解決，建立人間的天堂。所以孔子不言怪、力、亂、神；又曰：「未能事人，焉能事鬼。」孔子答子路問成人曰：「見利思義，見危授命。」（憲問篇）子謂：「子產有君子之道四焉：其行己也恭，其事上也敬，其養民也惠，其使民也義。」（公冶長篇）

當人可以得到某些利益時，便當審辨其是否正當，是否合乎義理。除非是正當的，合乎義理的，才可取而有之。不貪不義之財，不食不義之食，義然後取，人不厭其取。孔子曰：「不義而富且貴，於我如浮雲。」（述而篇）又曰：「君子有九思：視思明，聽思聰，色思溫，貌思恭，言思忠，事思敬，疑思問，忿思難，見得思義。」（季氏篇）凡不正當或不合正義，不當得的利益，決不可取得；無論作人處世，爲政施治，均須遵守不爲不義，不取不義。子張亦曰：「士見危致命，見得思義，祭思敬，喪思

哀，其可已矣。」（子張篇）

荀子曰：「人何以能群？曰：分。分何以能行？曰：義。故義以分則和，和則一。」（王制篇）義何以能促成衆人的守分、和平與團結一致呢？因爲義是衆所共認正當、公平和合理的行爲標準與價值系統卽道德觀念。有一致的行爲標準和道德觀念，才能促成衆人的群居協作，和平相處，團結一致。因爲共信生，互信立；互信立，團結固。行而宜之之謂義。怎樣的行爲才算合宜呢？合宜就是正當、公平與合理。取得與付出平衡及義務與權利對稱，便是行而宜之的守義行爲。不勞而獲就是不義的行爲，榨取、剝削、詐騙、盜竊等均屬之。盡多少的勞力，才能得到多少的報酬。有多少的貢獻才能有多少的獲得。盡多少義務才能享多少權利。不盡義務便不能享權利。君則敬，臣則忠；父則慈，子則孝；兄則友，弟則恭；夫婦互愛，朋友互信，都是正當、公平、合理的義行。「君要臣死，臣不敢不死」，「天下無不是的父母」，「男尊女卑」等觀念，均背悖「取、予」平衡，「權、義」對等的公平理則，而是取而不予，享權利不盡義務的片面倫理，非行而宜之的正義（justice）行爲。

四、德治思想——孔子曰：「爲政以德，譬如北辰，居其所，而衆星共之」；又「道之以德，齊之以禮，有恥且格。」（均爲政篇）這是孔子主張德治主義的政治思想。德治政治的要旨，計可包括四點：一是哲聖之王，二是任用賢才，三是以身作則，四是推行敎化。玆就此分論如次：

1. 哲君——古希臘哲人柏拉圖（Plato, 427-347, B. C.）認爲政治的目的在推行正義與公道。如果君主沒有知識與道德，必濫用「權力」，恣肆暴戾，違背正義與公道。如果有知識與道德的聖人，而不居君位，沒有「權力」，亦無法推行正義與公道。只有使有知識與道德的聖人使之居君位，握「權力」，才能達到政治的目的，所以要有「哲君」(philosopher king)。孔子比柏拉圖早生一三〇年，而孔子便已有了「哲君」的政治思想。孔子所推崇的君王是堯、舜、禹、湯、文王、武王。他們都是「哲君」。孔子曰：「大哉，堯之爲君也！巍巍乎，唯天爲大，惟堯則之！蕩蕩乎，民無能名焉！巍巍乎，其有成功也！煥乎，其有文章。」(泰伯篇)又曰：「無爲而治者，其舜也與！夫何爲哉？恭己正南面而已矣。」(衞靈公篇)又曰：「巍巍乎，舜、禹之有天下也，而不與焉。」(泰伯篇)孔子曰：「舜其大孝也與！德爲聖人，尊爲天下，富有四海之內，宗廟饗之，子孫保之。故大德，必得其位，必得其祿。」㊱《大學》曰：「一人定國。堯舜帥天下以仁，而民從之。」㊲堯、舜、禹、湯、文王、武王皆是德爲聖人，尊爲天子的「哲君」。有大德者必居大位者，當然是「哲君」，卽孔子所說的「聖君」。這是孔子德治思想的第一要義。

2. 任用賢才——君主不能僅憑一人治理國事，必須任用群臣以爲輔助。任用群臣，自然任君子而棄小人。君子就是有道德有學問的賢才。「博聞强識而讓，敦善行而不怠，謂之君子。」㊳孔子曰：「文、武之政，布在方策，其人存，則其政擧；其人亡，則其政息……故爲政在人。」㊴這裡所說的人，當然是指人才，亦就是「博聞强識而讓，敦善行而不怠」的君子或賢才。任用賢才組成政府謂之「賢人政府」

㊱《中庸》第一七章。
㊲《大學》九，釋齊家治國。
㊳《禮記》卷一，曲禮。
㊴《中庸》第二〇章。

(government by the best)。所以孔子的德治思想，係以任用賢才爲要務。孔子稱讚堯、舜、禹及武王能任用賢才，而天下大治。舜有臣五人，而天下治。武王曰：「予有亂臣十人。」孔子曰：「『才難』，不其然乎？唐虞之際，於斯爲盛，有婦人焉，九人而已。三分天下有其二，以服事殷，周之德，其可謂至德也已矣。」（泰伯篇）

普通都說人才難求。孔子認爲那話並不正確。豈未看見唐虞之際，人才最盛。舜有臣五人，是禹、稷、契、皐陶、伯益。武王有治亂的賢臣十人，除婦女一人外，共有九人。這九人就是周公姬旦、召公姬奭、太公姜尙、畢公姬高、榮公、大顚、閎夭、散宜生、南宮适；婦人一人是姜尙之女武王后邑姜。「哀公問曰：何爲則民服？孔子對曰：擧直錯諸枉，則民服；擧枉錯諸直，則民不服。」（爲政篇）擧賢直之人而用之，摒棄枉曲的小人，則民服；反之，則民不服。這是孔子主張任用賢才的又一證明。任用賢才，須有觀察賢才的方法，知道何人是賢才，方能擧而用之，卽所謂「知人善任」。孔子所提出的觀察人才的方法，是：「視其所以，觀其所由，察其所安，人焉廋哉，人焉廋哉。」（爲政篇）

用人唯才。人是否見用，完全視其是不是賢才爲轉移。孔子堅持這一原則，縱使衆人皆好之，亦不可貿然用之，必須再加考察，確是賢才，然後用之。所以孔子曰：「衆惡之，必察焉；衆好之，必察焉。」（衞靈公篇）「子貢問曰：鄉人皆好之，何如？子曰：未可也。鄉人皆惡之，何如？子曰：未可也。不如鄉人之善者好之，其不善者惡之。」（子路篇）一般群衆每易感情用事，且未必有辨識賢才的足够能力，孔子主張要用客觀的考察方法「視其所以，觀其所由，察其所安」以衡鑑一個人是否是賢才。衆人皆曰賢，未可也；必察之，見賢焉，然後用之。今日民主政治下的選擧制度弊端百出，並未能眞正達到

「選賢與能」的目的。所以國父主張公職人員候選人須先經考試及格，方可參加競選。

3. 以身作則——德治政治重在以德教化民，並不用刑政控制人民。故孔子曰：「道之以政，齊之以刑，民免而無恥。道之以德，齊之以禮，有恥且格。」(爲政篇) 因之，爲政者要德充義沛，以身作則，表率群倫。「季康子問政於孔子。孔子對曰：政者，正也，子帥以正，孰敢不正。」(顏淵篇)「季康子患盜，問於孔子。孔子對曰：苟子之不欲，雖賞之不竊。」(顏淵篇) 孔子曰：「苟正其身矣，於從政乎何有 (有何難哉)？不能正其身，如正人何？」(子路篇)。「季康子問政於孔子，曰：如殺無道，以就有道，如何？孔子對曰：子爲政，焉用殺；子欲善，則民善矣。君子之德風，小人之德草，草上之風必偃。」(顏淵篇) 孔子曰：「其身正，不令而行；其身不正，雖令不從。」(子路篇) 孔子曰：「上好禮，則民易使也。」(憲問篇) 又曰：「上好禮，則民莫敢不敬；上好義，則民莫敢不服；上好信，則民莫敢不用情。夫如是，則四方之民，襁負其子而至矣。」(子路篇) 從孔子的這些立論以觀之，則其德治的要旨，在於主政者以身作則，表率群倫，以德化民，行禮、義、忠、信以爲政，修身以正人，上行而下效，風行草偃，爲政治成功的要道。孔子的德治，可稱之爲人格感召政治。儒家反對以力服人的霸道。因以力服人，人心不服，必將引起人民的反抗，並非長治久安的治道。儒家採行以德服人的王道。因以德服人，衷心悅而誠服也；即得天下者得民心，天下歸仁矣的治平盛世。

4. 推行教化——孔子的德治思想，要在以德教化育人民，反對以刑政統治人民。孔子曰：「爲政在人，取人以身，修身以道，修道以仁。」[40] 由此言之，孔子推行的教化是率性之道，修道之敎，便是以

---

[40] 同上。

仁心仁德教育人民。孔子曰：「性相近也，習相遠也。」（陽貨篇）人的先天秉賦相去不遠；因後天的學習（教化）不同，便相差甚遠，是以孔子的德治，重在推行教化。《詩》云：「天生烝民，有物有則，民之秉懿，好是懿德。」❹❶孔子曰：「爲此詩者，其知道乎。」（《孟子》告子上篇）孔子稱贊此詩爲知道，是因其行率性之道，以發揮秉賦於天的善性懿德（美德）。孔子自稱「爲之不厭，誨人不倦」（述而篇），一生以積極的精神，教化人民，使歸於仁。

教人的對象，就是要人致力於求知與向學。孔子時常勉勵人要努力學習以求知。孔子在《論語》中，第一句話，就是「學而時習之，不亦說乎。」（學而篇）一則曰：「多見而識之。」（述而篇）再則曰：「君子博學於文，約之以禮，亦可以弗畔矣夫。」（雍也篇）三則曰：「溫故而知新，可以爲師矣。」（爲政篇）四則曰：「吾嘗終日不食，終夜不寢，以思；無益，不如學也。」（衛靈公篇）五則曰：「多學而識之。」（衛靈公篇）孔子教其子鯉曰：「不學詩，無以言；不學禮，無以立。」孔子對不修德，不講學的深爲憂慮。他說：「德之不修，學之不講，聞義不能徙，不善不能改，是吾憂也。」（述而篇）

《尚書》舜典載使契爲司徒，敬敷五教在寬。《左傳》曰：「布五教於四方，父義、母慈、兄友、弟恭、子孝，是布五常之教也。」❹❷孔子爲政必先正名，正名亦所以謹庠序之教，教以人倫；人倫亦就是五常之教。孟子曰：「使契爲司徒，教以人倫，父子有親，君臣有義，夫婦有別，長幼有序，朋友有

---

❹❶《詩經》大雅，蕩之什，烝民之詩。
❹❷《左傳》文公一八年。

信。」㊸王充則曰：「五常之道，仁、義、禮、智、信也。」㊹孔子崇德治，行教化，卽所以布敷五常之敎，達到以德化民的政治目的。五常之敎，始於事親。有子曰：「其爲人也孝弟，而好犯上者鮮矣。不好犯上，而好作亂者，未之有也。君子務本，本立而道生。孝弟也者，其爲仁之本與。」（學而篇）孔子亦說：「弟子入則孝，出則弟，謹而信，汎愛衆，而親仁。行有餘力，則以學文。」（學而篇）

依儒家的思想，君、親、師是三位一體的。《大學》曰：「《詩》云：『樂只君子，民之父母。』民之所好好之，民之所惡惡之。此之謂民之父母。《詩》云：『節彼南山，維石巖巖；赫赫師尹，民具爾瞻㊺。』」《詩經》中所述的君子，指有德的在位者，卽爲政治民的官員。居官者猶如民之父母，要愛民如子，視民如傷，如保赤子，民之所好者好之，民之所惡者惡之。在官者與人民同好惡，就是得民心的德政。得其民者得其心；得其心是得天下矣。尹是主政治的官；師是掌敎化的師。赫赫師尹指有威儀的官兼師職，其高大猶如南山，爲全國人民所仰望。《尙書》泰誓篇曰：「天佑下民，作之君，作之師。」君兼師職的君，就是孔子所說的「聖王」，有似柏拉圖所說的「哲聖之王」。在孔子的心目中，政治的功用就是推行敎化；君主的地位猶如敎師。

五、君子思想——德治是賢者在位，能者在職，以身作則，表率群倫，推行敎化，實施仁政，而達到修己以安百姓的政治目的。但是賢才的標準與條件又是什麼呢？孔子所稱的君子，就是德治政治下所

㊸《孟子》滕文公上篇。

㊹王充《論衡》問孔篇。

㊺《大學》一〇，釋治國平天下。

需要的賢才。何謂君子？為何倡行君子之道？玆就孔子所論擧述於次：

1. 詩書中的君子——君子一詞非孔子所創立。在《書經》、《詩經》中已多所論及。《尙書》商書中尙未見君子一詞，周書中則六見君子名詞。泰誓篇曰：「西土君子」，旅獒篇曰：「狎侮君子，罔以盡人心；狎侮小人，罔以盡其力」，酒誥篇曰：「庶士、有正，越庶伯君子」，召誥篇曰：「敢以王之讎民，百君子、越友民」，無逸篇曰：「君子所其無逸，先知稼穡之艱難，乃逸，則知小人之依」，周官篇：「有官君子」。《尙書》中所述的君子，係與小人對擧。君子係指居官位的官人。小人則指細民，乃是在野的黎民。

《詩經》中所稱的君子，有兩種意義：一是指在位的官人，二是指在官位兼具品德的人。小雅采薇曰：「駕彼四牡，四牡騤騤。君子所依（乘），小人所腓（掩護）」，南山有臺曰：「樂只君子，民之父母」，巧言曰：「奕奕寢廟，君子作之。」這些擧述專指在位的官人。小雅湛露曰：「顯允君子」，「豈弟君子」，鼓鐘曰：「淑人君子，其德不回」，角弓曰：「君子有徽猷」，大雅卷阿曰：「豈弟君子，四方為則。」這些擧述是指在官位兼具品德的人。

君子一詞在周代已見廣泛流行，係與小人對擧。小人是細民，乃在野的黎庶。君子是貴族中的居官位為政治民的人。上可包括天子，下可及於士人。大雅假樂曰：「假樂君子，顯顯令德，宜民宜人，受祿于天。」這一君子係指天子。大雅雲漢曰：「大夫君子」，這是指士、大夫、公、卿的臣下，或貴族之居官者。雖間有兼言官位與品德者，然為數不多。到了春秋之世，世卿制祿的貴族制漸趨動搖，新興的士庶階級，蔚成社會菁英。孔子乃舍棄地位而專指品德高尙的社會菁英為君子。這是孔子的創見。

2.君子的意義——孔子雖創立專就高尚品德而言君子的新意義；但當時廣泛流行的傳統觀念的君子，孔子並不能完全排除。所以孔子在《論語》中所舉述的君子，則有左列三種不同的意義：

㈠品德高尚的君子——這種意義的君子，是孔子創立的新觀念。只要個人品德高尚，就是君子，不必居官在位。孔子曰：「學而時習之，不亦說乎？有朋自遠方來，不亦樂乎？人不知而不慍，不亦君子乎。」（學而篇）這是勸人好學、交友、尙德，勉爲君子。又曰：「君子不重則不威，學則不固。主忠信，無友不如己者，過則勿憚改。」（學而篇）這亦是勉人砥礪品德，力求上進，躋於君子之林。孔子曰：「君子固窮，小人窮斯濫矣。」（衞靈公篇）「君子疾沒世而名不稱焉。」（衞靈公篇）「君子無終食之間違仁，造次必於是，顚沛必於是。」（里仁篇）「博學以文，約之以禮，亦可以弗畔矣夫。」（雍也篇）「子欲居九夷，或曰陋，如之何？子曰：君子居之，何陋之有。」（子罕篇）凡此舉述，皆就個人品德而言君子，不涉及其社會或政治地位。

㈡在位居官的君子—在位居官的謂之君子，君子與小人對舉。君子爲當時的貴族，小人指在野的黎庶。這是周代流行的傳統觀念。孔子雖曾創立庶民之有高尙品德者，謂之君子的新觀念。但對傳統的君子觀念，在《論語》中亦常提及。孔子曰：「君子不以言舉人，不以人廢言」，「君子不可小知，而可大受也；小人不可大受，而可小知也。」（衞靈公篇）又曰：「君子有勇而無義則亂；小人有勇而無義則盜。」（陽貨篇）「君子思不出其位」，「君子而不仁者有矣夫，未有小人而仁者也。」（憲問篇）凡此舉述，君子乃是指在位居官的人，不是在野的黎民；並未涉及這些君子是否具有優良的品德。

㈢居官有德的君子—貴族之居官者的爲人治事，並不一樣。有的人祇是平凡普通，品德政績均不足稱述。有的人則具有高尙品德和優良政績。孔子在《論語》中亦常提到這一類君子。子路問君子，子曰：「修己以敬。」曰：「如斯而已乎？」曰：「修己以安人」。曰：「如斯而已乎？」曰：「修己以安百姓。」（憲問篇）子謂子產有君子之道四焉：「其行己也恭，其事上也敬，其養民也惠，其使民也義。」（公冶長篇）孔子曰：「君子篤於親，則民興於仁；故舊不遺，則民不偸。」（泰伯篇）又曰：「君子惠而不費，勞而不怨，欲而不貪，泰而不驕，威而不猛。」子張曰：「何謂惠而不費？」子曰：「因民之所利而利之，斯不亦惠而不費乎？擇可勞而勞之，又誰怨；欲仁而得仁，又焉貪？君子無衆寡，無小大，無敢慢，斯不亦泰而不驕乎？君子正其衣冠，尊其瞻視，儼然人望而畏之，斯不亦威而不猛乎。」（堯曰篇）凡此舉述，均是指居官而有德者。

3. 爲何倡新君子——孔子爲何創立君子的新意義。只要個人具有高尙品德與能力的賢才，應居官爲政，而尙未仕的士庶，亦可稱之爲君子；不必受傳統觀念所限，以爲君子必是在位的貴族。孔子爲何創立這一新意義的君子。揆其原因，不外下列四端：㈠周代行世卿制祿之制，官位取得悉由世襲。用人不問有無才德，只問是否屬於有繼承權的貴族。世襲制度行之日久，繼位的貴族或因先天不良，或以後天不學，於是流於腐敗無能，更不知爲政治民之道，「以驢當獅用」那能勝任!?孔子以爲這種不合理的現象，應予以補救，乃倡君子的新意義。士庶之有長才美德者便應居君子之位，爲政治民，才能行仁政，惠以養民，義以使民。有其德者必得其位；修其天爵而人爵隨之。那「德之不修，學之不講，聞義不能徙，知過不能改」的尸位「君子」，理應讓賢。㈡西周的封建制度，迨至春秋之世，已趨動搖，漸見破壞，官位世襲制度難以完全維持，遂啓權位爭奪的契機，强者憑藉實力能以搶佔權位；黠者運用計謀竊取官爵。角力固然引起爭亂；鬥智亦會導致不安。長此以往，爲害之烈，將不知伊於胡底!?孔子有鑑於此，乃思有所遏制，於是高唱：「以德致位」的大道，並本「誨人不倦」的熱誠，傳授三千弟子以格、致、誠、正、修、齊、治、平之術，使有入仕登庸之資，能代「世卿」而執政，並杜智者强者的角逐。㈢孔子旣知世卿制的不合理，且已漸趨破壞，爲何還襲用傳統的「君子」之名呢!?吾人應知孔子決不是反動派（reactionary），要時鐘倒轉，完全恢復西周的封建制度；他又不是保守派（conservative），要維持現狀於不變。他更不是激烈派（radical），要用激烈手段摧毀現存的合法狀態。孔子乃是改良派（reformer），或自由派（liberalist），欲用和平方法對現存的不合理的狀況予以改進或改良，使之合理化。因之，乃因襲了「君子」的舊名詞。藉舊名詞爲掩護，而進行其和平改革的新主張。這是「移花接木」和「舊瓶裝新酒」的巧妙運用。㈣時至春秋之世，農業生產技術大爲進步，封建式土地制度及大農場擴散生產，反成爲經濟進步的障碍，於是助法廢，徹法行，土地可以私有及自由買賣，土地兼併遂告產生；因之，非貴族的大地主乃應運蔚然興起。同時，農產品生產數額大量增加，消費食用不完，乃將多餘的農產品出售。原爲供食用的農產品，變爲供交易的商售品。自然經濟進爲商業經濟，工商事業的進步，亦隨之日見發達。鄭商弦高能以退却入侵的秦師。翟陽大賈呂不韋能以財力暗移秦祚。陶朱公家累重金，富可敵國。端木子貢善貨殖，束帛之幣，結駟連騎，馳騁諸侯，所至國君，莫不與之分庭抗禮。新興的富農工商階級，旣富資財，又有餘暇，自然會讀書向學，求取知識。這些新興的知識分子，年富力强，活潑進取，有知識，有能力，才堪重用。那些瀕於衰敗沒落的貴族，已難勝任所居官位。這些後起之秀，社會菁英，自當取而代之。孔子創新的君子觀念，認爲有其德者居其位，正所以爲這些新秀，開入仕之途，闢登庸之門。

六、正名思想——正名的思想在孔子的學說中，佔着至爲重要的地位，研究孔子學說，對正名的思想，不可不有切實的瞭解。第一、孔子正名究竟要正什麼名？第二、孔子正名的目的何在？第三、孔子正名與「吾從周」有什麼關係？玆就此分別論述如次：

1.正名的意義——孔子正名的意義，計有三種不同的涵義和對象：一是正聲名的名；二是正名實之名；三是正名分之名。分別述說其意義於後：

㈠正聲名——孔子曰：「君子去仁，惡乎成名」（里仁篇）；又曰：「君子疾沒世而名不稱焉。」（衞靈公篇）這些名就是聲名的名，普通亦稱之爲名譽，乃是人所推崇的美稱。如聖君、賢相卽是聲名的名。如堯、舜、禹、湯可以當聖君而無愧；如舜之與堯，禹之與舜，周公之與武王，可以當賢相而不愧。實至而名歸，名正而言順，不發生正名問題。但孔子之世，欺世而盜名，比比皆是，孔子深惡之。孔子曰：「鄉愿，德之賊也。」（陽貨篇）一鄉之人皆稱之爲善人；其實，其忠信廉潔全是僞託。這是僞君子、假善人，其聲名乃欺人盜名而得之。這亦就是孔子所要正的名。

子張問：「士如何可謂之達矣？」子曰：「何哉？爾所謂達者！」子張對曰：「在邦必聞，在家必聞」。子曰：「是聞也，非達也。夫達也者，質直而好義，察言而觀色，慮以下人，在邦必達，在家必達。夫聞也者，色取仁而行違，居之不疑，在邦必聞，在家必聞。」（顏淵篇）達人好義修德，行以孚之，是眞正的賢達美名。聞人表面裝仁者而行則違之，乃虛僞的冒充聲名。僞善者不可以冒眞善者的美名。賢與不肖，涇渭分明，不可混淆，故孔子正之，予以澄清。少正卯爲大夫，魯之聞人，但心逆而險，行僻而堅，言僞而辨，記醜而博，順非而澤，乃足以亂政的大姦慝。大姦慝豈可冒佳聲名，孔之誅之，誰曰不宜!?

齊宣王問曰：「湯放桀，武王伐紂，有諸？」孟子對曰：「於傳有之。」曰：「臣弒其君可乎？」曰：「賊仁者謂之賊，賊義者謂之殘，殘賊之人，謂之一夫，聞誅一夫紂矣，未聞弒君也。」㊻君是美聲名，弒是叛逆之稱。齊宣王以武王伐紂爲弒君，大乖其義，孟子爲之正名曰：紂戕賊仁義，乃是殘賊的一夫，已失其爲君的聲名；武王伐紂是誅一夫，並非弒君。這和孔子正聲名的意義，完全一致。呂不韋藉《呂氏春秋》一書，而名傳後世。其實，這書是賓客多人的集體創作，並非他的手筆。欺世盜名，若呂氏者，誠孔子所謂「色取仁而行違，居之不疑」的「聞名」，並非「達人」。

(二)正名實——孔子曰：「多識於鳥獸草木之名。」(陽貨篇)這名指動植物的名稱。又「大哉，堯之爲君也，巍巍乎，唯天爲大，唯堯則之，蕩蕩乎，民無能名焉。」(泰伯篇)這名指事功德業之名。一切事物的名稱，貴在名以指實，實以符名。名實相符，事理之正。名實相待而成，猶如桴鼓相應，形影相隨。若名實不符，便是錯失，應予糾正之，此卽所謂正名實。孔子曰：「觚不觚，觚哉觚哉！」(雍也篇)。觚是有四面有稜角的酒器。今稱那沒稜角的酒器亦曰觚。那怎可稱之爲觚呢?!怎可稱之爲觚呢?!這就是正名實。名者實之賓，實者名所指。名實必須一致。馬就是馬，鹿就是鹿，不可指鹿爲馬，不可張冠李戴。孔子謂季氏曰：「八佾舞於庭。是可忍也，孰不可忍也？」(八佾篇)季氏爲大夫，依禮只可

㊻《孟子》梁惠王下篇。

用四佾之舞（一佾八人），今竟用天子八佾之舞，僭越過甚，孔子乃大爲太息。大夫而僭天子之禮，禮不稱其位，實乖戾名實，故孔子嚴厲糾斥之。

㈢正名分——子路曰：「衞君待子爲政，子將奚先？」子曰：「必也正名乎！」孔子認爲：「名不正，則言不順。言不順，則事不成。事不成，則禮樂不興。禮樂不興，則刑罰不中。刑罰不中，則民無所措手足。」（子路篇）當時的衞君是出公輒，其父蒯聵流亡在外，衞人立輒而拒其父之歸。父在而子立爲君，倫理亂悖，名不正，言不順。這裡所提的正名，就是正名分。齊景公問政於孔子。孔子對曰：「君君、臣臣、父父、子子。」公曰：「善哉！信如君不君，臣不臣，父不父，子不子，雖有粟，豈得而食諸?!」（顏淵篇）。孔子答齊景公之言，就是對正名所作的具體解釋。正名分在使君、臣、父、子各守其應守之分，各盡其應盡之責，勿殞勿越。孔子曰：「君使臣以禮，臣事君以忠。」（八佾篇）這便是君與臣所各當遵守的分際及應盡的責任。君則敬，臣則忠，父則慈，子則孝，兄則友，弟則恭，乃名正言順的倫理綱常。

居其位便當盡其責，執其事便當成其功，不可殞責曠職。故孔子曰：「射不主皮，爲力不同科，古之道也。」（八佾篇）古禮爲射，重在中鵠的，因人力各有不同，不必一定穿透皮革。這是說人皆當盡力成事，不可殞位曠職。孔子言則行之，他自己任事便能作到盡忠職守，成績卓著。孟子曰：「孔子嘗爲委吏矣，曰會計當而已矣；嘗爲乘田矣，曰牛羊茁壯長而已矣。」㊼居官爲政固然不得曠職，同時亦不

㊼《孟子》萬章下篇。

可越權，所謂勿殞勿越。故孔子曰：「君子思不出其位」，「不在其位，不謀其政。」（泰伯篇）

2.正名的目的——孔子生當戰亂之世，深察禍亂所自起，追本溯源，識其底蘊，明其癥結，針對時弊，對症投劑，期能撥亂返治，澄本清源，救人民於水火之中，置天下於衽席之安。他深深察知天下之亂，起於名不正，言不順，事不成，禮樂不興，刑罰不中，於是大聲疾呼提出正名主義的思想，期以抒時艱，救世人。其所以極力主張正名，在於達到左列三大目的：

㈠建立眞僞善惡的共同標準——眞僞混淆，善僞不明，是非不分。行爲實惡劣，反而居美名，乃「色取仁而行違，居之不疑」的僞善與虛聲。强國國君上擅天子的權力，下壓小國的諸侯，以力假仁，以勢逼人，明明是惡覇，反而自稱是尊王好義的盟主。竊人社稷，建立傀儡，美其名曰繼絕祀；搶人土地，佔爲己有，飾其詞曰興滅國。腐敗無能的貴族，德不當其位，能不勝其任，尸位素餐，「食肉者鄙」仍被稱爲「君子」。欺世盜名，魚目混珠，善者不得其美名，惡人反有其佳聲。善惡顚倒，黑白不分，天下焉能不淪於禍亂的深淵中!?所以孔子曰：「惡紫之奪朱也，惡鄭聲之亂雅樂也，惡利口之亂邦家者。」（陽貨篇）孔子之正聲名，其目的在於建立善惡眞僞的共同標準，藉以明善惡，辨黑白，識眞僞，定是非，從根遏制亂源，立國家長治久安的正道。

㈡建立命名定詞的正確法則——名以指實，實以應名；辨物理當指其實，名物性須如其眞。但當孔子之世，思想混亂，意見分歧，「邪說橫行，處士橫議」，名不能指其實，實不足以應其名，各是己之是而非人之是；甚而各是己之非，而非人之是，議論紛紜，莫衷一是，言詞不一致則爭議起，思想不會同則分離生，名實不符的弊害，實有不得已於言者。荀子曰：「名守慢，奇辭起，名實亂，是非之形不明，則雖有守法之吏，誦數之儒，亦皆亂也。」⑱孟子亦曰：「惡似是而非者，惡莠恐其亂苗也，惡佞恐其亂義也，惡利口恐其亂信也。」⑲若指鹿爲馬，則求馬而得鹿。若名實不符，則所求皆不可得，亂之所自起。此卽孔子所謂：「名不正，則言不順；言不順，則事不成；事不成，則禮樂不興；禮樂不興，則刑罰不中；刑罰不中，則民無所措手足。」孔子要正名實，其目的在於建立命名定詞的正確法則，一言詞，同思想，使名實相符，正誤不爽，俾以止亂息爭，安居樂業。

梁啓超著《孔子》一書，指出《春秋》乃是嚴格正名的史書。他說：「《春秋》將種種名字詳細剖析，而且規定其應用法則，令人察名可以求義。就名詞論，如時日月之記或不記，如或稱名或稱字，或稱國或稱人。就動詞論，如兩君相見通稱曰會。《春秋》分出會、盟、遇、來。又如同一返國得立之諸侯而有入、納、立、歸、臨歸、復入種種異辭。乃至介詞、連詞之屬如以如、遂如、乃。凡各種詞，用之都有義例。這就是《春秋》嚴格的正名主義。」

㈢建立正常合理的人倫關係——周室東遷，王綱不振，名分不正，人倫紊亂。魯卿季氏「八佾舞於庭」（八佾篇），是大夫而用天子之舞禮。「三家者以雍徹。」（八佾篇）魯大夫孟孫、叔孫、季孫三家，廟祭徹祭品時竟用天子宗廟之祭的「雍」詩以爲歌頌。「天下無道，禮樂征伐自諸侯出」（季氏篇），諸侯侵伐，干戈不息，爭城以戰，殺人盈城；爭地以戰，殺人盈野。强凌弱，衆暴寡。會盟不信，唯力是視；言不由衷，爾詐我虞。楚本子爵，僭自稱王。晉爲侯位，晉侯竟公然傳見天子於河陽。綱紀敗壞，

---

⑱《荀子》正名篇。

⑲《孟子》盡心篇。

僭越如斯，眞孔子所謂：「是可忍也，孰不可忍也。」（八佾篇）

名分不正，君不君，臣不臣，父不父，子不子，人倫敗壞，臣弑其君者有之，子弑其父者有之；君臣不義不忠，父子不慈不孝。兄弟鬩墻，手足無情。子烝母，兄淫妹，逆倫不道，莫此爲甚。天子竟然立狄后，楚子膽敢問周鼎。所謂諸侯會盟的盟，實際上是强凌弱，衆暴寡的惡霸，天子反而嘉慰有加，而賜之曰「伯」。綱常大亂，名分不正，孔子怵然心驚，乃使義直言，高唱「正名分」之論，期以建立正常合理的人倫關係，俾能達到君則敬，臣則忠；父則慈，子則孝；兄則友，弟則恭，和君臣有義、父子有親、夫婦有別、長幼有序、朋友有信的目的。

3. 正名與吾從周——孔子曰：「周監於二代，郁郁乎文哉，吾從周。」（八佾篇）又曰：「如有用我者，吾其爲東周乎！」（陽貨篇）孔子「祖述堯舜，憲章文武。」足見他對周朝的文物制度，非常贊美與推崇。孔子爲殷人，對殷禮無所敬重，而却十分尊周，不無置疑者。殊不知殷朝的禮樂文物制度尙屬簡陋，且時代進步，亦已落伍，已失適用價値，故孔子未予推崇。且自殷亡至孔子之世，爲時已近六百年，不但復國無希望，而殷之遺民多經周化。例如宋國爲殷微子的封地，應能保持殷禮，但微子四傳之後，宋亦採用周道的諡法。孔子生長於周禮中心的魯國，其祖與父皆仕魯爲大夫，他醉心周制，自是事有必至，理有固然。況且孔子對殷禮並未全然摒棄。《禮記》儒行篇稱孔子答哀公問儒服曰：「丘少居魯，衣縫掖之衣；長居宋，冠章甫之冠」，此指殷之衣冠。《禮記》檀弓篇曰：「殷練而祔，周卒哭而祔。孔子善殷。」小祥之祭曰練，練祭後，後死之孫祔於祖，殷之禮。葬後而祭曰卒哭之祭，周禮。孔子則善殷禮。顏淵問爲邦，子曰：「行夏之時，乘殷之輅，服周之冕，樂則韶舞。」（衞靈公篇）

論者以爲孔子既從周，又倡正名。正名就是要恢復西周的封建制度。其實不然，孔子聖之時者也，隨時代而進步，日新月異。他決不是「反動派」，要倒退五百餘年，而恢復已失時的周制。孔子亦不是「保守派」，只求維持現狀，畏難更張。他實是進步的改良派（reformer）或自由派（liberalist），要用和平的方法，革除時弊，撥亂返治，以澄清天下爲職志。他之「從周」是「從周道」，並非復周制。孔子「志於道，據於德，依於仁」去作正名運動，要建立合乎正義與公理的新道德系統、新社會秩序和新人倫關係，君臣、父子、夫婦、兄弟、朋友各守其應守之分，各盡其應盡之責，竭己盡忠，助人行恕，己立人立，己達人達，分以和之，義以一之，仁以生之，實現和諧無間，團結一致，民生樂利的人間天堂。

七、時中思想——孟子曰：「孔子聖之時者也。」（《孟子》萬章下篇）這是說孔子是聖人最能適合時宜的人。適時得其宜便是時中。仲尼曰：「君子中庸，小人反中庸；君子之中庸也，君子而時中；小人之反中庸也，小人而無忌憚也。」[50]「君子而時中」，殆是孔子自道之也。玆將孔子時中之義，申述如次：

1. 時中的論據——堯曰：「咨，爾舜！天之曆數在爾躬，允執其中。」（《論語》堯曰篇）這是堯敎舜守不偏不倚的中道。舜謂禹曰：「人心惟危，道心惟微，惟精惟一，允執厥中。」[51]人心危而難安，道心微而難明，故須戒以精一，信執其中，不使人欲害理性，而以理性克人欲，便是合宜適中。孟子亦稱

---

[50]《中庸》第二章。
[51]《尚書》卷二，大禹謨。

「湯執中」。孔子倡時中之義；其「中」的理論根據，便是唐堯、虞舜、夏禹的「執中」。

子在川上曰：「逝者如斯夫！不舍晝夜。」（子罕篇）這是孔子感嘆歲時不居，如流水般的逝去。一切的事物，都時刻不停的在變遷，人類的歷史亦持續不斷的進化。孔子曰：「周監於二代，郁郁乎文哉！吾從周。」（八佾篇）這是孔子贊美周朝文物制度累積進化的良好成果。孔子曰：「齊一變，至於魯；魯一變，至於道。」（雍也篇）這是孔子的歷史進化觀，意謂一切的歷史變化，都在「至於道」的軌道上作向前向上，求新求進的方向去發展。

「天地之大德曰生」，「生生不息之謂易」。故《易經》繫辭傳下曰：「易之爲道也，屢變，變動不居，周流六虛，上下无當，剛柔相易，不可爲典要，唯變是適。」孔子的時中理論，是以「執中」與「時變」的認知爲基礎。「時中」就是「唯變是適」，卽在時日的變遷中，作最合適的適應。這種適應就是「執中」。時變與執中相配合，謂之「時中」。

2. 時中的意義——要瞭解時中的意義，應先知道「中」字作何解釋；然後就中字的解釋，就可以說明時中的意義。

㈠中心——四方之中爲中，左右之間亦爲中。中是中心。時中就是在變動不居的流逝不息的時間或時代中，中立不倚，把握中心或重心。中則立，一切的事物，都必須把握着其重心（中）方能存在。

㈡合適——《左傳》定公元年載：「未嘗不中吾志也。」科學制度中被錄取者曰中式，卽適合一定的程式。時中就是在時代的變遷中，能作合適或中式的適應，不被變局衝擊而不支。

㈢中的——射箭中鵠的曰中，《孟子》萬章篇曰：「其中非吾力也。」治事能勝任或成功的達到目的，均謂之中。時中是在時代變遷中，一切措施能達成所期欲的正當或合理目的。孔子曰：「夫人不言，言必有中」、「億則屢中」（先進篇）。又曰：「刑罰不中，則民無所措手足。」（子路篇）這些中，都指射中鵠的或達成目的。

㈣正道——《論語》堯曰篇載：堯咨舜曰：「允執其中」。《尚書》大禹謨載：舜咨禹曰：「允執厥中」。中是不偏不倚的正道，亦是「克己復禮」的理性。時中就是在時代的變遷中，一切言行與措施，不離於正道，不背於理性。

㈤得宜——《周禮》地官師氏載：「掌國中失之事。」校勘記：「中失猶得失。」王念孫曰：「中得義相同，故二字可以互用。」在變動不居的時代中，一切的言行與生活，要隨時作得宜的適應，便可謂之時中。孟子曰：「伯夷聖之淸者也；伊尹聖之任者也；柳下惠，聖之和者也；孔子聖之時者也。孔子之謂集大成。」52 孔子是時中之聖。集大成謂集諸聖之德，而成一己的時中聖德。可以淸則淸，可以任則任，可以和則和，隨時代的演變，應社會的需要，而作「得宜」或「恰當」的適應，不「執一」，不蔽於一己之偏。執一則不通，圓通方無碍。佛家的「圓通」，猶如儒家的「時中」。

逸民：伯夷、叔齊、虞仲、夷逸、朱張、柳下惠、少連。子曰：「不降其身，不辱其志，伯夷、叔齊與？」謂柳下惠、少連：「降志辱身矣，言中倫，行中慮，其斯而已矣。」謂虞仲、夷逸：「隱居放言，身中淸，廢中權。」「吾則異於是無可無不可。」楊亮功曰：「孔子所謂無可無不可，並非是毫無

52 《孟子》萬章下篇。

原則，與世浮沉，苟求富貴，乃是因時制宜，而求適中。」[53]這亦正是孔子所謂「君子之於天下也，無適也，無莫也，義之與比。」（里仁篇）聖人立身處世，並無一定的可，或一定的不可，只求行而宜之，即符於正義與公道。這亦是孟子所謂「可以仕則仕，可以止則止，可以久則久，可以速則速，孔子也。」[54]仕與不仕及仕之久速，皆得其宜，便謂之「時中」。

3. 時中的重要——子程子（程頤）曰：「不偏之謂中，不易之謂庸；中者天下之正道，庸者天下之定理。此篇乃孔門傳授心法，子思恐其久而差也，故筆之於書以授孟子。」[55]易有三義：一曰簡易，二曰變易，三曰不易。不易之謂庸。庸是歷久不渝的「恒變」。時間永遠是變動不居的，事物永遠是變化不止，物換星移是恒變不易的定則。時中就是在不易的恒變歲時中，不偏不倚的時中。《中庸》全部在闡述時中的精義，爲孔門傳授心法。時中的重要性，不言而喻。

惠棟曰：「易道深矣，一言以蔽之曰時中。孔子作彖傳，言時者二十四卦，言中者三十五卦。象傳言時者六卦，言中者三十六卦。子思作《中庸》，述孔子之意而曰：君子而時中。孟子曰：孔子聖之時。夫執中之訓，肇於中天，時中之義，明於孔子，乃堯舜以來相傳之心法也。」《易經》與《中庸》二書，乃儒學最重要的典籍，皆在闡釋「時中」的精義。「時中」的地位，至爲重要，可想而知。孔子曰：「人皆曰予知，擇乎中庸而未能期月守也。」（《中庸》第七章）又曰：「中庸其至矣乎，民鮮能久

---

[53] 楊亮功《孔學四論》，聯經出版公司，民國七二年，頁五八—五九。
[54] 《孟子》公孫丑上篇。
[55] 程頤《中庸》序言。

也。」（《中庸》第三章）又曰：「天下國家可均也，爵祿可辭也，白刃可蹈也，中庸不可能也。」（《中庸》第九章）這是孔子言中庸的「難」與「要」，勉人要學中庸，行中庸。孔子曰：「回之爲人也，擇乎中庸，得一善，則拳拳服膺，而弗失之矣。」（《中庸》第八章）這是孔子贊美顏回能守中庸，行中庸，舉例要他人取法。

4. 時中的要義——經論述時中的論據與意義，可以從中察知時中的精蘊要義，計有左列三端：

㈠累積進化的發展——孔子贊美周代的文物制度曰：「周監於二代，郁郁乎文哉，吾從周」（八佾篇），因周制是就夏商二代的文物制度加以損益而成的進步而新的制度。又曰：「齊一變至於魯，魯一變，至於道。」（雍也篇）時變的方向，是朝正道而前進。孔子曰：「後生可畏，焉知來者之不如今也？」（子罕篇）。由此觀之，孔子的歷史哲學是進化觀。進化是依舊生新，推陳出新，一代接一代，一層高一層的累積。這就是「日新之謂盛德」（《易經》繫辭傳下）。湯之盤銘曰：「苟日新，日日新，又日新」；《詩》曰：「周雖舊邦，其命維新。」[56] 新是滌除舊污而竭力爲善。

歷史進化的途徑，不是直線的，而是「一治一亂」，「有合有分」波浪起伏的前進。在分亂的時代有許多不同的因素在激盪，有許多矛盾的勢力在衝突。當這些的激盪與衝突，向前推移，求得其協一與平衡的中心或重點時，即到了治與合。治與合的出現即是「時中」功夫的成功。在治與合的時代，因知識的進步，技術的更新，新勢力的產生，而起不同因素的激盪，矛盾勢力的衝突，失去協一與平衡，又

[56] 《大學》二，釋新民。

發生亂與分的局勢。在亂與分時代中，又有追求協一與平衡的努力，得到「恰當」中心或重點，又出現治與合。人類的歷史就是在「時中」功夫的運用下，不斷的作累積進化的發展。

㈡立身處世的正道——立身處世要合於不偏不倚之謂中的正道。就修養言，人要隨時節制，克己復禮，喜怒哀樂皆得乎中。就靜的修養，心如止水，平靜無波；意如明鏡，一塵不染，此即喜怒哀樂之未發謂中。就動的修養言，時然後言，人不厭其言；樂然後笑，人不厭其笑；義然後取，人不厭其取。這亦就是「夫人不言，言必中」(先進篇)；「億則屢中」(先進篇)；「言中倫，行中慮」(微子篇)。就生活言，時中就是「一張一弛」的適中之道。孔子曰：「張而不弛，文武不能也；弛而不張，文武弗爲也；一弛一張，文武之道也。」❺❼張弛以弓弩喩人生，弓弩久張不弛則絕其力；久弛不張則失其用。張如人之久勞，久勞則疲累傷身。弛如人之久逸，久逸則廢時失業。就行爲言，過速則過當，過遲則不及，無過無不及，才是時中的正道。子貢問：「師與商也孰賢？」子曰：「師也過，商也不足。」曰：「然則師愈？」子曰：「過猶不及。」(先進篇)過是逾越適中之道；不及是未達於適中之道，均非所宜。

㈢經權互濟的方策——經是「守經持常」的恒道。權是「通權達變」的活用。就「時中」言之，經是「允執厥中」、「不偏不倚」的常道；權是「因時制宜」、「隨機適應」的權變。經權互濟，適得其當，謂之時中。孟子曰：「楊子取爲我，拔一毛而利天下，不爲也。墨子兼愛，摩頂放踵利天下爲之。子莫(魯之賢人)執中，執中爲近之。執中無權，猶執一也。所惡執一者，爲其賊道也，擧一而廢百

❺❼《禮記》〈雜記〉。

也。」[58]子莫執守楊墨中間的中道，似乎近於執中（時中）之道。但其守中而不知隨時應變以爲權衡，仍是執守一偏之蔽，而賊害執中（時中）的正道。因其執一是而廢百是。權猶稱秤之稱錘，所以權衡輕重而取得中點的平。子莫守經（執一中）而不知權，則膠着於一定之中而不知權變，仍是執一不通。時中則是經權互濟，因時制宜，而無時、無地、無事不得其中。

梁啓超曰：「孔子的中庸含有時間性，所以說時中。《易傳》說：「時之義大矣哉」；又說：「與時偕行。」全部《易經》說時的幾乎無卦不有。春秋三世，也把時的關係看得最重。因爲孔子所建設的流動哲學，那基礎是擺在社會動相上，自然是移步換形，刻刻不同了。時中就是從前際後的兩端求出個中來適用。」[59]執中是「時中」的「守經持常」，不偏不倚的「天下之正道」的中。時宜是「時中」的「通權達變」，流動不居，永久適應的「天下之定理」的庸。中爲常體，庸爲時用。時中乃是經權互濟的方策。

八、養民思想——論者批評儒家祇注重規範性的仁義道德，而忽視實際性的國民生計；不知「倉廩實而後知禮儀，衣食足而後知榮辱。」饑寒之民易起盜賊之心，仁義道德不能解凍餒。其實這是知其一，不知其二的偏蔽之見，有失公正。儒家對養民的民生問題，亦是十分重視的。《尚書》曰：「德惟善政，政在養民。」[60]儒家最早就提「政在養民」的思想，認爲政治的目的在解決民生問題。《尚書》

[58]《孟子》盡心上篇。
[59]梁啓超《孔子》第六節。
[60]《尚書》卷二，大禹謨第三。

周書中屢言重農事，勤稼穡，文武周公非常注重養民之本的農業問題。哀公問政，孔子曰：「夫政也者，蒲蘆也。」[61]蒲蘆易生的植物，爲政如培養植物，使之容易生長。又曰：「時使薄斂，所以勸百姓也；日省月試，旣廩稱事，所以勸百工也。」[62]使民以時，不害農事，薄稅斂以裕民財，都是養民的正道。時時省察百工的工作，按其成績給予相當穀粟。這亦是增加生產，解決民生問題的要道。誰能說孔子不重視國計民生呢!?

孔子深知爲政之道，端在得民心。得民心之道，除以德化民，仁政愛民外，更重要的就是爲民興利，使之「富有」，俾能養其體，遂其生。所以他說：「因民之所利而利之，斯不亦惠而不費乎？擇可勞而勞之，又誰怨？」（堯曰篇）孔子行仁政。仁政的重要目的在「富民」。「子適衞，冉有僕。子曰庶矣哉。冉有曰：旣庶矣，又何加焉。曰：富之。旣富矣，又何加焉。曰教之。」（子路篇）可見孔子爲政，庶、富、教三者並重。人民得其養，才能人口衆多（庶）。人民富有方能維其生，安其業。富而有教，人生才能快樂與幸福。富是財富。財富爲人民生活上必不可少的資需。故爲政首在富民。孔子曰：「政之急者，莫大乎使民富且壽也。」[63]又曰：「民之所以生者衣食也，上不教民，民匱其生，飢寒切於身，而不爲非者寡矣。」[64]富民所以使之足衣足食。衣食足則民不爲非。民不爲非，則盜賊息。盜賊

---

[61] 《中庸》第二〇章。
[62] 同上。
[63] 《孔子家語》第一三篇，賢君。
[64] 《孔叢子》卷二，刑論第四。

息，民自能安其生，樂其業。

如何富民使之足衣足食呢，其基本原則在於積極從事生產，增加財富與積蓄，卽所謂：「生財有大道，生之者衆，食之者寡；爲之者急，用之者舒，則財恒足矣。」65 生產者衆則生產的財富多；消費者寡，則消耗的財富少。生產多，消費少，財富自然增加，能使人富有，而足衣足食。《論語》雖稱孔子「罕言利」（子罕篇），「食無求飽，居無求安」（學而篇），但這只是孔子對自己而言，寡欲以律己，以免流於奢侈；至於對大衆的人民則以利民富民爲要務。所謂仁政就是利民富民的政治。孔子之孫子思（孔伋）亦曾解釋曰仁義固所以利民也。「孟軻問牧民何先？子思曰：先利之。曰：君子之所以敎民，亦有仁義而已矣，何必曰利？子思曰：仁義固所以利之也。上不仁則下不得其所；上不義，則下樂爲亂也，此爲不利大矣。故易曰：利者義之和也。又曰：利用安身，以崇德也；此皆利之大者也。」66 足見儒家之講仁義，亦是以養民、富民、利民爲要務；並非舍棄養民、富民、利民之實，而空談仁義。

資本主義的國家，解決了經濟上的生產問題，使財富充裕，人民富有，但未解決分配問題，以致貧富懸殊，階級對立，形成不平則鳴的社會不安。共產主義的國家，解決了經濟上的分配問題，使財富不能集中在少數人手中，以爲剝削他人的工具，但未解決生產問題，以致財富不足，生活困窮，人民過着牛馬不如的奴隸生活。孔子一方面注重生產問題，要生衆食寡，爲急用舒，使人民富有，足衣足食；同時亦不忽視分配問題，要分配均勻，縮短貧富距離，消弭大富與大貧對立的惡劣現象，而實現「均富」

---

65 《大學》一〇，釋治國平天下。

66 《孔叢子》卷二，雜訓第六。

的社會，使人民過安和樂利的生活。孔子曰：「丘也，聞有國家者，不患寡而患不均，不患貧而患不安。蓋均無貧，和無寡，安無傾。」(季氏篇) 倘西方的政治家和經濟學者能早注意到經濟上的生產問題與分配問題同時解決，便不會有今日共產黨徒的暴亂與浩刼。

孔子既注重生產，使人民富有，防止人民的困窮，不使「大貧」的發生；同時，他亦主張要防止財富的集中，不使「大富」出現。孔子曰：「貧斯約(窮)，富斯驕；約斯盜，驕斯亂。禮者，因人之情而爲之節文，以爲民坊者也。故聖人之制富貴也；使民富不足以驕，貧不至約。」❻❼富不至於驕，則非大富。貧不至於約(窮)，則非大貧。既無大富，亦無大貧，則大衆皆爲中產階級。中產階級是社會的安定力量。無大富大貧的「均富」社會，就是孔子所說的「均無貧，和無寡，安無傾」的安和樂利的社會。

董仲舒引孔子之言曰：「不患貧而患不均，故有所積重，有所空虛矣。大富則驕，大貧則憂；憂則爲盜，驕則爲暴，此衆人之情也。聖者，則於衆人之情，見亂之所從生，故其制人道而差上下也。使富者足以示貴而不至於驕，貧者足以養生而不至於憂，以此爲度而調勻之。」❻❽《禮記》王制篇曰：「制農田百畝，百畝之分。上農夫食九人，其次食八人，其次食七人，其次食六人，下農夫食五人。」❻❾孟子答北宮錡問周室班爵之制，與王制所述者相同；惟「制農田百畝，百畝之分」，改爲「耕者之所獲，

❻❼《禮記》卷一五，坊記第三〇。
❻❽《春秋繁露》卷八，度制第二七。
❻❾《禮記》卷第四，王制第五。

一夫百畝，百畝之糞。……。」⑩百畝之糞者，言施糞（肥料）多，耕作勤，百畝之穫可以食養九人。下農施肥不足，勤作欠勤，百畝之穫，僅可養食五人。足見周所行者為均田制，每一農夫皆為百畝，原無貧富之別。雖因耕作有得宜與不得宜，而收穫有養食九人與養食五人的差異，但相差不及一倍，亦不失「均富」之意。

孔子養民政策在於「節用而愛民，使民以時。」（學而篇）主政者要節省用費，量入為出，達到「生之者衆，食之者寡」的目的。節用可以減輕人民的租稅負擔，以裕民財。使民以時，可以不妨害人民務農耕，事生產，俾能增加人民的財富，以裕民生。《禮記》王制篇曰：「用民之力，歲不過三日。」用民力指建築宮室、城郭、道路及溝渠而言。

孔子曰：「省力役，薄稅斂，則民富矣。」⑪省力役限於「歲不過三日」。薄稅斂亦是孔子養民的重要政策。良好的租稅政策不可祇圖稅收數量之多，同時必須顧及人民的負擔能力，更重要的還要培育稅源，俾能作經久的徵收。否則，稅負過重，猶如竭澤而漁，焚林而佃，必至民窮財盡，歸於失敗。故《大學》曰：「百乘之家，不畜聚斂之臣，與其有聚斂之臣，寧有盜臣」；「長國家而務財用者，必自小人矣」；「外本內末，爭民施奪。是故財聚則民散，財散則民聚。」⑫寓富於民，則國安。重稅聚斂則民貧，民貧則思盜，民盜而國危矣。

---

⑩《孟子》萬章下篇。
⑪《孔子家語》第一三篇賢君。
⑫《大學》一〇，釋治國平天下。

孔子對課重稅的聚斂之臣，深惡痛絕，因他違犯了孔子所信持的「薄稅斂」以裕民富，養民生的重大經濟政策。季氏富於周公，而求也爲之聚斂，而附益之。孔子曰：「非吾徒也，小子鳴鼓而攻之，可也。」(先進篇) 魯國大夫季孫氏，執魯政，權勢盛熾，而公族日卑。季孫意如竟反擊魯昭公出奔於齊。季氏的富有，竟然超過周天子王朝的周公。冉求是孔子的弟子，爲季氏的宰臣，還要重稅聚斂，使季氏更爲富有。季氏富有，人民將陷於貧困。於是孔子大聲疾呼，他不是我的門徒！弟子們！可以大張旗鼓，揭發他的罪惡而聲討之。孔子愛民至爲深切，主張薄稅斂，裕民富，養民生。重稅傷民，故冉求雖係弟子，亦不予寬有，而痛加斥責，毫不容情。

第十二章　儒家孟子的政治思想

第一節　生平事略

一、**身世生卒**——孟子姓孟，字子輿，受敎於孔伋（字子思）乃孔子三傳弟子，與萬章、公孫丑、告不害諸生徒序《詩》《書》，闡述孔子之意，作《孟子》七篇，後世尊爲亞聖，蓋指其學術地位，僅次於孔子。元文宗封孟子爲亞聖鄒國公。明世宗去其爵號，仍稱亞聖。孟子的生平事略見於司馬遷《史記》卷七十四孟子、荀卿列傳。玆錄其原文如次：

孟軻，鄒人也。道既通，游事齊宣王。宣王不能用，適梁。梁惠王不果所言，則見以爲迂遠，而濶於事情。當是之時，秦用商鞅，富國强兵。楚魏用吳起，戰勝弱國。齊威王、宣王用孫子、田忌之徒，而諸侯東面朝齊。天下方務於合縱連横，以攻伐爲賢。而孟子乃述唐、虞三代之德，是以所如者不合，退而與萬章之徒，序《詩》《書》，述仲尼之意，作《孟子》七篇。

孟子的祖國原爲邾國，亦稱邾婁國，周武王封顓頊之裔於此，初爲魯國的附庸，春秋時晉爲子爵，地在山東鄒縣東南。《公羊傳》隱公元年載：「公及邾婁儀父盟於昧。」《左傳》文公十三年載：「邾文公卜遷於繹（山東繹縣境）。史曰（卜者曰）：利於民而不利君。邾子曰：苟利於民，孤之利也。天生民而樹之君，以利之也，民既利矣，孤必與焉（民利亦是君之利）。左右曰：命可長也（不遷，君可長命），君何不爲（君爲何不爲長命着想）？邾子曰：命在養民，死之短長，時也。民苟利矣，遷也，吉莫如之。邾文公卒（既遷，文公卒）。」孟子祖國君主邾文公這一偉大的宏論，及爲民而不懼死的壯志勁節，當爲孟子所聞及。孟子「君爲輕，民爲貴」的政治思想，可能受到這一悲壯故事的啓示與感召。邾國爲鄒國所滅，孟子遂成爲鄒國人。

孟子的祖先，不知何時由鄒國遷至魯國。孟子是春秋時魯公族三桓之一的孟孫氏之裔嗣。父名激，字公宜；母親仉（音掌）氏，或曰姓李，無可考信。孟子之父早卒；其母賢慧，義方教子，三遷其居，子不勤學，斷機杼，以爲警誡，爲中國歷史一位偉大賢母，見稱於後世。

孟子的生卒年代，論者不一其說。程復心著《孟子年譜》，稱孟子生於周烈王四年卒於周赧王二十六年（西元前三七二—二八九），壽八十三年。此說並見於《孟氏宗譜》及清蔣陳錫等所編《鄒縣志》，當具權威性。蕭公權著《中國政治思想史》以爲孟子生於周安王十七年，卒於周赧王十一年（西元前三八五—三〇三），壽八十二歲❶。考辨孟子生卒年代者，爲數不少，不多加引述。孟子和孔子一樣，周遊列國，願得明君而仕，以行其道。但其道不行，退而傳道、授業、解惑以授弟子，著書立說，垂教後世。一生遊歷梁、宋、薛、滕、魯、齊諸國，聲譽頗爲隆盛，生活日裕。所謂「後車數十乘，從者數百人，以傳食於諸侯，不以泰乎？」❷這種盛況，不但貧嗇的顏回、原憲不能望其項背；就是孔子的一車兩馬，亦大有遜色。

---

❶ 蕭公權《中國政治思想史》，華岡出版公司，民國六六年，頁八六。

❷《孟子》滕文公下篇。

孟子的聲望雖高，時譽雖隆，但卒未大用，不足以言政治上的成就。視孔子之爲魯大司寇，攝相位，誅少正卯，三月而魯大治；孔子隨魯公與夾谷之盟會，智勇兼施，折服齊侯，造成外交上的重大勝利，則遠不及之。《史記》孟子、荀卿列傳所謂「仲尼菜色陳蔡，孟軻困於齊梁」，蓋不阿世，不苟合之所致。《孟子》公孫丑下篇雖稱「孟子爲卿於齊」，但此「卿」乃「客卿」，並非「公卿」。崔述著《孟子事實錄》稱：「孟子在齊爲卿，乃客卿，與居官任職不同。」狄子奇著《孟子編年》，稱：「孟子在齊，始爲賓師，但受公養之禮，不受祿。其後爲卿，受粟十萬。」但無政績可記，是否實權卿位，不無可疑。孟子去齊，殆未復出，授徒著書，以終其身。

二、孟子在鄒——孟子尙友古人，私淑孔子，受業於孔子之孫子思（名伋）。他最敬慕孔子，稱贊孔子曰：「出於其類，拔乎其萃，生民以來，未有盛於孔子也。」❸孟子雖是鄒國人，但他在鄒國居住的時間，似乎並不很久。因爲《孟子》一書中，僅記孟子見鄒君一次。鄒與魯國交鬨。鄒穆公問曰：「吾有司死者三十三人，而民莫之死也。誅之，則不可勝誅；不誅，則疾視其長上之死而不救。如之何則可也？」孟子對曰：「凶年饑歲，君之民，老弱轉乎溝壑，壯者散民之四方者幾千人矣；而君之倉廩實，府庫充，有司莫以告，是上慢而殘下也。曾子曰：戒之戒之，出乎爾者，反乎爾者也。夫民今而後得反之也，君無尤（怨）焉。君行仁政，斯民親其上，死其長矣」❹。足見孟子主張施仁政以愛民，裕民富，養民命，反對重稅聚斂。這正是《大學》所謂：「百乘之家，不畜聚斂之臣；與其有聚斂之臣，

❸《孟子》公孫丑上篇。
❹《孟子》梁惠王下篇。

寧有盜臣」；「財聚則民散，財散則民聚。」❺從這一對話觀之，這是鄒君知孟子的賢而有才，故而就問請教，並不像君臣間的問答，足見孟子在鄒國並未居官任職。

三、周遊列國——孟子周遊列國，說諸侯，欲得明君而仕以行其道。所到之國有梁、齊、宋、薛、魯、滕諸國。玆分述其經歷如後：

1.遊梁——梁惠王爲魏文侯之孫，武侯之子，姓畢名罃，初繼立爲侯，聯趙攻齊，大敗，太子戰死；又西敗於秦，喪地七百里，爲避强秦，自安邑遷都大梁（開封），僭稱梁王，卑禮厚幣，以招賢者。孟子爲行道救世，於此時到大梁，見到梁惠王。梁王一開始便說：「叟！不遠千里而來，亦將有以利吾國乎？」孟子對曰：「王何必曰利，亦有仁義而已。」❻梁王以獲利爲目的。孟子曰：不必談利，只要行仁義，就可以得民心，强國家。這就是「國不以利爲利，以義爲利也」。梁惠王曰：「晉國，天下莫强焉，叟之所知也。及寡人之身，東敗於齊，長子死焉；西喪地於秦七百里；南辱於楚，寡人恥之。願比死者一洒之。如之何則可？」孟子對曰：「地方百里，而可以王。王如施仁政於民，省刑罰，薄稅斂，深耕易耨，壯者以暇日修其孝悌忠信，入以事其父兄，出以事其長上。……王往而征之，夫誰與王敵？故曰仁者無敵，王請勿疑。」❼韓、趙、魏三家分晉，魏得地獨廣，國勢亦較强，魏以代晉自居，故曰：「晉國天下莫强焉」，而今戰爭慘敗之後，向孟子請敎雪恥圖强之道。孟子答以要施仁政，因

---

❺《大學》一〇，釋治國平天下。
❻《孟子》梁惠王上篇。
❼同上。

「仁者無敵」。反覇道，行王政是儒家的政治中心主張，孟子要梁惠王施仁政於民，不阿世，不苟合，眞「富貴不能淫，貧賤不能移，威武不能屈」的大丈夫。

梁惠王逝世，子赫繼位，是謂梁襄王。孟子見襄王後，出而語人曰：「望之不似人君，就之而不見可畏焉。卒然問曰：天下惡乎定？吾對曰：定於一。曰：孰能一之？對曰：不嗜殺人者，能一之。」❽當時諸侯皆權利薰心，相互侵伐，爭城爭地，殺人盈野。孟子所倡施仁政，不殺人，自是不入耳之言，被視爲迂濶，不切實用。孟子覺得在梁不足以有爲，適此時齊宣王新卽位（時在周愼靚王二年，西元前三一九年，孟子六十歲）亦在招賢納士，求賢才以治理國家，乃去梁適齊。

2. 遊齊——孟子到齊國後，他的弟子公孫丑曰：「夫子當路於齊，管仲、晏子之功，可復許乎？」這是公孫丑假設之詞，如其師任齊相，是否能再見管仲、晏子的功業。孟子曰：「子誠齊人也，知管仲、晏子而已矣。」「當今之世，萬乘之國行仁政，民之悅之，猶解倒懸也。」❾公孫丑問曰：「夫子加齊之卿相，得行道焉，雖由此王覇不異矣。如此則動心否乎？」孟子曰：「否。我四十不動心。」曰：「不動心有道乎？」孟子曰：「我善養吾浩然之氣。」❿

孟子在齊，與齊宣王接談的次數很多。孟子一書中記載二人交談論政的篇幅，實居於首位。齊宣王問曰：「齊桓晉文之事，可得聞乎？」孟子對曰：「仲尼之徒，無道桓文之事。」曰：「德何如，則可

❽《孟子》梁惠王上篇。
❾《孟子》公孫丑上篇。
❿ 同上。

以王矣？」孟子曰：「保民而王，莫之能禦也。」⓫孟子進而教齊王發政施仁，制民之產以治國。莊暴告孟子曰：宣王好樂。孟子曰：「王之好樂甚，則齊國其庶幾乎。」⓬意謂王不可獨樂，要與民衆同樂。齊宣王問交鄰國之道。孟子曰：「惟仁者爲能以大事小，是故湯事葛，文王事昆夷。」⓭宣王曰：「寡人有疾，寡人好勇。」孟子對曰：王請無好小勇，要效法文武一怒而安天下之民的大勇。宣王欲毁明堂。孟子止之曰：「夫明堂者，王者之堂也，王欲行王政，則勿毁之矣。」宣王曰：「寡人有疾，寡人好色。」孟子對曰：「文王治岐，內無怨女，外無曠夫。王如好色，與百姓同之，於王何有？」孟子告齊宣王進用賢才之道曰：「左右皆曰賢，未可也。諸大夫皆曰賢，未可也。國人皆曰賢，然後察之；見賢焉，然後用之。」⓮這是依民意而用賢才的民主思想。

齊宣王二年（西元前三一八）孟子喪母。因祖塋在魯，乃奉母親靈櫬由齊返魯葬母。喪事畢，返鄒守喪禮。孟子前以士禮葬父，今則以大夫之禮葬母，且引述「君子不以天下儉其親」之古語，厚葬其親。由此可推知孟子在齊時，可能係以大夫的地位輔助宣王。

孟子依禮服母喪三年期滿，於齊宣王五年（周愼靚王六年，西元前三一五）再至齊國。孟子至齊，宣王欲以十萬鍾之祿使之爲卿，辭不受祿，僅願以賓卿名分，居賓師之位以留齊。「孟子爲卿於齊，出弔於

⓫《孟子》梁惠王上篇。
⓬《孟子》梁惠王下篇。
⓭同上。
⓮同上。

滕，王使蓋大夫王驩爲輔行。王驩朝暮見，反齊滕之路，未嘗與之言行事。」⓯王驩爲齊宣王之嬖人，諂君弄權，乃一小人，孟子惡之，雖朝夕相見，往返途中，未與之談出使之事。誠於衷，形之外，孟子不以虛僞處世。

齊人伐燕，勝之。宣王問曰：「或謂寡人勿取，或謂寡人取之。……取之何如？」孟子對曰：「取之而燕民悅，則取之；取之而燕民不悅，則勿取。」⓰宣王伐燕既勝，問孟子佔燕爲己有何如？孟子答以是否佔有，應視燕民是否歡迎爲轉移。雖對戰敗國，孟子亦要尊重其民意。堅守原則與「民爲貴」的立場，不阿君王，誠聖人之行事。齊人伐燕，取之。諸侯謀救燕。宣王問曰：「諸侯多謀伐寡人，何以待之？」孟子對曰：「天下固畏齊之强也，今又倍地（併燕）而不行仁政，是動天下之兵。王速出令，反其旄倪，止其重器；謀於燕衆，置君而後去之，則猶可及止也。」⓱孟子認爲齊本强大，爲人畏懼，今又併燕，自然諸侯要伐齊；要宣王趕快撤兵，商同燕人，爲之立新君猶可止諸侯之兵伐齊。

齊宣王八年（周赧王三年，西元前三一二）燕人奉太子平爲王，燕人叛齊，宣王曰：「吾甚慚於孟子」，悔愧不聽孟子之言而撤兵舍燕。齊大夫陳賈勸慰宣王曰：「古之君子，過則改；今之君子，過則順之。古之君子，其過也，如日月之食，民皆見之；及其更也，人皆仰之。」⓲齊大臣沈同曾以私人身分問孟

⓯《孟子》公孫丑下篇。
⓰同上梁惠王下篇。
⓱同上。
⓲《孟子》公孫丑下篇。

子，「燕可伐與？」孟子曰：「可。」以訛傳訛，孟子不免被人誤會。宣王不知改過圖治，群臣亦皆替君文過飾非，孟子自認在齊不足有爲，遂萌去齊之意。

此時，宣王嬖人王驩升爲右師，專權弄勢，群臣阿附之，孟子不加理睬，致遭其排擠。公行子喪子，右師往弔。「入門，有進而與右師言者，有就右師之位而與右師言者；孟子不與右師言。右師不悅，曰：諸君子皆與驩言，孟子獨不與驩言，是簡驩也。孟子聞之，曰：禮，朝廷不歷位而相與言。我欲行禮（依禮行事），子敖（驩之字）以我爲簡（慢），不亦異乎？」⑲

孟子辭客卿之位，而欲歸去。齊宣王就見孟子而言曰：「前日願見而不可得，得侍同朝，甚喜。今又棄寡人而歸，不識可以繼此而得見乎？」孟子對曰：「不敢請也，固所願也。」⑳孟子去齊，宿於晝（地名）。有欲爲王留行者，坐而言；不應，隱几而臥㉑。

3.遊宋——孟子去齊，返回祖國，卽鄒國，聽說宋偃王將施行王政，有意到宋國去。他的弟子萬章曰：「宋，小國也，今將行王政，齊、楚惡而伐之，則如之何？孟子曰：若行王政，四海之內，皆擧首而望之，欲以爲君；齊、楚雖大，何畏焉？」㉒

孟子到了宋都商邱，宋王未召見孟子，孟子亦未去求見。孟子與宋大夫戴不勝友善，且告以有薛居

⑲《孟子》離婁下篇。
⑳《孟子》公孫丑下篇。
㉑同上。
㉒《孟子》滕文公下篇。

州者爲善士，可以佐宋王行王政。孟子曰：「子謂薛居州善士也，使之居於王所。在於王所者，長幼尊卑皆薛居州也，王誰與爲不善。在王所者，長幼尊卑皆非薛居州也，王誰與爲善？一薛居州，獨如宋王何？」㉓

宋大夫戴盈之曰：「什一，去關市之征，今茲未能。請輕之，以待來年然後已，何如？」孟子曰：「……如知其非義，斯速已矣；何待來年。」㉔滕公文世子，將之楚，過宋而見孟子。孟子道性善，言必稱堯舜㉕。

4. **遊薛**——周封黃帝之後奚仲於薛，地在山東滕縣東南之薛城；亦爲仲虺所居之地，戰國時，地入於齊。孟子離宋返鄒，取道於薛，有人欲加害孟子，宋餽贈孟子七十鎰（一鎰二十兩）以爲戒備之用，孟子接受。孟子弟子陳臻問曰：「日前於齊，王餽兼金一百而不受。於宋，餽七十鎰而受；於薛，餽五十鎰而受。前日之不受是，則今日之受非也。今日之受是，則前日之不受非也。夫子必居一於此矣！」孟子曰：「皆是也。當在宋也，予將有遠行；行者必以贐，詞曰餽贐，余何爲不受？當在薛也，予有戒心，詞曰：聞戒，故爲兵餽之，予何爲不受？若在齊，則未有處也。無處而餽之，是貨之也。焉有君子而可以貨取乎。」㉖

㉓《孟子》滕文公下篇。
㉔ 同上。
㉕《孟子》滕文公上篇。
㉖《孟子》公孫丑下篇。

5.遊滕——滕定公薨，世子使然友問喪禮於孟子。孟子曰：「君薨，聽於冢宰（宰相任事，聽從宰相），歠粥（食稀飯），面深墨，卽位而哭；百官有司，莫敢不哀。上有好者，下必有甚焉者矣。君子之德，風也，小人之德，草也；草上之風必偃。」㉗滕文公問爲國（如何治國）。孟子曰：「有恒產者，有恒心，無恒產者無恒心；苟無恒心，放辟邪侈，無不爲已」；「治地莫善於助，莫不善於貢」；「設庠序學校以明人倫。人倫明於上，小民親於下；有王者起，必來取法，是爲王者師也」；「夫仁政必自經界始。……經界既正，分田制祿，可坐而定也。」㉘滕文公問曰：「滕小國也，間於齊楚。事齊乎？事楚乎？」孟子對曰：「是謀非吾所能及也。無已，則有一焉；鑿斯池也，築斯城也，與民守之，效死而民弗去，則是可爲也。」㉙滕文公問曰：「齊人將築薛，吾甚恐，如之何則可？」孟子對曰：「苟爲善，後世子孫，必有王者矣。君子創業垂統，爲可繼也；若夫功成則天也。」㉚

滕國雖地狹勢弱，然以文公能施仁政，爲善行，仍然造成「近者悅，遠者來」的盛況。「有爲神農之言者許行（楚人，農家者流）自楚之（至）滕，踵門（足至其門）而告文公曰：遠方之人，聞君行仁政，願受一廛（宅）而爲氓（爲滕國之民）」；「陳良之徒陳相，與其弟辛，負耒耜（農具）自宋之滕，曰：聞君行聖人之政，是亦聖人也，願爲聖人氓（民）。」㉛

㉗《孟子》滕文公上篇。
㉘《孟子》滕文公上篇。
㉙《孟子》梁惠王下篇。
㉚同上。
㉛《孟子》滕文公上篇。

6.遊魯——孟子至魯，魯平王備車駕，欲往見孟子。王之嬖人（寵臣）臧倉止之曰：孟子前以士禮葬父，後以大夫之禮葬母，前以三鼎，後以五鼎，後喪逾前喪。樂正子以告孟子。孟子曰：「吾之不遇魯侯，天也。臧氏之子，焉能使予不遇哉？。」㉜

魯君欲使樂正子爲相主政。孟子聞之，「喜而不寐」。樂正子名克，孟子弟子，最樂於行善道。公孫丑曰：「樂正子强乎？」孟子曰：「否。」曰：「有知慮乎？」答曰：「否。」「多聞識乎？」曰：「否。」「然則奚爲喜而不寐？」曰：「其爲人也好善。」「好善足乎？」孟子曰：「好善優於天下，而況魯國乎！夫苟好善，則四海之內，皆將輕千里而來告之以善。夫苟不好善，則人將曰訑訑。」㉝訑訑是自足其智而不喜善言之形貌。不喜善言，則距人於千里之外，善士不至。

魯欲使愼子爲將軍。愼子名滑釐，魯臣，善用兵。孟子曰：「不敎民而用之（不敎民以禮義，而使之作戰），是謂殃民。殃民者不容於堯舜之世。一戰勝齊，遂有南陽（齊地，今山東鄒縣），然且不可。」愼子勃然不悅曰：「此則滑釐（愼子名滑釐）所不識也。」孟子曰：「周公之封魯，爲方百里也，地非不足而儉於百里；太公之封於齊也，亦爲方百里，地非不足也而儉於百里。今魯方百里者五；子以爲有王者作，則魯在損乎？在所益乎？徒取諸侯彼以與此，然且仁者不爲；況於殺人以求之乎？君子之事君也，務引其君以當道，志於仁而已。」㉞

㉜《孟子》梁惠王下篇。
㉝《孟子》告子下篇。
㉞同上。

四、設教著書——孟子在周遊列國前，已志於學，並教授生徒；道既明通，乃分赴各國，欲得明主以行其道。無奈當時天下滔滔，惟利是圖，惟力是競，諸侯伐國，戰爭不息，殺人如麻。孟子倡王道，行仁政，反戰爭，止殺戮，以義爲利，充裕民生，所至皆不合，乃返回鄒國，仍教授生徒，著書立說。孟子的言行，原有弟子萬章、公孫丑等寫有筆記。孟子於教學之餘，彙集弟子之所記，據《詩》《書》及仲尼之意，加以整理編著，作成《孟子》七篇，以爲弘揚道統，挽救世弊的張本，立意精當純正，流傳於後世，誠千秋不朽的精構。

《孟子》一書的要旨，在於辨義利，別王覇，闢邪說，承道統，宣揚民貴君輕的正義，倡導養民教民的仁政，反對戰爭殺人的暴行。孟子所信持的哲學是人性善，依善性而生仁義禮智；循仁義禮智以治國安民。只要能存良知，盡善性，則人人皆可以爲堯、舜。今日流行的《孟子》一書，乃孟子歿後，經其弟子共同論定而完成的。因孟子的弟子如公都、樂正，屋盧等皆稱曰子；對梁惠、梁襄、齊宣、鄒定、魯平、滕定、滕文皆稱其謚號。這些君主不會都是在孟子生前死去的。

《孟子》另有外書四篇。《漢書》藝文志稱《孟子》十一篇，蓋合外書四篇而言。外書四篇，爲性善、辨文、說孝經及爲正。漢儒趙岐註《孟子》，認爲外書四篇，文辭淺陋，出於後人僞託，棄而不註。宋朝以後，外書四篇已佚失。自漢以後，《孟子》一書皆列於子部，至南宋孝宗淳熙中，朱熹取《大學》、《中庸》、《論語》及《孟子》合名四書，遂入經部。注解有漢趙岐注，宋孫奭疏，宋朱熹集注，清焦循正義等。

第二節　人格表現

依據《史記》孟子荀卿列傳所載孟子傳略及《孟子》一書所記孟子言行，便足以知其偉大人格及社會角色扮演的形象。玆扼要論述如左：

一、大公無私的政治家——政治家和政客的根本區別，在於前者爲政是爲謀求公共利益及大衆幸福；後者入仕在滿足其個人爭權奪利的私慾，假公以濟私。儒、墨兩家和法、縱橫兩家的出處動機，顯然異其旨趣。孔、孟周遊列國，皆本大公無私的胸懷，講道德，說仁義，願得明君以行其道，期以止戰息爭，解人民於倒懸，拯人民於水火，濟世活人，並未計及個人的私利。道不同，不相爲謀，堅守原則，信持理想，不爲干祿入仕而放棄其嚴正立場。墨子周遊列國，亦在於游說諸侯，採行「兼相愛，交相利」的大道，不「羼義入仕」，「摩頂放踵利天下爲之」，亦公而忘私的偉大人物。若孔子、孟子、墨子，皆大公無私的政治家，不可以其未顯赫權貴而菲薄之。

二、浩然正氣的大丈夫——公孫丑問曰：倘若齊任夫子爲卿相，得道而行，則動心否乎？孟子曰：「否，我四十不動心。」曰：「不動心有道乎？」孟子曰：「我善養吾浩然之氣。」公孫丑曰：「敢問何謂浩然之氣？」孟子答曰：「其爲氣也，至大至剛，以直養而無害，充塞於天地之間。其爲氣也，配義與道，無是，餒也。是集義所生者，非義襲而取之也，行有不慊於心，則餒矣。我故曰：告子未嘗知義，以其外之也。必有事焉而勿正，心勿忘，勿助長也。」（《孟子》公孫丑上篇）依此言之，浩然之氣，就是基於內心的正義感而生的壯志，配合充塞於天地間合乎道與義的正氣，而形成的大無畏精神；亦就是「自反而縮（理直曰縮）」，雖千萬人吾往矣的義氣；功名「富貴於我如浮雲」的寧靜之志。義內也，非外也，羞惡之心，義之端也。浩然之氣，義以爲質。凡行爲於心有不安時便生怯懦之感者，那不是合乎道與義的浩然之氣。

浩然之氣可以說是由大仁、大智、大勇融凝而成的不憂、不惑、不懼，正義懍然的剛直志節，天理昭彰的恢宏氣慨。有此修養，則一切的成敗利鈍，榮辱得失，生死存亡，貧賤富貴都不介於懷，不動於心。故孟子曰：「我四十不動心。」亦因此，孟子遂能成爲屹然獨立的「不得志獨行其道，富貴不能淫，貧賤不能移，威武不能屈」(《孟子》滕文公下篇)的大丈夫。

三、激昂抗辯的衞道者——孟子受業於子思，乃孔子的三傳弟子，師承孔子，爲儒學正宗，重仁義，尙德治，行仁政，反霸道，反戰爭，恤民命；對法家的尙權術，重刑罰，恃力勢，逞霸强，當然毫無保留的作正面攻擊。孟子是這一條戰線上作戰健將與主帥。當孟子時代，與儒學衝突的重要派別，有墨家與道家。道家是貴我自全的個人主義者，其代表人物是老子與莊子。據蔡元培(字孑民)的考證，莊子就是「拔一毛而利天下不爲也」的楊朱㉟。墨家的代表人物是墨翟，乃是功利主義或實用主義者，主張愛人如愛己的愛無差等，且倡短喪、薄葬、廢禮、非樂；和儒家的愛有差等(親親而仁民，仁民而愛物；弟子入則孝，出則悌，謹而信，泛愛衆，而親仁)及久喪、厚葬、重禮樂諸端大相悖謬。孟子以儒家正宗，挺身仗義，持衞道護義的道義勇氣，對道、墨兩家的學說，作激昂慷慨的駁斥與論辯，稱之爲邪說、淫辭、詖行。

孟子曰：「楊朱、墨翟之言盈天下；天下之言，不歸楊則歸墨。楊氏爲我，是無君也；墨氏兼愛，是無父也。無父無君，是禽獸也。」「楊、墨之道不息，孔子之道不著，是邪說誣民，充塞仁義。仁義

㉟見《古史辨》第六册，臺灣明倫書局版，頁三七一。

充塞，則率獸食人；人將相食，吾為此懼。閑先賢之道，拒楊墨，放淫辭，邪說者不得作。作於其心，害於其事；作於其事，害於其政。聖人復起，不易吾言也。」（《孟子》滕文公下篇）孟子這樣激昂憤慨的闢斥楊墨之言，蓋所以彰著孔道。忠於所學，信道誠篤，斥淫辭，駁邪說，積極衞道的精神與正氣，光耀人間，永昭千古。

孟子不僅在思想上、言論上闢斥楊、墨之說，更主張以夷狄視之，予以膺懲；能拒楊、墨者，乃是聖人之徒。他說：「昔者禹抑洪水而天下平；周公兼夷狄，驅猛獸而百姓寧；孔子作《春秋》，而亂臣賊子懼。《詩》云：戎狄是膺，荊舒是懲，則莫我敢承。無父無君是周公之所膺也；我亦欲正人心，息邪說，拒詖行，放淫辭，以承三聖者。豈好辯哉？予不得已！拒楊、墨者，聖人之徒也。」（《孟子》滕文公下篇）孟子衞道心切，熱情洋溢，激昂憤慨，而要繼承大禹、周公、孔子之志，治天下，安百姓，雄心壯志，足以正人心，振世氣。

四、仁心人道的救世者——孟子生長在戰國時代，天下大亂，王綱不振，諸侯侵伐，戰爭不息，爭城爭地，殺人盈野，骨肉流離，民不聊生，億萬黎庶陷於水深火熱中。生靈塗炭，如在倒懸中。司馬遷述孟子所處之時代背景曰：「當是之時，秦用商鞅，富國強兵。楚魏用吳起，戰勝弱敵。齊威王，宣王用孫子、田忌之徒，而諸侯東面朝齊。天下方務於合縱連橫，以攻伐為貴，而孟子乃述三代唐、虞之德。是以所如不合。退而與萬章之徒，序《詩》《書》，述孔子之意，作《孟子》七篇。」㊱

㊱《史記》卷七四，孟子荀卿列傳。

孟子鑒於諸侯之尚征伐，嗜殺人，酣戰爭，干戈不息，死傷枕藉，兵連禍結，尸骨遍地，怵然驚心，悲天憫人，心不忍人，乃見義勇爲，仁以爲己任，挺身而起，抱拯民於水火，解民於倒懸的壯志，持止戰息爭的宏願，跋山涉水，萬里奔波，周遊列國，游說諸侯，告之以「不嗜殺人者能一之」、「保民而王」、「善戰者，服上刑」，「制民之產，仰足以事父母，俯足以畜妻子」、「行仁政，四海皆歸之」、「王何必曰利，亦有仁義而已矣。」苦口婆心，菩薩心腸，以不忍人之仁心，行濟世活人之道，期能澄清天下，撥亂返治，爲天地立心，爲生民立命，爲萬世開太平，眞是仁心人道的救世主。

第三節　學術地位

一、一般論述——《孟子》七篇包括二百六十一章，凡三萬四千六百八十五字。漢武帝黜百家，獨尊儒學。文帝時將《論語》與《孝經》同列博士，於太學講授。孟子序《詩》《書》，述仲尼之意，作《孟子》七篇，上承孔子，得其眞傳。但諸史藝文志或經籍志，却把《孟子》、《莊子》、《荀子》並稱，列入儒家，視之爲子書。迨至唐朝，韓愈對孟子非常推崇。宋神宗依王安石之議，正式以《論語》、《孟子》列爲科舉取士的考試科目，孟子的學術地位，始見提高。至南宋孝宗淳熙年間，朱熹取小戴《禮記》中的《大學》、《中庸》、《論語》、《孟子》合稱四書，流傳至今。《大學》曾子（參）所作，《中庸》子思（孔伋）所作。孔子、曾子、子思、孟子一脈相承，薪火相傳，爲道統之所繫。自此之後，子部的《孟子》，始躋升於聖人之列的群經之部。因之，元文宗至順三年（西元一三三一年）七月封孟子爲「亞聖鄒國公」，確認孟子的學術地位，僅次於孔子。

二、各人的推崇——《韓非子》稱孔子歿後，儒學分爲八：文曰：「自孔子之死也，有子張之儒，有子思之儒，有顏氏之儒，有漆雕氏之儒，有仲良氏之儒，有孟氏之儒，有孫氏之儒，有樂正氏之儒。」[37]由此足見，孟子的學術，在戰國時代，實居於顯學地位。《漢書》藝文志儒家有子思子三十三篇，曾子十八篇，漆雕子十三篇，宓子十六篇，孟子十一篇，孫卿子（孫卿即荀況，亦荀子）二十三篇。除孟、荀兩家外，餘皆不傳。漢黜百家，尊儒學，而荀子獨在排斥之列；因其主張人性惡，不受士大夫所歡迎，故其學不彰。孟子主張人性善，不悖孔子之道，故爲朝野所重視，爲歷代學者及士子所尊崇。

漢趙岐註《孟子》，題辭贊孟子曰：「命世亞聖之大才」，認爲「《論語》者，五經之錧鎋，六藝之喉衿也。孟子之書，則而象之。」唐代中葉，韓愈尊崇孟子，認爲孟子直承堯、舜、禹、湯、文、武、周公、孔子一脈相傳的道統，宏揚儒學，居於首功；認爲孟子的好辯，正所以宏揚孔聖之道；又說：「故求觀聖人之道者，必自孟子始」，且讚嘆曰：「始吾讀孟軻書，然後知孔子之道尊，聖人之道易行。」韓愈、李翺同註《孟子》，曰《孟子筆解》。

宋神宗熙寧二年（西元一〇六九）議改革貢舉法，四年罷詩賦，改以經義論策試進士。王安石甚爲推崇孟子，依其議，《論語》與《孟子》同列爲應考科目。《孟子》的地位提升齊於《論語》，由子躋於經。蘇軾著《孟子解》，謂聖人（指孟子）躬行仁義而利存焉，非以利爲利，卽國以義爲利之旨；所謂浩然之氣，猶子思之所謂誠；養氣在學，待其自至。南宋孝宗時，朱熹取《大學》、《中庸》、《論

---

[37]《韓非子》顯學篇。

語》、《孟子》合稱四書，並攝擷諸家菁華，發揮四書精義，而成《四書集注》。自此《孟子》入經，孟軻成聖，至元文宗時，孟子受封「亞聖鄒國公」。明世宗嘉靖中罷其封爵，乃稱亞聖以迄於今。孔子稱爲至聖，亞聖謂其學術地位僅次於至聖。

第四節　政治思想

一、人性善——孟子在學術上的偉大貢獻，就是倡人性本善論，而予以深切的闡發及系統的說明。孟子的政治思想建築在人性善的哲學基礎上。故研究孟子的政治思想，應先探察其性善論。玆將人性善的要旨，論述於後：

1.什麼叫做性——古代學者討論政治，多以人性爲出發點。孔子、孟子主張人性善，遂倡「率性」之道，行仁義，施敎化，以明其「明德」或發揚其「善性」。荀子言性惡，遂主張行「禮治」以矯治人之惡性，以爲「善者，僞也。」然則什麼叫做「性」呢？子思（孔伋）曰：「天命之謂性，率性之謂道，修道之謂敎。」㊳荀子曰：「生之所以然者，謂之性。性之和所生，精合感應，不事而自然謂之性。」㊴董仲舒曰：「物各有性，性各不同，有生者隨其生各具氣質，命之曰性。」㊵性是與生俱來的自然之質，不學而知，不習而能，是生來所固有，不待人爲而後使然。

㊳《中庸》第一章。
㊴《荀子》正名篇。
㊵《春秋繁露》卷一〇，深察名號，第三五。

2. 人性的眞義——人性是指人之所以爲人之性，亦就是人之所以異於禽獸者之人性。荀子曰：「水火有氣而無生，草木有氣而無知，禽獸有知而無義。人有氣、有生、有知亦且有義，故最爲天下貴也。」㊶氣、生(命)、知(覺)爲人與水火、草木、禽獸所共有，不能視之爲人性。人之所獨有的特性是義，乃人之所以爲人之性。義者人路也，卽人生行事之正道，亦卽「行而宜之之謂義。」㊷義是行事各得其宜的正道與善道。故人之所以異於禽獸者的人性是善。荀子又曰：「人之所以爲人者何已也？曰：以其有辨也。……人之所以爲人者，非特以二足而無毛也，以其有辨也。」㊸辨是辨別是非善惡的能力，卽理性。故朱子曰：「性，卽理也。」人是有理性的動物。理性是各得其宜，各守其分的條理與秩序，卽綱常倫理，乃是善德。荀子雖主張人性惡，但他這些立論却明白的指出人與生俱來的秉賦有義理之善性，自己否定了自己的性惡論。《詩經》大雅烝民篇曰：「天生烝民，有物有則，民之秉彝，好是懿德。」懿德就是秉賦自天的固有美德與善性。

3. 性善的闡明——孔子雖祇說：「性相近也，習相遠也」，「惟上智與下愚不移」㊹，似未明言人性善惡。惟《大學》第一章稱《大學》「蓋孔子之意而曾子述之。」《大學》首句卽曰：「大學之道，在明明德。」明德就是人秉賦自天的虛靈不昧的善性，明如明鏡，靜如止水。這亦是明辨是非善惡的理

㊶《荀子》王制篇。
㊷韓愈，原道。
㊸《荀子》非相篇。
㊹《論語》陽貨篇。

性，人之所以異於禽獸的宜義；王陽明所謂之良知；朱熹所謂「明德者，人之所得乎天，而虛靈不昧，以具衆理而應萬事者也。」㊺明明德是存養善性的修養功夫，不使此善性受到惡劣環境的汚染或引誘。禪宗高僧神秀所說明的「身如菩提樹，心似明鏡臺，時時勤拂拭，勿使染塵埃」，亦可視之爲「明明德」的功夫。慧能所說的「菩提本非樹，明鏡亦非臺，本來無一物，如何染塵埃」，這是指本然的明德。孔子曰：「克己復禮爲仁。」克己卽克制物慾，而恢復本然的理性或肫肫之仁的明德。《中庸》乃「孔門傳授心法，子思恐其久而差也，故筆之於書。」㊻《中庸》曰：「天命之謂性，率性之謂道，修道之謂教，道也者，不可須臾離也。」㊼性是天所賦予的本性，朱熹註曰：「性，理也。」由此可以推知孔子主張人性善。古希臘亞里斯多德（Aristotle, 384-322 B. C.）著《倫理學》，曾說：「飲食情欲，是人與禽獸所共有的。人和禽獸的不同，只在人有理性而已。」德人康德（I. Kant, 1724-1804）著《先驗哲學》，在闡揚先經驗而存在的理性，故亦稱之爲純理性哲學。這亦是說人的理性，與生俱來，並非由經驗或學習得之。

孟子顯明的、强烈的主張「人性善」。他說：「人皆有不忍人之心。」不忍人之心就是仁者愛人的惻隱之心。爲要證明這種不忍人的仁心人皆有之，且係與生俱來，不假外求，由於自然，孟子乃擧「今有人乍見孺子將入於井」爲例曰：「今有人乍見孺子將入於井，皆有怵惕惻隱之心；非所以內交於孺子之父母也，非所以要譽於鄉黨朋友也，非惡其聲而然也。」（《孟子》公孫丑上篇）

㊺《四書章句》中，朱熹對明德所作的注解。
㊻《中庸》程頤序言。
㊼《中庸》第一章。

乍見孺子將入於井，急援手救人，完全由於人的天然本性的惻隱之心，並無絲毫名利的念頭存於其間。孟子於是進而說明，仁、義、禮、智的善德，皆出於人的本性，保之充之，足以保四海；否則，不足以事父母。他說：「無惻隱之心，非人也；無羞惡之心，非人也；無辭讓之心，非人也；無是非之心，非人也。惻隱之心，仁之端也；羞惡之心，義之端也；辭讓之心，禮之端也；是非之心，智之端也。人之有是四端也，猶其有四體也；有是四端而自謂不能者，自賊者也；謂其君不能者，賊其君者也」；「凡有四端於我者，知皆擴而充之矣，若火之始燃，泉之始達。苟能充之，足以保四海；苟不充之，不足以事父母。」（公孫丑上篇）

「仁者，人也」，卽人之所以爲人之理。「仁者愛人」，人本其固有的惻隱之心去救人愛人，謂之仁。義者宜也。見得思義，不義而富且貴，孔子視若浮雲。人有不當或不義之所得，內心便會感到羞恥與慚愧。這就是羞惡之心，卽能作正當判斷的本能。依據義理以行事謂之禮。禮是以恭敬之心爲出發點。所謂恭敬乃表裡如一的誠心、誠意。「誠者物之終始，不誠無物。」明察事理，不疑不惑謂之智，故曰「智者不惑」。智的由來，來自固有的是非之心。

孟子認爲人皆秉賦善性，善性就是良知良能的義理，聖人與一般人所同有，故「人皆可以爲堯舜」。孟子曰：「口之於味也，有同嗜焉；耳之於聲也，有同聽焉；目之於色也，有同美焉。至於心，獨無所同然乎？心之所同然者，何也？謂理也，義也。聖人先得我心之所同然耳。故義理之悅我心，猶芻豢（芻爲牛羊所食之草；豢爲犬猪所食之穀）之悅我口。」（《孟子》告子上篇）善性乃是人同此心，心同此理的天理或良知。

孟子更擧出二例，證明人皆有羞惡之心。一是齊人有一妻一妾（離婁下篇）；一是乞丐不食嗟爾之食（告子上篇）。玆引述於次：

齊人有一妻一妾，出外必飽食酒肉而後返。妻問其與何人同飲食？欺其妻曰：盡是富貴之人。其妻告其妾曰：夫謂與飲食者盡是富貴之人，但何以從未見有地位的人來訪。其妻疑之，乃暗中竊視，以探其究竟。其妻發現，其夫所飲食者，皆乞自掃祭墳墓者所剩餘的祭品。告其妾曰：「良人者，所仰望而終身也，今若是！」妻妾乃相泣於庭院中。孟子曰：「人之所以求富貴利達者，其妻妾不羞也，而不相泣者，幾希矣！」

「一簞食，一豆羹，得之則生，弗得則死。嘑爾（呼叱）而與之，行道之人（饑餓的行路人），弗受；蹴爾（脚踢給人）而與之，乞人不屑也。」就是饑餓的乞丐，亦不屑食呼叱而給與的食品或以脚踢給的食品，足證人皆有羞惡之心。以現行之詞以言之，人皆有個「自我」（Ego），即自尊自重的人格，不受他人的輕侮。

4.性善的辯解——告子對孟子的性善說不無疑義，而曰性無善無不善。告子曰：「性，猶湍水（波流廻旋之水）也，決諸東方則東流，決諸西方則西流。人性之無分於善惡也猶水之無分於東西也。」（《孟子》告子上篇）告子是說人性可善可惡，猶水的可東流，亦可西流。孟子曰：「水信無分於東西，無分於上下乎？人性之善也，猶水之就下也；人無有不善，水無有不下，今夫水，搏而躍之，可使過顙，激而行之，可使過山；是豈水之性哉，其勢則然也。人之可使爲不善，其性亦猶是也。」（告子上篇）孟子駁告子，是說：水固然不分東西流，但不分別上下麼？人之性善，猶水之性向下流。人性皆善，水性皆下。以手擊水，可使高過頭額；阻塞使水逆行，可使過山，這豈是水的本性麼？乃勢力使之如此。人性受勢迫可使爲不善，亦非人之本性。

告子更舉例否定孟子的性善說，而支持自己所主張的性可善可惡。告子曰：「性無善無不善也。或曰：性可以爲善，可以爲不善。是故，文武興，則民好善；幽厲興，則民好暴。或曰：有性善，有性不善。是故，以堯爲君，而有象；以瞽叟爲父，而有舜；以紂爲兄之子，且以爲君，而有微子啓，王子比干。今曰：性善，然則彼皆非哉？」孟子曰：「乃若其情，則可以爲善矣，乃所謂善也。若夫爲不善，非才之罪也。……仁、義、禮、智，非由外鑠我也，我固有之也，弗思耳矣。故曰：求則得之，舍則失之，或相倍蓰而無算者，不能盡其才者也。《詩》曰：天生烝民，有物有則，民之秉彝，好是懿德。孔子曰：爲此詩者，其知道乎！」（告子上篇）

孟子糾正告子曰：只要順着本性所發的情，就可以行善，這就是我說的人性善。那行不善者是未盡其本性，並非人性本質的罪過。仁、義、禮、智的善德，是人性所固有，不是由外邊所燒進去的。求善則得善，舍去則失。求與舍大不相同，相差不可以道里計，不善是因人未能盡其固有的善才。《詩經》所說：天生衆民，皆秉賦有彝常之善，所以人當喜愛這固有美德。

告子仍不服氣曰：「性，猶杞柳也；義猶桮棬也；以人性爲仁義，猶以杞柳爲桮棬。」杞柳是一種灌木。桮棬是用杞柳編成的杯盂。若說仁義是人的本性，那就是說桮棬是杞柳。告子的意思，認爲仁義非人性所固有，乃後天人工所製造的。孟子反駁曰：「子將順杞柳之性，而以爲桮棬乎？將賊杞柳而後以爲桮棬也。如將戕賊杞柳而以爲桮棬，則亦將戕賊人以爲仁善乎？率天下之人而禍仁義者必子之言

矣！」（告子上篇）

荀子主張人性惡曰：「人之性惡，其善者僞也。」[48]但在他自己的著作中却說出人性善的事理。非相篇曰：「人之所以爲人者，何已也？曰：以其有辨也。夫禽獸有父子，而無父子之親；有牝牡而無男女之別。故人道莫大於辨，辨莫大於分，分莫大於禮。」辨是辨別是非善惡的能力，卽是理性。人是有理性的動物。有理性就能守分循禮，善莫大焉。王制曰：「人力不若牛，走不若馬，而牛馬爲人役者，何也？曰：人能群而牛馬不能群也。人何以能群？曰分。分何以能行？曰：義。故義以分則和，和則一，一則力多，力多則强，强則勝物。」合群、守分、義與和，皆是人的善性，何能以說惡!?所以說，孟子言性善，實有至理；荀子言性惡，自相矛盾，人性惡之論，難以成立。

5. 善性的存養——聖賢之人是先知先覺，能以存養衆人之所同的善性或義理，故一切行爲皆得其宜，合理與善美。至於一般人因是後知後覺或不知不覺，不能存養其善性，盡其才，成其性，行爲遂難以納入正道。如何存養善性，計有左列諸途徑，端在人努力以行之：

第一是不受外物的汚染——孟子曰：「富歲子弟多賴（怠惰），凶歲子弟多暴（暴戾），非天之降才爾殊也，其所以陷溺其心者然也。」（告子上篇）人流於懶或暴，非天性之不善，乃由於不良的環境陷溺其善性。孟子曰：「今夫麰麥（大麥），播種而耰之（土覆麥種），其地同，樹之時又同；勃然而生，至於日至之時，皆熟矣；雖有不同，則地有肥磽（堅薄），雨露之養，人事之不齊也。」（告子上篇）這是說：人

[48]《荀子》性惡篇。

的善性（種子）雖皆相同，然由於環境的優劣不同，敎養的高下的不同，遂使善性的發揮有才與不才的差異。存養善性，在於提供良好環境與敎化，不使善性遭陷溺，受汚染。

第二、勿使良心放失——孟子曰：「故苟得其養，無物不長，苟失其養，無物不消。孔子曰：操之則存，舍之則亡；出入無時，莫知其鄉，其心之謂與。」（告子上篇）這是說，人的善性要好好保養。萬物得其養莫不生長；不得其養，莫不消亡。孔子曰：凡能把握得住，就能存在；否則，就歸散亡。這亦是指人的善性良心而言。孟子曰：「仁，人心也；義，人路也；舍其路而弗由，放其心而不知求，哀哉！人有鷄犬放，而知求；有放心而不知求！學問之道無他，求其放心而已矣。」（告子上篇）人皆要保持其善性良心；良心放失必須求而存養之，學問之道，在於求放心。

第三、不可戕賊善性——孟子曰：「牛山之木嘗美矣；以其郊於大國也，斧斤伐之，可以爲美乎？牛羊又從而牧之，是以若彼濯濯也；人見其濯濯也，以其未嘗有材也；此豈山之性也哉？」（告子上篇）大國郊外的牛山上，原是草木茂盛的，但天天以刀斧砍伐，又使牛草牧食之，以致牛山光禿，不知其原有的茂盛草木。今說牛山禿。那是原來牛山的本性麼？孟子又說：「雖存乎人者，豈無仁義之心哉？其所以放其良心者，亦猶斧斤之於木也。」（告子上篇）

第四、小體勿害大體——公都子問曰：「均是人也，或爲大人，或爲人，何也？」孟子曰：「從其大體爲大人，從其小體爲小人。」曰：「均是人也，或從其大體，或從其小體，何也？」曰：「耳目之官不思，則蔽於物，物交物，則引之而已矣。心之官則思，思則得之，不思則不得也。此天之所與我者。先立其大者，則其小者不能奪也，此之爲大人而已矣。」（告子上篇）大體是心思理義；小體是耳目口腹的情慾。耳目口腹不會思考，故常被外物所蒙蔽。耳目口腹之物交接外界之物，便受到外物的引誘與汚染。心是能思考的，思考則知理義；那不能思考的耳目口腹就不知理義。只要先立定大體，那小體就不會奪去心思的理義；便成爲大人。

6. 善性的擴展——人皆有惻隱之心、羞惡之心、辭讓之心、是非之心。這祇是仁義禮智的開端，猶如一種植物良好種籽的發芽。要就此萌芽善加培養，使之生根、長榦、發枝、長葉、開花、結菓。孟子曰：「五穀者，種之美者也；苟爲不熟，不如荑稗。夫仁，亦在乎熟之而已矣。」（告子上篇）五穀的好種籽，要善培養耕植使之成熟，方能食用。否則，未能成熟，荒生如草萊了。仁之善性亦要善加培養使之成熟。以不忍人之心（惻隱之心）行不忍人之政，就是行仁政。行仁政，「保民而王，莫之能禦也」。

仁、義、禮、智之善性，猶如「火之始燃，泉之始達」。要光大始燃之火，光明如日月，普照人間；要湧逝始達之泉，如長江大河，一瀉千里，滙百川而成汪洋大海。曹交問曰：「人皆可以爲堯舜，有諸？」孟子曰：「然。堯舜之道，孝弟而已矣。子服堯之服，誦堯之言，行堯之行，是堯而已矣。」（告子上篇）人皆秉賦有堯舜的善性，予以充分的擴展與培養，使其善性得到適當的發揮，便可以爲堯舜。孟子曰：「人能充無欲害人之心，而仁不可勝用也。人能充無穿窬之心，而義不可勝用也。」（盡心下篇）居仁由義，就是善性的擴展。

明德乃是人所秉賦於天，虛靈不昧的善性或良知。明明德就是光輝善性，擴展善性。明德既明，則可以親民，以止於至善。明明德的功夫，就是格物、致知、誠意、正心與修身。程頤解釋「親民者，新民也。」朱熹依其意進而釋之曰：「新者，革其舊之謂也。言既以明其明德矣，又當推以及人，使之亦有以去其舊染之汚也。」止於至善，在個人修養方面是定、靜、安、慮、得；在社會方面是齊家、治國、平天下。格、致、誠、正、修、齊、治、平，乃是善性擴展的極致。

二、行仁義——孟子言必及仁義。仁義禮智爲人性所固有，順人性以行仁義，乃是爲政施治的正道。孟子見梁惠王。王曰：「叟！不遠千里而來，亦將有以利吾國乎？」孟子對曰：「王何必曰利，亦有仁義而已矣。」孟子更進一步解釋曰「苟爲後義而先利，不奪不饜。」以利爲先，必引起爭奪，且不能饜足，以致爭亂不息。若行仁義，則人親其親，民君其君，可以國治民安。所以孟子曰：「未有仁而遺其親者也；未有義而後其君者也。王亦曰：仁義而已矣，何必曰利。」（梁惠王篇）

孟子曰：「爲人臣者，懷仁義以事其君；爲人子者，懷仁義以事其父；爲人弟者，懷仁義以事其兄；是君臣、父子、兄弟，去利懷仁義以相接也。然而不王者，未之有也！何必曰利？」（告子下篇）又曰：「仁，人心也；義，人路也；舍其路而弗由，放其心而不知求，哀哉！」（告子上篇）孟子輕利而重仁義，蓋師於孔子所謂：「君子喻於義，小人喻於利。」㊾

法家攻擊儒家的講仁義，猶如兒童遊戲的「以塵爲炊」，畫餅充饑，不識「倉廩實而後知禮義，衣食足而後知榮辱」的至理。其實儒家何嘗不講究興利以養民的道理。「民爲邦本，食爲民天」爲儒者的共同信條。孔子的重正名，非爲正名而正名，正名的目的，在於「食粟」。因爲如果「君不君，臣不臣，父不父，子不子，雖有粟，豈得而食諸!?」孔子亦說：旣庶矣，又何加焉？曰：富之；並曰：「足

㊾《論語》述而篇。

食足兵，民信之。」孟子更主張「制民之產」，「仰足以事父母，俯足以畜妻子。」而且孟子答梁惠王「王何必曰利」，是指不可存私心貪私利，應本天下爲公之心，謀求人民的公利；更是說：專心求利，未必得利。國不以利爲利，以義爲利也。若行仁義，不求利而利自來。若說儒家不講興利養民之道，實是一大錯誤。

孟子爲何持激烈的態度攻擊楊朱、墨翟的學說？因爲「爲我」與「兼愛」，將充塞仁義。充塞仁義將演成「率獸食人」的慘局。孟子曰：「楊、墨之道不息，孔子之道不著，是邪說誣民，充塞仁義也。仁義充塞，則率獸食人。人將相食，吾爲此大懼」(公孫丑下篇)。孟子拒楊、墨的目的，原在於行仁義，保民命，裕民生。

孟子認爲只要一國的君主行仁義，則上行下效，風行草偃，全國之民就會皆行仁義。仁義行民順而國治。他說：「君仁莫不仁，君義莫不義。」(離婁下篇)孟子曰：「人之所以異於禽獸者，幾希。庶民去之，君子存之；舜明於庶物，察於人倫，由仁義行，非行仁義也。」(離婁下篇)人所以異於禽獸，因人性存有仁義，而禽獸無之。無德之庶民，失掉原有的仁義；而有德之君子，能保持原有的仁義而不失之。虞舜是位聖人，能明萬物之理及人倫之道，遂能順人性與天理的仁德義理以行事，並非勉强的去推行外在的仁義。蓋聖人之事，不着力存其仁義，而仁義自存之。

孟子對於如何行仁義及其功用作說明曰：「人皆有所不忍，達於其所忍，仁也。人皆有所不爲，達於其所爲，義也。人皆能充無欲害人之心，而仁不可勝用也。人皆能充無穿窬之心，而義不可勝用也。人皆能充無受爾汝之實，無所往而不爲義也。」(盡心下篇)惻隱之心，仁之端也，仁是不忍人之心。羞惡之心，義之端也，義是不爲非之心。無穿窬之心，是不作竊賊之心。爾汝是輕賤之稱（如你你呀）。無受「爾汝」之實，是不接受他人輕侮。人皆擴充這種固有心性於人，則仁義便用之不盡。仁者，在消極方面是不害人；在積極方面是愛人。義者，在消極方面是不爲不當爲；在積極方面，要爲其所當爲。

孟子認爲行仁義乃是士人所應信行的志向，亦是大人的事業。王子墊問曰：「士何事？」孟子曰：「尙志。」曰：「何謂尙志？」曰：「仁義而已。殺一不辜，非仁也；非其所有而取之，非義也。居惡在？仁是也。路惡在？義是也。居仁由義，大人之事備矣。」（盡心上篇）

三、施王政——王政指古先聖王所行的治國安民的政治。王政的政治，就是要行先王之道。孟子曰：「今有仁心仁聞，而民不被其澤，不可法於後世者，未行先王之道也。」（離婁上篇）先王之道就是王道。王道在以德化民，不靠强力去壓迫或去控制人民。以力制民，民心不服；以德化民，人民衷心悅而誠服。民心不服，禍亂必起。民心悅服，國順民安。孟子曰：「以力假仁者霸，霸必有大國。以德行仁者王，王不待大。湯以七十里，文王以百里。以力服人者，非心服也，力不贍也。以德服人者，衷心悅而誠服也，如七十子之服孔子也。」（公孫丑上篇）尙力則爭鬥起；尙德則安和生。

王政以行仁爲本，以不忍人之心行不忍人之政，不殺無辜，愛民如子，推己及人。孟子曰：「人皆有不忍人之心。先王有不忍人之心，是有不忍人之政矣。以不忍人之心，行不忍人之政，治天下可運之掌上。」（公孫丑上篇）孟子又說：「堯舜之道，不以仁政，不能治天下。」（離婁上篇）孟子認爲當時戰亂不息，干戈相尋，民受害於暴虐的苛政已久，人民思治心切，望善政甚殷，若行仁政，天下歸之，莫之能禦。孟子曰：「王者之不作，未有疏於此時者也；民之憔悴於虐政，未有甚於此時者也。飢者易爲食，渴者易爲飮，行仁政而王，莫之能禦也。」（公孫丑上篇）文王去邠，踰梁山，邑於岐山之下居焉。邠人曰：「仁人也，不可失也」從之者如歸市（梁惠王下篇）。行仁政，則得民心，得民心者得天下。行仁政才能得民心。民心是政治的基礎。民心的向背是政治成敗的關鍵。民猶水也，君猶舟也。水能載舟，亦能覆舟。孟子曰：「桀紂之失天下也，失其民也。失其民者失其心也。得天下有道，得其民是得天下矣。得其民有道：得其心，斯得民矣。得其心有道：所欲與之聚之，所惡勿施爾也。」（離婁上篇）行仁政要以人民的好惡爲從違。民之所好者好之，民之所惡者惡之。民所欲者予之，民所惡者去之。

孟子的王政，端在行仁。行仁就是保民、愛民、生民。仁者愛人，未有仁者而不愛人者。人皆相愛，則和樂以處，弭爭鬥，息紛糾，則人民得以保其生，安其業。仁的原意指桃仁、杏仁等種籽而言。故仁的特性是生。行仁就是生民養民之政。不行仁則人不相愛。不相愛則爭亂起。爭亂起，士庶人不能保其生命，大夫不能保其宗廟，諸侯不能保其社稷，天子不能保其天下。故孟子曰：「三代之得天下也，以仁；其失天下也，以不仁。國之所以廢興存亡亦然。天子不仁，不保四海；諸侯不仁，不保社稷；大夫不仁，不保宗廟；士庶人不仁，不保四體。今惡死亡而樂不仁，是猶惡醉而强酒。」（離婁上篇）

孟子以爲人君若能行仁政，人民必親敬其君上，且可爲之效死而弗去。故曰：「君行仁政，斯民親其上，死其長矣。」（梁惠王下篇）「國君好仁，天下無敵。」（離婁上篇）孟子對齊宣王曰：「今王發政施仁，使天下仕者皆立於王之朝，耕者皆耕於王之野，商賈皆藏於王之市，行旅皆出於王之塗；天下之欲疾其君者，皆欲赴愬於王，若是者，孰能禦之？」（梁惠王上篇）這就是「仁者無敵」、「行王政而王」

的說明。

王政的施行，除以德化民及仁政愛民外，更要省刑罰，薄稅斂，不擾民，減輕人民負擔，不奪民時，使之安居樂業，從事農事耕芸，桑蠶養殖，衣履縫織，俾能增民富，裕民生，仰足以事其父母，俯足以畜其妻子，人民自願爲君效死，爲國效忠，無往而不利。孟子曰：「王如施仁政於民，省刑罰，薄稅斂，深耕易耨，壯者於暇日修其孝弟忠信，入以事其父兄，出以事其長上，可使制梃以撻秦楚之堅甲利兵矣。彼奪其民時，使不得耕耨以養其父母，父母凍餒，兄弟妻子離散。彼陷溺其民，王往而征之，夫誰與王敵？故曰：王者無敵。」（梁惠王上篇）

王者之政既要以不忍人之心行不忍人之政，更要以赤子之心行視民如子的推恩之政，人飢己飢，人溺己溺。推恩足以保四海，不推恩不足以保妻子。孟子曰：「老吾老以及人之老，幼吾幼以及人之幼；天下可運之掌上。詩云：『刑於寡妻，至於兄弟，以御於家邦』，言舉斯心，加諸彼而已。故推恩足以保四海：不推恩不足以保妻子。古之人所以大過人者，無他焉，善推其所爲而已矣。」（梁惠王上篇）

四、崇教化——孟子所以要崇尚教化，是由於他主張人性善的學說。《中庸》曰：「天命之謂性，率性之謂道，修道之謂敎。」[50]教化就是修持善性的道路與方法，使善良天賦人性，能以得到充分的發揮與正常的發展。人性猶如一粒良好的植物種籽。這種籽必須有良好的生長環境，如土壤、水分、日光、溫度、及適當的栽培養育如種植、耕芸、除草、施肥等，方能發芽、生根、長枝葉、成軀幹、開

[50] 《中庸》第一章。

花、結果，而有豐碩的收穫。敎化就是就人的天賦善性，給予良好的生長環境和適當的栽培與養育，使之有完美發揮與成長，而完成其完美人格，表現其仁義行爲。

孟子崇尙敎化，其主旨在於憑藉敎化爲人提供良好的發展環境，卽好好的善的色相，使人心好此好色相，成爲善行善事，避免好那惡色相，不成爲惡行惡事。敎化者率循人的善良天性，使之得到充分的發揮與成長，以完成其本然的至德或良知。告子曰：「性，猶杞柳也；義，猶桮棬也。以人性爲仁義，猶以杞柳爲桮棬。」孟子曰：「子能順杞柳之性以爲桮棬乎？將賊杞柳而後爲桮棬也？如將戕賊杞柳爲桮棬，則將戕賊人性以爲仁義與？」以杞柳爲桮棬是戕賊杞柳之性而成的。仁義是順人性而來的。因爲仁來自人的惻隱之心；義來自人的是非之心。孟子認爲「義，內也，非外也。」（告子上篇）故孟子曰：「仁、義、禮、智非由外鑠我也，我固有之也，弗思耳矣。」（告子上篇）孟子的崇敎化，就是在順循人的善性發爲人的仁、義、禮、智的善行。

「既富矣，又何加焉？」孔子曰：「敎之。」孟子師孔子富而後敎之意，於制民之產，使有恒產者有恒心，仰足以事父母，俯足以畜妻子之後，更要謹庠序之敎，申之以孝悌之義。孟子曰：「設爲庠序學校以敎之；庠者養也，校者敎也；序者射也。夏曰校，殷曰序，周曰庠，學則三代共之；皆所以明人倫也。人倫明於上，小民親於下；有王者起，必來取法，是爲王者師也。」（滕文公上篇）

孟子認爲施敎化的目的，在於內以發揮人的善性，俾成仁、義、禮、智的完人；外以明人倫，使父子有親，君臣有義，夫婦有別，長幼有序，朋友有信。孟子曰：「飽食煖衣，逸君而無敎，則近於禽獸。聖人有憂之，使契爲司徒，敎以人倫；父子有親，君臣有義，夫婦有別，長幼有序，朋友有信。放

勳曰：勞之，來之，匡之，輔之，翼之，使自得也，又從而振德之，聖人之憂民如此。」（滕文公上篇）

教化的功能在「使自得」，即成其善性；「使自得」所以完成理性的實現，乃「誠者，自成也」；「從而振德之」，在彰著人倫之至德，「聖人者，人倫之至也」，所以成物也。《中庸》曰：「誠者，自成也；而道，自道也。誠者，物之始終，不誠無物。是故君子誠之爲貴。誠者，非自成而已也，所以成物也。成己，仁也；成物，知也；性之德也，合外內之道，故時措之宜也。」㉑這是說明性與人倫的關係，並以指出能誠的妙用。誠是自己完成其善性的功夫；道是自己完成其善性，應該行的道路。誠是萬事萬物的始末。若不能自成其善性，諸事諸物皆流於虛妄。誠，不僅在完成自己的善性爲止，更要使萬物完成其自然性理。成己是仁，成物是智。仁與智，都是天生的善性善德。綜合成己成物的內外理則，則時時的行爲，都可適得其宜。施教化就是自己的誠和自得之道。

用民不先教民，不教而用之，謂之殃民。孟子曰：「不教民而用之，謂之殃民。殃民者，不容於堯、舜之世。」（告子下篇）用民要能用其才，才必待教化或培養而後成。民不受教，則不能盡其性，不能成其才。不能盡性謂之戕賊人性；不能成才，謂之抑壓人性。戕人性、壓人性，謂之殃民。行王政的堯舜，當然不會有殃民之事。政治與教化相比較，二者孰爲重要？孟子認爲教化比政治更爲重要。孟子曰：「仁言，不如仁聲入人之深也；善政，不如善教之得民也。善政，民畏之；善教，民愛之。善政，得民財；善教，得民心。」（盡心上篇）

㉑《中庸》第二十五章。

五、民爲貴——「民爲邦本，本固邦寧」❺❷的民本思想乃是儒家共同信持的理念，但能進一步倡「君爲輕，民爲貴」的新思想者，僅孟子一人而已。可惜，自秦漢迄明清歷代的君主對孟子的學說，都未能予以進一步的發揮，使中國的民主共和政制，遲至一九一一年始能出現。

孟子倡「君爲輕，民爲貴」的學說，具有時代的意義和背景。對此，可作以下的兩點說明：㈠在政治方面，齊梁（魏）爭覇，秦勢正强，秦孝公用商鞅之策，重刑罰，尙集權，富國强兵，對外肆意侵略，有似帝國主義；對內壓制人民，不恤民艱；專制君主政制，漸具雛形。梁惠王則「庖有肥肉，廐有肥馬，民有飢色，野有餓殍」（梁惠王上篇）；齊宣王則：「寡人有疾，寡人好勇」、「寡人有疾，寡人好貨」、「寡人有疾，寡人好色」（梁惠王下篇），都是養尊處優，殘民自肥，無仁心義志的惡君，孟子惡之。㈡在思想方面，法家的商鞅與韓非都高唱：「政治是集勢以勝衆」、「君也者，勢無敵也」、「善任勢者，國安；不知因其勢者國危」❺❸。墨子著尙同篇，主張上同於天子，人民以天子之是非爲是非，天子對人民有誅罰之權；人民對天子僅有規勸之責。凡此思想皆爲專制君主提供理論基礎，深爲孟子所不悅。

孟子覩此政治形勢，聞此政治思想，怵惕不安，乃大聲疾呼，正告天下曰：「民爲貴，社稷次之，君爲輕，是故得乎丘民爲天子，得乎天子爲諸侯，得乎諸侯爲大夫。諸侯危社稷則變置。犧牲既成，粢盛既潔，祭祀以時，然而旱乾水溢，則變置社稷。」（盡心下篇）「得乎丘民爲天子」正和現代民主政治

---

❺❷《尙書》卷三，夏書，五子之歌篇。
❺❸《韓非子》姦劫篇。

思想提倡者英人洛克（John Locke）、法人盧梭（Jean-Jacques Rousseau）所說的「統治者的權力建築在被治者的同意上」的理論，有很相近似的意義。天子或君主的政權能否存在恒視人民是否擁護爲轉移。「諸侯危社稷則變置」，是說諸侯的作爲若危害國家，便要另行更換另一賢君，成立新政府。這簡直是人民對暴君有廢置權的革命理論。二千多年前，孟子就高唱這種急進政治理論，誰能說儒家的政治思想是保守的!?可惜這進步的思想，被以後的專制君主所壓制死了！所謂「祭祀以時，仍有旱乾水溢，則變置社稷」，乃是「天人感應」思想，乃是「天視自我民視，天聽自我民聽」的民本思想的另一說明。不幸這種警誡暴君的民本思想變質流爲迷信，不爲人所重視。孟子又說：「諸侯之寶三：土地、人民、政事。寶珠玉者，殃必及身。」（盡心下篇）人民爲構成國家的要素，國無民不立，「民爲邦本，本固邦寧。」國君應以民爲寶；若以珠玉爲寶者，災殃必及於身。這亦是「民爲貴」的政治思想。

「民爲邦本」、「民爲貴」的意義，就是人民是國家的主體。天子、百官都是爲人民服務的公僕或工具。依此言之，人民是政治的目的，天子、百官只是達成這目的的手段。孟子認爲天子、百官若不能盡到保民、養民的責任，致使之陷於凍餒的困苦境地，便當去職，不可尸位素餐。孟子謂齊宣王曰：「王之臣，有託其妻子於其友，而之楚遊者；比其返也，則凍餒其妻子。則如之何？」王曰：「棄之。」（絕其友）曰：「士師不能治士（士師爲獄官，屬下有鄉士與遂士，不能治士，謂不能管治其屬下），則如之何？」王曰：「已之。」（罷職）曰：「四境之內不治，則如之何？」王顧左右而言他。（梁惠王下篇）。國王不能治理國境之內，該怎麼辦呢？王依其前所答之事，當然應該說，另換國王。王不便這樣說，只有看看傍邊而支吾其辭，談其他事情。孟子所作這種譬喻與發問，就是指當政者不能勝其任，盡其職，便不能居其位。這正是現代民主制度下責任政治的要求。

天子對天負責，但天意亦係以民意爲依歸。《尙書》泰誓篇曰：「天視自我民視，天聽自我民聽；天明畏自我民明畏，天聰明自我民聰明。」這是說天心以民心爲心。萬章問曰：人有言，至於禹，而德衰，不傳於賢而傳於子，有諸（有之乎？）孟子曰：否，不然也。天與賢則與賢，天與子則與子。依泰誓篇所言之意，孟子之所謂天，亦卽依民心爲天心的天。萬章曰：「堯以天下與舜，有諸？孟子曰：否！天子不能以天下與人。然則舜有天下也，孰與之？曰：天與之。」萬章曰：「天與之者，諄諄然命之乎。」天與之，是天講話命令堯的？曰：「否。天不言，以行與事示之而已矣。」天不講話，只是從舜的德行與事功，以示天意。曰：「以行與事示之者，如之何？」萬章又問：怎樣以行與事以示天意呢？曰：「昔者堯薦舜於天，而天受之；暴（顯）之於民，而民受之。」萬章曰：「敢問，薦之於天，而天受之；暴之於民，而民受之？」曰：「使之主祭，百神享之，是天受之；使之主事而事治，百姓安之，是民受之。」這是說：神享、事治、民安，便是天與民受。孟子又曰：「舜相堯，二十有八載，非人之所能爲也，天也。堯崩，三年之喪畢，舜避堯之子於河南之南，天下諸侯朝覲者，不之堯之子而之舜；訟獄者，不之堯之子而之舜；謳歌（歌誦功德）者，不謳歌堯之子而謳歌舜。故曰：天也。」（萬章上篇）依此以言之，所謂天與者實是民歸；所謂天意者就是民心。因爲孟子去神權政治時代不遠，神權思想仍深印於人民的心意中，故藉天意以順遂民心。天與民歸，實質上，仍是「民爲貴」政治思想的懇切說明。

民本政治就是依民意爲依歸的政治。因之，當政者的破格用人或免去不肖官員及誅殺罪犯，都應徵詢人民意見，以爲定奪，君主不可獨斷專行。君主左右及少數官員的意見，亦不可作爲作決定的根據，應參酌國人的民意以爲取舍。孟子對齊宣王曰：「國君進賢，如不得已，將使卑踰尊，疏踰親，可不愼與？左右皆曰賢，未可也；諸大夫皆曰賢，未可也。國人皆曰賢，然後察之，見賢焉，然後用之。左右皆曰不可，勿聽；諸大夫皆曰不可，勿聽；國人皆曰不可，然後察之，見不可焉，然後去之。左右皆曰可殺，勿聽；諸大夫皆曰可殺，勿聽；國人皆曰可殺，然後察之，見可殺焉，然後殺之。故曰：國人殺之也，然後可以爲民父母。」（梁惠王下篇）孟子的「民爲貴」就是以民意爲依歸的民主政治思想。

齊人伐燕，勝之。齊宣王問孟子曰：或謂寡人勿取，或謂寡人取之。不取，必有天殃，取之如何？孟子對曰：「取之而燕民悅，則取之；古之人有行之者，武王是也。取之而燕不悅，則勿取；古之人有行之，文王是也。」（梁惠王下篇）孟子的這番議論，一方面强調「民爲貴」，民爲國之主體，尊重民意，十分必要；一方面暗示反對戰爭，戰勝國亦不可不顧戰敗國的國民意見而强力滅取之。孟子更說：「天下不心服而王者，未之有也。」（離婁下篇）

早在二千多年前，孟子即高唱「民爲貴，社稷次之，君爲輕」及「得乎丘民爲天子」的民本思想，堪稱先知先覺，不愧爲聖哲。不過，就現代民主政治的實施以言之，孟子的「民貴君輕」的思想，尙嫌不够完全。因現代民主政治的實施，包括「三民」主義：一是民有（of the people），二是民享（for the people），三是民治（by the people）。孟子的「民爲貴」及「得乎丘民爲天子」，具有民有的含義。孟子强調有恒產者始能有恒心，故主張制民之產，仰足以事父母，俯足以畜妻子，具有民享的含義。而孟子對民治之義却未論及。孟子雖甚重民意的表現，但僅限於被動的受徵詢，且其意見祇供決策者的參考，並無最後的決定權力。人民如何主動的參與政治活動，包括決定政策與處理政務，不但孟子未提出具體方法，就是以後的歷代政治家、思想家，對人民的參政權如何行使，亦都沒有良好的設計。至於所謂科舉制度，那僅涉及行政問題，而未達於高的政治層次。西洋人發明了「以數頭代替砍頭」(counting heads instead of cutting heads)，亦即「以選票代替槍彈」(ballot instead of bullet) 的投票法 (voting) 或選舉法 (electing) 使民治的民主政治得到實際運用。

六、止戰爭——孟子之世是「爭城以戰，殺人盈城；爭地以戰，殺人盈野；此所謂率土地而食人肉」(離婁上篇) 的時代。當時諸侯，爭城爭地，爭霸爭雄，相互侵伐，干戈不息，兵連禍結，死亡枕藉，尸骨堆山。故孟子嘗嘆曰：「民之憔悴於虐政，未有甚於此時者也。」(公孫丑上篇) 孟子生時，因戰爭被殺死的士卒，其數字大足驚人。據《史記》六國表所載：周赧王五年秦魏石門之戰斬首六萬。愼靚王四年，秦敗趙、魏，斬首八萬。赧王三年，秦擊楚軍斬首八萬；八年，秦拔宜陽斬首八萬。這些數字，僅指一次戰役的死亡者；若將全國各次戰役死亡人數相加，則不可數計矣。據《史記》白起列傳所載，白起在所督率的戰爭中，斬殺人數的龐大，眞令人驚心動魄，可謂慘絕人寰。秦昭王十三年白起爲將，攻趙、魏於伊闕 (今洛陽龍門) 斬首二十四萬。秦昭王三十四年白起攻魏，拔萊陽，走茆芒虜三晉將，斬首十三萬；與趙將賈偃戰，沉其卒二萬於河中。昭王四十七年，白起率秦軍攻趙，絕趙糧道，趙將趙括被射死，趙卒四十萬飢甚，降秦，起挾詐盡坑殺之。

孟子是持仁心，信人道的救世主義者，看到這慘無人道、滅絕人性的悲痛戰爭，能熟視無覩，無動於衷麼？孟子乃以不忍人之心，振臂而起，行不忍人之義行，周遊列國，游說諸侯，大聲疾呼，籲求止戰爭，停殺戮。孟子見梁襄王，出語人曰：望之不似人君，就之而不見可畏焉。卒然問曰：「天下惡乎定？」吾對曰：「定於一。」曰：孰能一之？對曰：「不嗜殺人者能一之。」（梁惠王上篇）這位「望之不似人君」梁襄王，毫無修養，突如其來的就問怎樣可以定天下。孟子說，在於結束各國間的戰局，趨於統一，就可定天下。襄王問曰：誰能統一天下呢？孟子曰：不好殺人的人就能統一天下。不殺人就是要停止戰爭。

孟子所期求的「定於一」，不是恃强逞霸的武力統一，而是行仁政，以德化民，民歸之「如水之就下也」，心悅誠服、王道的和平統一。孟子曰：「以力假人者霸，霸必有大國；以德行仁者王，王不待大。湯以七十里，文王以百里。以力服人者，非心服也，力不贍也；以德服人者，衷心悅而誠服也，如七十子之服孔子也。《詩》云：自西至東，自南至北，無思不服。」（公孫丑上篇）

孟子對齊宣王曰：「惟仁者爲能以大事小，是故湯事葛，文王事昆夷。惟智者爲能以小事大，是故太王事獯鬻，句踐事吳。以大事小者，樂天者也；以小事大者，畏天者也。樂天者，保天下；畏天者，保其國。」（梁惠王下篇）這是說，無論大國對小國，或小國對大國，都應相互尊重，和平相處，決不可以武力相向，引起戰爭。

孟子反覇强、止戰爭的主張，十分堅定。一則曰：「仲尼之徒，無道桓、文之事」（梁惠王上篇），再則曰：「善戰者，服上刑」（離婁上篇），三則曰：「我善爲陣，吾善爲戰，大罪也。」（盡心下篇）孟子的政治理想是堯、舜、禹、湯、文王的仁政愛民，以德化民的王政，故言必稱堯、舜，政必崇三王（禹、湯、文王）。《孟子》七篇中，稱述文王者，爲數甚多。齊宣王問曰：「齊桓、晉文之事，可得聞乎？」

孟子對曰：「仲尼之徒，無道桓、文之事，是以後世無述焉。無以，則王焉。」曰：「德如何，則可王矣？」孟子曰：「保民而王，莫之能禦也。」（梁惠王上篇）由此觀之，孟子的政治理想是王政，堅決反對霸政。霸政是戰爭的結果；反霸的主旨，卽在止戰爭。

孟子曰：「春秋無義戰。」（盡心下篇）春秋的紛亂，由於諸侯爭霸的戰爭，尙詐逞强，違禮擅僭，征伐誅討，不自天子出，而自諸侯出，天下無道，王綱墜亂，故曰無義戰。孟子曰：「五霸者，三王之罪人也。……今之諸侯五霸之罪人也。……今之大夫，今之諸侯之罪人也。」（告子下篇）世道衰亂，江河日下，一代不如一代，孟子不勝慨嘆。三王指夏禹、商湯及周文王。三王尙王道，行仁政，以德化民，人民心悅而誠服，民歸之，如水之就下，沛然莫之能禦。乃是孟子一心嚮往的政治理想。春秋時代的五霸，摒棄王道與仁政，而行霸道與戰爭，不仁不義，唯力是視，强凌弱，衆暴寡，以武力侵略他國，自成霸業，故孟子曰：「五霸三王之罪也。」不過五霸爭强，尙知挾天子以令諸侯，心目中尙有周室或周天子；且有所謂勤王之擧；有時還擺出假仁假義的姿態，所謂「以力假仁者霸」；並以守盟爲號召，視背盟爲不義。但迄戰國時代，完全依己意僭擅征伐，心目中完全沒有周天子，爾詐我虞，彼欺此詐，詭秘是尙，縱橫捭闔，朝秦暮楚，寡廉鮮恥，殘暴不仁，背盟違誓，成爲常事。故孟子曰：「今之諸侯五霸之罪人也。」戰國時代的諸侯，雖相互侵伐，戰爭不息，然公侯地位，多爲周天子所封賜，尙是正式的政權，具有合法的地位。但晉國的韓、趙、魏三家大夫竟自行瓜分晉室，篡君而自爲公侯。齊之田氏，專橫恣肆，竟滅齊而自立。魯之三桓欺凌公室，兄弟鬩牆，政治敗壞已極。故孟子曰：「今之大夫今之諸侯之罪人也。」

七、誅暴君——孟子就「民爲貴」及「得乎丘民爲天子」之義加以延申，進而主張臣民有誅殺暴君的權力。齊宣王問曰：湯放桀，武王伐紂，有諸？孟子對曰：於傳有之。曰：臣弑其君，可乎？曰：賊仁者謂之賊，賊義者謂之殘。殘賊之人，謂之一夫。聞誅一夫紂矣，「未聞弑君也（梁惠王下篇）。人君的責任，在行仁政，愛人民；人君若不仁不義，殘賊人民，便失去其所以爲人君的道理，亦失去其所以得天下者得民心的政權基礎。「有職守者，不得其職守則去；有言責者，不得其言則去。」不仁不義的暴君，既成爲不得民心的獨夫，不得其職守而又不去，臣民只有起而逐放之或誅殺之，不能以弑君或叛亂視之。

《孟子》萬章上篇載：「伊尹相湯，以王於天下。湯崩，太丁未立（太丁乃湯之太子，未立而死），外丙（太丁之弟，兄終弟及）二年，仲壬（外丙之弟）四年，太甲（太丁之子，湯之嫡孫）顚覆湯之典刑，伊尹放之於桐。三年，太甲悔過，自怨自艾，於桐處仁遷義；三年以聽伊尹之訓己也，復歸於亳。周公之不有天下猶益之於夏，伊尹之於殷也。」孟子認爲伊尹放太甲，並非篡逆，而是因爲太甲顚覆湯之王政，不仁不義，不能保民，焉可有天下，伊尹逐放之，並無不當。迨太甲悔過，「處仁遷義，還政於太甲，亦所應然。有其德者居其位；無其德者去其位。無道之君，臣民有誅放之權。孟子的思想有似民權革命論；在當時實爲突出的急進主義。

孟子本「民爲貴，君爲輕」之義，進而認爲百官乃是人民的公僕，承君主之命以盡養民、愛民、保民之責，並非君主的奴才或僕役；臣下是否服從君令，係視君令是否合乎仁義爲轉移」。臣下能否保其位，亦視其能否盡到養民、愛民、保民的責任爲去留。孟子之平陸（邑名），謂其大夫曰：「子之持戟之士，一日而三失伍，則去之否乎？曰：散不待三。然則子之失伍亦多矣！凶年饑歲，子之民，老弱轉於溝壑，壯而散之四方者，幾千人矣！」曰：「此非距心（平陸大夫名孔距心）之所得爲也。」孟子曰：「今有受人之牛羊而爲牧之者，則必爲之求牧與芻矣。求牧與芻而不得，則反諸其人乎，抑亦立而視其死矣？曰：此則距心之罪也。」（公孫丑下篇）

君與臣同是爲人民服務的公僕，臣下不是專制君主政制下「天子聖明，臣當萬死」的奴才；君臣的關係是對等的、相互的，君臣有義，「君則敬，臣則忠。」故孟子對齊宣王曰：「君之視臣如手足，則臣視君如腹心；君之視臣如犬馬，則臣視君如國人；君之視臣如土芥，則臣視君如寇讎。」（離婁下篇）臣下既然視君如寇讎，自然會以逐放或誅罰對待之。

齊宣王問卿，孟子對曰：「君有大過則諫，反覆之而不聽，則易位。」王勃然變乎色（告子上篇）。問卿是問爲卿的道理，應該怎樣。易位是說君有大過，大臣應予諫諍，屢諫而不聽，君主就該去位，而另由有賢德者繼位。宣王聽了，大爲不安，且怒而臉變色。孟子告齊宣王：「將大有爲之君，必有不召之臣；欲有謀焉則就之；其尊德樂道，不如是不足以有爲也。故湯之於伊尹，學焉而後臣之，故不勞而王。桓公之於管仲，學焉而後臣之，故不勞而覇。今天下地醜德齊，莫能相尙。無他焉，好臣其所敎，而不好臣其所受敎。湯之於伊尹，桓公之於管仲，則不敢召。管仲且猶不可召，而況不爲管仲者乎？」（公孫丑下篇）這是說：當時的諸侯，所以不能王天下或成覇業，而相持不下，都是因爲只喜歡用聽命令受君敎的唯唯諾諾的人，而不肯用有賢德有才能足以敎導君主的人。

孟子所謂「聞誅一夫紂矣」、「臣視君如寇讎」、「卿反覆諫之不聽則易位」的主張，在當時是獨特而極爲急進的、激烈的政治思想，無人能及之。法家的政治思想，是「君也者，勢無敵也」、政治是「集勢以勝衆之資也」，臣民只能接受君法的壓制，那能作絲毫的反抗。孔子爲政，必也正名。所謂正名，就是維持君君、臣臣、父父、子子的倫常關係，任何人不可犯上作亂。荀子是尊君論者，故曰：「馬駭輿，則君子不安輿；庶人駭政，則君子不安位。」[54]君子指當政的人。墨子著尙同論，主張庶人上同於天子，以天子的是非爲是非；天子受命於天，天子只受天罰；天子對臣民有誅殺之權，臣民對上祇有規勸之責。凡此論說，較之孟子的「民爲貴」、「誅暴君」、「君爲輕」的民主政治思想，相去不可以道里計。

現代民主政治思想先驅者英人洛克（John Locke, 1632-1704）著《政府論》；法人盧梭（Jean-Jacques Rousseau, 1712-1778）著《民約論》；均倡「天賦人權，一律平等」，人民的生命權、自由權、平等權、財產權爲自然權利，不可剝奪；人民是主權者，「統治者的權力，建築在被治者的同意上」。他們均認爲政府若失之專斷，不得人民信任，政府便當解散；如政府顯然違犯公道或正義時，人民有反抗的權利；政府若侵奪人民的財產權或專斷的剝奪人民的生命、自由或幸福，人民便有權起而革命推翻這一政府[55]。這種人民有革命權的政治思想在十八世紀才出現。其實，這種政治思想，早在二千多年前，孟子就已講說過了。若孟子者，眞是民權思想的先知先覺者，聖人者先得人心之所同也。

八、明治亂——四時運行，晝夜寒暑，風雨陰晴乃自然界的循環現象。新陳代謝、生老病死、成長

[54] 《荀子》王制篇。
[55] 參閱張金鑑《西洋政治思想史》，三民書局，民國五九年四版，頁二四〇。

衰退乃生物界的循環現象。物極必反，盛極而衰，乃物理界的循環現象。政治體系與活動，乃是一生態系統，故其變遷歷程，亦有治亂興衰、消長分合的循環現象。孟子觀察宇宙萬物的現象，考察堯舜禹湯以來的歷史事蹟，乃倡一治一亂的政治循環論。這又是孟子在政治思想上的一大創見與貢獻。

公都子曰：「外人皆稱夫子好辯，敢問何也？」孟子曰：「予豈好辯哉，予不得已也！天下之生久矣，一治一亂」：「當堯之時，水逆行，氾濫於中國，蛇龍居之。民無定所，下者爲巢，上者爲營窟。《書》曰：洚水警余，洚水者，洪水也。」這是一亂的政治時期。「使禹治之，禹掘地而注之於海，驅蛇龍而放之菹（生草之澤），水由地中行，江、淮、河、漢是也。險阻既遠，鳥獸之害人者消，然後人得平土而居之。」這是一治的政治時期。「堯舜既歿，聖人之道衰，暴君代作，壞宮室以爲汙池，民無所安息，棄農田以爲園囿，使民不得衣食；邪說暴行又作。園囿、汙池、沛澤多而禽獸至。及紂之身，天下又大亂。」這又是一亂的政治時期。「周公相武王，誅紂伐奄，三年討其君，驅飛廉於海嵎而戮之；滅國者五十，驅虎豹犀象而遠之，天下大悅。《書》曰：丕顯哉，文王謨！丕承哉，武王烈，佑啓我後人，咸以正無缺。」這又是一治的時期。「世衰道微，邪說暴行有作，臣弒其君者有之，子弒其父者有之。孔子懼，作《春秋》。《春秋》，天下之事也。」這又是一亂的政治時期（滕文公下篇）。

孟子認爲一治一亂的政治循環周期是五百年。這是孟子自己認定的數字。歷史事實所經歷的時間不必完全符合。武王滅紂建國而治，至戰國末期，將近八百年。依孟子的立論早該又有一治的政治時期出現，因爲「一治一亂，五百年必有王者興，其間必有名世者。」孟子自負他就該是這一時期的名世者。孟子去齊，充虞（人名）路中問曰：「夫子若有不豫色然。前日虞聞諸夫子曰：君子不怨天，不尤人。』孟子曰：「彼一時，此一時也。五百年必有王者興，其間必有名世者。由周而來，七百有餘歲矣。以其數，則過矣。夫天未欲平治天下也；如欲平治天下，當今之世，舍我其誰哉？吾何爲不豫哉！」（公孫丑下篇）孟子認爲當他所處的時代，應該有「王者興」、「名世者出」。他抱持撥亂返治，澄清天下的壯志與雄心，周遊列國，遊說諸侯，願得明君以行其道，而王天下，他便是「名世者」的周公、孔子，樂觀而自豪，故曰：「欲平治天下，當今之世，舍我其誰哉!?」

孟子舉述歷史事實，以證明其所主張的「一治一亂，五百年必有王者興」的政治循環論，說：「由堯舜至湯，五百有餘歲，若禹、皋陶則見而知之，若湯則聞而知之。由湯至於文王，五百有餘歲，若伊尹、萊朱則見而知之，若文王則聞而知之。由文王至於孔子，五百有餘歲矣，若太公望散宜生則見而知之，若孔子則聞而知之。由孔子而來至於今，百有餘歲，去聖人之世，若此其未遠也，近聖人之居若此其甚也！然而無有乎爾！則亦無有乎爾！」（盡心下篇）孟子以爲今去聖人之世不遠；離聖之居又甚近，已無親見而知聖人之道人了！那末，將來恐亦無耳聞聖道的人了。

孟子一治一亂的政治循環論，衡之於三代的歷史，固屬有徵可信；就是證於秦漢以後二千多年的政治史，亦尙符合。羅貫中著《三國演義》，開章卽說：「天下大事，分久必合，合久必分」，合是治，分是亂。不過，孟子以後的政治治亂的循環周期，却愈來愈短，治世未有能維持至五百年者。漢高祖劉邦以平民起兵入咸陽，滅暴秦，成帝業一統天下，可稱治世。迨至平帝，王莽簒漢，王郎、赤眉、銅馬之徒乘機紛起肆虐，乃是一亂之局。治亂之間約二百年。漢光武劉秀起義師滅新莽，復興漢室，又稱一治。漢祚前後垂四百年，至獻帝國祚絕，演成三國鼎立之局，戰亂不息，又是一亂局。西晉僅有五十一年的短暫統一，勉强算一治。東晉而後，南北朝對峙，以迄五胡十六國的戰亂，爲期近三百年，可稱長期的變亂時期。隋雖有曇花一現的統一（爲期僅二十九年），但不久群雄並起，相互戰爭，干戈不息，出現亂局。唐高祖李淵及次子世民滅群雄，統一中國乃是治局。唐末藩鎭割據，演成五代十國的大亂。宋太祖趙匡胤欺人孤兒寡母，自演黃袍加身鬧劇而有天下，而成北宋統一政權，可謂一治。但不久有靖康之難，徽宗欽宗二帝被金人擄去，宋室南渡偏安，而成金宋對立，元金爭亂的亂局。蒙古元世祖忽必烈滅宋而入主中國，僅維持短期（僅九〇年）的平治，不久卽有蒙古人的內鬨及漢人的紛起抗元的戰亂。明太祖朱元璋平群雄，逐元順帝，統一天下，堪稱治局。但迨於明末，流寇竄亂，李自成、張獻忠恣暴，殺人無算，匪賊破京師，入皇城，思宗自縊，眞是天下大亂。滿洲人乘中國內亂之隙，入關以異族統治華夏，歷順治、康熙、雍正、乾隆四朝爲治平之世；嘉慶、道光以後，卽外患內亂頻至，戰亂不安，入於長期變亂。國父領導國民革命，推倒專制君主政制，建立民主共和國家，可望由變亂入於治平；但不幸而有袁世凱的帝制自爲及北洋軍閥的混戰。民國十七年國民革命軍北伐成功，全國統一，可謂一治。

九、養民生——儒家承受《尚書》大禹謨「德惟善政，政在養民」之敎，故在行仁義，施德化之同時，不忘養育民生的要務。 孔子爲政足食足兵，旣庶矣又何加焉？曰富之。孔子曰：「人道敏政，地道敏樹，夫政也者，蒲蘆也。」㊻蒲蘆是生長易、成熟速的植物，蓋言爲政之道在於養育民生，成長民生。孟子宗師孔子，對於生民、養民、長民之道，自然亦甚爲重視。孟子認爲治國之道，在於制民之產，使

㊻《中庸》第二〇章。

之仰足以事父母，俯足以畜妻子，黎民不饑不寒，就可以王天下。所以他對齊宣王曰：「今也，制民之產，仰不足以事父母，俯不足以畜妻子，樂歲終身苦，凶年不免於死亡；此惟救死而恐不贍，奚暇治禮義哉？王欲行之，則盍反其本矣。五畝之宅樹之以桑，五十者可以衣帛矣；雞豚狗彘之畜，七十者可以食肉矣；百畝之田，勿奪其時，八口之家可以無飢矣。謹庠序之教，申之以孝悌之義，頒白者不負戴於道路矣。老者衣帛食肉，黎民不飢不寒，然而不王者，未之有也。」（梁惠王上篇）這和管子所說的「倉廩實，則知禮節，衣食足，則知榮辱」[57]，具有相同的意義，法家怎可批評儒家不注重民生問題呢？孟子認為無恒產者則無恒心；要安定社會，須使人民皆有恒產。今日的政論家咸認中產階級是社會的安定力量。孟子早已見及於此。他說：「若民，則無恒產，因（而）無恒心；苟無恒心，放辟邪侈，無不為矣。」（梁惠王上篇）恒產是永久保有的財產。恒心是經常安分守己的善心。放辟是放浪不守禮法，邪侈是為非作歹。無不為矣，是無惡不作。無產以養生，則飢寒起盜心，鋌而走險，作奸犯科。

鄒與魯鬨，鄒穆公問曰：「吾有司死者三十三人，而民莫之死也。誅之，則不可勝誅；不誅，則疾視其長上之死而不救。如之何則可也？」孟子對曰：「凶年飢歲，君之民，老弱轉乎溝壑，壯者散之四方者幾千人矣；而君之倉廩實，府庫充，有司莫以告，是上慢而殘下也。曾子曰：戒之戒之！出爾者，反乎爾者也。夫民今而後反之也，君無尤焉，君行仁政，斯民親其上，死其長矣。」（梁惠王下篇）孟子引曾子之言，是說財聚則民散，財散則民聚；貨悖而入者，亦悖而出[58]。平日的官員只知斂民財，充實

---

[57]《管子》牧民篇。

[58]《大學》一〇，釋治國平天下。

君主的倉廩府庫，而不顧人民的生活，致老弱死亡，年壯者流離失所。今民不肯死難，乃是報復的行爲。君不可怨責人民。君王只要行仁政，養民生，保民命，人民自然會親近其長官，並爲國家效死盡忠。

養民的要務，在於使民富。使民富便要輕徭役，薄稅斂，使民有餘力從事生產；民有餘財，充裕生活。因爲財聚則民散，財散則民聚，輕徭薄稅則財散於衆，寓富於民。民富則國强，國强則敵國不敢侵侮。財散何以能使民聚呢？蓋以民富則安生，安生則提高人民對國家和政府的向心力，而肯團結一致，愛國家，親政府，齊心一致的捍衞國家，抵禦外侮。所以孟子曰：「市廛而不征（只收商人房稅，而不收貨物稅），法而不廛（只收法定的物稅，不收房稅）；則天下之商，皆悅而願藏於其市矣。關譏而不征（關卡只檢查可疑之人，而不收稅），則天下之旅，皆悅而願出於其途矣。助而不稅（農民僅助耕公田，不收地稅），則天下之農，皆悅而願耕於其野矣。廛，無夫里之布（已徵房稅，不再收徭役之錢），則天下之民，皆悅而願爲之氓（子民）矣。信能行此五者，則鄰國之民，仰之若父母矣。率其子弟，攻其父母，自生民以來，未有能濟者也。如此，則無敵於天下。」（公孫丑上篇）

孟子認爲養民之道，一在於輕徭賦，薄稅斂；二在於使人民能依時勤勞的善自耕種其田畝，增加生產，充裕財富，使之多到如水火之取之不盡，用之不竭的程度。到了如此充裕富足的境地，人民自然不會爭食搶財。他說：「易（治）其田疇，薄其稅斂，民可使富也。食之以時，用之以禮，財不可勝用也。民非水火不生活，昏暮叩之門戶，求水火，無弗與者，至足矣。聖人治天下，使有菽粟如水火；菽粟如水火，而民焉有不仁者乎！」（盡心上篇）

人到老年，體力漸衰，失去生產能力，生活處於困境，行仁政，王天下，要對老人妥加照顧，善為扶養，衣帛食肉，生活飽煖，使之得其養，善其終，即禮運大同篇所謂「老有所終，壯有所用，幼有所長。」文王興，善養老，民歸之如水之就下，遂能以百里而王。孟子曰：「太公避紂，居東海之濱，聞文王作興，曰：盍歸乎來！吾聞西伯善養老者。天下有善養老，則仁人以為已歸矣。五畝之宅，樹牆以桑，匹婦蠶之，則老者足以衣帛矣。五母雞，二母彘，無失其時，老者足無失肉矣。百畝之田，匹夫耕之，八口之家，足以無飢矣。所謂西伯善養老者，制其田里，教之樹畜，導其妻子，使養其老。五十非帛不煖，七十非肉不飽；不煖不飽，謂之凍餒，文王之民，無凍餒之老者，此之謂也。」（盡心上篇）

民為邦本，食為民天。食足財富，則本固。本固則邦寧。固本寧邦之道在於減輕人民的租稅負擔，若取之無度，民生困窮，則國本動搖，必歸於失敗。孟子曰：「有布縷之征，粟米之征，力役之征。君子用其一，緩其二；用其二，民有殍；用其三而父子離。」（盡心下篇）古之稅制，有布帛之稅，有粟米之稅，有力役之稅。有德的君子治國，僅徵收其中的一種稅，而緩徵其他二種稅。若同時徵收其中兩種稅，社會上就有餓死的人。若三種稅一齊徵收，則人民不堪其苦，不勝其稅賦負擔，必致父子兄弟妻子離散，逃亡而之他方，乞食求生。人民流亡，國必敗滅。

十、建王制——孔子曰：「周監於二代，郁郁乎文哉，吾從周」[59]；又曰：「如有用我者，吾其為東周乎！」[60]周代的制度係就夏、商二代舊制加以損益，而精進之，當是進步而完備的規制，故孔子稱

---

59 《論語》八佾篇。
60 同上，陽貨篇。

贊之曰：郁郁乎文哉。但其時，周天子雖名不符實，然五霸尚未問鼎周室且仍挾天子以令諸侯，周制且未全被摧毀，孔子有志在東土另建新邦，而立新君，故曰：「吾其爲東周乎。」孟子傳食諸侯，因周制瀕於破碎邊緣，難以維持，故以王政相期勉。所謂王政係指三代先王的仁政與德教，如湯以七十里而王，文王以百里而王；並無意維持已趨崩潰的宗法制度與封建制度。其時，七國爭雄，挾天子已無必要，陪臣執國命，三家分晉，田氏簒齊，三桓亂魯，令諸侯亦勢不能。周天子淪爲扶不起的「劉阿斗」，故孟子舍周制而法三代，期望諸侯中出現以行仁政，施德教而王天下的明君以建立王制。

孟子之世，齊、魏（梁）最强，頗屬意齊宣王、梁惠王以「不嗜殺人者」之姿態「定於一」。對梁惠王告以「何必曰利，亦有仁義而已矣」，湯七十里而王，文王百里而王，「仁者無敵於天下」。梁襄王是位「望之不似人君」的人，孟子仍期勉之曰「不嗜殺人者」，能「定於一」。足見孟子很希望中原的梁國，能王天下，行仁政。孟子對齊宣王曰：「保民而王莫之能禦」，並勉以行文王治岐的王政，並期以學「武王一怒安天下之民」。這亦是希望齊國能統一天下，實行王政之治。

孟子所要實施的王政，在思想上是民爲貴，社稷次之，君爲輕，殘賊仁義的君主謂之一夫，可得而誅之；行仁政，保民而王，莫之能禦。在施行上是崇敎化，謹庠序之敎，明人倫；制民之產，養民、裕民，使能仰事俯畜，無凍餒之虞；以不忍人之心，行不忍人之政，不嗜殺人，愛民如子，視民如傷，愛之、養之、保之。人飢己飢，人溺己溺，一夫不獲其所，王者之恥。在制度上要建立王制。王制的主要內容是井田之制與世祿之制。

孟子認爲保民、養民之道，在於「省刑罰，薄稅斂」。政府不可重稅虐民，而防止「財聚則民散」。

三代稅賦，皆是十而取一之制。孟子曰：「夏后氏五十而貢，殷人七十而助，周人百畝而徹，其實皆什一也。」(滕文公上篇) 但迨至戰國時代，古代的「什一」稅制，已趨混亂。魯哀公問有若曰：「年飢，用不足，如之何？」有若對曰：「盍徹乎？」哀公曰：「二，吾猶不足，如之何其徹也！」足見當時魯國的稅制，已是十取其二，政府猶嫌不足。漢董仲舒有言，秦用商鞅之法，力役三十倍於古，田稅、口賦、鹽鐵之利，二十倍於古。稅賦無定制，人民的租稅負擔過重，生活陷於困苦。

有恒產者始有恒心，制民之產，使有定田，不違農時，薄其稅斂，人民才能有恒心，而安居樂業。但戰國時代，「什一」稅制，既已不行，而有定田的古井田制度亦遭破壞。秦孝公用商鞅之策，廢井田，開阡陌，土地任民所耕，不限畝數，土地兼併，自由買賣，成爲常事。結果，竟至於富者連阡陌，貧者無立錐之地。很多人民失去生活上所依需的土地，無以爲生；卒至形成「老弱轉乎溝壑，壯者散而之於四方」的慘局。

孟子鑒於稅斂重，井田廢，民生困苦，世局混亂，乃提出「正經界」的主張，而謀救世濟民。孟子曰：「夫仁政必自經界始。經界不正，井地不均，穀祿不平；是故暴君汙吏，必慢其經界。經界既正，分田制祿，可坐而定也。」(滕文公上篇) 孟子正經界，分田制祿的方法，就是恢復古代的井田制及「殷人什一而助」的助法。孟子曰：「請野九一而助，國中什一而自賦。卿以下必有圭田，圭田五十畝。餘夫二十五畝，死徙無出鄉。」(滕文公上篇)

孟子所倡導的井田制度，就是：「鄉田同井，出入相友，守望相助，疾病相扶持，則百姓親睦。方里而井，井九百畝。其中爲公田，八家皆私百畝，同養公田。公田畢，然後敢治私田，所以別野人也。」

（滕文公上篇）別野人是說公田爲君子之祿，私田爲野人（人民）之所受。先公後私，所以別君子與野人之分別。百畝之私田，所以養一家。田有肥瘠，肥者可養九口，瘠者亦可養五口。孟子曰：「耕者之所穫，一夫百畝。百畝之糞（施肥治田）。上農夫食九人，上次食八人，中食七人，中次食六人，下食五人；庶人在官者，其祿以是爲差。」（萬章下篇）八家同耕百畝，是以服役代替租稅，乃是助法，而非徹法。惟九一而助，較之什一之徹，卻重了一點。田畝定，經界正，井地均，穀祿平，乃孟子所謂仁政之始。

孟子之世，宗法制度漸趨破壞，世卿制度亦難維持，貴族階級日見式微，平民階級蔚然興起。布衣可以立致卿相，楚材可以晉用。秦以用客卿而致富强。蘇秦無負郭二頃田，竟能佩六國相印。藺相如僅是宦者舍人，趙王亦拜爲上大夫。秦相多出身寒微，百里奚乞食於人，張儀貧無行，范睢家貧而無以自給，李斯爲郡小吏。景春曰：「公孫衍、張儀豈不誠大丈夫哉？一怒而諸侯懼，安居而天熄。」孟子斥之曰：「是焉得爲大丈夫乎！子未學禮乎？……以順爲正者，妾婦之道也。」（滕文公下篇）以順爲正是說他們以逢迎諂媚順從爲正當，乃是作婢爲妾的行徑。狡猾之子，投機之徒，不守正道，不依正理游說諸侯，竟能立致卿相，官制大亂，天下焉得不亂!?

孟子觀於國無世臣，「昔日所進，今日不知其亡」的弊害；又厭張儀蘇秦之輩朝秦暮楚的混亂，乃倡「以德致位」之敎，欲行世臣制祿之制。蓋如此，「雖不得賢，猶可守法。」[61]孟子所欲復建的世卿

[61] 韓愈論禹傳子之句。

制祿之制，其要點如次：「天子一位，公一位，侯一位，伯一位，子男同一位，凡五等也。君一位，卿一位，大夫一位，上士一位，中士一位，下士一位，凡六等。天子之制，地方千里；公、侯皆方百里，伯七十里，男子五十里，凡四等。不能五十里，不達於天下，附於諸侯，曰附庸。天子之卿，受地視侯，大夫受地視伯，元士受地視子男。大國地方百里，君十卿祿，卿祿四大夫，大夫倍上士，上士倍中士，中士倍下士，下士與庶人在官者同祿，祿足以代其耕也。次國地方七十里，君十卿祿，卿祿三大夫，大夫倍上士，上士倍中士，中士倍下士，下士與庶人在官者同祿，祿足以代其耕也。小國地方五十里，君十卿祿，卿祿二大夫，大夫倍上士，上士倍中士，中士倍下士，下士與庶人在官者同祿，祿足以代其耕也。耕者之所獲，一夫百畝，百畝之糞，上農夫食九人，上次食八人，中食七人，中次食六人，下食五人；庶人在官者，其祿以是爲差。」（萬章下篇）

第五節　學說貢獻

孟子的思想與學說，在中國的學術與文化上有重大的影響與貢獻，不愧於亞聖地位。其學說貢獻之重要者，計有紹繼道統、倡導民主、明辨義利、崇尚志節及辯護正道。玆分論於後：

一、紹繼道統——道就是國於天地之間必有以立的文化主流，民族命脈。換言之，道乃是一個國家和民族維持其存在，持續發展的精神力量、價值觀念與意識型態。這道是古聖先王所倡導與推行的，經歷代聖哲傳遞不斷及增益光大，而成一脈相傳的文化主流思想體系謂之道統。中國道統的淵源來自堯、舜、禹、湯、文、武、周公、孔子。孔子之後，道統紊亂，賴孟子的大力維護與悉心闡揚，得以維持於不墜。這一完整道統經以後的通儒賢哲繼續闡揚增益解說，日趨發揚與光大。至 國父孫中山先生繼承這一道統，融會貫通，益以倫理、民主、科學的新知而成博大精深的三民主義。

中國道統的淵源，可扼要引述如次：唐堯曰：「允恭克讓，光被四表，格于上下；克明峻德，以親九族；九族既睦，平章百姓；百姓昭明，協和萬邦。」62虞舜曰：「敬敷五教，在寬；野無遺賢，萬邦咸寧。」63禹曰：「德惟善政，政在養民；人心惟危，道心惟微，惟精惟一，允執厥中；天聰明自我民聰明，天明畏自我民明威。」64五子之歌述大禹之訓曰：「民可近，不可下；民惟邦本，本固邦寧。」65成湯曰：「惟天生民，有欲，無主乃亂；天生聰明，明時乂（治）；克寬克仁，彰信兆民；推亡固存，邦乃其昌；萬方有罪，在予一人；予一人有罪，無以爾萬方。」66文王曰：「克明德慎罰，不敢侮鰥寡，庸庸（用可用），祗祗（敬可敬），威威（刑可刑），顯民（以此道顯示於民）。」67武王曰：「惟天惠民，惟辟奉天（奉天以惠愛人民）；建官惟賢，位事惟能，惟食喪祭（民以食爲命，崇喪祭養孝道）；惇信明義（敦厚信實，彰明義理；崇德報功，垂功而天下治）。」68周公曰：「敬哉，無作怨，勿用非謀非彝，蔽時忱，丕則敏德，用康乃心，顧乃德，遠乃猷，裕乃以民寧（修己以敬事，不作招怨之事；不作不善之謀，不立不善之法。力行誠道，大法

62《尚書》卷一，堯典。
63《尚書》卷一，舜典；卷二，大禹謨。
64《尚書》卷二，大禹謨，皐陶謨。
65《尚書》卷三，五子之歌。
66《尚書》卷四，仲虺之誥，湯誥。
67《尚書》卷八，康誥。
68《尚書》卷六，泰誓中，武成。

敏德；信則人任，敏則有功；行寬政以安民）。」[69]又曰：「人無於水監，當於民監。」[70]又曰：「徽柔懿恭，懷保小民，惠鮮鰥寡，自朝至於日中昃，不遑暇食，用咸和萬民（以善道和民懷之；以美政恭民民安之；惠愛鰥乏（鮮）鰥寡之人；自早至晚勤政治民，不暇進食，以謀求萬民皆安和）。」[71]又曰：「皇天無親，惟德是輔；民心無常，惟惠之懷，爲善不同，同歸於治；爲惡不同，同歸於亂（上天對人無一定的親疏，只輔助有德的人；民心對上並無定的人，只歸於惠愛人民的人。爲善爲惡，雖各有多種；然爲善則治，爲惡則亂）。」[72]又曰：「明王立政，不惟其官，惟其人（聖王爲政施治，不在多其官數，端在任用賢能的人）。」[73]

孔子聖明天縱，睿智軼群，「出於其類，拔乎其萃，生民以來，未有盛於孔子者也」，遂能就堯、舜、禹、湯、文、武、周公以來的德政、敎化，治道及過去二千餘年以來的典章制度、文化、學術、思想作集大成的整理與闡述，刪詩書，訂禮樂，釋易經，著春秋，成六經，使中國的道統趨於完整、充實、美好，燦然可觀，蔚成博大精深的體系；爲中國文化發展史上最偉大的成就。

但到了孟子之世，瀕於戰國時代的後期，世衰道微，諸侯爭雄，酣戰方殷；處士橫議，邪說紛起，說客干祿，朝秦暮楚，無人能知古先聖王及聖人之道，道統處於存亡絕緒的邊緣。孟子深以爲愁苦，乃慨然興起，以紹述堯、舜、禹、湯、文、武、周公、孔子以來的道統爲己任。他說：「由堯、舜至於

[69]《尚書》卷八，康誥。
[70]《尚書》卷八，酒誥。
[71]《尚書》卷九，無逸。
[72]《尚書》卷一〇，蔡仲之命。
[73]《尚書》卷一一，周官。

湯，五百有餘歲，若禹、臯陶則見而知之，若湯則聞而知之。由湯至於文王，五百有餘歲，若伊尹、萊朱則見而知之，若文王則聞而知之。由文王至於孔子，五百有餘歲，若太公望，散宜生則見而知之，若孔子則聞而知之。由孔子而來至於今，百有餘歲，去聖人之世，若此其未遠也，近聖人之居，若此其甚也！然而無有乎爾！則亦無有乎爾！」（盡心下篇）孟子慨嘆，今日距聖人之時不遠，隣聖之居又甚近，但卻無人知聖人之道！今無人知之，恐聖道將滅絕了。所以孟子毅然興起，要紹繼道統，使垂之久遠。

孟子進而論述自堯舜至孔子中國道統締造的艱難歷程及其內容的豐厚曰：「當堯之時，水逆行，泛濫於中國，蛇龍居之，民無定所，下者爲巢，上者爲營窟。《書》曰：洚水警余，洚水者，洪水也，使禹治之，禹掘地而注之海，驅蛇而放之菹。水由地中行，江、淮、河、漢是也。險阻旣遠，鳥獸之害人消，然後人得平土而居之」；「堯、舜旣歿，聖人之道衰，暴君代作，壞宮室以爲汙池，民無所安息；棄田以爲園囿，使民不得衣食，邪說暴行又作。園囿、汙池、沛澤多爲鳥獸至。及紂之身，天下又大亂。周公相武王，誅紂伐奄，三年討其君，驅飛廉於海嵎而戮之；滅國五十，驅虎豹犀象而遠之。天下大悅。《書》曰：丕顯哉，文王謨！丕承哉！武王烈！佑啓我後人，咸以正無缺。」（滕文公下篇）堯、舜、禹、湯、文武、周公歷難苦，濬洪水，治平水土，驅逐惡禽猛獸，締造文明，建設文物，啓廸後人採行正道，沒有缺陷。

孟子曰：「世衰道微，邪說暴行有作。臣弑其君者有之，子弑其父者有之。孔子懼，作春秋。春秋，天子之事也；是故孔子曰：『知我者，其惟春秋乎！罪我者，其惟春秋乎！』（滕文公下篇）春秋之旨，寓王法，悖典制，訂庸禮，討罪亂，示褒貶，別善惡，其大要皆天子之事。知孔子者，謂此書之作，遏人欲於橫流，存天理於既昧，垂教後世，意義深遠。罪孔子者，以爲無其位而託二百四十二年南面之權，使亂臣賊子禁其欲而不得肆，使之戚懼。

孟子之世，聖王不作，諸侯恣肆，處世橫議，邪說紛起，墨翟倡兼愛，楊朱主爲我，大爲流行，充塞仁義，悖亂倫常，孟子深懼而痛絕之，遂大聲疾呼，力闢邪說，維護道統於不墜。他說：「楊朱、墨翟之言盈天下；天下之言，不歸楊，則歸墨。楊氏爲我，是無君也；墨氏兼愛是無父也；無父無君，是禽獸也！楊墨之言不息，孔子之道不著，是邪說誣民，充塞仁義也！仁義充塞，則率獸食人。人將相食，吾爲此懼；閑先王之道，距楊墨，放淫辭，邪說者不得作。作於其心，害於其事；作於其事，害於其政。聖人復起，不易吾言矣。」（滕文公下篇）

孟子的闢邪說，距楊墨，旨在紹述大禹、周公、孔子之聖道，以聖人之徒爲己任，紹述於久遠。他說：「昔者，禹抑洪水，而天下平；周公兼夷狄，驅猛獸，而百姓寧；孔子作《春秋》，而亂臣賊子懼。《詩》云：戎狄是膺，荊舒是懲，則莫與我敢承。無父無君，是周公之所膺也。我亦欲正人心，息邪說，距詖行，放淫辭，以承三聖者。豈好辯哉？予不得已也！能言距楊墨者，聖人之徒也。」（滕文公下篇）

孟子生當亂世，天下滔滔，人民憔悴於虐政，未有甚於此時，飢者易爲食，孟子欲平治天下，以救民於水火爲職志，以紹繼道統爲己任，故曾作豪語以自勵曰：「如欲治平天下，當今之世，舍我其誰也？」他說：「五百年必有王者興，其間必有名世者。由周以來，七百有餘歲矣。以其數，則過矣；以

其時考之，則可矣。夫天未欲平治天下也；如欲平治天下，當今之世，舍我其誰也？」（公孫丑下篇）

二、倡導民本——《尚書》雖早有「民可近，不可下」；「民爲邦本，本固邦寧」的論說；文武、周公、孔子雖亦有行仁政，愛人民，視民如子的主張。但這些論說，都只是承認人民地位的重要，應切加愛護之；僅可視之爲「民本思想」，不可視之爲「民主思想」。首倡人民爲國家的主體的人，應推孟子。孟子曰：「民爲貴，社稷次之，君爲輕。是故，得乎丘民爲天子。得乎天子爲諸侯，得乎諸侯爲大夫。諸侯危社稷，則變置。犧牲既成，粢盛既潔，祭祀以時，然而旱乾水溢，則變置社稷。」（盡心下篇）社爲土神，稷爲五穀之神，於今義釋之，社稷就是國家。丘民是田野之人，即人民。孟子之言，是說國家和君主都是由人民所建立的，卽得到人民的贊成與擁護才可爲天子。天子是人民所立，諸侯是天子所立，大夫是諸侯所立。諸侯不稱職，危害國家，卽當變置。天子不勝任，致有天災旱澇禍及人民，便當變置社稷（變更國體），另換天子或君主。國由民成，君由民立，無民卽無國，更無君主。故曰：「民爲貴，社稷次之，君爲輕。」這種積極性民本主義的政治思想，早在二千餘年前，卽爲孟子所倡，眞不愧爲先知先覺的先哲，「先得人心之所同」的聖人。

孟子認爲人民同意（得乎丘民）建立君主（爲天子）的目的，在使人君爲民服務，盡保民養民之責。若君主不能勝「爲民」（for the people），人民可以廢棄其君主。他以「有託妻子於其友者」爲譬喩而申明此義，對齊宣王曰：「王之臣，有託其妻子於其友，而之楚遊者，比其返也，則凍餒其妻子。則如之何？王曰：棄之（棄其友）。曰：士師不能治士，則如之何？王曰：已之（免職）。曰：四境之內不治，則如之何？王顧左右而言他。」（梁惠王下篇）四境之內不治，依王所答之言，以論之，當然王應去其位另換賢君。宣王不肯自己貶黜自己，只好顧左右而不作正面答覆。

孟子更進而主張，人民對殘賊仁義的暴君，可以起而討伐誅殺之。因為當時的諸侯，多殘民以逞，橫征暴歛，不恤民命，不顧民艱，「庖有肥馬，野有餓殍」，有似「率獸食人」的殘酷暴君；孟子對之深惡痛絕，人民理當起而誅殺之。齊宣王問曰：「湯放桀，武王伐紂，有諸?」孟子對曰：「於傳有之。」曰：「臣弒其君，可乎?」曰：「賊仁者，謂之賊；賊義者，謂之殘。殘賊之人，謂之一夫。聞誅一夫紂矣，未聞弒君也。」（公孫丑下篇）桀、紂皆為暴君，戕賊仁義，殘害人民，已失卻其所以為人君之道，乃是一獨夫。成湯放桀於南巢，武王伐紂於牧野，皆順天應人的革命義舉，不可謂為臣弒其君。孟子之論，非僅以警戒齊王，蓋亦以垂教後世，而鼓吹人民對暴君有革命權。

三、明辨義利——孟子見梁惠王，王曰：「叟，不遠千里而來，亦將有以利吾國乎?」孟子對曰：「王何必曰利!? 亦有仁義而已矣。」（梁惠王上篇）孟子深明義利之辨，故以行仁義責梁惠王，不可以追求財貨為目的。孟子進而向梁王說明以利為利的大害曰：「王曰：何以利吾國?大夫曰：何以利吾家?士庶人曰：何以利吾身?上下交爭利，而國危矣。萬乘之國，弒其君者，必千乘之家；千乘之國，弒其君者，必百乘之家。萬取千焉，千取百焉，不為不多矣。苟為後義而先利，不奪不饜。」（梁惠王上篇）國君若以利為先，則必啓以下的爭權奪利的貪得的慾求，只攫私利，不顧仁義，則臣下不篡得君位，不以為滿足。這亦就是所謂：「德者（仁義），本也；財（利）者，末也。外本內末，爭民施奪。是故財聚則民散，財散則民聚。」❼❹孟子的立意，是「國不以利爲利，以義爲利。」以義爲利，國人則皆尚義，衆尚義則民安而國治，乃是國家和人民的最大利益。否則，國以利爲利，必引起爭奪私利的紛亂，上下交爭利，國必趨於危亡。

司馬遷認爲好利乃是禍亂的始源，求治必須遏抑貪圖私利的慾念，故深爲嘆服孟子「何必曰利」的高論。他說：「余讀孟子書，至梁惠王問，何以利吾國，未嘗不廢書而嘆也。曰：嗟乎！利誠亂之始也。夫子罕言利者，常防其原也。故曰：放於利而行多怨。自天子至於庶人，好利之弊，何以異哉!?」❼❺

宋牼將赴楚秦，將以戰爭不利爲辭，游說二國之君，罷兵休戰。孟子遇之於石丘，與之語曰：子之志向很偉大，但所持的理由則很不正當。孟子曰：「先生以利說秦楚之王，秦楚之王悅於利，以罷三軍之師，是三軍之士樂罷而悅於利也。爲人臣者，懷利以事其君；爲人子者，懷利以事其父；爲人弟者，懷利以事其兄。是君臣、父子、兄弟，終去仁義懷利以相接；然而不亡者，未之有也！先生以仁義說秦楚之王，秦楚之王，悅於仁義，而罷三軍之師；是三軍之士樂罷而悅於仁義也。爲人臣者，懷仁義以事君；爲人子者，懷仁義以事父；爲人弟者，懷仁義以事兄；是君臣、父子、兄弟，去利懷仁義以相接。然而不王者，未之有也！何必曰利?」(告子下篇)

孟子立論，仁與義並重，使仁道經由義路而付諸實施，一切的利益的獲得均須以仁爲目的，以義爲

❼❹《大學》一〇，釋治國平天下。
❼❺《史記》卷七四，孟子荀卿列傳。

途徑。行仁而不由義是謂不仁。守義而悖於仁，是謂不義。孟子恐怕世人認為仁義之道過於高遠而難行，故倡人性善之論，指出仁、義、禮、智的美乃人人所固有，居仁由義只是順乎人性的自然，其易猶如水之就下，極易遵行，毫無困難。孟子的性善論大有功於世，啓發世人為善的自覺，鼓舞世人向善的志趣，召回人所放失的良心，使天下之人皆自動拋棄自私自利的觀念，而樂意以仁義之道相互接納；有益於世道人心者至深且鉅。

四、崇尚志節——孟子一生以行仁義，去私利為職志；倡民主，誅暴君為號召，大義凛然，高尚其志，大人之事備矣。王子墊問曰：「士何事？」孟子曰：「尚志。」曰：「何謂尚志？」曰：「仁義而已矣。殺一無辜，非仁也；非其有而取之，非義也。居惡在？仁是也。路惡在？義是也。居仁由義，大人之事備矣。」（盡心上篇）孟子的崇尚志節及善養浩然之氣，亦為其學說的大貢獻，乃前聖所未發，大有功於世。孟子之世，世衰道微，朝野上下，惟利是圖，廉恥盡喪，不知仁義為何物，故孟子曰：「人不可以無恥；無恥之恥，無恥矣。」（盡心上篇）崇尚志節，應自知恥始。知恥而後知自尊，知自尊，則尚志。尚志即所以居仁由義。

孟子崇尚的志節，乃是：「居天下之廣居，立天下之正位，行天下之大道，得志與民由之，不得志獨行其道；富貴不能淫，貧賤不能移，威武不能屈；此之謂大丈夫！」（滕文公下篇）孟子曰：「古之賢士，好善而忘勢；今之賢士，何獨不然！樂其道而忘人之勢。」（盡心上篇）孟子的志節，只知樂於力行自己所信持的正道，而忘卻他人的權勢，蓋志於道，據於德，居仁由義，不以富貴動其心，分其志。孟子謂宋句踐曰：「尊德樂義，則可以囂囂（自得無欲之貌）矣。故士窮不失義，達不離道。窮不失義，故士得已焉；達不離道，故民不失望焉。古之人，得志，澤加於民；不得志，修身見於世。窮則獨善其身，達則兼善天下。」（盡心上篇）不得志，修身見於世，乃內聖之學；得志，澤加於民，乃外王之業。孟子的志節，內聖外王，無往而不自得，無時不志於聖王之道。

公孫丑問曰：「夫子加齊之卿相，得行道焉，雖由此霸王不異矣。如此，則動心否乎？」孟子曰：「否。我四十不動心。」孟子於四十歲時，卽有高尚其志的修養，視富貴如浮雲，雖卿相之貴，無動於心。公孫丑又問曰：「不動心有道乎？」孟子曰：「持其志，無暴其氣。」持其志謂篤守聖道，反身而誠；無暴其氣，謂義以行勇，乃大勇，並非暴虎憑河的血氣之勇，故能不動心。孟子曰：「我善養我浩然之氣。」公孫丑問曰：「敢問何謂浩然之氣？」孟子曰：「難言也。其爲氣也，至大至剛，以直養而無害，則充塞於天地之間。其爲氣也，配義與道；無是，餒也。是集義所生者，非義襲而取之也；行有不慊於心，則餒矣。我故曰告子未嘗知義，以其外之也。」（公孫丑上篇）浩然之氣，至大無限量，至剛不可屈撓，以正道以培養之，不加殘害，遂能充塞於天地之間。配是合而助之。義與道雖蘊藏於人心中，但不能自動的行現出來。浩氣是配義與道，滋養出來的，故至大至剛。浩然之氣能使正義（義）天理（道）得以伸展，行其所當行，爲其所應爲，理直氣壯，無憂無懼。浩氣若無正義與天理以充實之，便會怯懦無力，失去驚天動地的威力。浩氣是集合人心內在的義理而發生的，不是從外邊襲取而來的。當一個人的行爲不合義理，便心有不滿不安，而怯懦了。告子認爲義外也，實是不知義。孟子倡浩然之氣，配義與道，乃前聖之所未發，亦是孟子學說的一大貢獻。

孟子告齊宣王曰：「王請無好小勇。」「一人（一夫，指紂）衡（橫）行於天下，武王恥之，此武王之勇也。而武王亦一怒而安天下之民。今王亦一怒而安天下之民，民惟恐王之不好勇也。」(梁惠王下篇) 曾子謂子襄曰：「子好勇乎？吾嘗聞大勇於夫子(指孔子)矣：自反而不縮(不理直)，雖褐寬博(穿寬粗布的貧民)，吾不惴焉(吾不害怕麼)？自反而縮(理直)，雖千萬人吾往矣。」(公孫丑上篇) 孟子秉配義與道的浩然正氣，志正、氣壯、理直，義以行勇，自反而合乎天理與正義，故成其所謂「富貴不能淫，貧賤不能移，威武不能屈」的大丈夫。持其志，無暴其氣，無往而不自得，成敗利鈍、生死存亡、榮辱貴賤，皆無動於心。

孟子的志節，高達於舍生而取義的境界。他說：「生，我所欲也；義，亦我所欲也；二者不可得兼，舍生而取義者也。生亦我所欲，所欲有甚於生者，故不爲苟得也。死亦我所惡，所惡有甚於死者，故患有所不避也。如使人之所欲，莫甚於生，則凡可以得生者，何不用也？使人之所惡，莫甚於死者，則凡可以避患者，何不爲也？由是則生而有不用也；由是則可以避患而有不爲也。是故，所欲有甚於生者，所惡有甚於死者；非獨賢者有是心也，人皆有之，賢者能勿喪耳。」(告子上篇) 殺身以成仁，舍身以取義，聖人之德也。孟子聖人之徒，故以此爲其志節。

五、辯護正道——孟子既以紹繼道統爲己任。道統者，堯、舜、禹、湯、文武、周公、孔子歷代傳遞不絕的聖學或正道。孟子之世，九流並起，邪說風行，多有悖於正道，猶如「紫之奪朱，鄭聲之亂雅樂。」邪說不息，正道不彰。孟子爲正道辯護，挺身而起，大聲疾呼，闢斥邪說，欲以正人心，距詖行，放淫辭，以承繼聖賢的聖學、道統與正道。

孟子曰：「我知言」(公孫丑上篇)。知言指能明辨言論的是非、得失與正邪。正道之言，盡心知性，居仁由義，志道據德，究極天理與人道，不偏不倚，至中至正，乃天下之正道與定理，可視之爲正言，孟子不辭「好辯」之譏，而盡力維護之。至於詖辭、淫辭、邪辭、遁辭，皆孟子所深惡痛絕者，極力駁斥，期以正人心，存正言，息邪說。孟子曰：「詖辭，知其所蔽；淫辭，知其所陷；邪辭，知其所離；遁辭，知其所窮。生於其心，害於其政；發於其政，害於其事；聖人復起，必從吾言矣。」（告子上篇）

孟子之世，楊朱、墨翟之言盈天下。楊朱爲我，拔一毛而利天下不爲也；是自由放任的個人主義者，貴生全生，反對一切强制權力與干涉，主張廢除政府與法律，認爲仁義道德爲禍亂之源，要絕聖去智，大背聖王的正道。墨翟兼愛，摩頂放踵而利天下爲之，主張愛無差等，愛人如愛己，愛人之父若己之父，深悖於人倫五常之道及君臣有義、父子有親、夫婦有別、長幼有序、朋友有信的五常之敎。孟子認爲楊、墨之言不息，孔子之道不彰，乃力加闢斥之，曰：「聖王不作，諸侯放恣，處士橫議，楊朱、墨翟之言，盈天下。天下之言，不歸楊，則歸墨。楊氏爲我，是無君也；墨氏兼愛，是無父也；無父無君是禽獸也。楊、墨之言不息，孔子之道不彰。是邪說誣民，充塞仁義也。仁義充塞，將率獸食人。人將相食，吾爲此懼。閑先王之道，距楊、墨，放淫辭，邪說者不作；」又曰：「無父無君，是周公之所膺也。我亦欲正人心，息邪說，距詖行，放淫辭，以承三聖（禹、周公、孔子）者。豈好辯哉？予不得已也。能言距楊墨者，聖人之徒也。」（滕文公下篇）

墨翟之徒夷子，信奉墨子薄葬之說，孟子駁斥之曰：「吾聞夷子墨者，墨之治喪也，以薄爲其道也。夷子思以易天下，豈以爲非是不貴也？然而夷子葬其親厚，則是以所賤事親也。」（滕文公上篇）父子骨肉至親，親情至爲深厚，薄葬於心不忍，厚葬內心始安，這是人情之常。夷子是墨子之徒，信持薄葬之說，然他竟亦厚葬其親，足見凡事之不近人情者，均非正道。

當時有爲神農者許行及陳相，都主張君主與民並耕而食，孟子斥之曰「治天下不可耕且爲」，「百工交易」事所必然。許行自楚之滕，踵門而告文公曰：「遠方之人，聞君行仁政，願受一廛而爲氓」，文公與之處。其徒數十人，皆衣褐，捆屨織以爲食。陳相見許行而大悅，盡棄其學而學焉。陳相見孟子，道許行之言曰：「滕君則誠賢君也。雖然，未聞道也！賢者與民並耕而食，饔飧（自熟其食）而治。今也滕有倉廩府庫，則是厲民（害民）而以自養也，惡得賢!?」孟子詰之曰：「何爲紛紛然與百工交易？何許子之不憚煩？曰：百工之事，固不可耕且爲也。」又曰：「然則治天下獨可耕且爲與？有大人之事，有小人之事；且一人之身，而百工之所備；如必自爲而後用之，是率天下而路（人人奔馳於道路，不得休息）也。故曰：或勞心，或勞力。勞心者治人，勞力者治於人；治於人者食人，治人者食於人；天下之通義也。」（滕文公上篇）一人之所需，需百工以爲供應，一人之力不能製作一切自己之所需。各盡所長，各事其事，分工而合作，一身所用，爲百工之所供。此乃文明社會必行之正道，豈能一人自耕而食，自織而衣，鑿井而飲，製陶而用之？

陳仲子亦持自耕而食，自織而衣的農家者言。匡章曰：「陳仲子豈不誠廉士哉？」「仲子，齊之世家也。兄戴，蓋祿萬鍾。以兄之祿爲不義之祿，而不食也；以兄之室，爲不義之室，而不居也。避兄離母，處於於陵。」孟子曰：「仲子惡得廉？充（推而滿之）仲子之操，則蚓（蚯蚓）而後可者也。夫蚓，上食槁壤，下飲黃泉；仲子所居之室，伯夷之所築與，抑亦盜跖之所築與？所食之粟，伯夷之所樹與，抑亦盜跖之所樹與？是未可知也；」「若仲子者，蚓而後充其操也。」（滕文公下篇）人之所以爲人者，以其能合群，以其有人倫關係。陳仲子避兄離母，孤獨其生，生存且不保，焉能有所謂廉!?

孟子對縱橫家亦嚴加斥責，認爲他們爲干求富貴，只知逢迎諸侯貪得私慾，棄仁義，而尙阿順，乃妾婦之道。景春曰：「公孫衍、張儀，豈不誠大丈夫哉？一怒而諸侯懼，安居而天下熄。」孟子曰：「是焉得爲大丈夫乎？子未學禮乎？……以順爲正者，妾婦之道也。……富貴不能淫，貧賤不能移，威武不能屈；此之謂大丈夫。」(滕文公下篇)

第十三章　儒家荀子的政治思想

第一節　生平事略

一、史記的記載——荀子的生平事蹟，《史記》卷七十四，孟子、荀卿列傳有簡要的記載。文曰：

荀卿趙人。年五十始來遊學於齊。騶衍、田駢之屬皆已死，齊襄王時，而荀卿最爲老師。齊尚修列大夫之缺，而荀卿三爲祭酒焉。齊人或讒荀卿，荀卿乃適楚，而春申君以爲蘭陵令。春申君死，而荀卿廢，因家蘭陵。李斯嘗爲弟子，已而相秦。荀卿嫉濁世之政，亡國亂君相屬，不遂大道，而營於巫祝，信禨祥，鄙儒小拘如莊周等，又滑稽亂俗，於是推儒墨道德之行事，興壞序列，著數萬言而卒，因葬蘭陵。

二、劉向的序錄——西漢劉向著《孫卿新書序錄》，對荀卿的生平事蹟較《史記》略詳。文曰：孫卿，趙人，名況。方齊宣王、威王之時，聚天下賢士於稷下，尊寵之。若鄒衍、田駢、淳于髡之屬甚衆，號曰列大夫，皆世所稱，咸作書刺世。是時，孫卿有秀才，年五十始來游學。諸子之事，皆以爲非先王之法也。孫卿善爲《詩》、《禮》、《易》、《春秋》。至齊襄王時，孫卿最爲老師，齊尚脩列大夫之缺，而孫卿三爲祭酒焉。齊人或讒孫卿，孫卿乃適楚，楚春申君以爲蘭陵令。人或謂春申君曰：湯以七十里，文王以百里，孫卿賢者也，今與之百里地，楚國危乎！春申君謝之，孫卿去之趙。後，客或謂春申君曰：伊尹去夏入殷，殷王而夏亡；管仲去魯入齊，魯弱而齊强；故賢者所在，君尊國安。今孫卿，天下賢人，所去之國，其不安乎！春申君使人聘孫卿。孫卿遺春申君書，刺楚國，因爲歌賦以遺春申君。春申君恨，復固謝；孫卿乃行，復爲蘭陵令。春申君死，而孫卿廢，因家蘭陵。李斯曾爲弟子，已而相秦。及韓非號韓子，又浮丘伯，皆受業爲名儒。孫卿之應聘於諸侯，見秦昭王，昭王方喜戰伐，而孫卿以三王之法說之。及秦相應侯，皆不能用也。至趙，與孫臏議兵趙孝王前，孫臏爲變詐之兵，孫卿以王兵難之，不能對也。卒不能用。荀子後於孟子約七十多歲或五十多歲。孫卿終未大用於世，老於蘭陵（戰國時楚邑，今山東嶧縣境）。

三、姓名的考證——在《史記》的荀子列傳、李斯列傳、春申君列傳中，荀子均被稱爲荀卿。《韓非子》、《戰國策》則稱之曰孫卿、或孫子。劉向《孫卿新書序錄》，韓嬰的《韓詩外傳》，桓寬的《鹽鐵論》，班固的《漢書》亦皆稱荀子爲孫卿。《荀子》本書，祇彊國篇稱荀卿；議兵篇、儒效篇則稱孫卿。司馬貞《史記索隱》，顏師古《漢書注》，均以爲避漢宣帝諱「詢」（音荀），故改荀曰孫。其實，漢代不諱「嫌名」，卽音同字不同者不諱，此說難以成立。謝墉著《荀子箋釋》，序曰「荀」音同「孫」，語遂移易。顧炎武《日知錄》漢書注條，亦認爲是「語音之轉」。胡元儀著《郇卿別傳考異》，認爲郇卿是周郇伯苗裔，郇伯爲公孫之後，或以氏爲姓。實則氏爲地望，姓爲女生，卽血緣，孫爲姓，郇（荀）爲氏。或稱姓，或稱氏，故荀與孫常互擧。究竟孰是，尙有爭執，未成定論。

劉向《孫卿新書序錄》，司馬貞《史記索隱》均稱荀子名况，何以世人又多有人稱荀子爲荀卿或孫卿者？胡元儀著《郇卿別傳考異》，以爲世人所以稱荀况爲荀卿者，因荀子在齊三爲祭酒（官名，乃太學長官）視爲列大夫之長，故可稱之爲卿。荀子又曾爲趙國之上卿，以卿稱之，自可當之無愧，居之不疑。司馬貞《史記索隱》亦曰：「時人相尊而號爲卿也。仕齊爲祭酒；仕楚爲蘭陵令，亦謂之卿也。」而蔣伯潛則駁胡氏之說，認爲稱人曰卿，乃戰國之風尚❶。如說稱卿是當時的風尚何以其他同時的諸子，未見以卿名名之者？自以從司馬貞、胡元儀之說爲較近理。

四、生卒的年代——荀子的生卒年代，論者不一其說。茲引述幾家的立論，以見一斑：

1.梁啓超著荀卿之年代及行歷一文，假定荀子生於周赧王八年（西元前三〇七）卒於秦始皇三十四年（西元前二一三），壽九十五歲。

2.胡適著《中國古代哲學史》，謂荀子生年約在西元前三一五至三一〇年，西元前二三〇年左右卒於蘭陵。

3.游國恩著《荀子考》，認爲荀子生於周赧王元年（西元前三一四），卒於秦始皇三十年（西元前二一七），壽九十八歲。

4.陳元德著《中國古代哲學史》，認爲荀子生於周赧王五年（西元前三一〇）卒於秦始皇三十四年（西元前二一三），壽九十八歲。

5.錢穆著《先秦諸子繫年》認爲荀子生於周顯王二十九年（西元前三四〇），卒於東周滅後十一年，秦始皇元年前一年（西元前二四五）。

---

❶ 蔣伯潛《諸子通考》上編，第六章。

以上各家說法不同，因其所根據的著作並不一致。而各家著作中所記述的生卒年代則多所差異，孰是孰非，亦難確定。各家考證用力皆勤，研究精神至足佩服，但求得確定之論，終必徒勞無功。吾人研究荀子思想自應以其自己的著作爲依據。生卒年代的考證，似不佔重要地位。

五、荀子的著作——荀卿著有《荀子》一書，凡三十二篇，流傳於世，爲儒學要籍。荀子的學術地位甚高，荀、孟（軻）並稱；惟因荀卿主張人性惡，不受士大夫所歡迎，故其學不彰。漢武帝罷黜百家，獨尊儒術，而荀子卻在被排拒之列。故遲至唐代中葉，始有楊倞註《荀子》一書。至清代註《荀子》者始衆。盧召弓、汪容甫、王懷祖、郝恂九、劉端臨等，對《荀子》一書，均有校釋。王先謙集衆說，參以己意，成《荀子集解》，堪稱傑構。民國梁啓雄復綜合諸家校釋，擷取菁華，揚棄蕨蕪，而作《荀子柬釋》，頗切實用。近人王忠林註釋《荀子》，譯古文爲語體文，曰《荀子讀本》，尤便讀者，可使荀學趨於普遍化、通俗化。

六、荀子的裔嗣——趙都邯鄲，趙國版圖，大部份在河北省南部，但豫北安陽一帶亦屬於趙國。春秋時，安陽分屬齊、晉。戰國時，安陽先屬魏，廉頗攻魏取之，因屬趙。漢時改稱鄴郡。藺相如故里在安陽縣西四十五里水冶鎭西南相村，爲趙上卿，完璧歸趙。明成祖封其第三子高燧於安陽曰趙簡王，故鄴郡原屬趙地。輝縣太行山盤上，侯兆川古亦屬趙，至今猶有小趙國之稱。荀子的子孫多居河南之潁川郡潁陰（今河南臨潁縣）。自漢歷魏迄晉，臨潁荀氏乃多代望族，累世簪笏，勳功彪炳，光耀史冊。荀子十一世孫荀淑，爲名儒，漢安帝時徵拜郎中，遷當塗縣令。十二世孫荀儉亦儒者，早卒。十三世荀悅爲名儒賢臣，獻帝時侍講禁中，著有《申鑒》及《漢紀》。十三世孫荀彧佐曹操破袁紹及劉表，佐國功臣，累遷至侍中及太尉，乃宰相之職❷。荀彧曾孫顗仕晉任羽林右監，封安陵鄉侯。彧之玄孫荀崧，歷仕東晉元帝、明帝、成帝三朝，居相位，平定王敦、蘇峻之亂。崧爲襄城太守時，被敵軍圍困，其十三歲女灌（國劇中稱荀灌娘），智勇兼施，冒險闖出重圍，求救兵於石覽，周訪，救兵至，解圍救出父兄❸。崧之長子名蕤，起秘書郎，遷尚書左丞及東陽太守，有才儀，具雅望，爲簡文帝所重。蕤子籍以父蔭，官至散騎長侍大長秋。崧之次子名羨，尚尋陽公主，穆帝徵補羨爲太常博士，歷任秘書丞、徐州刺史、兗州刺史，破胡兵，斬慕容蘭，招降胡兵，甚得衆心，爲帝所嘉許❹。

第二節　思想淵源

荀子的學說並非祇憑自己的才智，獨自憑空思考而成功的；乃是對其所處的時代環境中的學術、思想、文化、政事等所給予的刺激和影響，而加以心智的認知、辨識、推理、思索、考究、分析與整合所形成的思想系統。這一思想系統乃是經由博學、審問、愼思、明辨、篤行的研究歷程而產生的結果。荀子雖受着歷史傳統與時代環境的影響，但他不是傳統與環境的順從者，而實具有相當的叛逆性與反抗性，憑自己的洞察力及創造力而建立修正傳統，批判衆說，改造時勢的新學說。荀子在先秦諸子中，最爲晚出，故能博覽諸子學說，而奠立其思想的廣博基礎；精研群經，識其精蘊，使其學說趨於深邃與高

❷ 均見范曄《後漢書》荀悅及荀彧傳。
❸ 房玄齡《晉書》第九六卷，即列傳第六六卷。
❹ 《晉書》卷七五，列傳卷四五，荀崧父子均有傳。

明，能以獨樹一幟、別開生面，在儒家陣營中創立一激烈而突出的新學派，乃是儒家而涵有法家思想者。茲就荀子所受諸子的影響，群經的研究及與孔孟的關係，而論述其思想的淵源。

一、諸子的影響——從荀子所作對諸子的批判，可以推知其思想受有諸子的影響；因若對之無涉獵與研究，焉能提出批判的意見。他說：「愼子有見於後，無見於先。老子有見於詘無見於信。墨子有見於齊，無見於畸。宋子有見於少，無見於多。有後而無先，則群衆無門。有詘而無信，則貴賤不分。有齊而無畸，則政令不施。有少而無多，則群衆不化。書曰：無有作好，遵王之道，無有作惡」，遵王之路。此之謂也。」（《荀子》天論篇）愼子名到，本黃老之術，不尙賢，不使能，主張向後退而不爭先，則群衆失去出入的門戶。老子是道家，卽李耳，主張柔曲（詘），反對申張（信），要人清心寡欲，不必求富貴，不分貴賤，昧於人生而有欲之理。墨子名翟，墨子尙同，是見齊而不見畸，尙兼愛，愛無差等，則政令難以施行。宋子名鈃主張寡欲，卽只知要人少欲，而不知人有多欲。多欲才可以激勵及誘導人之向善爲治，若少欲則敎化無由推行。故荀子引《書經》洪範篇曰：人應行正大之道，不可有偏好；人應守正大之路，不可有偏惡。

荀子於解蔽篇，批評墨翟、宋鈃、愼到、申不害、惠施及莊周曰：「墨子蔽於用而不文，宋子蔽於欲而不知得，愼子蔽於法而不知賢，申子蔽於勢而不知知，惠子蔽於辭而不知實，莊子蔽於天而不知人。故由用謂之道，盡利矣；由俗謂之道，盡嗛矣；由法謂之道，數盡矣；由執謂之道，盡便矣；由辭謂之道，盡論矣；由天謂之道，盡因矣。此數具者，皆道之一隅也。」墨子是實用主義，尙功用，而不知禮樂文節的重要。宋子要人寡欲，而不知人皆有貪得之心。愼子，崇尙法治，而不知徒法不足以自行，不知行法須任用賢才方能成功。申子尙勢，認爲君也者勢無敵也，政治者集勢以勝衆之資也，不知有勢者仍待有知能者運用之，方是爲治的正道。惠子是名家，只知研究文字的虛辭，而不知認識事物的實理。莊子是道家，主張人法地、地法天、天法道、道法自然，要一切順乎自然，無爲而治；不知一切的進步與文明皆是人爲的結果，人定勝天，人能制天。如謂功利就是道，則人皆惟利是圖。如說欲少就是道，則人皆退讓（嗛同謙）而不前進。如說法就是道，則世上只需用法條就够了。如說勢就是道，則世上就不必有知識與才能了。如說虛辭就是道，則世人盡以爭論爲尙了。如說自然就是道，則人皆因循敷衍，無所作爲了。凡此數家的言論，都是蔽於一隅的偏見，不足以稱大道。大道以永恒普遍的常經爲經而又能盡變化之用，一偏之論不足以包擧大道。

荀子非十二子篇，開首卽說：「假今之世，飾邪說，文姦言，以梟（擾）亂天下，矞宇嵬瑣，使天下混然不知是非治亂之所存者有人焉。」假今之世，就是荀子所處的戰國的戰亂時代。對邪說加以掩飾，對姦言加以文美，用以擾亂天下。詭詐曲瑣，使天下人茫然不知何者爲是，何者爲非；何爲治，何爲亂，大有人在。這些人，就是他所要批判的十二子。

荀子對它囂、魏牟的批評，是「縱情性，安恣睢，禽獸行，不足以合文通治；然而其持之有故，其言之成理，足以欺惑愚衆；是它囂、魏牟也。」二人放縱性情，安於矜放，行爲如同禽獸，不能合於文義，通於治道，然卻持之有故，言之成理，足以欺騙愚惑一般無知大衆。

荀子對陳仲、史鰌的批評，是「忍情性，綦谿利跂，苟以分異人爲高，不足以合大衆，明大分；然而其持之有故，其言之成理，足以欺惑愚衆，是陳仲、史鰌也。」二人違矯人的眞性情，極其峭深，違俗自絜，苟求不同於人，立異以自高，不能與大衆合齊，不明達人之大理大分，然卻持之有故，言之成理，足以欺騙愚惑一般無知大衆。

荀子對墨翟、宋鈃的批評，是：「不知壹天下建國家之權稱，上功用，大儉約，而僈差等，曾不足以容辨異，縣君臣；然而其持之有故，其言之成理，足以欺惑愚衆；是墨翟、宋鈃也。」二人不知統一天下，建立國家權衡，只知崇尚功利實用，過分儉節省約，短喪廢禮，非樂薄葬，不近人情，愛無差等，不分親疏，且不容分別，懸隔君臣上下；然卻持之有故，言之成理，足以欺騙愚惑一般無知大衆。

荀子對愼到、田駢的批評，是：「尙法而無法，下脩而好作，上則取聽於上，下則取從於俗，終日言成文典，反紃察之，則倜然無所歸宿，不可以經國定分，然而其持之有故，其言之成理，足以欺惑愚衆，是愼到、田駢也。」二人雖崇尙法治，然實則無合理之法；雖在謀下民的修治，而自己則好制作；對上只知聽從在上者之言，對下又圖順從流俗；其終日論說者不外制作文典，然反覆體察之，實疏然無所歸宿，不足以經理國家，確定名分；然卻持之有故，言之成理，足以欺騙愚惑一般無知大衆。

荀子對惠施、鄧析的批評，是：「不法先王，不是禮義，而好治怪說，玩琦辭，甚察而不惠，辯而無用，多事而寡功，不可爲治綱紀，然而其持之有故，其言之成理，足以欺惑愚衆，是惠施、鄧析也。」二人不效法先王，不贊成禮義，而好研究怪異之說，玩弄奇特文辭，雖察察計較，並無實惠，不切世用；爭辯而無惠利，多事而少功用，不可以爲治理國家的綱紀；然卻持之有故，言之成理，足以欺騙愚惑一般無知大衆。

荀子對子思（孔伋）、孟子（軻）的批評，是：「略法先王而不知其統，猶然而材劇志大，聞見雜博。案往舊造說，謂之五行，甚僻違而無類，幽隱而無說，閉約而無解。案飾其辭，而祗敬之曰：此眞先君子之言也。子思唱之，孟軻和之，世俗之溝猶瞀儒嚾嚾然不知其所非也，遂受而傳之，以爲仲尼、子游爲玆厚於後世。是則子思、孟軻之罪也。」荀子、子思、孟子雖同爲儒學大師與鉅子。而荀子對子思孟子卻作很嚴苛的批評，對孟子尤不客氣，直呼其名孟軻毫無崇敬之意。荀子認爲子思孟軻大致效法先王，但不知其道統體系，而尙舒遲的自覺材具大、志向高；實則其所聞見的失之博雜，按依前人的故事自立其說，而名之曰：仁、義、禮、智、信五行。十分邪僻而欠類序，幽隱閉結不能自解其說；飾其文辭，而自己敬重其學說曰：這眞正是先君子的言論。子思倡導之，孟軻應和之，世俗一些愚蒙的人喧囂的述說之而不知其非是，且接受下來而傳授之，以爲孔子子游因此而得重於後世。這就是子思孟軻的罪過。

荀子在富國篇又批評墨子曰：「我以墨子之非樂也，則使天下亂；墨子之節用也，則使天下貧；非將墮之也，說不免焉。」樂以和衆，墨子非樂，使天下混亂；有消費才能促進生產，墨子節用，使天下貧窮。墨子的本意雖不在墮毀國家，然學說不正，就不免如此了。荀子在正論篇批評宋鈃所謂：「明見侮之不辱，使人不鬬」之說，而應之曰：然則亦以人之情爲不惡侮乎？宋子曰：「惡而不辱也。」荀子曰：「若是則必不得所求焉。凡人之鬬也，必以其惡之爲說，非以其辱之爲故也。」宋鈃認爲人若被侵侮而不以之爲羞辱，人就不會爭鬬了。荀子問曰：你以爲人之情皆不厭惡被侵侮麼？宋子曰：人雖厭惡被侵侮，而不以之是羞辱。荀子曰：若是如此，你便達不到被侵而不鬬的目的；因爲大凡人之相鬬都是因爲厭惡受侵侮而起，不是因爲受羞辱。

荀子對它囂、魏牟、陳仲、史鰌、墨翟、宋鈃、愼到、田駢、惠施、鄧析、子思、孟軻、老子、莊子、申子等人的思想或學說都作了不客氣的批評，指其有所蔽，乃一偏之見，不足以言大道。無論他作正面的贊許，或作反面的攻擊，都有其言之成理的說辭。他所作的批評，是否公平正確，雖不無有待商榷者，但其研究學問的洞察力、推理力、分析比較力、整合力、判斷力及創造力，實皆高人一籌，先秦諸子，少有能及之者。荀子研究批評的範圍與對象，甚爲廣博，並作切實分析與比較，遂能融會貫通，擷菁去蕪，取長舍短，發前人所未發，而自成一家之言。

二、群經的研究——荀子的思想淵源，不僅受有先秦諸子學說的影響，且悉心研究群經，以爲其立論的參考與依恃。荀子對《詩》、《書》、《易》、《禮》及《春秋》的五經，均有精研與細究。在他的著作中常引述諸經辭句以支持其立論。林麗眞著有《荀子》一書，對荀子在其著作《荀子》各篇，引述經書的次數，「曾作有統計❺：全書中引用《詩經》經句者共八十三次。計：勸學篇三次，修身篇三次，不苟篇三次，榮辱篇一次，非相篇二次，非十二子篇二次，「仲尼篇一次，儒效篇六次，王制篇一次，富國篇六次，王霸篇二次，君道篇四次，臣道篇四次，致仕篇二次，議兵篇四次，彊國篇二次，天論篇二次，正論篇二次，解蔽篇四次，正名篇三次，君子篇三次，大略篇十二次，有坐篇四次，子道篇一次，法行篇二次，堯問篇一次，禮論篇三次。引用《書經》文句者，共十五次。計：修身篇一次，王制篇一次，富國篇二次，君道篇二次，臣道篇一次，致仕篇一次，議兵篇一次，天論篇一次，正論篇二次，解蔽篇一次，君子篇一次，有坐篇一次。引用《易經》文句者共二次。計：非相篇一次，大略篇一次。

❺ 林麗眞《荀子》，臺灣商務印書館，民國七一年六月，《中國歷代思想家》第六册，頁一七—一九。

《荀子》一書中，引用傳曰者有十九次，引用孔子之言及古語者亦復不少，大抵皆儒家之言，頗合於《春秋》之義。《荀子》一書中與大小戴《禮記》及《韓詩外傳》相同者，亦有多處。戴德（大戴）、戴聖（小戴）、韓嬰皆漢代人，其雷同者可能抄襲自《荀子》。禮論篇與小戴三年問，《大戴禮》三本；樂論篇與大小戴樂記，鄉飲酒義；法行篇與小戴聘義；哀公篇與大戴哀公問五義；修身篇、大略篇與大戴曾子立事；勸學篇、宥坐篇與大戴勸學；其間相同者為數不少，足見荀況有傳經之功。《韓詩外傳》與《荀子》一書相同之處，有五十三則之多；即：不苟篇五則，修身篇、王制篇、君道篇、儒效篇、宥坐篇、堯問篇皆各四則；臣道篇、天論篇、哀公篇皆各三則；議兵篇、非相篇、子道篇、法行篇、非十二子篇、勸學篇皆各二則；彊國篇、富國篇、大略篇各一則。《韓詩外傳》雜引古事古言，證以詩詞，所以傳《詩經》。凡此相同的五十三則，當係韓嬰引自《荀子》。是知荀況傳《詩經》亦有與焉。

三、孔孟的關係——孔子設教授徒分文學、德行、政事、言語（文、行、忠、信）四科，受教者三千餘人，精通六藝者七十二人。孔子歿後，至戰國之世儒學分為八：「有子張之儒、有子思之儒、有顏氏之儒、有孟氏之儒，有漆雕氏之儒、有仲良氏之儒、有孫氏之儒，有樂正氏之儒。」❻班固《漢書》藝文志儒家之書，有子思子二十三篇、曾子十八篇、漆雕子十三篇、宓子十篇、孟子十一篇、孫卿子二十三篇。儒學諸子著書立說者，為數甚多，然能流傳後世，以迄於今，孔子之徒，僅孟軻與荀況二人。孟、荀二人皆尊崇孔子，奉為宗師。孟子固然以仲尼之徒自居，且曰：「出於其類，拔乎其萃，生

---

❻《韓非子》顯學篇。

民以來，未有盛於孔子者也」；荀子亦精研孔子之書，《詩》、《書》、《易》、《禮》、《春秋》；於非十二子之後，盛贊孔子為聖人曰：「若夫總方略，齊言行，壹統類，而群天下之英傑而告之以大古(太古)，敎之以至順，奧窔(堂室)之間，簟席之上，斂然聖王之文章具焉，佛然平世之俗起焉；六說者不能入也，十二子不能親也；無置錐之地，而王公不能與之爭名；在一大夫之位，則一君不能獨畜，一國不能獨容；成名況乎諸侯，莫不願以為臣；是聖人之不得勢者也，仲尼、子弓是也。」❼

孟子、荀子雖然同師宗孔子，皆以紹繼道統為己任。但二人的思想與學說，卻大異其旨趣。孟子所紹繼的道統是堯、舜、禹、湯、文、武、周公、孔子以來的仁政愛民的「王道」；荀子所紹繼的道統是堯、舜、禹、湯、文、武、周公、孔子諸聖的心智習積的「禮義」。孟子認為人性善，惻隱之心、羞惡之心、辭讓之心、是非之心，人皆有之，仁、義、禮、智皆備於我，要善存養之，無失其善性與美德。荀子認為人性惡，善者偽也，要行禮義以矯抑其惡性，不使作奸犯科而趨於善。孔子治民，「道之以德，齊之以禮。」孟子取其德，以德治民，尊德性，使人民發揮其本然之善性，仁以成己，智以成物；為治者以身作則，以正率民，而收風行草偃之效。荀子取其禮，以禮治民，道問學，使人民遵禮守義，定分止爭，以養人之欲，給人之求，使欲必不窮於物，物不必屈於欲，二者相持而長。孔子為政，必先正名。孟子的正名在於明人倫，君臣有義，父子有親，夫婦有別，長幼有序，朋友有信。荀子正名，在於辨異同，別貴賤，制名以指實，期以一法度，謹政令，齊人民，正名實，成百事，治天下。孟子主張

❼《荀子》非十二子篇。

「民爲貴，社稷次之，君爲輕。」荀子則主張尊君，而曰：「知隆禮義之爲尊君也。」（《荀子》君道篇）孟子治國，是「王何必曰利，亦有仁義而已矣。」荀子治國，除仁義之外，更加一「威」字。他說：「仁眇天下，故天下莫不親；義眇天下，故天下莫不貴；威眇天下，故天下莫敢敵也。」（王制篇）

孟子荀子的學說，何以會有如此重大的區異呢？其中原因，可從三方面予以說明：

第一、二人的氣質不同。氣質是人的先天稟賦與後天薰染而形成的人格（personality）。人格是一個人立身處世的一貫作風，亦是其社會角色扮演的形象（roleship）。孟子是「感情化」的氣質，心胸開朗，熱情洋溢，發言坦誠直爽，無所顧忌；所以其文章倜儻奔放，氣勢充沛，如長江大河，洶湧激盪，一瀉千里，批斥楊墨之言曰：「楊氏爲我，是無君也；墨氏兼愛，是無父也；無父無君是禽獸」；把陳仲子比如蚯蚓；憤激過甚，不無「急不擇言」之譏。荀子是「理智型」的氣質，心氣平靜，態度穩健，性情樸實，重事實，尙理性；所以其文章內容賅博，立論切實，持之有理，言之成理，氣度恢宏，博雅君子也；其指陳諸子的優劣得失，亦係據理剖析，持平立論，甚少偏激之言。

第二、二人的治學不同。孟子治學的取向與途徑是主觀性的。他以自己所信持的人性善爲前提，肯定仁、義、禮、信的善德皆備於我，皆爲人所固有，非由外鑠者也。進而以「居仁由義」爲立身處世的正道，爲政治國「何必曰利，亦有仁義而已矣。」這是治學的演繹法（deductive method），即由其信持的前提推演出其必然的結論，亦就是用一般的定論，適用於一切的個別事物；多注重行爲與事物的應然性，即應如何，而忽略行爲與事物的實然性，即是如何。孟子之學重在發揮孔子學說的主觀面，即尊德性的心性之學。荀子治學的取向與途徑，是客觀性的。他不存先入爲主的主見以論述一切事物，而先就客觀事物加以考察與硏究，根據所得事物的證據，而求得一般的結論。這是治學的歸納法（inductive method），即從個別事物作考察與硏究而求得一般性的結論，多注重行爲的實然性即是如何；並不重視「諺語式」的應如何。荀子之學重在發揮孔子學說的客觀面，即道學問的經世之學。孟子的學說，灑脫高超，頗富啓廸性。荀子的學說誠樸篤實，頗具實證性。

第三、二人的時代不同。孟子的時代早於荀子五、六十年，甚而有人說相差達一世紀者。孟子的時代雖然是混亂局面，但其思想環境，尙較簡單。所以孟子講性善，養浩氣，重四端，居仁由義，行仁政而王，卽足以建立儒家重德治、行仁政的價值系統；高唱斥楊駁墨之論，以維護道統。到了荀子時代已至戰國末年，時局變亂，更爲劇烈，被滅國者爲數不少，所謂周天子的周國，亦被强秦侵滅，「六國畢、四海一」的天下一統的新局面，眼看就要出現。强凌弱，衆暴寡已是常事；爾詐我虞，彼欺此騙，視爲當然，世道人心，萬分險惡，儒家嚴肅的道德觀念，被視爲迂腐之論，不合世用，不切實際，荀子大唱儒家反調，主張人性本惡論，自有其立論根據與原因；並非無的放矢。

荀子時代，道墨兩家的學說更爲昌熾與盛行。道家貴我全生，避世反樸，歸依於自然，不失爲逃躲世亂，解脫痛苦的一道，受人歡迎。墨家對客觀事物及知識問題的新解釋，更爲風靡一時；而孟子的道性善、說仁義、行王政，令人感覺有矜才、逞氣、傲慢自恃的意味，反不易爲世人所接受。所以，那時的儒學，無論尊德性的心性之學，或道問學的經世之學，都需要加以補充與修正。於是荀子應運而起，講究符合實際的實證之學，以「起而可設，張而可施行」的客觀「禮義」爲思想主旨的新學說，重振儒學聲威。

第三節　學說新義

世之論者雖把荀子列入儒家，然而荀子因適應時代要求及使用客觀的研究方法，所建立的學說並不全然符合儒家的傳統思想。他對儒學確有所補充與修正，而有其創見。荀子學說所建立新義的重要者，計有反傳統的天道觀，人性本惡的新論及人之所以爲人的特性。玆就此分說如次：

一、反傳統的天道觀——中國傳統的天道觀，多把天人格化、神道化，認爲天是有意識的宇宙萬物的主宰。所以在《詩經》、《書經》、《易經》中多有敬天、畏天、法天及順天的思想；且信持天人感應之論，作善天降之百祥，作不善天降之百殃；順天者存，逆天者亡。孔子雖罕言性與天道，但他心目中的天，仍視之爲萬物的主宰，且說：「天生德於予，桓魋其如余何？」孟子所言的天，有時是主宰的天，有時是運命的天，有時是義理的天。荀子則反對這種人格化神道化天道思想，而另倡反傳統的新天道思想。其要旨如次：

1.對天不可有誤解——荀子要建立他的反傳統的新的天道觀念和思想，首先要消除一般的誤識和誤解。因爲欲有所立，當先有所破。荀子指出天的現象與表現，雖然有奇特怪異的地方；那只是天地之變，陰陽之化乃少見的自然現象，不知其因，不解其然，怪之可也，不必畏懼。畏天是錯誤觀念。他說：「星隊木鳴，國人皆恐。曰：是何也？曰：無何也！是天地之變，陰陽之化，物之罕至者也。怪之，可也；而畏之，非也。夫日月之有蝕，風雨之時，怪星之黨見（偶然出現），是無世而不常有之。上明而政平，則是雖竝世起，無傷也。上闇而政險，則是雖無一至者，無益也。夫星之隊，木之鳴，是天地之

變，陰陽之化，物之罕至者也；怪之，可也。而畏之，非也。」（天論篇）

荀子反對傳統的天人感應之說，認爲政治的治亂全視當政的措施，是否得當，是否合宜爲轉移，天必不能影響政治的治亂或人事的吉凶。他說：「天行有常，不爲堯存，不爲桀亡。應之以治則吉，應之以亂則凶。彊本而節用，則天不能貧。養備而動時，則天不能病。脩道而不貳，則天不能禍。故水旱不能使之饑渴，寒暑不能使之疾，祆怪不能使之凶。本荒而用侈，則天不能使之富。養略而動罕，則天不能使之全。背道而妄行，則天不能使之吉。故水旱未至而飢，寒暑未薄而疾，祆怪未至而凶。」（天論篇）

荀子曰：「治亂天耶？曰：日月星辰瑞曆，是禹桀之所同也。禹以治，桀以亂，治亂非天也。時耶？繁啓蕃長於春夏，畜積收藏於秋冬，是又禹、桀之所同也。禹以治，桀以亂，治亂非時也。地耶？得地則生，失地則死，是又禹桀之所同也。禹以治，桀以亂，治亂非地也。」（天論篇）荀子引《詩經》曰：「天作高山，大王荒之，彼作矣，文王康之。」這是說，天造高大的岐山，大王有而開拓之，文王因而安居而康樂之，蓋言事在人爲，不受制於天。天生之，人成之，人以制天，非天以制人。

2. 天是自然的體象——荀子指出天是永恒不變的自然實體及其表現的自然現象，並不是能降吉凶禍福的巨靈（leviathan）或天神（god）。所以他說：「天行有常，不爲堯存，不爲桀亡」；「日月星辰，春夏秋冬，時與地，皆禹桀之所同也。」荀子所指的天，乃是：「列星隨旋，日月遞炤，四時代御，陰陽大化，風雨博施，萬物各得其和以生，各得其養以成，不見其事而見其功，夫是之謂天。皆知其所以成，莫知其無形，夫是之謂天。」（天論篇）天是自然的實體及其表現的自然現象；只能見到其事象，無從看到其形體。

天遵循自然的規律而作永恒的運行，並不因爲人的好惡而改變其永恒的、規律的、正常的天體運行。天體運行是永恒不變的常軌與常道。荀子曰：「天不爲人之惡寒而輟冬，天不爲人之惡遼遠而輟廣，君子不爲小人匈匈而輟行。天有常道矣，地有常數矣，君子有常體矣。君子道其常，小人計其功。《詩》曰：『何恤人言兮，此之謂也。』」（天論篇）荀子於論天有常道，不因人的好惡而改變之時，亦指出君子亦有其不變的常行；君子不計利行其常道，小人只顧一時的功利；乃引《詩經》之言曰：只要依禮義以行事，而無偏失，就不在乎他人的批評。

3. 天無自覺的意識——天既然是自然的實體和現象，並非巨靈或天神，不具人格和性靈，所以天是無意識的，更不能作自覺性的意思表達；因之，天不能辨識事物的善惡而禍福人，更不能治理人。荀子曰：「天能生物，不能辨物也；地能載人，不能治人。」（禮論篇）辨與治是有意識作用。天既不能辨識與治理，足見天無意思。

天是一種無意識的自然物體和現象，既不能辨識萬物，亦不能治理人事，所以世間吉凶禍福，皆由於人爲，天對之固不能如之何。荀子曰：「彊本而節用，則天不能貧；備養而動時，則天不能病；備道而不貳，則天不能禍；故水旱不能使之飢，寒暑不能使之疾，祆怪不能使之凶。」（天論篇）依荀子的論據，天時的運行，寒暑的變化，日月的起落，風霜、陰晴、雨露等自然現象與活動，都是機械性的、盲目的、無知無識的，並無自覺的意識，亦無神秘的成分。天論篇曰：「不爲而成，不求而得，夫是之謂天職。」天的職分，既是不爲而成，不求而得，足見其不能作有意識的活動與表現。因「爲」與「求」皆是意識作用。不能因爲而成，由求而得，天當然是無意識的自然物。

4. 天人各有其分際——荀子天道觀另一新義是別天人的分際，要人瞭解天有天的職分，人有人的職分。天當行其自然的天道。人當守其分，盡其職、盡人事，自求多福。人不可與天爭職，天亦不能干於人事。天職與人職各有分際，不可侵越，不可混淆。故「明於天人之分，則可謂至人矣。」（天論篇）天依常道正軌生養萬物，供應自然資源，日月普照，天地覆載，星辰旋轉，四時運行，晝夜交替，風雨普施，寒暑變異等乃是天的職分，非人力所能參與。至於人間的吉凶、禍福、治亂、興衰、安危等皆由人的作爲所招致，非天所能左右。人的職分在順應天時，利用地利，善盡人力，從事生產，強本節用，齊心協作，發揮禮義的「分」、「統」、「養」、「節」的功用，實現「群居和一」的政治理想。

荀子曰：「不爲而成，不求而得，夫是之謂天職。如是者，雖深，其人不加慮焉；雖大，不加能焉；雖精，不加察焉；夫是之謂不與天爭職。」（天論篇）這是說，天的職分與功能，雖深、雖大、雖精，人不要去管他，就叫人不與天爭職。又曰：「天有其時，地有其財，人有其治，夫是之謂能參，舍其所以參，而願其所參，則惑矣。」（天論篇）人的職分在於順應天時，利用地利，善盡人事，以爲治理，這就是參天地之化育。如人不善盡其參天地之化育的職分，反而思慕天地所參的職分，便是大大的昏惑。因要與天爭職，則是愚而且妄的大錯誤。

荀子認爲人不可以與天爭職，只可順天而盡人事，而爲人治，以成天地的大功，是之謂「天生人成」；明乎此，則人當知其所應爲與不應爲。他說：「天職既立，天功既成，形具而神生，好惡喜怒哀樂藏焉，是謂天情，夫是之謂天情。耳目鼻口形能各有接而不相能也，夫是之謂天官。心居中虛，以治五官，夫是之謂天君。財非其類以養其類，夫是之謂天養。順其類者謂之福，逆其類者謂之禍，夫是之

謂天政。暗其天君，亂其天官，棄其天養，順其天政，養其天情，以全其天功；如是則知其所爲，知其所不爲矣。」—（天論篇）

荀子的天道觀，具有消極的和積極的兩方面的意義與作用。就消極方面言，其立意在消除一般人對天的誤解與誤識，對天不可有景慕、驚慄、恐怖、崇拜等迷信心理。若認爲天有無上威權，那吉凶、禍福、壽夭、貴賤、祥殃、成敗、安危、治亂等命運都掌握在天神手中，因而生聽天由命的思想，偷懶怠惰，不求振作，則是大大的錯誤。就積極方面言，天被認定爲自然體象，並無意思作用，不爲不求，一切的吉凶、禍福、治亂、安危等皆由於人爲，並非天降，人的運命由自己決定，非天所左右；人是能治者的主體，天是被治者的客體，要養成人定勝天的新觀念，人要自我努力，修習禮義，以合群的力量，和一的意志，去利用自然增進福利；適應自然消除災難」。「荀子在二千多年前」，就有這明顯的「天生人成」的現代科學思想，誠「先得人心之所同」的聖人。

5. 人要能制天用天——荀子天道觀的最後目的，在鼓勵人能以制天用天，以充實其生活，增進其福利。他認爲與其尊崇天而幻想之，不如視之爲物質蓄養而控制之；與其歌頌天而讚美之，不如自制天命而利用之；與其空望四時，坐而等待收穫，不如依時而勤耕作，增加生產；與其就原有的物類而求其量的加多，不如運用智慧變化物類，創造其價值，恢宏其功能；與其只想把物質當物質看待，不如治理物質不失其用；與其只研究物質之所生，不如研究如何使物質成其功用。如果不去盡人事善爲制用天生的萬物，只去空空的思慕天，崇敬天，必失去萬物的本性，而鑄成重大錯誤。他說：「夫天而思之，孰與物畜而制之；從天而頌之，孰與制天命而用之；望時而待之，孰與應時而使之；因物而多之，孰與騁能而化之；思物而物之，孰與理物而勿失之；願於物之所以生，孰於有物之所以成。故錯人而思天，則失萬物之情。」(天論篇) 荀子要人盡人事，不可聽天命。君子與小人的區別，在於君子盡己，小人聽天。他說：「君子敬其在己也，而不慕其在天者，是以日進也。小人錯其在己者，而慕其在天者，是以日退也。」(天論篇)

如何制天用天呢？荀子對此提供兩個途徑：一是依禮義立群道，用群道以制萬物之宜。一是順應天時，盡力生產，經由人爲之功以化用萬物之功。荀子曰：「人生不能無群，群而無分則爭，爭則亂，亂則離，離則弱，弱則不能勝(制)物。故宮室不得而居也，不可少頃舍禮義之謂也。能以事親謂之孝，能以事兄謂之弟，而以事上謂之順，能以使下謂之君。君者善群也。群道當，則萬物皆得其宜，六畜皆得其長，群生皆得其命。故養長時，則六畜育；生殺時，則草木殖；政令時，則百姓一，賢良服。聖王之制也。」(王制篇) 制天要憑藉於行禮義，用群力及政令的施行。荀子又曰：「草木榮華滋碩之時，則斧斤不入山林，不夭其生，不絕其長也；……春耕夏耘，秋收冬藏，四者不失時，則五穀不絕，而百姓有餘食也；汙池淵沼川澤，謹其時禁，故魚鼈優多，而百姓有餘用也；斬伐養長不失其時，故山林不童，則百姓有餘材也。聖王之用也。」(王制篇) 聖王管理財用，利用萬物，在於順應天時，使人盡全力以事生產，經由人爲的力量，以化用天生萬物的資源，而充裕民生福利。

二、人性本惡的論據——當荀子之世，討論人性善惡者，約可分爲四派：㈠性無分於善不善。告子曰：「性猶湍水也。決諸東方則東流，決諸西方則西流。人性之無分於善不善也，猶水之無分於東西也」。㈡性可以爲善可以爲不善。公都子引或人曰：「性可以爲善，可以爲不善。是故文王興，則民好善；幽厲興，則民好暴。」㈢有性善，有性不善。公都子引或人曰：「有性善，有性不善。是故以堯為君，則有象；以瞽瞍為父，則有舜；以紂為兄之子，且以為君，而有微子啓、王子比干。」❽相傳，周之史官世碩著《養性書》，主張人性有善有惡。㈣人性善。孔子雖祇說：「性相近也，習相遠也」；「惟上智與下愚不移」❾；並未明言性善，然以「大學之道在明明德」的記述以推衍之，孔子似為性善論者。孟子明言人性善曰：「仁、義、禮、智，非由外鑠我也，我固有之也。」《詩經》曰：「天生烝民，有物有則，民之秉彝，好是懿德。」❿可見中國的傳統思想是人性善；而荀子則獨倡創論，而堅稱人性本惡，善者僞也。玆將其性惡說的論據，舉述於次：

1. 性惡說的由來——荀子倡人性本惡說，可能是深深受告子論說的影響。告子雖祇說：「性無分於善不善」，但實際上是反對孟子的性善說，而心中認為人性惡。這一立論對荀子的性惡說實具有很大的影響。觀於荀子的設詞和告子的立論，前後呼應，若合符節。告子曰：「生之謂性」（《孟子》告子上篇）；荀子曰：「生之所以然者謂之性」（正名篇）。告子曰：「食色性也」（告子上篇）；荀子曰：「生而有耳目之欲，有好聲色焉。」（性惡篇）告子曰：「性猶杞柳也，義猶桮棬也。以人性為仁義，猶以杞柳為桮棬」（告子上篇）；荀子曰：「凡禮義者生於聖人之僞，非故生於人之性也。」（性惡篇）實則，告子、荀子所謂的「性」祇是生理人的「慾」。慾者人與禽獸之所同也。人亦是動物，自然有「人生而有欲」的慾

---

❽《孟子》告子上篇。
❾《論語》陽貨篇。
❿《詩經》大雅，烝民篇。

望，卽飲食男女之性。但這並不是「人之所以爲人」或「人之所以異於禽獸者」的人性。人之所以異於禽獸者，在於人知禮義，能合群及有辨識力的智性。皆是人的固有的特性，爲荀子所明白的承認，而這些特性卻都是人之善性；性惡論實是欠周延的一偏之論。

2. 性的定義——荀子對「性」之一詞作解釋曰：「生之所以然者謂之性。性之和所生，精合感應，不事而自然謂之性。性之好惡喜怒哀樂之謂情。情，然而心爲之擇謂之慮。心慮能爲之動，謂之僞。慮積焉，能習焉，而後成謂之僞。」（正名篇）性是與生俱來，不待人爲而成的固有性能。性的另一特性是「精合感應」，卽固有性能遇及外物而反應，所生的感受或知覺。依今日心理學的知識以言之，性包括與生俱來的機體（organism）及其機能（function）。例如眼球爲能視的機體。這機體感受外界物的刺激，而視見到物體。這是視的機能。所謂性應包括一切人體的器官（organ）如耳、目、口、鼻、心、肺、腦、腸、胃等及其機能。這器官用其機能而生感受；進而對感受發生接受或排拒的作用謂之情。經由情的作用而對外界的事象接受後，再作進一步的判斷與選擇謂之慮。經思慮作成決定，由決定而採取行爲謂之僞。僞爲人爲之事物，性是自然存在的機能。僞是經由思慮與習作而成功的事物。

性是人人皆有的特性，並不因人而異，無論君子與小人，聖人與凡人，皆有與生俱來的而且相同的人性。荀子曰：「凡人有所一同，寒則欲煖，勞則欲息，好利而惡害，是人之所生有也，是無待而然者也，是禹桀之所同也。」（榮辱篇）又說：「故聖人之所以同於衆，其無異於衆者，性也。」（性惡篇）

3. 性惡的論證——荀子把性限定於與生俱來的五官、七情、六慾等生理層次，只是慾求本能；不含先天的理性，不能思慮、判斷，亦不能積慮成習。若任由這欲求的本能自由發展，必產生爭奪、混亂、困窮的罪惡，故曰人性惡。荀子曰：「人之性惡，其善者僞也。今之人性，生而有好利焉，順是，故爭奪生，而辭讓亡焉。生而有疾惡焉，順是，故殘賊生，而忠信亡焉。生而有耳目之欲，有好聲色焉，順是，故淫亂生，而禮義文理亡焉。然則從人之性，順人之情，必出於爭奪；合於犯分亂理，而歸於暴。故必將師法之化，禮義之道，然後出於辭讓合於文理，而歸於治。由此觀之，然則人之性惡明矣，其善者僞也。」（性惡篇）荀子所謂善惡，乃指治亂而言。順人之性，則情慾恣肆必歸於亂。情慾經由禮義導化之，以掩其惡，而成其辭讓文理之治，故善者僞也。這是告子所謂義外也，乃由外鑠者也；義非人之本然善性。治亂乃人爲的結果，因之，治亂與自然的人性善惡，很難指證其間有直接的關係。

荀子反駁孟子的性善說，人性果善，何貴乎有聖王，何貴乎有仁義。其言曰：「孟子曰人之性善。曰：不然。凡古今天下之所謂善者，正理治平也；所謂惡者，偏險悖亂也；是善惡之分也已。今誠以人之性固正理平治耶？則又惡用聖王，惡用禮義矣哉？雖有聖王禮義，將何加於正理治平也哉？今不然，人之性惡。故古者聖人以人之性惡，以爲偏險不正，悖亂而不治，故爲之立君王之勢以臨之，明禮義以化之，起法正以治之，重刑罰以禁之，使天下皆出於治，合於善也。」（性惡篇）

荀子主張人性惡所持的論證，尚有以下諸端：㈠王霸篇曰：「夫人之情，目欲綦色，耳欲綦聲，口欲綦味，鼻欲綦臭，心欲綦佚，此五者人情之所必不免也。從人之性，順人之情，必出於爭奪」。㈡禮論篇曰：「人生而有欲，欲而不得，則不能無求，求而無度量分界，則不能不爭，爭則亂，亂則窮；先王惡其亂也，故制禮義以分之。」㈢性惡篇曰：「直木不待櫽括而直者，其性直也。枸木必將待櫽栝烝矯然後直者，以其性不直也。今之人性惡，必將待聖王之治，禮義之化，然後皆出治，合於善也。由此觀之，然則人之性惡明矣。」

荀子雖堅持「人性惡」之論，但在他的著作中，卻又明白舉出人性善的事例，對性惡論實是一自相矛盾的大挑戰。非相篇曰：「人之所以爲人者，何已也？曰：以其有辨也。夫禽獸有父子，而無父子之親；有牝牡而無男女之別。故人道莫不有辨，辨莫大於分，分莫大於禮。」辨是明是非，別善惡的能力。有此能力，方能父子有親，男女有別，而異於禽獸。這不是人性善的明證麼？王制篇曰：「水火有氣而無生，草木有生而無知，禽獸有知而無義。人有氣、有生、有知、亦且有義，故最爲天下貴也。」人的特性是有義。義是正、是宜，卽正義與公道。人有此良好特性，不是荀子自認人性善麼？王制篇又曰：「人力不若牛，走不若馬，而牛馬爲人役者，何也？曰：人能群而牛馬不能群也。人何以能群？曰分。分何以能行？曰：義。故義以分則和，和則一，一則力多，力多則強，強則勝物。」荀子認爲人能合群、守分、行義、和平、協一。這些都是良好德性。人旣有這些良好德性，不是人性善的證明麼？

荀子所指的「性惡」之性，乃是人的「情欲」，卽人與禽獸之所同的生理性或低級性的人性。但人尙有其人之所以爲人，或人之所以異於禽獸者的理智性或眞正的人性。荀子所說的能辨、合群、守分、行義、和平、協一才是人之所以爲人的人性。性是寂然不動，淸如明鏡，靜如止水，無聲、無臭、無形，乃虛靈不昧的明德。性之動爲心，因心爲載性之物。心之動爲情欲。情欲之來由於外物之刺激，所以「情由色起」，不見可欲，其心不動。見獵（艷）始心喜，見財才起意。飮食男女（食色性也）是人的「情欲」（卽荀子所指之人性）。其實這情欲的本身，亦無所謂善或不善。有情欲便要採取行爲以滿足之。所採取的行爲是否得當，是否合宜，才分別出人性的善惡。人性雖善，而心之情欲則可善可惡。若以暴力搶奪飲食便是惡，若自耕而食，自汲而飲，或以自己工作賺來薪資購買飲食便是善。若「踰東家牆而摟其處子」，滿足其性慾便是惡。若依法合理娶妻嫁夫而過夫妻同居生活便是善。

4.性、僞的分別——荀子所指的人性乃是與生俱來的生理本能，衹能對外界作「精合感應」，不能思慮，如五官、六欲、七情等，不能學習，不能作爲，任其恣肆，必起爭亂，其質爲惡；其可學而能，可事而成之在人者，謂之僞。他說：「不可學，不可事而成之在人者，謂之性；可學而能，可事而成之在人者，謂之僞。是性僞之分也。」(性惡篇) 感而自然，不待事(作爲)而後生者，是性；感而不能然，必待事而後然者，是僞。他說：「若夫目好色，耳好聲，口好味，心好利，骨體膚理好愉佚，是皆生於人之情性者也，感而自然，不待事而後生之者也。夫感而不能然，必且待事而後然者，謂之生僞。是性僞之所生，其不同之徵也。」(性惡篇) 這是荀子對「性」與「僞」所作的分別。

荀子進一步對「性」與「僞」的分別，作說明曰：「性者，本始材朴也；僞者，文理隆盛也。無性，則僞無所加；無僞，則性不能自美。」(禮論篇) 性惡而不能自美。這是荀子否定人性的可塑性；若性可塑造而成美善，那性惡說將會發生動搖。他只說文理隆盛之美善是加蓋到人性上的，乃是人性的僞裝；猶如一個皮膚醜陋的人穿上一套漂亮的衣服，就美麗了；並不是把醜陋的皮膚改造成白嫩的。性惡仍然惡，善是僞裝的，故曰：「人之性惡，其善者僞也。」(性惡篇)

5.僞善的由來——人性雖惡，但經過僞裝，則可見善而不見其惡，惡性仍然存在，並不能使惡性改變爲善性。荀子曰：「性也者，吾所不能爲也，然而可化也。情也者，非吾所有也，然而可爲也。注錯習俗，所以化性也。」(儒效篇) 性既是「吾所不能爲也」，何以又說「然而可化也？」則此「化」不是

「變化氣質」的「化」，而應是「僞化」或「化妝」之「化」；卽在於僞裝或掩飾「惡性」而成「善事」。性惡是先天生來的；僞善是人爲而成的。注錯（措施）習俗，就是僞化的功夫。

荀子曰：「聖人之所以同於衆，而不異於衆者，性也。所以異而過衆者，僞也。」（性惡篇）又曰：「堯、禹者，非生而具者也，夫起變故，成乎修修之爲，待盡而後備者也。」（榮辱篇）聖人與常人的人性都是同的，但常人經僞化之後，可成爲聖人。堯、禹是聖人，但非生來的，而是經過「修爲」的僞化，才成爲聖人。

善的由來，來自僞化。然則如何去施行僞化呢？荀子提出四種僞化起善的途徑：一曰矯飾起僞善；二曰强學起僞善，三曰積習起僞善，四曰導欲起僞善。

荀子曰：「今人無師法，則偏險而不正；無禮義則悖亂不治。古者聖王以人之性惡，以爲偏險而不正，悖亂而不治；是以爲之起禮義，制法度。以矯飾人之性情而正之，以擾化人之性情而導之也，始皆出於治，合於道者也。」（性惡篇）禮義法度之治（善）乃是聖人以矯飾、擾化之力而加之於人者，並非順人之性而發展出來的。故善是由矯飾的僞化而成的。

荀子曰：「今之人性，固無禮義，故强學而求有之也；性不知禮義，故思慮而求知之也。」（性惡篇）又曰：「木受繩則直，金就礪則利，君子博學而日參乎己，則知明而行無過矣。」（勸學篇）人之知禮義、行禮義，不是由於人性的好學問，愛知識，乃是出於「强敎」（teach-in）與「洗腦」。禮義的善是人爲的注入，卽告子所謂「義外也，非內也。」禮義之善非生於人的本性，而是僞化而來的，猶如木受繩則直，金受礪則利。這是經由强學的僞化而起善。

僞化起善非可一蹴而幾，不能急就成章；要日積月累，由漸而著，由微而大，久習而成，積俗而熟，久僞而成習，善便生起出來。荀子曰：「積土成山，風雨興焉；積水成淵，蛟龍生焉；積善成德，而神明自得，聖心備焉。故不積蹞步（半步），無以至千里；不積小流，無以成江海。」（勸學篇）依此理以言之，積習不息，僞化長久，善則因之而起。又曰：「并一而不二，所以成積也。習俗移志，安久移質。并一而不二，則通於神明，參於天地矣。故積土而爲山，積水而爲海，旦暮積謂之歲。至高謂之大，至下謂之地，宇中六指謂之極。塗之人百姓，積善而全盡謂之聖人。」（儒效篇）這是積僞成習而起善的理論與過程。

荀子雖認爲，性由天生，不可學，不可事；且說人生而有欲，欲則不能無求，求而無度量分界，則不能不爭，爭則亂，亂則窮；但人生來的性與欲，可經由師法與誘導的僞化過程，使之起善與向善。荀子曰：「君子知夫不全（不完善）不粹（不純粹）之不足以爲美也，故誦數以貫之，思索以通之，爲其人以處之，除其害以養之。使目非是無欲見也，使耳非是無欲聞也，使口非是無欲言也，使心非是無欲慮也。」（勸學篇）誦數、思索、以古人爲典範，設身處地，除其害而存養之，皆是僞化的功夫。耳、目、口、心皆受到節制，而引導之趨赴於完善純粹之美，非是（全粹）均不爲之。這和孔子所說的「克己復禮爲仁，非禮勿視，非禮勿聽，非禮勿言，非禮勿動」⓫不無相似之處，但孔子的克己（節人欲）在存養人的固有善性；荀子的節情導欲，在文飾、掩蓋人的惡性，而起僞善。

三、人之爲人的特性——就荀子的學說加以檢討，他的學說新義，就是他明白指出人之所以爲人，

⓫《論語》顏淵篇。

卽人之所以異於禽獸者的特性有三：一是有辨，二是能群，三是有義。玆就此三者分論如次：

1.有辨——荀子曰：「人之所以爲人者何也？以其有辨也。……人之所以爲人者，非特以其二足而無毛也，以其有辨也。夫禽獸有父子，而無父子之親；有牝牡，而無男女之別。故人道莫不有辨，辨莫大於分，分莫大於禮。」(非相篇)辨是人的心理作用，卽心智對外在事物的認知。認知就是對事物是非善惡的辨別，而知其是非善惡的不同。能有這種分辨，則可以趨善避惡。爲政者應適人的辨識能力，制定禮制，以定人倫分際，實行禮治。禮以定分。「分何以能行？曰義。」(王制篇)故荀子的政治哲學與思想在於行禮義。

辨旣是一種心理作用。荀子對心理作用所涉及的因素或成分，多所論及。玆引述如次：

(1)性——荀子曰：「生之所以然者謂之性。性之所生，精合感應，不事而自然，謂之性。」(正名篇)性是與生俱來，不學而知，不習而能，乃是一種自然的生理本能，對外界只能有感應或感覺而無辨別的判斷能力。

(2)心——荀子曰：「心者，道之工宰也」(正名篇)又曰：「心者，形之君也，而神明之主也，出令而無所受命。」(解蔽篇)心在荀子學說中佔有很重要的地位，乃形體的主宰，號令的中樞，具有主動作用，出令而不受命，且有節制情欲的能力。猶如今日所說的智慧。

(3)情——荀子曰：「性之好惡喜怒哀樂謂之情」(正名篇)；又曰：「性者，天之就也；情者，性之質也。」(正名篇)性是天成的體，卽生理的本能。情是這生理本能的作用或活動。性爲體，情爲用。二者雖可分言之，其實一也，猶刀之與銳利。故荀子亦嘗合言性情。他說：「縱性情而不足問學。」(儒

效篇）

(4)慮——荀子曰：「情然而心爲之擇謂之慮。」（正名篇）「情然」是人的自然生理本能受到外在事物的刺激所生的喜怒好惡的反應。「爲之擇者」，卽心對此反應而作的判斷或評估而決定取舍。慮是心理的理智活動，所以荀子嘗稱之爲知慮或思慮，如「夫故其知慮足以治之」（富國篇）；「思慮通明」（哀公篇）。

(5)僞——荀子曰：「心慮而能爲之動謂之僞。慮積焉，能習焉，而後成謂之僞。」（正名篇）僞是人爲的結果，乃是積慮與習而成的。經過無數次的慮與習的實行，而逐漸養成自然的習慣就是僞。

(6)知——荀子曰：「所以知之在人者，謂之知；知有所合謂之智。」（正名篇）知是一種認知的本能，其作用在能辨。「知有所合謂之智」卽經過辨識或認知的作用，而得到的知識。

(7)能——荀子曰：「所以能之在人者，謂之能；能有所合謂之能。」（正名篇）能之在人者的能是一種能習作的本能。能有所合的能，是指經習作後而成的才能。

(8)欲——荀子曰：「欲者，情之應也」（正名篇）；又曰：「故雖爲守門，欲不可去，性之具也。」（正名篇）欲爲性所具有，與生俱來，無法除去。而欲又必有求，求之無度，必引起爭亂；爭亂必致困難，故應行禮義，以養其欲而節其求。故荀子曰：「欲不可去，求可節也。」（正名篇）

能辨與心——荀子曰：「人之所以爲人者，何也？以其有辨也。」（非相篇）辨是認知。認知是心的思考、判斷與選擇作用。心何以能發揮如此的功用？荀子曰：「心有徵知，則緣耳而知聲可也；緣目而知形可也。然而徵知必將待天官之當簿其類，然後可也。」（正名篇）楊倞注「徵，召也；言心能召萬物之知也。」又注曰：「簿，簿書也。當簿，謂各主當其簿書，而不雜亂也。」梁啓超曰：「當，猶正也。簿當讀爲《易》說卦雷風相薄之薄。薄，接觸也。謂正與其類相接觸也。」⑫依今日心理學的知識以言之，心猶天賦的「智慧」（intelligence）。智慧是獲得知識的力量，即認知的機體（organism）。知或認知（percept）乃是智慧認知的作用或活動。智慧要作認知的活動，必須憑藉耳、目、口、鼻、覺的五官。五官受心指揮而徵召萬物，各以其類而不亂，耳召聲，目召形，鼻召嗅，口召味，覺召觸。

荀子更進一步，解釋心何以能知曰：「人何以知道？曰：心。心何以知？曰：虛壹而靜。心未嘗不藏也，然而有所謂虛。心未嘗不滿也，然而有所謂一；心未嘗不動也，然而有所謂靜。人生而有知，知而本志，志也者，藏也；然而有所謂虛；不以所以已藏害所將受，謂之虛。心生而有知，知而有異，異也者，同時兼知之；同時兼知之兩也；然而有所謂一，不以夫一害此一，謂之壹。心臥則夢，偸則自行，使之則謀；故心未嘗不動也，然而有所謂靜；不以夢劇亂知謂之靜。未得道而求道，謂之虛壹而靜。」（解蔽篇）虛壹而靜乃是獲得知識的機體（智慧）如何運用其智力去求得系統知識的過程，故曰：「未得道而求道，謂之虛而靜。」心接受一些的感覺謂之藏，即已有的記憶或知識；但仍然能接受新感覺或記憶而成新知識，舊可以迎新，故謂之虛。心中蘊藏的記憶或知識爲數甚多，故曰滿。然這滿多記憶或知識，經過思慮加以分類與整合，融會貫通，而成統一的知識或意識，不致於雜亂矛盾，故謂之壹。心

---

⑫ 梁啓雄《荀子柬釋》。

去獲得知識的活動，謂之動。當獲得的知識與已有知識作融會貫通後，得到一定的結論而心安，謂之靜。「人生而有知即認知的機體（智慧）。認知機體的智慧有記憶力即志（誌）。雖有記憶仍能接受新感覺、新知識，故曰虛，不以原有的記憶或知識拒絕接受新記憶、新知識。認知可以獲知許多不同感受或事實，即所謂異；然同時能把異兼，併綜合之。異與兼兩個一，但不以此一害彼一，謂之壹。人在睡夢、劇病或懈怠時，就會胡思亂想而動亂其心智。然心能思慮，專心一志的澄清雜亂心態歸於安定一致，則謂之靜。

2.能群——荀子曰：「人力不若牛，走不若馬，而牛馬爲用者何也？曰：人能群，彼不能群也。人何以能群？曰分。分何以能行？曰義。故義以分則和，和則一，一則力多，力多則强，强則勝物。」（王制篇）人類在動物的世界中，乃是最弱的一群。人既無爬蟲的堅甲厚鱗，以資保護；又無虎豹的銳牙利齒，可以攻擊；嗅覺不如犬之靈敏，視覺不如鷹之明快；跑不如馬鹿之快，力不如牛象之大。而人類不但能以生存，且能役使禽獸，利用萬物，其故安在？荀子的答案是因爲人能群，而禽獸不能群。

人何以能群？人是天生的合群動物。任何一人若離開人群社會而獨居，只有歸於生亡的一途。所以西諺曰：「人若離開人群組織，決不能生存，除非他是野獸或神仙」（Without organization no one can exist, unless he is a beast or a god）。所幸人有特異的稟賦，人是唯一能言語的動物；人的智慧最高，能以發明文字。人類藉言語、文字以爲表達意思及相互溝通的媒介，促成思想會合（meeting minds）及意見一致，因而促成人群團體與社會的產生。團結就是力量，合群才能生存。人爲萬物之靈，「生而有知」，知是認知的機體，即智慧。智慧具有辨識是非善惡的能力。人的智慧辨知「以義定分」乃是善與和。所以「以義定分」則能以使人和平相處，團結一致，達到人類能過合群生活的目的。

合群之道，首在於定分，分定則爭止，爭止才能群居協處，團結一致，故曰：「人何以能群？曰分」。定分必須依於義。所謂「分義則明」（彊國篇）。行而宜之之謂義，義謂各得其宜。定分要各得其宜，人人便會安分守己。人人能安分守己，衆人便能和平相處，而無紛爭，故曰：「義以分則和」。定分所依據的正理是義；定分所當採行的方法是禮。故曰：「聽政之大分，以善至者待之以禮，以不善至者，待之以刑。」（王制篇）

荀子曰：「君者何也？能群也。」（君道篇）政治的目的在使人能過合群生活。合群在於行禮義。合群在於定分。定分在於制禮義。荀子曰：「人生而有欲，欲而不得，則不能無求，求而無度量分界，則不能不爭。爭則亂，亂則窮。先王惡其亂也，故制禮義以分之，以養人之欲，給人之求。使欲不必窮於物，物必不屈於欲，兩者相持而長，是禮之所起也。」（禮論篇）荀子主張實行禮治。禮治的目的，在使人合群，合群須定分，定分要制禮以行之。禮之用在定分，分定則能合群。

人類藉言語、文字以爲表達意思及相互溝通的媒介，促成思想會合（meeting minds）及意見一致，因而促成人群團體與社會的產生。團結就是力量，合群才能生存。人爲萬物之靈，「生而有知」，知是認知的機體，即智慧。智慧具有辨識是非善惡的能力。人的智慧辨知「以義定分」乃是善與和。所以「以義定分」則能以使人和平相處，團結一致，達到人類能過合群生活的目的。

合群之道，首在於定分，分定則爭止，爭止才能群居協處，團結一致，故曰：「人何以能群？曰分。」定分必須依於義。所謂「分義則明」（彊國篇）。行而宜之之謂義，義謂各得其宜。定分要各得其宜，人人便會安分守己。人人能安分守己，衆人便能和平相處，而無紛爭，故曰：「義以分則和」。定分所依據的正理是義；定分所當採行的方法是禮。故曰：「聽政之大分，以善至者待之以禮，以不善至者，待之以刑。」（王制篇）

荀子曰：「君者何也？能群也。」（君道篇）政治的目的在使人能過合群生活。合群在於行禮義。合群在於定分。定分在於制禮義。荀子曰：「人生而有欲，欲而不得，則不能無求，求而無度量分界，則不能不爭。爭則亂，亂則窮。先王惡其亂也，故制禮義以分之，以養人之欲，給人之求。使欲不必窮於物，物必不屈於欲，兩者相持而長，是禮之所起也。」（禮論篇）荀子主張實行禮治。禮治的目的，在使人合群，合群須定分，定分要制禮以行之。禮之用在定分，分定則能合群。

定分就是依禮以規定貴賤上下的身分，以身分的不同，以求物資的供應於民間可謂之不偏，因爲天地之間本有上下等差的分別，故明王依此而定貴賤上下的身分。因爲勢位齊一，則不能統率使之統壹；衆人平等則不能相使。如果勢位齊一，其欲惡又相同，則物資不足以供應。物不足必爭，爭則亂，亂則窮。先王惡此爭亂，故制禮義以定分，立貴賤、富貧、上下的等級，俾以普遍的相兼臨，以養天下的根本。故荀子曰：「分均則不偏，勢齊則不壹，衆齊則不使。有天有地，而上下有差；明主始立，而處國有制。夫兩貴之不能相事，兩賤不能相使，是天數也。勢位齊，而欲同，物不能贍，則必爭。爭則亂，亂則窮矣。先王惡其亂也，故制禮義以分之，使有貧富貴賤之等，是以相兼臨者，是養天下之本也。」

（王制篇）

3.有義——荀子曰：「水火有氣而無生，草木有生而無知，禽獸有知而無義；人有氣、有生、有知，亦且有義，故最爲天下貴也。」（王制篇）人之所以爲人或人之所以異於禽獸者的特性是有辨、能群與有義。人生而有知，卽辨別是非善惡的智力。何謂是非善惡？凡事之合宜得當者爲是、爲善；凡事之不合宜，不得當者爲非、爲惡。行而宜之謂之義；各得其宜謂之義。義就是公道或正義（justice）。孔子曰：「君子之於天下也，無適也，無莫也，義之與比。」⑬荀子之道在以禮義治天下。義爲制禮的準則或標準。禮必須合於義，故禮義常連用之。義爲體，禮爲用，二者不可分離。孔子行事皆準於義。荀子在宏揚孔道，故治國不能不以禮義爲本。君則敬，臣則忠；父則慈，子則孝；兄則友，弟則恭，禮也。君臣有義，父子有親，夫婦有別，長幼有序，朋友有信，禮也。而這些的人倫關係的禮，皆合乎公道或正義，故爲治國合群的正道與至理。

荀子曰：「信信，信也；疑疑，亦信也。貴賢，仁也；賤不肖，亦仁也。言而當，知也；默而當，亦智也，故知默猶知言也。故多言而類，聖人也；少言而法，君子也。多少（少爲言之誤，因大略篇作言）無法，而流湎然，雖辯，小人也。」（非十二子篇）信其當信，「信也；疑其當疑，亦信也。尊貴賢人，固然是仁；卑賤小人，亦是仁。言而得當，是智；默而得當亦是智。多言而得當，卽合禮義，是聖人；少言而得當，是君子。多言而不得當，猶如水流的沉湎，雖善辯，亦是小人。足見荀子認爲一切言行，皆應

---

⑬《論語》里仁篇。

以合乎義爲標準，卽應各得其宜。

荀子曰：「凡爵列官職賞慶刑罰皆報也，以類相從者也。一物失稱，亂之端也。夫德不稱位，能不稱官，賞不當功，罰不當罪，不祥莫大焉。」（正論篇）這是說：一切的爵位、官職、賞慶、刑罰，都須依是非善惡的事實，而爲得當合宜報稱措置，依其事類而爲得當的配合或順從。任何一事物，失其稱適，卽不得當，便是亂的開端。賢德不稱適其爵位，才能不稱適其官職；賞慶與其功績不相稱適，刑罰與其罪過不相稱適，便是最大的不吉祥。這裡所說的報稱、稱適、相當皆是指合宜或得當而言，卽均合於義。

幼事長，賤事貴，不肖事賢能，乃是事理的當然，卽是合乎義理。上愛下，下不得非上；當面宜順，背後不謗；知行宜深厚，曲直宜分明；這些亦都是事理的當然，卽是合乎義理。若違悖這些義理，在上位者必危其身，在下位者必滅亡。故荀子曰：「人有三不祥：幼而不肯事長，賤而不肯事貴，不肖不肯事賢，是人之三不祥也。人有三必窮：爲上則不能愛下，爲下則非其上，是人之一必窮也；鄉則不若，背則謾之，是人之二必窮也；知行淺薄，曲直有以相縣矣，然而仁人不能推，知士不能明，是人之三必窮也。人有此三數行者，以爲上者則必危，爲下者則必滅。」（非相篇）

第四節　政治思想

荀子的政治思想，以禮治、富國、治人、法後王、正名、君道、臣道較爲重要，玆就此分別論述之。

一、禮治——荀子認為「人之性惡，其善者僞也」，故主張依義以制禮，用禮以矯飾人之惡性，經僞化而使之隱惡而趨善，是謂之禮治。兹依荀子的論說，闡述禮治的性質與功能。

1. 禮之所自起——荀子曰：「禮起於何也？曰：人生而有欲，欲而不得，則不能無求。求而無度量分界，則不能不爭，爭則亂，亂則窮。先王惡也，故制禮義以分之，以養人之欲，給人之求，使欲必不窮乎物，物必不屈於欲。兩者相持而長，是禮之所起也。」（禮論篇）欲是與生俱來的慾望。慾望得不到滿足，卽感到內在的空虛。為塡補這空虛，便要向外求取物資以為滿足。若任人無限度的爭取，必引起爭奪的紛亂。紛亂不止必至於窮亂。為要防止這爭、亂、窮，乃依義制禮，以禮定分界，使慾望有所養，求亦有所得。如此，則慾望不會因得不到物資而窮厄；物資亦不因慾望的無限制的求取而致耗竭。欲與物相侯而增長。這是禮治所以興起的原因。

2. 禮的涵攝界——從禮之所自起的原因言之，則知禮的基本功能在「定分止爭」；而法家的立論則說「法者所以定分止爭也」。但法家的法，專指國君所制定的法律，涵攝的範圍較狹小。而荀子所說的禮，所涵攝的內容與管轄的分界則甚為廣博，上自安邦治國，下至個人立身處世，以及日常生活的一切規範，皆是禮所涵攝的對象與內容，猶如封建國家的禮儀與宗法。王霸篇曰：「農分田而耕，賈分貨而販，百工分事而勸，士大夫分職而聽，建國諸侯之君分土而守，三公摠方而議，則天子共己而已，出若入若，天下莫不平均，莫不治辨，是百王之所同也，而禮法之大分也。」觀乎此，則荀子所謂禮，包括今日民主國家所有的憲法、行政法、民法、刑法、商事法等；一切公共事務，無一不在禮的管轄範圍內。禮又指綱紀、法度與道德。勸學篇曰：「禮者，法之大分，類之綱紀也」；性惡篇曰：「禮義生而制法度」；勸學篇曰：「學至乎禮而止矣。夫是之謂道德之極。禮之敬文也。」

3. 禮的重要性——荀子曰：「禮有三本：天地者，生之本也；先祖者，類之本也；君師者，治之本也。無天地，惡生？無先祖，惡出？無君師，惡治？三者偏亡焉（缺一），無安人。故禮上事天，下事地，尊先祖而隆君師，是禮之三本也。」（禮論篇）禮之用，在事天地，尊先祖，隆君師，地位的重要，無以復加。禮是治國的典範，强國的根本，王公得天下的工具。荀子曰：「禮者，治辨之極（極則）也，强國之本也，威行之道也，功名之總也，王公由之所以得天下也，不由所以殞社稷也。」（議兵篇）又曰：「國無禮則不正。」（王霸篇）又曰：「隆禮貴義者，其國治；簡禮賤義者，其國亡。」（議兵篇）治兵亦須隆禮。富國篇曰：「上不隆禮則兵弱。」富國裕民亦要以禮爲依從。富國篇曰：「足國之道，節用裕民，而善藏其餘。節用以禮，裕民以政。」

在個人方面，禮是正身、養心的正道，飲食起居及行爲的準則。修身篇曰：「飲食衣服，居處動靜，由禮則和節，不由禮則觸陷生疾。容貌態度，進退趨行，由禮則雅，不由禮則夷固僻違，庸衆而野。」治氣養心，養生安樂，亦應依於禮。修身篇曰：「凡治氣養心之術，莫不徑由禮。」又曰：「禮者所以正身也。」致士篇曰：「故禮及身而行修。」彊國篇曰：「故人莫貴乎生，莫樂乎生，所以養生安樂者，莫大乎禮。」人的思慮亦須由於禮，方能治通。修身篇曰：「凡用血氣志意知慮，由禮則治通，不由禮則悖亂提僈。」

甚而至自然現象，如天地、日月、星辰、江河及萬物的存在和變化，亦皆與禮有相當的關係。荀子曰：「天地以合，日月以明，四時以序，星辰以行，江河以流，萬物以昌，……萬物變而不亂，貳之則

喪也，禮豈不至矣哉。」（禮論篇）荀子曰：「故人無禮則不生，事無禮則不成，國無禮則不寧。」（修身篇）

從荀子所論述的禮的由起，禮的涵攝及禮的重要性以觀之，則所謂禮治者，當可包括禮法之治、禮儀之治、禮俗之至、理性之至，倫理之治及天理之治。易言之，則依義理而制定的法律，形成的道德及風俗習慣，均可歸入禮的範圍內。

4. 禮治的功用——施行禮義以矯飾人的惡性，經僞化使避惡向善，謂之禮治。禮治具有左列的功用：

(1)定分和群——荀子曰：「人之所以爲人者，何也？曰：以其有辨也。……故人道莫不有辨，辨莫大於分，分莫大於禮。」（非相篇）又曰：「勢位齊，而欲惡同，物不能贍，則必爭，爭則必亂，亂則窮矣。先王惡其亂也，故制禮義以分之，使有貧富貴賤之等，足以相兼臨也，是養天下之本也。」（王制篇）足見行禮治的在於定分，分定則民不爭，不爭則可以和平相處而過合群生活。人是天生的合群動物。合群之道在於定分；依禮而定分。而禮以義爲本。施行禮義，則可以群居和處。故荀子曰：「人力不若牛，走不若馬，而牛馬爲人用者，何也？曰：人能群而牛馬不能群也。人何以能群？曰分。分何以能行？曰義。故義以分則和，和則一，一則力多，力多則强，强則勝物。」（王制篇）禮以定分，分定則不爭，不爭則能合群。合群則能和平相處團結一致。團結就是力量。有强大的力量，就能勝物。

(2)給求養欲——荀子曰：「凡人有所一同，飢而欲食，寒而欲煖，勞而欲息，好利而惡害，是人之所生而有也，是無待求而然者也，是禹桀之所同也。」（榮辱篇）人生而有欲，欲是飲食男女、衣住、貪利、求貴、安佚等欲望。人有欲望必向外求取有用物資以供給其欲望。但欲壑難塡，若任其作無限制的求取，必生爭亂。爲防止這些爭亂的發生，乃制禮義，以規定欲求的分界。使欲求有一定的限制。這限制就是給人之求，養人之欲，使物必不屈於欲，欲必不窮於物。易言之，欲不可因物窮而不得其供養；物不可因欲望無限制的求取而致耗竭。故荀子曰：「人生而有欲。欲而不得，則不能無求；求而無度量分界，則不能不爭。爭則亂，亂則窮。先王惡其亂也，故制禮義以分之，以養人之欲，給人之求，使欲必不窮於物，物必不屈於欲，兩者相持而長，是禮之所趨也。」(禮論篇)

(3)立中節情——禮治的功用，除定分和群、給求養欲外，更在於立適中之度以節制情欲。禮論篇曰：「故先王聖人安爲之立中節制，一(皆)使足成文理。」致士篇曰：「禮者，節之準也。」荀子禮義連用，義爲禮的實質，禮是義的實用。荀子認爲義之用，在於「內節於人，外節於萬物。」他說：「夫義者，內節於人而外節於萬物者也。上安於主而下調於民者也；內外上下節者，義之情也。」(彊國篇)節情既不可太嚴，亦不可太寬，要以適中爲度。適中就是一切事物皆各得其宜，卽合於義。

荀子曰：「禮者，斷長續短，損有餘，益不足，達愛敬之文，而滋成行義之美者也」；又曰：「兩情者，人生固有端焉。若天斷之續之博之淺之，益之損之，類之盡之，盛之美之，使本末始終莫不順比，足以爲萬世則，則是禮也。」(禮論篇)禮的作用，在節制一切事物，皆達於中道，不使有過或不及。斷長者在禁其長，斷之，不使過也。續短者在厭其短，續之不使不及。有餘是過，不足是不及，皆非所宜，所以要損有餘益不足以適其中，合於義。

二、富國——到了戰國的末期，孟子所標榜的「何必曰利，亦有仁義而已矣」，漸被人視爲迂濶空浮，不切實用，不受歡迎，不易爲人所接受，荀子乃高唱「人生而有欲」，爲政之道，在「給人之求，養人之欲。」給求養欲之道，在於富國裕民。所以富國論在荀子的學說中佔有重要的地位。

1. 富國的重要——荀子指出富國的重要，說：「不富無以養民情。」(大略篇)又說「故王者富民，覇者富士，僅存之國富大夫，亡國富筐篋，實府庫。」(王制篇)富國在藏富於民，民富則國富，民貧則國貧。荀子曰：「下貧則上貧，下富則上富。」(彊國篇)

2. 富國的途徑——荀子的政治目的在行禮義以定分和群及給求養欲。這一目的達到，端在裕民。富國之道，須明辨分際，各盡其職，衆庶勤耕織，增生產，減輕租稅，使民有節，勿奪民時，百司齊一民力，以成事功；愛百姓，免凍餒。他說：「兼足天下之道，在明分；掩地表畝，刺草植穀，多糞肥田，是農夫庶衆之事也。守時力民，進事長功，和齊百姓，使人不偷；是將率之事也。高者不旱，下者不水，寒暑和節，而五穀以時熟，是天子之事也。若夫兼而覆之，兼而愛之，兼而制之，歲雖凶敗水旱，使百姓無凍餒之患，則是聖君賢相之事也。」荀子又曰：「故田野縣鄙者，財之本也；垣窖倉廩者，財之末也。百姓時和，事業得叙者，貨之源也。等府庫者，貨之流也。故明君必謹養其和，節其流，開其源，而時斟酌焉。潢然使天下必有餘，而上不憂不足；如是則上下俱富，交無所藏之，是知國計之極也。」(富國篇)富國的途徑有二：一是强本抑末，二是開源節流。縣鄙田野，是富國的根本，須善加開闢利用，則生產富，財用多。垣窖倉廩是財之末端，須加以遏抑，因財聚則民散；財散則民聚。養民之和，則可安居樂業，而利生產，乃開源之道，卽是裕民。以禮節用，不使流於奢侈，乃節流之道。强本抑末，開源節流，乃是國計民生(富國)的最高極則。

3.裕民的方法——富國端在裕民。民富裕，國亦因之而富裕。裕民的方法有三：一曰以禮節用，二曰減輕稅捐，三，力事生產。節用要有一定的限制，卽依禮以節用。節用要適中卽得其宜，合乎禮義。上無過度之取，下有依禮之節，無過亦無不及。節用可以有餘而富裕，民富則國富。荀子曰：「足國之道，節用裕民，而善藏其餘。節用以禮，裕民以政。彼裕民，故多餘。裕民則民富，民富田肥以易。田肥以易，則出實百倍。上以法取焉，而下以禮節用之；餘若丘山，不時焚燒，無所藏之，夫君子何患無餘？故知節用裕民，則必有仁義聖良之名，而且有富厚丘山之積。此無他焉，生於節用裕民也。」(富國篇)

墨子主張節用，但不以禮節之，失之過度，荀子深以爲非是，乃駁之曰：「我以爲墨子之非樂也；則使天下亂；墨子之節用也，則使天下貧」；又曰：「墨子之言，昭昭然爲天下憂不足。夫不足，非天下之公患也，特墨子之私憂過計也。」(富國篇)荀子的節用，在節之以禮，故無過度之虞。墨子的節用失之過度，不特不能富國裕民，適足以貧國困民。因爲人生而有欲，爲要養其欲，自必努力生產。生產充裕，則不必憂不足。以現代的經濟學說以言之，消費足以刺激生產，節用過度，必使生產萎縮。生產萎縮引致經濟的不景氣，則國貧民困。

裕民要減輕人民的租稅負擔，平抑關市捐徵，使民有節，不奪農時，免役民力。如是，則民力不竭，民有餘財，民裕則國富。良好的租稅政策，在能培養稅源，藏富於民。荀子曰：「輕田野之稅，平關市之徵，省商賈之數，罕興民役，勿奪民時；如是則國富。夫是之謂以政裕民。」(富國篇)他又說：「關市幾而不徵，質律禁止而不偏。如是，則商賈敦慤而無詐矣。百工將時斬伐，佻其期日，而利其巧任；如是，則百工莫不忠信而不楛矣。縣鄙將輕田野之稅，省刀布之斂，罕擧力役，無奪農時；如是，則農夫莫不朴力而寡能矣。」（王覇篇）荀子曰：「王者之等政事，財萬物；所以養萬民也。田野什一，關市幾而不徵（祇稽查不徵稅）；山林澤梁，以時禁伐而不稅，相地而衰政；理道之遠近而致貢。流通財物粟米，無有滯留，使相歸移也。四海之內若一家。故近者不隱其能，遠者不疾其勞。」（王制篇）

荀子當時的人君，率皆橫征暴斂，重稅傷民，以致民困國窮，招致危亡。荀子深惡之，而指出其危害，曰：「今之世則不然，厚刀布之斂，以奪之財；重田野之稅，以奪之食，苛關市之征，以難其事。不然而已矣；有掎挈伺詐，權謀傾覆，以相顚倒，以相靡敝之，百姓曉然皆知其汙漫暴亂而將大危亡，是以臣或弑其君，下或殺其上，粥其城，倍其節，而不死其事者，無他故焉，人主自取之也。」（富國篇）橫征暴斂，招致危亡，是人主自植其惡，自招其禍。又曰：「田野荒而倉廩實，百姓虛而府庫滿，夫是之謂國蹶。伐其根，竭其源，而幷之其末，然而主相不知惡也，則是傾覆滅亡可立而待也。」（富國篇）略民財，滿府庫的苛征重斂，猶如竭澤而漁；焚林而佃，竭其源，拔其根，則覆亡之慘可立而至。

節用以禮，減輕稅賦僅是裕民的消極方法；富民裕民的積極方法，則在於利用土地，開發資源，力事生產，增民財富，養民生活。荀子曰：「量地而立國，計利以畜民，度人力而授事，使民以勝事；事必出利，利足以生民，皆使衣食百用出入相揜，必有藏餘，謂之稱數。故自天子通於庶人，事無大小多少，由是推之。故曰朝無幸位，民無幸力，此之謂也。」（富國篇）裕民在於政府訂方案，事策劃，授民以事，加以領導與督策，使之努力工作，盡力生產。荀子又曰：「故養長時，則六畜育；殺生時，則草木植；政令時，則百姓一，賢良服，聖王之制也。草木榮華滋碩之時，則斧斤不入山林，不夭其生，不絕其長也；黿鼉魚鼈鰌鱣孕別之時，罔罟毒藥不入川澤，不夭其生，不絕其長也；春耕夏耘，秋收冬藏，四時不失，故五穀不絕，而百姓有餘食也；汙池淵沼川澤，謹其時禁，故魚鼈優多而百姓有餘用也；斬伐養長不失其時，故山林不童而百姓有餘材也。聖王之用也，上察於天，下錯於地，塞備天地之間，加施萬物之上。」（王制篇）對天地間的一切資源與萬物，皆善盡人力加以保護、利用及生產，以供民用，以養民生，乃是積極的有效裕民方法。

三、治人——儒家爲政尚德治。德治就是賢人政治，由賢德的人任政事，以身作則，以德化民；所謂「君子之德風，小人之德草，草上之風必偃」；「子率以正，孰敢不正」；「其身正不令而行；其身不正，雖令不從。」荀卿爲儒家鉅子，故亦尚治人。玆將荀子所論治人的重要及治人條件，引述於左：

1.治人的重要——荀子認爲「徒法不足自行」；且治人爲治法之源，必有治人，始能有良好的法制。荀子曰：「法者，治之端也；君子者，法之原也。」（君道篇）君子就是賢德的治人，法由人制，有治人，始能有治法。荀子曰：「有治人，無治法。」（君道篇）他進而指出治人的重要曰：「君子者，法之原也，故有君子，則法雖有，足矣徧矣。無君子，則法雖具，失先後之施，不能應事之變，足以亂矣」；「故君子者，治之原也。」（君道篇）以賢德君子當政，法雖簡單，已足用可遍行。當政者若非賢德君子，法雖完備，然施行不得其宜，顚倒錯亂，不足應事變，反足以招致禍亂。所以德賢的治人，乃是政治修明的根源與動力。

若祇有良法，不得治人以行之，仍然發生偏差，爲害百姓而亂國家。反之，若有賢德才能的治人，既能制訂良法，復能善爲施行，則可獲致國治民安。荀子曰：「有亂君（治亂之君），無亂國；有治人，無治法。羿之法非亡也，而羿不世中；禹之法猶存，而夏不世王。故法不能獨立，類不能自行；得其人則存，失其人則亡。法者，治之端也」；「故明主急得其人，而闇主急得其勢。急得其人，則身佚而國治，功大而名美，上可以王，下可以覇；不急得其人，而急得其勢，則身勞而國亂，功廢而名辱，故社稷必危。」（君道篇）

2. 治人的條件——荀子心目中的治人，是具有一定的條件或品德者。第一、荀子指出天子、諸侯應具備的條件，是：「志意致修，德行致厚，智慮致明，是天子之所以取天下也。政令法擧措時，聽斷公，上則能順天子之命，下則能保百姓，是諸侯之所以取國也。」（榮辱篇）第二、荀子指出卿相輔佐者應具備的條件，是：「知隆禮義之爲尊君也，知好士之爲美名也，知愛民之爲安國也，知有常法之爲一俗也，知尙賢使能之爲長功也，知務本禁末之爲多材也，知無與下爭小利之爲便於事也，知明制權物稱之爲不泥也，是卿相輔佐之材也。」（君道篇）第三、荀子指出從政治民的百官應具備的條件，有下列三端：㈠「其爲人也，上也廣大矣。志意定乎內，禮節修乎朝，法則度量正乎官，忠信愛利形乎下。」（儒效篇）㈡「夫故其知慮足以治之，其仁厚足以安之，其德音足以化之。」（富國篇）㈢「故知而不仁不可，仁而不知不可；既知且仁，是人主之寶也，是王覇之佐也。」（君道篇）

四、法後王——荀子雖是儒門鉅子，但他卻信持兩大特異的主張或見解，和孔、孟的思想大異其旨趣。一是孟子言性善，而荀子則言性惡。二是孔、孟皆主張法先王，而荀子則主張法後王，玆將荀子所論法先王的弊害及法後王的理由，引述如次：

1. 法先王的弊害——荀子雖承認古先王不乏聖君，且亦多善政，但以時代久遠，古之善政法度縱有傳述於後世者，則殘缺不全，略而不詳，不足以爲法。擷撮一鱗半爪，竟欲以之爲法度，實足亂世。所謂「略法先王，足以亂世術。」非十二子篇曰：「略法先王而不知其統，是子思、孟軻之罪也。」儒效篇曰：「略法先王而足亂世術，繆學雜舉，而不知法後王而一制度，不知隆禮義而殺詩書，其衣冠行僞已同於世俗矣，然而不惡者；其言議談說已無以異於墨子矣，然而明不能別；呼先王以欺愚者，而求衣食焉……是俗儒也。法後王，一制度，隆禮義而殺詩書；其言行已有大法矣，然而明不能齊，法教之所不及。……是以尊賢畏法而不敢怠傲，是雅儒也。」

孔子曰：「夏禮吾能言之，杞不足徵也；殷禮吾能言之，宋不足徵也，文獻不足故也。足，則吾能徵之矣。」⓮荀子反對法先王，其原因之一，就是因爲文獻不足。他說：「五帝之外無傳人，非無賢人也，久故也。五帝之中無傳政，非無善政也，久故也。禹、湯有傳政，而不若周公之察也，非無善政也，久故也。傳者久而論略，近則論詳。略則舉大，詳則舉小。愚者聞其略而不知其詳；聞其詳不知其大也。是以文久而滅，節族久而絕。」（非相篇）

法先王有被欺蒙之弊。古今異事，歷代治亂之道各有不同。一般人不識久遠之政的詳與確，很容易受其欺蒙，被其迷惑。只有聖德之人才能以自己的思慮，判斷古事的眞僞，用現在的法度衡古代的法度，而能以得其正道，不被蒙惑。荀子曰：「古今異情，其以治亂者異道，而衆人惑焉。彼衆人者，愚而無說，陋而無度者也，其所見焉，猶可欺也，而況乎千世之傳也。妄人者，門庭之間猶可誣欺也，而

⓮《論語》八佾篇。

況於千世之上乎！聖人何以不欺？曰：聖人者，以己度者也。故以人度人，以情度情，以類度類，以說度功，以道觀盡，古今一度也。類不悖，雖久同理，故鄉乎邪曲而不迷，觀乎雜物而不惑。」(非相篇)

2.法後王的理由——古先聖王人多事異，法度雜陳，何所取法，難以抉擇；況舍今而法古，無異舍近而求遠，棄己而求人，實非爲治之道。故荀子曰：「辨莫大於分，分莫大於禮，禮莫大於聖王。聖王有百，吾孰法焉？故曰：文久而息，節族久而絕，守法數之有司，極禮而褫。故曰：欲觀聖王之跡，則於其粲然者矣，後王是也。彼後王者，天下之君也，舍後王而道上古，譬之猶舍己之君而事人之君也。故曰：欲觀千歲，則數今日；欲知億萬，則審一二；欲知上世，則審周道；欲知周道，則審其人，所貴君子。故曰：以近知遠，以一知萬，以微知明，此之謂也。」(非相篇)

孔子聖之時者也。韓非子曰：「法與時轉則治。」荀子的法後王，亦是適時之治。荀子曰：「百王之道，後王是也。君子審後王之道，而論於百王之前，若端拜而議。推禮義之統，分是非之分，總天下之要，治海內之衆，若使一人。」(不苟篇)又曰：「言道德之求，不二後王。道過三代謂之蕩，法二後王謂之不雅」；「百家之說，不及後王，則不聽也。」(儒效篇)

五、正名——春秋戰國時代，禮樂崩壞，制度紊亂，百家爭鳴，處士橫議，就是語言、文字、名位亦喪失其固有的正確意義，眞所謂「名守怠慢，奇辭紛起，名實紊亂，是非之分不明，縱或最能謹守名約的法吏和儒者，亦皆惑是非混亂，而無所適從。」(正名篇)荀子乃起而倡正名論，期以正名實、定名分、明是非，而謀文辭的統一與認識的一致。玆將荀子正名論的要旨，論述於後：

1.正名的目的——荀子之世，奇辭邪說紛起，名實混亂，貴賤不明，同異不別，思想分歧，言行不一，荀子主張正名，在消極方面所以矯治這些時弊，在積極方面，所以正風氣、一民志、守名約、明貴賤、別異同，達於政治理想，即所謂「治之極也。」荀子曰：「故王者之制名，名定而實辨，道行而志通，則愼率民而一焉。故析辭擅作名以亂正名，使民疑惑，人多辨訟，則謂之大姦；其罪猶爲符節度量之罪也。故其民莫敢託爲奇辭以亂正名，故其民愨，愨則易使，易使則公。其民莫敢託僞奇辭以亂正名；故壹於道法而謹於循令矣，如是則其迹長矣。迹長功成，治之極也，是謹於守名約之功也。」（正名篇）

荀子的正名論包括三部份：一是「所爲有名」，指正名的目的；二是「所緣以異同」，指制名的依據；三是「制名的樞要」，指制名的準則。他說：「異形離心交喩（異形指不同的事物，離心指不同的人心，二者交喩，須有共同的名，才能瞭解），異物名實玄紐（不同的事物名實眩亂紐結，所以要正名），貴賤不明，同異不別；如是，則志必有不喩之患，而事必有困廢之禍。故知者爲之分別制名以指實；上以明貴賤，下以辨同異。貴賤明，同異別，如是，則志無不喩之患，事無困廢之禍，此所爲有名也。」（正名篇）正名在謀名以指實，名實確切，則思想（志）可以溝通，而有共同瞭解，使意志統一。意志統一，行爲方能協同一致。行爲協一，則百事可成功。這是正名的目的。

2.制名的準則——荀子曰：「若有王者起，必將有循於舊名，有作於新名。然則所爲有名，與所緣以同異，與制名之樞要，不可不察也。」（正名篇）正名既要因循於舊名，又要創制新名。所爲有名，指何以要制名；所緣以同異，指制名的依據；制名之樞要，指制名應守的基本原則。

荀子所主張的制名的依據與原則，有三個重點。第一、後王的已成之名，則因循於舊名。他說：

「後王之成名，刑名從商，爵名從周，文名從禮，散名之加諸萬物者，則從諸夏之成俗曲期，遠方異俗之鄉，則因之而爲通。」（正名篇）第二、新名制定，則須辨別事實，認識同異，依以制新名，務期名以指實，實以符名，不相混淆。他說：「凡同類同情者，其天官之意物也同，故比方疑似而通。是所以共其約名以相期也。形體色理以目異，聲音清濁調竽奇聲以耳異，甘苦鹹淡辛酸奇味以口異，香臭芬鬱腥臊洒酸奇臭以鼻異，疾癢滄熱滑鈹輕重以形體異，說故喜怒哀樂愛惡欲以心異。心有徵知，徵知，則緣耳而知聲可也，緣目而知形可也；然而徵知必待天官之當簿其類，然後可也。五官簿之而不知，心徵之而無說，則人莫不然謂之不知，此所緣而以同異也。」（正名篇）由官能對外物之反應而有感覺。由心對這些感覺予以辨識或認知，同者併之爲同類，異者分別之而立不同之類。同者予以共名或通名；異者分別名之而爲別名。這是別同異的基本原則。第三、是命名的基本原則，是：因事物的性質而分類，因類以命名，同類同名，異類異名，單則單名，兼則兼名，共有共名，別有別名。他說：「然後隨而命之，同則同之，異則異之，單足以喻則單，單不足以喻則兼，單與兼無所相避則共，雖共不爲害矣。知異實者之異名也，故使異實者莫不異名也，不可亂也。猶使異實者不同名也。故萬物雖衆，有時而欲徧擧之，故謂之物。物也者，大共名也。推而共之，共則有共，至於無共然後止。有時而欲徧擧之，故謂之鳥獸。鳥獸也者，大別名也。推而別之，別則有別，至於無別然後止。」（正名篇）

3.正名與政治——荀子的正名論與政治思想的關係，可從兩點加以說明。第一、荀子的正名在明貴賤。明貴賤就是確定上下尊卑的地位，簡言之，卽定名分。名正則分定，分定則不爭。名正分定，人人各守其分，各盡其責，各享其應享的權利，各盡其應盡的義務，不殞不越，和平相處，天下便達於治平之治。所謂君君、臣臣、父父、子子、夫夫、婦婦就是名正分定。君敬臣忠、父慈子孝、兄友弟恭、夫婦有別、朋友有信，亦是正名定分的政治大道。戰國時代的爭亂，就是由於名不正，言不順，君不君，臣不臣，父不父，子不子有以致之。臣子弒其君父者有之，兄弟鬩牆，手足相殘者，不勝枚舉。境界不正，穀祿不平，名分亂，綱紀廢，遂致爭城以戰，殺人盈城；爭地以戰，殺人盈野。荀子覩此慘亂，心有不忍，乃倡正名，期以定分止爭。

第二、荀子曰：「故王者之制名，名定而實辨，道行而志通，則愼率民而一焉。」（正名篇）正名就是正名實，名以指實，實以符名，名實確定，方能建立「共識」（common understanding）。共識立，始能相互溝通，達成意志的統一和意見的一致，即荀子所謂「志通」，志通則道合。志通道合則團結一致，和平相處，合群協作，達成共同目標與任務。如此，則政通人和，百事可成，天下治平。戰國時代的爭亂，亦多由名實混亂，思想紛紜，意見衝突，各是己之是而非人之是，爭辯不息，論爭不止。思想是行爲的原動力，思想既不統一，紛爭自然興起。荀子爲要消除禍亂的根源，乃倡正名論，謀求「名實辨，道行而志通，則愼率民而一焉。」

六、君道——孟子主張「民爲貴，社稷次之，君爲輕。」⑮但這種立意甚高的政治思想，以其「曲高和寡」，不易爲人所接受；且人心厭亂思治，衆人咸望能有一位有德能，具權力者出而統一天下，終止亂局。荀子遂適應時代需要，而倡尊君論。不過荀子所尊的君，並不是法家所說的「君也者，勢無敵

⑮《孟子》盡心下篇。

也」的專制君主，而是崇德愛民、隆禮敬士、尚聖使能的明君。荀子且說：「君者舟也，民者水也。水能載舟，亦能覆舟」（君道篇），使君主有所警惕，不致成爲暴君。玆將荀子君道論要旨，擧述於後：

1. 君主的地位——荀子對封建制的「天有十日，民有十等」的分權的、貴族的政治制度予以拋棄，而主張一國一君的統一制。他說：「君者，國之隆也；父者，家之隆也。隆一而治，二而亂。」（致士篇）君之於國猶父之於家。父一而家治；君一而國治。父隆於家，國隆於君。這是尊君的思想。荀子早在二千多年前，指出立國的三大要素：人民、土地、主權（君主）。他說：「無土則民不安居，無人則土不守，無法道則民不治，無君子（君主）則道不擧。故土之與人也，道之與法也，國家之本作也；君子也者，道法之總要也。」（致士篇）君爲道法之總要，可知雖有土地、人民，無道法總要的君主，國實莫由成立。

2. 君主的條件——君主之與國家，既居於隆與尊的地位，故必須有完美善良的條件，方能居之無愧，勝任裕如。荀子曰：「故天子唯其人。天下者，至重也，非至强莫之能任；至大者，非至辨莫之能分；至衆也，非至明莫之能和；此三者，非聖人莫之能盡。故聖人莫之能王。聖人備道全美者也。是懸天之權稱也。」（正論篇）故明君應是至强、至辨、至明的聖人。荀子又指出人君之大節有三。他說：「故人君者，欲安，則莫若平政愛民矣；欲榮，則莫若降禮敬士矣；欲立功名，則莫若尙賢使能矣。是人君之大節也。三節者當，則其餘莫不當矣。三節者不當，則其餘雖曲當，猶將無益也。」（王制篇）

人君治國，必先修身，身修方能表率群倫，領導萬民，因爲「其身正，不令而行，其身不正，雖令不從。」荀子曰：「請問爲國？曰：聞修身，未嘗聞爲國也。君者，儀也。儀正而景正。君者，槃也；

槃圓而水圓。君射，則臣決。楚莊王好細腰，故朝有餓人。故曰：聞修身，未聞治國也。」（君道篇）這是以身作則，以德化民的德治思想，君子之德風，小人之德草，草上之風必偃。

3.君主的權能——君主是全國的政治領袖。故其權能在推動政治的功用。政治的功用，在促使國人以最大的合作群力，謀求最大多數人的最大福利。荀子深明於此旨。他認爲人之所以異於牛馬者，在「人能群，而牛馬不能群也」；「群則力多，力多則强，强則勝物。」（王制篇）他又說：「人生不能無群，群而無分則爭，爭則亂，亂則離，離則弱，弱則不能勝物。……君者，善群者也。群道當，則萬物皆得其宜，六畜皆得其長，群生皆得其命。」（王制篇）君道篇曰：「君者何也？曰：能群也。能群者何也？曰：善生養人者也，善班治人者也，善藩飾人者也，善顯設人者也。善生養人者人親之，善班治人者人安之，善顯設者人樂之，善藩飾者人榮之。四統俱而天下歸之，夫是之謂能群。」君主的權能，在能群。能群之道，在行荀子所謂之「四統」。

第一統是善生養人。養人首在君主有眞誠的愛民安民的心懷。故曰：「上之於下，如保赤子」（王霸篇）；「故君人者，愛民而安」（君道篇）。其次在「省商賈，重農夫，禁盜賊，除姦邪，是何以生養之也。」（君道篇）通商惠工，重農事，增生產，裕財富，使民豐衣足食；禁盜賊，除姦邪，維持社會治安，使人民能安居樂業。荀子進一步指出生養民之道：一曰：「利足以生民，皆使衣食百用出入相揜，必時藏餘，謂之稱數。」（富國篇）二曰：「王者之政，賦政事，財萬物，所以養民也。」（王制篇）三曰：「不富無以養民情，不敎無以理民性。」（大略篇）四曰：「守時力民，進事長功，和齊百姓，使民不偸，是將率之事也。……若夫兼而覆之，兼而制之，歲雖凶敗水旱，使百姓無凍餒之患，則是聖君賢相

之事也。」（富國篇）

第二統是善班治人。爲人君者要能善爲設官分職，治理政事。荀子曰：「天子三公，諸侯一相，大夫擅官，士保職，莫不法度而公」（君道篇）。又曰：「故政事亂，則冢宰之罪也；國家失俗，則辟公（百辟之官）之罪也；天下不一，諸侯俗反，則天王非其人也。」（王制篇）君主不能一人治理天下，其權能在設官分職，任使得人，事得其人，人當其用，百官稱職，事無不治，治之至也。君逸而臣勞，君主的權能在統帥百官各治其事，各盡其責，事無不治。君主者，乃成事者，非治事者。

第三統是善藩飾人。君主須頒賜爵祿慶賞，以鼓勵群臣，用以激發士氣，使之善盡職守。荀子曰：「修冠弁衣裳，黼黻文章，琱琢刻鏤，皆有等差，是所以藩飾之也。」（君道篇）爲政有兩柄，賞、罰便是。若祇有懲罰而無慶賞，則不足激勵百官，勸勸人民。故荀子曰：「誅而不賞，則勤勵之民不勸；誅賞而不類，則下疑俗儉而百姓不一。故先王明禮義以壹之，致忠信以愛之，尚賢使能以次之，爵服慶賞以申重之。」（富國篇）賞罰二柄，須並用兼使，不可偏廢。荀子曰：「勉之以慶賞，懲之以刑罰。」（王制篇）慶賞所以激勵賢能；懲罰所以儆戒不肖。荀子曰：「賞不行，則賢者不得而進也；罰不行，則不肖者不可得而退也。」（富國篇）

第四統是善顯設人。得人者昌，失人者亡；人存政舉，人亡政息。君主治國，重在任賢使能。此之謂善顯設人。荀子曰：「王者之論，無德不貴，無能不官，無功不賞，無罪不罰。朝無幸位，民無幸生。尚賢使能，而等位不遺；折愿禁悍，而賞罰不過。百姓曉然知夫爲善於家而取賞於朝也；爲不善於幽而蒙刑於顯也。夫是之謂定論，是王者之論也。」（王制篇）任賢使能，須依其德量其能而爲適宜的任使，大德大位，小德小位；大能大官，小能小官。荀子曰：「譎德而定次，量能而授官，皆使載其事，而各得其宜。上賢使之爲三公，次賢使之爲諸侯，下賢使之爲士大夫。是所以顯設之也。」（君道篇）

4.得民的要道——得天下者，得其民。得其民者，得其心。得民心之道，端在利民。這亦就是管子所說的「政之所興，在順民心，順之之道，莫如利之；政之所廢，在逆民心，逆之之烈，莫如害之。」⑯荀子論君主得民之道曰：「用國者，得百姓之力者富，得百姓之死者强，得百姓之譽者榮。三得者具而天下歸之；三得者亡天下去之。天下歸之之謂王，天下去之之謂亡。湯武者，循其道，行其義，興天下同利，除天下同害，天下歸之。故厚德音以先之，明禮義以道之，致忠信以愛之，賞賢使能以次之，爵服慶賞以申重之，時其事，輕其任，以調齊之，潢然兼覆之，養長之，如保赤子。……是故百姓貴之如帝，親之如父母，爲之出死斷亡而不愉者，無他故焉，道德誠明，利澤誠厚也。」（王霸篇）

5.治國的綱領——荀子認爲君主治國的綱領，必須以仁義威以高天下。此三者具，則欲王則王，欲霸則霸，欲强則强。他說：「彼王者不然，仁眇天下，義眇天下，威眇天下。仁眇天下，天下莫不親也；義眇天下，天下莫不貴也；威眇天下，天下莫敢敵也。以不敵之威，輔服人之道；故不戰而勝，不攻而得，甲兵不勞而天下服；是知王道者也。知此三具者，欲王而王，欲霸而霸，欲强而强矣。」（王制篇）孟子治國「王何必曰利，亦有仁義而已矣。」⑰而荀子於仁義之外，更加一「威」字。威是威力與

---

⑯《管子》牧民篇。
⑰《孟子》梁惠王上篇。

權勢，具有強力服人的意義，乃是以力假仁者的覇道。故荀子的弟子李斯、韓非均成爲法家的鉅子，非爲無因，乃師道使然。

七、臣道——荀子論臣道頗爲詳審。舉其要者有三：一曰人臣的種類，二曰人臣的行爲，三曰人臣的品德。玆依此分別引述於後：

1. 人臣的種類——荀子就人臣的性質不同，分爲四種：一曰態臣，二曰簒臣，三曰功臣，四曰聖臣。用聖臣者王，用功臣者强，而簒臣者危，用態臣者亡。他說：「人臣之論，有態臣者，有簒臣者，有功臣者，有聖臣者。內不足使一民，外不足使距難，百姓不親，諸侯不信；然而巧敏佞說，善取寵乎上，是態臣者也。上不忠乎君，下善取譽乎民，不恤公道通義，朋黨比周；以環主圖私爲務是簒臣者也。內足使以一民，外足使以距難，民親之，士信之，上忠乎君，下愛百姓而不倦，是功臣者也。上則能尊君，下則能愛民，政令敎化，刑下如影，應卒遇變，齊給如響，推類接譽，以待無方，曲成制象，是聖臣者也。故用聖臣者王，用功臣者强，用簒臣者危，用態臣者亡。態臣用，則必死。簒臣用，則必危。功臣用，則必榮。聖臣用，則必尊。故齊之蘇秦，楚之州侯，秦之張儀，可謂態臣者也。韓之張去疾，趙之奉陽，齊之孟嘗，可謂簒臣也。齊之管仲，晉之咎犯，楚之孫叔敖，可謂功臣矣。殷之伊尹，周之太公，可謂聖臣矣。」(臣道篇)

2. 人臣的行爲——荀子把人臣的行爲模式，分爲九種：一曰順，二曰諂，三曰忠，四曰簒，五曰賊，六曰諫，七曰爭，八曰輔，九曰拂；並認爲諫、爭、輔、拂之人，乃社稷之臣，國家之瓌寶，且舉例說明誰是諫、爭、輔、拂之臣。他說：「從命而利君，謂之順，從命而不利君，謂之諂；逆命而利君，謂之忠；逆命而不利君，謂之篡；不卹君之榮辱，不卹國之臧否，偷合苟容以持祿養交而已耳，謂之國賊；君有過謀過事，將危國家殞社稷之懼也，大臣父兄，有能進言於君，用則可，不用則去，謂之諫；有能進言於君，用則可，不用則死，謂之爭；有能比，知同力，率群臣百吏而相與強君撟君，君雖不安，不能不聽，遂以解國之大患，除國之大害，成於尊君安國，謂之輔；有能抗君之命，竊君之重，反君之事，以安國之危，除君之辱，功伐足以成國之大利，謂之拂。故諫、爭、輔、拂之人，社稷之臣也，國君之寶也，明君之尊厚也；而闇主惑君以爲己賊也。故明君之所賞，闇君之所罰也。闇君之所賞，明君之所殺也。伊尹、箕子可謂諫矣。比干子胥可謂爭矣。平原君之於趙，可謂輔矣。信陵君之於魏，可謂拂矣。」(臣道篇)

3.人臣的品德——荀子認爲人臣事君，應具備的品德有三：卽順、敬、忠是也。他說：「事人而不順者，不疾者也；疾而不順者，不敬者也。敬而不順者，不忠者也。忠而不順者，無功者也。有功而不順者，無德者也。」(臣道篇)順是從命而利君。人臣事君，順爲重要品德，因政治組織是一層級節制體系(hierarchy)，在上者有指揮之權，在下者有服從之責。不從命則亂，亂則體系蕩然。人臣的責任，在爲君、民謀利益，造幸福。順從君命的主旨在利君而福民。荀子曰：「仁者必敬人。敬人有道，賢者則貴而敬之，不肖者則畏而敬之；賢者則親而敬之，不肖者則疏而敬之。其敬一也，其情二也。」(臣道篇)

君待臣以義，臣事君以忠，乃政治的正道。依荀子的論說，人臣的忠，可分爲大忠、次忠、下忠和國賊，四等程度。他說：「有大忠者，有次忠者，有下忠者，有國賊者。以德復君而化之，大忠也；以德調君而補之，次忠也；以是諫非而怒之，下忠也；不卹君之榮辱，不卹國之臧否，偸合苟容以之持祿養交而已耳，國賊也。若周公之於成王也，可謂大忠矣；若管仲之於桓公，可謂次忠矣；若子胥之於夫差，可謂下忠矣；若曹觸龍之於紂者，可謂國賊矣。」（臣道篇）

第五節　學說評估

荀子的學說有不少獨特的思想，言前人之所未言，具有創造性和積極性，對學術是一大貢獻；但其主張人性惡，不受士子所歡迎，以致遭受到嚴厲的批評；且荀子雖爲儒學鉅子，但持論非純正的儒家思想，而滲雜有若干法家的論點。玆對其學說作評價於後：

一、**學說的貢獻**——荀子倡反傳統的天道觀，視天僅是自然體，不把它人格化和神秘化，認爲天無意思，無能力作禍福於人間，破除以往人對天的迷信與崇拜，且人對天不可存依賴心與畏懼心；更進而要人制天與用天，卽是控制自然，利用自然，持「天生之，人成之」之論，鼓勵盡人事，勤作爲，以收人定勝天的效果，而增進人類的生活與幸福。這種的論說，不僅具積極進取的意義，且含有現代科學的精神，實是學術上的重大貢獻。國人若能早信奉此說而實行之，則中國經濟的發展與進步，當大有可觀，不致長期滯留於農業經濟時代。

荀子雖主張人性本惡，但卻特別注重人爲的僞；要人盡力行禮義以矯飾人的惡性而成善行。這亦是積極性的人爲主義，以人力尅制天性。他拋棄所謂先天的善性良知，否定主觀的明心見性的尊德性；而主張人向外認知的理智性，注重客觀的格物致知的道問學。他所尋求得的價値系統，乃是堯、舜、禹、湯、周公、孔子、仲弓諸先王先聖憑其理智認知所積習而成的禮義，卽荀子所認定的道統。他認爲這禮義道統是具體的、切實的、典要的，並具有分、統、養、節的四大功效。荀子是理智主義、實際主義、人爲主義的大思想家，創立新義，超越前人，對學術思想的價值與貢獻，實非淺顯。

荀子認爲人之所以爲人，卽人之所以異於禽獸者，以其能辨，有義與合群。這亦是發前人所未發的創見；言前人所未言的高論，値得推許與讚揚。辨是分辨是非善惡的理性，是認知事物的智能。康德（Immanuel Kant, 1724–1804）著《先驗哲學》，認爲人的認知能力，不超出十二範疇的先天悟性，超越經驗而獨立，故曰先驗哲學。荀子的人能辨，卽先天的悟性，或理智認知力。就現代心理學的知識以言之，能辨就是認知機體的智慧或智力，卽獲得知識，認知事物的能力。

人有義所以人與人之間能和平相處，互助而合作。義是人與人之間相互交往的公道與正義；亦是維持人際關係的正道與準則。達爾文（Charles Darwin, 1809–1882）著《物種原始論》倡優勝劣敗，弱肉强食，物競天擇，適者生存的進化論，演成人吃人的强凌弱，衆暴寡的慘禍。俄人克魯泡特金(Peter A. Kropotkin, 1842–1921）反對達爾文的强力進化論，著《互助論》，蒐集豐富的動物生活資料，證明越是弱者的動物越能營互助的合群生活，以求生存，而倡互助進化論。人類有義，故能和平相處，互助合作，以增進生活的進化與幸福。

人是動物中的最弱者，天生成的是合群動物。人若離開人群社會而一人獨處，只有歸於死亡的一途。荀子指出：人能群，而牛馬不能群也。人何以能群？曰分。分何以能行？曰義。故義以分則和，和則一，一則力多，力多則强，强則勝物。人所以能控制自然，利用萬物，因其能營合群生活。荀子又說：「君也者，善群也。」這是說明政治的功能，在促成人以最大的合群力量去為人民謀求最大多數人的最大幸福。這是最精闢的政治思想與哲學。英人邊沁（Jeremy Bentham, 1748-1832）的功利主義（utilitarianism）遲了荀子二千年。若荀子者，誠政治思想的先知先覺者。

孟子講性善，謂人之有仁、義、禮、智的四端，猶其有四體，要以不忍人之心行不忍人之政及吾善養吾浩然之氣，建立起道德觀的價值系統。但到了戰國末年，社會變遷更趨劇烈，滅國兼併，益見盛行，爾詐我虞，詭秘叢生。儒家嚴正的道德觀念和價值系統，漸被社會視為迂腐空洞，不切實際，不合世用。而當時道、墨兩家思想反而風靡一時。因戰亂不息，殺戮盛行，人多不知命在何時，於是道家的苟全性命的出世思想，受到多人的歡迎。墨家對客觀事物及知識問題，作了新的解釋，較為切合實用，頗具功利價值，亦易被人接受。因之，那時的儒家無論對心性哲學或政治問題，都急需有新的解說，補充與修正。於是荀子應運而起，倡實用主義，人為主義及實證主義的新儒學，以「起而可設，張而可施行」的客觀禮義的新學說，重振儒學的聲威，振衰起弱，功沒大焉。

二、受到的批評——荀子對振興儒學，既有莫大貢獻，理應受到歷代儒士的尊崇。但事實却不然，自漢迄清，儒者除賈誼、楊倞等極少數人外，對荀子皆作毀多於譽的批評。韓愈推崇孟子為儒家的「醇乎醇者」；對荀子則批評為「大醇而小疵」⑱。蘇軾指斥荀子曰：「喜為異說而不讓，敢為高論而不顧者也；其言，愚人之所驚，小人之所喜也。」⑲朱熹甚而說焚坑之禍，起於荀子。他說：「荀子無所顧

---

⑱《韓昌黎全集》卷一一，讀荀子。
⑲《蘇東坡集》應詔集，卷九，荀卿論。

藉，敢爲異論，則其末流，便有焚坑之理。」⑳

荀子所以受到嚴厲的批評，其原因有下列三端：㈠自漢武帝罷百家，儒家定於一尊，歷代學術思想以儒學爲主流。而儒家的道統則以孔子、孟子、子思的思想爲骨幹與精髓。這三人都主張人性善，要人明心見性，講道德，說仁義，法先王。而荀子獨倡異論，主張人性本惡，其善者僞也；且認爲先王久遠，無足取法，而主張法後王。是儒學主流的逆流，自然會受到儒者的排斥與批評。㈡宋、元以後，孟子且被尊爲亞聖；而荀子在非十二子篇及性惡篇中，却作了猛烈的攻擊，曰：「略法先王而不知其統，猶然而材劇志大，聞見雜博。……是則子思孟軻之罪也。」這種目中無人，剛愎自用的批評，自然引起蘇軾、朱熹、程顥、程頤等人的反感，而招致斥責。㈢荀子有兩位出色的弟子，卽法家鉅子的韓非和李斯。韓非是法家的理論家，高唱崇法反儒之論。李斯是法家的實行家，相秦而有焚書坑儒之舉。二人都是儒學有力的敵對者。兒子有罪，父親蒙敎子無方的譏刺。弟子爲害天下，爲師亦難辭其咎。

三、儒者兼法家——傅青主（名山）曰：「《荀子》三十二篇不全儒家志言，而習稱爲儒者，未細讀其書也。有儒者之一端焉；專是其辭之複而嘽者也。但少精摯處，則卽與儒遠而近於法家。」㉑荀子有二大名徒韓非與李斯，皆法家鉅子，蓋師道使然，並非無根之果。師承有自，荀子立論，實多有與法家之意志相合者。荀子尊孔子，承認堯、舜、禹、湯、周公、孔子的禮義道統，尙禮治，行禮義，重治人，

⑳ 朱熹《朱子語類》卷一三七。
㉑ 傅青主墨蹟，《美哉中華》第一八九期，民國七三年七月號第九頁。

尚賢能，故應入於儒門，但其思想實多有與法家相符合者。故荀子者蓋儒士而兼法家言者。第一，「信義行於君子，而刑戮施於小人。」㉒此乃千古不移之定論。荀子倡人性本惡論，却要行禮義以矯治人之惡性，是無異對殺人成性的强盜而講仁義道德，對娼妓而談貞操，豈非是對牛彈琴，與盲人講色彩，自難發生任何效果。性惡之小人，畏威而不懷德，防治惡人作惡，只有以强制的刑罰以治之，方屬有效。依荀子性惡論推演之，自然產生重刑罰的法家思想。第二、法家治國憑藉於威勢，認爲「君也者，勢無敵也」；政治者「集勢以勝衆之資也」。荀子立論，不乏注重威勢的思想。王制篇曰：「彼王者不然，仁眇（高也）天下，義眇天下，威眇天下。仁眇天下，故天下莫不親也。義眇天下，故天下莫不貴也。威眇天下，故天下莫敢敵也」。荀子尚禮治，却說：「禮者，治辨之極也，强國之本也，威行之道也。」（議兵篇）王霸篇曰：「國者，天下之制利用也；人主者，天下之利勢者也。」威是威勢或威力。荀子於仁義之外，更加一威字，以爲治國之要，非法家之言而何哉？第三、法家的政治思想，惟力是視，惟强是圖，以强力侵伐他人的國家，控制本國的人民。荀子對力與强，亦最爲重視，故遠儒而近法。荀子曰：「君者何也？曰：善群也。」（君道篇）他說：「人能群，而牛馬不能群也」；「人何以能群？曰分。分何以能行？曰義。故義以分則和，和則一，一則力多，力多則强，强則勝物。」（王制篇）合群的方法是分與義。合群的目的在求力多而强，强以勝物。這與法家的思想，不謀而合。第四、富國强兵爲法家治政的主要的目的與任務。孔子雖曰：「足食、足兵、民信之」，但不得已而去之，則去食存信。足見

㉒ 歐陽修，縱囚論，載於《古文觀止》。

孔子重信義而次富國。孟子雖亦主張制民之產，但重在「何必曰利，亦有仁義而已矣」。孔孟皆不言兵而反戰。孔子曰：「俎豆之事，則嘗聞之矣；軍旅之事，未之學也。」（《論語》衞靈公篇）孟子曰：「仲尼之徒，無道桓文之事」（《孟子》梁惠王上篇）；又曰：「善戰者服上刑。」（離婁上篇）而荀子一書却有富國與議兵專篇詳論富國强兵的道理與途徑。其立義則有悖於孔孟之道，而與法家的旨趣相契合。

第十四章　道家老子的政治思想

第一節　生平事略

一、史記中的生平事略——老子是位神秘的人物，其身世與生平事蹟，不可詳考。行踪幽隱，莫測高深，立言設教，尤趨玄奧，令人眩惑，故孔子嘆曰：「吾今見老子，其猶龍耶！」神龍變化莫測，見首不見尾。老子其人，神秘幽隱，可以想見。司馬遷漢人，去周不遠，《史記》老子列傳亦僅寥寥三百字；而其誡孔子及孔子贊嘆之詞，卽佔去全文一半；有關其生平事蹟者，實甚簡略。老子的思想，以道爲本，故後人尊之爲「道家」宗師及「道教」始祖。《史記》老子列傳，記載老子生平事蹟的全文如左：

老子者，楚苦縣厲鄉曲仁里人也。名耳，字聃，姓李。周守藏室之史也。孔子適周，將問禮於老子。老子曰：子所言也，其人與骨皆已朽矣，獨其言在耳。且君子得其時則駕，不得其時則蓬累而行。吾聞之：良賈深藏若虛，君子盛德，容貌若愚。去子之驕氣與多欲，態色與淫志。是皆無益於子之身。吾所以告子者，若是而已。孔子去，謂弟子曰：鳥，吾知其能飛；魚吾知其能游；獸，吾知其能走。走者可以爲罔，游者可以爲綸，飛者可以爲矰。至於龍，吾不能知，其乘風雲而上天。吾今見老子，其猶龍耶！老子修道德，其學以自隱無名爲務。居周久之，見周之衰，迺遂去之。至關，關令尹喜曰：子將隱矣，强爲我著書。於是老子迺著書上下篇，言道德之意，五千餘言而去，莫知其所終。或曰：老萊子亦楚人，著書十五篇，言道家之用。與孔子同時云。蓋老子百有六十餘歲，或言二百餘歲，以其修道而養壽也。自孔子死之後，百二十九年，而《史記》周太史儋見秦獻公曰：始秦與周合，合五百歲而離，離七十歲，而覇王者出焉。或儋卽老子。或曰：非也。世莫知然否。老子隱君子也。老子之子名宗，宗爲魏將，封於段干。宗子注。注子宮。宮玄孫假，假仕於漢文帝。而假之子解，爲膠西王卬太傅，因家於齊焉。世之學老子者則絀儒學，儒學亦絀老子。道不同，不相爲謀，豈謂是耶。李耳無爲自化，清靜自正。

二、生平事略的考辨——《史記》老子列傳對其生平事蹟的記載既多疑辭，梁啓超且稱爲「迷離惝惑」；因之，後世學者多有對此作考證與辨正者。玆就老子平生事蹟的疑點，分別考辨於後：

1.姓名——周代姓與氏是有區別的。姓指血統所自出，氏指封地之所在，貴族有姓有氏，賤民有姓而無氏。漢司馬遷著《史記》始將姓與氏合一。《左傳》隱公八年載：「天子建德，因生而賜姓，胙之土而命之氏。」孔子殷人，姓子氏孔。姚鼐《老子章義序》及馬叙倫《老子覈詁》均曰：「老子宋人，而子姓。」高亨《老子正詁》則謂：「老子姓老，音轉爲李。」其理由有二：㈠春秋時代只有老姓而無李姓。《左傳》成公十五年有老佐，昭公十四年有老祈，《論語》有老彭，《史記》有老萊。至戰國時代，始有李姓，如李悝、李牧、李克等。㈡先秦諸子，孔子以氏稱，孟子、墨子、莊子、荀子皆以姓稱。老子不稱李子，不稱李耼，可見他不姓李。老子姓子，老或爲其氏（蕭公權《政治思想史》）。高亨稱先秦諸子皆稱姓，未必盡然，因孔子卽稱其氏，並未稱其姓。胡適《中國哲學史》上卷，則稱老子姓李，字老，名耼。老耼係名與字並舉，爲春秋時代習尙，如孔父嘉、叔梁紇、孟施舍、孟明視之類。《史記》

稱老子姓李，名耳，字聃，似以從《史記》之說爲較宜。

2.籍貫——《史記》老子列傳稱：「老子楚苦縣厲鄉曲仁里人。」《史記索隱》稱：「苦縣本屬於陳，周敬王四十二年，楚滅陳，遂入楚。」陳爲弱國，屢受侵略。楚滅陳時，老子或已先卒。司馬遷漢人，陳早被楚滅，遂稱老子爲楚人。孔子、老子、莊子皆爲殷後，亦均宋人，因周封殷賢微子啓於宋，殷人遂多遷居於宋。陳在宋南接壤，老子或因其先人由宋徙陳，亦頗可能。宋地在今河南商丘縣。周武王立，求虞舜之後，得嬀滿，封於陳。陳地在今河南淮陽縣。不管老子是宋人或陳人，皆是河南人。苦縣爲春秋時楚邑，漢置縣，晉改名谷陽，唐代曰仙源，故城在今河南省鹿邑縣東（見中華書局，最新增訂本《辭源》下册，三七一七頁）。

3.年代——《史記》老子列傳稱：「孔子適周，將問禮與老子。」可見老子和孔子是同時代的人。孔子生於魯襄公二十一年（西元前五五一），卒於魯哀公十六年（西元前四八〇）。老子當是這時代的人。不過，其年長於孔子。據閻若璩的考證，老子長於孔子最多不過二十歲。依此以言之，老子生於周靈王元年（西元前五七一），卒年則無可考。楚滅陳在周敬王四十二年（西元前四七八），其時老子已卒。依此計算，老子只活了九十三歲。《史記》老子列傳稱：「蓋老子百有六十餘歲，或言二百餘歲」，實不可信。司馬遷用「蓋」字，乃傳聞之詞。漢初崇尚黃老，世人妄尊之若神，所謂百有六十餘歲或二百餘歲，殆神話也。

4.其人——有人稱老子就是老萊子。其實，老子與老萊子乃是兩個人，絕不可誤認爲一人。其證明有三：(一)《史記》仲尼弟子列傳稱：「孔子之所嚴事，於周則老子，於楚則老萊子。」二人並列，國籍不同，足見此老非彼老。㈡《史記》老子列傳稱：「老子著書上下篇，言道德之意」；又曰：「老萊子著書十五篇，言道家之用」。書篇不同，內容亦異，二書是二人所著自明。㈢《史記》老子列傳稱：「老萊子，亦楚也」；這明白指出二老是兩個人。

《史記》老子列傳稱：「周太史儋見秦獻公……或儋卽老子。」畢沅的《道德經考異》和汪中的《老子考異》，均贊成史記的說法。其理由有三：一是儋與聃同音通用。二是二人同是周之史官。三是二人皆曾出關赴秦。但高亨在所著《老子正詁》，則力駁此說，認爲所舉三種理由，都不能證明史儋卽史聃。同名者可能不止一人，何況名不相同。任同一職位可能有多人，豈能只限定一個人。出關赴秦者不能限定一個，史聃赴秦，史儋就不能赴秦麼？

實則，老子與太史儋乃是兩人。第一、《史記》老子列傳稱：「儋卽老子，或曰非也。」可見司遷自己並未肯定儋與聃是一個人，僅是傳聞之詞，不足憑信。第二、《史記》周本紀和秦本紀及封建書皆有太史儋見秦獻公的記載，時在老子死後一百零六年（西元前三七四）。那時，老子當是一百九十七歲。老子祇活了九十三歲，那能於死後一百零六年後去見秦穆公？

5. 職位——依《史記》老子列傳所載，老子是「周守藏室之史」。司馬貞《史記索隱》曰：「藏室史乃周藏書室之史也。」《漢書》張湯傳稱：「老子爲柱下史」，卽藏書室之柱下，因以爲官職名。《莊子》天下篇所稱之「徵藏史」，當係資料蒐集與典藏室之史，略如今日的檔案資料室主任或圖書館館長。老子係殷人，對前代的歷史典制故事等知悉較多，使任此職，自屬相宜；同時，因職務關係對周朝的典章制度及禮儀規範等當亦多所蒐集而典藏之。故孔子適周問禮於老子，亦是事所宜然。

6.行踪——《史記》老子列傳稱老子「居周久之，見禮之衰，迺離去，至關……莫知其所終。」《史記索隱》對「關」有二解：一是函谷關，二是散關。惟古書所指之關，都是函谷關。老子至關，當是函谷關。關外就是秦國。可見老子出關至於秦。《莊子》養生主篇曰：「老聃死，秦佚弔之，三號而出。」釋道宣《廣弘明集》辨惑篇序曰：「老叟生於厲鄉，葬於槐里。莊生可爲實錄，秦佚誠非妄言」；又於跋孫盛《老子疑問反訊》中說：「老子遁於西裔，行及秦境，死於扶風，葬於槐里。」老子生有地，死有所，並非《史記》所謂：「莫知其所終」。

第二節　基本理論

先秦儒、墨、法三家僅論及人生問題與政治問題，未探究宇宙間萬事萬物的根本問題。而獨道家則先深究萬事萬物的根本問題，卽宇宙最後的本體到底是什麼？道家對此問題求得答案後，再依此結論而論釋人生問題和政治問題，故道家學說遠較儒、墨、法三家者深邃而玄妙，故好學之士，多樂之而不厭；且越研究越有興趣。老子爲道家的開山祖師，其信持的基本理論或精義，包括道的本體論、宇宙生成論及自然哲學。其政治思想乃是由此基本理論，衍生出來的。玆先就其基本理論，論述於後：

一、道是本體——宇宙萬物的最後的本體，到底是什麼？哲學家對這一問題有三種不同的答案。唯物論者：如希臘的泰利斯（Thales）以水，安納席孟斯（Anaximenes）以氣，赫拉克里特斯（Heraclitus）以火，德謨克拉特（Democritus）以原子，爲宇宙萬物的本體。唯心論者：希臘畢沙葛拉斯（Pythagoras）以「式」與「數」解釋宇宙萬物的本體，其言曰：「一切事物的實在存在皆是式與數」(All things are forms and numbers)。柏拉圖認爲一切事物的實在存在是意念 (all things are ideas)。亞里斯多德 (Aristotle) 倡「物體四因說」(four kinds of causes) 兼及心物，較爲合理。所謂四因者：一曰物因 (material cause)，二曰形因 (formal cause)，三曰效因 (efficient cause)，四曰宗因 (final cause)。 國父倡心物本一論，認爲宇宙萬物的本體是「生元」。

老子認爲宇宙萬物最後的存在或本體乃是「道」。他說：「道可道，非常道；名可名，非常名。無，名天地之始；有，名萬物之母。故常無，欲以觀其妙；常有，欲以觀其徼。此二者，同出而異名，同謂之玄，玄之又玄，衆妙之門。」（《老子》第一章）凡可以講出的道，不是永恒不變的道。凡可明說出的名，不是永久不變的名。無，是天地形成的開始。有，是萬物開始的根源。所以，用永恒的無，去觀察天地萬物的精微；用永恒的有，去觀察天地萬物的廣大。無與有乃是同物而異名，可謂之玄。無與有皆指道而言，道之靜爲無；道之動爲有。天地萬物的最後本體是道。道是天地萬物原始的本然狀態；亦是天地萬物所以形成的精蘊。因之，道的無是「非有」；但這非有乃是「非非有」；所謂「空卽是色」，謂無中含有有。道的有是「空有」；但「空有」非空；卽「空卽是色」，亦是「空非空」。

道不是一個實體，而是虛無之物。然此虛無亦非空或零。老子曰：「道之爲物，惟恍惟惚。惚兮恍兮，其中有象；恍兮惚兮，其中有物；窈兮冥兮，其中有精。其精甚眞，其中有信。」（第二十一章）道是恍惚的，無從辨識的。道雖恍惚難識，而其中却有象有物。因萬物由道而生。道中雖有象物，然却是窈冥無形的，隱隱約約，無形、無聲、無色不可見。道雖不可見，而道乃是絕對精妙與眞實（信）。

道混然不知，而萬物由之以成。先天地而存在，寂然空無聲，寥然空無形。獨立於萬物之上，永恒存在而不改變；周流運行，永不止息，乃萬物所自生，無以名之，名之曰道。老子曰：「有物（道）混成，先天地生。寂兮寥兮，獨立而不改，周行而不殆，可以爲天下母。吾不知其名，字之曰道。」（第二十五章）

老子又曰：「道冲而用之或不盈。淵兮似萬物之宗；挫其銳，解其紛，和其光，同其塵，湛兮似或存。吾不知誰之子，象帝之先。」（第四章）道雖是冲虛的，但用之卻不盡，淵深莫測，似爲萬物所自出。收其鋒芒，解其紛多，隱其光輝，同其塵俗，隱然不見，似乎不存在。道不知從何而生，實存在於天帝之先。

大道流氾，可左可右，無遠弗屆，無所不至。萬物依之而生，不加干預；萬物生成，而道不居其功；養育萬物，卻不爲其主宰者。道是常無，可說是渺小；道作育萬物，萬物歸附之而不知其然，而不爲其主，可說博大無涯際。但道不自認其爲博大，故它是永久的博大。老子曰：「大道氾兮，其可左右。萬物恃之而生而不辭，功成而不有，衣養萬物而不爲主。常無欲（欲爲衍誤之字），可名於小；萬物歸屬而爲主，可名爲大。以其終不自爲大，故終成其大。」（第三十四章）

二、宇宙生成——道是宇宙萬物的本源或本體。至於道的運用，在於其能創生宇宙萬物及成全宇宙萬物的變化。道能生成宇宙萬物，道體的存在，始有意義。老子論宇宙生成的經過曰：「道生一，一生二，二生三，三生萬物。」（第四十二章）道之靜爲無，無、名天地之始。道之動爲有，有、名萬物之母。老子曰：「有生於無。」（第四十章）道的本體是無，道生一，一爲有，萬物無形，其歸爲一。無何以能生有，因道本體的無，是「空非空」；是「非有非非有」，故能生一。一是無形的萬物。一負陰而抱陽。一有之動生陰與陽，故曰一生二。陰陽交合而生和氣。一是陰氣，二是陽氣，三是和氣，故曰二生三。萬物稟賦着陰與陽。陰陽而成和氣。萬物的存在，皆是陰陽交合的和氣，故曰三生萬物。

老子曰：「樸散則爲器。」（第二十八章）樸指道，器指萬物。樸散則爲器，乃指道生萬物。道雖生萬物，但萬物並不脫離道體，道仍獨立不改與萬物同體，衣養服育萬物，而成爲「德」。德是道在萬物，各得其宜。老子曰：「道生之，德畜之，物形之，勢成之。是以萬物莫不遵道而貴德。道之尊，德之貴，夫莫之命而常自然。故道生之，德畜之，長之育之，亭之毒之，養之覆之。生而不有，爲而不恃，長而不宰。是謂玄德。」（第五十一章）道創生萬物，德含畜萬物。道之有卽陰陽二氣形成萬物，地勢的水土氣候成長萬物。是以萬物莫不尊道而貴德。道所以尊，德所以貴，因道與德生成萬物，無心無爲，一切因任萬物自然生長，自由發展，毫不干預。道生萬物，德畜萬物，長之育之，成（亭）之熟（毒）之，養之覆之。生萬物而不佔爲己有；育萬物而不自恃其能，長萬物而不爲之主宰。這就是深奧玄妙的德性。

三、宇宙變化——老子曰：「反者道之動。」（第四十章）道是宇宙的本體。道之動，便是宇宙的變化。「反」卽是宇宙運行的規範和宇宙變化的法則。「反」有左列的三種意義：

1. 相反相成——天地的開始是無；萬物的生母是有。有無相反而相成而爲道體，卽宇宙最後的本體。萬物之母的母，負陰而抱陽。陰陽相反而相成，乃有萬物的和。由是言之，萬事萬物都是由陰與陽兩種相反的因素，交合而構成的。一切事物的存在都是相反相成而產生的結果。所以老子曰：「天下皆知美之爲美，斯惡矣。皆知善之爲善，斯不善矣。是故有無相生，難易相成，長短相形，高下相傾，音聲相和，前後相隨。」（第二章）人人皆知美之爲美，便產生醜的觀念；於是人皆求美去醜，因而引起紛爭就不美了。人人皆知善之爲善，便產生惡的觀念，於是人皆趨善避惡，而滋生僞詐，反而不善了。有無、難易、長短、高下、音聲、前後，都是相待而生，相反而進。這和黑格爾（F. Hegel, 1770-1831）的正反合辯證法及愛因斯坦（Albert Einstein, 1879-1955）的相對論，不無相似之處。宇宙變化係由兩個對立的因素作相反相成的不斷推進。

2.反向而行——相對的作用就是反向而行。高以下爲基礎，莫有平地，不顯高山。貴以賤爲陪襯，無賤民不顯貴族。老子曰：「曲則全，枉則直，窪則盈，敝則新。」（第二十二章）曲、枉、窪、敝都屬於柔弱退讓的一面；全、直、盈、新都屬於剛强進取的一面。剛柔相濟，强弱互動。宇宙萬物反復變化，永不止息，都是由於兩種相反力量的激盪與推移。

老子曰：「是以聖人後其身而身先，外其身而身存。」（第七章）聖人謙遜退讓後其身，反而得到世人的尊敬，而身先於衆；這就是退而反進。第六十六章曰：「是以聖人欲上民，必以言下之；欲先民，必先身後之。」兩章立意，前後一致。農民揷秧，步步退後，實是向前。外其身，是不計較自己的利益，忘我舍己而爲他人謀利益，則衆人愛之如父母，而身反而長存久榮。第八十一章曰：「聖人不積，既以爲人，己愈有，既以與人，己愈多。」聖人不自私，愈幫助人，自己愈充裕；愈給與人，自己愈富足。

老子曰：「將欲歙之，必固張之；將欲弱之，必固强之；將欲廢之，必固擧之；將欲奪之，必固與之。」（第三十六章）物極必反，盛極必衰，强極必弱，這是自然現象，亦是正常道理。要收縮他，必先使他擴張，張後必縮。要削弱他，必先使他强大，强後必弱。要廢棄他，必先使之興擧，擧後必廢。要奪取他，必先給與之，因得而必失。老子的退讓哲學，實是進取之道，因以退爲進，阻力最少，成功最易。老子柔弱哲學，實是剛强之道，因柔能克剛，强梁者不得其死，「弱者道之用」。

3. 循環反覆——相反相成與反向而行的極致，便是循環反覆。宇宙變化所以能永不靜止，是因爲他遵循着循環反覆的法則。老子曰：「有物混成，先天地生。寂兮寥兮，獨立而不改，周行而不殆，可以爲天下母。吾不知其名，字之曰道。强爲名曰大。大曰逝，逝曰遠，遠曰反。」(第二十五章)有物混成指道而言。道是宇宙本體。宇宙變化是周行不殆的，就是循環反覆，變化不止。道之爲狀廣大無邊，循環運行而不止。運行不止可傳之於久遠，傳之久遠則又歸根復命，反回到寂寥虛無的原始狀態。

老子曰：「致虛極，守靜篤，萬物並作，吾以觀復。夫物芸芸，各復歸其根，是謂復命。復命曰常。」(第十六章)消除心知作用，使心空虛無知。革去欲念，使心安寧靜寂。萬物的生育、成長、活動，最後回反其本演的虛無。虛爲有之本，靜是動之根。萬物皆起於虛，動於靜，最後仍反於虛，歸於靜。這謂之歸根與復命。歸根曰靜，復命曰常。

兩個相反而相成的力量或因素，相互激盪，彼此推移，促成一切事物的循環反覆變化，乃是萬物衍化共守的法則。四時運行、日月出沒、生老病死、興盛衰敗等都是循環反覆的現象。陰陽家的五行生尅、五德始終，儒家的「剝極必復」、「否極泰來」亦都是循環反覆論。故老子曰：「禍兮福所倚，福兮禍所伏。孰知其極？其無正。正復爲奇；善復爲妖。」(第五十八章)禍中隱藏着福，福中潛伏着禍。其中的極則，誰知道呢？正可變爲邪，善可變爲惡。這是陰陽、邪正、禍福、吉凶、善惡等相反相成力量的互動推移產生的宇宙萬物的變化。

四、自然哲學——老子信持的基本理論或哲學是以「道」爲基礎。「道」是宇宙萬物的本源或本體。「道」有其獨特的意義與性質。老子曰：「人法地，地法天，天法道，道法自然。」(第二十五章)道以「自然」爲法則。什麼是自然呢？有人以爲「自然」指天地萬物的「自然界」。豈不知「自然界」包括千萬種現象，萬般事物，芸芸總總，流變不居，如何取法呢。實在說：自是自己，然是如此。自然就是他自己原來是怎樣就讓他是怎樣，千萬不要干擾他。道以自然爲法則。自然是自由自在，保持其本然之性。自然哲學乃是「無爲而自化」的法則。所謂自由與無爲包括靜態的和動態的兩方面。就靜態言，事物是怎樣就讓他是怎樣。就動態言，事物怎樣生長、發展、活動，就讓他怎樣行動，不要管他。這亦就是無爲或放任（laissez faire），即是「讓他自己自在吧」（Leave it alone.）。

老子曰：「道之尊，德之貴，夫莫之命而常自然。」(第五十一章)道是天地萬物的本源。德是道衣養天地萬物各得其宜。道與德所以尊貴，所以受到崇敬，因爲他永遠保持其自然，毫無修爲而自由自在。道與德的尊貴與價值，在於其無爲與放任，一有修爲便失卻其意義和價值。老子曰：「無狎其所居，無厭其所生。」(第七十二章)狎與狹通，無狎其所居，就是不可拘束人的行爲；厭是今之壓字，無厭其所生，就是不可壓迫人的生活。老子的自然哲學，就是純粹的個人自由主義，崇尚無爲而自化，放任而自由，反對一切的人爲制作及任何的干涉。

第三節 政治思想

老子的政治思想係以其所信持的「道」、「德」觀念和自然哲學而產生的。其要旨在於崇尚自由，無爲而治；信柔弱，抑剛强；寡欲知止；絕仁去智；返樸歸眞。玆分別論述於後：

一、**順乎自然，無爲而治**——老子的思想以道爲本。他說：「人法地，地法天，天法道，道法自然。」（第二十五章）自然就是自由自在，不受拘束與干涉。所以爲政之道，要順乎自然，無爲而治；凡事不可勉强，不可强制。順乎自然，自由放任，不要多所作爲，不去庸人自擾，自可安寧和平，清靜快樂。若多所作爲，則多生事端，反足以擾民，引起紛亂，使人民的生活，陷於痛苦和不安。所以老子曰：「以正治國，以奇用兵，以無事取天下。……朝多利器，國家滋昏；人多伎巧，奇物滋起；法令滋張，盜賊多有。故聖人云：我無爲而民自化，我好靜而民自正，我無事而民自富，我無欲而民自樸。」（第五十七章）

老子的這種主張和現代人自由主義倡導者英人亞當斯密（Adam Smith, 1723-1790）所主張「放任主義」（laissez faire）不無相似之處。亞當斯密於一七七六年著《國富論》（*Wealth of Nations*）一書，認爲經濟社會中有「一隻看不見手」（invisible hand），那就是自然法則。他會自然調節經濟秩序，使之順利和諧的運行。要他自由自在，自行其事，要放手不管，不可干涉，不可控制。老子的無爲，就是說：一切事務，要出乎自然，成於無心。故曰：「生而不有，爲而不恃，長而不宰，是謂之德。」（第十章）

老子所謂無爲，並非靜止不動，怠惰不行，而是不故意的造作，不勉强的活動；而是順乎自然的自由運作。天地運行、日月出沒、四時往復、萬物化育，都是順乎自然的無爲之爲。無爲指不可執意的造作，不可勉强的施行。順乎自然的無爲，便是「爲無爲而無不爲」。他說：「是以聖人不行而知，不見而名，無爲而成。」(第四十七章)治國要與民休養生息，使之安居樂業，不要去干涉或擾亂他們，「淸靜而天下正」(第四十五章)。爲政之道，要「損之又損，以至於無爲。無爲而無不爲。取天下常以無事，及其有事，不足以取天下。」(第四十八章)老子的這種主張，和現代自由放任主義者所標榜的「政府最好，干涉最少」(Government best, government least.)，似有其相近似之處。

老子曰：「上德不德，是以有德；下德不失德，是以無德。上德無爲而無以爲；下德無爲而有以爲。」(第三十八章)這是說：上德的人，一切依自然之道以行，無心求德，所以反而有德。下德的人，有心求德，要力求表現，故意造作，所以反而沒有德。上德的人，依順自然，無所作爲，亦無心作爲，所以爲上。下德的人，雖表現無爲，但卻有心作爲，所以爲下。

老子認爲聖人治國，以民心爲心，以民善爲善，由人民自爲自生，不可加以干涉，則上下相安，各得其所，各適其生，天下太平。他說：「聖人無常心，以百姓心爲心。善者吾善之，不善者吾亦善之，德善；信者吾信之，不信者吾亦信之，德信。聖人在天下，歙歙然；爲天下，渾其心。」(第四十九章)這是說：聖人治國，無成見，無機心，以民心爲心。善人善待之，不善之人亦善待之，所以人人皆歸於善。信實的人信任之，不信實的人亦信任之，則人人皆歸於信。聖人對天下無欲無私，不偏不黨，心地欣然坦然，無往而不適。

老子以爲爲政者若對人民的安定生活、寧靜社會、自然秩序，妄加干涉，多所作爲，强行管制，必然是治絲益棼，「剪不斷，理還亂」，庸人自擾，招致天下的大禍亂。所以他說：「天下多忌諱，而民

絕聖去智，民利百倍；絕仁去義，民復孝慈；絕巧棄利，盜賊無有。」（第十九章）

彌貧；朝多利器，國家滋昏；人多技巧，奇物滋起，法令滋彰，盜賊多有。」（第五十七章）他又說：「絕聖去智，民利百倍；絕仁去義，民復孝慈；絕巧棄利，盜賊無有。」（第十九章）

二、崇尚謙柔，卑棄剛强——老子生長在戰亂的春秋時代，親身經歷到，王綱不振，諸侯爭霸，强凌弱，衆暴寡，兵連禍結，殘民以逞，死亡枕藉，民不聊生。老子以爲這些戰亂的禍源，實由於諸侯逞强好勝。强則侵人，好勝則爭，爭則亂，亂則民死國窮。所以他崇尚謙弱，卑棄剛强。老子認爲「弱者道之用」（第四十章）。吾人觀察自然現象，盛極必衰，壯盛是衰敗的先兆，剛强是挫敗的前奏。强梁者不得其死。柔者生之道，强者滅之途。利矢必先折，銳劍則先傷。老子曰：「人之生也，柔弱；其死也，堅强。萬物草木之生也柔脆，其死也枯槁。故强梁者死之徒，柔弱者生之徒。」（第七十六章）

吾人皆知疾風暴雨不終朝。老子認爲疾風暴雨是天逞强施暴的行爲。天逞强施暴，尚不能維持長久，何況人乎？所以爲政處世，都要崇尚謙柔，卑棄剛强。和順則安，溫柔則生。凡事不可逞强施暴。老子曰：「希言自然。故飄風不終朝，驟雨不終日。孰爲此者？天地。天地尚不久，何況於人乎？」（第二十三章）爲政要淸靜無爲，才合乎天道。天地以强力所造的飄風驟雨尚不能維持長久；人若逞强施暴，而力疾行驟，豈能不歸於失敗。

老子曰：「柔弱勝剛强。」（第三十六章）他並擧例曰：「天下莫柔弱於水，而攻堅强者莫之能勝。」（第七十八章）水柔弱而石堅强，但水久滴而能穿石。老子又曰：「勇於敢則殺，勇於不敢則活。」（第七十三章）這是說，勇於敢逞剛强的人，則不得其死；勇於表現柔弱的人，則易於保全其生命。老子又說：「弱之勝强，柔之勝剛，天下莫不知之，莫能行。」（第七十八章）弱勝强，柔勝剛的道理，大家皆知之，但莫能行之者，因爲人之患，在於都喜歡逞剛强。

謙下亦是柔弱的一種表現。謙下則能容人；能容人便能成其偉大。欲榮反辱，欲强反弱，故欲上者先下之。以謙下爲政，則內安外和，可操必勝之券。老子曰：「江海所以能爲百谷王者，以其善下之，故能爲百谷王。是以聖人欲上民，必以言下之；欲先民，必以身後之。」（第六十六章）謙德有三寶：一曰慈，二曰儉，三曰不敢爲天下先。謙下則不爭，「以其不爭，故天下莫能與之爭。」（第六十六章）老子曰：「我有三寶，持而保之。一曰慈，二曰儉，三曰不敢爲天下先。慈故能勇，儉故能廣，不敢爲天下先，故能成器長。」（第六十七章）慈則愛人，愛人者人亦愛戴之，能得衆人之力，故勇。儉則有餘，有餘故能廣大。不敢爲天下先，則以退爲進，反而能得到他人的擁護而成其功。

三、清心寡欲，知止不殆——人生而有欲，欲則不能無求；求而無度量分際則爭，爭則亂，亂則敗亡。凡貪婪無厭者，必身敗名墜，歸於破滅。國家貪恣則向外侵略，侵略則引起戰爭。戰敗者固然滅亡，戰勝亦必民窮財盡，喪失元氣，而瀕於衰弱。漢武帝窮兵黷武，導致西漢的日趨衰弱。清高宗（乾隆）有十大戰功，啓清代衰敗之因。官吏貪瀆，則使國家敗邪。傳曰：「國家之敗，由官邪也，官何以邪，寵賂章也。」個人貪色傷身，貪酒亂性，貪食壞腸胃，貪財貨必流於盜竊與搶奪；貪權勢不流於恣橫，將出之於叛亂。貪求不止，必禍害及身。老子以爲無論修身或爲政，都要清心寡欲，以至於無欲。如此，則可避免一切災害而快樂無邊。

老子曰：「不尙賢，使民不爭；不貴難得之物，使民不爲盜。不見可欲，使民心不亂。是以聖人之治，虛其心，實其腹；弱其志，强其骨；常使民無知無欲。」（第三章）這是說：名位引人爭進，財貨引人盜竊，欲求使人心昏亂。所以聖人治國，不以名位與財貨爲貴重，不去貪求，虛其心，弱其志，不生機智，無所作爲，以至於無知無欲，達於渾然眞純的境界。

老子認爲世界上的一切聲色貨利，以及佳餚美味，都是傷害人身心的壞東西，都不可去貪求。就是娛樂性騎馬打獵，捕捉鳥獸，亦足以使人神不守舍，失之於狂妄。至於貪求財貨，必使敗德傷行，身敗名裂。他說：「五色令人目盲，五音令人耳聾，五味令人口爽（傷），馳騁畋獵，令人心發狂；難得之貨，令人行妨（害）。」（第十二章）他又說：「無欲以靜，天下將自定。」（第三十七章）人人無欲，不求不爭，天下自然安寧淸靜，滅絕禍害與亂爭。

老子認爲：「天下神器，不可爲也，不可執也；爲者敗之，執者失之。是以聖人去甚、去奢、去太。」（第二十九章）保生全命，最爲重要，一切名與利，都是身外之物，不可貪求。甚、奢、太都是不知足、不知止的貪求，乃是招禍喪生的根由，故須摒棄之。老子曰：「名與身孰親？身與貨孰多？得與失孰病？是以甚愛必大費，多藏必厚亡。知足不辱，知止不殆。」（第四十四章）這是說：名與利都比不上身體或生命的重要。愛名過甚，耗費必多；財貨保藏的多，損失亦必甚重。知足者不受汚辱，知止者不會遭遇危害。知足、知止，身可長安，命可長保。

四、仁義禮智，禍亂根源——孔子以行仁爲立論的根本，爲治國的正道，爲處世的準則。爲人君止於仁，親親而仁民，泛愛衆，而親仁。孟子治國以行仁義爲主旨，故曰：「王何必曰利，亦有仁義而已矣。」孟子主張人性善，認爲仁、義、禮、智皆備於我，爲人所固有。荀子認爲人性惡，只有行禮義之治，才能矯飾人之惡性。儒家的這些仁義、尙德治、崇禮義的政治思想，皆本於愛人救世的仁心仁政，不失爲治國平天下的正道。而老子則認爲仁義禮智爲一切禍亂的根源，要悉力剷除之。世風日下，天道敗壞，皆是仁義禮智招致的罪惡。

老子認爲人不能背天而行事，不能背天而自全。天法自然。天道就是無爲無欲的自然法則。一切順乎自然，無所作爲，天下自定，人民自安。行仁尚義，制禮多智，皆是「天下本無事，庸人自擾之」的胡亂作爲。自然的秩序，本來是平靜的、和諧的，無所爲而各得其宜，美好世界。那些不安分的人，即世所謂聖人者偏偏要胡搞亂爲，要修己以安人，要治國平天下，提倡什麼仁、義、道德、禮樂、智能，使人人不得安其居，樂其生。那些野心家，更利用救世濟人，撥亂返治的騙人口號，去作自私自利，損人利己的活動，發動戰爭，殘害人民。若要消弭這些禍亂，必須棄絕仁義禮智，返於古樸純潔的自然狀態，無政府、無法律、無治者與被治者之分，一律平等，人人自由，無驚無擾，無憂無懼，自由自在，快樂無邊。

老子曰：「治大國者若烹小鮮，以道臨天下者，其鬼不神；非其鬼不神也，其神不傷人；非其神不傷人，聖人亦不傷民；夫兩不相傷，而德交歸矣。」（第六十章）這是說：治國如烹小魚一樣，不可胡亂翻動。亂翻動則小魚破碎歸於無用。治國要清靜無爲，不擾民，一切循於自然。仁義、禮法、政令、智謀、知能，都是擾民致亂的工具。須全予摒棄。清靜不擾，神鬼都不作祟傷人。神鬼不傷人，聖人亦不傷人。鬼、神、聖人都不傷人，人民自然可以安居樂生，自全其德。

老子的理想社會是合乎天道，自然而純樸的社會；老子的理想人生，是合乎天道，自然而純樸的人生。行仁義，崇禮法，尙智能，是對自然純樸的社會與人生的無端擾亂與破壞。這不僅違犯天道，破壞自然，且亦戕賊人的身心，更貽害社會，造成諸多罪惡。所以要摒棄仁義、禮法、智能而恢復自然而純樸的社會與人生。天道敗壞，始生仁、義、禮、智。他說：「大道廢，有仁義；智謀出，有大僞。六親不和有孝慈，國家昏亂有忠臣。」（第十八章）

老子曰：「絕聖去智，民利百倍。絕仁去義，民復孝慈；絕巧去利，盜賊無有。此三者以爲之不足，故各令有所屬。見素抱樸，少私寡欲。」（第十九章）聖和智傷害自然，去之，人民可以得到百倍的利益。仁與義，拒束天性，去之，人民可以恢復孝慈的天性。技巧與財貨，使人發生盜賊的罪行，去之，則可以消弭盜賊。聖知、仁義、技巧、財貨都是人爲的制作與虛僞的文彩，皆不足以治天下，宜棄之，使人各有所屬，各得其所，各安其生。因之，便可以復其本然的純素與樸實，少私而寡欲。

老子以爲合乎自然的天道，才是治國安民的最佳最高至道與極則，德不如道。仁義禮智等則又等而下之，且爲禍亂的根源。他說：「失道而後德，失德而後仁；失仁而後義，失義而後禮。夫禮者忠信之薄，而亂之首。」（第三十八章）道家既主張順乎自然，無爲而治，清心寡欲，故除反對儒家的仁、義、禮、智、孝、慈、忠、信外，更强烈的反對法家的法治。嚴刑峻法，集勢制人更違犯自然的天道，戕賊身心的自由。所以老子曰：「法令滋彰，盜賊多有」（第五十七章）；「民不畏死，奈何以死懼之」（第七十四章）。老子是個人自由主義者，反對一切法律制度、教化及管制的權力。

五、返樸歸眞，依於自然——老子教人清靜無爲，去私少欲，無知無識，反對一切的人爲制作，拋棄仁義禮智、法令、技巧、貨利，要人恢復原來的純樸素潔，天眞無邪，自由自在，自得其樂。在他的心目中，原始的自然狀態，是合乎天道的，純樸素潔，天眞自由，無拘無束，無憂無懼，自在逍遙，乃是理想的美滿的幸福的社會。及至所謂聖智、仁義、法令、技巧、貨利出，便弊害叢生，罪惡多端。所以要摒棄一切的人爲制作，返樸歸眞，依於自然。

法國個人自由主義的政治學者盧梭（J. J. Rousseau）於一七七二年著《社會契約》（*Social Contract*）一書，開章明義卽說：「人生而自由」（Man is born free.），「認爲人類在原始的自然狀態中，是平等自由的，自給自足的，長歌漫舞，不受拘束，無憂無懼，過快樂的生活。其後，因爲有了人爲的文明與制作，如藝術、科學、法律、政府等的產生，便剝奪去原來的自由與平等，並失去天眞快樂的幸福生活，日趨墮落與腐敗，弊害百出，罪惡叢生。文明是罪惡的淵源，自由才是快樂的根本。盧梭的人生理想，是要人恢復到自然狀態，人人過「高尚的野蠻人」（no-ble savage）的生活。盧梭的這種的理想，和老子的返樸歸眞，依於自然的思想，可以說是不謀而合，有異曲同工之妙。

老子要人盡行拋棄一切不足以治天下的僞妄文彩，使各歸於本然屬位，所謂「見素抱樸，少私寡欲」（第十九章）。那就是要人表現其外在素潔純眞，保持其內在的樸質渾厚，去私心，遏慾望。老子曰：「道常無名。樸雖小，天下莫能臣也。侯王若能守之，萬物將自賓。」（第三十二章）這是說：自然的天道，微妙玄奧，是永遠莫有名稱的。勉强的說，那就是無爲無名的樸質。樸質雖隱微玄小，但天下莫有任何東西能以臣服他，役使他。侯王若能守此樸質天道，萬物皆將歸依服從之。

老子認爲樸質眞純的天道，足以使萬物無爲而自化，天下無爲而自安，人民無爲而自樂。人人返樸歸眞，依於自然，則自安自樂，自由自在，各適其適，幸福無邊。他說：「吾將鎭之以無名之樸。夫亦將無欲，無欲以靜，天下將自定。」（第三十七章）要消除有欲有爲的制作，便須以「無名之樸」鎭抑之。

以無名之樸去欲念，革邪心，且可使之清靜不亂。如此，則天下自然安定平靜。

六、悲天憫人，反戰息爭——老子生當戰亂之世，親歷「爭城以戰，殺人盈城；爭地以戰，殺人盈野」的慘禍，殺人如麻，死亡枕藉，骨肉流離，民不聊生，老子持悲天憫人的心懷，遂發出反戰息爭的呼聲。況且老子主張無爲不矜，謙退下人，柔以克剛，强梁者不得其死，更要消弭强凌弱，衆暴寡的殺人流血的戰爭。先秦諸子儒家、道家、墨家都是反對戰爭的。就是法家亦是要「以戰止戰」，並非以戰爭爲目的。兵家自應是主戰論者，然而孫子（兵家）亦想「不戰而屈人之兵」；「上兵伐謀，其次伐交，其次伐兵。」（《孫子》謀攻篇）老子曰：「雖有甲兵，無所陳之，使民復結繩而用之。」（第八十章）這是說：不使甲兵有使用的機會，要人恢復結繩記事的原始社會。

老子曰：「以道佐人主者，不以兵强天下。其事好還。師之所處，荆棘生焉。大兵之後，必有凶年。善者果而已，不敢以取强。」（第三十章）用大道輔佐國君者，不用兵力逞强於天下。因爲世道好還，以兵力侵人者，人亦以兵力還擊之，戰禍必不能免。兵力所至之處，農事荒廢，荆棘叢生。大戰之後，則蟲災病疫的凶年必繼之而至。善用兵者趣以濟難而已矣，決不敢逞强恃武，逞强暴於天下。

老子指出反戰惡殺的理由曰：「夫佳兵者不祥之器，物或惡之，故有道者不處。君子居則貴左，用兵則貴右。兵者不祥之器，非君子之器，不得已而用之，恬淡爲上。勝而不美，而美之者，是樂殺人。夫樂殺人者，則不可得志於天下矣。」（第三十一章）良好的兵器，是不吉利的壞東西，所以人都厭惡他。所以有道的君子都不使用兵器。君子平時以左方爲大，戰時則以右方爲大。因爲兵器是殺人惹禍的不祥之物，君之惡之。不得已而用之，亦要心平氣和，恬淡置之，不可意氣用事，不可逞强施暴。用兵就是戰勝亦是壞事。以戰勝爲美者，必不能治國安邦，得志於天下。

老子認爲戰爭所自起，由於心有怨恨。怨恨所自起，由於多取於人或逞强凌人。消滅怨恨在於予而不取，謙弱待人。怨恨消滅，自可從根本上消弭戰爭。他說：「和大怨，必有餘怨，安可以爲善？是以聖人執左契，而不責於人。有德司契，無德司徹。天道無親，常與善人。」（第七十九章）若有大怨恨，縱使有和解，心中仍有餘怨遺恨，自然不是好辦法。所以聖人常持左契。左契爲下，右契爲上，持左契則受責於人，而不責於人，居謙柔之位，故不結怨於人。有德司左契，只予人而不取於人。無德者司徹，徹是什一之賦稅，只向人索取而不予人，故招人怨。天道並不偏私，只助人予人而不取於人的善人。謙下不取，不招人怨，怨不生，則戰爭不起。

綜觀老子的全部思想體系，是以「道」爲本。而道法「自然」，所以老子的思想基礎或哲學，乃是「自然主義」。自然的第一特性是「無爲而自化」。一切事物他本是怎樣的就讓他是怎樣。不要去理他，使之自由自在，自適其然。自然的第二特性是「無爲而無不爲」，是不作爲的自然運作，行不言之教，四時行焉，萬物生焉，天何言哉。無爲而無不爲，是讓萬物自生、自長、自成、自化、自安、自定，無待外力的推動而自動。自然的第三特性，是循環往復，運行不息。這種循環往復的運行，乃是天道的自然過程。道生一，一生二，二生三，三生萬物。萬物由生而長，由長而盛，盛則反，所謂盛極必反。反則仍回歸於道之自然，是謂「歸根」與「復命」。「反者道之動」（第四十章）；「道，强爲之名曰大，大曰逝，逝曰遠，遠曰反。」（第二十五章）

第四節　學說價值

老子的學說在先秦諸子中，固佔有甚爲重要的地位，且流傳後世，久遠不絕，影響廣大；而道敎的徒弟更尊奉老子爲敎祖，而使之神仙化。玆將其學說的價值和貢獻，扼要論述如次：

一、創立新說，道家宗師——《史記》老子列傳稱「於是老子乃著書上下篇，言道德之意。」可見《老子》一書的內容，在言道德之意。漢景帝以「黃子、老子義體尤深，乃改子爲經。」❶這是《老子》一書稱經的開始。《老子》所以稱《道德經》取上篇第一句「道可道」，下篇第一句「上德不德」中的道德二字❷。《老子》最早稱《道德經》是揚雄所引「老子爲關尹喜著道德經」❸。老子倡崇自然，尙無爲以不事制作使民自由自在，自得其然，爲爲政之道；以謙下柔弱，清心寡欲，返樸歸眞爲個人自全之術。倡相反相成的相對論，反爲道之動的循環論，以退爲進，欲取先予的權術論；玄妙深奧，虛無空靈，言前人之所未言，發前人之所未發，創新說，標奇想，獨立門戶，自成一家言，爲道家學派的創始者或宗師，在中國學術思想上居於獨特的重要地位，其價值不可泯滅。列子的貴虛，是老子尙柔崇謙思想的演進。楊朱的爲我是老子貴己全生思想的發展。莊子的放蕩，是老子自然哲學的開拓。《道德經》一書可視爲道家諸子立論的淵源。

❶ 唐釋道一《法苑珠林》引吳書闞澤對孫權語。
❷ 余培林《新譯老子讀本》，三民書局，民國六一年，頁一〇。
❸《太平御覽》卷一九一，引揚雄《蜀王本紀》。

二、精微玄妙，引人入勝——老子的學說精微玄妙，深奧難測，誠如他自己所說的「玄之又玄，衆妙之門。」❹人生而有智。智是智慧，即認知的機體及獲得知識的能力。人受智慧的無限力量的推動，而生強烈的好奇心與求知慾。老子的學說「微妙玄通，深不可識」，只要有智慧的一接觸他，便心靈啓動，覺得其中另有洞天，興味無窮，廣大無邊，引人入勝，非鑽進其中，探究其底蘊不可。所以《老子》一書，文字僅五千餘言，而有關《老子》的注釋與著作，則多達一千七百餘種之多❺。其文字總和多出原書的千百倍。中國的經籍，除論語外，無任何一書能與之比倫者。注解《老子》者以韓非爲最早，《韓非子》一書中有解老與喩老兩篇，但係以法家立場發言，與《老子》原意相去甚遠。漢文帝時，河上公解注《老子》全文。《老子》的最佳注本，當推魏人王弼，爲治《老子》不可不讀之書。唐玄奘曾把《老子》譯爲梵文；近代更有英、法、德、義、俄、荷、日文老子譯本。最近有人統計，世界十大著作，《老子》居第一位❻。

三、清心寡欲，修養善道——天下爭亂的根源，由於人有自私之念與貪得之欲。心存自私，只知有我而不知有人，乃有損人利己的侵權行爲。人爲維持自己的權益，自然要起而抵抗，於是人與人之間爭鬥遂因之而層出不窮。個人貪得則爲盜竊。官吏貪得則瀆職，導致政治的敗壞與國家的敗亡。野心家貪慾無厭，要爲帝爲王，封侯拜相，遂出之於武力爭奪與叛亂。春秋時代的戰亂，乃是諸侯爭權爭利的私

❹《老子》第一章。
❺見嚴靈峯《老子集成》一書所作的統計。
❻《中國歷代思想家》，商務印書館，民國六八年，册一，頁八。

慾所引起。於是老子倡清靜無爲，去私寡欲，戒奢戒太，返樸歸眞之說，使人知足知止，知足則常樂，知止則不殆。這些思想乃是修心養性的高尙修持，若能人人如此，則天下自然平靜無事，實現人間天堂。雖然這只是獨善其身的修養，對絕大多數人，仍然是安心立命，自得其樂，免災避禍的最佳途徑。那能得志兼善天下的人究竟是少之又少。老子的淸心寡欲，雖失之於消極，但對世道人心的改善與提昇，實有很大的裨益。

四、崇謙尙柔，安定社會——好勝逞强，是引起爭鬥的火種，是推動戰爭的催化劑。爭鬥使社會不安，戰爭使人民喪命。爭鬥與戰爭所造成生命財產損失，不可估計。萬物之靈的人，竟因逞强好勝，而作出自相殘殺，相互仇恨的悲慘禍亂與罪惡。春秋時代正是强凌弱、衆暴寡的爭覇逞强的混戰世界，戰禍慘痛，死亡枕藉，父子兄弟離散，壯者死於疆場，老弱轉乎溝壑。老子覩此慘狀，怵然驚心，遂倡崇謙尙柔之論，以除亂源，安定社會。悲天憫人，苦心救世，德被人寰，誠聖人之居心，救世之仁人。所以他說：「上善若水，水善利萬物而不爭，處衆人之所惡，故幾於道」(第八章)；「柔弱勝剛强」(第三十六章)；「天下莫柔弱於水，而攻堅强者莫之能勝」(第七十八章)；「勇於敢則殺(死)，勇於不敢則活」(第七十三章)；「不敢爲天下先，故能成器長」(第六十七章)「以其不爭，故天下莫能與之爭」(第六十六章)。

五、返樸歸眞，解脫痛苦——人生而是自由平等的。無拘無束，自由自在，自得其然，是人生的最大幸福和快樂。人皆有個自我的自覺存在。人人有自尊自重的心理，要與他人站在平等的地位，人格受到尊重，縱使不能出人頭地，至少不要受人的壓迫或卑視。但是人生長在現實的社會裡，卻處處受到拘束與限制，政府的法律多如牛毛，人的一切行爲不自由，時時遭到管制與監視，動輒得咎，不知何時就會犯法坐牢。社會上有種種的倫理道德，風俗習慣，都是拘束人的繩索，不得不任其綑綁。社會上更有不同的等級、階級與輩分。富者榨取貧人，强者壓迫弱者，上凌下、長欺幼。人生毫無自由，處處受到嚴苛的限制與壓迫，痛苦萬狀，悲憤不堪，但自己一人之力有限絕難衝決萬有網羅，只有含辛茹苦，忍痛受苦，過悲慘的生活。而老子高唱返樸歸眞，依於自然。人生活在原始的自然狀態中，抱素守樸，清靜無爲，不欺詐，不僞飾，坦白純潔，自由自在，無拘無束；無政府的管制，無法律的拘束，就是規範生活與行爲的倫理、道德、風俗、習俗亦都不存在。這種幸福快樂的人間天堂，自然引起人人的欣然嚮往。這種理想雖未必能眞的實現，但對人的心理緊張是一有力的鬆弛劑；對人的精神痛苦是一個解脫仙梯。

第五節　學說批評

老子的學說固然有其價值與貢獻，但諸子百家的立論，多有蔽於一偏之見者。老子的思想亦有此蔽。其失在只知天道而忽略人性；只知崇尚自然，而不知利用自然、適應自然及控制自然。茲就老子學說的缺失，略作批評於後：

一、**清心寡欲，違悖人生有欲**——人是生而有欲的，不僅有飲食男女之欲，更有求知識、求名利、求權位、求顯達、求成就、求發展的慾望。人的天賦中存在着一種推動的潛力，推動着這些慾望，追求目標，尋求滿足。這種求生存、求競進、求發展的潛力與追求，是無法遏抑或滅絕的。觀之「岩懸松倒長，石壓竹横生」，則知人類求生長、求發展的慾望與活力，任何東西不能與之抗衡。然而人類在求生存、滿慾望的進程中，必發生衝突與鬥爭。這種紛爭，若任其發展，不加管理與解決，只待其「無爲而自化」，則人類自相殘殺，將同歸於盡。儒家的崇敎化，法家的重刑罰，都是止亂息爭的嘗試方法。這些雖未必完全有效，但確有相當的功用。

中國自秦漢以來的政治措施，都是儒法並用，雙管齊下，雖未能完全止亂息爭，達於治平之世，然尙能維持大體的生存與安寧。而老子竟欲人之淸靜無爲，放手不管，期望「人民自化」、「天下自定」，無異緣木求魚，豈能得到!?徒善不足以爲政，祇望人之「爲吾善」，無法禁人之「爲彼惡」，則善莫由致，而罪惡則叢生。老子的淸靜無爲，去私寡欲，尙柔抑强，戒甚戒太的自然哲學不失獨善其身的良好個人修養，實非治國安邦的正道。

二、理想雖高，缺乏實踐途徑——老子想像中的理想社會，可以說是無法實現的烏何有之鄉或烏托邦(Utopia)。老子想像中的人民，可以說是無懷氏之民，葛天氏之民；祇是假托之詞，並非眞有其人。老子的理想，極爲崇高，至爲美妙，但缺乏實踐的途徑，終流爲空談，不足以言有關國計民生的價值。

一個有價值的良好的理想，不僅要有崇高的構想，同時要有實現這理想的實踐途徑與方法。孔子的學說和國父的「三民主義」何以能成其偉大，就是因爲既有崇高的理想，同時亦有實踐的途徑與方法，卽所謂「極高明而道中庸」。禮運大同篇不僅有天下爲公大同社會的崇高理想，同時有講信修睦，選賢與能等諸多的實踐途徑與方法。《大學》、《中庸》、《論語》不但提出政治理想，同時更有格、致、誠、正、修、齊、治、平的實踐途徑與方法。所以，趙普能以「半部論語治天下」。國父的「民生主義」不僅是富强康樂，民生順遂的美好理想，同時更有達到理想的平均地權、節制私人資本、發達國家資本等具體方法。老子的理想社會，固然美妙玄通，但無實踐的途徑與方法，實爲美中不足。

三、皈依自然，不合進化原則——老子主張返樸歸眞，皈依自然。在他的心目中認爲原始的自然狀態或社會中，無政府、無法律、無强制的權力、無壓迫者和被壓迫者，無拘無束，人人自由自在，過着長歌漫舞，快樂幸福的生活。其實，原始自然社會的人民，以知識不足，能力低下，過着粗野簡陋的草莽生活，穴居野處，茹毛飲血，天爲被，地爲床，逐水草而居，打獵捕魚，拾集菓實以爲生，隨時有風霜雨露的侵襲，並有遭受毒蛇猛獸呑噬的危險。初民不會用火，獵獲之物，只能生食，每易引致疾病。若獵獲不豐，便要忍饑挨餓。老子以爲皈依自然，是快樂的、幸福的，實則大謬不然。相反的，初民的生活是痛苦的、惡劣的、悲慘的，那有快樂幸福之可言。

人爲萬物之靈，智慧最高，具有發明創造的天賦本能，製工具，造器物，日趨進步，改良生活，充實人生。人更能運用智慧，發明文字，記載事物，表達意思，使人類社會由野蠻進入文明。燧人氏鑽木取火，使人由生食進入熟食。有巢氏構木爲巢，使人由穴居住入室內以避風雨。伏羲氏馴伏六畜供人役使與食用。人類由漁獵時代進入畜牧時代。神農氏播百穀，產糧食，使人類由畜牧時代進入農業時代。軒轅氏創制衣冠，使人有衣着保護身體。時至老子之世，人類社會進步的程度已達於極高的水準，食有山饈海味，住有雕梁畫棟，行有高車駟馬，衣有綾羅綢緞。人生享受，大有可觀。而老子卻要拋棄這美好的生活與享受，而返回痛苦惡劣的原始自然狀態。這是由文明退回野蠻，由幸福退回痛苦。這是要使時光倒流，大大違犯人類社會進化的法則。

四、廢棄政府法律，倒因爲果——老子以爲在原始的自然社會，既無政府統治，又無法律管束，人人無拘無束，自由快樂。迨至政府成立，法律產生，擾亂了自然的和平秩序，剝奪了人民的自由安寧，於是爭亂叢生，罪惡無窮。所以他主張廢棄一切的法令拘束，及强制統治，恢復原來的自然和平和人民的自由幸福。

殊不知原始的自然社會，因無政府，無法律，自由過甚，糾紛迭起，爭亂不止，才有政府的成立和法律的制定，藉以止亂息爭及維護社會安寧與和平秩序。政府與法律因有爭亂，才應運而生，並非政府與法律引致爭亂。老子倒因爲果，應知無政府無法律的原始社會是混亂狀態，並無和平安寧與自由的幸福。

管子對何以由無政府進入有政府的理由與原因，說得甚爲清楚。他說：「古者未有君臣上下之別，未有夫婦配比之合，獸處群居，以力相爭，於是智者詐愚，强者凌弱，老幼孤獨不得其所。故智者假衆力以禁强虐，而暴人止；爲民興利除害，正民之德，而民師之。是故道術德行，出於賢人，其從義理，先從民心，則民返道矣。」❼由此可見，政府的產生，是賢者從民心，依群力而成立的禁强暴、止爭亂的工具。因爲無政府人民無以維生安居，始成立政府以禁暴止爭。爭亂是因，政府是果。老子竟欲廢政府，而欲致治，實是倒因爲果，不合事理。

---

❼《管子》第三一篇，君臣下。

英國政治哲學家霍布士（Thomas Hobbes, 1588-1679）於一六五一年著《巨靈論》（*The Leviathan*）一書，指出人類在原始的自然狀態中，體力相似，能力相若，各不相下，互不相讓，遂陷於不斷的格殺、戰鬥、爭亂的痛苦中。人的理性發現「和平」較「戰鬥」大爲有利，乃依理性的相互同意，訂定契約成立最高權力的政府，以爲維持和平與秩序的工具。縱使政府不善亦不可推翻，因惡政府優於無政府；縱使法律不善，亦不可廢止，因爲惡法勝於無法❽。霍布士的理論雖不合民主主義的精神，但政府與法律不可輕言廢止，其理由至爲明顯。

五、仁義禮法內，才有自由——老子是絕對個人自由主義者，認爲自由的價值最高。自由就是自得其然，不受任何干涉與拘束。因爲要自由，他遂主張廢棄仁義禮法。殊不知只有在仁義禮法的範圍內，才能有自由。世界只有受仁義禮法規範的自由，並無無限制的絕對自由。絕對的自由，必流於妄濫。自由妄濫，必引起紛爭與混亂。就是在今日民主自由的國家內，只有在法律之內，人人有自由；自由以不妨害他人的自由爲範圍。

《禮記》坊記曰：「禮者因人之情而爲節文，以爲民坊者也」；又經解曰：「夫禮，禁亂所由生也。」《荀子》曰：「人之所以爲人者，何也？曰：以其有辨也。夫禽獸有父子而無父子之親；有牝牡而無男女之別。故人道莫不有辨，辨莫大於分，分莫大於禮。」❾由是可知禮的作用，在定分止爭，防止禍亂所由生。對維持社會秩序，安定人民生活有重大的助益。若廢棄禮坊，則紛亂紛至，禍害叢生，

---

❽ 張金鑑《西洋政治思想史》，三民書局，民國五九年，頁二三〇—二三五。

❾ 《荀子》非相篇。

人人不能安居樂業，衆皆失去自由。

法者依民心與公益而制定，乃人群的生活規範及生活準則，乃大定至公之制，是定分止爭的工具，是據一止亂的標準，是齊民使衆的手段，是興利除弊的憑藉。法律之前人人平等；法律之內，人人自由。只要在不妨害他人自由範圍內，人人皆有完全的自由。依法行事，不侵害公益，不妨礙他人權益，人人有充分的自由。法律與自由是一事的兩面，不可分離。若舍棄法律而言自由，則自由幸福莫由得，而爭亂格殺的禍害則接踵而至，及身受其大害。禮法固不可廢。

六、爲我自全，違犯合群天性——老子的思想體系，乃是爲我主義或個人主義。楊朱爲我，「拔一毛而利天下不爲也」。據蔡孑民的考證說：「楊朱就是莊子。」❿莊子師承老子，可推知老子亦是一位「拔一毛而利天下不爲也」的爲我主義者。從他所主張的貴我全生亦可以認定之。人群社會乃是互助合作的聯立關係。取予平衡，有所予才能有所取，盡義務才能享權利；助人者人助之，愛人者人愛之，利人者人利之。若祇知爲我全己，拔一毛而利天下都不肯幹，誰會助之、愛之、利之呢？人若沒有他人的支持，必不能生存。

世界上沒有一個能單獨生存的自然人。任何人都是團體人、社會人、集體人。人類是動物中最弱的一群。任何人若離開人群社會，而離群索居，只有歸於死亡。人不是神仙，亦不是野獸，怎能離開群體，而單獨生存呢!?魯賓遜飄流記，只是空想的小說，並非事實。老子的爲我主義，是使自己陷於孤立

❿ 見顧頡剛《古史辨》第六册，臺灣明倫書局出版，頁三七一。

無助、寂寞無聊、擧目無親的可怕境地。那只有歸於死亡的一途，還談什麼自由幸福呢!?

老子的歸依自然，崇尚自由，實際上是違犯人類的合群天性。實在說無異背逆自然，戕賊自由。人類何以能合群呢?第一、因爲人是惟一會說話的動物，能用語言相互傳達意思，溝通意見，建立共識，團結一致，協力行動，共赴事功。第二、因爲人的智慧最高，能創造文字，藉文字記載事物，表達意思，傳遞久遠，可以擴大組織，加强團結。能合群，則力量强大。力量大則易於改良環境，充實生活。所以荀子曰：「人力不若牛，走不若馬，而牛馬爲人役者，何也?曰：人能群而牛馬不能群也。人何以能群?曰：分。分何以能行?曰義。故義以分則和，和則一，一則力多，力多則强，强則勝物。」⑪可見人之所以異於禽獸者，在能合群。合群是人類天性。順人性則能生，則能成功。逆人性，則難生，且將失敗。老子的貴我全生的個人自由主義，違犯了人是天生合群動物的天性，和他所主張的順乎自然，崇尚自由的理論，不無矛盾。

---

⑪ 《荀子》王制篇。

第十五章　道家莊子的政治思想

第一節　生平事略

一、**生平**——莊子名周字子休，周代宋國人，先秦諸子中為道家鉅子，學說玄妙深邃，淡泊名利，崇尙自由，坦白純眞，高風亮節，放浪不羈，閒雲野鶴之逸人。《史記》卷六十三，老、莊、申、韓列傳，記載莊周的生平事略，僅二百餘字。其文如次：

「莊子者，蒙人也，名周。周嘗為蒙漆園吏，與梁惠王、齊宣王同時。其學無所不窺，然其本歸於老子之言。故其著書十餘萬言，大抵率寓言也。作漁父、盜跖、胠篋，以詆訾孔孟之徒，以明老子之術。畏累、虛亢、桑子之篇，皆空語無事實。然善屬書離辭，指事類情，用剽剝儒墨，雖當時宿學，不能自解免也。其言洸洋自恣以適己，故自王公大人不能器之。楚威王聞莊周賢，使使厚幣迎之，許以為相。莊周笑謂楚使曰：千金，重利，卿相，尊位也。君不見郊祀之犧牛乎？養食之數歲，衣以文綉，以入太廟。當是之時，雖欲為孤豚，豈可得乎？子亟去，無汙我。我寧遊戲汙瀆之中以自快，無為有國者之所羈，終身不仕，以快吾意焉。」莊周無視千金重利，不居卿相尊位，終生不仕，願詠浴於自然環境中，自適其樂，逍遙自在，乃一純然之個人主義者，對儒家的行仁義，墨家的尙兼愛，大加抨擊，大有「拔一毛而利天下不爲也」的傾向。所以，據蔡元培(孑民)的考證，認爲莊周就是楊朱❶。

二、籍貫——莊周是神秘人物，有如「謎」一樣的令人難以捉摸。《莊子》三十三篇，率以寓言出之，立意玄妙深邃，行文技巧詭譎，非深思熟慮，莫能瞭解。連他的名字，都不無問題。司馬遷說他字子休，孟子說他字子莫，王樹棠說他字子沭，蔡元培且說：莊周就是楊朱。莊周的籍貫亦成爲爭論的對象。

朱子曰：「莊子自是楚人。」❷《隋書》經籍志稱：「《莊子》二十卷，梁漆園吏莊周撰。」劉向《別錄》、《漢書》藝文志、《戰國策》高誘注，都稱莊子是宋人。那麼，莊周到底是宋人呢？梁人呢？還是楚人呢？其實，這是國家版圖變遷及地理名稱更改的結果。莊子出生時是在宋國，一生生活時亦在宋國。他去世後，宋國的版圖，被楚、梁(魏)、齊三國所瓜分，宋國遂亡。後人著作遂有稱莊周爲楚人或梁人者。莊子生於宋，長於宋，故應認定莊周是宋國人。宋國國都在今河南省舊歸德府商丘縣。《史記》稱：「莊子，蒙人也，名周。」莊子既是宋國人，蒙地究在宋國什麼地方呢？《左傳》莊公十二年載：「秋，宋萬弒閔公於蒙澤。」杜預注曰：「蒙澤宋地也，梁有蒙縣。」蒙縣係漢代所設置。顧祖禹《方輿紀要》稱：「蒙城亦稱大蒙城，在河南歸德府東北四十里之地。」《左傳》襄公二十七年載：「宋公及諸侯之大夫盟於蒙門之外」，就是這個蒙城。又有蒙澤，在歸德府北卅五里之地。《左傳》莊公十二年：「秋，宋萬弒閔公於蒙澤」，就是這個地方。

---

❶ 見顧頡剛《古史辨》第六册，臺灣明倫書局出版，頁三七一。
❷ 朱熹《朱子語錄》卷一二五。

由是言之，宋國有兩個蒙地，一是「宋公及諸侯之大夫盟於蒙門之外」的大蒙城。一是「宋萬弒閔公於蒙澤」的蒙地。莊子究竟是那個蒙的蒙人呢？依據下列的資料以證之，莊子應是蒙澤的蒙人。《歸德府志》稱：「蒙澤亦稱小蒙城，其中有漆園。莊子嘗爲漆園吏，城亦名漆邱。」❸梁玉繩引潛丘劄記及石企齋書說：「漆園在曹州」，那是因爲蒙澤一度屬曹國，是古代貫國，距商丘很近。蒙澤當是在商邱之北，曹州之南。莊子既嘗爲漆園吏，那有漆園的蒙澤或小蒙城，應是莊子的籍貫的所在。

三、年代——莊子的生卒年代，史籍並無明確記載。《史記》老莊申韓列傳僅稱「莊子與齊宣王、梁惠王同時。」據《莊子》各篇所言，莊子與惠施爲友，死在惠施之後。惠施曾爲梁惠王之相。孟子嘗見梁惠王、齊宣王（見《孟子》一書所載），則莊周當亦與孟軻同時。《史記》載：「楚威王聞莊周賢，使使厚幣迎之。」是莊周與楚威王亦是同時人。後世學者對莊周的生卒年代，多根據有關資料以爲推斷，但衆說各異，難成定論。

據《竹書紀年》，梁惠王在位五十二年，自周烈王六年（西元前三七〇）至愼靚王二年（西元前三一九）。《史記》稱齊宣王在位十九年，自周顯王二十七年（西元前三四二）至顯王四十五年（西元前三二四）。《史記》稱楚威王在位十一年，自周顯王卅年（西元前三三九）至顯王四十年（西元前三二九）。從梁惠王即位元年到齊宣王去世那年，就是周烈王六年（西元前三七〇）至周顯王四十五年（西元前三二四），共計四十六年，莊周應是這一段時間的人。莊子淡泊名利，清心寡欲，應該是長壽的人，決不會只活四十七歲。生當前

❸ 顧祖禹《讀史方輿紀要》卷五〇。

於此時，死當後於此時。假定莊子生於梁惠王卽位的前十年（西元前三八〇），見梁惠王時當在惠王在位的十六、七年，那時莊子年二十六、七歲，正當有爲之年，事屬自然。據焦竑說周顯王三十年是楚威王使使厚幣迎莊周的一年。那是莊子約四十六、七歲，亦頗合理。

學者對莊周的生卒年代的推斷，不一其說。梁啓超著《先秦學術表》，稱莊子生於西元前三七〇年左右，卒於西元前三一〇年至西元前三〇〇年間。胡適著《中國哲學史》上卷，對莊子生年未作推斷，卒於西元前二七五年左右。錢穆著《先秦諸子繫年》稱：莊子生於西元前三五九年，卒於西元前二八九—二七九年間。葉國慶著《莊子研究》，稱莊子生於西元前三六〇年左右，卒於西元前二九〇年左右。胡哲敷著《老莊哲學》，稱莊子生於西元前三八〇年左右，卒於西元前二八六年左右。林語堂在《英譯莊子序》中，稱莊子卒於西元前二七五年，生年未定。陳元德著《中國哲學史》，稱莊子生於西元前三五〇年左右，卒於西元前二七〇年左右。

第二節　人格表現

人格（personality）乃是一個人從其思想性格及其行爲所表的特色的總稱。人格乃是一個人由於先天的禀賦及後天的薰陶所形成的對人對事、處世接物的一貫作風。從另一方面言，人格乃是一個人在社會中或人群活動中所表現的「角色扮演形象」（roleship）。就莊子的言行觀之，其人格表現具有左列的特性：

一、無拘無束，逍遙自在——老子曰：「人法地，地法天，天法道，道法自然。」❹莊周之學，本於老子，故其生活與人生觀，以返樸歸眞，依於自然，無拘無束，逍遙自在爲指歸。莊子是一位自然主義的信奉者，要不失其本然之性，個人的本性要得到充分的自由發展，不受拘束，反對一切外力的干擾與壓迫，那些限制人群生活行爲的典章、制度、法律及統治人民的政府和官吏，都是妨害自由的網羅，都是應該打倒和摧毀的對象。只有那無政府、無法律、無官吏原始的自然狀態，才是理想的生活環境。御風淩空，無涯天邊任遨遊，無絲毫羈絆，無半點拘束，不受任何干涉，放浪形骸，逍遙自在，葛天氏之民歟！無懷氏之民歟！

莊子曰：「若夫乘天地之正，而御六氣之辯（變）以遊無窮者，故曰至人而已，神人無功，聖人無名。」（逍遙遊篇）莊子的理想是要成爲至人與眞人。只有至人和眞人才是順乎自然，逍遙自在的自由人。故莊子曰：「古之眞人，不逆寡，不雄功，不謩士。若然者，過而不悔，當而不自得也。若然者，登高不慄，入水不濡，入火不熱。是知之能登假於道也若此」；「古之眞人，其寢不夢，其覺不憂，其食不甘，其息深深。眞人之息以踵，衆人之息以喉。屈服者，其嗌言若哇。其耆欲深者，天機淺。古之眞人，不知悅生，不知惡死，其出不訢，其入不距；翛然而往，翛然而來而已矣。不忘其所始，不求其所終；受而喜之，忘而復之，是之謂不以心捐道，不以人助天。是之謂眞人。」（大宗師）又曰：「遊心於淡，合氣於漠，順物自然，而無容私焉」；「至人之心若鏡，不將不迎，應而不藏，故能勝物而不

---

❹《老子》第二五章。

傷。」（應帝王）

以爲相。莊周笑謂楚使曰：子亟去，無汚我！……終身不仕。」千金是重利，卿相是尊位，莊子皆卑棄之，且認爲那些事物對他是重大汚辱，寧願自由自在，全性存我，逍遙快樂，無拘無束，不受任何有國者羈絆與役使。高風亮節，傲笑山林，眞高人也，眞眞人也。豈能卑躬事人!?豈能屈己從人!?

二、淡泊名利，卑棄富貴——《史記》老莊申韓列傳稱：「楚威王聞莊周賢，使使厚幣迎之，許以爲相。

莊子所以淡泊名利，卑棄富貴，認爲名利富貴乃是由卑鄙無恥行爲換取得來的汚穢骯髒的東西，對人是一種重大的侮辱。《莊子》列禦寇篇載：「宋人有曹商者，爲宋王使秦。其往來，得車數乘。王悅之，益車百輛。反於宋，見莊子曰：夫處窮閭阨巷，困窘織屨，槁項黃馘者，商之所短也；一悟萬乘之君而從車百乘者，商之所長。莊子曰：秦王有疾召醫，破癰潰痤者，得車一乘。舐痔者得車五乘，所治愈下，得車愈多。子豈治痔耶，何得車之多也？子行矣！」孔子視富貴如浮雲，不介於心，高尚其志。莊子則視富貴如汚物，避而遠之，不屑一顧，淡泊名利，卑棄富貴，誠身在六合中，置志五行外的野鶴閒雲。

惠施雖爲名家鉅子，然未能安貧樂道，馳志富貴，仕梁國爲相，從車百輛，頗爲光耀，然志猶未足，仍欲有志於隣邦，過宋地孟諸澤藪，莊子見此情形，不屑一顧，立即拋棄其所釣的魚，而急避去❺。莊子崇尚自然，志在拋棄一切羈累，而保持逍遙自在的快樂的自我。認爲名利富貴皆累害自由自我

---

❺《淮南子》齊俗篇。

的贅疣和桎梏，去之惟恐不淨，避之惟恐不遠。

三、坦白純眞，不用機心——莊子的信仰是返樸歸眞，依於自然，全我本來面目，不失先天本性。所以其人格表面是坦白純眞，不欺詐，不虛僞，不矯揉造作，率性而行，合乎天道的自然與純眞，不用機心，不以技巧陷害他人。

《莊子》天下篇曰：「子貢南遊於楚，返於晉，過漢陰，見一丈人方將爲圃畦，鑿隧而入井，抱甕而出灌，搰搰然用力甚多而見功寡。子貢曰：有械於此，一日浸百畦，用力甚寡而見功多，夫子不欲乎？爲圃者卬而視之曰：奈何？曰：鑿木爲機，後重前輕，挈水若抽，數如泆湯，其名爲槔。爲圃者忿然作色而笑曰：吾聞之吾師，有機械者必有機事，有機事者必有機心，機心存於胸內，則純白不備，則神生不定；神生不定者，道之所不載也。吾非不知，羞而不爲也。」

由此觀之，足見莊子崇尙自然，一切事物都要保持其本然之性，反對一切人爲的制作。所謂制作包括一切的典章制度、仁義禮智、風俗習慣、器物機械等。因爲人爲制作足以傷天和，失本性。機械操作則啓機心。機心一生則不能保持人的本來的坦白純眞，且違犯自然的天道。莊子的快樂境界是至人眞人的神仙世界，羞用機械，免生機心，而神定意淸的純白境地。

四、達觀知命，渾然忘我——莊子認爲人的一生所有死生、存亡、吉凶、禍福、富貴、貧賤、智愚、賢不肖，都是自然力量的安排。所謂自然力量即是宇宙萬物的造化主宰的天所安排，非人力所能抵抗或改變；所以人不可逆命，不可違天，人要達觀知命，無憂無懼，順乎自然。莊子在德充符篇中曰：「生死、存亡、窮達、貧富、賢與不肖、毀譽、饑渴、寒暑，是事之變，命之行也。日夜相代乎前，而不能窺乎其始者也，故不足滑和，不可入於靈府，使之和豫，通而不失於兌；使日夜無郤，而與物爲春，是接而生於心也，是之謂才全。」人若能看透生死、存亡、壽夭、窮達、貧富、吉凶等皆是自然的變化，天命的運行，心情豁然開朗，平靜通達，心氣純和，心神不擾，於是能保持自然的純眞與和樂，便可稱之爲「才全」。才全指不失其一切的本然資質，全我存性。心情如此達觀開朗，自可達到渾然忘我的意境。

莊子更看破生死關頭，認爲生死如一。生死是自然變化，如日夜交替，寒暑往來，生不足喜，死不足憂。他說：「死生命也，其有夜旦之常，天也。人之有所不得與，皆物之情也。」（大宗師篇）莊子旣達觀知命，認定生死如一，生不足喜，死不足憂。所以莊周之妻死，他不但不哭，反而鼓盆而歌之。《莊子》至樂篇稱：「莊子妻死，惠施弔之，莊子則箕踞鼓盆而歌。惠子曰：與人居，長子，身老，死不哭亦足矣；今鼓盆而歌，不亦甚乎？莊子曰：不然，是其始死也，我獨何能無慨然，察其死而本無生，非徒無生也，變而有氣，氣變有形，形變而有生，今又變而之死，是相與爲春、夏、秋、冬四時行也，人且偃然寢於巨室，而我噭噭然隨而哭之，自以爲不通乎命，故止之。」莊子知命，故達觀。達觀看透一切，遂能渾然忘我。

莊子認爲人生在世，猶如夢幻。而在此夢幻中更有作夢幻的事象。《莊子》齊物論篇曰：「方其夢也，不知其夢也，夢之中又占其夢焉，覺而後知其夢也。且有大覺，而後知此其大夢也。」人生旣然是夢，則死後便是覺。人之一生是夢呢？抑是覺呢？是生呢？抑是死呢？夢覺難分，生死如一，乃是事物的變化，莊子謂之物化。齊物論篇曰：「昔者莊周夢爲蝴蝶，栩栩然蝴蝶也，自喻適志與，不知周也，俄然覺，則蘧蘧然周也，不知周之夢爲蝴蝶與，蝴蝶之夢爲周與，周與蝴蝶則必有分矣，此之謂物化。」

莊子所以能達觀知命，渾然忘我，除因其深知生死如一外，更因爲他認定萬物一體。莊子認爲物我不分，萬物一體，或爲人或爲物皆萬物造化主宰的天然力量在變化中偶然形像，爲人不足喜，不必貴；爲物不足悲，不爲賤。大宗師篇曰：「今之大冶鑄金，金踊躍曰：我必且爲鏌鋣（利劍），大冶必以爲不祥之金；今一犯人之形，而曰：人耳！人耳！夫造化者必爲不祥之人。」

造物者給予萬物什麼形象，都是一樣，並無分別，無論鼠肝、蟲臂、花草、樹木、犬馬牛羊、或人都是一樣，一任自然力量的安排，既得之，則欣然受之，泰然處之，既不足喜，亦不足憂。大宗師篇曰：「浸假而化予之左臂以爲鷄，余因以求時夜；浸假而化予之右臂以爲彈，余因以求鴞炙；浸假而化余之尻以輪，以神爲馬，余因以乘之，豈更駕哉？」

莊子認爲萬物一體，物我不分，而世俗則指稱許多的差別事象，而强稱其不同，其故何在？《莊子》齊物論篇爲之作解答曰：「既已謂之一矣，且得無言乎？一與言爲二，二與一爲三，自此而往，巧歷不能得，而況其凡乎？故自無適有，以至於三，而況自有適有乎？无適焉，因是已。」天地與我並生，而萬物與我合一，既然合一了，還能說沒有言論麼？一加言就成爲二，二再加一爲三。如此推衍，就是巧技的數學家也算不清楚，何況一些凡人。所以自無到有，以至於到三，至於從有到有，更爲繁多，不必去追求這些差別現象。萬物本一，因言論分歧而物亦因而有差異。

莊子達觀知命，且以爲萬物一體，故能渾然忘我。《莊子》人間世篇曰：「一若志，不聽之以耳，而聽之以心；无聽之以心，而聽之以氣。聽止於耳，心出於符，氣也者，虛而待物者也。惟道集虛，虛者，心齋也。」心齋就是虛，虛就是「無已」和「忘我」。《莊子》大宗師篇曰：「墮肢體，黜聰明，離形去智，同於大道，此謂坐忘。」

第三節　政治思想

莊子之學，本於老子。故莊子的政治思想，多有類同於老子，茲論述其旨要於次：

一、無爲而治，返於古樸——法儒盧梭（Jean J. Rousseau）於一七六二年著《社會契約》（*Social Contract*），於一七四七年著《論藝術與科學的進展》（*Discourses on the Progress of Arts & Sciences*）認爲人類在原始社會的自然狀態（state of nature）中，是平等自由的，自給自足的，自在自得，長歌漫舞，不受拘束，無憂無懼，幸福不盡，快樂無邊；其後因爲有了人爲的文明與制作，如藝術、科學、政府、法律等，人類便失去了原來的平等自由與快樂，以致罪惡叢生，日趨墮落與敗壞。莊子對原始社會的自然狀態的看法，早在二千多年前，就先盧梭而認識清楚了。他師法老子，「人法地，地法天，天法道，道法自然。」❻自然就是一切事物的本然面目，亦即原始社會的「自然狀態」，古樸自然，純眞無華。莊子認爲「古之人在混芒之中，與一世而得淡漠焉。」淡漠是不經化妝的本然面目，一加修飾卽傷失純眞。故他崇尚古樸自然，反對一切的人爲制作，主張無爲而治，返於古樸純眞。

---

❻《老子》第二五章。

莊子曰：「古之人在混芒之中，與一世而得淡漠。當是時也，陰陽和靜，四時得節，萬生不傷，群生不夭，人雖有知，無所用之，此之謂至一。當是時也，莫之爲而常自然。逮德下衰，及燧人、伏羲始爲天下，是故順而不一。德又下衰，及神農、黃帝始爲天下，是故安而不順。德又下衰，及唐、虞始爲天下，興治化之流，澆淳散樸，離道以善，險德以行，然後去性而從於心。心與心識知而不能定天下，然後附之以文，益之以博。文滅質，博溺心，然後民始惑亂，無以反其性情而復其初。」(繕性篇) 唐、虞爲天下，附以文飾，益以博學；文飾掩滅樸質，博學陷溺人心，於是人民惑亂，莫由復其本然的性情。莊子的理想社會是燧人氏、伏羲氏以前原始的野蠻社會，卽無任何人爲制作的自然狀態；要人皆成爲無知無慮，無欲無求，自由自在的「高貴野蠻人」(noble savage)。

人類要過這「高貴野蠻人」生活，便當順乎自然，讓他自己是怎樣就怎樣(自然)，放開手，任其自然，不可管理他，有似亞當斯密的「放任政策」(laissez-faire)。因之，莊子反一切的人爲制作。人爲制作、技巧、知識等都是戕賊本性的利器，妨害自由的桎梏，都須擯棄之。政治之道，在於無爲而治，使人反於自然的古樸。他說：「無爲而尊者，天道也。有爲而累者，人道也。主者，天道也；臣者，人道也。天道之與人道，相去遠矣，不可不察也。」(在宥篇) 莊子崇天道，尙自然，無爲而治，返於古樸；反對有爲而累的人道。他又說：「夫帝王之德，以天地爲宗，以道德爲主，以無爲爲常。無爲也，則用天下而有餘；有爲也，則爲天下用而不足。故古之人，貴夫無爲也。」(天道篇) 莊子無爲而治的政治思想，蓋亦本於老子的「爲無爲，則無不治」[7]。

[7] 第三章。

二、絕聖去智，亂源乃止——聖人之志，志在治國，於是立典章，興教化，行仁義，制禮樂；妄事制作，愈治愈亂，故曰：「聖人不死，大盜不止。」（胠篋篇）知識分子恃知鬪智，各倡學說，相互攻訕，各是己之是，而非人之是；各是己之非，而非人之是；百家爭鳴，議論紛紜，莫衷一是，亂因以生。《莊子》胠篋篇曰：「天下每每大亂，罪在於好知。」莊子的政治思想，重在絕聖去智，杜絕亂源，罪亂乃止。

莊子曰：「絕聖去智，大盜乃止，擿玉毀珠，小盜不起，焚符破璽，而民朴鄙；掊斗折衡，而民不爭。殫殘天下之聖法，而民始可以議論。擢亂六律，鑠絕竽瑟，塞瞽曠之耳，而天下始人含其聰矣；滅文章，散五彩，膠離朱之目，而天下始人含其明矣；毀絕鉤繩而棄規矩，攦工倕之指，而天下始人有其巧矣。故曰：大巧若拙。削曾、史之行，鉗楊、墨之口，攘棄仁義，而天下之德始玄同矣。彼人含其明，則天下不鑠矣；人含其聰，則天下不累矣；人含其知，則天下不惑矣；人含其德，則天下不僻矣。彼曾、史、楊、墨、師曠、工倕、離朱者，皆外立其德，而以爚亂天下者也，法之所無用。」（胠篋篇）莊子反對人爲的一切制作，認爲一切的文物、器用、典章、制度、仁、義、禮、樂、知能技巧，都須毀棄之，解除其對人的羈累及侵害，俾以恢復人的本然樸質，固有性能，始能保持人的自由平等，和平快樂，天下始有玄妙的同一。莊子的這種政治思想就是老子所說的：「古之善爲道者，非以明民，將以愚之。民之難治，以其智多。故以智治國，民之賊；不以智治國，民之福。」❽

---

❽ 第六五章。

莊子認為知識與聖智不僅為罪惡禍亂的根源，且亦為毫無利用價值的贅疣，必須割除淨盡。他說：「故聖人有所遊，而知為孽，約為膠，德為接，工為商。聖人不謀，惡用知？不斲，惡用膠？無喪，惡用德？不貨，惡用商？四者，天鬻也。天鬻者，天食也。既受食於天，又惡用人！」（德充符）這是說：聖人要逍遙自在的行遊，以知為罪孽根源，把約束視同膠漆，限制自由，把道德視為互為接交的工具，把技巧視為謀求利益的手段。聖人不用計謀，何需知識？不用斧斲，何需膠漆？本無喪失，何需用道德以為招引？不求貨利，何需通商？這四者，就是天養。天養就是接受自然飼食。既然接受自然的飼食，何用人為？因之，便要絕聖去知，杜絕亂源。

莊子更認為求取知識，是危險途徑，足以傷身害生；無知無識，最為幸福，最為快樂。他說：「吾生也有涯，而知也無涯。以有涯隨無涯，殆矣。已而為知者，殆而已矣。為善無近名，為惡無近刑。緣督以為經，可以保身，可以全生，可以養親，可以盡年。」（養生主）他是說：人的生命有限，而知識無窮。以有限的生命，追求無窮的知識，勞身傷神，是危險的途徑。既然如此，仍然去追知識，只有陷於身心疲憊的困危境地。為善莫不近於求名，為惡莫不近於刑懲。要忘卻善惡，只順應自然之道以為常法，才可以保全身體與天性；才可以養護生之主的眞君，並享盡天然的壽命。

三、小國寡民，自給自足——莊子心目中的理想社會，乃是小國寡民，自給自足的自然狀態，原始的初民社會（primitive society）。莊子曰：「子獨不知至德之世乎？昔者容成氏、大庭氏、伯皇氏、中央氏、栗陸氏、驪畜氏、軒轅氏、赫胥氏、尊盧氏、祝融氏、伏羲氏、神農氏。當是時也，民結繩而用之，甘其食，美其服，樂其俗，安其居，鄰國相望，雞狗之聲相聞，民至老死不相往來。若此之時，則至治已。」(胠篋篇) 這是莊子師宗老子之意而立論。老子曰：「小國寡民，使民有什伯之器而不用。使民重死而不遠徙。雖有舟輿，無所乘之；雖有甲兵，無所陳之。使民復結繩而用之。甘其食，美其服，樂其俗，安其居。鄰國相望，鷄犬之聲相聞，民至老死不相往來。」❾什伯之器指兵戎機械。在這小國中，大家無爭無隙，兵器無所用。小國內無苛徵暴斂，人民不必冒生死危險遠徙他鄉。雖有舟車，無人乘用；雖有兵甲，無所展使。人民恢復到結繩記事的原始自然狀態；人民淡泊寡欲，不慕榮利，食雖劣而甘之，衣雖粗而美之；俗雖簡而樂之，室雖陋而安之。物質享受雖不高，而心情卻十分快樂。所居和鄰國雖很近，兩國的鷄犬的鳴吠之聲雖可彼此聽到，但人民至老死亦不相往來。眞是別有洞天，世外桃花源。

莊子何以要主張「小國寡民」呢？依著者的揣想，可能有兩個原因。第一、在人口稀少的小國，地廣人少，自然環境所生產的物資，如河川的魚蝦，山林的菓實，原野的蔬菜等，便足以供應人口的需要，俯仰皆是，隨手可得，自給自足，不虞匱乏。地廣人稀，各族 (horde) 劃地而居，老死不相往來，則人與人之間，族與族之間，不致於發生爭奪與糾紛。因之，不需要法律或政府之管理，可以享受逍遙自在，無拘無束的自由生活與快樂。莊子所信持的是無政府主義，是虛無主義，是純粹的個人自由主義，亦卽烏托邦 (Utopia) 主義。第二、莊子是宋國人。宋國爲商帝乙子啓卽微子之封地，周武王滅商，封紂王之子武庚於此。成王時，武庚受三監的挾惑而叛變被誅，乃以其地封微子啓，爵爲宋公。至

❾《老子》第八〇章。

春秋時宋襄公曾乘勢稱霸，但不久卽失敗。其後，宋被魏（梁）、齊、楚所滅。戰國之世，諸侯相互侵伐，爭城爭地，殺人盈城盈野。莊子對世局十分痛心與悲觀，自己又爲殷商遺民，旣有亡國之痛，不無故國之思。於是，他想回歸於殷商部落國家時代，聚族而居，劃地而治，互不侵擾。殷商王朝乃是集合很多部落或氏族（clan）而成立的聯合組織，各部落皆具有高度的自治權。莊子的「小國寡民」就是部落國家的別名。

四、摒棄仁義，廢除禮樂——儒家倡行仁義，制禮作樂，原在於敎化人群關係，維持社會秩序，使人人各得其所，各安其分，各盡其責，立意至善。但那些野心家，自私自利，假借仁義，利用禮樂，以爲爭權奪利，損人利己的工具。無數惡人，皆假仁義禮樂的美名，爲非作歹，至善之意，竟淪爲禍亂之源。莊子認爲仁義禮樂，實足以殘害天性，戕賊身心，且爲盜跖所利，故主張全予廢棄之。

莊子曰：「自虞氏招仁義以撓天下也，天下莫不奔命於仁義，是非以仁義易其性與？故嘗試論之，自三代以下者，天下莫不以物易其性矣。小人則以身殉利，士則以身殉名，大夫則以身殉家，聖人則以身殉天下。故此數子者，事業不同，名聲異號，其於傷性以身爲殉，一也。」（駢拇篇）這是說：仁義是傷本性，殉生命的利器，不可不去之。莊子又說：「及至聖人，蹩躠爲仁，踶跂爲義，而天下始疑矣；澶漫爲樂，摘辟爲禮，而天下始分矣。故純樸不殘，孰爲犧尊！白玉不毀，孰爲珪璋！道德不廢，安取仁義！性情不離，安用禮樂！五色不亂，孰爲文彩！五聲不亂，孰應六律！夫殘樸以爲器，工匠之罪也；毀道德以爲仁義，聖人之過也。」（馬蹄篇）莊子認爲只有保持本然的素樸，才能保生全性；素樸是自然狀態。後世的聖人勉强行仁，刻意求義，天下便開始猜疑。盡力爲流蕩的音樂，煩瑣的禮節，天下便開始分離了。不雕殘木材，何來器具！不毁傷白玉，何有珪璋！不廢棄萬物本體的自然之道和衣育萬物的自然之德，何取乎仁義！殘素樸以爲器，工匠的罪惡；毁自然的道德，採制作的仁義，聖人的罪惡。

莊子認爲所謂聖、勇、義、知、仁五者，皆盜跖用以盜竊天下，擾害人間的凶器，故聖人生，大盜起。他說：「跖之徒問於跖曰：盜亦有道乎？跖曰：何適而無有道邪！夫妄意室中之藏，聖也；入先，勇也；出後，義也；知可否，知也；分均，仁也。五者不備而能成大盜者，天下未之有也。由是觀之，善人不得聖人之道不立，跖不得聖人之道不行；天下之善人少而不善人多，則聖人之利天下也少，而害天下也多。故曰：「脣竭則齒寒，魯酒薄而邯鄲圍，聖人生而大盜起。掊擊聖人，縱舍盜賊，而天下始治矣。」（胠篋篇）

莊子更抨擊聖人爲禍亂之源；原始的自然狀態本平靜無事，純素天眞，自由和平，而所謂聖人者，倡仁義，行禮樂，干擾平靜自然的秩序，於是天下大亂。因之他乃激烈的說：「聖人不死，大盜不止。雖重聖人而治天下，則是重利盜跖也。爲之斗斛以量之，則幷與斗斛而竊之；爲之權衡以稱之，則幷與權衡而竊之；爲之符璽以信之，則幷與符璽而竊之；爲之仁義以矯之，則幷與仁義而竊之。何以知其然邪？彼竊鈎者誅，竊國者爲諸侯，諸侯之門而仁義存焉，則是非竊仁義聖知邪？故逐於大盜，揭諸侯，竊仁義幷斗斛權衡符璽之利者，雖有軒冕之賞弗能勸，斧鉞之威弗能禁。此重利盜跖而使不可禁者，是乃聖人之過也。」（胠篋篇）

因之，莊子主張絕聖棄智，廢除一切的人爲制作，恢復自然天眞素樸。他說：「故絕聖棄知，大盜乃止；擿玉毁珠，小盜不起；焚符破璽，而民朴鄙；掊斗折衡，而民不爭；殫殘天下之聖法，而民始可與論議。擢亂六律，鑠絕竽瑟，塞瞽曠之耳，而天下始人含其聰矣；滅文章，散五采，膠離朱之目，而天下始人含其明矣；毀絕鉤繩而棄規矩，攦工倕之指，「而天下始人有其巧矣。故曰大巧若拙」。「削曾史之行，鉗楊墨之口，攘棄仁義，而天下之德始玄同矣。」（胠篋篇）毀去一切人爲的器物、知識、思想、技巧、仁義，則天下歸於玄妙渾一的境界，天眞無邪，逍遙自在。

五、自適其樂，人我不涉——莊周縱使不是蔡元培所說的「拔一毛而利天下不爲也」的楊朱，但他亦確是全生貴我，自適其樂，我不助人，人不干我的爲我主義者。他自己只欲保全一己的天樂，而不願承擔任何的社會責任。自己不羨求壽、名、位、貨；對外反對一切制作、拘束與干擾；他所理想的社會是素樸天眞無爲而治的自然狀態。莊子的爲我與無爲，與楊朱的思想多相吻合。楊朱曰：「古之人，損一毫而利天下不與也；悉天下以奉一身不取也。人人不損一毫，人人不利天下，天下治矣」；又曰：「生民之不得休息，爲四事故：一爲壽，二爲名，三爲位，四爲貨。有此四者，畏鬼、畏人、畏威、畏刑，此之謂遁人（違背自然）。不逆命，何羨壽；不矜貴，何羨名；不要勢，何羨位；不貪富，何羨貨。此之謂順民（順乎自然，得其生理）也。」⑩

莊子的言行，和楊朱的思想，頗相契合。〔秋水篇載：「莊子釣於濮水」，「楚王使大夫二人往先焉，曰：願以境內累矣。莊子持竿不顧，曰：吾聞楚有神龜，死已三千歲矣，王巾笥而藏之廟堂之上。此龜者，寧其死爲留骨而貴乎？寧其生而曳尾於塗中乎？二大夫曰：寧生而曳尾塗中。莊子曰：往矣！吾將

---

⑩《列子》卷七，楊朱篇。

曳尾於塗中。」這是不羨名，不羨貴，不羨位，不羨貨而自適其樂的爲我與全生思想；順自然，不逆命，死生如一，何羨乎壽。

《莊子》應帝王篇曰：「天根遊於殷陽（殷山之陽），至蓼水之上，適遭無名人而問焉，曰：請問爲天下。無名人曰：去！汝鄙人也，何問之不豫（不悅）也！予方將與造物者爲人，厭，則又乘夫莽眇之鳥（清虛之元氣爲鳥），以出六極之外，而遊無何有之鄉，以處壙垠之野。汝又何帠（夢語或謊言）以治天下感予之心爲？」莊子不以治天下感其心，不以治人民累其體，不爲物役，我不助人，人不干我，一身無繫累，六虛任遨遊，逍遙自在，快樂無窮。人人不以治天下感其心，不以治人民累其體，世間便無政治之可言。莊子要從根消除政治，乃是眞正無爲而治的自然主義者。所以莊子在馬蹄篇指其所嚮往的理想社會，曰：「至德之世，其行塡塡（從容安詳），其視顚顚（目不他視）。當是時也，山無蹊隧，澤無舟梁；萬物群生，連屬其鄉；禽獸成群，草木遂長。是故禽獸可係羈而遊，鳥鵲之巢可攀援而闚。夫至德之世，同與禽獸居，族（人類）與萬物竝，惡乎知君子小人哉！同乎無知，其德不離；同乎無欲，是謂素樸；素樸而民性得矣。」這一至德之世，混沌草莽，人與禽獸同居，無任何人爲制作，山無蹊隧，澤無舟梁，各順其性，各行其事，無政治之可言，那有治者（君子）與小人（被治者）之分；人皆無知無欲，保持其自然的素樸，才能得其性，全其生。

莊子的政治理想，是我不治人，人不治我，人我不相涉，萬物可並存，無爲無治，各遂其生，各得其性，一無牽掛，毫無繫累的自由天地。無治的政治，便是最好的政治。無爲無治，就是放任主義(laissez faire)，卽不要理他（Leave it alone.)。老莊崇尙自然。自然就是他自己（自）原來是怎樣就讓他是怎樣(然)。莊子是放任主義的大力支持者。在宥篇的主旨,便在闡說放任主義。在是自在,自得其性,自適其樂,順其自然。宥是寬放,卽一切放任自由,不受任何拘束。莊子曰:「聞在宥天下,不聞治天下也。在之也者,恐天下之淫其性也;宥之也者,恐天下之遷其德也。天下不淫其性,不遷其德,有治天下者哉!昔堯之治天下也,使天下欣欣焉人樂其性,是不恬也;桀之治天下也,使天下瘁瘁焉人苦其性,是不愉也。夫不恬不愉,非德也。非德也而可長久者,天下無之。」莊子的意思,是說:只聞使天下自在放任,無所作爲,任其自然;未聞以人爲治理天下。無爲自在,使人性不淫亂;自由放任,使人性不變其自然之德。既如此,還有什麼治理天下!堯治天下,使人喜悅快意,這是使人不安靜;桀治天下,使人憂愁的苦於苛政,這是使人痛苦。人不安靜而痛苦,有違天道衣育萬物的自然之德。違犯天道的自然,決不會長治久安。

莊子又說:「一而不可不易者,道也;神而不可不爲者,天也。故聖人觀於天而不助,成於德而不累,出於道而不謀。」(在宥篇)純一淸虛之氣,變化不已,謂之大道;神秘不可知,而又不着意的自由運作,謂之自然的天。聖人觀察自然的天德大道,不以人爲之力,助長自然,依成於衣育萬物的自然之德,而不勞累。循自然之道以行事,不爲不助,不事計謀。莊子曰:「彼民有常性,織而衣,耕而食,是謂同德,一而不黨,命曰天放。」(馬蹄篇)莊子認爲人皆有其天然的常性,喜愛自織而衣,自耕而食,日出而作,日入而息,鑿井而飮,灌田而食,帝力(政治的統治力)於我何有哉的自由放任的生活。這是人所通有的德性。渾然自得,無所偏私,謂之天放之民。天是自由自在的自然,放是不拘不束的放任無爲。自適其樂,自得其性,我不助人,人不干我,人我兩不相涉,純然素樸,不爭不奪,無知無識,淸心寡欲，無懷氏之民也，葛天氏之民也，烏何有之鄉之民也。

第四節　學說批評

從莊子的人格表現及其學說特性以觀之，他所信持的人生觀乃是悲觀態度及消極精神。他對他所處的社會感到十分失望，看到爭城爭地的戰爭，殺人盈城盈野的悲慘，厭惡和痛恨到了極點，認為到了已不可挽救的地步，於是乃抱獨善其身的出世主義及離群索居的個人主義，而過與世無涉的自由生活，而崇尚放任無為的自然主義。而春秋戰國時代的孔子、孟子，卻栖栖皇皇的抱持着積極精神與救世濟衆精神，要撑大厦於將傾，挽狂瀾於既倒。孔子周遊列國，志在得明君而相之，以行其道。在未得到明君之後，還不失望，猶曰：「如有用我者，必在汶上矣。」子路曰：「衞君待子為政，子將奚先？」子曰：「必也正名乎！」孟子去齊，三宿而後出晝（地名），猶曰：「王其庶幾用我！」公孫丑問曰：「夫子為何不豫？」孟子曰：「方今天下，舍我其誰哉？吾何為不豫！」莊子對孔孟的這種抱負和作法，認為實在是多事，不僅可悲可憐，亦是莫大的罪過。

莊子於是要擺脫這惡劣的環境，歸依於素樸天眞的自然狀態的原始社會。那裡既無政府的統治，亦無法律的拘束，更無官吏的干擾，人人過自由自在，長歌漫舞，與禽獸同處，萬物並生的快樂生活；掬水而飲，拾菓而食，架木為巢，圍葉而衣，自給自足，無憂無慮，不知不識。那裡，既無人假借仁義，作自私自利的勾心鬬角，亦無所謂禮樂典章制度，戕賊人的泰然天和和自然性情。自然狀態的社會中，人人過着自由平等的和諧生活，並無貴賤富貧之分。所以莊子認為素樸自然的人生，在於淡泊名利，擯棄富貴；淸心寡欲，不忮不求，無知無識；純眞坦白，不用心機，樂天知命，渾然忘我，歸依自然，逍遙自在。莊子的這種空想的自然主義、無治主義、爲我主義，作爲獨善其身，與人無爭的個人修養，固無不可，然非謀求治平的有效而正當的方策。[這種匹夫獨善其身的修持，以之處世濟衆，實行有不通。莊子的學說可得而批評者有左列幾點：

一、時光不會倒流——歷史的齒輪永遠不停的向前運轉；時光風馳電掣的向前飛行。歷史不能後退，時光不會倒流，水已東流，那能更西流。[人類由野蠻社會進入文明社會，一定有其不得不然的原因，和無法抵擋的勢力。人類的社會永遠不會到達十全十美的理想境地。但歷史是進步的，後代愈於前代。就個別的事態言，可能有舊愈於新者，但就一般的文化水準或生活狀況言，則是後者高於前者，所謂「後來居上」。王充《論衡》宣漢篇，對此理的申論，極爲中肯。春秋戰國時代，誠然有不少的罪惡與痛苦，但其生活享受，則遠優於茹毛飲血，穴居野處，知有母而不知有父的野蠻時代。野蠻時代的人民生活，是十分惡劣悲苦的。狂風暴雨，霜雪氷雹，毒蛇猛獸，不斷的侵襲，人人不知命在何時。病疫傷疾不可避免，因無醫藥治療方法，夭折與寃死不計其數，死亡率高到可怕的程度。生命無保障，生活極痛苦，那有幸福之可言。如果說那時有自由，那只是死亡的自由。如果說那時有平等，那只是一無所有「窮光旦」的平等。人類爲改進生活，減輕痛苦，才以群力、智力、體力作集體奮鬪，鑽木取火，架木爲巢，伏羲馴牲畜以取食，軒轅製衣禦寒，並立共同的生活規範而防止爭奪，於是人類漸離野蠻，逐步趨於文明。莊子要返樸歸眞，依於自然，就是由文明退回野蠻，實違犯人類社會進化的原則。人類何以會離野蠻而趨於文明，荀卿、墨翟、管仲等先哲均有詳切的論釋，皆持之有故，言之成理，非爲臆杜。人類要求生存，要解決民生問題，是歷史進化的重心。莊子的回歸自然，無爲而治的學說，大大阻抑人類求生意志及求進慾望。

二、離群莫由生存——人類是天生的合群動物，只有在人群組織中，互助合作的社會裏，才能生存。今日生活在地球上每個人，都是「社會人」（social man）、「組織人」（organizational man）和「群體人」（collective man），孤獨的個別的自然人決不能單獨生存。西諺曰：「人若離開組織，決不能生存，除非他是神仙或野獸。」（Without organization, no one can exist, unless he is a beast or a god.）人爲萬物之靈，智慧最高，且爲唯一能言語的動物，遂能創造文字，藉文字語言表達意思，溝通思想，交換意見，乃能團結一致，過合群生活。所以荀子曰：「人力不若牛，走不若馬，而牛馬爲人役者，何也？曰：人能群，而牛馬不能群也。人何以能群？曰分。分何以能行？曰義。故義以分則和，和則一，一則力多，力多則强，强則勝物。」⓫莊子思未及此，竟要人「離群索居」，過「鷄犬之聲相聞，老死不相往來」，我不助人，人不干我的個人主義的孤獨生活，此豈人之性也哉!?莊子順乎自然，不傷泰然天和的自然天性。離群索居大大違犯人的天性，且爲死路一條，合群才能生存；團結就有力量。魯濱孫漂流記，只是空想小說，並非眞實的人生事實。莊子的基本思想是貴我、全生、順性，但他所主張人我互不相涉的孤獨生活，乃是害我、傷生、逆性的途徑；結果求生不得，自取滅亡。

三、制作皆有效益——人類在求生存的進程中，爲要解決困難問題及改善生活環境，乃運用智力、

⓫《荀子》王制篇。

體力、群力、手腦並用，而有不斷的各種制作、創造與發明。這些的成就，統稱之爲「文化」(culture)，意謂化野蠻爲文明。文化的內容包括典章制度、文物器用、學術思想、知識技術等。效益決定存在。凡是存在的東西，皆必有其價值與效益。人類的這些制作與成就，對其生活自必大有裨益與資助。莊子不察其價値與效益，竟採全盤否定的態度，要一律予以廢除。他竟說：「絕聖去知，大盜乃止」；「以智治國，國之賊；不以智治國，國之福」；「聖人有所游，而知爲孽；不謀，焉用知」；「焚符破璽，而民樸鄙；掊斗折衡，而民不爭」。他要人去私、去欲、去知，只有那渾渾噩噩、無知無識的愚昧之人，才是快樂的、幸福的。殊不知，自然給人以智慧及求知的慾望，便當讓人順乎自然天性，運用天賦的智慧與慾望，去增益知能，以助人生。莊子反而要阻抑之，不使之自由發展，豈不是違犯自然，戕賊人性麼!?因人與人之間有計斤較兩的紛爭，才有斗衡的創造與製成，以爲據一止亂的共同而客觀的標準。若掊斗折衡，將何以止原來的紛爭!?因人有欺詐的行爲，才製造符璽以爲防止欺詐的信證。莊子要焚符破璽，試問將如何消弭欺詐的罪行呢!?因人有殺戮及侵越的暴行，故倡仁政以止殺，立義路以定分。莊子要廢棄仁義，則殺戮與侵越，必更趨激烈，爲害益深。任何事物與制度，皆是優劣互見，利害相連的。莊子對聖、知、仁、義、斗、衡、符、璽等制作，祇見其害，未見其利，舉其劣而忽其優，實乃蔽於一偏之見，不可視之爲平正的論評。

四、無爲焉能有成——無文字的人群，謂之野蠻社會；有文字的人群，謂之文明社會。文字是人類有爲而成的制作。足見由野蠻進入文明，乃人類有爲的成就與貢獻。董仲舒曰：「何謂本?曰：天地人，萬物之本也。天生之，地養之，人成之。」⑫荀子亦持「天生人成」的天道觀。天地萬物賴人力以成之，始有資助人生的文化，而能日進有功，使生活能有向前向上的進化與發展。所謂「爲者常成，行者常至」。而莊子卻倡「無爲」之論，無異要人類永遠滯留在野蠻時代，而過草莽愚昧的可憐生活。「無爲」有似「懶惰哲學」，要人自甘暴棄，不求上進。

或曰莊子的無爲，並非不爲，而是承襲老子之說：「無爲而無不爲」，乃是順應自然法則，隨勢以趨，不勞而獲，不勉强而成。四時運行，乃自然法則。春耕、夏耘、秋收、多藏，乃是順應自然之勢，並非逆天的强制行爲。殊不知耕、耘、收、藏亦是「人成之」的行爲，豈能說是無爲。四時運行乃是天體自强不息的活動，所謂「天行健，君子自强不息」。人類的生活，不可僅以順應自然爲滿足，更應進而利用自然、控制自然、征服自然和超越自然，所謂「人定勝天」、「巧奪天工」。採礦產，取石油等是利用自然。建水庫利灌漑、修堤堰防水患等是控制自然。鑿隧道、闢海港等是征服自然。飛機凌空飛行，太空船登陸月球等，是超越自然。凡此制作與創建，皆大大有益於人生。在草莽時代無男女之別，亂婚盛行，人知有母而不知有父。若亂婚不止，則生殖不繁，且性病流行，人類可能趨於絕種。幸有聖哲建立婚姻制度，定夫妻之分，嚴男女之別，人類始能不斷衍殖，生生不息，而延續至於今日。無論社會性的制作或物質性的建設，對人類生活，皆有莫大的效益，使人生的生活享受及幸福皆大爲增進與提高。人類若無所作爲與制作，則其生活必永久滯留於茹毛飲血，穴居野處的野蠻時代；甚而人類可能被

---

⑫《春秋繁露》崇本篇。

自然的惡劣環境所侵滅。

五、空想必然落空——莊子所嚮往的偉大眞人，乃是淸心寡欲、去私忘我、無知無識、不憂不慮、不逆天、不失性，不受任何拘束和繫累，超然物外，逍遙自在的自由人，乃葛天氏之民，無懷氏之民。莊子的理想社會，乃是無政府統治，無法律拘束，無任何人群規範的自然狀態或世外桃源，人人平等，個個自由，無貧富之分，無貴賤之別。這是無政府主義、虛無主義的「烏托邦」(utopia)。這是人所空想的十全十美，圓滿無缺的理想社會。這種境界，只在虛無飄渺間；那事只可天上有；若在人間，踏破鐵鞋無尋處。莊子的這種構思，只是一種空想，並不可視之爲理想。理想乃是根據事實，作合理的研究與分析，經精密計劃，有步驟、有方法，可以達到的目標。莊子的眞人和至境，只是憑個人思考而追求的空想。設想雖「極高明」但缺少可實踐的「中庸」之道。空想的空論，而無實踐的途徑與方策，便無實現的可能，徒托空言，終必落空。

第十六章　法家管仲的政治思想

第一節　生平事略

一、生平概述——管仲名夷吾字仲，又字敬仲。《左傳》魯閔公元年，「狄人侵邢，管敬仲言於齊侯曰：戎狄豺狼，不可饜也；諸夏親暱，不可棄也。」敬仲爲管夷吾之字，可爲明證。管仲爲春秋初期人，生年不可考，爲一大政治家，亦爲一大思想家。魯莊公九年，即周莊王十二年（西元前六八五年）至周襄王七年（西元前六四五年）以鮑叔牙薦相齊桓公凡四十年，尊王攘夷，九合諸侯，一匡天下，勳功彪炳。管仲卒於周襄王七年，卒後九十六年而孔子生。

二、史記記載——《史記》卷六十二，管（仲）晏（嬰）列傳，對管仲的生平事略，有明確的記載，堪稱信史。其文如左：

管仲夷吾者，潁上（今安徽阜陽縣，古鄭國地，隋置潁上縣，潁水源出河南登封縣西潁谷）人也。少時常與鮑叔牙游，鮑叔知其賢。管仲貧困，常欺鮑叔，鮑叔終善遇之，不以爲言。已而鮑叔事齊公子小白，管仲事公子糾。及小白立爲桓公，公子糾死，管仲囚焉，鮑叔遂進管仲。管仲既用，任政於齊，齊桓公以霸，九合諸侯，一匡天下，管仲之謀也。管仲曰：「吾始困時，嘗與鮑叔賈，分財利多自與，鮑叔不以我爲貪，知我貧也。吾嘗爲鮑叔謀事而更窮困，鮑叔不以我爲愚，知時有利不利也。吾嘗三仕三見逐於君，鮑叔不以我爲不肖，知我不遭時也。吾嘗三戰三走，鮑叔不以我爲怯，知我有老母也。公子糾敗，召忽死之，吾幽囚受辱，鮑叔不以我爲無恥，知我不羞小節而恥功名不顯于天下也。生我者父母，知我者鮑子也。」鮑叔既進管仲，以身下之。子孫世祿於齊，有封邑者十餘世，常爲名丈夫。天下不多管仲之賢而多鮑叔能知人也。

管仲既任政相齊，以區區之齊在海濱，通貨積財，富國彊兵，與俗同好惡，故其稱曰：「倉廩實而知禮節，衣食足而知榮辱；上服度而六親固，四維不張，國乃滅亡。下令如流水之原，令順民心。」故論卑而易行。俗之所欲，因而予之；俗之所否，因而去之。其爲政也，善因禍而爲福，轉敗而爲功；貴輕重，愼權衡。

桓公實怒少姬，南襲蔡，管仲因而伐楚，責包茅不入貢於周室。桓公實北征山戎，而管仲因而令燕修召公之政。於柯之會，桓公欲背曹沫（《左傳》作曹劌），管仲因而信之，諸侯由是歸齊。故曰：「知與之爲取，政之寶也。」管仲富擬於公室，有三歸、反坫，齊人不以爲侈。管仲卒，齊國遵其政，常彊於諸侯。

三、司馬遷評語——管仲世所謂賢臣，然孔子少之。豈以爲周道衰微，桓公既賢，而不勉之至王，乃稱覇哉!?語曰：將順其美，匡救其惡，故上下能相親也。豈管仲之謂乎！

第二節　事功成就

一、彪炳的勳績——管仲相桓公達四十年之久，使區區海濱的齊國，富國强兵，因民習俗，同民好惡，令行如流水，政通人和，內政大見修明；對外每能因禍爲福，轉敗爲勝；以予爲取，諸侯遂歸之；尊周室，攘夷狄，持信義，講禮制，九合諸侯，一匡天下，非大有爲的卓越政治家，孰能致此！春秋時代的各國賢相，論其輝煌事功與持正，未有能及之者。

孟子曰：「仲尼之徒，無道桓文之事。」❶這是孟子自謂之辭，因其崇王政，反霸道，惡戰爭，故卑抑桓、文以力假仁者的霸業。事實上，孔子對齊桓公與管仲曾有最佳的評價與稱贊。孔子曰：「晉文公譎而不正，齊桓公正而不譎。」❷這是說，齊桓公仗正義以行事，並非詭詐之徒，實爲佳評。子路曰：「桓公殺公子糾，召忽死之，管仲不死，曰未仁乎？」子曰：「桓公九合諸侯，不以兵車，管仲之力也。如其仁！如其仁。」❸孔子以仁爲立教之本，故《大學》曰：「爲人君，止於仁」❹。《論語》曰：「士不可以不弘毅，任重而道遠，仁以爲己任，不亦重乎！死而後已，不亦遠乎！」❺子貢曰：「如有博施於民，而能濟衆，何如？可謂仁乎？」子曰：「何事於仁，必也聖乎！堯舜其猶病諸！夫仁者，己欲立而立人，己欲達而達人，能近取譬，可謂仁之方也已。」❻由此可知，孔子認爲仁德是極高的修養和境界。就是堯、舜亦要勉强努力，方能作到。孔子對管仲的評價，曰：「如其仁！如其仁！」

---

❶《孟子》梁惠王上篇。
❷《論語》憲問篇。
❸同上。
❹《大學》三，釋止於至善。
❺《論語》泰伯篇。
❻《論語》雍也篇。

管仲若無勳功彪炳的政治成就，何能得到孔子的如此褒揚。

子貢曰：「管仲非仁者與？桓公殺公子糾，不能死，又相之。」子曰：「管仲相桓公，霸諸侯，一匡天下，民到于今受其賜。微管仲，吾其披髮左衽矣！豈若匹夫匹婦之爲諒也，自經於溝瀆，而莫之知也。」❼子路、子貢不直管仲不死公子糾之死，疑其不仁。孔子答以如無管仲，華夏衣冠不保，吾人將被夷狄侵滅，胡衣胡服了。管仲豈可只顧小節，不顧大義。若他像匹夫匹婦一樣，爲小節而自縊身死，那還能立勳功，攘夷狄，尊王室，霸諸侯，名揚天下。誠如鮑叔牙所說：「知其不羞小節而恥功名不顯於天下也。」

孔子志在「尊王攘夷」，管仲相桓公，九合諸侯，一匡天下，伐楚責其包茅不入貢於周室；天子使使賜管仲胙，辭上卿之禮，均所以尊周天子。征戎夷，管仲因而令燕修召之政。敗戎夷，保華夏，勳功彪炳，功在天下，澤被兆民，是先孔子實現「尊王攘夷」的宏願。孔子大加贊揚管仲，不爲無因，亦不過分。

二、廣博的學術——《管子》一書，內容閎富，涉及的範圍，頗爲廣博，立論設想，均有高遠見地。《管子》經漢劉向編定爲八十六篇，今亡十篇，實存七十六篇。《漢書》藝文志，列管子入道家，可能因心術、內業、侈靡等篇近道家學說。《隋書》、《唐書》及以後諸史，均列管仲爲法家，因法法、明法、重令等篇顯屬法家思想，故世以管仲爲法家的宗師，或先驅者。《管子》牧民篇曰：守國之度，在飾四維，禮、義、廉、恥，國之四維，四維不張，國乃滅亡。權修篇曰：凡牧民者，使士

---

❼《論語》憲問篇。

無邪行，女無淫事。士無邪行，敎也；女無淫事，訓也。弟子職篇全屬敎育子弟的理論與方法。依此言之，則《管子》一書，似亦可列入儒家。由此足見，管仲思想淵博，立論瀾宏，必大思想家始能有此鉅構。

古今學者考證《管子》一書，論說紛紜，莫衷一是。惟大體言之，可分爲三派。一說是管仲的言行，弟子或他人編輯，並無僞造。二說《管子》多言管仲身後事，係後人編輯附益而成，眞僞相參。三說是完全後人僞託假造。嚴可均《鐵橋漫稿》曰：「先秦諸子，皆門弟子或賓客或子孫撰定，不必手著。」章學誠《文史通義》詩敎上曰：「春秋之時，管子嘗有書矣。然載一時之典章制度，則猶周公之有《周禮》也。記管仲之言行，則習管氏法者所綴輯，非管子所著述者。古人並無私人著書之事，是後人編輯。」這代表第一派的說法。傅玄《傅子》卷三十稱：「《管子》之書，過半是後之好事者所加。」朱熹《朱子語錄》，曰：「《管子》非管仲所著，仲當時任齊國政事甚多，稍暇時，又有三歸之溺，決不是有閒功夫著書的人，著書者是不見用之人也。其書想是戰國時人，收拾當時管仲言語之類著之，併附以他書。」這代表第二派的說法。黃震《日抄》曰：「《管子》之書，不知誰所輯，乃龐雜重複，似不出一人之手。」羅根澤《管子探源》，更推定各篇之年代，早在戰國，晚在秦漢。這代表第三派的說法。

大體而論，《管子》一書成於戰國時代，非管仲手著，已是學者普遍接受的看法。然而書非管仲親著，亦不等於說《管子》全然是僞作，其間或有管仲事蹟言論的記載，也有後人托言立論的成份，重要的是，它代表了齊國法家的政治思想。司馬遷云：「吾讀管氏牧民、山高、乘馬、輕重、九府……詳哉其言者也。」❽韓非也說：「藏商管之法者家有之。」❾可見其流傳之廣與影響之大。若錙銖於作者之眞僞而棄其思想於不顧，將不免於買櫝還珠之譏。是以本章卽以《管子》之內容來討論以管仲爲代表的齊國法家政治思想，誌其窾竅，彰其大觀。

三、偉大的人格——人格是一個人由於先天的禀賦和後天的薫陶，所形成的立身處世的一貫作風；亦卽一個人社會角色扮演的形像。就管仲的生平行事，其偉大的人格表現，有下列幾點足資論述：㈠攘夷親夏。魯莊公九年，鮑叔牙薦管仲相齊。魯閔公元年，狄人伐邢，管敬仲言於齊侯曰：戎狄豺狼，不可饜也；諸夏親暱，不可棄也；晏安耽毒不可懷也。《詩》云：豈不懷歸，畏此簡書，簡書同惡，相恤之謂也。請伐狄以從簡書，齊人救邢❿。㈡伐楚尊王。齊師伐楚，楚子使與師言曰：君處北海，寡人處南海，唯是風馬牛不相及也。不虞君之入吾地也，何故？管仲對曰：昔召康公命我先君太公曰：五侯九伯，汝實征之，以夾輔周室，賜我先君履，東至於海，西至於河，南至於穆陵，北至於無棣，爾貢包茅不入，寡人是徵；昭王南征而不復，寡人是問⓫。㈢重禮去姦。魯僖公七年秋，齊侯盟於甯母，謀鄭故也。管仲言於齊侯曰：招攜以禮，懷遠以德，德禮不易，無人不懷。齊侯修禮於諸侯，諸侯官受方物。鄭伯使太子華聽命於會，言於齊侯曰：洩氏、孔氏、子人氏三族實違君命。若君去之以爲成，我以鄭爲

---

❽《史記》管晏列傳。
❾《韓非子》五蠹篇。
❿《左傳》閔公元年。
⓫《左傳》僖公四年。

內臣，君亦無所不利焉。齊侯將許之。管仲曰：君以禮與信屬諸侯，而以姦終之，無乃不可乎！子父不奸之謂禮，命共時之謂信，違此二者，姦莫大焉⑫。㈣守職尊王。齊侯使管夷吾平戎於王，王以上卿之禮饗管仲，辭曰：臣賤有司也，有天子之二守國，高在，若節春秋，來承王命，何以禮焉？陪臣敢辭。王曰：舅氏，余嘉乃勳，應乃懿德，謂督不忘，往踐乃職，無逆朕命。管仲受下卿之禮，而還⑬。

第三節 政治思想

一、國家的起源——討論國家起源的學說頗多。持神意說者，以為國家乃神意所建設。政府的權力乃神意所授與，官吏以神意以治國。持武力說者，以為國家的造成，乃是強者對弱者以武力征服的結果；擄虜敵人之人以為奴隸，奪其財產佔為已有，據其土地，建立政府，統治其人民而成國家。持進化說者，以為國家的出現乃人類知識、智能發展到一定程度時所產生的結果。或以為由家庭進化為宗族；由宗族進化為部落，積部落而成為國家；或以為初民社會受神權支配，司祭祀的巫覡演進而為酋長，酋長演進而為國王，於是國家乃以形成。或以為人類進化，由漁獵而畜牧，由畜牧而農業。到了農業時代，為要有效利用土地，乃有國家的產生。

管子指出原始自然狀態，乃是惡劣的，戰亂不息的。他說：「古者未有君臣上下之別，未有夫婦匹

⑫《左傳》僖公七年。
⑬《左傳》僖公一二年。

配之合，獸處群居，以力相征，於是智者詐愚，彊者凌弱，老幼孤獨，不得其所。」（《管子》君臣下篇）這和墨子所說的自然狀態，頗爲一致。墨翟曰：「天下之百姓，皆以水火毒藥相虧害，至有餘力，不能以相勞。腐朽餘財，不以相分，隱匿良道，不以相敎，天下之亂，若禽獸然。」⑭

管子對國家起源的立論，既似武力說，又若契約說。他說：「故智者假衆力以禁強虐，而暴人止；爲民興利除害，正民之德，而民師之；是故道術德行出於賢人，其從義理。兆形於民心，而民反道矣。名物處違是非之分，則賞罰行矣。上下設，民生體而國都立矣。」（君臣下篇）智者假衆力以禁強虐而暴人止；爲民興利除害而民師之。是智者以力量勝強虐而爲君主以治民，頗似國家武力起源說。道術德行出於賢人，是君主訂立行爲規範與生活法則以約束人民，使依於正道。法由君立而非民訂，是統治者超出契約之上，頗似浩布士的政府契約說，而非盧梭社會契約論。故管子是君主派的思想家，而非民主派的思想家。

管子曰：「天有常象，地有常形，人有常禮，一設而不更，此謂三常兼而一之，人君之道也。分而職之，人臣之事也。君失其道，無以有其國，臣失其事，無以有其位。」（《管子》君臣上篇）《墨子》尙同篇認爲天子上同於天，對天負責，天子失德，天可懲罰，臣下僅有規勸之責。孟子曰：「聞誅一夫紂矣，未聞弑君也。」孟子認爲君主失德，有德行仁的王者，可以起順天應人的義師以征誅暴君。管仲雖曰：「君失其道，無以有其國。」但如何失其國，管仲並未明言，是受天懲呢？抑由民誅呢？均不得

⑭《墨子》尙同上篇。

而知。不過，管仲是「君尊民順」論者，不會允許人民有征誅暴君的革命權。他所謂「君失其道，無以有其國」可能是指天罰。

二、建國的環境——國家構成的要素，是土地、人民和主權。土地不僅是人民生活資需所自出，亦是人民立足之所的生存空間。所以國家地理環境的優劣大小關係於國家的興衰成敗者，至深且鉅。地理決定論者卜朗齊（Vietor Blache）甚至於說：「給我一張自然環境地理圖，我便能告訴你說：什麼是決定國家强弱盛衰的關鍵。地理環境在歷史上扮演着極重要的角色。這角色不是偶然的而是必然的；不是一時代的，而是一切時代的。」⑮

管子對建國的地理環境十分重視。《管子》度地篇曰：「昔者桓公問管仲曰：寡人請問度地形以爲國者，其如何而可？管仲對曰：夷吾之所聞能爲霸王者，蓋天子聖人也。故聖人之處國者，必於不傾之地；而擇地形之肥饒者，鄉山左右，經水若澤：內爲落渠之寫，因大川而注焉。乃以其天材，地之所生利，養其人，以育六畜。天下之人皆歸其德而惠其義；乃別制斷之。」這是說：立國的地理條件，必須土地肥沃，水利方便，物產豐富，足以充裕人民的生活。民生樂利，民懷天子之德與惠義，自必欣然歸附之。

凡事都是禍福相依，利害相連的，有利就有害。地理環境固然是建國要素，供民食，給民居，利莫大焉。但地理環境亦可帶來不少災害必須防除之，國家乃治。這種地理災害之大者：一曰水害，二曰旱害，三曰風霧雹霜之害，四曰厲疫之害，五曰蟲害。管仲曰：「故善爲國者，必先除其五害，人乃終身

⑮ 見 Lucien Febvre, *A Geographic Introduction to History*, 1925, p. 10.

無患害而孝慈焉。桓公曰：願聞五害之說。管仲對曰：水一害也，旱一害也，風霧雹霜一害也，厲疫一害也，蟲一害也。此謂五害。五害之屬，水最爲大。五害已除，人乃可治。」（度地篇）

三、國勢的觀察——管仲觀察國勢，其着重的地方有三：一曰治道，二曰治術，三曰國勢分類。玆分述如次：

1. 治道的觀察——治道之要，首在守三守。三守者：君明、將賢、野備。次在止三滿：地大而不爲曰土滿；人衆而不理曰人滿；兵威而不止曰武滿。故地大要耕種，臣僚要稱職，人民要治理；要有土、有德而厚施；上寬下廉，君尊臣卑，令行人服，事權集中，國無二君，家無二父。管仲曰：「故觀國者觀君（君爲化主），觀軍者觀將（將爲兵本），觀備者觀野（野有戰備，國不受侵）。其君如明而非明（外明而內暗）也，其將如賢而非賢（外賢而內愚也）也，其人如耕者而非耕（雖耕而粗莽）也。三守既失，國非其國矣。地大而不爲，命曰土滿；人衆而不理，命曰人滿；兵威而不止，命曰武滿。三滿而不止，國非其國矣。地大而不耕，非其地也；卿貴而不臣，非其卿也；人衆而不親，非其人也。夫無土而欲富者憂，無德而欲王者危，施薄而求厚者孤。夫上夾（窄狹）而下苴（包苴受賄），國小而都大者弒（君輕臣重，太阿倒持）。主尊臣卑，上威下敬，令行人服，理之至也。使天下兩天子，天下不可理也。一國而兩君，一國不可理也。一家而兩父，一家不可理也。」（《管子》霸言篇）

管子更進而指出興霸稱王的治道，曰：「堯舜之人，非生而理也；桀紂之人，非生而亂也。故理亂在上也。夫霸王之所始也，以人爲本，本理則國固，本亂則國危。故上平則下敬，政平則人安，士教和。則兵勝敵，使能則百事理，親仁則上不危，任賢則諸侯服，霸王之形，德義勝之，智謀勝之，兵

戰勝之，地形勝之，動作勝之，故王之。」（霸言篇）

2. 治術的觀察——觀察國勢不可不察知國家的治術。治術之要，在衡察國君之所積。所積者指國君心志所積注的地方。先王聖君積於善德善政。王國君主積於人民足衣足食。霸國君主積於兵將奮勇。衰國君主積於臣僚驕益。亡國君主積於婦女珠玉。管子曰：「故先王貴善，王主積于民，霸主積于將戰士，衰主積于貴人，亡主積于婦女珠玉。」（《管子》樞言篇）

治術的優劣，可分爲三等：其能制人者爲上術；不能制人亦不爲人所制者爲中術；爲人所制者爲下術。管子對此三等治術作說明曰：「凡國有三制：有制人者，有爲人所制者，有不能制人，人亦不能制者。何以知其然？德盛義尊，而不加名於人（不加罪名於人）；人衆兵强，而不以其國造難生患；天下有大事，而好以其國後（謙遜）；如此者，制人者也。德不盛，義不尊，而好加名于人；人不衆，兵不强，而好以其國造難生患；恃與國，幸名利。如此者，人之所制也。人進亦進，人退亦退；人勞亦勞，人佚亦佚；進退勞佚，與人相胥（視也）。如此者，不能制人。人亦不能制也。」（《管子》樞言篇）

3. 國勢的分類——管子視國勢的飢飽、貧富、侈儉、實虛、治亂、强弱、存亡，把國家的情勢，分爲七類十四種（均見《管子》八觀篇）如左：

(1) 饑飽之國——行其田野，視其耕耘，計其農事，而饑飽之國可以知也。其耕之不深，耘之不謹，地宜不任，草田多穢，耕者不必肥，荒者不必墝，以人猥計其野，草田多而辟田少者，雖不水旱，饑國之野也。若是而民寡，則不足以守其地；若是而民衆，則國貧民饑。以此遇水旱，則衆散而不收。彼民不足以守者，其城不固；民饑者不可以使戰，衆散而不收，則國爲丘墟。故曰：有地君國，而不務耕耘，寄生之君也。故曰：行其田野，視其耕耘，計其農事，而饑飽之國可知也。

(2)貧富之國——行其山澤，觀其桑麻，計其六畜之產，而貧富之國可知也。夫山澤廣大，則草木易多也；壤地肥饒，則桑麻易植也。草多衍，則六畜易繁也。山澤雖廣，草木毋禁；壤地雖肥，桑麻毋數；薦草雖多，六畜有征；閉貨之門也。故曰：時貨不遂，金玉雖多，謂之貧國也。故曰：行其山澤，觀其桑麻，計其六畜之產，而貧富之國可知也。

(3)侈儉之國——入國邑，視宮室，觀車馬衣服，而侈儉之國可知也。夫國城大而田野淺狹者，其野不足以養其民；城域大而人民寡者，其民不足以守其城；宮營大而室屋寡者，其室不足以實其宮；室屋衆而人徒寡者，其人不足以處其室；囷倉寡而臺榭繁者，其藏不足以供其費。故曰：主上無積而宮室美；氓家無積而衣服修；乘車者飾觀望，步行者雜文采，本資少而末用多者；侈國之俗也。國侈則用費，用費則民貧，民貧則姦智生，姦智生則邪巧作；故姦邪之所生，生於匱不足；匱不足之所生，生於侈。侈之所生，生於毋度。故曰審度量，節衣服，儉財用，禁侈泰，爲國之急也，不通於若計者，不可使用國。故曰：入國邑，視宮室，觀車馬衣服，而侈儉之國可知也。

(4)實虛之國——課凶饑，計師役，觀臺榭，量國費，而實虛之國可知也。凡田野萬家之衆，可食之地方五十里，可以爲足矣。萬家以下，則就山澤可矣；萬家以上，則去山澤可矣。彼野悉辟而民無積者，國地小而食地淺也。田半墾而民有餘食而粟米多者，國地大而食地博也。國地大而野不辟者，君好貨而臣好利者也。辟地廣而民不足者，上賦重，流其藏者也。故曰：粟行於三百里（遠行糴糶粟米），則國毋一年之積。粟行於四百里，則國毋二年之積。粟行於五百里，則衆有饑色。……故曰：臺榭相望者，其上下相怨也。民毋餘積者，其禁不必止；衆有遺苞（升斗之粟相貽）者，其戰不必勝；道有損瘠者，其守不必固。故令不必行，禁不必止，戰不必勝，守不必固，則危亡隨其後矣。故曰：課凶饑，計師役，觀臺榭，量國費，實虛之國可知也。

(5)治亂之國——入州里，觀習俗，聽民之所以化其上，而治亂之國可知也。州里不鬲，閭閈不設，出入毋時，早晏不禁，則攘奪竊盜攻擊殘賊之民，毋自勝矣。食谷水，巷鑿井，場圃接，樹木茂，宮牆毀壞，門戶不閉，外內交通；則男女之別毋自正矣。鄉毋長游（鄉不設長游），里毋士舍（里無士尉住舍），時無會同（不相會以結恩好），喪烝（祭名）不聚，禁罰不嚴，則齒長輯睦，毋自生矣。故昏禮不謹，則民不修廉；論賢不鄉舉，則士不及行；貨財行於國，則法令毀於官；請謁得於上，則黨與成於下；鄉官毋法制，百姓群徒不從。此亡國弒君之所自生也。故曰：入州里，觀習俗，聽民之所以化其上者，而治亂之國可知也。

(6)强弱之國——入朝廷，觀左右，本求朝之臣，論上下之所貴賤者，而彊弱之國可知也。功多爲上，祿賞爲下，則積勞之臣，不務盡力。治行爲上，爵列爲下；則豪桀材臣，不務竭能。便辟左右，不論功能，而有爵祿，則百姓疾怨，非上賤爵輕祿。金玉貨財商賈之人，不論志行，而有爵祿也；則上令輕法制毀；權重之人，不論才能而得尊位，……則民倍本行而求外勢，則國之情僞，竭在敵國矣。故曰：入朝廷，觀左右，本求朝之臣，論上下之所貴賤者，而彊弱之國可知也。

(7)存亡之國——計敵與，量上意，察國本，觀民產之所有餘不足，而存亡之國可知也。敵國强而與國弱，諫臣死而諛臣尊，私情行而公法毀；然則與國不恃其親，而敵國不畏其强；豪傑不安其位，而積勞之人不懷其祿；悅商販而不務本貨，則民偸處而不事積聚。豪傑不安其位，則良臣出；積勞之人不懷其祿，則兵士不用。民偸處而不事積聚，則困倉空虛。如是而君不爲變，然則攘奪竊盜。殘賊進取之人起矣。內則廷無良臣，兵士不用，困倉空虛；而外有強敵之憂，則國居而自毀矣。故曰：計敵與，量上意，察國本，觀民產之所有餘不足，而存亡之國可知也。

四、君主的權勢——在政治思想上，儒家與法家有以下的基本區別：㈠儒家治國，在「道之以德，齊之以禮，有恥且格」；法家治國，在「道之以政，齊之以刑，民免而無恥」⓰。㈡孔子、荀子倡尊君之說，管子亦主張尊君。但孔、荀所尊之君，乃仁德之君，行仁政，愛人民，人民是目的，君主是工具。管子所尊之君，乃專制之君，集權勢，重刑賞，御使人民，君主是目的，人民是工具。㈢儒家的君民關係是相對的，君則敬，臣則忠；君仁民，民則順。孟子且說：「賊仁者謂之賊，賊義者謂之殘；殘賊之人，謂之一夫，聞誅一夫紂矣，未聞弑君也。」⓱管子則曰：「夫生法者，君也；守法者臣也；法於法者，民也」（《管子》任法篇）又曰：「君據法而出令，有司奉命而行事，百姓順上而成俗，著久而爲常。」（君臣上篇）君生法，君主的意志就是法律，君依法出令，人民只能服從法令。這自然是專制君主，其權勢乃是絕對的。

法家的政治思想可用三言作概括的說明：㈠集勢以勝衆，㈡任法以齊民，㈢因術以御臣下。管仲曰：「凡人君之所以爲君者，勢也。故人君失勢則臣制之矣。勢在下則君制於臣矣。勢在上則臣制於君

⓰《論語》爲政篇。
⓱《孟子》梁惠王下篇。

矣。」（《管子》法法篇）足見管仲所擁護的君主乃是「以力假仁」的霸主，並非「以德行仁」的王者。孔子稱「管仲之器小哉」，蓋嫌其政治成就，僅及於霸主，而未達於王者。勢就是力量，君主掌握絕對的優勢力量，對臣民就可作「一把抓」的控制。

管子進而說明：勢必須專集於君，不可分於下，曰：「令重於寶，社稷先於親戚，法重於民，威權貴於爵祿。故不爲重寶輕號令，不爲親戚後社稷，不爲愛民枉法律，不爲爵祿分威權。故曰：勢非所以予人也。」（法法篇）君主掌握優越的權勢，制法律，行號令，施威權，治天下如運諸掌上。臣下可授以爵祿，但不能分享君主所專掌的權勢。君主憑法律以治民，不能爲愛民而枉法。這和義大利的大政治家馬基維利（Niccolo Machiavelli, 1469–1527）的主張正相似。馬基維利認爲一個成功君主，與其使人愛，不如使人怕；因爲愛不愛權操之於人；而人民怕不怕則權操之於君。權操之於人，君位必危。

爲何要尊崇君主，重其權勢呢？管仲認爲君主一身繫天下之安危。君尊則國安，君卑則國危。君尊號令才能貫徹，法律才能有效執行。法令成功的實現，在嚴罰。嚴罰則民畏懼，怯然服從。他說：「凡君國之重器，莫重於令，令重則君尊，君尊則國安，令輕則君卑，君卑則國危。故安國在乎尊君。尊君在乎行令。行令在乎嚴罰。嚴罰令行，則百吏皆恐。罰不嚴，令不行，則百吏皆喜。故明君察於治民之本。本莫要於令。故曰：虧令者死，益令者死，不行令者死，留令者死，不從令者死。五者死而無赦，惟令是視。」（重令篇）管子治國要道，是集君勢，尊君位，重法令，嚴刑罰。

管子主張任法以齊民，故曰：「夫法者，上之所以一民使下也」；「故明主明法而固守之」；「故法者天下之至道也，聖王之實用者。」（均《管子》任法篇）法是治國的有效手段，齊民使下的客觀標準，據一止亂的適切方法。管子更指出：「所謂仁、義、禮、樂者，皆出於法，此聖王之所以一民者也。」（任法篇）法令順行，仁義禮樂因之而生，法爲主體，仁義禮樂附之於法。管子的尊君，既要使君主掌握絕對權勢，以勝衆制民；更要使君主有制法行令的大權，可以任法以一民使下。管子曰：「故曰：有生法，有守法，有法於法。夫生法者，君也；守法者，臣也；法於法者，民也。」（任法篇）法由君生，則君主的意志就是法律。這是「朕卽國家」的專制君主。管子所說的「法治」，實乃「君法」。君主既握有「集勢以勝衆」的權勢，又有自行「立法」的生法大權；更有嚴刑懲罰，置不從法者於死地的威風，這是百分之百的專制或獨裁；毫無現代民主法治的意義。民主國家的憲法與法律由人民或民意代表制定之。法律是民意之所在，是民意的表現。人民遵守法律是受自己意志的拘束，是自己管理自己的「自治」或「民治」。人民乃是國家的主人，國家的主權屬於全體國民。管子所擁護的君主，有生法的大權，又有强制人民「法於法」强制權勢；則君主是國家的主人，國家的主權屬於君主。

管子尊君的方策，除「君也者，勢無敵也」；「生法者，君也」外，更要使君主掌握六柄，對臣民有生之、殺之、富之、貧之、貴之、賤之六權。君主所處者四：一曰文（賞），二曰武（誅），三曰威，四曰德。管子曰：「故明君所操者六：生之，殺之，富之，貧之，貴之，賤之。此六柄者，君之所操也。主之所處者四：一曰文，二曰武，三曰威，四曰德。此四位者，君之所處也。藉人以其所操，命曰奪柄；藉人以其所處，命曰失位。奪柄失位，而求令之行，不可得也。」（任法篇）君主獨操六柄，獨處四位，柄不可奪，勢不可失。

《管子》七臣七主篇曰：「權勢者，君主之所獨守也。」所謂獨守，指權勢專於君，國無二主，民無二君，猶如天無二日。管子曰：「君尊臣卑，上威下敬，令行人服，理之至也。使天下兩天子，天下不可理也。一國而兩君，一國不可理也。一家而兩父，一家不可理也。」（覇言篇）君主父權化，所以尊君。在封建的宗法社會，一家父權至上。君主父權化，則一國君主至上。

《管子》七臣七主篇把君主分爲七種。其中六過而一是。一是之主是申（信）主。六過之主，是惠主、侵主、芒主、勞主、振主、忙主。六過之主均不足取；可取者乃一是的申主。「申主任勢守數以爲常，周聽近遠以續明，皆要審，則法令固；賞罰必，則下服度；則民反素矣。」（七臣七主篇）

五、臣僚的條件——君主一人不能獨治其國，必須任用臣僚以爲輔佐。任用臣僚的條件，須以德、功、能三者能否勝任爲入選尺度。管子曰：「君之所審者三：一曰德不當其位，二曰功不當其祿，三曰能不當其官。此三者，治亂之原也。故國有德義不明朝者，則不可加尊位；功力未見於國者，則不可授以重祿；臨事不信於民者，則不可使任大官。」（《管子》立政篇）

臣僚是君主所使用的治國工具。君主任法以治國，臣僚的職責，就是奉行君主的法令，以治人民而去盜竊。管子曰：「人主之張官設吏也，非徒尊其身厚俸之而已也。使之奉主之法，行主之令，以治百姓而誅盜賊也。是故其任官者大，則爵尊而祿厚；其所任官者小，則爵卑而祿薄。爵祿者，人主之所以使吏治官也。」（《管子》明法篇）

君主治國，須有盡忠效死，不誣上，不阿黨，守法奉令以治事的國之經臣。管子對經臣作解釋曰：「察身能而授官，不誣於上；謹於法以治，不阿黨；竭能盡力，而不尙得（不苟貴得），犯難離患而不辭死；受祿不過其功，服位不侈其能；不以毋虛實受者，朝之經臣也。」（《管子》重令篇）經者，常也。經臣就是治國守正常之道，行經國濟民法令的臣僚。

何謂有道之臣？管子詳作解釋曰：「有道之臣，委質爲臣，不賓事左右，君知則仕，不知則已。若有事必圖國家，徧其發揮；順其祖德，辯其順逆，推育賢人，讒慝不作。事君有義，使下有禮；貴賤相親，若兄若弟；忠於國家，上下得體。居處則思義，言語則謀謨；動作則事，居國則富；處事則先，臨難據事，雖死不悔。近君則拂，遠君則輔。義以與交，廉以與處。臨官則治，酒食則慈。不謗其君，不毀其辭。君若有過，進諫不疑。君若有憂，而臣服之。此亦可謂昔之有道之臣矣。」（《管子》四稱篇）

管子對無道之臣作說明曰：「無道之臣，委質爲臣，賓事左右，執說以進，不蘄亡已，遂進不退，假竊貴，尊其貨賂，卑其爵位。進曰輔之，退曰不可，以敗其君，皆曰非我。不仁群處，以攻賢者；見賢若貨，見賤若過。貪於貨賄，競於酒食；不與善人，唯其所事。倨傲不恭，不友善士。讒賊與鬥，不彌人爭，惟趨人詔。湛湎於酒，行義不從。遷損善士，捕援貨人。入則乘等，出則黨駢。貨賄相入，酒食相親，俱亂其君；君若有過，各奉其身。此之謂昔者無道之臣。」（《管子》四稱篇）

前述之有道之臣和無道之臣，皆係指一般的臣僚而言；至於那輔國君，秉國鈞，一人之下千萬人之上宰執大臣，卽丞相者，則當另有其器度與才德。《管子》戒第篇記曰：「管仲寢疾，桓公往而問之曰：仲父之疾，甚矣。若不可諱也，不幸而不起此疾，彼政我將安移之？管仲未對。桓公曰：鮑叔之爲人如何？管子對曰：鮑叔君子也，千乘之國，不以其道予之，不受也。雖然，不可以爲政。其爲人也，好善而惡惡已甚，見一惡而終身不忘。桓公曰：然則孰可？管仲對曰：隰朋可。朋之爲人，上好識而下問。

臣聞之，以德予人者謂之仁；以財予人者謂之良；以善勝人者，未有能服人者也；以善養人者，未有不服人者也。於國有所不知政，於家有所不知事，必則朋乎！且朋之爲人也，居其家不忘公門，居公門不忘其家；事君不二其心，亦不忘其身。擧齊國之幣，握(振)路(露)家五十室，其人而知也。大仁也哉，其朋乎。」隰朋大德大仁，以善養人，不親細政，大度包容，相才也。鮑叔好善惡惡過甚，見一惡而終身不忘，氣度不足，固執而欠圓通，不可以執國政。

六、人民的順從——儒家主張養民與愛民，民之所好者好之，民之所惡者惡之。管子亦主張利民與愛民，且說：「政之所興，在順民心。」自表面觀之，有似管子與儒家的政治思想，甚相符合。其實，二者大異其旨趣，有根本上的區別。儒家的養民與愛民是以爲人民謀幸福爲目的，「民爲邦本，本固邦寧。」君主和政府僅是爲人民謀幸福的手段與工具，故孟子曰：「民爲貴，社稷次之，君爲輕」。這是「民有」(of the people) 和「民享」(for the people)。管子的利民與愛民，不是以人民爲目的爲主體；而是以君主爲目的爲主體。人民僅是達到君主目的時，所使用的工具。利民與愛民在爲君主增加御用的力量，並非爲人民本身謀幸福。

《管子》修權篇曰：「舟車飾，臺榭廣，則賦斂厚；輕用衆，使民勞，則民力竭矣。賦斂厚，則下怨上矣；民力竭，則令不行矣。下怨上，令不行，而求敵之勿謀己，不可得也。欲爲天下者，必重用其國。欲爲其國者，必重用其民。欲爲其民者，必重盡其民力。」管子爲民的目的在重用民力。薄賦斂，節民力，乃是手段，並非目的。其目的在裕民力，以供國君使用。這是「將欲取之，必先予之」的好方法。修權篇更強調曰：「凡牧民者，欲民之可御也。」牧民的目的在駕御人民，在使用人民；非爲養民而牧民，乃是爲使民而牧民。

管子明言愛民的目的，在於用民；並指出愛民以法，用民以死。他說：「計上者所以愛民者，爲用之愛之也。爲愛民之故，不難毀法虧令，則是失所謂愛民矣。夫以愛民用民，則民之不用明矣。」（法法篇）這是說：用民當以法愛民，若毀法虧令而愛民，則民必不爲所用。愛民以法，用民以死，這是任法以齊民。管子曰：「夫至用民者，殺之、危之、勞之、苦之、飢之、渴之；用民者將致之此極也。而民毋可與慮害己者。」（法法篇）這是說：最好的用民方法是依法以用民。其不順從法令者，殺之、危之、勞之、苦之、飢之、渴之。用民要能達到這一極至；則奸者不敢爲非，善者必然順從。則欲有民之害己者，就不可能了。

君主行獨斷的法令，縱使違犯民意，只要君主認爲有利國家，便悍然行之，無所顧恤。管子曰：「明主在上，道法行於國，民皆舍所好（私欲）而行所惡（公義）。故善用民者，軒冕不下儗（不以私寵妄軒冕儗許於下），而斧鉞不上因（上不因私憾而妄行殺戮）。如是則賢者勸，而暴人止。賢人勸，暴人止，則功名立其後矣。蹈白刄，受矢石，入水火，以聽上令。上令盡行，禁盡止，引而行之，民不敢轉其力（避其力）。推而戰之，民不敢愛其死。不敢轉其力，然後有功；不敢愛其死，然後無敵。進無敵，退有功，是以三軍之衆，皆得保其首領，父母妻子完安於內。故民未嘗可以慮始，而可以樂成功。是故仁者、智者、有道者不與大（大衆）慮始。」（法法篇）管子主張君主可以不恤民意，悍然行獨斷的法令，其所持的主要理由，是：「民不可以慮始，而可以樂成。」

《管子》牧民篇曰：「政之所興，在順民心；政之所廢，在逆民心。民惡憂勞，我佚樂之；民惡貧賤，我富貴之；民惡危墜，我存安之；民惡滅絕，我生育之。能佚樂之，則民爲之憂勞；能富貴之，則民爲之貧賤；能存安之，則民爲之危墜；能生育之，則民爲之滅絕。」管子既然主張「順民心」，何以又主張君主可以不恤民意，而行獨斷的法令呢？其理由是說：「順民心」者，在爲人民謀求遠大長久的根本利益。而民意所見者每蔽於短暫的、近小的表面假利。故君主爲謀求遠大的根本眞利，不被人民的一時近小的假利所誤，自可「不恤民意」而專斷的行其法令。當强行之初，民或不悅，及行之成功，民獲眞利，自然「民心順」、「民意悅」。故《管子》形勢解篇曰：「人主之所以令則行，禁則止者，必令於民之所好，而禁於民之所惡也。民之情莫不欲生而惡死，莫不欲利而惡害。故上令於生利人則令行，禁於殺害人則禁止。令之所以行也，必民樂其政也。」民之所欲所樂者是生與利。君主只要能爲人民謀求生與樂的眞利，縱使强而行之，事成民亦樂之。這亦有似「當時的專斷，正是事後民主的獎酎」(autocracy during hours is the price of democracy after hours)。

七、任法以治國

七、任法以治國——管子是先秦法家的前軀者，亦屬鉅擘，故「任法以治國」在其政治思想中，佔有極重要的地位。「任法以治國」，易言之，就是法治制度。不過，管子的「法治」和現代的「民主法治」，則大不相同。管子之法，「法由君生」；現代之法，「法由民立」。故現代法治是民主自由政治；管子的法治是專治君主政治。玆分爲法治的含義、立法的準則及行法的方術三部份，論述管子的「任法以治國」的政治思想於後：

1.法治的含義——《管子》一書，論「法」之處甚多，但先後對「法」字所立的定義或界說，頗不相同。不過，綜合言之，則其所謂法者，乃是君主治國使民的一切政治制度。王言曰制，君頒之令曰制，成法曰制。故制爲國家主權者所制定的法令。法治就是制度化。法是制，度是尺度或標準。制度化就是一切治國使民的措施悉以法令爲依據爲尺度。

《管子》一書對法字所作的定義或界說，擧其要者如次：㈠「法者，民之父母也。」（法法篇）㈡「法者，天下之至道也，聖君之實用也。」（任法篇）㈢「法者，天下之儀也，所以決疑而明是非也；百姓之所懸命。」（禁藏篇）㈣「故有國者，苟不同人心，一國威，齊士義，通上之治以爲天下法，則雖有廣地衆民，猶不可以爲治也。」（法禁篇）㈤「法者所以興功懼暴也；法者所以定分之止爭也；令者所以令民知事也。」（七臣七主篇）㈥「法者所以一民使下也。」（任法篇）㈦「尺寸也，繩墨也，規矩也，衡名也，斗斛也，角量也，謂之法。」（七法篇）由此足見，法的範圍甚爲廣大，法之功用，至爲重要。法爲治國使民必要手段與工具。法治的含義，就是主權者運用法律的强制力量，謀致國家的統一、人民的團結、社會的和平與安寧及富强與進步，使人民在互助合作之努力下，獲致富裕、繁榮、康樂的幸福生活。

2. 立法的準則——依管子的尊君論，君爲主，民爲用，君主是國家的主權者，故立法大權操於君主。故曰：「生法者，君也。」（任法篇）不過，君主立法不能依私意而妄爲之。君主立法必須以順民心、謀國利、合人性爲標準，不能背於理，悖於用，違乎情。《管子》形勢解篇曰：「人主之所以令則行，禁則止者，必令於民之所好，而禁於民之所惡也。民之情莫不欲生而惡死，莫不欲利而惡害，故上令於生利人而令行，禁於殺害人而禁止。」牧民篇曰：「政之所興，在順民心；政之所廢，在逆人心。順之之道，莫如利之；逆之之烈，莫如害之。」

法是用民的工具，要用民，必須節民力。民力不節則民力竭，而不可用了。故立法要力求簡要；法若失之繁多，則民不堪其擾。法法篇曰：「君有三欲於民。三欲不節，則上位危。三欲者何？一曰求，二曰禁，三曰令。求必欲得，禁必欲止，令必欲行。求多者其得寡，禁多者其止寡，令多者其行寡。求而不得則威日損，禁而不止則刑罰侮，令而不行則下淩上。」

立法須體諒民力，不可失之苛重。若苛重超出人民能力負擔以外，則法必不能行，事必不能成。《管子》形勢解篇曰：「明主度人力之所能爲，而後使焉。故令於人之所能爲，則令行；使於人之所能爲，則事成。亂主不量人力，令於人之所不能爲，故其令廢；使於人之所不能爲，故其事敗。夫令出而廢，事舉而敗，此强不能之罪也。故曰：毋强不能。」乘馬篇曰：「非一令而民服也，不可以爲大善；非夫人之能也，不可以爲大功。」

法不可一成不變，而應隨時代需要而爲變更。所謂「法與時轉則治」，「法者不可恒也」。任法篇曰：「民不道法則不祥。國更立法以典民則祥。群臣不用禮義敎訓則不祥；百官服事者離法而治則不祥。故曰：法者不可恒也。存亡治亂之所出，聖君所以爲天下大儀也。」

3.行法的方策——法既立，卽當付之實行。實行必求貫徹與有效。如何達到這一目的，管仲所提出的方策，計有左列諸端：

第一、宣導——不敎而誅，謂之虐民，明主所不取。法既立，在實行前，要向人民宣導敎解，使之明瞭法令的目的、內容及利害，促其切實奉行恪守之。權修篇曰：「厚愛利，足以親之；明智禮，足以敎之。上身服以先之，審度量以閑之，鄉置師以說道之。然後申之以憲令，勸之以慶賞，振之以刑罰。故百姓皆樂於爲善，則暴亂之行，莫由至矣。」

第二、立信——民無信不立，實行法令，必須先樹立政府行法令的決心與威信，使人民皆有守法行令的信心，不存觀望與猶豫。商鞅徙木立信，卽此用意。管子曰：「是故知民之必以上爲心也，故置以自治，立儀以自正也。故上不行則民不從。彼民不服法死制，則國必亂矣。是以有道之君，行法修制，先民服也。」（法法篇）君主立法修制，自己先守法遵制，以身示範，取信於民；民信之，始能守之行之。這頗合乎現代政治學上的「主權自限說」。

第三、恪守——行法必須嚴格遵守法律的規定，不得曲解，不能通融，不打折扣。立法要審，行法要嚴。嚴者指保持法律的尊嚴及嚴格奉行法律的規定。嚴法無例外，無特權，王子犯法與庶民同罪。七臣七主篇曰：「見必然之政，立必勝之罰，故民之所必就而知所必去」；「故法不犯而吏不勞，民無犯禁，故百姓無怨於上。」明法篇曰：「故先王之治國也，不淫意於法之外，不爲惠於法之內也。動無非法者，所以禁過而外私也。威不兩錯，政不二門；以法治國，則擧措而已。是故有法度之制者，不可巧以詐僞；有權衡之稱者，不可欺以輕重。」

第四、立常——法信的建立要有常制和常數。制度的建立需要相當時日，不可朝令夕改，使民無所適從。所謂「法者，不可恒也」，乃是指對時代大變遷的適應，並非謂典章制度輕擧妄動的更易。法法篇曰：「號令已出又易之，禮義已行又止之，度量已制又遷之，刑罰已措又移之。如是，則慶賞雖重，民不勸也；殺戮雖繁，民不畏也。故曰：上無固植，下有疑心；國無常經，民力必竭。」

第五、無私——行法之要在於無私；行法而徇私，是毀棄法治。行法要公私分明，旣不可假公而濟私，亦不可徇私而害公。公生明，私則暗；公則平，私則亂。君臣上篇曰：「有道之君，善明設法，不以私防者也。而無道之君，既已設法，則舍法而行私者也。爲人上者釋法而行私，則爲人臣者，援私以爲公。公道不違，則是私道不違者也。行公道而託其私焉，浸久而不知，姦心得無積乎！姦心之積也，其大者有侵偪殺上之禍；其小者比周內爭之亂。」任法篇曰：「而失君則不然，法立而還廢之，令出而後反之，枉法而從私，毀令而不全。是貴能威之，富能祿之，賤能事之，近能親之，美能淫之也。此五者不禁於身，是以群臣百姓，人挾其私而幸其上。彼幸而得之，則主自侵；彼幸而不得，則怨日產。夫自侵而產怨，此失君之所愼也。」

第六、賞罰——賞罰者，行法之推動力也。任何人都是趨利避害者；有利則行，有害則止。賞罰是利害所自出，喜憂所自來。禁藏篇曰；「夫凡人之情，見利莫能勿就，見害莫能勿避」；「而主知其然，故必誅而不赦，必賞而不遷者，非喜予而樂其殺也，所以爲人致利除害也。」賞所以勸其行，罰所以止其犯。信賞而必罰，爲行法的推動力。法法篇曰：「法而不行，則修令者之不審也。審而不行，賞罰輕也。重而不行，則賞罰不信也。」七法篇曰：「言是而不能立，言非而不能廢，有功而不能賞，有罪而不能誅，若是而能治民者，未之有也。」

八、富强的方略——管子的政治思想，對富强方略，甚爲着重。蓋必使國富兵强，方能使齊桓公成霸業，盟諸侯。他所論列的富强方略，可分爲政治的建樹、民力的編組及富國的途徑三方面論述於次：

1.政治的建樹——《管子》重令篇曰：「朝有經臣，國有經俗，民有經產。」經臣指奉法行令有效的臣工。經俗指尊君上，守法令的人民所表現的政治風俗。經產指民有恒產，國家富庶。此三者政治建樹的要旨。重令篇又曰：「何謂國之經俗？所好惡不違於上，所貴賤不逆於令。毋上拂之事，毋下比之說，毋修泰之養，毋踰等之服；謹於鄉里之行，而不逆於本朝之事者，國之經俗也。」足見管仲所謂經俗，就是人民安分、守法、行令、聽命、順從的政治風氣與習俗。

經俗的建樹須養成人民順從的政治道德與習俗。這種政治文化與意識形態的形成，乃是經俗建樹的社會基礎。這種的經俗，管子稱之爲四維。四維者：「一曰禮，二曰義，三曰廉，四曰恥。禮不踰節，義不自進，廉不蔽惡，恥不從枉。」（牧民篇）又曰：「守國之度，在飾四維，四維不張，國乃滅亡。」（牧民篇）管子對禮的解釋，有廣狹二義。狹義的禮，是：「登降、揖讓、貴賤有等，親疏之體，謂之禮。」（心術上篇）廣義的禮，是：「上下有義，貴賤有分，長幼有等，貧富有度。凡此八者，禮之經也。」（五輔篇）管子對義的解釋，是：「義有七體，七體者何？孝弟慈惠以養親戚，恭敬忠信以事君上，中正比宜以行禮節，整齊撙詘以辟刑僇，纖嗇省用以備飢饉，敦懞純固以備禍亂，和協睦輯以備寇戎。」（五輔篇）

四維張樹，有賴教育的推行。權修篇曰：「凡牧民者，使士無邪行，女無淫事。士無邪行，教也。女無淫事，訓也。教訓成俗，刑罰省數也。」儒家行德治，施教化以育民也。管子重教訓以成俗省刑罰也。二者相似，實不相同。儒家教民是爲民，在完成其人格發展，在發揮其內在潛能，使成爲克己復禮的完人。管子教民是爲國，在養成人民的順從及守法安分的習俗，以爲國之大用。民爲國用則力強，力強則勝敵，勝敵則成覇業。

2.民力的編組——地廣而不耕植，仍爲不毛之地，民衆而不編組，仍爲烏合之衆。地屬不毛，國不能富；民屬烏合，國莫由强。管子深知「組織就是力量」「團結方能强盛」。管子要用民力以强兵，故對民衆要作嚴密的組織和整齊的編組，使成爲層級節制的完整系統，力量集中，指揮統一，而收指臂運如之效，俾能克敵致勝。

《管子》立政篇曰：「分國以爲五鄉，鄉爲之師。分鄉以爲五州，州爲之長。分州以爲十里，里爲之尉。分里以爲十游，游爲之宗。十家爲什，五家爲伍，什、伍皆有長焉。築障設匿，一道路，專出入，審閭閈，愼筦鍵，筦藏於里尉；置閭有司，以時開閉。閭有司觀出入者，以復於里尉。凡出入不時，衣服不中，圈屬群徒，不順於常者，閭有司見之，復無時。若在長家子弟臣妾屬役賓客，則里尉以譙於游宗。游宗以譙於什伍，什伍以譙於長家。譙敬而勿復。一再則宥，三則不赦。凡孝弟忠信，賢良俊才，若在長家子弟臣妾屬役賓客，則什伍以復於游宗，游宗以復於里尉，里尉以復於州長，州長以計於鄉師，鄉師以著於士師。凡過黨，其在家屬，及於家長。其在家長，及於什伍之長。其在什伍之長，及於游宗。其在游宗，及於里尉。其在里尉，及於州長。其在州長，及於鄉師。其在鄉師，及於士師。三月一復，六月一計，十二月一著。凡上賢不過等，使能不兼官；罰有罪，不獨及；賞有功，不專與。」如此，把全國人民編組類似軍事組織的系統之下，施行嚴格的管制，分層負責，分級督察，嚴考善惡，連帶負責，嚴明賞罰，紀律整飭；民力以强，團結以固，一民使下，指臂運如，有力有效，無往不利。

3.富國的途徑——管子曰：「倉廩實則知禮節；衣食足則知榮辱」（牧民篇）；又曰：「民不安，令乃辱；民苦殃，令不行。」（版法篇）管子深知：「政之所興，在順民心；政之所廢，在逆民心。」（牧民篇）要用民，必先利民；要利民，首在富國。國富，民自亦蒙其利。管仲所要致力的富國途徑，計有左列諸要道：

第一、經產——孟子認「無恒產者無恒心」，所以要「制民之產」以養民。管仲認爲「民不足，令不行」，所以要「經民之產」，富國以安民。管子曰：「何謂民之經產？畜長樹藝，務時殖穀，力農墾草，禁止末事者。……民不務經產，則倉廩空虛，財用不足；便辟得進，毋功虛取；姦邪得行，毋能上通，則大臣不和，臣下不順，上令難行，則應難不捷。倉廩空虛，國用不足，則國毋以固守。」(重令篇)經產就是要人從事正常工作，努力生產，增加財富，充裕國庫；不可事末事，求倖進，貪虛功，有邪行。倉廩實，府庫充，財用足，則軍需兵餉不虞匱乏。兵强餉足，戰可勝，國可固。

第二、重農——周朝以農業起家取勝，春秋時代，農業經濟佔着首要的地位，農爲國本。所以管子富國，以重農爲必要途徑。治國篇曰：「先王者善爲民除害興利，故天下之民歸之。所謂興利者，利農事也。所謂除害者，禁害農事也。農事勝則入粟多；入粟多，則國富。國富則安鄉重家；安鄉重家則雖變俗易習，毆衆移民，至於殺之，而民不惡也。此務粟之功也。上不利農則粟少，粟少則人貧，人貧則輕家，輕家則易去，易去則上令不能必行；上令不能必行，則禁不能必止；禁不能必止，則戰不必勝，守不必固矣。」治國篇又曰：「田墾則粟多，粟多則國富。」

重農必須不奪民時，使人民能依時令致力耕作，農產收入始能豐富。管子曰：「彼王者不奪民時，故五穀興豐。五穀興豐，則士輕祿，民簡賞。彼善爲國者，使農夫寒耕暑耘，力歸於上；女勤於織微，而織歸於府者。」(臣乘馬篇)

第三、通商——國境幅員廣大，土壤有別，氣候不同，雨水不一，故各地所出產的農業產品，各有其特異的性質，必須互通有無，彼此交易，始能滿足生活上的不同需要。況且春秋時代農業十分發達，農民的多餘產品需要出售，於是貿易與商業亦因之而興起。故管子富國，注重通商。通商商品除農產品外，兼及工礦之物。

管子曰：「善正商任者，省有肆。省有肆，則市朝閒。市朝閒，則田野充。田野充，則民財足。民財足，則君賦斂焉不窮。今則不然，民重而君重，重而不能輕。民輕而君輕，輕而不能重。天下善者不然，民重而君輕，民輕而君重。此乃財餘以滿不足之數也。故凡不能調民利者，不可以爲大治。不察於始終，不可以爲至矣。動左右以重相因，二十國之筴也。鹽、鐵二十國之筴也；錫、金二十國之筴也。五官之數，不籍於民。」（揆度篇）所謂調民利，度輕重，均是以有餘補不足，乃通商的基本法則。

第四、平價——通商無論是「以物易物」或以貨幣爲交易之中準，均涉及供應與需求平衡的原則。供過於求則物價低落；求過於供則物價上漲。物價要適中，過低過高，均非所宜。穀賤則傷農；穀貴則害民。故管子注重物價的穩定，而採平價的舉措。管子曰：「凡五穀者，萬物之主也。穀貴則萬物必賤；穀賤則萬物必貴。兩者爲敵，則不俱平。故人君御穀物之秩相勝，而操事於其不平之間」；「夫物多則賤，寡則貴；散則輕，聚則重。人君知其然，故視國之羨不足而御其財物。穀賤則以幣予食，布帛賤則以幣予衣；視物之輕重，而御之以准，故貴賤可調。」（《管子》國蓄篇）

第五、稅賦——儒家治國在省刑罰，薄稅斂，所以裕民力。而管子治國則要重刑罰，裕稅賦，所以充府庫。管子認爲國以民力爲力。國用足則國力强。國力强則足以勝敵。稅賦雖不可過高，致人民的能力不勝負擔，但稅賦亦不能太低，以致國用不足。只要能充裕稅源，則稅賦高亦不致於害民。管子曰：「田野充，則民財足。民財足，則君賦斂而不窮。」（揆度篇）桓公問管子曰：「梁聚謂寡人曰：古者輕

賦稅而肥籍斂，取下無順於此者也。梁聚之言如何？管子曰：梁聚之言非也。彼輕賦稅則倉廩虛；肥籍斂則械器不奉。」（山至數篇）

第六、節用——富國有至道：「生之者衆，食之者寡，爲之者疾，用之者舒，則財恒足矣。」⑱尤其在農業經濟的春秋時代，勤儉爲建國的正道。人民勤耕殖，生活求儉節，自所必需。管子富國，重視節用，不無理由。他說：「養有節，宮室足以避燥濕，食飲足以和血氣，衣服足以適寒溫，禮儀足以別貴賤；游虞足以發歡欣，棺槨足以朽骨，衣衾足以朽肉，墳墓足以道記。不作無補之功，不爲無益之事。故意定而不營氣情。氣情不營，則耳目轂，衣食足。耳目轂，衣食足，則侵爭不生，怨怒無有，上下相親，兵刃不用矣。故適身行義，儉約恭敬。其唯無福，禍亦不來矣。」（禁藏篇）

第七、儲蓄——備預不虞，古之善教也。有備則無患，不有遠慮，必有近憂。平時有儲蓄，屆時用不匱。管仲尚節用，便是儲蓄的一種方法。勤生產，節費用，自然有餘財以爲儲蓄。《管子》乘馬篇曰：「黃金者，用之量也。辨於黃金之理，則知侈儉。知侈儉，則百用節矣。故儉則傷事，侈則傷貨。儉則金賤，金賤則事不成，故傷事。侈則金貴，金貴則貨賤，故傷貨。貨盡而後知不足，是不知量也；事已而後知貨之有餘，是不知節也。不知量，不知節，不可謂之有道。」故管子曰：「使萬室之都必有萬鍾之藏，……藏繈百萬。春以奉耕，夏以奉耘，耒耜械器，鍾鑲糧食，畢取贍於君，故大賈畜家不得豪奪吾民矣。」（國蓄篇）

---

⑱《大學》一〇，釋治國平天下。

第四節 人品評論

管仲之爲人，值得贊許，可予以稱述者，計有左列四端：

一、坦白爽直，無所隱諱——雖然諺語有言曰：「英雄不怕出身低」，但在實際上，有些出身寒微的政府要人，多不肯明白說出自己的貧窮身世。至於自己有什麼不甚光榮或有碍名譽的行爲或情事，更必加以隱諱，甚而僞造紀錄加以文飾或改變。這種的事例，屢見不鮮，無論古今，成爲常事。獨有齊相管仲不失英雄本色，坦白直爽，對自己的出身貧寒及不甚光榮或有碍名譽的行事，卻肯一一自己說出，無所隱諱，實屬難能而可貴，值得稱許。《史記》卷六十二，管、晏列傳載：「管仲曰：吾始困時，嘗與鮑叔賈，分財利，多自與，鮑叔不以我爲貪，知我貧也。吾嘗與謀事而更貧困，鮑叔不以我爲愚，知時有利有不利也。吾嘗三仕三見逐於君，鮑叔不以我爲不肖，知我不遭時也。吾嘗三戰三走，鮑叔不以我爲怯，知我有老母也。」管仲對自己的貧困身世及不少不甚光彩的行事，都肯明白道出，不加隱諱，可謂「是眞英雄能本色」，對他的人格並無什麼損害。吾人應知「誠實是上策」(Honesty is a good policy.)，「無欺心自安」。

二、公忠體國，不徇私情——鮑叔牙之於管仲，待之以誠，推心置腹，大度包容，深情相與，誼同手足，情義深厚，莫能加之；且慧眼識俊傑，器之重之。管仲深感受知遇之恩，至於說：「生我者父母，知我者鮑子也。」在齊桓公與公子糾作戰中，管仲曾以弓矢射桓公，中帶鉤。迨公子糾敗亡，管仲爲「死囚」，而鮑叔牙曾冒大險，而薦管仲爲齊相。管、鮑二人交稱莫逆，情同手足。至鮑叔之薦管仲，則恩同再造。但當管仲病重將不起時，桓公問管仲何人可以繼任爲齊相。縱使管仲爲避私嫌，不便主動薦鮑叔。而桓公自行問鮑叔如何？管仲此時正可順水推舟答曰，可也。而管仲反說：鮑叔雖是位正人君子，不過他「好善而惡惡已甚，見一惡而終身不忘。」（《管子》戒第篇）這是說鮑叔沒有「宰相肚裡行舟船」的大度量，不足以任齊相。若管仲者眞可說：是一位公忠體國，不徇私情的偉大政治家。

三、通權達變，不羞小節——齊襄公十二年，公孫無知弑襄公而自立。管仲奉公子糾出奔魯國；鮑叔奉公子小白（桓公）在莒。次年春，齊人殺公孫無知，鮑叔奉小白返國卽位，是謂桓公。魯國派兵使管仲奉公子糾回國奪政。齊、魯兵戰中，管仲射桓公，中其帶鉤。魯兵敗北，公子糾被殺，管仲以「死囚」被遣返齊；以鮑叔牙薦，爲齊相，相桓公成覇業，九合諸侯，一匡天下。依一般的倫理道德標準以言之，管仲不死公子糾之難爲不忠；厚顏事仇敵爲無恥與不義。但管仲志在救世匡時，要立彪炳勳功於天下，要顯聲名於後世，通權達變，不羞小節而事桓公成覇業。子路、子貢均以管仲不死公子糾之難，疑其爲不仁。而孔子卻稱之曰：「如其仁，如其仁」，且曰：「豈若匹夫匹婦之爲諒也，自經於溝瀆而莫之知。」管仲亦自稱：「鮑叔不以我爲無恥，知我不羞小節而恥功名不顯於天下也。」

四、洞明政理，因勢利導——儒家爲政，因民之所利而利之，謂之惠而不費。管子爲政，洞明政理，亦認爲「政之所興，在順人心；政之所廢，在逆人心。順之之道，莫如利之；逆之之烈，莫如害之。」孔子曰：「富而後教。」管子亦云：「倉廩實則知禮節，衣食足而知榮辱。」此皆爲政施治的至理與正道，管仲對之有深切的瞭解與體認。管子不但洞明政理，且亦深知治術。老子處世以退爲進，而知「將欲取之，必先予之。」管子亦深知治術者，既知「先王聖君積於善德善政」；又云：「知予之爲取者，政之寶也。」管子既洞明政理，又能深知治術，故能成大功，立大業，建不朽之治績，顯盛名於天下。

管仲推行實際政務，頗能因勢利導，因地制宜。齊國濱海，地不廣，壤欠肥，祇靠農業，國力不易富厚，於是重修太公之政策，「通工商，利漁鹽」，使齊國經濟趨於繁榮，而奠立國富兵强的基業。春秋之世，王綱不振，禮法敗壞，道德淪喪。管仲爲挽頹風，經世俗，乃强調禮義廉恥爲國之四維，「四維不張，國乃滅亡。」管仲施治善於隨機應變，因勢利導，故司馬遷曰：「其爲政也，善因禍而爲福，轉敗而爲功；貴輕重，愼權衡。桓公實怒少姬，南襲蔡。管仲因而伐楚，責包茅不貢於周室。桓公實北伐山戎，而管仲令燕修召公之政於柯之會。桓公欲背曹沫，管仲因而信之。」（《史記》卷六十二）

第十七章　法家商鞅的政治思想

第一節　生平事略

一、生平紀要——商鞅戰國時代衞人，故亦稱衞鞅，姓公孫，其祖本姬姓，約生於周安王十二年(西元前三九〇年)，卒於周顯王三十一年(西元前三三八年)，享年五十二歲。因事秦興霸有功，封於商，後世稱爲商君或商鞅。《漢書》藝文志錄鞅著二十九篇，今傳者二十四篇，曰《商君書》。《史記》卷六十八，商君列傳，對商鞅的事蹟與言行記叙甚詳，茲扼要引述如次：

商君衞之庶公子，名鞅，姓公孫。鞅少好刑名之學，事魏相公孫痤，爲中庶子。痤知鞅賢，痤病，魏王問疾。痤薦鞅曰：鞅雖年少，有奇才，願王舉國以聽之。王嘿然。痤曰：不能用，必殺之，無使出境。王亦未殺之。痤卒，值秦孝公爲國求賢才，欲修穆公之業，東復侵地，乃入西秦。因孝公寵臣景監之介得見孝公。鞅先說孝公以帝道，公不悟。又說孝公以王道，王亦不能接受。最後，鞅自貶抑，以變法與霸說秦王，孝公大悅而用鞅。

鞅初用，欲變法，孝公恐天下議己。鞅曰：「疑行無名，疑事無功；且夫有高人之行者，固見非於世；有獨知之慮者，必見謷於民。愚者闇於成事，知者見於未萌。民不足以慮始，而可與樂成。論至德者不和於俗，成大功者不謀於衆。」孝公善之。但舊臣貴族甘龍、杜摯等反對，認爲「利不百，不變法；功不十，不易器。法古無過，循禮無邪。」鞅力排衆議曰：「治世不一道，便國不法古。故湯、武不循古而王，夏殷不易禮而亡。反古者不可非，而循禮者不足多。」孝公善之，以鞅爲左庶長，定變法之令，令民爲什伍，而相收司連坐。

令既具，未布，恐民之不信己，乃立三丈之木於國都市南門。募民有能徙置北門者，予十金，民怪之，莫敢徙。復曰，能徙者予五十金。有一人徙之，卽予五十金，以明不欺，卒下令，令行於民，一年之內，民言令之不便，數以千數，太子因而犯法。鞅曰：令之不行，由上犯之，乃刑其傅公孫虔，鯨其師公孫賈。次日，民皆遵令。行之十年，秦民大悅，道不拾遺，民亦莫敢議令。

孝公十年，鞅任大良造，將兵伐魏，圍魏都安邑（河南沁陽），降之。居三年，秦徙都由雍至咸陽，集小都、鄉、邑，聚爲縣，置令丞，凡三十一縣，爲田開阡陌，平賦稅，一權衡丈尺，秦得以富强。孝公二十年，周天子致胙於孝公。次年，齊師大敗魏軍於馬陵（河北省，永年縣東南），虜魏太子申，殺大將龐涓。孝公二十二年使商鞅將兵伐魏。鞅以計，虜魏將公子卬，破其軍；魏割西河之地七百里於秦以盟，魏爲避秦勢之强，由安邑徙都於大梁（河南開封）改國號曰梁。鞅破魏凱旋，以大功受封於商（陝西，商縣），食十五邑，號曰商君。

商鞅相秦，使秦國國富兵强而成覇業，但鞅威勢逼人，淩厲過甚，刑人不避權貴，宗室貴戚怨忌者甚衆。孝公卒，太子繼位，是謂惠王。公子虔之徒告鞅欲反，下令遣使捕鞅，鞅逃至關下（伊闕，地名，在洛陽西），欲住入客舍，客舍主人不知是鞅，乃曰依商君之法，舍人（住客）而無證驗者坐罪，不納。鞅嘆曰：「爲法之弊，亦甚於此哉！」所謂「作法自斃」，蓋指此而言。鞅乃東去至魏，魏人怨其虜公子卬而破魏軍，不肯納。魏人遂遣鞅返秦。鞅至秦，走商邑，與其徒屬發邑兵，北出擊鄭。秦王發兵攻之，商鞅被捕獲，殺之於鄭國之澠池。惠王車裂商鞅，並殺其全家。善戰者死於兵，善泳者溺於水。嚴刑以罰人者，亦難逃嚴刑之誅。

二、著作簡介——商鞅所著《商君書》，《四庫全書總目題要》入子部法家。《漢書》藝文志有商君二十九篇，今在二十四篇，但第十六篇刑約，第二十一篇口口均篇亡，故實有二十四篇，其目次爲更法第一、墾令第二、農戰第三、去彊第四、說民第五、算地第六、開塞第七、壹言第八、錯法第九、戰法第十、立本第十一、兵守第十二、靳令第十三、修權第十四、徠民第十五、刑約第十六（亡）、賞刑第十七、畫策第十八、竟內第十九、弱民第二十、口口第二十一（亡）、外內第二十二、君臣第二十三、禁使第二十四、愼法第二十五、定分第二十六。

商鞅的著作，原稱《商君》，諸葛亮集始名《商君書》。《隋書》經籍志載《商君書》五卷。《新唐書》藝文志云：「《商君書》五卷，商鞅撰，或作商子。」商子之稱始於此。鄭樵《通志》，仍稱《商君書》。晁公武《郡齋讀書志》則稱商子。所謂五卷者，包括二十六篇。《商君書》世代流傳，舛誤不少。清代嚴萬里校正之，始較可讀。明代雖亦有校本，但不及嚴氏之精佳。此外，俞樾《諸子平議》，孫詒讓《札迻》亦有校正，不無參證價值。近人朱師轍著《商君書解詁》，爲治此書者的佳作。

三、人生品評——太史公司馬遷曰：「商君其天資刻薄人也。跡其欲干孝公以帝王術，挾持浮說，非其質矣。且所因由嬖臣，及得用，刑公子虔，欺魏將卬，不師趙良之言，亦足發明商君之少恩矣。余

嘗讀商君開塞、耕戰書，與其人行事相類，卒受惡名於秦，有以也夫。」❶

儒家爲政處世，守中庸之道，凡事依時制宜，適得其當，適可而止，不爲已甚，無過與不及，故能居恒持久，政通人和，實爲治之至道。老子淸心寡欲，全己貴生，戒太戒甚，知止不殆。商鞅恣欲肆勢，狂妄作爲，乃毫無忌憚之小人，爲政操之過急，持之太甚，張而不弛，良弓必折，利矢必傷。商鞅作法自斃，嚴苛失情，結怨遺殃之所致之。

天道好還，因果不爽。愛人者人愛之，恨人者人恨之，生人者人生之，殺人者人殺之，嚴刑虐人者，人亦嚴刑虐之。嚴刑以懲人者，自亦難逃嚴刑之誅。商鞅相秦，富國强兵，拓疆興霸，勳功彪炳，竟遭車裂慘刑，豈不怪哉？蓋因種瓜得瓜，種豆得豆，種善因得善果，種惡因得惡果。因果律乃科學法則，並非宗敎迷信。商鞅恣橫施虐，刑戮過甚，結怨滋衆，種下惡因，自食惡果，事有必至，理有固然。

第二節　勳功成就

商鞅治秦，嚴苛失度，刑罰不擇，恣肆過甚。所謂「慾猶火也，不戢將自焚」；遂致車裂慘亡，不得其死。然商鞅相秦興霸，拓疆克敵，富國强兵，勳功彪炳，光耀史册，永不可沒。商鞅治秦的勳功成就，舉其要者爲變法制民，富國强兵，興霸拓疆。玆分別論述於後：

一、變法制民——儒家爲政，旨在爲民（for the people）；商鞅爲政，旨在用民。商鞅認爲要勝

❶《史記》卷六八，商君列傳。

强敵，必先能勝其人民。要勝民必先制民。制民者部勒參伍之術，卽以法制將人民納入編制，卽組織起來。組織就是力量。有組織有力量的人民始能爲國家効命疆場，克敵致勝。他說：「神農旣沒，以彊勝弱，以衆暴寡，故黃帝作爲君臣上下之義，父子兄弟之禮，夫婦妃匹之合；內行刀鋸，外用甲兵，故時變也。由此觀之，神農非高於黃帝也；然其名尊者，以適於時也。故以戰去戰，雖戰可也。以殺去殺，雖殺可也。以刑去刑，雖重刑可也。昔之能制天下者，必先制其民者也。能勝强敵者，必先勝其民者也。故勝民之本在制民。若治於金，陶於土也。本不堅，則民如飛鳥禽獸，其孰能制之。民本法也，故善治者，塞民以法。」（畫策篇第十八）勝民就是政府能有效役使人民爲國家効命作戰，克敵致勝。役使人民先要能控制人民。控制人民的有效方法在以法律把人編制或組織起來。猶如治金成器，陶土成皿。塞民以法，則本固而民可用。

孝公卽位，爲國求賢，商鞅入秦，賁緣嬖人景監得見孝公說以興覇圖强之道。孝公大悅，用商鞅爲左庶長。商鞅乃變法行令以制民。其法制的旨要如次：㈠令民爲什伍而相收司連坐。㈡不告姦者腰斬；告姦者與斬敵首同賞。㈢匿姦者與降敵者同罰。㈣民有二男以上不分異者，倍其賦。㈤有軍功者各以率受上爵；爲私鬬者各以輕重被刑大小。㈥僇力本業耕織，致粟帛多者復其身；事末利及怠而貧者擧以爲收孥。㈦宗室非有軍功論，不得爲屬籍。㈧明尊卑爵秩等級，各以差次；名田宅臣妾衣服以家次。㈨有功者榮顯，無功者雖富無所芬華❷。

❷同上。

令民爲什伍而相收司連坐則塞民於法，而有組織，以有組織的民力則可爲國用以勝敵。告姦者重賞，匿姦者嚴罰，足以清肅奸宄，安定社會。二男以上分異，增戶口，利生產。勵獎軍功，嚴懲私鬪，外以勝敵，內以安民。重耕織，增生產，抑末利，懲怠民，足以裕國而富民。明尊卑，別貴賤；有功榮顯，無功雖富不華。凡此措施，皆是所以富國强兵，一民使衆的要道，安邦興國，勝敵致强的捷徑。

二、富國强兵——秦國地處西陲，關中沃野千里，東扼崤函之固，入山守險，固若金城；志在山東，出關有高屋建瓴之勢。商鞅利用這一地理形勢，變法圖强，組人民，勵耕織，多粟帛，興農業，增生產，使國裕而民富。

秦國地廣人稀，人力不足，是一大困難問題。商鞅乃行徠民之策，以解決「人不稱土」之病，旨在招徠他國人民以供拓土墾荒之用。招徠人以三晉之地爲對象。三晉隣近秦國，地狹小而人口衆多，土地不足以生養其人民，故能移民至秦而事墾植。田野闢，土地墾，則生產增加，人民富裕。故商鞅曰：「今以草茅之地，徠三晉之民，而使之事本，此其損敵也，與戰勝同實，而秦得之以爲粟，此反行兩登之計也。」（徠民篇第十五）徠三晉之民爲秦國從事務本的耕墾，損敵利己，一擧而兩得。

商鞅採重農政策，對於商賈加以抑制，因爲當時經濟，正在農業經濟時代。農業爲立國之本。民爲邦本，食爲民天。農業爲民食所自生。他說：「民不賤農，則國安不殆。國安不殆，勉農而不偷，則草必墾矣。……無裕利則商怯，商怯則欲農。窳惰之農勉疾。商欲農，則草必墾矣。」（墾令篇第二）商鞅不僅重農輕商，就是對於學詩書事學問的人和學習技藝的人，亦都視之爲不事生產，徒分享農利者。他說：「農戰之民千人，而有詩書辯慧者一人焉。千人者皆怠於農戰矣。農戰之民百人，而有技藝者一人焉。百人者皆怠於農戰矣。國待農戰而安，主待農戰而尊。夫民之不農戰也，上好言而官失常也。常官則國治，壹務則國富，國富而治，王之道也。」（農戰篇第三）

秦國土地肥沃，氣候溫和，適宜於農業耕作。司馬遷《史記》貨殖列傳曰：「關中自汧、雍以東至河、華，膏壤沃野千里。自虞夏之貢以爲上田。而公劉適邠，大王、王季在岐，文王在豐，武王治鎬，故其民猶有先王之遺風，好稼穡，殖五穀。」秦國本有富强的基礎，商鞅以重農政策，得以因地之宜而致富厚。且秦綰通隴西之關鎖，爲通往西域的要道，東達三晉繁華之區，商車輻輳，貿易頻繁，亦爲秦國增加不少財富。商鞅雖重農輕商，然仍然貿易發達，商業興盛，促致秦國的國富兵强。

商鞅變法制民，勇於公戰者受上賞，敢於私門者，受重罰，已奠立强兵的基礎。加以秦與西戎接壤，民性强悍，民風樸質，有重功尚武風氣，具有强兵的優越條件。商鞅更積極推行獎戰功，重民勇的政策，以致秦國軍壯盛，兵强勇，戰力銳利，能以大敗「天下莫强焉」的（晉）魏。商鞅曰：「民勇者戰勝，民不勇者戰敗。能壹民於戰者，民勇；不能壹民於戰者，民不勇。聖王見王之致於兵也，故擧國而責之於兵。入其國，觀其治，兵用者强。奚以知民之見用者也，民之見戰也，如餓狼之見肉，則民用矣。凡戰者，民之所惡也，能使民樂戰者王。」（畫策篇第十八）

三、興霸拓疆——商鞅治秦，變法制民，行之十年，秦民大悅，道不拾遺，山無盜賊，家給人足，民勇於公戰怯於私門，鄉邑大治。孝公以商鞅爲大良造，時爲孝公十年，使商鞅將兵圍魏都安邑，降之。居三年，築冀闕宮庭於咸陽，秦由雍遷都於咸陽，而集小都鄉邑聚爲縣，置令丞，凡三十一縣，爲開阡陌封疆。孝公二十年，周天子致胙於孝公，秦儼然諸侯伯矣。次年齊將田忌以減竈計，大敗魏師於馬陵，虜太子申，殺魏將龐涓。

孝公二十二年，秦乘魏兵敗之餘，遣商鞅興師伐魏。魏使公子卬將兵迎擊之。軍旣相距，鞅遺魏公子卬書曰：吾昔與公子驩，今俱爲兩國，不忍相攻，可與公子面相見，盟樂飲而罷兵。魏公子卬以爲然，會盟而飲。鞅伏甲兵而襲虜魏公子卬，因攻其軍，盡破之。魏旣敗於齊，又挫於秦，國勢削弱，盡割河西七百里之地於秦；且爲避秦勢之强，由安邑遷都於大梁，改國號曰梁。

商鞅相秦，變法制民，肅奸宄，一民力；賞公戰，禁私鬥；重農業，增生產；招徠民，墾荒地；勵民勇，尚武功；伐國拓疆，興覇揚威，勳功彪炳，光耀史册，成就非凡。雖其爲人刻薄寡恩，嚴苛失禁，恣肆過甚，致不得其死，而留惡名於世，然其有大勳功於秦國，績昭史册，則永不可抹滅。

第三節 政治思想

商鞅所信持的政治思想，擧其要者，計有左列所擧述的各點：

一、重刑賞——商鞅爲政，最重刑賞，因爲人的天性是好利而惡害。好利則重賞以勵其功；惡害則重罰以禁其非。他說：「民之性，饑而求食，勞而求佚，苦則索樂，辱則求榮，此民之情也。」(算地篇第六) 又曰：「民之於利也，若水於下也，四旁無擇也。」(君臣篇第二十三) 人性不僅好利，亦且好名。他說：「名利之所湊，則民道之。」(算地篇第六)

趨利避害，迎福拒禍，喜賞惡刑，人之常情。利、福與賞，斯人之所好也。害、禍與刑斯人之所惡也。人主依人情之所惡好，而重其刑賞。賞使人獲得利與福；刑罰使人受到害與禍。刑、賞爲人君之二柄，猶騎者之於鞭轡，一以策前進，一以止越軌。商鞅曰：「好惡者賞罰之本也，夫人情好爵祿而惡刑罰，人君設二者以御民之志，而立所欲焉。」（錯法篇第九）又曰：「夫刑者所以奪禁邪也；而賞者所以助禁也。」（算地篇第六）

賞罰的施行，須以功過為依據。賞罰的輕重應依功過的大小為轉移。商鞅曰：「是以明君之使其臣也，用必出於其勞，賞必加於其功。功賞明，則民競於功。為國而能使其民盡力以競於功，則兵必強矣。」（錯法篇第九）又曰：「人主之所以禁使者賞罰也，賞隨功，罰隨罪，故論功察罪，不可不審也。」（禁使篇第二十四）賞罰不與功過相稱適，則賞而民羞之，罰而民樂之，則賞罰失其效用。商鞅曰：「夫過有厚薄，則刑有輕重；善有大小，則賞有多少。此二者世之常用也。刑加於罪所終，則姦不去，賞施於民所義，則過不止。刑不能去姦，而賞不能止過者，必亂。」（開塞篇第七）

法律之前，人人平等，刑過不避貴戚親近；賞善不避貧賤疏遠。商鞅曰：「賞重而利，刑重而威，必不失疏遠，不違親近。」（修權篇第十四）又曰：「所謂壹刑者，刑無等級，自卿、相、將軍以至大夫、庶人，有不從王令，犯國禁亂上制者，罪死不赦。有功於前，有敗於後，不為損刑。有善於前，有過於後，不為虧法。」（賞刑篇第十七）

商鞅雖賞罰並提，但實際上他認為罰更為重要。故他屬於嚴刑峻法派，刻薄而寡恩。他認為在十成之中，刑佔九成，賞佔一成。他說：「王者刑九賞一，強國刑七賞三，削國刑五賞五。」（去強篇第四）又曰：「治國刑多而賞少」；「王者刑九而賞一，削國賞九而刑一。」（開塞篇第七）

二、集權勢——法家所擁戴的君主，乃是秉持絕對優越的權勢，對人民作嚴格的控制。故曰：「君之所以爲君者，勢也」；「君也者，勢無敵也。」勢就是力量與權力。權是生、殺、予、奪、刑賞的權力。力量足以平亂制暴，强迫他人服從的實力。君者生法、發令者也。君主要有效的推行其意志或法令，必須集此權力與力量於一身，才能使人民畏懼，使人民服從。商鞅曰：「國之所以治者三：一曰法，二曰信，三曰權。法者君臣之所共操也，信者君臣之所共立也，權者，君之所獨制也。」（修權篇第十四）又曰：「凡知道者，勢數也。故先生不恃其强，而恃其勢。不恃其信，而恃其數。今夫飛蓬遇飄風而行千里，乘風之勢也。……故託其勢者，雖遠必至。」（禁使篇第二十四）强是物質的實力，勢是政治的權力。權力可以命令人，强迫他人服從。商鞅曰：「效於古者，先悳而治；效於今者，前刑而法。」（開塞篇第七）前刑而法者，即是集權力與威勢以行法。法以刑爲後盾，即憑權勢的强力以行法。

商鞅反對儒家的行仁義，而主張集權勢，嚴刑罰。他說：「仁者能仁於人，而不能使人仁。義者能愛於人，而不能使人愛。是以知仁義之不足以治天下也。」（畫策篇第十八）治國之君，不可恃民之愛我，而應使之怕我。愛我之權操之於民；怕我之權操之於我。權操之於民，國君危殆。權操之於君，主動在己，可保安全。君有權勢，民無從背叛。

商鞅的集勢政策，其目的在於强君弱民。他說：「民弱國强，國强民弱，故有道之君，務在弱民。」（弱民篇第二十）如何弱民，乃在君主集權勢。君主有絕對的優勢實力及權力，民力不敵，只有俯首聽命，不敢反抗。商鞅所指之法是君法；所謂之法治，乃是勢治，實是强權的專制政治，和今日之民主法治，完全南轅而北轍。

三、行法治——商鞅爲政，任法而施治。他說：「國之所以治者有三：一曰法，二曰信，三曰權。」

（修權篇第十四）法爲主體，信與權所以行法。他說：「法者，君臣之所共操也；信者，君臣之所共守也；權者，君之所獨制也。人主失守（法）則危，君臣任私必亂，故立法分明，不以私害法則治。」（修權篇第十四）法爲治國的基準，立法要分明，不可以私而害法。「法者大定至公之制，所以定分止爭，去私塞怨，一民使下。

但法由君立，不由民制，君主的意思就是法律，則所謂法治者，實是君治。商鞅曰：「古者未有君臣上下之時，民亂而不治，是以聖人列貴賤，制爵位，立名號，以別君臣上下之義。地廣民衆，萬物多，故分五官而守之。民衆而姦邪生，故立法制，爲度量以禁之。」（君臣篇第二十三）又說：「今有主而無法，其害與無主同；有法而不勝其亂，與不法同。……夫利天下之民者，莫大於治。而治莫康於立君。立君之道，莫廣於勝法。」（開塞篇第七）依此言之，民亂而不治，必須立君以治之。這是說無君則亂，則暴君亦君也，猶勝於無君也。縱使是暴君亦不可推翻，因無君則亂。君立法制以止亂。君的權力在能勝法而止亂。

法既立，便須依法以行事。故曰：「明主愼法制，言不中法者，不聽也；行不中法者，不高也；事不中法者，不爲也。言中法，則辯之；行中法，則高之；事中法，則爲之。故國治而地廣兵强，而主尊；此治之至也。」（君臣篇第二十三）一切言、行、事均以中法爲基要，「故爲法治。商鞅又曰：「故立法分明，中程者賞之；不中程者誅之。」（開塞篇第七）誅賞悉準於法，依法而行誅賞，客觀而確定，私無從行，怨不因而生。

法治，須人人守法。法律之前，人人平等，無例外，無特權，王子犯法與庶民同科。秦太子駟犯法。商鞅曰：「法之不行，自上犯之。太子君嗣也，不可施刑。刑其師公子虔，鯨其傅公孫賈。」商鞅爲向衆表明「令出必行」的決心，曾「徙木立信」以樹立法必行，令出必守的威信。君主的道德、知識、能力、勇氣都未必過於一般人；而一般人所以俯首聽命君主而莫敢反抗者，因爲有法的權力以爲拘束。商鞅曰：「凡人主德行非出人也，知非出人也，勇力非過人也；然民雖有聖知，弗敢我謀；勇力弗敢我殺；雖衆不敢勝其主，雖民至億萬之數，懸重賞而民不敢爭，行罰而民不敢怨者，法也。」（畫策篇第十八）

四、强兵力——商鞅相秦，變法改制，旨在富國强兵。其主要措施，一爲：「令民爲什伍，而相收司連坐；不告姦者，腰斬；告姦者與斬敵首同賞。匿姦者與降敵者同罰。」這是保甲連保連坐之法，足以維持社會安寧與秩序，清肅奸宄。二爲：「有軍功者，各以率受上爵；爲私鬥者各以輕重被刑大小。僇力本業耕織，致粟帛多者，復其身。事末利及怠而貧者，舉以爲收孥。宗室非有軍功論，不得爲屬籍。明尊卑、爵秩、等級各以差次。名田宅、臣妾、衣服以家次。有功者顯榮；無功者，雖富無所芬華。」（《史記》卷六十八）如此治國，則人民必將勇於公戰，怯於私鬥，兵勇力强，足以克敵致勝。怯私鬥，則足以安內。內安定，始足以勝外敵。僇力耕織，增加生產，多致粟帛，國家富裕。國富力能養多兵，足餉糈，精訓練，勇戰鬥；國富而兵强。然後能以勁軍伐人國，克敵拓疆，與霸稱伯。

商鞅的强兵政策，在造成全國皆兵的情勢，所謂「舉國而責之於兵」。他說：「民勇者戰勝，民不勇者戰敗。能壹民於戰者民勇，不能壹民於戰者，民不勇。聖王見王之致於兵也，故舉國而責之於兵。入其國，觀其治，兵用者强。奚以知民之見用者也，民之見戰也，如餓狼之見肉，則民用矣。凡戰者，民之所惡也，能使民樂戰者王。强國之民，父遺其子，兄遺其弟，妻遺其夫，皆曰不得無返。……是以三軍之衆，從令如流，死而不旋踵。」（畫策篇第十八）

五、尙戰爭——商鞅生當戰國之世，周天子已失統緒，諸侯逞强，相互侵伐，爭霸競雄，戰爭不息，兵連禍結。商鞅覩此情勢；認爲周天子已無止戰息爭，統一天下的可能。遂屬望於秦國富國强兵，以勇敢善戰的勁旅，伐國拓疆，以戰止戰，用武力統一天下。所以他治秦政策是富國家，强兵力，勵民勇，敎民戰，使人民樂戰好戰，崇拜戰爭，謳歌戰爭，視戰爭爲神聖。他用重賞，使民愛戰；用重刑使民不敢不戰。商鞅曰：「民勇則賞之以其所欲；民怯則殺之以其所惡；故怯民使之以刑則勇，勇民使之以賞則死。怯民勇，勇民死，國無敵者必王。」（說民篇第五）

商鞅定軍功之爵，凡二十級，用以榮獎有戰功者。戰斬敵一首賜爵一級，益田一頃，益宅九畝（境內篇第十九）。斬五敵首者，隸五家（《漢書》卷二十三，刑法志）。軍功的第九級爲五大夫，可以免除徭役（《漢書》卷二十四下，食貨志）。

秦國之民要得田宅奴婢，須先得軍功爵秩。欲得爵秩須參加對外作戰，斬敵首，建軍功。所以「民聞戰爭而相賀」（賞刑篇第十七）。利祿官爵，只有經由參加作戰，斬敵立功，始能獲得，所謂「利祿官爵專出於兵」。商鞅曰：「聖人之爲國也，壹賞、壹刑、壹敎。壹賞則兵無敵，壹刑則令行，壹敎則下聽上。夫明賞不費，明刑不戮，明敎不變。而民知於民務，國無異俗。明賞之猶至於無賞也，明刑之猶至於無刑也，明敎之猶至於無敎也。所謂壹賞者，利祿官爵摶出於兵，無有異施也。」（賞刑篇第十七）

耕，民之所苦；戰，民之所危。要使民努力農耕以富國；要使民勇於作戰以效死勝敵，非「刼以刑，而毆以賞，莫可」（愼法篇第二十五）。商鞅曰：「故聖人之爲國也，入令民以屬農，出令民以計戰。夫農，民之所苦；而戰，民之所危也。犯其所苦，行其所危者，計也。故民生則計利，死則慮名，名利之所出，不可不審也。利出於地，則民盡力；名出於戰，則民致死。入使民盡力，則草不荒。出使民致死，則勝敵。勝敵而草不荒，富强之功，可坐而致也。」（算地篇第六）

第四節　學說批評

商鞅的學說有如其爲人，偏激固執，執其一端，以爲全是，以偏概全，知其一，不知其二，只可視之爲一偏之見，難言周全之論。商鞅學說應予批評者，有左列六端：

一、以力服人，人心不服

商鞅的法治思想在憑藉權勢强人服從；運用重刑使人屈伏。這是「以力服人」的霸道，自然不能使人「心悅而誠服」，如七十子之服孔子，當然非爲治的上策。雖然這種以强制手段控制人群的霸道統治，並非長治久安的正道，但亦可暫時解決問題，而收一時之效。所以當商鞅當政之際，曾能使秦國國富兵强，克勁敵，拓疆土，成霸業。但霸道作法，嚴苛失禁，張而不弛，商鞅卒遭車裂慘禍，不得其死。

二、任法過嚴，操之過急

商鞅的基本思想，是「任法以齊民」。法指制定法而言，法乃是有明文規定的公文書，明白確實，足爲一民使下的共同的客觀標準，足以定分止爭，去私塞怨，公平一致，不失爲齊民使衆，興功制暴的良好工具與憑藉。法家學說雖非爲政治國的至道，但法治足以防邪杜奸，使臣民守法效忠，亦不失爲政之一法。所以法家學說，能自成一家之言，歷久不衰。且援而用之者，獲致成功者，亦不乏其例。商鞅「任法」不能持正，操之過急，行之過嚴，刑殺甚，結怨深，故卒不免慘禍及於身家。

三、盡棄仁義，一偏之見

人性有善有惡，可善可惡；行仁義揚其善性，重刑罰抑其惡行，相輔而行，並行不悖。蓋「刑以弼敎」，「敎以杜刑」。孔子尚德治，行仁政，旨在「必也使無訟乎」！古稱：「信義行於君子，刑戮施於小人」，實爲政施治的正道。中國自漢武帝崇儒學，罷百家以還，歷代君主雖均以行仁義，尙道德，相號召，以四維八德爲治國的要道。然同時並不放棄訟獄之制及刑罰之施。故仁義與刑罰，實不可偏廢。而商鞅卻要盡棄仁義，專恃刑罰，知其一，不知其二，見其偏不見其全，蔽於一偏之見，其道左矣。

四、法由君生，流於專制

「以法爲治」的「法治」，誠優於「以意爲治」的「人治」。然「法治」之法，應以理性爲基礎，人倫爲骨幹，民意爲依歸，利民福國爲目的，方能政通人和，長治久安。而商鞅之法，則祇是君主一人的意志，以權勢爲後盾，以刑罰爲手段，以統治爲目的，成爲專制君主的護身符，强權暴政的推動器；和現代民主法治的主旨，背道而馳。商鞅的「任法」以爲治，專在爲統治者的君主，謀致權勢與力量，以人民爲其御用的工具，爲之效死盡忠，置全民福祉於不重要的地位，失民心，結民怨，卒至作法自斃，而以身殉。民爲邦本，本固邦寧，民爲貴，社稷次之，君爲輕。商鞅重君而輕民，以君主爲目的，人民爲工具，舍本而趨末，本末顚倒，輕重移位，故卒難逃失敗的命運。

五、重大改革，阻力未消

商鞅的變法乃是劇烈的政治大改革。任何改革的成功，必須具備兩個條件。一是有效的政治溝通，向保守派或抗拒者，作合情合理的說服，喻以義理，明以利害，動以感情，博得其同情與諒解，化阻力爲助力，變抗拒爲支持。王安石變法的失敗，因保守派的强烈反對，實爲一大原因。戊戌變政未成，亦是因爲慈禧、榮祿、袁世凱等人的有力反對，有以致之。商鞅的敗亡，因保守派的太子駟、甘龍、公子虔等人仍有重大的政治影響力。二是强有力的支持。秦始皇廢封建，行郡縣的空前的政治改革，因其挾持消滅六國的軍事淫威，一統天下的政治聲望，儼然人望而畏之，故能作雷厲風行的大力推行，所向無敵，而能獲得改革的成功。王安石變法未能成功，亦由於宋神宗抵不住保守派的壓力，中途撤去其支持。戊戌政變所以失敗，因康有爲、梁啓超、譚嗣同、劉光第等既無兵力，亦乏政權。商鞅的失敗，亦是由於支持者秦孝公的去世。

六、暴力政制，不能持久

論者認爲商鞅相秦十年，使秦國國富兵强，拓疆土，成霸業，勳功赫赫，實有足多者。誠然，棄仁義，恃强權，行霸道，未始不能收一時之效，但決非長治久安之道。秦始皇師商鞅，相李斯，滅六國，一天下，行暴政，彼自以爲金城之固，湯池千里，子孫帝王萬世之業，孰知凡三世，歷一十五年而竟滅矣。國祚之短，未有逾於此者。隋代亦是一個尙刑重殺的暴政王朝，歷文帝、煬帝、恭帝亦僅歷三世，二十八年而亡國。足見重刑罰，行暴政者，僅能建一時之功，不足奠長治久安的基業。

第十八章　法家韓非的政治思想

第一節　生平事略

一、生平紀要——韓非戰國時代人，乃韓國的庶公子。韓、趙、魏三家分晉後，韓勢漸强，向東南擴展領土，奄有河南西部，國都在陽翟（禹縣），韓滅鄭，徙都城於京（新鄭縣），故《戰國策》稱韓宣王爲鄭宣王。《史記》卷六十三，老、莊、申、韓列傳，對韓非的言行有扼要記載。其原文如左：

韓非者，韓之諸公子也。喜刑名法術之學，而其歸本於黃、老。非爲人口吃，不能道說而善著書，與李斯俱事荀卿。斯自以爲不如非。非見韓之削弱，數以書諫韓王。韓王不能用。於是韓非疾治國之不務脩明；其法制執勢以御其臣下，富國强兵，而以求人任賢，反擧浮淫之蠹，以加於功實之上。以爲儒者以文亂法；而俠者（墨家）以武犯禁；寬則寵名譽之人，急則用介胄之士。今者所養非所用，所用非所養；廉介不容於邪枉之臣。觀往者得失之變，故作孤憤、五蠹、內外儲、說林、說難十餘萬言。然韓非知說之難爲說難，書甚具，終死於秦而不能自脫。

人或傳其書至秦。秦王見孤憤、五蠹之書，曰：嗟呼！寡人得見此人與之游，死而不恨矣。李斯曰：此韓非所著之書也。秦因急攻韓。韓王始不用非，及急，乃遣非使秦。秦王悅之，未信用。李斯、姚賈害之，毀之曰：韓非韓之諸公子也，今王欲併諸侯，非終爲韓不爲秦，此人之情也。今王不用，久留而歸之，此自遺患也。不如以過法誅之。秦王以為然，下吏治非。李斯使人遺非藥，使自殺。韓非欲自陳，不得見。秦王後悔之，使人赦之。非已死矣。韓子著書傳於後世。韓非生年不詳，卒年約在秦始皇之十三年或十四年（西元前二三四或二三三）。

二、著作簡介——韓非處弱危殆之時，以諸公子的身分，而不得進用，目擊遊說縱橫者諸政客，顛倒人主以取祿位，引暴亂，賊人民，志切救國，而無從為力，乃著書明理述志。《史記》所謂：故作孤憤、五蠹、內外儲、說林、說難十餘萬言；又云：人或傳其書至秦，秦見其孤憤、五蠹諸書，大為贊賞。足見韓非所著書在未入秦以前。但現行本《韓非子》共二十卷，首篇為初見秦，次篇為存韓，皆係入秦以後事。而存韓篇卻有李斯上韓王書及駁韓非之議，似非出自韓非手筆。竊疑韓非著作本各自成篇。韓非歿後，其徒蒐集韓非著作及與韓非有密切關係之文一併編入以成一帙。《韓非子》二十卷，舊有李瓚註，但不知其為何代人，而注文鄙陋無足取。清王先慎（王先謙之從兄）作《韓非子集注》訂補闕譌，推究義蘊，釐然可誦，堪稱善本。

三、人生品評——非才之難，而所以自售其才者實難。韓非子以不世之才，既不能使韓王用其才，卻招致李斯忌其才，更引起秦王懼其才，非遂死於才！才歟？不才歟？懷才不遇歟？有才而莫由售其才，卒至賫志以歿，悲夫！世之懷才不遇者衆矣，若屈原、賈誼即其著例。惟屈、賈氣度欠恢宏，性情亦急躁，不能善以自遣，咎由自處。而韓非以肆應之才，未能見用於韓王，且不善處人，致招李斯之忌，游說之術欠精不見用於秦王。禍福無門，均由自取，一個人的命運由自己的性格、才能及作風決定之。韓非有才而未能自售其才，固由於機運欠佳，但自己未能善用其才，亦未可怨天尤人。

韓非自知游說或向人進言，並非易事（說難），而自己能潛心研究游說或向人進言的道理與方術，而得其精蘊，遂能著說難一文。及至入秦說秦王，但未能逞其才」，展其術而為秦王所用。可能因其口吃，以辭不達意。游說既要持之有故，言之成理，陳利害，明義理，動人心，感人情；然口齒靈利，辯才無礙，亦是必要條件。韓非之失，或失之於其口吃，故卒為一游說的理論家而非實行家。故司馬遷曰：「申子（不害）、韓子（非）皆著書傳於後世，學者多有，余獨悲韓子為說難而不能自脫耳。」❶

第二節　基本理論

戰國時代的法家思想，要可分為三派：一是愼到的集勢派。愼到趙國人，游稷下，與田駢齊名，為申不害、商鞅以後的法學理論家。《漢書》藝文志錄《愼子》四十二篇，書久亡佚，今所存五篇為後人編輯而成。愼子認為君主治國不以賢德，而恃權勢。他說：「賢不足服不肖，而勢位足以屈賢者。故無名而斷者，權重也。」❷二是申不害的因術派。申不害「故鄭之賤臣，學術以干韓昭侯，昭侯用為相，內修政教，外應諸侯十五年。終申子之身，國治兵強，無侵韓者。申子之學，本於黃老，而主刑名，著書二篇，號曰申子。」❸《韓非子》定法篇曰：「申不害言術，公孫鞅徒法」，故知申子為因術派。三是商鞅的任法派。商鞅變法強秦，使秦成覇業，著文二十四篇，合稱《商君書》。他認為強國之道有三：

❶《史記》老子韓非列傳。
❷《愼子》威德篇。
❸《史記》老子韓非列傳。

一曰法，二曰信，三曰權。法爲主體，信與權所以行法❹。

韓非曰：「申不害不擅其法，不一其憲令，則姦多。……雖十使昭侯用術，而姦臣猶有所譎其辭矣。……公孫鞅之治秦也，……國富而兵强。然而無術以知姦。……故曰二子之於法術，皆未盡善也。」（定法篇）韓非融三派學說，自成一家，實法學史上繼往開來的關鍵人物。

韓非何以要集勢、因術、任法呢？因爲他的基本思想是「人性惡」，因爲他師事荀子。荀子倡「人性惡，善者僞也」❺。韓非深受這一學說的影響，而深信「人性惡」之論。人性惡，自私自利，避害趨利，奪權爭利，爲非作歹，作姦犯科；所以一個「勢無敵」的君主要憑强力對之作有效統治。君主不能一人獨治，必須任用群臣，以爲輔助。但群臣亦是自私的，可能欺臣罔上，苟圖富貴。君主爲要防止落入奸臣的陷阱，故運用「心術」而免受害。君主治國須有工具與憑藉。君生法，君主的意思就是法令。君制法令，臣行法令致之於民。民遵法守令，是謂法治。韓非的基本理論，是性惡、集勢、因術與任法。玆分論於後：

一、性惡——韓非認爲人性惡，趨利避害，損人利己，惟利是圖。人類因人口日增，生產不足，衣食不敷食用，於是發生爭鬥搶奪。他說：「古者丈夫不耕，草木之實足食也。婦人不織，禽獸之皮足衣也。不事力而養足，人民少而財有餘，故民不爭，是以厚賞不行，重罰不用，而民自治。今人有五子不爲多，子又有五子，大父未死而有二十五孫，是以人民衆而財用寡，事力勞而供養薄，故民爭，雖倍賞

---

❹《商君書》修權篇。
❺《荀子》性惡篇。

果罰而不免於亂。」（五蠹篇）

韓非曰：「好利惡害，夫人之所有也。」（難二篇）「夫安利者就之，危害者去之，此人之情也。」（姦刼弑臣篇）人既好利惡害，明君治國，當安利人民並去人民之危害。但民慾難滿，安利之仍要求更多之安利；危害已除，仍恐不安，仍要求更多之安全，於是爭奪不止。爲要防止此爭奪，除此禍亂，明君乃立嚴刑峻法，厚其賞，重其罰，以遏抑亂機。

韓非認爲人的一切行爲動機，全是自私的，惟利是圖，並無一點爲他人謀利益的意向。他說：「醫善吮人之傷，含人之血，非骨肉之親也，利所加也。故輿人成輿，則欲人之富貴。匠人成棺，則欲人之夭死也。非輿人仁而匠人賊也。人不貴，則輿不售；人不死，則棺不買，情非憎人也，利在人之死也。」（備內篇）所以韓非曰：「利之所在，皆爲賁諸。」（說林下篇）

英人亞當斯密（Adam Smith, 1723-1790）於一七七六年著《國富論》一書，指出人的天性是自私自利的；若任這自私自利的天性自由發展，足以促進社會的進步，繁榮與發展。達爾文（Charles Darwin, 1809-1882）於一八五九年著《物種原始》倡天演論，主張生存競爭，天然淘汰，優勝劣敗，適者生存。結果，造成資本主義經濟制度所產生的貧富懸殊，勞資糾紛，階級鬥爭及帝國侵滅弱小民族等罪惡與禍亂。韓非要以嚴刑峻法遏抑及限制人類自私自利的惡性，不無其一定的理由；亦屬持之有故，言之成理。

二、集勢——韓非認爲政治的本質，就是「集勢以勝衆」，「君也者，勢無敵也」。統治人民，無須講道德，說仁義，施愛惠，端在憑力量控制之，用權勢鎭壓之，以刑罰畏服之。政治是「以力服人」，不是「以德化民」。他說：「（先王以耳、目、慮之不足也），故舍己能而因法數，審賞罰。先王之所守要，故法省而不侵。獨制四海之內，聰智不得用其詐，險躁不得關其佞，姦邪無所依。遠在千里外，不敢易其辭，勢在郎中，不敢蔽善飾非。朝廷群下，直湊單微，不敢相踰越故治不足，而日有餘，上之任勢使然也。」（《韓非子》有度篇，第六）人主以一人而能制群臣，治百姓，以其掌握有勝衆制人的力量，卽權勢。故曰：「勢者，勝衆之資也。」（八經篇，第四十八）「彼民之所以爲我用者，非以吾愛之者爲我用，以吾勢之爲我用者也。」（外儲說，第三十五）

韓非更指出集勢的重要，曰：「夫有材而無勢，雖賢不能制不肖。故立尺材於高山之上，下臨千仞之谿，材非長也，位高也。桀爲天子，能制天下，非賢也，勢重也。堯爲匹夫，不能正三家，非不肖也，位卑也。千鈞得船則浮，錙銖失船則沉。非千鈞輕而錙銖重也，有勢之與無勢也。故短之臨高也以位，不肖之制賢也以勢。」（功名篇，第二十八）又曰：「且民固服於勢，寡能懷於義。」（五蠹篇，第四十九）又曰：「善任勢者國安，不知因其勢者國危。」（姦刼弑臣篇，第十四）

三、因術——韓非認爲君主治國有三要：一曰，集勢以勝衆，二曰因術以御下，三曰任法以齊民。除勢外，他以爲「人主之大物，非法卽術也。」「法者編著之圖籍，設之於官府，而布之於百姓者也。術者藏於胸中，以偶衆端，而潛御群臣者也。故法莫如顯，而術不欲見。是以明主言法，則境內卑賤，莫不聞知也。……用術則親愛近習，莫之得聞也。」（難三篇，第三十八）術是君主藏於胸中的心術，潛藏於內，暗中察奸防弊，杜絕群臣的窺伺而絕其姦刼弑篡。所謂術，包括南面之術，不測之術與綜覈之術。君主御下須心存虛靜，洞察臣下的正邪，喜怒不形於色，好惡不見於言，因「爲人臣者窺覘其君心也，無須臾之休。」（備內篇，第十七）韓非認爲君主所當應用的御臣防奸之術凡七：「七術：一曰衆端參聽，二曰必罰明威，三曰信賞盡能，四曰一聽責下，五曰疑詔詭使，六曰挾知而問，七曰倒言反事。此七者，主之所用也。」（內儲說上，第三十）

群臣爲博取君主親幸，常逢迎君心，長君之惡，而營求個人的私利，或竊取君主的權勢。所以君主要潛藏七術於胸中，保持神秘，群臣不測高深，不明底蘊，深恐隨時有不測之禍，便不敢不盡忠效力。韓非曰：「凡姦臣皆欲順人主之心，以取信幸之勢者也。是以主之有所善，臣從而譽之；主之所憎，臣因而毀之。凡人之大體取舍同者，則相是也；取舍異者，則相非也。今人臣之所譽者，人主之所是也，此之謂同取；人臣之所毀者，人主之所非也，此之謂同舍。夫取舍合而相與逆者，未嘗聞也。此人臣之所以取信幸之道也。」（姦刼弑臣，第十四）

韓非認爲君主御臣防姦，須「心存虛靜」。他說：「虛則知之實情，靜則知動者正。有言者自爲名，有事者自爲形，形名參同，君乃無事焉，歸之其情。故曰：君無見其所欲。君見所欲，臣自將雕琢。君無見其意。君見其意，臣將自表異。故曰：去好去惡，臣乃見素；去舊去智，臣乃自備。」（主道篇，第五）這就是「道常無爲而無不爲」，「虛靜無爲，以見其疵」。

韓非更提出「三守」之道，以爲君主防姦杜弊之術。三守者：一曰勿漏言，二曰勿聽毀譽，三曰勿移柄。漏言，群臣則逢君心而營私。聽毀譽，則讒間之言進，而雜亂之事作。移柄，太阿倒持，大權傍落，受制於臣下矣。他說：「人主有三守。三守完，則國安身榮；三守不完，則國危身殆。」（三守篇，第十六）韓非所支持的君主，和義大利馬基維利（Machiavelli）所主張的「君王」（*The Prince*）恰適相同。集勢之君猛如「虎」，使人害怕；因術之君狡如「狐」，不致墜入他人陷阱。

綜名核實，信賞必罰，亦是君主駕御群臣的要術。君發令，臣行令，因任而授官，綜名以核實。實當其名則賞，實不當其名則罰。賞罰嚴明，君尊臣卑。韓非曰：「人主者，天下一力以共戴之，故安。衆同心以共立之，故尊。人臣守所長，盡所能，故忠。以尊主御忠臣，則長樂生而功名成。名實相待而成，形影相應而立。故臣主同欲而異使。人主之患，在莫之應。……人臣之憂，在不得一。……故曰：至治之國，君若桴，臣若鼓。」（功名篇，第二十八）君以名責實，臣以實應名。名實相待，如鼓桴相應。

韓非認爲君主只要能賞罰得當，賞適其功，罰當其過，則臣下便無法營私舞弊。他說：「人主不擧不參之事，不食非常之食。遠聽而近視，以審內外之失，省同異之言，以知朋黨之分，偶參伍之驗，以責陳言之實；執後以應前，按法以治衆，衆端以參觀。士無幸賞，無踰行。殺必當，罪不赦，則姦邪無所容其私矣。」（備內篇，第十七）

四、任法——韓非認爲君主之大欲，在於「成覇業」；人臣之大欲，在於「致富貴」；人民之大欲，在於「止戰爭」。要達到這些目的，端在勵行法治，即「任法以齊民」。因爲法是「大定至公之制」，實爲「興功除暴」、「齊民使衆」、「定分止爭」、「去私塞怨」的有效工具和手段，並是共同遵守的公平而客觀的標準。他說：「法者，憲令著於官府，刑罰必於民心。賞存乎愼法，而罰加乎姦令者也。此臣之所師也。君無術，則弊於上；臣無法，則亂於下。此不可一無，皆帝王之具也。」（定法篇，第四十三）又曰：「治民無常，惟治爲法。」（心度篇，第五十四）

韓非以爲儒、墨、道、縱橫、工商五家之言，均有弊害，只有實行法治，即任法以齊民，方能治國。他指責：「儒以文亂法，俠（墨）以武犯禁」；「道家微妙之言，上智所難知也」；縱橫家「憑浮言以惑主，以要名利」；「工商之民，聚斂倍農，而致尊過農戰之士」。韓非認爲若不任法以爲治，國莫由治，功莫由主，事莫由成。他說：「釋法術而任心治，堯不能正一國。去規矩而妄意度，奚仲不能成一輪。廢尺寸而差短長，王爾不能半中。使中主守法術，拙匠執規矩尺寸，則萬不失矣。君人者，能去賢巧之所不能，守中拙之所萬不失，則人力盡，而功名立。」（用人篇，第二十七）

君主立法，群臣守法，不得有任何殞越。韓非曰：「明主使其群臣不遊意於法之外，不爲惠於法之內，動無非法。」（有度篇，第六）法治者人人守法，無人可高出於法之上，無人應壓於法之下，人人恰在法律之中，賞罰悉依法。法無所愛，刑罰不避親貴；法無所偏，賞賜及於卑疏。賞必當其功，罰必應其過，依法行事，毫無差違。故曰：「信賞必罰，其足以戰。刑罰之極，不避親貴，法行所愛。」（外儲說右上，第三十四）應受刑罰之人，雖是君主的親貴和所愛之人，亦依法行刑，毫不寬宥。這是法治之至。韓非曰：「以法治國，擧措而已矣。法不阿貴，繩不撓曲。法之所加，智者弗能辭，勇者弗敢爭。刑過不避大臣，賞善不遺匹夫。」（有度篇，第六）這是「任法以齊民」的眞實意義。

韓非認爲法當保持其相當的穩定性，不可朝令夕改，以維持法治的尊嚴，並養成守法的習慣。他說：「治大國而數變法，則民苦之；是以有道之君，貴虛靜而重變法」（解老篇，第二十）；又說：「法禁變易，號令數下者，可亡也。」（亡徵篇，第十五）但法亦不可永久固定不變，故曰：「守法而不變則衰。」（《愼子》，逸文）法應隨時代的變遷及客觀環境的需要，作適時的修正與變更。韓非曰：「法與時轉則治，治與世宜則有功。故民樸而禁之以名則治；世知維之以刑則從；時移而治不易者亂；能治衆而禁不變

者削。」(心度篇，第五十四)

第三節　政治思想

一、重賞罰——韓非因人性的好惡以爲治。人性好利，故用賞以勸善；人性惡害，故用罰以禁暴。他說：「明王之道，設民所欲以求其功，故爲爵祿以勸之；設民所惡，以禁其姦，故爲刑罰以威之。慶賞信，而刑罰必，故君擧功於臣，而姦不用於上。」(難一篇，第三十六)賞罰必依據於功罪，有功必賞，有罪必罰。韓非曰：「而聖人之治國也，賞不加於無功，而誅必行於有罪者也。」(姦刧弑臣篇，第十四)賞罰必須公平，一視同仁，一律平等，不得有任何偏頗。韓非曰：「是故誠有功，則雖疏賤必賞；誠有過，則雖近愛必誅。近愛必誅，則疏賤者不怠，而近愛者不驕矣。」(主道篇，第五)

韓非雖然賞罰並提，但實際上，他和商鞅一樣，乃是嚴刑峻法派，重刑罰而輕慶賞。因爲守法爲善乃人人的天職和本分，是以不必賞。故曰：「賞善之不可也，猶賞不盜。」(《商君書》畫策篇)犯法者重罰之，則民不敢犯法，一國皆善矣。故曰：「刑重者民不犯，故無刑矣。而民不敢爲非，是一國皆善矣。故不賞而民善。」(《商君書》畫策篇)韓非亦主張重刑以治國。他說：「重刑少賞，上愛民，民死賞。多賞輕刑，上不愛民，民不死賞。……重刑明民，大制使人，則上利。行刑重其輕者，輕者不至，重者不來，此謂以刑去刑。罪重而刑輕，刑輕則事生，此謂以刑致刑，其國必削。」(飭令篇，第五十三)韓非更假託孔子而說明重刑罰的必要性。他說：「殷之法，刑棄灰於街者，子貢以爲重，問之仲尼。仲尼曰：知治之道也。夫棄灰於街者必掩人；掩人，人必怒，怒則鬬，鬬必三族相殘也。此殘三族之道也；雖刑

之可也。且夫重罰者，人之所惡也；而無棄灰，人之所易也。使人行之所易，而無離所惡，此治之道。」(內儲說上篇，第三十)

韓非認爲明君之治國，不在於「使民愛」，而在於「使民懼」。如何「使民懼」，就須施行嚴刑重罰。他說：「君主之於民也，有難則用其死；安平則盡其力。親以厚愛，關子於安利而不聽。君以無愛利求民之死力而令行。明主知之，故不養恩愛之心，而增威嚴之勢，故母厚愛處，子多敗，推愛也。父薄愛數笞，子多善，用嚴也。」(六反篇，第四十六) 又曰：「嚴家無悍虜，而慈母有敗子。吾以此知威勢之可以禁暴，而德厚之不足以止亂也。夫聖人之治國，不恃人之爲吾善也，而用其不得爲非也。恃人之爲吾善，境內不什數；用人不得爲非，一國可使齊。爲治者用衆而舍寡，故不務德而務法。」(顯學篇，第五十)

二、反仁義——韓非雖師事荀子，而荀子雖倡性惡論，但尙崇尙仁義；而韓非則大背師道，高唱反仁義的偏激理論。他說：「今世皆曰尊主安國者，必以仁義智能。而不知卑主危國者之必以仁義智能也。故有道之主，遠仁義，去智能，服之以法。是以譽廣而名威，民治而國安，知用民之法也。」(說疑篇，第四十四) 韓非認爲仁義之道，偷樂而後窮；法之爲道前苦而長利，故棄仁義而用法。他說：「法之爲道，前苦而長利；仁之爲道，偷樂而後窮。聖人權其輕重，出其大利，故用法之相忍，而棄仁人之相憐也。」(六反篇，第四十六)

韓非治國不可行仁義而養恩愛之心；應重刑罰而增威嚴之勢。他說：「明主知之，故不養恩愛之心，而增威嚴之勢，故母愛優處，子多敗，推愛也；父薄愛數笞，子多善，用嚴也。今家人之治產也，相忍以飢寒，相強以勞苦，雖犯軍旅之難，饑饉之患，溫衣美食者，必是家也。相憐以衣食，相惠以佚樂，天飢歲荒，嫁妻賣子者，必是家也。」（六反篇，第四十六）行仁義無異「相憐以衣食，相惠以佚樂」，偷樂而後窮，故不可取。

韓非更長篇累牘，大論仁義惠愛必須放棄，嚴刑重罰必須採行的理由，曰：「世之學術者說人主，不曰乘威嚴之勢，以困姦邪之臣；而皆曰仁義惠愛而已矣。世主美仁義之名，而不察其實，是以大者國亡身死，小者地削主卑。何以明之？夫施貧困者，此世之所謂仁義。哀憐百姓，不忍誅罰者，此世之所謂惠愛也。夫有施於貧困，則無功者得賞；不忍誅罰，則暴亂者不止。國有無功得賞者，則民不外務當敵斬首，內不急力田疾作，故皆欲行貨財，事富貴，爲私善立名譽，以取尊官厚俸，故姦私之臣愈衆，而暴亂之徒愈勝，不亡何待!?夫嚴刑者民之所畏也，重罰者民之所惡也。故聖人陳其所畏以禁其邪，設其所惡以防其姦，是以國安而暴亂不起。吾是以明仁義惠愛之不足用，而嚴刑重罰之可以治國也。無捶策之威，銜橛之備，雖造父不能以服馬。無規矩之法，繩墨之端，雖王爾不能以成方圓。無威嚴之勢，賞罰之法，雖堯舜不能以爲治。今世主皆輕釋重罰嚴誅，行愛惠；而欲霸王之功，亦不可幾也。故善爲主者，明賞設利以勸之，使民以功賞而不以仁義賜。嚴刑重罰以禁之，使民以罪誅，而不以愛惠免。是以無功者不望，而有罪者不幸矣。」（姦刼弑臣篇，第十四）

人皆畏於勢及刑罰，能行仁義者則少之又少。恃勢與刑以服人，易事也；期人之行仁義，則難成；故應舍仁義而行威勢與刑罰。韓非曰：「夫垂泣不欲刑者，仁也。然而不可不刑者，法也。先王勝其法，不聽其泣，則仁之不可以爲治亦明矣。且民者固勝服於勢，寡能懷於義。仲尼，天下之聖人也，修行明道以遊海內，海內說其仁，美其義，而爲服役者七十人。蓋貴仁者寡，能義者難也。故以天下之大，而爲服役者七十人，而爲仁義者一人。魯哀公，下主也，南面君國，境內之民莫敢不臣。民者固服於勢，勢誠易以服人，故仲尼反爲臣，而哀公顧爲君。仲尼非懷其義，服其勢也。故以義則仲尼不服於哀公，乘勢則哀公臣仲尼。今學者之說人主也，不乘必勝之勢，而務行仁義，則可以王，是求人主之必反仲尼，而以世之凡民皆如列徒，此必不得之數也。」(五蠹篇，第四十九)

三、重農業——韓非認爲「力多則人朝，力少則朝於人。」(顯學篇，第五十)所謂力包括財力與兵力。財力充裕，兵力强盛則人來朝。因之，韓非和商鞅一樣，爲政的目的，均在富國强兵。國富始能養强兵。故强兵應以富國爲先決條件。商鞅、韓非都生當農業經濟時代，農業爲立國之本，亦爲國富所自來。所以二人均重農業，增生產，裕國富。韓非認爲只有農夫和兵卒，是國家有益有用的人，因爲農能富國，兵能勝敵；至於文學之士，遊俠之輩，均在排斥之列。他說：「富國以農，拒敵恃卒。而貴文學之士，廢敬上畏法之民，而養遊俠私劍之屬。舉行如此，治强不可得也。」(五蠹篇，第四十九)

韓非重農，重在實際耕植；强兵，重在披甲作戰，均不可僅聽空言。他說：「今境內之民皆言治，藏商管之法者家有之，而國愈貧。言耕者衆，執耒者寡也。境內皆言兵，藏孫吳之書者家有之，而兵愈弱。言戰者多，被甲者少也。故明言用其力，不聽其言；賞其功伐，禁無用，故民盡死力，以從其上。」(五蠹篇)韓非只認爲農與兵是有用的，至於修文學、習言談者，皆是敗法、貧國之徒。他說：「今修文學，習言談，則無耕之勞而有富之實；無戰之危而有貴之尊，則人孰不爲也。是以百人事智，而一人用力。事智者衆，則法敗；用力者寡，則國貧。此世之所以亂也。」(五蠹篇)農可致富，重農所以富國；戰可致貴，貴戰所以强兵。韓非曰：「夫耕之用力勞，而民爲之者，曰：可以得富也；戰之事也危，

而民爲之者，曰：可以得貴也。」（五蠹篇）

韓非注重人民努力耕作以致富。人之貧窮，由於其怠惰不事耕作。貧由自取，實不足恤。恤貧救窮，無異獎勵懶怠而抑生產。他說：「今夫與人相若也，無豐年旁入之利，而獨以完給者，非力則儉也。與人相若也，無饑饉疾疢禍罪之殃，獨以貧窮者，非侈則惰也。侈而惰者貧，力而儉者富。今上徵斂於富人，以布施於貧家，是奪力儉而與侈惰也。而欲索民之疾作而節用，不可得也。」（顯學篇，第五十）

韓非所期望的人民，入則農耕以致富；出則作戰以勝敵，亦猶商鞅之所謂農戰，對於不耕不戰的學士深爲厭惡，因爲他們足以使人怠耕而避戰。他說：「且居學之士，國無事不用力，有難不被甲。禮之則惰修耕戰之功，不禮則害主上之法。國安則尊顯，危則爲屈公之威，人主奚得於居學之士哉!?」（外儲說左上，第三十二）又曰：「夫好顯巖穴之士，則戰士怠於行陳。上尊學者，下士居朝（禮賢下士使居朝），則農夫惰於田。戰士怠於行陳者，則兵弱也。農夫惰於田者，則國貧也。兵弱於敵，國貧於內，則不亡者未之有也。」（外儲說左上，第三十二）禮敬學士足以弱兵貧國，怠兵惰農，大背富國强兵之道。

韓非在五蠹篇中，指學者、言談者、帶劍者、患御者、商工爲五蠹之民；認爲五蠹不除，則亡國滅朝。他說：「其學者，則稱先王之道，以籍仁義、盛容服而飾辯說，以疑當世之法，而貳人主之心。其言古者，爲設詐稱，借於外力，以成其私，而遺社稷之利。其帶劍者，聚徒屬，立節操，以顯其名，而犯五官之禁。其患御者，積於私門，盡貨賂而用重人之謁，退汗馬之勞。其商工之民，修治苦窳之器，聚弗靡之財，蓄積待時，而侔農夫之利。此五者，邦之蠹也。人主不除此五蠹之民，不養耿介之士，則海內雖有破亡之國，削滅之朝，亦勿怪矣。」（五蠹篇）

四、**論君道**——韓非論君道，把君主分爲三種：一曰賢君，二曰有道之君，三曰無道之君。他對這三種君主，分別作如左的解說：

1. 賢君——明君無爲於上，群臣竦懼於下。明君之道，使智者竭其慮，而君因以斷事，故君不窮於智；賢者效其材，君因而任之，故君不窮於能。有功則君有其賢；有過則臣任其罪；故君不窮名。是故不賢而爲賢者師，不智而爲智者正；臣有其勞，君有其成功。此之謂賢主之經也（主道篇，第五）。

2. 有道之君——有道之君，外無怨仇於鄰敵，而內有德澤於人民。夫外無怨仇於鄰敵者，其遇諸侯也，外有禮義；內有德澤於人民者，其治民事也務本。遇諸侯有禮義，則役希起；治民事務本，則淫奢止。凡馬之所以大用者，外供甲兵而內給淫奢者也。今有道之君，外希用甲兵，而內禁淫奢。上不事馬於戰鬥逐比，而民不以馬遠通淫物。所積力唯田疇；積力於田疇，必且糞灌。故曰，天下有道，卻走馬以糞也（解老篇，第二十）。

3. 無道之君——人君者無道，則內暴虐其民，而外侵欺其鄰國。內暴虐則民產絕，外侵欺則兵數起。民產絕則畜生少，兵數起則士卒盡；畜生少則戎馬乏，士卒盡則軍危殆。戎馬乏則將牸馬出；軍危殆則侍臣役。馬者軍之大用，郊者言其近也。今所以給軍之具於將馬近侍。故曰：天下無道，戎馬生於郊矣（解老篇，第二十）。

五、**論臣道**——韓非論臣道，至爲詳盡，把人臣百態，描寫得淋漓盡致。所分人臣種類，有下列幾種：一曰賢臣，二曰五壅，三曰八姦，四曰愛臣。他對各種人臣分作如左的解釋：

1. 賢臣——若夫后稷、皐陶、伊尹、周公旦、太公望、管仲、隰朋、百里奚、蹇叔、舅犯、趙衰、范蠡、大夫種、逢同、華登，此十五人者，其爲臣也，皆夙興夜寐，卑身賤體，竦心白意，明刑辟，治官職，以事其君；進善言，通道法，而不敢矜其善。有成功立事，而不敢伐其勞；不難破家以便國，殺身以安主。以其主爲高天泰山之尊，而以其身爲壑谷鬴洧之卑。主有名廣譽於國，而身不難受壑鬴洧之卑。如此臣者，雖當昏亂之君，尙可致功，況於顯明之主乎（說疑篇，第四十四）？

2. 五壅——故人主有五壅：臣閉其主曰壅，臣制財利曰壅，臣擅行令曰壅，臣得行義曰壅，臣得樹人曰壅。臣閉其主，則主失位。臣制財利，則主失德。臣擅行令，則主失制。臣得行義，則主失名。臣得樹人，則主失黨（主道篇，第五）。

3. 八姦——凡人臣之所道成姦者有八術。一曰同床，曰貴夫人，曰愛孺子，便辟好色。……二曰在旁，曰優笑侏儒，曰左右近習，未命而唯唯，未使而諾諾。……三曰父兄，曰側室公子，人主之所親愛也。……四曰養殃，曰人主樂美宮室臺池，好飾子女狗馬，以娛其心。……五曰民萌，曰爲人臣者散公財以悅民，行小惠以取百姓。……六曰流行，曰爲人臣者求諸侯之辯士，養國中之能說者。……七曰威强，曰爲人臣者聚帶劍之客，養必死之士，以彰其威。……八曰四方，曰爲人臣者重賦歛，盡府庫，虛其國以事大國（八姦篇，第九）。

4. 愛臣——愛臣太親，必危其身；人臣太貴，必易主位。主妾無等，必危嫡子。兄弟不服，必危社稷。臣聞千乘之君無備，必有百乘之臣在其側，以徙其民，而傾其國。萬乘之君無備，必有千乘之家在其側，以徙其威，而傾其國。是以姦臣蕃息，主道衰亡。是故諸侯之博大，天子之害也；群臣之太富，君主之敗也（愛臣篇，第四）。韓非認爲「明君之蓄其臣也，盡之以法，質之以備」（愛臣篇）。親臣不以法且不之備（薄其賞賜）謂之愛臣。愛臣博大而富厚，必爲禍傾國敗君。

第四節　學說批評

韓非政治思想的主旨，在於㈠集勢以勝衆，卽以力服人。這雖不能使人心悅誠服，但能强人服從，而收統治之效，亦不失爲政之一道。㈡任法以齊民，法是客觀的治事標準，實爲「定分止爭」、「齊民使衆」、「興功制暴」及「去私塞怨」的有效手段，善爲運用，亦可收綱紀群倫之功。㈢因術以御下，旨在防奸杜弊，使群臣效力盡忠，亦是治人者爲衞己固位所不可少的方術。韓非的學說能自成一家之言，信持者衆，歷久不衰，援用而致成功者亦不乏其例。其中自必有其「能立」、「可行」的至理在焉，難以完全抹殺之。彼雖有所見，但亦有所蔽，失之偏頗，有欠平正。特爲批評如次：

一、**一偏之見**——人性有善有惡，行仁義揚其善性，重刑罰抑其惡行，相輔而成，並行不悖，實爲治的正道。而韓非卻要盡棄仁義，專恃刑罰，知其一，不知其二，蔽於一偏之見，知偏不知全，其道左矣。

二、**專制思想**——「以法爲治」的法治，誠優於「以意爲治」的人治。但法治之法應以理性爲基礎，民意爲依歸，爲人民謀利益，爲社會造幸福爲目的，方能收到政通人和，長治久安的政治效果。而韓非之法，則完全「法由君生」，君主的意志就是法律，以權勢爲後盾，以控制人民爲目的。所謂法治乃鞏固君主權勢與尊榮的工具，用以鎭壓人民，役使人民，純爲專制君主思想，和現代的民主法治，完全背道而馳。

三、以力制人——人是有理性、有個性、有思想的動物，完全以力制人，以勢逼人，則人心不服。人心不服，必生怨憤。怨憤生，自必引起反抗的意思。意思就是力量。力量產生行動，於是引起革命性的抗暴風潮。以力制人者，人亦以力抗之。力以相爭，戰鬥必起。相互殘鬥，殺戮不止，兵連禍結，民不聊生。秦以武力滅六國，一天下，秦帝國乃是一暴力政權。秦始皇自以爲金城之固，湯池千里，可享子孫帝王萬世之業，孰知僅歷三世，一十五年而竟滅亡。足見以力服人，人心不服，決不易維持長治久安。

四、權術難恃——誠者物之終始，不誠無物。開誠心，佈公道，誠以愛民，拙以爲政，乃王者治國之正道。韓非不此之圖，而要君主狡如「狐狸」，不以誠意待人，而運用權謀與心術以御群臣。應知人之智慧相若，心性不二，己以詐，詐人者，人亦會以詐詐之；己以權謀御人者，人亦會用權謀以應之。彼猜我忌，爾詐我虞，鈎心鬥角，鬼形妖影，政不穩，民不安，國必敗亡。戰國之世，所以干戈不息，戰爭不止，天下大亂，黑漆一團，各國諸侯逞強力，用權謀有以致之。韓非尚權謀，而死於李斯之權謀。權謀固不足恃。自古迄今，用權謀以害人者，未有不敗於權謀者。應知「誠實乃是上策」(Honesty is a good policy.)。蘇格拉底說：「從長遠處看，奸徒實是傻子。」

第十九章　墨家墨翟的政治思想

第一節　生平事略

墨家的墨子姓墨名翟，司馬遷《史記》未爲之立傳，僅在孟子、荀卿傳後，作一甚爲簡略的記載，文曰：「蓋墨翟宋之大夫，善守禦，爲節用，或曰並孔子時，或曰在其後。」《史記》對這位偉大思想家的生平年代，籍貫里居，經歷職秩均無所記述，殊屬遺憾。所幸墨翟的言論和事蹟，散見於秦漢以後不少典籍中，可資查考，使其言行未全湮滅。茲參考有關典籍，論述墨子生卒事蹟於後：

一、**籍貫**——《史記》稱「墨翟爲宋大夫」，可推知當爲宋國人。俞正燮《癸巳類稿》卷十四稱：「墨子以殷後，多感激，不法周，而法古。」宋國在今河南商丘縣，原爲商帝乙子微子啓的封地。周武王滅商，封紂王子武庚於此地，國號宋。墨子既係殷裔，其先人自然會移居於武庚封地。墨子自稱：「北方之鄙人也」，或不無亡國之感痛。《荀子》修身篇及葛洪《神仙傳》均云墨子爲宋人。《呂氏春秋》愛類篇云：「公輸般爲高雲梯欲以攻宋。墨子聞之，自魯往，裂裳裹足，日夜不休，十日十夜而至於郢，見荆王。」墨子若不是激於酷愛祖國的熱誠，何至於如此急迫的辛苦的趕往見楚王，游說楚國停止攻宋國呢？觀於這些記述，墨子是宋國人，當可確定。

但有人稱墨子爲魯國人。其所根據的記述如下：㈠《呂氏春秋》當染篇註中稱墨子爲魯人。㈡《墨子》貴義篇，有「墨子自魯卽齊」。㈢《墨子》魯問篇稱：「越王爲公尙過東車五十乘以迎墨子於魯。」㈣《呂氏春秋》愛類篇云：「公輸般爲高雲梯欲以攻宋，墨子聞之，自魯往……見荆王。」墨子居魯多時，常與魯之儲君相辯難，並與魯君相問對（分見《墨子》耕柱、公孟、魯問等篇）。故有「自魯」、「迎於魯」的記述。魯曾是墨子所居住過的地方，但不能以此斷定他是魯國人。

《呂氏春秋》當染篇稱墨子是魯國人，畢沅、武億則稱此魯是魯陽。魯陽是楚邑，則墨子又是楚人耶？古籍中無言墨子是楚人者。《渚宮舊事》載魯陽文君說楚惠王曰：「墨子北方賢聖人。」《呂氏春秋》愛類篇曰：「公輸般爲高雲梯欲以攻宋。墨子聞之，自魯往，……見荆王曰：臣北方之鄙人也。」魯陽文君、墨子自己都說是北方人。墨子不是楚人，由此可以見之。

二、年代——《史記》稱墨子「或曰並孔子時，或曰在其後。」因之，墨子的生卒年代，成爲有待研究的問題。後世學者對此問題作考辨者不乏其人。但衆說紛紜莫衷一是。孫詒讓在所著《墨子閒詁》一書中說：「近世治墨子者，畢沅以爲六國時人，至周末仍在，既失之太後；注中沿宋鮑彪之說，謂墨子仕宋得當景公時，又先之太早，殆皆不考之過。」孫氏在其書中指出：墨子前與公輸般相問答（見《墨子》貴義、公輸、魯問諸篇）而後見齊太公和（見魯問篇，田和爲諸侯在安王十六年）與齊康公興樂（見非樂上篇，康公卒於安王二十三年）及見吳起之死（見親士篇，在安王二十一年），……當生於周定王初年，而卒於安王之季，蓋八九十歲。

胡適在所著《中國古代哲學史》一書中指出：墨子大概生於周敬王二十年至三十年間，死在威烈王元年與十年之間，……到吳起死時，墨子已死了差不多四十年。梁啓超不同於胡氏的說法，推定墨子生於周定王元年至十年間，約當孔子卒後十餘年；卒於周安王十二年至二十年之間，約當孟子生前十餘年。

今人李漁叔著《墨子今註今譯》一書，指出：孫梁之說雖相接近，但須加以糾正，周定王應作周貞定王。按定王名瑜（西元前六〇六年）歷五傳至貞定王名介（西元前四六六年），時間相距一百三十餘年。如作定王，則墨子生在孔子前且五六十歲，就大大不對了。至於及見田和與吳起的問題。如以墨子生於貞定王初年，則至安王十六年命齊大夫田和爲諸侯，又五年至安王二十一年楚殺吳起時，墨子尙不過八十四歲，並非不可能（《墨子今註今譯》，第五至六頁）。

三、身分——孔子以宋公族之裔，爲魯司寇，誅少正卯，三月而魯大治。墨子的門閥無可考，且自稱爲「北方之鄙人也」，可能是平民。當春秋之世，貴族政治尙未完全解體，以平民而致顯貴，尙非易事。迨至戰國時代，始開布衣卿相之局。《史記》雖稱墨子爲宋大夫，但治績無所述，梁啓超辨其非是。梁氏在所著《墨子學案》中說：「墨子不以義糶，救宋非爲求仕。」（學案第三頁）穆賀且疑其書以「賤人之所爲而不用」（《墨子》貴義篇）。

墨子周遊列國遊說諸侯，傳布其學說，未嘗無「得明君而仕之」的意願，可惜他的反戰爭（非攻），兼相愛的唱調過高，那能爲權勢薰心，爭霸逞強的諸侯所接受呢!?梁啓超在《墨子學案》中斷定他以平民終老，當屬可信。墨子的不仕並非立意高蹈遁世，而是堅守原則，不肯「糶義以求仕」，所謂「道不同，不相爲謀」。墨子辭楚王之養曰：「翟聞賢人進，道不行不受其賞，義不聽不處其朝。今書未用，請行矣。」（貴義篇）墨子辭越王之聘曰：「意越將聽吾言，用吾道，翟將往量腹而食，度身而衣，自比

於羣臣。抑越王不聽吾言，不用吾道，而吾往焉，則是我義糶也。」（魯問篇）

墨子雖不曲學阿世以求仕，但其生徒之入仕，並不阻止，其作風亦與孔子相同。墨子的學生入仕者不乏其人。耕柱仕於楚，高石仕於衞（耕柱篇），曹公子仕於宋，勝卓仕於齊（貴義篇），皆其可考者。

墨子既非貴族，自然沒有「世卿制祿」的世祿，又未入仕，當然亦無「祿以代耕」的俸祿。那麼他將怎樣維持其生活呢？據典籍記載，他藉以維持生活的資金和食米來源計有兩途。第一是門徒供養。耕柱篇曰：「子墨子游耕柱子於楚。二三子過之，食之三升，客之不厚。二三子復於子墨子曰：耕柱子處楚無益矣。二三子過之，食之三升，客之不厚。子墨子曰，未可知也。毋幾何，而遺十金於子墨子曰，後生不敢死，今有十金於此，願夫子之用之也。」第二、自食其力。墨子並不因門徒的供養，而放棄其「不賴其力者不生」的主張。墨子雖自食其力，但非許行的並耕主義，不必自耕而食，自織而衣，而主張社會分工。貴義篇曰：「能辯者談辯，能說書者說書，有從事者從事，然後義立。」魯南鄙人吳慮冬陶夏耕，而墨子非之，以為一人耕織之力，所能供養者至少（魯問篇）。

《韓非子》卷十一，外儲說左上篇稱墨子之大巧，工為車輗；再觀之墨子公輸，備城門諸篇所記，足見墨子的身分，既非農夫，亦非商人，而是工於技藝的，擅長機械製造的工程師。墨子既有著作，且為顯學，更有諸門徒，他無疑的是一知識分子，可稱之為士。墨子的身分是士而兼工者也。

四、傑出事蹟——墨子未入仕，自然無明顯治績可言，但其生平中却有一傑出的事蹟，值得引述，那就是墨子自魯趨楚，阻楚攻宋。《呂氏春秋》愛類篇曰：「公輸般為高雲梯，欲以攻宋。墨子聞之，自魯趨而往，裂裳裹足，日夜不休，十日十夜而至於郢。見荆王曰：臣北方之鄙人也，聞大王將攻宋，信有之乎？王曰：然。墨子曰：必得宋乃攻之乎？必其不得宋，且不義，猶攻之乎？王曰：必不得宋，有且不義則何爲攻之？墨子曰：甚善。臣以宋必不可得。王曰：公輸般，天下之巧工也，已爲攻宋之械矣。墨子曰：請令公輸般試攻之，臣試守之。於是公輸般設攻宋之械，墨子設守宋之備，公輸般九攻之，墨子九却之，不能入，故荆輟不攻宋。墨子能以術禦荆，免宋之難者，此之謂也。」

五、周遊列國——墨子少年時，多居魯國，聞楚爲高雲梯將攻宋，墨子急赴郢，阻楚攻宋。既止楚攻宋，北返過宋，欲庇雨閭中，守者不肯納。《史記》鄒陽列傳稱：「宋信子罕之計而囚墨翟」，或其學說招忌權臣而受囚危。墨子嘗遊衞，與公良桓子言，勸其蓄士以備患，仕其弟子高石子於衞。衞雖「設之以卿」，卒以進言不行而之齊。先後以非攻之說說項子牛及大王田和。其時墨學已顯，故弟子多齊人，且使勝綽仕項子牛。墨子少時曾至楚國，勸楚止攻宋後，於惠王時復至楚獻書，王善之而不用。在楚時，屢以非攻之義說魯陽文君；其弟子耕柱仕楚，田鳩並爲楚將軍。墨子弟子楚人有苦獲、已齒、鄧陵子等。足見墨子之學已南及於楚。墨子雖未親身至秦與越，但其學說則遠及之。可見墨學所及至的區域甚廣。故孟子曰：「楊墨之言盈天下。」（本節所舉事蹟，分見《墨子》公輸、三辯、耕柱、公孟、貴義、魯問諸篇）

第二節　學術地位

墨學在春秋時代與儒學對峙並立，堪稱之爲顯學，影響所及，甚爲廣大。其所標揭的兼愛、非攻、交利、節用諸義，實爲顛撲不破的眞理，至今仍爲衆所擁贊。在中國學術發展史上實佔有重要的地位，茲就此論述如後：

一、墨學淵源——《漢書》藝文志謂墨家蓋出於古清廟之守，茅屋采椽，是以尚儉節用；養三老五更是以兼相愛，交相利；選士大躬，故尊尚賢才；宗祀嚴父，故明鬼志天；順四時而行，所以非命；以孝視天下，所以尚同。樹無根，其生也難；水無源，其流不長；學無師，其基不厚。墨家不僅淵源於古清廟之守，且其學術亦有所師承。《呂氏春秋》當染篇曰：「魯惠公使宰讓請郊廟之禮於天子。桓王使史角往，惠公止之。其後在於魯，墨子學焉。」；是墨子曾以史角爲師的記載。《淮南子》要略訓謂：「墨子學儒之業，受孔子之術，以其爲禮煩擾而不悅，厚葬靡財而貧民，久服傷生而害事，故背周道而用夏政。」因墨子曾習儒業，故墨、儒雖異趣，但亦有相同之處。如尊賢才、重仁愛就是不相衝突的。

二、周代顯學——周代學術要可分爲六家，即儒、墨、道、法、名及陰陽。而名家與陰陽家的勢力不甚彰著。其能躋列於顯學地位者，祇墨、儒、道、法四家。而法家至戰國時代始見彰著。在春秋時代的顯學，則是儒、墨、道三家，成鼎立之勢。而道家持消極遁世的人生態度，故與儒、墨不相爭。其時儒墨二家爲顯學，成對立並峙之局，競爭甚爲劇烈。儒學自漢武帝黜百家以後，始躋於獨尊的高位，在春秋時代，則儒墨兩家實互不相下，彼此足以抗衡。而當世人士，崇信墨學或反過於儒學。孟子深恐儒學處於劣勢，乃大聲疾呼，盡力抵抗。由是足見墨學在當世爲顯學，毫無疑義。

孟子曰：「聖人不作，諸侯放恣，處士橫議，楊朱、墨翟之言盈天下；天下之言，不歸楊則歸墨。楊氏爲我，是無君也；墨氏兼愛，是無父也，無父無君是禽獸也。」又曰：「戎狄是膺，荆舒是懲，則莫我敢承。無父無君，是周所膺也。我亦欲正人心，息邪說，距詖行，放淫辭，以承三聖者。豈好辯哉？予不得已也。能言距楊、墨者，聖人之徒也。」（均見《孟子》滕文公下篇）孟子所以楊、墨並舉，是因二人學說有相通之處。楊朱「拔一毛而利天下不爲也」，乃愛己主義者。墨翟「摩頂放踵而利天下爲之」的兼愛主義，是以愛人如愛己爲出發點。

三、自成一家——墨家雖淵源於淸廟之守，墨子雖曾學於史角，並受儒家之業，但他並不拘泥於傳統規制，亦不囿限於史、儒的學說，而能體察歷史經驗，審察當時需要，參酌他家思想，融會貫通，以己見予以損益折衷，另闢新徑！自立新學成一家之言，開山垂統，永爲中國學術思想發展史上一道洪流，聲濤不息。

墨子在當時已成爲顯學，其勢不可侮；至於其後之研究中國學術思想史者，亦皆舉列墨學爲獨立的一個重要學派。所倡兼相愛、交相利、非攻、尙同等皆爲獨特的創見與眞知，並非因襲於他人。孔子罕言性與天道，敬鬼神而遠之，事人而不事鬼。而墨子則强調「天志」與「明鬼」。儒家重厚葬與禮樂；而墨子則倡「薄葬」並「非樂」。這些都是墨子反儒學而自創之新學說。

四、影響廣大——《墨子》公輸篇記墨子對楚王曰：「臣之弟子禽滑釐等三百人。」這是墨子自言在宋弟子的約數；至於衞、齊、魯、楚、越等國皆有其弟子，人數若干，則不可考。墨子施敎與孔子不同。孔子遊說僅及王公大人，而墨子則下達匹夫徒步之人，因墨子爲平民，故易於接近，而無階級距離。孔子雖亦敎授平民，所謂「有敎無類」，但限於自來者，不來者不移駕去敎。故孔子曰：「自行束修以上，吾未嘗無誨焉。」墨子主動傳敎，不擇對象。孔子被動收徒，有所選擇。依此推想，則墨子之徒可能多於孔子者。孟子聲嘶力竭的罵墨子爲禽獸，且指其學爲邪說、詖行、淫辭，可能因見墨子之徒甚多，而生恐懼之心，而急不擇言。

《韓非子》顯學篇曰：「自墨子之死，有相里氏之墨，有相夫氏之墨。有鄧陵氏之墨。……墨離爲三，取舍不同，而皆謂眞……。」墨分爲三，乃因地理不同而別之，並非學術上之區異。五侯齊人，乃東方相里氏之墨；苦獲、已齒、鄧陵子皆楚人，爲南方鄧陵氏之墨；秦之墨，爲西方相夫氏之墨。此外，宋衞二國亦多墨子之徒，曾仕其弟子高石子於衞，可稱爲中原之墨。孫詒讓著《墨子傳授考》，對墨子弟子的傳授系次，考述甚詳。惠施、公孫龍墨子弟子之最著者，宏揚墨之名學，所謂「別墨」。宋鈃（《韓非子》顯學篇稱宋榮，《孟子》作宋牼）尹文亦墨子之名弟子，傳墨子兼愛，非攻之教。《莊子》天下篇所謂：「不累於俗，不飾於物，不苟於人，不忮於衆，願天下之安寧，以活人命，人我之養，畢足而至，以此白心，古之道術，有在於是者，宋鈃尹文聞其風而悅之。」由此觀之，可以想見墨子的弟子衆多，影響廣大。

第三節　人格表現

從墨子的生平行徑及學說要旨中，可以窺見墨子的人格特質及其在社會角色扮演中所表現出的獨特精神。玆扼要論述如次：

一、大仁者的博愛精神——《墨子》一書原有七十一篇，現存者計五十三篇（《漢書》藝文志），內容廣泛，所涉及的論題甚多，但其基本觀念則是「兼相愛」。孟子抨擊墨子故以「墨子兼愛是無父也」爲重點。清張惠言書《墨子經說解後》，謂「墨之本在兼愛」。梁啓超《墨子學案》中亦說：「墨學所標綱領，雖有十餘，其實只從一個觀念出來，就是兼愛。」兼愛即就是「愛人如愛己」的「愛無差等」的博愛。博愛就是普遍的愛人，不分彼此的愛人。仁者愛人。肯愛人者是仁心仁德的仁者。墨子竟肯「摩頂放踵」的去利人愛人，且至於「無差等」、「如愛己」的廣博而深厚的程度。那只有大仁者才能作到這種地步。

《墨經》上解釋責任的任字曰：「任，士損己而益所爲也。」損己是犧牲自己，益所爲是爲他人增加利益。這種犧牲自己，利益他人的博愛精神，非大仁大德者，決不能有此表現與修養。墨子認爲天下的禍亂，皆起於不相愛，若人皆能「交相愛」，必可弭禍亂之源，而共享昇平幸福。他說：「視人之國若視其國，視人之家若視其家，視人之身若視其身。是故諸侯相愛則不野戰；家主相愛則不相簒，人與人相愛則不相賊，君臣相愛則惠忠，父子相愛則慈孝，兄弟相愛則和調。天下之人皆相愛，强不執弱，衆不刼寡，富不侮貧，貴不敖賤，詐不欺愚，凡天下禍簒怨恨，可使毋起者，以相愛生也，是以仁者譽之。」

二、大豪俠的勇往精神——墨子和其門徒不僅是信持博愛主義的思想家與宣傳家，同時爲實現其信仰及理想而積極努力奮鬥的實行家。他們爲達到博愛和息戰的目的，不避難險，不畏犧牲，甚至赴湯蹈火，舍身取義以赴之，充分表現出，見義勇爲，拔刀相助，平其所不平，愛其所當愛的大豪俠的勇往精神。世人多有以俠士稱墨家者。韓非反對儒家的講道德，說仁義；亦不贊成道家的淸靜、玄妙與無爲；同時抨擊墨家的勇武赴義。故曰：「儒以文亂法」、「俠以武犯禁」、「道家微妙之言，上智所難知也」。韓非所謂俠，就是指墨家而言。《史記》游俠列傳稱俠之義，乃是「要以功見言信」。

墨子聞公輸般爲高雲梯將攻宋，急赴楚弭戰救宋；至楚「令公輸般設攻宋之械，墨子設守宋之備。公輸般九攻之不能入。故荆（楚）輟不攻宋。」這種冒生死的危險，勇敢弭兵救宋，實是見地不平，拔刀相助大豪俠的舍生取義的勇往精神。《淮南子》謂「墨子服役者八十人，皆可使赴火蹈刃，死不旋踵。」《呂氏春秋》亦稱「墨者鉅子孟勝以死爲陽城君守」，「弟子死之者百十三人」（分見《墨子》魯問、奉族、上德諸篇）。依此記述，足證墨者確具見義勇爲的大豪俠精神。

三、宗教家的救世精神——墨子生當春秋末世戰國之初。諸侯相互侵伐，强凌弱，衆暴寡，越亡吳，楚滅蔡、杞；鄭弒哀公，三家分晉，田氏專齊。戰亂頻仍，干戈不息，臣弒君，子殺父，兄弟鬩牆，骨肉相殘，屢見不鮮；爭城爭地，殺人盈野，兵連禍結，民不聊生。墨子處此亂世，親覩慘局，於是起悲天憫人之念，抱濟人救世之志，倡兼相愛，交相利的學說，揭示反戰爭，非攻侵的旗幟，奔走呼號，冒險犯難，謀求拯蒼生於水火，解萬民於倒懸。

孟子稱：「楊朱拔一毛而利天下，不爲也」，「墨翟摩頂放踵利人而爲之」。楚公輸般爲高雲梯將以攻宋，墨子聞之，自魯往，裂裳裹足，十日十夜不息至郢。設守城之備，冒死以抵禦公輸般的進攻，九次使之不得入。這眞是宗教家釋迦牟尼「我不入地獄誰入地獄」慈航普渡的救世精神；亦是耶穌釘死十字架替世人頂罪的犧牲精神。不過釋、耶的極樂世界和天堂都在天上，而且享極樂昇天堂都在死後。墨氏的極樂國和天堂則在人間，且欲於人生時享極樂，昇天堂。

四、科學家的研究精神——墨子出身「鄙人」，終身不仕，居處於閭閻，不但深知民間疾苦，且對一切生活上的實際事務，亦多有深切的瞭解。由於他有高度的智慧，眼光銳利，觀察細密，遠在二千多年前，便能對若干科學上問題有所論述與解答。《墨經》上有不少關於數學、光學、力學、天文學的記述。往昔對此很少有人注意，迨至清季，海禁大開，西學東漸，外來科學的理論，多有與《墨經》相符合者，始引起人們的注意，而著書硏究，以發揚其旨趣。墨子具有科學家的研究精神，由此可以想見之。《韓非子》外儲說左上篇稱「惠子盛稱墨子之大巧，工爲車輗」；再觀於《墨經》公輸、備城門諸篇及《呂氏春秋》愛類篇所記墨子自魯至楚，設守城之備，以抵禦公輸般高雲梯的九次攻擊均不得入。可以推知墨子不但具有科學家的精神，且精於科學機械的製造。若墨子者科學的理論家兼科學製造家的古之傑出工程師或藝師，聖人居心，巧匠具技，足以當偉人與奇人之稱。

第四節　政治思想

《墨子》五十三篇中，有關政治思想者，爲數甚多，不過以兼愛、非攻、親士、所染、法儀、尙賢、尙同、節用、志天、非命、非樂、耕柱、貴義、魯問、公輸諸篇所論列的政治思想尤爲重要，且份量亦較多。玆依據這些篇目的內容，略加論述墨子的政治思想於後：

一、兼相愛——墨子生長於戰亂的時代，越王勾踐已滅吳稱霸；韓、趙、魏三家將分晉而自侯；齊國有田氏的專篡。權臣執國命，諸侯相侵殺，爭城爭地，殺人盈野，兵連禍結，生靈塗炭，如在倒懸中。墨子親歷其苦，親覩其害，深受刺激，乃起不忍人的仁心，思有以止亂息爭，解民於倒懸，拯民於水火。治病應先知病源，始能對症投劑。墨子深加考察，發現禍亂的根源，起於「不相愛」。

他說：「聖人以治天下爲事者也，不可不察亂之所自起。嘗察亂何自起？起不相愛！臣子之不孝君父，所謂亂也。子自愛，不愛父，故虧父而自利。弟自愛，不愛兄，故虧兄而自利。臣自愛，不愛君，故虧君而自利。此所謂亂也。……至天下之爲盜賊者亦然。盜愛其室，不愛其異室，故竊異室以利其

室。賊愛其身不愛人，故賊人以利其身。此何也？皆起不相愛。雖至大夫之相亂家，諸侯相攻國者亦然。」(兼愛上)

墨子更一步由說禍亂所自生的原因曰：「是故諸侯不相愛，則必野戰；家主不相愛，則必相篡；人與人不相愛，則必相賊；君臣不相愛，則不惠忠；父子不相愛，則不慈孝；兄弟不相愛，則不和調。天下之人皆不相愛，强必執弱，富必侮貧，貴必傲賤，詐必欺愚。凡天下禍篡怨恨，其所自起者，以不相愛生也。」(兼愛中)

禍亂的根源既起於「不相愛」，然則如何正本淸源，釜底抽薪以消弭禍亂呢？墨子依其所發現的病源，提出撥亂反治之道，在於「兼相愛」。他說：「若使天下兼相愛，愛人若愛其身，猶有不孝者乎？視父兄與君若其身，惡施不孝，猶有不慈者乎？視子弟與臣若其身，惡施不慈，故不孝不慈亡有。猶有盜賊乎？故視人之室若其室，誰竊？視人之身若其身，誰賊？故盜賊亡有，猶有大夫之相亂家，諸侯之相攻國者乎？視人之家若其家，誰亂？視人之國若其國，誰攻？故大夫之相亂家，諸侯之相攻國者亡有。若使天下兼相愛，國與國不相攻，家與家不相亂，盜賊亡有，君臣父子，均能孝慈，若此則天下治。」(兼愛上)

儒家尚仁，墨家崇愛。實則仁與愛的意義是相通的。《論語》記樊遲問仁，孔子答曰：「仁者愛人」；《孟子》亦曰：「惻隱之心，仁之端也」；《墨經》上曰：「仁體愛也。」不過，儒家的仁與墨家的愛，尙有兩大區別。第一、儒家的仁有親疏遠近之別，故曰親親而仁民，泛愛衆而親仁；身修而後家齊；家齊而後國治。推己及人，老吾老以及人之老，幼吾幼以及人之幼。墨家的愛是愛人若愛其身，愛無差等，一視同仁，是普遍的，平等的。第二、儒家行仁基於道德觀念，認爲這是善，舍乎天理和人性，乃是主觀的感情。墨家的施愛是以客觀的效果爲出發點。不相愛是由於自私自利。兼相愛則可以使人人得到利益。這是功利主義的思想，和道德標準並不相涉。

二、交相利——儒家是道德主義者，以「義」爲利也。墨家是功利主義者，以「利」爲義也。這是儒墨兩家的根本不同。墨子論事物的善惡，係以有用無用爲標準。所謂善物善行均須以實用爲評斷。效用決定存在，凡無用之物即廢物，應予拋棄。凡無用的行爲，即是無益之事；無益無用而爲之，是自損的有害舉動，自應擯斥之。對兼愛說有懷疑者曰：「即善矣。雖然，豈可用哉。」子墨子曰：「用而不可，雖我亦將非之，且焉有善而不可用者。」（兼愛下）足見墨子所謂善就是有用；有用就是善。

墨子的兼相愛與交相利乃是一事的兩面，不可分離，相互爲用，相得益彰。兼相愛則可以止亂息爭。止亂息爭，則人人可以安居樂業，共享天下太平的福利，是即交相利。禍亂所自起，由於人與人之間的不相愛。不相愛則損人利己，求以達到個人自私自利的目的。爲要爭私利，人與人才不相愛。若交相利，則人人皆能滿足其自私的需要又何必爭奪呢？交相利則可以免爭奪；不爭則彼此可以相愛。兼愛則交利，交利則兼愛。

墨子所謂利，並非私利，而是公利或共利，使天下人，人人皆得其利。兼相愛所得到的利益，是「交相利」的公利、共利或衆利，並非一人之私利。墨子曰：「兼愛者，聖王之道也。王公大人之所以安也，萬民衣食之所以足也。故君子莫若審兼而務行之；爲人君必惠，爲人臣必忠；爲人父必慈，爲人子必孝；爲人兄必友；爲人弟必悌。故君子莫若欲爲惠君、忠臣、慈父、孝子、友兄、悌弟。苟欲爲之，兼愛之道，不可不行也。今天下之士君子，實欲天下之富而惡其貧；欲天下之治而惡其亂，則不可

不兼相愛交相利也。」（兼愛下）

墨子更舉古先聖王行兼愛之道而交利天下之民，證明他的學說可以實行，而收「交相利」。他說：「仁人之事者，必務求興天下之利，除天下之害」；「禹之征有苗也，非以求以重富貴，干福祿，樂耳目也，以求興天下之利，除天下之害」；「湯貴為天子，富有天下，然且不憚以身為犧牲，以祠說於上帝鬼神，為民求雨」；「古者文武為正，均分貴賢罰暴，勿有親戚弟兄之所阿，此卽文武兼（愛）也。」（兼愛下）

三、反戰爭——戰爭必造成生命財產的慘重損失，故無論儒家或墨家都信持反戰爭的和平思想。衞靈公問陣於孔子。孔子答曰：「俎豆之事，則嘗聞之矣，軍旅之事，未之學也」，明日遂行。梁襄王問孟子曰：「天下惡乎定？」孟子對曰：「定於一！」梁襄王曰：「孰能一之？」孟子對曰：「不嗜殺人者能一之。」仲尼之徒無道桓、文之事。因齊桓公、晉文公都是憑武力、靠戰爭，爭取霸業。這是儒家反對戰爭的明證。惟墨家不僅信持反戰的思想，更進一步不避艱險，不避犧牲，而奮不顧身，作反對戰爭的實際努力與抵抗，且能製造備城防敵的守禦器械。這是儒家所不及者。

墨子是功利主義者，戰爭不但無實用價值，而且造成慘重災害；墨子主張兼相愛，交相利，而戰爭殺人盈野，慘無人道；戰爭結果，勝者敗者，均蒙受損害，毫無利益可言，故墨子是強烈的反戰主義者。無如當時的諸侯相互侵伐，却認為經由戰爭可以得到拓疆土，增庶衆的利益。故墨子特別指出戰爭的禍害，使諸侯有所警惕與覺悟，毅然改過，止亂息爭。

墨子曰：「古者有語，謀而不得，則以往知來，以見知隱。……今師徒唯毋興起；冬行恐寒，夏行恐暑，此不以冬夏爲者也；春則廢民耕稼樹藝，秋則廢民穫斂；今唯毋廢一時，則百姓飢寒凍餒而死者不可勝數。今嘗計軍上，竹箭羽旄幄幕，甲盾撥劫往而靡弊，腑冷不反者，不可勝數。又與矛戟戈劍乘車，其往則碎折靡弊而不反者，不可勝數。與其牛馬肥而往，瘠而反，往死亡而不反者，不可勝數。與其塗道之修遠，糧食輟絕而不繼，百姓死者，不可勝數也。……國家發政，奪民之用，廢民之利，若此甚衆，然而何爲爲之？曰：我貪伐勝之名及得之利，故爲之。」（《墨子》非攻中）

墨子切實指出戰爭爲害滋烈，廢民時，妨害經濟生產，死百姓，毀軍器，喪牛馬，不計其數。而好戰者則說：戰爭雖有損失，而志在得戰勝的英名，並有利可圖，故進行戰爭。於是墨子進而指出，縱使戰勝，亦是得不償失，仍不能擺脫損害。墨子曰：「計其所自勝，無所可用也；計其所得，反不如所喪者之多。今攻三里之城，七里之郭，攻此不用銳，且無殺而徒得，此然也；然其實殺人多必數於萬，寡必數於千，然後三里之城，七里之郭，且可得也。今萬乘之國虛，數於千、不勝而入；廣衍數於萬，不勝而辟；然則土地者，所有餘也；士民者所不足也；今盡士民之死，嚴上下之患，以爭虛城；則是棄所不足而重所有餘也。爲政若此，非國之務者也。」（非攻中）

墨子認爲戰爭所自起，皆由强凌弱，衆暴寡。爲要防守大國的攻侵，必須嚴守禦，修城郭，和上下，外國就不敢輕啓戰端，亦不能乘虛侵入。强不敢亦不能侵弱，戰爭的禍害，才能避免。他說：「凡大國之所以不攻小國者，積委多，城郭修，上下和，是故大國不喜攻之。」（《墨子》節用下）

墨子除從實際的觀點，指出戰爭的禍害，及如何守禦以避免戰爭外，更從道義的立場，指責戰爭的不義。一人殺人，一人抵罪死；十人殺人，十人抵罪死。今强國君侯殺人萬千，不但不抵罪，反譽之爲霸主，為賢侯。竊鈎者誅，竊國者侯，不義不德，莫此為甚。墨子曰：「殺一人，謂之不義，心有一死罪矣；若以此說往，殺十人，十重不義，必有十死罪矣；殺百人，百重不義，必有百死罪矣。當此天下之君子，皆知而非之，謂之不義。今至大為不義，攻國則弗知非，從而譽之，謂之義，情不知其不義也。」（《墨子》非攻上）

四、建政府——墨子的目的在建立「兼相愛」、「交相利」的理想社會。但當原始時代，既無政府，亦無法律，人與人之間缺少共同的道德標準和行為規範，且各人各顧其私利，各持其私見，損人以利己，各是己之是，各非人之是，遂陷於爭奪爭吵的混亂狀態，使人民生活痛苦不堪。中國的管仲，英國的霍布士（Thomas Hobbes）亦都認為原始社會是無政府狀態，混亂不堪，爭鬥不已，無君臣之別，無父子之親，無男女之別，與禽獸的生活，相去無幾。墨子的立論，正和管、霍二氏的思想相吻合。

墨子曰：「古者民始生，未有刑政之時，蓋其語，人異義。是以一人則一義，二人則二義，十人則十義。其人滋衆，其所謂義者亦滋衆，是以人是其義，以非人之義，故交相非矣。是以內者父子兄弟作怨惡，離散不能相和合，天下之百姓，皆以水火毒藥相害，至有餘力，不能以相勞。腐朽餘財，不以相分，隱匿良道，不以相教，天下之亂，若禽獸然。」（《墨子》尚同上）

然則如何止亂息爭，挽救這危亡之局呢？墨子認為挽救之道，在於建立天下的共同政府，制訂共同的行為規範及共同的道德標準，使思想一致，行為統一，化個別的私利為共同的公利；化個別的私見為共同的公意。墨子所謂共同，就是同一國之義；而「義，利也」。公義就是公利，國義就是國利。

墨子曰：「明乎民之無正長，以一同天下之義，而天下亂也。是故選天下賢良聖知辯慧之人，立以爲天子，使從事乎一同天下之義。天子既已立矣，以爲唯其耳目之請，不能獨一同天下之義，是故選天下贊閱賢良辯慧之人，置以爲三公，與從事乎一同天下之義。天子三公既已立矣，以爲天下博大，山林遠土之民，不可得而一也，是故靡分天下，設以爲萬諸侯國君，使從事乎一同其國之義。國君既已立矣，又以爲唯其耳目之請，不能一同其國之義，是故擇其國之賢者，置以爲左右將軍大夫，以遠至乎鄉里之長，與從事乎一同其國之義。」（《墨子》尙同中）

天子既立擇賢者設三公，立諸侯。諸侯卽國君。國君既立，擇賢者爲將軍、大夫及鄉里之正。天子、三公、諸侯一同天下之義。國君、將軍、大夫、鄉里之長一同其國之義。這是由上而下，層級節制的中央集權政制；這是定於一的一統國家；這是在位者同其義，而民未與的官治政治，民主主義精神，實嫌不足。

墨子曰：「天子諸侯之君，民之正長，既已定矣。天子爲發政施敎曰：凡聞見善者必以告其上，聞見不善者，亦必以告其上，上之所是，亦必是之，上之所非，亦必非之。已有善，傍薦之；上有過，規諫之。尙同義其上，而勿有下比之心。上得則賞之，萬民聞則譽之。意若聞見善，不以告其上，聞見不善，亦不以告其上。上之所是不能是，上之所非者不能非。已有善不能傍薦之；上有過不能規諫之，下比而非其上者，上得則誅罰之，萬民聞則非毀之。」（《墨子》尙同中）

依此以言，下須以上之是非爲是非，不得有下比之心。如是，則所謂一同其義者，便是一同於天子。這豈不是「皇帝的意志就是法律」的專制制度麼？下對上僅有規諫之責，而上對下則有誅罰之權。這那有民主政治的意義呢。墨子雖說「選天下之賢良聖知辯慧之人，立爲天子」；但選立之後，人民並無罷免權或革命權，亦無一定任期，會不會流爲獨裁呢。這似和霍布士在所著《巨靈》中所說的政府縱使不善，人民亦無革命權，有相同意義。因爲「惡政府優於無政府」。

五、重賢才——墨子的政治制度，既是由上而下的官治體系，故重賢才。賢者在位，能者在職，才能有效的推行國務，以義正國，以義利國。他說：「故雖有賢君，不愛無功之臣；雖有慈父，不愛無益之子。是故不勝其位，非此位之人也；不勝其爵，而處其祿，非此祿之人也。」（《墨子》親士）臣要有功，勝位。必是賢才之人才能有功與勝位。

墨子認爲要撥亂返治，必須重用賢才。否則，國家不得治而得亂。他說：「今是王公大人爲政於國家者，皆欲國家之富，人民之衆，刑政之治。然而不得富而得貧，不得衆而得寡，不得治而得亂；則是本失其所欲，得所惡，是其故何也？曰：……不能以尚賢事能爲政也。是故國有賢良之士衆，則國家之治厚；賢良之士寡，則國家之治薄。故大人之務，將在於衆賢而已。」（《墨子》尚賢上）

然則如何才能得衆賢以治國呢？墨子以爲舉賢才的方法與途徑，在於富之貴之，敬之譽之。他說：「譬若欲衆其國之善射御之士者，必將富之貴之，敬之譽之，然後國之善射御之士，將可得而衆。況又有賢良之士，厚乎德行，辯乎言談，博乎道術者乎。此固國家之珍，而社稷之佐也，亦必且富之貴之，敬之譽之；然後國之良士，亦將可得而衆也。」

墨子認爲政府用人須以賢才爲入選的唯一標準。他反對世卿制祿的世襲制，故曰：「不黨父兄」；他反重財勢與閥閱的貴族制，故曰：「不偏貴富」；他反對佼好佞小，故曰：「不嬖顏色」。《墨子》尚賢中篇曰：「古者聖王甚尊尚賢，而任使能；不黨父兄，不偏貴富，不嬖顏色；賢者舉而上之，富而貴之，以爲官長；不肖者抑而廢之，貧而賤之，使爲徒役。是以民皆勸其賞，畏其罰，相率而爲賢者。以賢者衆，不肖者寡，此謂進賢。」

墨子認爲逢迎君主的意思，唯命是聽，唯唯諾諾者不算是忠臣。忠臣要能匡正君過，諫君非，同上而不比下，功歸於君，過屬於己。魯陽文君語墨子曰：令之仰則仰，令之俯則俯；處於靜，呼則應，可謂忠臣乎。墨子曰：「上有過微之以諫；已有善，則訪之上，而無敢以告；外匡其邪，而入其善。上同而無下比；是以美善在上，而怨讎在下，安樂在上而憂慼在臣，此翟之所謂忠君也。」（《墨子》魯問）

六、尊天意——墨子去殷商神權政治時代未遠，遂著天志篇闡釋神權思想，期藉宗教裁制，矯治刑政的不正，並補充刑政的不足。天指天神而言，乃全體人類唯一的最高主宰，具有偉大的力量，可以降福禍賞罰於人，且嚴明正直，普及萬民，任何人不能逃脫，包括天子、王公大人及百姓在內。墨子指出得罪於家長，可逃避於隣戚；得罪於君主，可逃避於他國；得罪於天，無可逃避，人不儆戒於天，是知小不知大。他說：「夫天不可爲林谷幽門無人，明必見之。然而天下之士君子之於天也，忽然不知以相儆戒，此吾所以知天下士君子，知小不知大也。」（天志上）

百姓應上同於天，依天意以行事，不同於天，天必罰之。墨子曰：「天下之百姓皆上同於天子，而不上同於天，則菑猶未去也。今若天飄風苦雨，溱溱而至者，此天之所以罰百姓之不上同於天者也。」（尙同上）墨子認爲天下從事者，不可無法儀。法儀猶「百工爲方以矩，爲圓以規，爲直以繩，爲正以縣」。若以君師父母爲法儀。然天下君師父母者衆，而仁者寡，是法不仁也；所以要以天爲法儀。因爲「天之行廣而無私，其施厚而不德，其明久而不衰，故聖人法之。」（《墨子》法儀）

墨子確認「天下有義則治，無義則亂，是以知義爲善政也」；更指出「天爲貴，天爲知，義果自天出」。義者正也，義者利也。天以正直之心以利天下之民。天有無上權威，賞罰可及於天子。天子對天負責。天子爲善，天則賞之；天子爲暴，天則罰之。天子有疾病禍祟，齋戒沐浴，潔爲酒醴粢盛，以祭祀天鬼，則天可予解除之（天志中）。

墨子除著天志篇，主張法天、畏天、敬天外，更著明鬼篇，思藉神鬼之力，儆戒人民，使之行善避惡，蓋亦「神道設敎」的立意。在明鬼篇中歷舉神鬼賞善罰惡的事例，以破無鬼論者。且指出凡信行兼愛、交利、非攻、節用之道者，必爲天神鬼靈所喜而賞之吉福；凡反對其所倡導的思想者，必爲神鬼所惡，而罰之以禍凶。所以墨子曰：「今天下之王公大人士君子，中實欲求興天下之利，除天下之害，當若神鬼之有也，將不可不尊明也，聖王之道也。」（《墨子》明鬼下）

七、崇節用——尙勤節用爲墨子學說的另一特色，合乎今日所謂勤儉建國的原則，惟其所倡之薄葬與非樂的方法，不無商討的餘地。墨子是功利主義者，凡事重實用，無利無用之事物，均應摒棄。節用的目的在使民生充裕。民生充裕後才易於實現，兼相愛，交相利的理想。墨子認爲「古者明王聖人所以王天下者，愛民謹忠，利民謹厚，忠信相連，示之以利。」（《墨子》節用中）

怎樣才能厚以利民呢？他認爲「非外取地也，因其國家去無用之費」。他說：「聖人爲政一國，一國可倍也；大之爲政天下，天下可倍也。其倍之，非外取地也，因其國家，去其無用之費，足以倍之。」（《墨子》節用上）節用在於去浪費，戒奢侈，重實用。利民在於人人勤勞工作，生活給用則止，受一定限制，不可過分逾度。凡對人民無利的費用，均須停止。墨子曰：「凡天下群百工，輪、車、鞼、陶、

節用中）

治、梓、匠，使各從事其所能，曰凡足以奉給民用，則止，諸加費不加於民利者，聖王弗爲。」（《墨子》

因爲要節用，墨子特別反對儒家的厚葬久喪。一則曰：「厚葬久喪實不可富貧衆寡，定危止亂，此非仁、非義、非孝之事也。」（《墨子》節葬下）再則曰：「細計厚葬，爲多埋賦財者也。計久喪爲久禁從事者也。財以成者，挾而埋之，後得生久而禁之。以此求富，此譬猶禁耕而求穫也。」（《墨子》節葬下）三則曰：「厚葬久喪，使民不富。民不富則衣食不足。於是怨其父兄君上而相爲淫暴，以至於亂。民不從事則積委不充，城郭不修，上下不和，大國攻之則無自宋以至於亡。」（《墨子》公孟）

墨子既是講實用，戒奢侈，反浪費的功利主義者，故著非樂篇，反對音樂。其所持的理由，計有以下諸端：㈠「上考之不中聖王之事；下度之不中萬民之利。」㈡原措斂乎萬民，以爲大鐘鳴鼓琴瑟之器，以「求與興天下之利，除天下之害無補也」。㈢君子聽樂，貽誤公事，賤人聽樂，妨害生產，故曰：「與君子聽之，廢君子聽治，與賤人聽之，廢賤之從事。今王公大人惟毋爲樂，虧奪民之衣食之財，以拊樂如此多也。」㈣先王及上帝皆不喜樂。湯刑曰：「其恆舞於宮，是謂巫風，其刑。」太誓曰：「嗚呼！舞佯佯，黃言孔彰，上帝弗常，九有以亡，上帝不順，降之百殃。」㈤作樂必用樂工，樂工廢耕稼樹藝，紡績、織袵，損及生產。㈥「民有三患，飢者不得食，寒者不得衣，勞者不得息。然卽爲之撞巨鐘，擊鳴鼓，彈琴瑟，吹竽笙而揚干戚，民衣食之財將安可得乎？」（非樂上）

八、非命論——墨子著天志及明鬼之說，以爲神鬼能賞罰人，能福禍人，然無據證，不免失之於迷信；然他又倡非命論，使人自强不息，努力生產，却有積極的意義，可以收「懦夫有立志」的效用。他首先指出，信命者，阻碍百姓從事工作，謂之不仁。墨子曰：「執有命者之言曰：命富則富，命貧則貧，命衆則衆，命寡則寡，命治則治，命亂則亂，命壽則壽，命夭則夭，雖强勁何益哉？上以說王公之聽政，下以阻百姓之從事。故執有命者不仁。」（《墨子》非命上）

墨子進而指出，人若信執有命之說，則是要人怠惰無爲，坐而聽命，國焉能强，民焉能富。他說：「王公大人藉若信有命而致行之，則必怠乎聽獄治政矣；卿大夫必怠乎治官府矣；農夫必怠乎耕稼樹藝矣；婦女必怠乎紡績織袵矣。」（《墨子》非命下）墨子復擧湯放桀、武王伐紂的事例，證明命不可信，而言曰：「今天下之士君子，或以命爲有。蓋嘗觀於聖王之事，古者桀之所亂，湯受而治之；紂之所亂，武王受而治之。此世未易民未渝，在於桀紂，則天下亂；在於湯武則天下治。豈可謂有命哉。」（《墨子》非命上）

第五節　學說評估

一、兼愛交利，眞知灼見——三民主義以愛爲中心，故能建設安和樂利，民主順遂的幸福社會。共產主義以恨爲出發點，遂形成鬥爭不已，整肅不息，民生凋敝的痛苦罪惡的局面。仁者愛人。愛基於仁。而仁的原始意義，是桃仁、杏仁、麥仁的種籽，其特性爲能以生長。故愛者生之道，恨者死之途。有夫婦爲人倫之始，夫婦是愛的結合。有夫婦而後有父子，父慈子孝。有父子而後有兄弟，兄友弟恭。有兄弟而後有君臣，君義臣忠。一切的社會結構和人群關係，都是以愛爲融凝劑，爲團結紐帶。人與人之間有愛心存在，才能和平，並生無礙。愛不僅是生道，亦是和道。人與人不相愛則不能和平相處。不能和平相處，必相爭，必相鬥，在爭鬥不已的情形下如何能生存？墨子認爲天下之亂，起於不相愛；止亂息爭，在於兼相愛，堪稱眞知灼見，不朽之論。

利是人的生活資需；換言之，利就是財富。客觀環境中雖有天然資源。但天然資源，必須經由人力的開發、製造、生產，方能化無用爲有用，成爲人們生活上所需用的財富。財富的生產必須靠群力的分工合作方能成功，一個人的獨力生產難以濟事。國父說：「國家者互助之體也；政治者，互助之用也。」可見人類社會就是互助合作的生活聯立體。互助合作的目的在生產生活上所需要的財產。財產既係大家群力所生產，便應由大家所分享。財富分享，必須依照公平的原則。怎樣才算公平呢？那就是取與予的平衡或權利與義務的相對稱。有所予方可有所取，盡義務方可享權利。這種的公平交易，就是互助合作成果的分享，交相助，才能交相利。個人的自私必須透過社會的公利始能得到。墨子交相利的學說正符合互助生產，公平分享的原理，至理明言，聖賢居心。

二、反對戰爭，永久價值——我們讀歷史得到一個慘痛的敎訓，那就是人類從來不肯接受歷史的敎訓。歷史上因戰爭造成慘痛禍害，一次又一次，連接不斷，層出不窮，罄竹難書。但是所謂萬物之靈的人類却永遠不停的去從事殺人放火，損人害己的愚蠢無比的戰爭。試看今日的世界，仍然有不少的地方，在進行著慘無人道的戰爭。超級强國的美國和蘇俄正在積極準備毀滅人類的核子戰爭。民國成立以來，人民生活困苦，國家未能從事建設，全是由內外戰爭的不停。近三十多年，臺灣建設的飛騰及家給戶足，物阜民豐的經濟繁榮，亦多由於社會安定，未遭戰亂。日本由一慘遭失敗的戰敗國，於短期內竟能一躍而成爲世界上的經濟强國。其中一大原因，是由於軍費負擔很輕。墨子洞察戰爭的禍害，抱悲天憫人之心，持救世活人之志，倡非攻反戰宏論，哲人立言，實具永遠價值。

三、同於天子，似欠民主——墨子認爲天下之亂，起於一人一義，二人二義，十人十義，各是其所義，而非人之義，遂引起爭亂。於是倡尙同之說，以一天下之義。謂一義者，乃一同於天子之義。天子所是者是之，天子所非者非之。建立共識，思想一致，那固然是謀求社會安定，獲致天下統一的有效途徑。但共識的建立，思想一致要經由大家的意見溝通，相互討論，不可以天子一人的意志，作由上而下的思想箝制。上同於天子的學說，與當今以民意爲依歸的政治思想，大相逕庭。

儘管《墨經》稱「義者，利也」；「義者，正也。」義同於天子是天子以公利之義以一天下；是以正義之義以一天下。但天子亦未必是聖人，誰能保證天子不自私，不正義呢？天子如果自私或不義，墨子既未如孟子所說：「聞誅一夫紂矣，未聞弑君」；亦未如洛克（John Locke）和盧梭（Jean Rousseau）所說的，人民對暴君有推翻的革命權；那麼，天子豈不成爲霍布士所說「巨靈」式的專制君主麼？墨子雖說：天子要同於天，以天意爲意，對天負責。天子如不仁不義，天將懲罰之。然所謂「天者不可知」。所謂天將懲罰天子，是徒託空言罷了！

四、重用賢能，欠缺方法——墨子既主張「選天下賢良聖智慧辯之人爲天子」；「天子復設三公立諸侯」；「諸侯擇賢者爲將軍，大夫及鄉里之正」。這是由上而下的官治體制。官治要成功必須選賢任能。墨子和孔孟都主張「賢能政治」。其所不同者，儒家在於行「德治」，用賢能施敎化，行仁義。墨家在行「利治」，用賢能實現兼相愛，交相利的目的。「大道之行，天下爲公，講信修睦，選賢與能。」可以說，這種「賢能政治」不僅是儒墨兩家同具的政治思想；就是今日的爲政施治者亦莫不以用人唯才的人才主義相標榜，立論正確，至足讚仰。

墨子所主張「重用賢能」的理論或理想確是十分正當的，正確的；但如何實現其主張，却未提出實施的方法，不免美中不足。賢能不會從天而降，憑空而至；必須有良好的教育及陶冶，方能培養出所需要的賢能。縱使天下有不少賢能，必須有正確方法以爲衡鑑，方能確知其爲賢能；因爲「知人」才能「善任」。中國自秦漢以後，始有知人、用人的實用方法，如漢代的鄉擧里選制，魏晉的九品中正和隋唐以後的考試制度。墨子雖是一位哲人，惜當時尚未見及於此。

五、天志明鬼，不無理由——墨子著天志、明鬼兩篇，指出神鬼明靈敏察，對世人有賞罰的權威及力量。無論天子、諸侯、王公大人和百姓若有不仁、不義、不德的罪行，激怒鬼神，則降之以禍災，以示懲罰。天子、諸侯、王公大人和百姓若有仁德、義行、善事，邀得神鬼喜悅，則降之以福吉，以示獎賞。

墨子的這種說辭，並無實證的證據，所擧事例只是傳說，均無科學根據，不免被人視爲迷信。不過，墨子的的神道設教，思以宗敎力量裁制社會，實不無理由：第一、墨子的政治制度是天子至上，百官執事皆受命天子，形成自上而下，層級節制的君主集權和官僚統治的形態。而人民對天子和官僚並無控制的權力，很易產生君主專制，官僚濫權的流弊。今設神鬼有無上權威有賞罰世人的力量，任何人無所逃避。對天子和官僚不無儆戒的作用，可能有防止專制和抑制濫權的若干效果。第二、墨子的天志明鬼的論說雖無科學根據和實證證據，但當時去殷商神權政治時代未遠，神鬼的權威和力量尙深爲世人所信仰。信仰就是力量。故墨子的神道設教，在當時定能發生重大的力量與效果。觀於降及漢代，「天人感應」之說，在政治上發生重大影響可以知之。第三、維持社會秩序與安定的重大力量有三：一是法律，二是道德，三是宗教。法律懲罰罪犯於已成。道德防止罪行於未然。宗教在於正人心，去邪念，在消除罪亂的根源。所以在今日科學高度發達與昌明的時代，宗教的力量仍然方興未艾，莫之能禦。墨子倡天志明鬼之論，不但具有其時代價值，亦存有不可抹滅的至理。

六、主張薄葬，尚可商榷——墨子是功利主義，以是否實用作爲判斷事物善惡的標準；凡不實用的事物均在摒棄之列。儒家以孝道治天下，故主張厚葬。墨子認爲厚葬使民貧，違犯功利主義，故反對厚葬，主張薄葬。誠然，若因厚葬使子孫困窮，甚而致傾家破產；當然不可厚葬。然若子孫富裕，孝心深重，一定要薄葬，可能使子孫精神痛苦，心情不安。這亦不是事之所應然。凡事不可執着，執著則事有不通。一定厚葬，必須薄葬，均非所宜。厚葬或薄葬應視以下的兩種情形爲轉移：㈠視子孫的經濟負擔能力爲轉移，力能勝厚葬無妨，力不勝薄葬亦可。㈡視子孫是否心安爲轉移，薄葬心安則薄葬；必厚葬始心安，厚葬亦無不可。

七、反對音樂，一偏之蔽——墨子反對音樂，所持理由，約有三點：㈠樂器製造，靡費錢財。㈡奏樂聽樂，廢業失時，妨礙生產。㈢音樂使人逸佚，趨於懶怠。其實，這只是一偏之見，是有所偏蔽，知其一，不知其二。音樂不是浪費，而且具有下列的積極意義和功用：㈠聖人之道，一弛一張。人類的體力與精力均有一定限制，不能一直繼續工作而不休弛。音樂可以消除工作疲倦，使之恢復體力精力。休息亦當視之爲工作上不可或缺的一部份，不可以浪費或廢業視之。㈡消遣一字在英文爲 recreation，即再創造的意思，所以使創造能力的再生。音樂是一種消遣，不可視爲無用。㈢所謂「利」，不可僅指

三民大專用書(一)

書名	著作人	任職
比較主義	張亞澐	政治大學
國父思想新論	周世輔	政治大學
國父思想要義	周世輔	政治大學
國父思想	周世輔	政治大學
國父思想	涂子麟	中山大學
中國憲法論	傅肅良	中興大學
中國憲法新論	薩孟武	前臺灣大學教授
中華民國憲法論	管歐	東吳大學
中華民國憲法逐條釋義(一)(二)(三)(四)	林紀東	臺灣大學
比較憲法	鄒文海	前政治大學教授
比較憲法	曾繁康	臺灣大學
美國憲法與憲政	荊知仁	政治大學
比較監察制度	陶百川	前總統府國策顧問
國家賠償法	劉春堂	輔仁大學
中國法制史	戴炎輝	臺灣大學
法學緒論	鄭玉波	臺灣大學
法學緒論	孫致中	各大專院校
民法概要	董世芳	實踐家專
民法概要	鄭玉波	臺灣大學
民法總則	鄭玉波	臺灣大學
民法物權	鄭玉波	臺灣大學
民法債編總論	鄭玉波	臺灣大學
民法總則	何孝元	前中興大學教授
民法債編總論	何孝元	前中興大學教授
判解民法物權	劉春堂	輔仁大學
判解民法總則	劉春堂	輔仁大學
判解民法債篇通則	劉春堂	輔仁大學
民法親屬新論	陳棋炎	臺灣大學
民法繼承	陳棋炎	臺灣大學
公司法	鄭玉波	臺灣大學
公司法論	柯芳枝	臺灣大學
公司法論	梁宇賢	中興大學
土地法釋論	焦祖涵	東吳大學
土地登記之理論與實務	焦祖涵	東吳大學
票據法	鄭玉波	臺灣大學

三民大專用書(二)

書名	著作人	任職
海商法	鄭玉波	臺灣大學
海商法論	梁宇賢	中興大學
保險法論	鄭玉波	臺灣大學
商事法論	張國鍵	臺灣大學
商事法要論	梁宇賢	中興大學
銀行法	金桐林	華銀資訊室主任
合作社法論	李錫勛	政治大學
刑法總論	蔡墩銘	臺灣大學
刑法各論	蔡墩銘	臺灣大學
刑法特論	林山田	政治大學
刑事訴訟法論	胡開誠	臺灣大學
刑事訴訟法論	黃東熊	中興大學
刑事政策	張甘妹	臺灣大學
民事訴訟法釋義	石志泉 楊建華	輔仁大學
強制執行法實用	汪禕成	前臺灣大學教授
監獄學	林紀東	臺灣大學
現代國際法	丘宏達	美國馬利蘭大學
現代國際法基本文件	丘宏達	美國馬利蘭大學
平時國際法	蘇義雄	中興大學
國際私法	劉甲一	臺灣大學
國際私法論叢	劉鐵錚	政治大學
國際私法新論	梅仲協	前臺灣大學教授
引渡之理論與實踐	陳榮傑	外交部條約司
破產法論	陳計男	行政法院庭長
破產法	陳榮宗	臺灣大學
中國政治思想史	薩孟武	前臺灣大學教授
西洋政治思想史	薩孟武	前臺灣大學教授
西洋政治思想史	張金鑑	政治大學
中國政治制度史	張金鑑	政治大學
政治學	曹伯森	陸軍官校
政治學	鄒文海	前政治大學教授
政治學	薩孟武	前臺灣大學教授
政治學	呂亞力	臺灣大學
政治學方法論	呂亞力	臺灣大學
政治學概論	張金鑑	政治大學
政治理論與研究方法	易君博	政治大學

三民大專用書㈢

書名	著作人	任職
公共政策概論	朱志宏	臺灣大學
中國社會政治史	薩孟武	前臺灣大學教授
歐洲各國政府	張金鑑	政治大學
美國政府	張金鑑	政治大學
中美早期外交史	李定一	政治大學
現代西洋外交史	楊逢泰	政治大學
各國人事制度	傅肅良	中興大學
行政學	左潞生	前中興大學教授
行政學	張潤書	政治大學
行政學新論	張金鑑	政治大學
行政法	林紀東	臺灣大學
行政法之基礎理論	城仲模	中興大學
交通行政	劉承漢	成功大學
土地政策	王文甲	前中興大學教授
行政管理學	傅肅良	中興大學
現代管理學	龔平邦	逢甲大學
現代企業管理	龔平邦	逢甲大學
現代生產管理學	劉一忠	美國舊金山州立大學
生產管理	劉漢容	成功大學
品質管理	戴久永	交通大學
企業政策	陳光華	交通大學
國際企業論	李蘭甫	香港中文大學
企業管理	蔣靜一	逢甲大學
企業管理	陳定國	臺灣大學
企業概論	陳定國	臺灣大學
企業組織與管理	盧宗漢	中興大學
企業組織與管理	郭崑謨	中興大學
組織行爲管理	龔平邦	逢甲大學
行爲科學概論	龔平邦	逢甲大學
組織原理	彭文賢	中興大學
管理新論	謝長宏	交通大學
管理概論	郭崑謨	中興大學
管理心理學	湯淑貞	成功大學
管理數學	謝志雄	東吳大學
管理個案分析	郭崑謨	中興大學
人事管理	傅肅良	中興大學

三民大專用書㈤

書名	著作人	任職
教育心理學	溫世頌	美國傑克遜州立大學
教育哲學	賈馥茗	師範大學
教育哲學	葉學志	國立臺灣教育學院
教育經濟學	蓋浙生	師範大學
教育經濟學	林文達	政治大學
教育財政學	林文達	政治大學
工業教育學	袁立錕	國立臺灣教育學院
家庭教育	張振宇	淡江大學
當代教育思潮	徐南號	師範大學
比較國民教育	雷國鼎	師範大學
中國教育史	胡美琦	中國文化大學
中國國民教育發展史	司琦	政治大學
中國現代教育史	鄭世興	師範大學
社會教育新論	李建興	師範大學
教育與人生	李建興	師範大學
中等教育	司琦	政治大學
中國體育發展史	吳文忠	師範大學
中國大學教育發展史	伍振鷟	師範大學
中國職業教育發展史	周談輝	師範大學
中國社會教育發展史	李建興	師範大學
技術職業教育行政與視導	張天津	師範大學
技職教育測量與評鑑	李大偉	師範大學
技術職業教育教學法	陳昭雄	師範大學
技術職業教育辭典	楊朝祥	師範大學
高科技與技職教育	楊啟棟	師範大學
工業職業技術教育	陳昭雄	師範大學
職業教育師資培育	周談輝	師範大學
技術職業教育理論與實務	楊朝祥	師範大學
心理學	張春興 楊國樞	師範大學 臺灣大學
心理學	劉安彥	美國傑克遜州立大學
人事心理學	黃天中	美國奧克拉荷市大學
人事心理學	傅肅良	中興大學
社會心理學	趙淑賢	
社會心理學	張華葆	東海大學
社會心理學	劉安彥	美國傑克遜州立大學

三民大專用書㈥

書名	著作人	任職
社會心理學理論	張華葆	東海大學
新聞英文寫作	朱耀龍	中國文化大學
傳播原理	方蘭生	中國文化大學
傳播研究方法總論	楊孝濚	東吳大學
大眾傳播理論	李金銓	美國明尼蘇達大學
大眾傳播新論	李茂政	政治大學
大眾傳播與社會變遷	陳世敏	政治大學
行爲科學與管理	徐木蘭	交通大學
國際傳播	李瞻	政治大學
國際傳播與科技	彭芸	政治大學
組織傳播	鄭瑞城	政治大學
政治傳播學	祝基瀅	美國加利福尼亞州立大學
文化與傳播	汪琪	政治大學
廣播與電視	何貽謀	政治大學
廣播原理與製作	于洪海	輔仁大學
電影原理與製作	梅長齡	前中國文化大學教授
新聞學與大眾傳播學	鄭貞銘	中國文化大學
新聞採訪與編輯	鄭貞銘	中國文化大學
新聞編輯學	徐昶	臺灣新生報
採訪寫作	歐陽醇	師範大學
評論寫作	程之行	紐約日報總編輯
小型報刊實務	彭家發	政治大學
廣告學	顏伯勤	輔仁大學
中國新聞傳播史	賴光臨	政治大學
中國新聞史	曾虛白主編	總統府國策顧問
世界新聞史	李瞻	政治大學
新聞學	李瞻	政治大學
媒介實務	趙俊邁	中國文化大學
電視與觀眾	曠湘霞	新聞局廣電處處長
電視新聞	張勤	中視新聞部
電視制度	李瞻	政治大學
新聞道德	李瞻	政治大學
數理經濟分析	林大侯	臺灣大學
計量經濟學導論	林華德	臺灣大學
經濟學	陸民仁	政治大學
經濟學原理	歐陽勛	政治大學

三民大專用書(七)

書名	著作人	任職
經濟學導論	徐育珠	美國南康涅狄克州立大學
通俗經濟講話	邢慕寰	前香港中文大學教授
經濟政策	湯俊湘	中興大學
比較經濟制度	孫殿柏	政治大學
總體經濟學	鍾甦生	西雅圖銀行臺北分行協理
總體經濟理論	孫震	臺灣大學
總體經濟分析	趙鳳培	政治大學
個體經濟學	劉盛男	臺北商專
合作經濟概論	尹樹生	中興大學
農業經濟學	尹樹生	中興大學
西洋經濟思想史	林鐘雄	臺灣大學
歐洲經濟發展史	林鐘雄	臺灣大學
凱因斯經濟學	趙鳳培	政治大學
工程經濟	陳寬仁	中正理工學院
國際經濟學	白俊男	東吳大學
國際經濟學	黃智輝	東吳大學
貨幣銀行學	白俊男	東吳大學
貨幣銀行學	何偉成	中正理工學院
貨幣銀行學	楊樹森	中國文化大學
貨幣銀行學	李穎吾	臺灣大學
貨幣銀行學	趙鳳培	政治大學
現代貨幣銀行學	柳復起	澳洲新南威爾斯大學
商業銀行實務	解宏賓	中興大學
現代國際金融	柳復起	澳洲新南威爾斯大學
國際金融理論與制度	歐陽勛 黃仁德	政治大學
財政學	李厚高	前臺灣省財政廳廳長
財政學	林華德	臺灣大學
財政學原理	魏萼	臺灣大學
貿易慣例	張錦源	交通大學
國際貿易	李穎吾	臺灣大學
國際貿易實務詳論	張錦源	交通大學
國際貿易法概要	于政長	東吳大學
國際貿易理論與政策	歐陽勛 黃仁德	政治大學
國際貿易政策概論	余德培	東吳大學
貿易契約理論與實務	張錦源	交通大學

三民大專用書(八)

書名	著作人	任職
貿易英文實務	張錦源	交通大學
海關實務	張俊雄	淡江大學
貿易貨物保險	周詠棠	中央信託局
國際匯兌	林邦充	輔仁大學
信用狀理論與實務	蕭啟賢	輔仁大學
美國之外匯市場	于政長	東吳大學
外匯、貿易辭典	于政長	東吳大學
國際商品買賣契約法	鄧越今	前外貿協會處長
保險學	湯俊湘	中興大學
人壽保險學	宋明哲	德明商專
人壽保險的理論與實務	陳雲中	臺灣大學
火災保險及海上保險	吳榮清	中國文化大學
商用英文	程振粵	臺灣大學
商用英文	張錦源	交通大學
國際行銷管理	許士軍	新加坡大學
國際行銷	郭崑謨	中興大學
市場學	王德馨	中興大學
線性代數	謝志雄	東吳大學
商用數學	薛昭雄	政治大學
商用數學	楊維哲	臺灣大學
商用微積分	何典恭	淡水工商
微積分	楊維哲	臺灣大學
微積分(上)	楊維哲	臺灣大學
微積分(下)	楊維哲	臺灣大學
大二微積分	楊維哲	臺灣大學
機率導論	戴久永	交通大學
銀行會計	李兆萱 金桐林	臺灣大學
會計學	幸世間	臺灣大學
會計學	謝尚經	專業會計師
會計學	蔣友文	臺灣大學
成本會計	洪國賜	淡水工商
成本會計	盛禮約	政治大學
政府會計	李增榮	政治大學
政府會計	張鴻春	臺灣大學
初級會計學	洪國賜	淡水工商

三民大學用書(九)

書名	著作人	任職
初級會計學(下)	洪國賜	淡水工商
中級會計學	洪國賜	淡水工商
中等會計	薛光圳 張鴻春	美國西東大學 臺灣大學
中等會計(下)	張鴻春	臺灣大學
商業銀行實務	解宏賓	中興大學
財務報表分析	李祖培	中興大學
財務報表分析	洪國賜 盧聯生	淡水工商 中興大學
審計學	殷文俊 金世朋	政治大學
投資學	龔平邦	逢甲大學
財務管理	張春雄	政治大學
財務管理	黃柱權	政治大學
公司理財	黃柱權	政治大學
公司理財	劉佐人	前中興大學教授
統計學	柴松林	政治大學
統計學	劉南溟	前臺灣大學教授
統計學	楊維哲	臺灣大學
統計學	張浩鈞	臺灣大學
推理統計學	張碧波	銘傳商專
商用統計學	顏月珠	臺灣大學
商用統計學	劉一忠	美國舊金山州立大學
應用數理統計學	顏月珠	臺灣大學
中國通史	林瑞翰	臺灣大學
中國現代史	李守孔	臺灣大學
中國近代史	李守孔	臺灣大學
中國近代史	李雲漢	政治大學
黃河文明之光	姚大中	東吳大學
古代北西中國	姚大中	東吳大學
南方的奮起	姚大中	東吳大學
中國世界的全盛	姚大中	東吳大學
近代中國的成立	姚大中	東吳大學
近代中日關係史	林明德	師範大學
西洋現代史	李邁先	臺灣大學
英國史綱	許介鱗	臺灣大學
印度史	吳俊才	政治大學

三民大專用書(十)

書名	著作人	任職
日本史	林明德	師範大學
美洲地理	林鈞祥	師範大學
非洲地理	劉鴻喜	師範大學
自然地理學	劉鴻喜	師範大學
聚落地理學	胡振洲	中國海專
海事地理學	胡振洲	中國海專
經濟地理	陳伯中	臺灣大學
都市地理學	陳伯中	臺灣大學
修辭學	黃慶萱	師範大學
中國文學概論	尹雪曼	中國文化大學
新編中國哲學史	勞思光	香港中文大學
中國哲學史	周世輔	政治大學
中國哲學發展史	吳怡	美國舊金山亞洲研究所
西洋哲學史	傅偉勳	美國費城州立天普大學
西洋哲學史話	鄔昆如	臺灣大學
邏輯	林正弘	臺灣大學
邏輯	林玉體	師範大學
符號邏輯導論	何秀煌	香港中文大學
人生哲學	黎建球	輔仁大學
思想方法導論	何秀煌	香港中文大學
如何寫學術論文	宋楚瑜	臺灣大學
論文寫作研究	段家鋒 孫正豐 張世賢 等人	各大學
語言學概論	謝國平	師範大學
奇妙的聲音	鄭秀玲	師範大學
美學	田曼詩	中國文化大學
植物生理學	陳昇明 譯	中興大學
建築結構與造型	鄭茂川	中興大學